SE CONNAÎTRE AUTREMENT GRÂCE À LA SOCIOLOGIE

Direction éditoriale : Jean-Pierre Albert et Luc Tousignant

Direction de la production : Colette Lens

Révision linguistique : Michael Thornton

Correction d'épreuves : Danielle Maire

Conception graphique de l'intérieur et mise en pages : Gianni Caccia

Conception de la couverture : Gianni Caccia

Recherche iconographique : Chantal Bordeleau

En couverture : © Simion Marian / Alamy Stock Photo, © Mélanie Lemahieu / Shutterstock

*Catalogage avant publication de Bibliothèque et Archives nationales du Québec et Bibliothèque et Archives Canada*

Angers, Maurice, 1944-

Se connaître autrement grâce à la sociologie : initiation aux rapports individu et société

4e édition.

Comprend des références bibliographiques et un index.

Pour les étudiants du niveau collégial.

ISBN 978-2-89748-017-2

1. Interaction sociale – Manuels d'enseignement supérieur.
2. Individu et société – Manuels d'enseignement supérieur.
3. Moi (Psychologie) – Manuels d'enseignement supérieur.
I. Titre.

BF697.5.S65A64 2017          302'.14          C2017-941551-4

Dépôt légal : 4e trimestre 2017
Bibliothèque et Archives nationales du Québec
© Groupe Fides inc., 2017

La maison d'édition reconnaît l'aide financière du gouvernement du Canada par l'entremise du Fonds du livre du Canada pour ses activités d'édition. La maison d'édition remercie de leur soutien financier le Conseil des arts du Canada et la Société de développement des entreprises culturelles du Québec (SODEC). La maison d'édition bénéficie du Programme de crédit d'impôt pour l'édition de livres du gouvernement du Québec, géré par la SODEC.

IMPRIMÉ AU CANADA EN JUIN 2021 (2e RÉIMPRESSION)

Financé par le gouvernement du Canada — Funded by the Government of Canada | Canadä

MAURICE ANGERS

# Se connaître autrement grâce à la sociologie

Initiation aux rapports individu et société

4e édition

FIDES
ÉDUCATION

# TABLE DES MATIÈRES

# Se connaître autrement grâce à la sociologie

Rappelons-le, cet écrit était à l'origine un essai destiné au grand public, peu instruit de ce que la sociologie peut apporter à la connaissance humaine. Des professeurs de l'enseignement collégial l'ont saisi au vol pour en faire leur manuel d'initiation à la sociologie. Forte de cet appui, la deuxième édition s'adressait directement à leurs étudiantes et étudiants tout en gardant le ton, le rythme et la convivialité propres à l'essai original.

La troisième édition en fut une de consolidation, ajoutant notamment la présentation des trois principales théories qui ont jalonné l'histoire de la sociologie de même qu'un chapitre sur la mobilité sociale. Cette quatrième édition en est une d'enrichissement à plus d'un titre. Des concepts comme contrôle social, déviance, reconnaissance sociale, domination, sexisme, de même que des termes comme « systémique » ou des sigles comme LGBTQ ont été explicités aux endroits appropriés. Aussi, le nombre de tableaux a été accru pour éclairer encore davantage le propos. Finalement, le chapitre 9, sur l'appartenance nationale, a été revu en profondeur pour mieux faire ressortir l'apport de la sociologie en regard des autres disciplines des sciences humaines sur cette question toujours d'actualité au Québec.

Ma préoccupation majeure a toujours été, autant que faire se peut, de m'en tenir à l'essentiel, et à l'essentiel seulement. Votre professeur peut ainsi poursuivre dans ce qui lui semble être le plus approprié. Dans cet esprit, j'ai volontairement mis de côté les sujets d'actualité dans mes exemples, laissant grand ouvert le champ des possibles pour vos travaux.

J'ose espérer que la lecture de ce manuel piquera votre curiosité à mieux comprendre et apprécier la société qui vous entoure et vous rendra plus conscient des réalités sociales. Je souhaite aussi que ma passion pour la sociologie vous soit tangible tout au long du texte et que vous en gardiez un bon souvenir.

Je m'en voudrais de ne pas souligner en terminant l'appui indéfectible de mon éditeur Luc Tousignant et de toute l'équipe de Fides Éducation. J'ai aussi reçu des commentaires appréciés de ma conjointe Louise Bazin et de mes amis Jacques Brunet et François Sirois.

Bonne lecture,

MAURICE ANGERS, *auteur*

CHAPITRE 1

# LA DISCIPLINE SOCIOLOGIE

## Les axes majeurs de cette science humaine et sociale

La sociologie propose à chaque société une
« autocompréhension de son propre destin ».
DOMINIQUE SCHNAPPER

Si vous lisez cet ouvrage, il y a de bonnes chances que vous soyez inscrit à votre premier cours de sociologie. Je n'ai pas eu cette chance durant mes études collégiales. Je suis parvenu à la découverte de cette discipline par des chemins détournés. Je l'ai ensuite apprise à l'université. La sociologie m'a tout de suite passionné et j'essaie depuis de communiquer mon engouement. J'ai voulu y intéresser mes neveux et nièces en leur écrivant chacun une lettre pour leur en révéler certains aspects. C'est ce qui a conduit à la première édition de cet ouvrage, qui prenait la forme d'un essai. Mettant à profit cette expérience, la présente édition est une version enrichie.

### Une vue originale de la société

La sociologie a changé ma vie parce qu'elle m'a fait accéder à une vision du monde et de la société totalement nouvelle. J'espère pouvoir vous la faire partager et ainsi être d'une aide précieuse au professeur qui vous inculquera les premières notions de cette discipline. La lecture de ce manuel ne fera pas de vous un spécialiste de la sociologie. L'université y pourvoira si vous décidez de poursuivre vos études dans le domaine. La sociologie peut cependant vous amener à comprendre mieux ce que signifie vivre en société. Joint à l'enseignement de votre professeur, le présent manuel peut vous aider à surmonter vos flottements face à la sociologie et vous donner le goût d'en savoir plus. Vous en viendrez ainsi à vous mouvoir avec une certaine aisance et une conscience plus développée dans la société actuelle, et aussi à porter un regard critique sur la société. Pour faire image, vous regardez le ciel

*La sociologie scrute la vie en société*

depuis toujours et pourtant, avec un télescope, un tout autre monde s'ouvrirait à vous. De même, vous vivez en société depuis votre naissance, et la sociologie peut vous amener à l'envisager d'une toute nouvelle façon. Vous découvrirez ainsi un univers fascinant. Faire des études, c'est aussi avoir le plaisir d'accumuler les découvertes, et la sociologie vous en fera faire un grand nombre, comme vous le verrez au fil de votre lecture.

Vous et moi, nous sommes associés de manière durable à la société. J'en suis un membre et vous en êtes un aussi. La sociologie scrute justement la vie en société. Il me serait difficile, voire impossible, aujourd'hui, avec l'extension des connaissances et la surabondance des publications, de couvrir toute la sociologie. J'espère du moins vous apprendre l'essentiel, vous renseigner adéquatement sur ses découvertes majeures, vous familiariser avec des problématiques générales, vous faire comprendre que la société est aussi indissolublement liée à nous que l'air que nous respirons. Bref, j'aimerais que vous acquériez les rudiments de la discipline.

La sociologie est une branche des sciences humaines et sociales. Comme toute discipline scientifique, elle comporte trois axes : un objet qui la définit, des outils qui la développent et des théories qui la rendent cohérente.

### L'objet ou la perspective sociologique

La sociologie est la science qui a pour objet le **social**. Vous trouverez dans le dictionnaire différentes définitions de cet adjectif employé aussi comme nom. Elles se résument à peu près ainsi : le social, c'est tout ce qui se rapporte aux rapports entre les individus, ainsi qu'aux groupes et à la société. Cependant, comme nous le verrons plus bas, la sociologie n'est pas la seule discipline à observer le social. Elle se distingue des autres par sa manière de considérer son objet, par sa perspective, comme on dit dans le jargon. Trois points de repère nous serviront à dégager cette perspective.

*Premier point de repère* : dans l'étude de tout phénomène social, le mariage, la pauvreté, l'immigration, par exemple, la sociologie cerne avec précision la population à étudier pour en déterminer les **caractéristiques sociales**. Les critères usuels sont l'âge, le sexe, l'état civil, la classe sociale, l'ethnie, l'appartenance religieuse ou toute autre marque qui paraîtrait pertinente pour le phénomène social étudié. Le sociologue s'abstient de considérer les individus isolément. Vous verrez au chapitre 2 que l'un des fondateurs de la sociologie, Émile Durkheim, dans son étude du phénomène du suicide, a épluché les rapports de police de différents pays d'Europe en vue de cerner les caractéristiques des suicidés : religion, nationalité, état civil, profession, âge. Il a ensuite établi un lien entre un facteur précis et la tendance au suicide. Bref, le sociologue cherche continuellement à rattacher les gens à leurs semblables pour comprendre et expliquer leurs actes et leurs mentalités.

**SOCIAL**

Tout ce qui touche aux rapports entre les individus, ainsi qu'aux groupes et à la société.

**CARACTÉRISTIQUE SOCIALE**

Marque distinctive permettant de classer les individus à des fins d'analyse.

*Deuxième point de repère*: dans l'étude de tout phénomène social, la sociologie prend en compte la société dans laquelle il se manifeste. En d'autres mots, on n'étudie jamais la pauvreté, le chômage, le divorce, l'engouement pour le hockey, l'intérêt pour les réseaux sociaux ou quelque autre phénomène dans l'abstrait et en dehors du temps. Tout au contraire, la recherche sociologique s'attache à replacer le phénomène dans un contexte social donné. Le chapitre 3, qui porte sur les générations, illustre bien cette approche fondamentale: ces dernières sont ainsi situées dans le temps et dans l'espace de façon à pouvoir dégager les traits de chacune d'entre elles. Vous pourrez ensuite réfléchir à la génération montante à laquelle vous appartenez. Notez que la sociologie traite de préférence de problèmes actuels.

*Troisième point de repère*: la sociologie cherche à expliquer un phénomène social par d'autres phénomènes sociaux. Autrement dit, quel que soit le phénomène étudié, le *star system* ou les gangs de rue, elle examine en quoi cela procède d'actions accomplies par des individus et liées à la société dont ils font partie. La sociologie cherche des explications au chômage, au divorce, à l'itinérance, à la criminalité ou à la richesse non pas dans le caractère des individus, leurs gènes ou les hasards de la vie, mais plutôt dans des phénomènes sociaux comme, dans ces cas-ci, la délocalisation industrielle, les types d'union, l'isolement social, la perte de valeurs ou le maintien de privilèges.

**PERSPECTIVE SOCIOLOGIQUE**

Examen scientifique d'un phénomène social à partir des caractéristiques des individus dans une société donnée et à un moment donné à la lumière d'autres phénomènes sociaux.

Ces trois points de repère montrent à l'évidence que la **perspective sociologique** est l'examen scientifique d'un phénomène social à partir des caractéristiques des individus dans une société donnée et à un moment donné à la lumière d'autres phénomènes sociaux. Ainsi, la spécificité de la sociologie réside non pas dans un objet d'étude particulier, comme c'est le cas d'autres disciplines, mais bien dans la façon d'envisager les phénomènes sociaux. Prenons un phénomène donné et comparons sa façon de le traiter avec celles d'autres sciences humaines et sociales. La pauvreté est un bel exemple parce que ce phénomène social relève du domaine de plusieurs disciplines.

En *science politique*, on mettra en évidence le peu de pouvoir que possèdent les pauvres et leur absence d'engagement dans les débats politiques, ou on analysera les mesures mises en place par les partis politiques pour leur venir en aide. Plus généralement, la science politique vise l'étude de tout ce qui est ou peut devenir pouvoir en lien avec l'État. En effet, toutes les institutions qui assurent le maintien ou l'exercice du pouvoir intéressent cette discipline : partis politiques, gouvernements, élections, appareils d'État (ministères, organismes publics et parapublics, etc.). De même, relève de cette discipline tout ce qui gravite autour du pouvoir : groupes de pression, opinion publique, etc. Elle aborde aussi les idéologies ou les systèmes d'idées auxquels les acteurs politiques se réfèrent : libéralisme, conservatisme, communisme, fascisme, monarchisme… Comme on voit, l'objet d'étude de la science politique est éminemment social, mais il est circonscrit à la sphère du pouvoir.

En *science économique*, on examinera les revenus dont disposent les pauvres, ainsi que leur pouvoir d'achat et leur taux de chômage ou de participation au marché du travail. Plus généralement, la science économique vise l'étude de la circulation des biens, liée aux agents économiques. On examine ainsi les comportements des consommateurs, les différents genres d'entreprises de production et de distribution, aussi bien que le rôle de l'État dans l'économie. À nouveau, on ne peut nier que l'objet d'étude de cette discipline, comme celui de la sociologie, est d'ordre social, mais il est vu sous un angle particulier, celui de la circulation des biens.

En *psychologie*, on se penchera sur les difficultés personnelles des pauvres, le stress qu'ils ressentent, ou encore sur le développement socioaffectif des enfants dans un milieu en manque de moyens. La psychologie vise l'étude des mécanismes internes de la personnalité et de ses réactions comportementales. Elle examine la personne de l'intérieur, pour ainsi dire. On scrute son histoire vécue, son développement mental, sa maturation biologique, bref ce qui se passe en elle. La psychologie devient sociale quand elle rattache certaines explications à l'environnement immédiat des individus, comme l'influence d'un petit groupe sur le comportement de ses membres. Cependant, le psychologue n'étudie pas le milieu social en tant que tel, à la différence du sociologue (Rocher, 1969).

En *histoire*, on pourrait choisir une époque particulière, les années 1930 par exemple, période dite de la Grande Dépression en Occident, et décrire la situation des pauvres à ce moment-là. L'histoire vise l'étude de faits passés des sociétés humaines dans leur singularité, que ce soit la Nouvelle-France, la Révolution française de 1789, l'industrialisation de l'Angleterre au XIXe siècle, la Deuxième Guerre mondiale ou encore le règne d'Elisabeth II. Autrement dit, l'histoire cherche à reconstruire le passé selon une certaine perspective en privilégiant les grands personnages et le découpage par périodes, ou, depuis une date assez récente, des thèmes comme l'évolution de la condition féminine au cours du siècle dernier. Son objet est vaste comme celui de la sociologie et d'ordre social aussi. L'histoire se distingue de cette dernière par le fait qu'elle étudie un événement dans ce qu'il a d'unique dans un passé proche ou lointain. La sociologie se veut plus générale, moins rattachée à un moment particulier.

Nous pourrions poursuivre les comparaisons avec l'anthropologie, qui privilégie l'étude de petites unités sociales comme un village ou une peuplade, la criminologie, qui circonscrit tout ce qui touche de près ou de loin à la criminalité, la géographie humaine, qui se penche sur les activités humaines à travers leur occupation de l'espace, et ainsi de suite.

Cet aperçu visait à montrer que plusieurs disciplines prennent en compte le social, mais qu'elles se distinguent de la sociologie en se centrant sur un phénomène social particulier : le pouvoir en science politique, les biens en économie, la personnalité en psychologie ou l'étude des faits passés en histoire. La sociologie, quant à elle, ne se rattache pas à un phénomène social particulier. Tout ce qui est d'ordre social l'intéresse, en espérant y apporter un éclairage différent des autres disciplines, sa perspective, comme il a été mentionné précédemment. C'est cette façon de faire originale que vous découvrirez au fil de la lecture de ce manuel.

En voici une démonstration en poursuivant avec l'exemple de la pauvreté. Pour étudier ce phénomène social, la sociologie peut emprunter des données à d'autres disciplines, mais ce sera d'abord pour déterminer qui sont les pauvres ou quelles sont leurs caractéristiques sociales (genre, état civil, origine ethnique, niveau d'instruction, etc.). C'est son premier point de repère, comme on l'a vu ci-dessus. Elle va ensuite les observer dans une société donnée à une époque donnée (par exemple, les pauvres à Montréal dans les années 2010). C'est son deuxième point de repère. Enfin, pour expliquer ce problème social, elle va tenter de relier leur situation ardue à d'autres phénomènes sociaux comme le chômage, leur difficulté d'accès à l'éducation, à la santé, l'opprobre dont ils sont l'objet, leurs conditions de logement et ainsi de suite. C'est son troisième point de repère. La sociologie n'observe donc pas la pauvreté sous un seul angle comme d'autres disciplines. Encore une fois, c'est sa perspective qui la distingue et non pas son objet d'étude.

Étant donné l'étendue des phénomènes sur lesquels la sociologie se penche, il s'est élaboré au cours des ans des sociologies spécialisées: sociologie économique, politique, du travail, de la santé, de l'immigration, des loisirs, voire du cinéma et de la littérature. Car, encore une fois, son originalité vient de son regard unique. Tout cela vous apparaîtra moins abstrait à mesure que vous avancerez dans la lecture de cet ouvrage.

J'ai mis l'accent sur la spécificité de certaines sciences humaines et sociales pour les comparer, mais il ne faudrait pas croire que les frontières entre elles sont étanches. Il vaut mieux parler d'autonomie que d'indépendance (De Coster, 1992). On ne peut pas toujours séparer de façon nette les domaines de chacune d'entre elles. Des zones sont explorées par plus d'une discipline, comme je viens de le montrer avec l'exemple de la pauvreté, et il est parfois difficile de les discerner. Cela est normal puisque la réalité est ce qu'elle est, et les chercheurs la découpent en parties plus ou moins distinctes. Les lignes de démarcation entre les diverses sciences humaines et sociales sur certaines questions demeurent incertaines. Quoi qu'il en soit, l'important est que les phénomènes sociaux soient étudiés et compris. Ils ne le seront jamais assez, et leur complexité ne sera jamais suffisamment éclairée.

Bref, l'objet sociologique est diffus parce qu'il peut conduire dans toutes sortes de directions. Il est aussi très vaste parce que tout ce qui est social le concerne. Outre les branches de la sociologie mentionnées plus haut, une multitude de champs de recherche aussi diversifiés que le couple, l'amour, la consommation, l'itinérance, le racisme, la mondialisation, la vie quotidienne et les nouvelles technologies ont déjà été explorés par les sociologues.

### Les outils sociologiques

La sociologie, comme toute autre discipline scientifique, recourt à des outils pour constituer un corps de connaissances. Le **langage scientifique**, avec ses propriétés, est un outil de première importance. La **méthodologie scientifique**, avec ses façons de procéder, en est un autre. Les **visées scientifiques** complètent son outillage.

Sans entrer dans le détail – je l'ai fait ailleurs (Angers, 2009) –, il est utile de préciser comment on arrive à la connaissance scientifique, fondée sur l'examen méthodique des phénomènes. D'abord, le chercheur doit définir les termes principaux de sa recherche. Le sens commun est souvent une source d'ambiguïté et peut prêter

**LANGAGE SCIENTIFIQUE**

Ensemble des termes d'une science visant l'univocité et la précision dans la recherche.

**MÉTHODOLOGIE SCIENTIFIQUE**

Ensemble des méthodes et des techniques servant à la recherche dans une science donnée.

**VISÉE SCIENTIFIQUE**

Objectif de recherche qui, en sciences humaines, peut consister à décrire, à classifier, à expliquer ou à comprendre.

à différentes interprétations. C'est pourquoi, dans les prochains chapitres, certains termes seront définis de façon à les rendre univoques et précis, ce qui est essentiel dans les sciences. Il arrive même que des termes soient inventés ou redéfinis pour mieux rendre compte de l'objet étudié. Ainsi, vous verrez au chapitre 8 que le sens du terme « genre » en sociologie diffère quelque peu de celui du langage usuel et que des chercheurs ont créé l'adjectif « genré » pour mieux rendre compte de la réalité étudiée. Non seulement une définition précise conduit à une interprétation unique, mais aussi elle permet de mieux circonscrire le phénomène. Ainsi, Durkheim donne au mot « suicide » une extension de sens insoupçonnée, comme vous le constaterez au chapitre 2.

La méthodologie scientifique est l'ensemble des méthodes et des techniques servant à la recherche. À cet égard, certaines sciences humaines ont des préférences. On associe facilement la psychologie et la méthode expérimentale, par exemple, même si, hors de l'université, on se sert plus souvent de l'enquête. De même, la méthode historique, liée à l'histoire, exige la consultation d'archives, alors que les autres disciplines doivent s'appuyer sur des documents statistiques ou autres, qu'elles doivent également valider. La méthode d'enquête est fréquente en sociologie, mais celle-ci se sert des deux autres méthodes à l'occasion.

Sur le plan des techniques de recherche, de même que la science politique, la sociologie est souvent reliée aux sondages, mais la recherche sociologique s'appuie tout autant sur des observations sur le terrain, des questionnaires complexes, des entrevues en profondeur, des analyses de textes, ou encore sur des données chiffrées, comme les économistes. D'ailleurs, ces diverses méthodes et techniques sont utilisées dans toutes les sciences humaines. La sociologie est sans doute la discipline qui fait le plus usage de la panoplie de méthodes et de techniques qui a cours dans les sciences humaines, comme les études citées dans ce livre vous amèneront à le constater.

Selon l'état de la connaissance sur un sujet donné et les possibilités méthodologiques, le sociologue, comme tout autre chercheur, va établir une ou des visées scientifiques dans sa recherche. Une visée scientifique est un objectif poursuivi, comme chercher, selon le cas, à décrire, à classifier, à expliquer ou à comprendre. La *description* consiste à dresser un portrait fidèle et détaillé du phénomène à l'étude ; la *classification* consiste à mettre en évidence une typologie ou des traits caractéristiques du phénomène ; l'*explication* consiste à rechercher les causes de ce dernier ou les facteurs qui contribuent à le produire ; et enfin, la *compréhension* consiste à dégager le sens attribué par les gens à la situation qu'ils vivent. Cette dernière visée est propre aux sciences humaines, elle est absente des sciences de la nature. On ne peut, en effet, interviewer une roche pour connaître ses impressions, mais on peut le faire avec l'être humain, ce qui permet cette visée commune aux sciences humaines, et la sociologie se l'assigne de plus en plus dans ses recherches, notamment dans celles qui portent sur la vie au quotidien.

### Les théories sociologiques

En science, les théories sont comme des sentiers pour pénétrer dans la forêt de leur objet. L'auteur ou les auteurs d'une théorie la présentent comme le sentier par excellence pour découvrir toute la forêt. Dans toute discipline scientifique, il y a toujours plus d'une théorie proposée pour l'explorer parce que la forêt est immense. En effet, aucune ne peut, malgré ses qualités, être le sentier qui permette d'en embrasser tous les aspects. En outre, parcourir toute la forêt est une tâche infinie, car aucun sentier n'en fait le tour et des sentiers nouvellement tracés peuvent mener à des découvertes. Il n'en reste pas moins que certains sentiers sont plus fréquentés que d'autres parce qu'ils donnent une meilleure vue de la forêt dans son ensemble.

*L'enquête est une méthode courante en sociologie*

C'est ainsi que trois théories ont été particulièrement exploitées depuis les débuts de la sociologie au XIX<sup>e</sup> siècle. Selon les époques et selon les pays, tantôt l'une et tantôt l'autre a eu la faveur des scientifiques, mais elles sont encore utilisées aujourd'hui, alors que d'autres théories ont été abandonnées parce qu'elles se sont révélées contestables ou peu fécondes. Cela dit, rien n'empêche un jeune sociologue d'étudier une de ces théories, car il se peut qu'elles aient été rejetées un peu rapidement, ou même d'en esquisser une nouvelle.

Les théories centrales en sociologie sont l'interactionnisme symbolique, le fonctionnalisme et le marxisme. Elles seront décrites dans ce livre lorsque le sujet s'y prêtera. Vous les verrez ainsi en contexte et non pas considérées de façon abstraite. C'est à la suite de longues études qu'un sociologue parvient à maîtriser la plupart des éléments d'une théorie. Il va ensuite l'éprouver en l'appliquant dans ses recherches.

*Les approches sociologiques*

Avant de présenter succinctement ces trois théories, il convient de faire deux distinctions. La première concerne la place de l'individu dans le social. L'**approche déterministe** le considère comme soumis aux contraintes de la vie en société. On ne choisit pas le lieu où on naît et grandit ni ce qui nous est transmis, et pourtant cela pèse sur nous, cela nous façonne jusqu'à un certain point. Selon cette approche, les comportements humains trouvent leur explication dans les éléments qui entourent les individus. Par exemple, l'étude du phénomène des adolescentes enceintes en milieu pauvre prend en compte le système scolaire, le réseau de santé, le type de famille d'origine, le marché du travail, bref des éléments de l'environnement proche ou lointain qui sont à l'origine de la situation problématique de ces jeunes filles.

L'**approche compréhensive** est tout à l'opposé de la précédente. Elle se rattache à une des visées de la science déjà mentionnées : elle part de l'individu et du sens qu'il donne à sa vie et à ses rapports aux autres pour en déduire ce qu'est la société. La société est ainsi vue comme la résultante des rapports entre les humains qui la composent. Cette approche met au premier plan le rôle actif joué par les intentions des humains dans la compréhension de leurs actions. Une chercheuse qui utilise cette approche va aller trouver les adolescentes en question et mener, par exemple, des entrevues avec elles pour saisir comment elles vivent leur grossesse. Il s'agit de s'aider de leurs témoignages pour connaître leur point de vue. Il peut arriver que ces jeunes filles voient leur situation non pas comme affligeante, mais plutôt comme propice à un nouveau départ dans leur vie. La sociologue qui a fait cette découverte va arriver à une meilleure compréhension du phénomène social en question puisque celui-ci a été envisagé de l'intérieur. Se fondant sur les résultats de la recherche, la travailleuse sociale saura sans doute mieux comment intervenir auprès des adolescentes concernées.

Selon De Coster (1992), il ne faut pas opposer les approches déterministe et compréhensive. Si, selon l'approche déterministe, la société façonne l'individu, celui-ci, suivant l'approche compréhensive, agit à son tour sur la société, lui donne un sens et contribue au changement social. Souvent, pour pouvoir rendre compte de certains changements dans la société, il est nécessaire de prendre en considération les rapports interpersonnels et les significations données par les acteurs sociaux. Max Weber (1864-1920), un des

**APPROCHE DÉTERMINISTE**

Méthode qui explique le comportement humain par des phénomènes extérieurs aux individus.

**APPROCHE COMPRÉHENSIVE**

Méthode d'interprétation du comportement humain basée sur le sens attribué par les individus à ce qu'ils vivent.

*Max Weber*

fondateurs de la sociologie, a ainsi soutenu que la doctrine morale des calvinistes a contribué au développement du capitalisme (Weber, 1964), en mettant en évidence le fait que, pour le calviniste, il était mauvais de dilapider le capital et qu'il fallait plutôt l'accumuler.

*Les niveaux d'analyse en sociologie*

La seconde distinction concerne la multitude des phénomènes susceptibles d'être étudiés en sociologie. Tout sujet touchant les rapports humains intéresse cette discipline. Pour s'y retrouver, Georges Gurvitch (1894-1965), un sociologue français, a établi des ordres de phénomènes. La **microsociologie** représente le premier ordre. Le préfixe «micro» renvoie au plus petit élément d'un objet d'étude. En sociologie, le plus petit élément est le rapport entre deux personnes, que Gurvitch appelle les «formes de sociabilité» ou encore les «différents modes de liaisons sociales» (Gurvitch, 1963, p. 11). Ainsi, la microsociologie étudie les rapports entre les êtres humains. Elle peut s'intéresser, par exemple, au partage des tâches dans un ménage, au bénévolat, aux relations entre voisins. Tous les rapports entre les autres et nous relèvent de cet ordre.

La **macrosociologie** constitue le deuxième ordre de phénomènes. Le préfixe «macro» renvoie aux éléments les plus vastes de l'objet d'étude. En sociologie, le plus vaste élément est la société prise comme un tout, comme un ensemble. Les «sociétés globales» sont chez Gurvitch les éléments les plus vastes: on distingue, du point de vue géographique, les pays constitués, les continents ou les civilisations, du point de vue historique, les communautés passées ou présentes et, du point de vue technologique, les collectivités selon le degré de pénétration des inventions. Les sujets étudiés peuvent être, par exemple, l'état d'une société, les guerres, les réfugiés, les manifestations de masse ou l'avenir d'une nation.

Certains phénomènes appartiennent à un ordre qui se situe à mi-chemin entre l'ordre des relations interpersonnelles et celui des grands ensembles. Les sociologues désignent cet ordre sous le nom de **mésosociologie**, «méso» venant du grec *meso*, qui signifie «milieu». Appartiennent à cet ordre de phénomènes les organisations, des institutions comme la famille ou l'école, des associations comme les syndicats ou les coopératives. Bref, on y range tout phénomène de groupe qui va au-delà des simples rapports entre les personnes.

**MICROSOCIOLOGIE**
Étude des phénomènes sociaux de l'ordre des relations interpersonnelles.

**MACROSOCIOLOGIE**
Étude des phénomènes sociaux de l'ordre des sociétés et des grands ensembles humains.

**MÉSOSOCIOLOGIE**
Étude des phénomènes sociaux de l'ordre des groupements à l'intérieur d'une société.

Il ne s'agit ici que d'une brève présentation. Ces théories seront examinées plus en profondeur dans d'autres chapitres. La première, l'**interactionnisme symbolique**, est une théorie microsociologique qui utilise une approche compréhensive. La rencontre entre deux personnes crée une interaction, d'où le mot «interactionnisme» figurant dans le nom de la théorie. Le terme «symbolique» a rapport au sens que chacun des protagonistes va donner à cette rencontre. L'interactionnisme symbolique, comme toute autre théorie d'une certaine ampleur, présente une vision du monde ou de la société. Suivant cette théorie, les rencontres ou les interactions entre les individus sont la clé pour comprendre la société dans son ensemble. Elle a une visée compréhensive, étant donné que ses analyses se fondent sur les significations que les gens donnent à leurs rapports avec les autres. De ces significations procèdent les institutions et les cadres de vie sociaux. Si vous voulez tout de suite plus de précisions sur cette théorie, allez à la section qui lui est consacrée au chapitre 4.

Les deux autres théories sont le fonctionnalisme et le marxisme. Leur niveau d'analyse est macrosociologique et leur approche, déterministe. Elles cherchent à expliquer la société dans sa globalité en montrant l'effet de celle-ci sur les individus. Cependant, elles ont une vision diamétralement opposée de l'influence exercée par la société sur les individus. Le **fonctionnalisme** présente la société comme une entité relativement harmonieuse où chaque partie (institution, famille, système judiciaire ou école, par exemple) concourt au bon fonctionnement de l'ensemble. Chaque partie est intégrée de façon à contribuer au maintien de l'ensemble. Elle exerce une «fonction», d'où le nom de cette théorie. La société est comparée à un être vivant dont les organes assurent le fonctionnement et le maintien de la vie. Si vous voulez tout de suite plus de précisions sur cette théorie, allez à la section qui lui est consacrée au chapitre 6.

Le **marxisme** présente une tout autre vision de la société. Celle-ci est traversée de conflits avec, en son centre, la lutte que de grands groupes dans la sphère de la production des biens et des services, appelés des classes sociales, mènent les uns contre les autres. Cet affrontement vise la mainmise sur les ressources et le pouvoir, accaparés par une minorité. Cette théorie présente donc la société comme foncièrement inégalitaire. De là des conflits, mais qui vont mener à des transformations vers plus d'égalité. La société est vue

**INTERACTIONNISME SYMBOLIQUE**
Théorie suivant laquelle la société procède des interactions humaines et de leurs significations.

**FONCTIONNALISME**
Théorie sociologique d'après laquelle la société forme un ensemble aux parties intégrées.

**MARXISME**
Théorie sociologique d'après laquelle la société a pour moteur la lutte des classes sociales.

comme un ensemble discordant, divisé, dont les contradictions portent en germe des révolutions. Si vous voulez tout de suite plus de précisions sur cette théorie, allez à la section qui lui est consacrée au chapitre 6.

Pour être valide, une théorie scientifique doit avoir son fondement dans la réalité, éclairer une partie de celle-ci et en révéler des aspects cachés. Autrement dit, elle n'a de valeur que si elle subit avec succès la confrontation avec les faits. Les théories marxiste et fonctionnaliste seront à cet égard mises à l'épreuve au chapitre 6. Je présenterai dans celui-ci les résultats des recherches sociologiques sur la mobilité sociale, et vous pourrez voir quelles prédictions avancées par ces deux théories se sont révélées justes. La mobilité sociale rend compte des possibilités réelles qu'a chaque individu de monter dans l'échelle sociale. Ces deux théories devraient-elles continuer à être parcourues comme deux sentiers allant dans des directions opposées, mais également utiles pour pénétrer dans la forêt sociale ? C'est ce que je chercherai à établir.

## La trame sociologique

Que le phénomène social étudié soit micro, méso ou macro, il est possible d'apercevoir une trame dans les recherches et les préoccupations des sociologues. Il s'agit de l'intérêt porté aux différences entre les individus, les groupes et les sociétés. Les réflexions sociologiques depuis l'origine de la discipline visent à comprendre et à expliquer ces différences de situation sociale et de façons d'être, de penser et d'agir entre les individus et les groupes. Le chapitre 7 porte sur notre rapport à la différence. La question y sera abordée de façon globale, il y sera question des réactions que la différence suscite. Le chapitre 8 traite d'une différence en particulier, celle du genre, et il met en évidence le fait que les hommes et les femmes la construisent progressivement, et dès la petite enfance. Enfin, le chapitre 9 examine une autre différence d'importance, celle des nationalités et de leurs rapports souvent conflictuels. Le cas du Québec servira d'exemple.

## La portée sociologique

Une certaine sociologie semble indiquer que nous sommes en partie le produit de la société. Nous serions conditionnés par elle, elle nous manœuvrerait un peu comme des pantins. Cette conception remonte aux débuts de la sociologie, au XIX<sup>e</sup> siècle. À cette époque,

*Auguste Comte*

tout chercheur se voulant scientifique devait rechercher des lois tant dans les sciences de la nature que dans tout autre domaine de recherche. Un des fondateurs de la sociologie, Auguste Comte (1798-1857), celui qui a d'ailleurs inventé le terme, avait d'abord nommé cette nouvelle science la «physique sociale», car il croyait qu'il était possible de faire avec l'humain ce que le physicien fait avec la matière. Cette approche a été qualifiée depuis péjorativement de «scientiste», car elle laissait supposer que la science était toute-puissante, qu'elle allait résoudre tous les problèmes, qu'elle aboutirait à un grand modèle mathématique qui permettrait de comprendre l'ensemble de l'univers physique et humain. Depuis, la science nourrit de moins vastes ambitions, mais elle continue d'être regardée comme un moyen privilégié et irremplaçable de faire évoluer l'humanité.

La sociologie participe au progrès de celle-ci en faisant ressortir ce qui cloche dans les rapports humains tant au plan interpersonnel qu'au plan national et international. Elle est née en Occident, mais elle est maintenant pratiquée dans le monde entier. Elle donne à chaque société la possibilité d'arriver à une «autocompréhension de son propre destin» (Schnapper, 1998, p. 18). Il ne s'agit cependant pas d'une connaissance pour la connaissance, car depuis son origine, la sociologie se montre critique à l'égard de l'ordre établi. Elle est née de la constatation d'inégalités, de problèmes sociaux et du souci de maintenir un lien social dans une société tournée vers l'individualisme. Dans cette optique, montrer la société telle qu'elle est à un moment donné, avec ses ratages, ses injustices et ses inégalités, c'est la remettre en question jusqu'à un certain point. Se pose alors la question de la liberté et de la capacité de corriger

*La sociologie s'interroge sur la liberté en société*

cet état de choses. Le dernier chapitre de cet ouvrage décrit des solutions proposées par certains sociologues pour transformer la société. La sociologie a ceci d'utile qu'elle donne aux membres d'une société démocratique la possibilité d'apercevoir leurs contradictions. Dans les sociétés antidémocratiques, la sociologie est mal tolérée, car elle est une ennemie publique. ◆

# Mots clés

# Questions sur le chapitre 1

**1** Pourquoi la sociologie cherche-t-elle continuellement à rattacher les gens à leurs semblables?

**2** La sociologie prend en compte la société dans laquelle un phénomène social se manifeste. Quelle en est la raison?

**3** La sociologie tente-t-elle d'expliquer un phénomène social par d'autres phénomènes sociaux? Précisez.

**4** La sociologie se définit-elle principalement par son objet ou par sa perspective? Expliquez.

**5** À l'aide de points de repère, montrez la perspective sociologique en donnant en exemple comment cette discipline examine le phénomène de la pauvreté.

**6** Pour faire ses recherches scientifiques, la sociologie privilégie-t-elle une méthode et une technique particulières? Expliquez brièvement.

**7** Une sociologue étudie le type de rapport qui s'établit entre les individus par le moyen des réseaux sociaux et elle tente de l'expliquer par la nature des technologies mises ainsi à la disposition du public. Nommez et prouvez l'approche sociologique choisie et le niveau d'analyse retenu.

**8** Des trois théories centrales en sociologie, laquelle présente la société comme harmonieuse et laquelle la présente comme inharmonieuse? Expliquez brièvement.

CHAPITRE 2

# NOTRE DEGRÉ D'INTÉGRATION SOCIALE

## Les caractéristiques sociales des individus

... un fait social ne peut être expliqué
que par un autre fait social...
ÉMILE DURKHEIM

*Émile Durkheim*

L'approche sociologique consistant à examiner notre degré d'intégration à la société et aux divers groupes qui la composent permet d'éclairer notre comportement. Émile Durkheim (1858-1917), un éminent fondateur de la sociologie, expliquait bon nombre de comportements observés chez les individus par l'influence plus ou moins grande exercée sur eux par la société. Selon lui, la société encadre les individus de façon lâche ou serrée. Or, aucune des formes d'encadrement ne paraît souhaitable, car une société qui contrôle trop ses membres enferme aussi leur individualité, tandis qu'une société qui relâche trop les liens en ne fixant pas de bornes aux appétits ou aux désirs de ses membres risque de perdre son essence. Durkheim s'est penché sur un problème concret, celui du suicide, dans l'étude duquel il a mis à l'épreuve ses hypothèses, qui, de prime abord, peuvent paraître abstraites.

### Le suicide d'un point de vue sociologique

À première vue, le problème du suicide peut sembler plus personnel que social, mais l'intérêt de l'étude de Durkheim sur le suicide réside dans le changement de perspective. Il a considéré l'influence exercée par la société sur l'individu en examinant les taux de suicide ainsi que les caractéristiques sociales des suicidés. En tenant compte ainsi des caractéristiques sociales des suicidés, un lien est apparu entre le suicide et la société. Pourtant, la décision de mettre fin à ses jours est en effet personnelle, motivée principalement par la volonté de se couper de la société.

En tant que chercheur scientifique, Durkheim s'attache, en plus, à retracer l'origine du phénomène avant de chercher une solution au problème. Dans la seconde moitié du XIXᵉ siècle, à l'époque où il entreprend l'étude du suicide, la hausse vertigineuse du nombre des suicides en Europe était devenue alarmante. Jusqu'alors, les gestes autodestructeurs étaient presque uniquement expliqués par des facteurs individuels. Mais Durkheim rompt avec la tradition, car le phénomène lui paraît être davantage dû à des facteurs sociaux. Dès le début de ses recherches, les données provenant de plusieurs pays d'Europe qu'il accumule démontrent clairement que les suicides ne se répartissent pas aléatoirement, mais varient plutôt selon des facteurs sociaux reconnaissables. Il est arrivé à cette conclusion après avoir mis de l'ordre dans les statistiques. En premier lieu, il a établi un taux social du suicide (soit le nombre de suicidés par cent mille habitants ou un million d'habitants, selon le cas), puis il a mis ce taux en relation avec des caractéristiques sociales des suicidés consignées dans les rapports de police. Il a aussi vérifié, en comparant les chiffres, que les facteurs extrasociaux habituellement pris en compte à l'époque ne pouvaient pas expliquer l'importance et la variation des taux de suicide. Il écarta ainsi l'hérédité ou la transmission par la famille, la folie, l'imitation, le climat et la race (en soulignant qu'on ne peut véritablement définir celle-ci, étant donné la multitude des croisements entre les humains au cours de l'histoire). Je ne citerai ici aucune statistique. Je mettrai simplement en évidence le sens des variations d'une période à l'autre ou d'un pays à l'autre pour ce qui s'est révélé être significatif : les facteurs sociaux. *Le suicide* de Durkheim (1897) contient de nombreux tableaux statistiques ainsi que des éclaircissements concernant ces derniers.

### Ce qu'ont en commun les Églises, la famille et le politique

Afin de comprendre l'origine des suicides, Durkheim s'est appliqué à déterminer les facteurs qui peuvent faire varier le taux de suicide. Sa première constatation concerne l'appartenance religieuse. La description que je ferai de ce facteur vous fournira l'occasion d'apprécier sa méthode d'analyse, qui est des plus rigoureuses.

Il compare d'abord les États à prédominance catholique avec les États à prédominance protestante ou sans prédominance de l'une ou l'autre religion. Les statistiques montrent qu'il y a plus de suicides dans les pays protestants, mais, avant de conclure quoi que ce soit, il se demande si les chiffres peuvent aussi s'expliquer par le milieu social, différent dans chaque pays. Durkheim considère donc les taux de suicide des régions d'un même pays professant des religions différentes. Il constate, encore là, que le taux est plus élevé dans les régions protestantes. Afin de confirmer ces tendances, il fait aussi entrer en ligne de compte la nationalité et s'attarde à la Suisse particulièrement, car elle comprend des populations française et allemande. Il remarque alors que le taux de suicide est le même d'une nationalité à l'autre. Cependant, les cantons protestants affichent un taux plus élevé de suicide que les cantons catholiques. Voici la conclusion à laquelle il est arrivé à la suite de ses nombreuses vérifications : « L'action du culte est donc si puissante qu'elle domine toutes les autres » (Durkheim, 1967a, p. 152).

Ayant constaté que la religion influe sur le taux de suicide, il examine de plus près ce facteur afin de déterminer ce qui entraîne des propensions différentes au suicide. Durkheim constate en étudiant les statistiques que le taux de suicide est moins élevé chez les catholiques et encore moins chez les juifs que chez les protestants. Les préceptes religieux n'expliquent pas cette tendance à eux seuls, d'autant que la seule de ces religions à ne pas proscrire le suicide, la religion juive, est celle qui affiche le plus faible taux. Cette dernière constatation confirme Durkheim dans l'idée que ce n'est pas la morale ou les idées religieuses qui favorisent le suicide, mais plutôt la structure sociale élaborée par chaque religion. Plus une Église ou une société professant une religion encadre et contrôle ses membres, plus ceux-ci sont prémunis contre la tendance au suicide en raison du fait qu'ils se sentent plus intégrés.

Ce n'est donc pas la doctrine religieuse enseignée qui influe sur le taux de suicide, mais l'organisation en place et l'encadrement des fidèles. La religion protestante, par exemple, laisse à chaque fidèle le soin d'examiner sa conscience et lui permet de lire et d'interpréter la Bible. Les Églises protestantes limitent ainsi délibérément leur emprise, et leurs membres sont moins intégrés. Le catholique, de son côté, est soumis à une stricte hiérarchie qui encadre ses faits et gestes et lui dicte ses croyances. Son sentiment d'appartenance à l'Église est plus puissant et il en est de même pour le juif, qui a une religion encore plus contraignante et dont l'esprit communautaire s'est renforcé à la suite des multiples persécutions subies au cours de l'histoire. Durkheim en conclut donc que le fait d'appartenir à une société très intégrative influe beaucoup plus sur le taux de suicide que les dogmes ou les croyances. On voit ainsi que l'intégration d'un individu à la société peut avoir un effet décisif sur son comportement.

*Chaque Église a sa façon d'encadrer ses fidèles*

L'Église catholique actuelle n'a sans doute plus, dans les faits, l'emprise de naguère. Elle n'a plus un effet protecteur et le taux de suicide ne cesse d'ailleurs de progresser. Ce facteur est maintenant délaissé dans les analyses, et certains ont critiqué Durkheim, car les populations religieuses qu'il a étudiées se distinguaient par bien autre chose que par la religion. Ils lui reprochent d'avoir isolé l'appartenance religieuse, de ne pas avoir tenu compte de caractéristiques telles que le degré d'urbanisation et le mode de vie. Durkheim s'est pourtant intéressé à d'autres aspects, dont certains sont encore aujourd'hui pris en considération dans la réflexion sur le suicide. Il a notamment cherché à voir si sa théorie de l'intégration des individus s'appliquait aussi à d'autres regroupements, communautés ou groupes d'appartenance fermés et protecteurs. Ces regroupements et communautés sont diversifiés et peuvent prendre la forme d'une famille ou d'une société politique.

Pour ce qui est de la famille, Durkheim insiste sur le rôle important qu'elle joue dans la prévention. Par famille, il entend «le groupe complet formé par les parents et les enfants» (Durkheim, 1967a, p. 208), car il semble que c'est non pas le mariage qui protège le plus, mais bien plutôt le statut de père ou de mère. Il observe dans les statistiques un taux élevé de suicide chez les célibataires et les veufs sans enfants. Selon les chiffres, plus la famille est nombreuse, moins ses membres songent au suicide. Durkheim ne peut s'empêcher de constater ce qui suit: «Depuis 1826, le suicide ne cesse de s'accroître et la natalité de diminuer» (Durkheim, 1967a, p. 212). Il constatait aussi que, déjà à l'époque, en Europe, les familles se disloquaient de plus en plus. Contrairement à une idée couramment admise, il constate que plus les charges familiales sont lourdes, plus on s'engage dans la vie familiale et plus on est protégé contre le suicide, même chez les plus pauvres. Il associe cet état de choses au fait que plus le groupe est nombreux, plus les échanges entre les membres peuvent se multiplier, plus il se crée une mémoire commune vivante qu'on transmet à la génération suivante, et plus aussi les chances d'être intégrés sont grandes. On étend au-delà de la famille elle-même ou de l'Église avant elle cette idée que les humains vivent en société ou en groupe. Plus ces entités les intègrent, plus ils sont protégés contre l'autodestruction. L'appartenance n'est toutefois pas synonyme d'assimilation et elle ne doit pas être trop poussée, comme nous le verrons plus loin.

Durkheim complète sa démonstration sur l'intégration d'une manière inattendue en se référant à la société politique. Il constate d'abord que, dans les périodes de crise politique, le taux de suicide diminue. Cet effet varie cependant d'une région à une autre dans un même pays et au cours de la même crise, ce qui prouve que c'est l'intensité avec laquelle les citoyens vivent cette crise et non la crise comme telle qui a un effet protecteur. Autrement dit, afin de faire face à la crise sociale, les individus se rapprochent les uns des autres, ce qui favorise l'**intégration sociale** et, par voie de conséquence, entraîne une diminution du taux de suicide. De plus, cette tendance à la baisse peut se maintenir après la crise si celle-ci a été suffisamment forte.

**INTÉGRATION SOCIALE**
État ou processus de cohésion au sein d'un groupe ou d'une société.

### Le danger lié à un trop grand affranchissement à l'égard du milieu social

Durkheim affirme l'existence d'un lien entre le degré d'intégration des individus à la société et leur attachement à la vie. C'est le manque d'intégration sociale qui explique, selon lui, la plupart des suicides à son époque : « Plus les groupes auxquels il [le suicidé potentiel] appartient sont affaiblis, moins il en dépend, plus, par la suite, il ne relève que de lui-même pour ne reconnaître d'autres règles de conduite que celles qui sont fondées dans ses intérêts privés » (Durkheim, 1967a, p. 223). Le « moi » prend alors le dessus sur le groupe et il est ainsi amené à rompre avec la société. Durkheim appelle **suicide égoïste** ce type de suicide qui résulte d'un trop grand affranchissement du milieu social, d'un trop grand repli sur soi.

**SUICIDE ÉGOÏSTE**

Type de suicide lié à l'affaiblissement du lien social, au manque d'encadrement des individus.

La marge de manœuvre trop grande laissée par les groupes aux membres pousse au suicide des individus qui, dans d'autres circonstances, n'auraient peut-être jamais été jusque-là. La vulnérabilité ne conduit donc pas forcément quelqu'un au suicide. C'est plutôt le milieu ambiant qui incite ces personnes, sensibles au départ au rejet et à l'exclusion, à commettre un geste irréparable. Le fait de ne pas avoir de liens solides avec d'autres membres de la société engendre cette forme d'égoïsme qui est à la base du problème. La grande découverte de Durkheim a donc été que, pour expliquer une bonne part des suicides, c'est la société et la façon dont elle traite ses membres qu'il faut considérer, et non les individus eux-mêmes. Les suicides ne sont pas tous dus à l'égoïsme, lequel provient du fait que la société laisse l'individu à lui-même. Durkheim distingue deux autres types de suicide qui ont, eux aussi, des causes sociales et s'expliquent par le degré d'intégration des individus. Il s'agit des suicides altruiste et anomique.

### Le danger d'un trop grand oubli de soi

Durkheim définit clairement le **suicide** au début de son ouvrage. La première caractéristique du suicidé est qu'il est lucide et réfléchi au moment d'accomplir son geste, il sait parfaitement que celui-ci va provoquer sa mort. Quelqu'un qui croit pouvoir voler en se précipitant du haut d'une tour n'est ni lucide ni réfléchi ; il est mentalement perturbé et sa mort est due à un geste d'égarement plutôt qu'à la volonté de mettre fin à ses jours. Une deuxième caractéristique du suicide est la force que l'individu déploie pour se donner la mort, que ce soit de façon positive, en agissant, ou négative, en se laissant

**SUICIDE**

Acte de se donner soi-même la mort, qui peut être positif ou négatif et accompli directement ou indirectement et en connaissance de cause.

dépérir. Enfin, la troisième caractéristique est le fait de se donner soi-même la mort ou d'aller délibérément au-devant d'elle. La distinction entre s'enlever la vie et accomplir un acte qui aboutit au même résultat peut paraître subtile, mais il importe de la maintenir. Les kamikazes de la Deuxième Guerre mondiale, les terroristes religieux du 11 septembre 2001, les bonzes qui se sont immolés par le feu durant la guerre du Vietnam ou les martyrs chrétiens connaissaient tous le sort qui les attendait. Cette définition objective nous aide à mieux comprendre les différents types de suicide.

Le deuxième type de suicide, le **suicide altruiste**, est peu connu, car il évoque l'héroïsme et le renoncement. Durkheim utilise le mot « altruiste », lequel marque qu'il y a un intérêt à l'égard des autres pouvant aller jusqu'à l'oubli de soi, l'exact opposé de l'égoïsme. Durkheim montre que l'altruisme poussé à l'extrême conduit les individus à faire peu de cas de leur propre vie. Le suicide se rencontrait fréquemment chez des peuples et peuplades du passé. Il pouvait revêtir diverses formes et devenir obligatoire dans certaines sociétés, à la mort du chef ou du maître, pour ses serviteurs ou même sa conjointe. Dans d'autres sociétés, le suicide pouvait être volontaire, mais hautement apprécié. Il représentait un geste vertueux de renoncement à la vie pour une personne parvenue à la vieillesse, ou encore un appel pressant, tel chez les mystiques qui vont au-devant de la mort en croyant être l'incarnation de quelque chose ou d'une autre personne. Actuellement, il se manifeste notamment quand une personne se fait exploser en commettant un attentat au nom de son Dieu. Il se peut donc que quelqu'un mette fin à ses jours de façon non égoïste : le moi prend très peu de place, contrairement au suicide égoïste. La société annihile l'individu, le réduit à une chose.

*Les suicides sont plus fréquents dans l'armée*

Ce type de suicide est toujours présent dans certains milieux, comme c'est le cas dans l'armée. Le taux de suicide dans les forces armées de différents pays européens est supérieur à celui de la population civile, constate Durkheim. Afin de s'assurer que le taux correspond bien à des suicides de type altruiste, ce dernier relève des caractéristiques particulières des victimes qui prouvent qu'elles ne sont pas motivées par le rejet ni par le dégoût du service militaire. Chose surprenante, les statistiques montrent que ce ne sont pas les recrues qui se donnent la mort, mais bien des volontaires gradés, parfaitement adaptés et faisant souvent partie des corps d'élite. C'est que l'armée inculque aux recrues un esprit militaire entraînant la perte de l'individualité. L'armée finit par exercer une telle emprise sur les individus qu'ils cessent d'éprouver le sentiment de leur valeur personnelle. C'est ainsi que des militaires se donnent la mort pour des raisons qui paraissent, à première vue, futiles ou incompréhensibles, comme à la suite d'une bagarre ou d'un conflit familial, ou simplement parfois par esprit d'imitation. Dans des organisations moins rigides, mais imprégnées du même esprit, comme les corps policiers, on note aussi un taux de suicide élevé. Ainsi, par le fait qu'elle entraîne la dépersonnalisation de ses membres, la société peut conduire ces derniers à placer le principe de leur vie à l'extérieur d'eux-mêmes et ainsi à accepter facilement de l'abréger. Bref, le suicide est présent aussi bien dans une société qui intègre trop fortement ses membres (suicide altruiste) que dans une société qui ne les intègre pas assez (suicide égoïste).

### La menace d'une société désorganisée

Il existe un autre facteur lié au manque d'intégration des individus, c'est l'**anomie**. Selon Durkheim, ce mal résulte du déséquilibre causé par une société qui néglige de faire correspondre les besoins de ses membres avec les moyens pour les satisfaire. Des limites doivent être imposées aux individus, car leurs besoins sont illimités et leur volonté acharnée de les satisfaire les pousse parfois au désespoir. Les citoyens ne peuvent se fixer eux-mêmes des limites ni mettre un frein à leurs passions. Il revient à la société de jouer ce rôle de modérateur, soit à travers l'État, soit à travers une organisation exerçant un ascendant moral sur les individus. Durkheim croit qu'il faut une puissance extérieure pour maintenir l'équilibre social, émettant des règles comme garde-fou.

Ainsi, une société qui ne parvient pas à réfréner les désirs insatiables de ses membres, qui ne circonscrit pas leurs besoins, favorise le suicide. Il désigne ce type de suicide par le terme de **suicide anomique**, encore en usage en sciences sociales. En d'autres mots, l'anomie est le propre d'une société désorganisée qui n'impose pas à l'individu de limites à ses passions. Selon Durkheim, deux sphères sociales sont particulièrement concernées à cet égard : l'économie et le mariage.

**ANOMIE**

Manque de régulation dans la société.

**SUICIDE ANOMIQUE**

Type de suicide propre à une société qui manque de règles communes susceptibles de freiner les passions.

Depuis la fin du XVIII<sup>e</sup> siècle, du fait de l'industrialisation et de l'essor du capitalisme, la société occidentale s'est tranquillement affranchie de toute règle. Ainsi que l'exprime Durkheim :

> [...] l'industrie, au lieu de continuer à être regardée comme un moyen en vue d'une fin qui la dépasse, est devenue la fin suprême des individus et des sociétés. [...] Mais maintenant qu'il [le producteur de biens] peut presque prétendre à avoir pour client le monde entier, comment, devant ces perspectives sans bornes, les passions accepteraient-elles encore qu'on les bornât comme autrefois ? (Durkheim, 1967a, p. 284)

Le domaine de l'économie lui paraît ainsi, plus que tout autre domaine d'activité, dans un état permanent de crise ou d'anomie. Les fortes et soudaines fluctuations de l'économie entraînent une augmentation notable du taux de suicide, surtout dans les professions liées au monde industriel et commercial. Les activités économiques font naître des passions aveugles, les krachs économiques et les faillites conduisent parfois des individus au désespoir. La première décennie du XXI<sup>e</sup> siècle nous en a donné des exemples éloquents : elle a débuté avec un secteur financier déréglementé et en pleine expansion et s'est terminée par une crise économique.

Le mariage est un autre domaine qui a connu une déréglementation importante en Europe à l'époque de Durkheim, et cette déréglementation a atteint l'Amérique dans la seconde moitié du XX<sup>e</sup> siècle. Autrefois, le mariage était parfaitement régi et contrôlé par la société et par les institutions religieuses. La réglementation assurait la stabilité, contenait ainsi les passions des individus, qui se satisfaisaient du lot qui leur était imparti. Mais le divorce est devenu de plus en plus courant, ce qui a affaibli l'institution du mariage ; l'effet stabilisateur sur les désirs des individus a peu à peu disparu. Durkheim constate que, dans les pays où le divorce est interdit, le taux de suicide des personnes mariées est beaucoup moins élevé que celui des célibataires. Dans les pays ayant accepté le divorce et la libéralisation des mœurs, l'absence de bornes plonge certains individus dans un état permanent d'agitation et de mécontentement pouvant les pousser à désirer la mort. Le manque de règles de conduite peut dérouter les individus au point de les conduire au suicide, ce qui constitue une autre manière d'être mal intégré, selon Durkheim. Bref, l'anomie concerne la société dans son ensemble ; celle-ci ne fournit plus de repères fixes, de règles claires ou de contrôles efficaces pour contenir l'appétit sans limites des individus.

Un sociologue québécois a utilisé cette notion d'anomie dans une étude portant sur le suicide chez les jeunes, un phénomène apparu en Occident dans les années 1960. Un des facteurs envisagés est la disparition du rite de passage de l'adolescence à l'âge adulte, qui, depuis deux siècles dans les sociétés industrialisées, aboutissait au mariage et à la fondation d'une famille. L'abandon de cette règle commune enferme certains individus dans le « trou noir de l'adolescence », selon l'expression de l'auteur (Dagenais, 2007, p. 342). Il s'agit habituellement de garçons peu scolarisés, sans profession, peu désireux d'avoir des enfants et peu pressés de devenir adultes. Se sentant marginaux, ils oscillent entre haine de soi et haine des autres. Lorsqu'une épreuve les frappe, ils sont confrontés à l'image toute négative qu'ils se sont faite d'eux-mêmes et, souvent, perdent pied. Plus récemment, Dagenais rajoute à ce constat que la société contemporaine peine à fournir au jeune un sens « à sa propre continuité » (Dagenais, 2011, p. 102).

Le tableau 2.1 schématise les types de suicide selon Durkheim et rappelle leur définition.

| Tableau 2.1 |
| :---: |
| **TYPOLOGIE DES SUICIDES D'ÉMILE DURKHEIM** |

Le **suicide** est l'acte de se donner soi-même la mort, qui peut être positif (en agissant) ou négatif (en se laissant dépérir) et accompli directement (se donner la mort) ou indirectement (aller au-devant de celle-ci délibérément) et en connaissance de cause.

| Trois types | Rapport à la société et aux groupes qui la composent |
| --- | --- |
| 1. Le suicide **égoïste** | Il est lié à l'affaiblissement du lien social, au manque d'encadrement des individus. |
| 2. Le suicide **altruiste** | Il est lié à un encadrement excessif ou à la perte de l'identité personnelle. |
| 3. Le suicide **anomique** | Il est lié à une société qui manque de règles communes susceptibles de freiner les passions. |

Du survol des constats de Durkheim sur le suicide, il ressort que seules les conditions prévalant dans la société peuvent expliquer, quand ils se répandent ou se multiplient, certains gestes aussi graves que le suicide. «[...] un fait social ne peut être expliqué que par un autre fait social», précise-t-il dans *Les règles de la méthode sociologique* (Durkheim, 1967b, p. 143). Dans le cas qui nous occupe, le phénomène social du taux de suicide et ses variations s'expliquent par d'autres phénomènes sociaux, comme le degré d'intégration des individus à la société et la plus ou moins forte réglementation établie par cette dernière. L'état d'évolution dans lequel se trouve la société influe directement sur les individus.

«Le suicide égoïste, résume l'auteur, vient de ce que les hommes n'aperçoivent plus de raison d'être à la vie; le suicide altruiste, de ce que cette raison leur paraît être en dehors de la vie elle-même; la troisième sorte de suicide [...], de ce que leur activité est déréglée et de ce qu'ils en souffrent» (Durkheim, 1967a, p. 288).

Durkheim était préoccupé par le taux croissant de suicide en Europe à son époque. Il espérait, en étudiant ce phénomène scientifiquement, y apporter des solutions. Son message vise un renforcement des groupes entourant l'individu. Cependant, la famille ne peut plus être resserrée, vu que le noyau se réduit de plus en plus. Il en va de même pour les groupes religieux, qui ne le feraient qu'au détriment de la liberté de pensée de leurs membres. Quant au politique, il est trop loin de l'individu pour l'encadrer davantage et de façon continue. Dans *Le suicide,* Durkheim apporte une solution: le groupe professionnel serait à privilégier pour intégrer l'individu de façon harmonieuse. Toutes les professions pourraient former des sociétés qui rassemblent la grande majorité des gens pendant une partie importante de leur vie. Ces groupes, reconnus par la loi, assisteraient les individus et permettraient de développer une solidarité entre eux. On enrayerait ainsi la tendance égoïste et la déconnexion sociale. Les pouvoirs de réglementation que le public reconnaîtrait à ces groupements pourraient réduire l'anomie sociale liée au manque de freins à nos désirs. Depuis l'époque de Durkheim, cette solution n'a pas été appliquée intégralement, mais le développement des organisations syndicales et des corporations professionnelles, notamment, a sans doute créé, pour un nombre non négligeable de citoyens, des lieux susceptibles de s'opposer aux tendances suicidaires: un certain individualisme joint à une capacité de partager avec les autres et à un désir de liberté compatible avec les règles communes.

Plus de cent ans après la parution du *Suicide,* la plupart des facteurs sociaux que Durkheim a mis en lumière pour expliquer le taux de suicide sont encore valables. Les spécialistes se penchent encore sur le milieu social et ils y trouvent toujours des facteurs qui favorisent le suicide. Ainsi, quand une région montre une certaine cohésion et que ses habitants ont un sentiment d'appartenance, ces derniers seront plus protégés que d'autres contre la pensée du suicide. La famille, même si ses valeurs ont changé et que la vie familiale diffère largement de celle d'il y a un siècle, continue d'avoir une influence heureuse. Quoiqu'il n'y ait pas encore de statistiques qui démontrent la validité de l'assertion de Durkheim selon laquelle plus une famille est nombreuse, moins ses membres seront enclins au suicide, nous ne pouvons qu'être troublés par le fait que la baisse rapide et importante du taux de natalité, au Québec par exemple, s'est accompagnée d'une augmentation graduelle du taux de suicide. De plus, le Québec connaît depuis la seconde moitié du XX$^e$ siècle un certain déclin des institutions qui encadraient autrefois la vie des gens (par exemple, l'Église perd de son influence, la vie de quartier et le voisinage sont pratiquement inexistants) et ce déclin s'assortit malheureusement d'une augmentation du taux de suicide.

Si on se fie aux calculs et aux analyses de Durkheim, les crises économiques qui ont eu lieu au Québec au début des années 1980

*La pratique religieuse a décliné en Occident au XX$^e$ siècle*

puis dans les années 1990 auraient dû être accompagnées d'une augmentation du nombre de suicides. C'est exactement ce qui s'est produit. Laurent Laplante (1934-2017) distingue, quant à lui, d'autres phénomènes sociaux déstabilisants liés à l'économie, comme les périodes de saturation du marché du travail, qui conduisent au désespoir les jeunes, particulièrement vulnérables : «Et l'enthousiasme est nécessaire à celles et ceux qui commencent à peine leur route », explique-t-il dans *Le suicide* (Laplante, 1985, p. 120).

Selon Durkheim, pour bien comprendre les variations des taux de suicide, il faut envisager la société comme on ferait de n'importe quel autre phénomène. Des forces se croisent qui créent tantôt un courant d'altruisme parce que les groupes d'appartenance réduisent la vie à peu de chose, tantôt un courant d'anomie parce que la société est incapable de réfréner leurs désirs. Pour Durkheim, il ne s'agit pas d'une métaphore, la société est réellement agitée par ces divers courants, l'égoïsme entraînant la «mélancolie langoureuse», l'altruisme le «renoncement actif» et l'anomie la «lassitude exaspérée» (Durkheim, 1967a, p. 314-324). Durkheim croyait même que la société pouvait exister indépendamment des individus tout en exerçant sur eux une pression directe. Ce pionnier de la sociologie a, pour le moins, montré que toute science met en lumière des phénomènes insoupçonnés. Aujourd'hui, nous pouvons nous demander, par exemple, si nous sommes trop éloignés des autres ou si la société s'immisce dans les rapports entre les individus. En étudiant rationnellement une question aussi troublante que le suicide, Durkheim a éclairé certains de nos comportements, qui sont déterminés par un ensemble de facteurs sur lesquels il y a sans doute lieu d'agir.

### Un legs de Durkheim

Durkheim a eu une influence marquante sur la sociologie, notamment aux États-Unis. Ses concepts d'intégration sociale et d'anomie y ont fait émerger les notions de contrôle social et de déviance dans la théorie fonctionnaliste.

En étudiant le suicide, Durkheim a montré comment la société se construit et se maintient grâce aux pressions s'exerçant sur les individus pour maintenir l'intégration sociale. Selon lui, cette contrainte est acceptée par les membres d'une société quand elle est bien comprise. Ils y voient alors le cadre idéal pour pouvoir eux-mêmes y exercer leurs propres activités. Dans cette perspective, le

**CONTRÔLE SOCIAL**

Ensemble des institutions et des mécanismes mis en place dans une société pour sa cohésion et son maintien.

contrôle social est nécessaire. Le contrôle social est l'ensemble des institutions et mécanismes mis en place dans une société pour sa cohésion et son maintien. Les institutions, ce sont autant le pouvoir politique que la famille et l'école ou tout autre groupement social. Les mécanismes, ce sont autant les lois, les règlements, les incitations diverses à agir ou à penser de telle ou telle manière que les moyens inventés pour y parvenir.

Un sociologue états-unien, Robert K. Merton, sur lequel nous reviendrons au chapitre 6, a particulièrement approfondi toute cette question du contrôle social dans une étude célèbre, parue en 1949, sur les types d'adaptation des individus à la société (Merton, 1997). Pour sa démonstration, il a pris un exemple toujours d'actualité d'un but important pour des individus dans une société, la poursuite de la richesse. On sait comment sont perçues et impressionnent dans nos sociétés les personnes riches, indépendamment de la source de leur fortune, l'argent n'ayant pas d'odeur selon l'adage. La richesse est une **valeur** dans nos sociétés comme le sont aussi la justice, la démocratie ou encore le respect des autres.

**VALEUR**

Idéal ou but vers lequel tendent les membres d'une société.

**NORME**

Règle de conduite, suivie généralement par les membres d'un groupe ou d'une société.

Pour atteindre une telle finalité, la société propose des moyens pour y parvenir ou des **normes**. Une norme est une règle de conduite, suivie généralement par les membres d'un groupe ou d'une société. Cette règle peut être formelle, comme la loi interdisant de cambrioler, ou informelle, comme celle de bien se tenir à table.

À partir de ces notions, Merton distingue cinq «modes d'adaptation» des individus à leur société, ou cinq façons de se positionner par rapport aux valeurs et aux normes en vigueur.

En premier lieu, il y a le *conformisme*. C'est le type d'adaptation le plus répandu. Il assure la stabilité de la société. La personne conformiste adhère aux valeurs de sa société et accepte de chercher à les atteindre avec les moyens qu'elle lui propose. Ainsi, la personne ambitieuse de s'enrichir poursuivra ce but avec les moyens admis, comme s'instruire, travailler fort et ainsi de suite.

En deuxième lieu, il y a l'*innovation*. Par ce type d'adaptation, Merton introduit un concept qui prendra racine en sociologie, celui de **déviance**. La déviance est une action qui va à l'encontre des normes d'une société. C'est donc de l'ordre des moyens et il s'agit de comportements désapprouvés. Il en est ainsi, entre autres, quand on cherche à s'enrichir en évitant l'impôt, en trafiquant ou en dupant des gens. Les déviants ne remettent pas nécessairement en question un idéal sociétal, dans ce cas-ci la réussite financière, mais ils ne se sentent pas tenus d'y arriver en suivant les normes, ou ils n'ont pas l'impression qu'ils le pourraient, parce que, par exemple, ils n'ont pas d'instruction, ou n'ont pas de relations ou n'ont pas eu accès au milieu propice. Merton va même plus loin : « L'histoire des grandes fortunes américaines est celle d'individus tendus vers des innovations d'une légitimité douteuse. L'admiration que les gens éprouvent malgré eux pour ces hommes malins et habiles (*smart*), et qui réussissent, s'exprime souvent en privé et même en public : c'est le produit d'une civilisation dans laquelle la fin sacro-sainte justifie les moyens » (Merton, 1997, p. 173-174).

Merton nomme le troisième type d'adaptation *ritualisme*. Il s'agit ici de personnes qui ont abandonné un certain idéal comme la réussite financière, ou toute autre valeur, mais qui continuent de suivre les normes prescrites. Ces gens-là ne posent pas problème, ajoute-t-il. Ils se contentent de faire ce qui est généralement admis, comme un rituel, puisqu'ils ne croient plus aux valeurs qui y sont rattachées.

Le quatrième type d'adaptation est l'*évasion*. Cela touche une infime partie de la population. Ces personnes sont comme des étrangers dans leur propre société, précise Merton. Elles ne cherchent pas à atteindre les valeurs ambiantes ni à suivre les normes en vigueur. Merton énumère toute une série de laissés-pour-compte comme les itinérants, les malades mentaux, les drogués, les exilés, etc. L'évasion complète conduit à devenir un être asocial.

Le cinquième et dernier type d'adaptation sociale possible est la *rébellion*. Comme dans l'évasion, il y a un refus des valeurs et des normes communément acceptées, mais dans ce cas-ci, il y a une volonté de changer les choses, d'introduire de nouvelles valeurs et normes. Par exemple, le rebelle rejette comme fin de s'enrichir et les moyens proposés. Il cherche en contestant ce rêve américain à introduire une autre valeur, comme l'égalité sociale, et d'autres moyens, comme l'entraide ou la coopération.

Somme toute, le contrôle social dans une société donnée s'exerce sur des individus qui n'y réagissent pas tous de la même manière. C'est ainsi qu'apparaît la déviance. Elle est souvent criminelle, comme ces bandits en complet-cravate ou ces motards au commerce douteux qui prennent des moyens détournés pour s'enrichir. Mais la déviance n'entraîne pas toujours des poursuites judiciaires, comme dans le cas de ces excentriques qui n'agissent pas comme tout le monde sans pour autant enfreindre la loi ou des religieux qui vivent cloîtrés. Dès le XIXᵉ siècle, Émile Durkheim avait mis le doigt sur le bouillonnement des sociétés qui se modernisaient et sur la menace que ces grands bouleversements faisaient peser sur l'intégration sociale.

Le tableau 2.2 résume la typologie des adaptations possibles à la société selon Merton. ◆

| Tableau 2.2 TYPOLOGIE DES MODES D'ADAPTATION INDIVIDUELLE AUX VALEURS ET AUX NORMES EN VIGUEUR DANS UNE SOCIÉTÉ | | |
| --- | --- | --- |
| **Modes d'adaptation** | **Buts ou valeurs** | **Moyens ou normes** |
| 1. Conformisme | Acceptation | Acceptation |
| 2. Innovation | Acceptation | Refus |
| 3. Ritualisme | Refus | Acceptation |
| 4. Évasion | Refus | Refus |
| 5. Rébellion | Refus et introduction de nouvelles valeurs | Refus et introduction de nouvelles normes |
| Rappel: la déviance est liée au refus des normes en vigueur. | | |

Basé sur l'ouvrage du sociologue Robert K. Merton *Éléments de théorie et de méthode sociologique* (Paris, Armand Colin, 1997 (1953), p. 172).

# Mots clés

- Anomie, p. 38
- Contrôle social, p. 44
- Déviance, p. 44
- Intégration sociale, p. 35
- Norme, p. 44

- Suicide, p. 36
- Suicide altruiste, p. 37
- Suicide anomique, p. 38
- Suicide égoïste, p. 36
- Valeur, p. 44

# Questions sur le chapitre 2

**1** En quoi l'âge, l'état civil ou l'appartenance religieuse sont-ils des caractéristiques sociales?

**2** Qu'est-ce qui distingue l'organisation religieuse protestante des Églises catholique et juive? En quoi cela explique-t-il le taux de suicide plus élevé chez les protestants?

**3** Qu'est-ce qui rapproche le protestant du célibataire quant au taux de suicide?

**4** Est-ce que crise politique et augmentation du taux de suicide vont de pair? Expliquez.

**5** Quel type de suicide est lié à la désorganisation d'une société? Expliquez brièvement ce type de suicide.

**6** Quel type de suicide est dû au peu de cas accordé à sa propre vie? Expliquez brièvement ce type de suicide.

**7** Quel type de suicide est dû à un manque d'intégration sociale? Expliquez brièvement ce type de suicide.

**8** Parmi les cinq modes d'adaptation individuelle aux valeurs et aux normes d'une société selon Merton, lesquels entraînent la déviance? Expliquez de quelle manière dans chaque cas.

**9** Imaginez une action envisageable dans votre société pour diminuer ou prévenir les suicides et montrez en quoi elle touche à une des constatations ou des préoccupations d'Émile Durkheim.

# CHAPITRE 3

# NOTRE RAPPORT AU CONTEXTE SOCIAL

## Le phénomène des générations

... le contexte social grave ses premières impressions chez une génération qui découvre le monde à la vingtaine, ce qui concourt à donner des traits communs à cette dernière.

L'AUTEUR

C harles Wright Mills (1916-1962), un sociologue états-unien, s'est livré à une longue réflexion sur notre appartenance à la société et sur les événements qui s'y déroulent. Dans le premier chapitre de son ouvrage à succès *L'imagination sociologique* (Mills, 1959), il affirme qu'on ne peut vraiment comprendre sa propre expérience et son avenir sans prendre en compte son époque et les gens qui ont vécu dans le même **contexte social** que nous. Le contexte social, ce sont les institutions et les circonstances dans lesquelles vit un individu. Cela signifie qu'on doit s'intéresser à la nature des **institutions**, à l'évolution des rapports qu'elles ont entre elles et aux types d'hommes et de femmes qu'elles engendrent.

Il existe plusieurs types d'institutions : les institutions économiques comprennent les entreprises de biens et services, les institutions politiques sont essentiellement représentées par les gouvernements de tous niveaux, les institutions sociales comprennent les familles, les médias, les Églises, les organismes relevant des domaines de la santé, des arts, du sport, etc.

### Biographie et histoire

Les travaux de Mills portent sur un des fondements de la sociologie. La biographie d'une personne ne peut faire abstraction du contexte social. On doit connaître l'histoire de la société dans laquelle on a vécu. L'exemple suivant devrait vous permettre de saisir ce lien que fait Mills entre l'histoire de la société, ou le contexte social, et notre vie personnelle, ou notre biographie. Supposons qu'une personne perd son emploi. Mills qualifie cet événement d'**épreuve** (*trouble* en anglais). Cette affaire privée menace l'individu personnellement et dans ses relations avec les autres. Une valeur qui lui est chère pour sa réalisation personnelle, le travail, ne peut plus être actualisée. Il se sent en danger, comme une personne qui accumule les échecs scolaires ou une autre qui est contrainte de divorcer, par exemple.

Jusque-là, la perte d'un emploi est un problème strictement personnel que l'individu peut régler, en examinant de près sa situation particulière. Ce n'est peut-être qu'une question de quelques semaines avant de dénicher un autre emploi, le temps d'examiner les offres et de passer des entrevues, ou encore il peut simplement confier sa demande à une agence de placement. Avant peu, il sera engagé par une entreprise qui recherche des candidats ayant ses compétences. Il peut aussi se recycler et, par la suite, trouver

**CONTEXTE SOCIAL**

Institutions et circonstances ayant rapport avec une situation donnée.

**INSTITUTION**

Composante concrète d'une société régie par une loi ou une coutume.

**ÉPREUVE**

Problème touchant un individu et mettant en doute une valeur qui lui est chère.

aisément un nouvel emploi. Les épreuves qui se règlent de cette manière demeurent d'ordre personnel ou privé.

Cependant, quand le taux de chômage dans une ville dépasse 10 %, qu'il atteint même 20 % dans un quartier ou une région ou qu'un groupe ethnique est davantage affecté, les problèmes liés à la recherche d'un emploi ne sont plus seulement d'ordre individuel. Selon Mills, on est alors confronté à un **enjeu** (*issue* en anglais), c'est-à-dire à une affaire publique qui menace un ensemble d'individus à travers les grandes institutions de leur société. Les membres de la société s'aperçoivent alors que certaines valeurs et certaines façons de faire sont menacées, comme lors d'une guerre ou d'un cataclysme, ou lorsqu'une société n'offre aucune finalité commune à partager entre ses membres. Le problème devient ainsi collectif, et il faut considérer les institutions qui nous régissent pour en cerner les causes. Dans le cas qui nous occupe, il convient de se demander pourquoi il existe peu de débouchés sur le marché du travail et de solutions au problème.

Si nous prenons conscience des épreuves qui apparaissent dans une société et comprenons que, du fait de leur ampleur, ces dernières sont propulsées hors du domaine privé, nous découvrons que la société fait face à des enjeux qu'il est nécessaire de surmonter pour assurer notre bien-être et celui de nos semblables. Il importe de ne pas considérer les problèmes comme strictement individuels, personnels ou privés si nous voulons que la société évolue et que les problèmes généraux se résolvent. En gardant cela à l'esprit, j'examinerai maintenant la question des générations, avec leur lot d'épreuves et d'enjeux.

## La jeunesse, une époque cruciale

Nous nous sommes tous déjà demandé si nous ressemblions à d'autres personnes de notre connaissance appartenant à la même **génération** que nous. Si nous approchons de la vingtaine, cette question ne nous a probablement pas effleurés parce que nous ne faisons que commencer à découvrir le monde. Nous partageons pourtant des traits communs avec les autres personnes de notre âge, car nous sommes plongés ensemble dans une réalité sociale particulière. Nous différons sur ce plan des personnes des générations précédentes et suivantes. L'étude des générations et de ce qui les caractérise a connu un regain d'intérêt depuis une trentaine d'années, notamment en France et aux États-Unis. La place

**ENJEU**
Problème lié au contexte social qui touche un grand nombre d'individus.

**GÉNÉRATION**
Groupe de personnes ayant vécu des expériences et des événements communs, spécialement au cours de leur jeunesse.

prépondérante qu'occupaient encore récemment dans la société les adultes issus du *baby-boom* des années 1940 et 1950 n'était pas étrangère à cet intérêt. Mais qu'est-ce qu'une génération, au juste ?

Le sociologue Karl Mannheim (1893-1947) a donné un sens précis au terme « génération ». D'origine hongroise, il a dû s'exiler en Allemagne, puis en Angleterre. *Le problème des générations* (Mannheim, 1928), écrit en allemand, a été traduit en français en 1990. L'auteur a attribué un sens sociologique au terme « génération » en le distinguant bien de son sens biologique. Le fait d'appartenir à une même génération, selon ce sociologue, implique un **lien social**. Ce lien social se retrouve dans l'histoire commune que les individus ont vécue. C'est ainsi qu'une génération est souvent définie à partir d'un événement majeur qui la situe par rapport aux autres générations, comme, par exemple, la génération de la Crise (dépression des années 1930) ou de la guerre (la Deuxième Guerre mondiale).

L'avenir nous dira si les attentats du World Trade Center en 2001 auront été un marqueur pour une génération donnée. Plusieurs générations se côtoyaient au moment de ce drame, comme c'est le cas à toutes les époques. Alors, en quoi peut-il être associé à une génération en particulier ? Pour répondre à cette question, Mannheim introduit la notion de « stratification de l'expérience ». Il explique que la couche de base est constituée de ce qui s'imprègne profondément au moment de la jeunesse, couche sur laquelle se superposent les expériences ultérieures, qui n'ont pas le même poids et ne laissent pas la même empreinte sur nous. C'est pour cette raison qu'une génération peut être identifiée à un événement particulier qui s'est produit au moment de sa jeunesse.

Ceux qui ont vécu les mêmes premières expériences sociales à une époque donnée dans une société font partie de la même génération. Selon Mannheim, ces expériences de jeunesse ont tendance à se figer et à créer chez les individus une « image naturelle du monde » qui oriente les expériences subséquentes. Plus précisément, il situe à l'âge de 17 ans environ le moment où nous ressentons plus fortement que nous appartenons à une époque et à une société particulières. Ceux qui vivent cette expérience en même temps sont de la même génération. De nos jours, les arts et, plus particulièrement, la musique témoignent de ce sentiment d'appartenir à une génération.

L'âge n'est donc pas un critère décisif pour délimiter une génération. Il faut surtout avoir vécu des événements et des expériences communes durant notre jeunesse. C'est cela qui crée le lien social indispensable. Mannheim fait valoir, par exemple, que si nous vivons isolés des grands centres ou dans des pays différents, nous pouvons appartenir à des «ensembles générationnels» différents. Mais si nous sommes témoins de bouleversements sociaux qui nous touchent tous à un même moment, même si nous sommes éloignés les uns des autres, nous sommes tous marqués. Si la prolifération actuelle des médias sociaux se révèle d'une portée considérable, il se pourrait que la génération des jeunes d'aujourd'hui soit un jour appelée la génération des médias sociaux. D'autres événements importants de notre passé récent pourraient aussi s'avérer le révélateur d'une génération. La mondialisation de l'économie, la crise financière de 2008 ou encore l'ombre du djihad guerrier serviront peut-être un jour à caractériser une même génération et engloberont des gens de divers endroits du monde qui se reconnaîtront dans ces expériences vécues en commun.

Louis Chauvel, un sociologue français, a réalisé à la fin du XX$^e$ siècle une étude pénétrante sur les générations qui couvre tout le XX$^e$ siècle en France (Chauvel, 1998). Il s'accorde avec Mannheim pour dire que les générations se cristallisent au moment de la jeunesse. Pour lui, le destin d'une cohorte, un terme utilisé en statistique, se joue avant 30 ans. Peu de changements s'effectueront durant les trente années subséquentes. Il est donc primordial de saisir le contexte social à l'arrivée d'une cohorte sur le marché du travail pour en comprendre le destin particulier. Une génération a donc un avenir en propre, mais il lui est inconnu à son arrivée

*La musique est un repère générationnel*

au monde. On ne peut prédire le contexte social, ou la structure sociale dans les termes de Chauvel, dans lequel se déroulera l'enfance d'une génération, qui l'imprégnera au moment de son entrée dans la vie adulte et la marquera ainsi jusqu'à sa retraite, étape tout autant liée à sa trajectoire initiale. Il reprend l'idée de superposition des générations énoncée par Mannheim: «[La société française] est en fait composée de couches successives de cohortes caractérisées par des situations et des chances d'améliorations de leur condition nettement distinctes» (Chauvel, 1998, p. 95).

Au-delà de la référence commune à un même événement, nous pouvons chercher à déterminer les caractéristiques d'une génération donnée et ce qui la distingue des autres générations qu'elle côtoie. Autrement dit, qu'est-ce que le fait d'avoir vécu les mêmes événements aux mêmes âges entraîne comme conséquences? Un constat sociologique nous amène à conclure que c'est dans les façons d'être et d'agir communes que les conséquences sont les plus visibles. Nous pensons et nous agissons, souvent inconsciemment, selon l'éventail limité de possibilités que comporte la situation vécue par notre génération. Par exemple, en Amérique du Nord, les jeunes hommes de la génération de la dépression des années 1930 aspiraient simplement à trouver un emploi régulier, rien de plus. Les projets de mariage étaient remis à plus tard. Or, la génération suivante, celle de la guerre de 1939 et des années qui ont suivi, a connu l'abondance dans le domaine de l'emploi et ses membres se sont empressés de convoler en justes noces et de faire des enfants. C'est le mariage différé des premiers et le mariage hâtif des seconds qui est à l'origine du phénomène du *baby-boom*.

### Deux générations comparées

Nous allons maintenant examiner deux générations ayant vécu suffisamment de temps pour qu'il soit relativement facile d'en dégager les caractéristiques. Nous définirons leurs traits propres à leur jeune âge et le contexte social dans lequel elles ont vécu. Nous arriverons ainsi à comprendre leurs visions respectives du monde. Cela vous conduira à réfléchir sur les origines de certaines façons d'agir et de penser propres à votre génération. Ce genre de prise de conscience peut contribuer à améliorer la communication entre les générations, sachant que nos différences de perception peuvent être dues au fait que nous n'avons pas été marqués par les mêmes événements au cours de notre jeunesse. Nous allons ainsi comparer les épreuves et les enjeux que la génération des *baby-boomers* et la génération dite des X ont vécus. Pour décrire chacune de ces générations, un observateur social nous servira de guide. Pour les *baby-boomers*, ce sera François Ricard, qui a écrit *La génération lyrique. Essai sur la vie et l'œuvre des premiers-nés du baby-boom* (Ricard, 1992). Pour les X, ce sera Stéphane Kelly, l'auteur d'*À l'ombre du mur. Trajectoires et destin de la génération X* (Kelly, 2011).

Pour établir un lien entre épreuves et enjeux (Mills) ou pour définir le rapport entre la perception qu'une génération a d'elle-même et les conditions sociales et historiques qui ont produit cette image (Mannheim), il importe de connaître le contexte social et la mentalité des jeunes de chaque époque. Tout historien affirmerait qu'un certain recul dans le temps rendrait la tâche plus facile. Aussi avons-nous choisi de décrire ces deux générations et le contexte social à leur entrée dans la vie adulte, puisque quelques décennies nous en éloignent et nous permettent ainsi d'y voir plus clair. Quant à la jeunesse actuelle qui est sur le point de commencer sa vie active, elle s'imprègne d'un contexte social déterminé qui confé-rera à la génération en question certains traits particuliers. Ceux-ci peuvent difficilement apparaître dès maintenant.

*François Ricard*

Pour pénétrer au cœur de chacune des deux générations choisies, je commencerai par en décrire les traits dominants. À quoi ressem-blaient ces jeunes, à quoi rêvaient-ils, à quel avenir s'attendaient-ils ? Ensuite, j'aborderai le contexte social de chaque époque pour en faire ressortir les éléments structurels. Que se passait-il aux plans politique, économique, éducationnel et social à l'époque où la génération des *baby-boomers* et celle des X ont fait leur entrée sur le marché du travail ou dans la vie adulte ? Je déterminerai, en m'appuyant sur les faits décrits par Ricard et Kelly, les liens pouvant exister entre la vision du monde d'une génération et le contexte social qui prévalait à l'aube de ses 20 ans. À vous ensuite, jeunes de maintenant, d'approfondir ces concepts si vous voulez avoir une idée globale de ce que votre génération vit, de ce qui la marquera et la soutiendra dans les années à venir.

*Stéphane Kelly*

## Les *baby-boomers*

Selon François Ricard, la première vague de *baby-boomers*, celle qu'il a analysée, est née entre les années 1942 et 1952, cette dernière année correspondant à un âge de 17 ou 18 ans à la fin des années 1960. Le *baby-boom* désigne la hausse spectaculaire des naissances entre la fin de la Deuxième Guerre mondiale et 1960 environ. Cette croissance démographique remarquable a touché particulièrement le Canada, les États-Unis, l'Australie et la Nouvelle-Zélande. Ricard qualifie sa génération, qui est aussi la mienne, de « lyrique », un terme emprunté à la littérature, bien que son ouvrage relève de la sociologie et d'autres sciences humaines. Le mot « lyrique » suggère que la génération en question est innocente, dans le sens qu'elle a l'impression de faire naître le monde, que le passé n'a pas existé ou a peu d'importance, et que l'avenir ne peut qu'être radieux, vu son sentiment de toute-puissance. Examinons quelques traits précis de cette « image naturelle du monde », comme dirait Mannheim.

Un premier trait caractéristique des gens de cette génération, c'est la conviction que le changement va de soi. Cela se traduit pour eux par un sentiment de légèreté face au monde, comme le dit Ricard. Dans les années 1960, en effet, les gens accordaient de l'importance à la nouveauté. Tout ce qui était nouveau était bon et tout ce qui était ancien était dépassé. Ils recherchaient la nouveauté partout et les médias, la télévision en particulier, étaient continuellement à l'affût des nouvelles tendances dans tous les domaines. Il faut comprendre que le contexte social dans lequel baignait cette génération depuis sa naissance y était pour quelque chose. Les années 1942-1952 ont été prospères et la croissance économique s'est poursuivie jusqu'aux alentours de 1975. On appelle maintenant cette période exceptionnelle de croissance les Trente Glorieuses (1945-1975), selon l'expression inventée par l'économiste Jean Fourastié (1979). C'était une époque de bouleversements pour les entreprises (concentration, automatisation, production de masse), pour les particuliers (niveau de vie élevé, consommation à la hausse), pour les institutions politiques (mise en place des sociétés d'État comme Hydro-Québec, interventions de l'État dans le fonctionnement de nombreuses institutions et dans le domaine de l'économie) et pour les institutions sociales (réformes dans l'éducation, la santé et les

*Les parents des* baby-boomers *n'ont pas eu de jeunesse*

services sociaux). Cette génération a la nette impression que tout se modifie et que la société est en continuelle effervescence.

Un deuxième trait caractéristique de cette génération est le sentiment partagé par tous que tout était possible, qu'il s'agissait simplement de vouloir et que les choses arriveraient. Un sentiment de toute-puissance habitait les étudiants, ils croyaient qu'en écrivant «Pouvoir étudiant» sur une pancarte, ils obtiendraient effectivement le pouvoir. Ce sentiment de supériorité était surtout lié à la force du nombre. La moitié de la population au Québec dans les années 1960 avait moins de 20 ans, alors qu'en 2010, les jeunes ne représentaient plus que 21,9 % (Québec, 2011). Du fait de leur nombre, les jeunes jouissaient d'une grande visibilité. Plusieurs prolongeaient leur jeunesse et poursuivaient leurs études au-delà du secondaire ou du collégial grâce aux mesures gouvernementales destinées à faciliter l'accès aux études supérieures (prêts-bourses, incitations à persister, augmentation des places disponibles par la construction d'écoles, etc.).

Un facteur qui contribuait à persuader la génération lyrique qu'elle avait de l'influence était la faible résistance opposée par les générations précédentes. Les parents désiraient léguer à leurs enfants un monde meilleur que celui qu'ils avaient connu dans leur jeunesse : les privations dues à la crise économique des années 1930, l'anxiété éprouvée au cours des années de la guerre. La plupart des parents disaient ne pas avoir eu de jeunesse, obligés très tôt de subvenir à l'entretien de leur famille en travaillant aux champs ou à l'usine. Mais les emplois étant rares et irréguliers, ils ne parvenaient pas toujours à se réaliser comme ils l'auraient souhaité. En ce sens, ils enviaient leurs enfants et cherchaient même à revivre une partie de leur jeunesse écourtée en nourrissant pour eux de vastes ambitions. À un jeune travaillant l'été pour payer ses études, les ouvriers plus âgés disaient avec sincérité : «Tu fais bien de poursuivre tes études.» Ils l'approuvaient ainsi de vouloir connaître de meilleures conditions de vie qu'eux. La génération lyrique n'a eu aucune difficulté à dépasser le niveau d'instruction de la précédente, car au Québec, avant les années 1960, un adulte sur deux n'avait pas terminé ses études primaires. L'encouragement reçu des parents avait malheureusement pour effet de créer un écart entre les deux générations. Aux yeux des jeunes, la génération de leurs parents était dépassée par l'accélération des changements, ce qui amenait des confrontations : les parents ne refusaient pas longtemps les demandes, même dans un domaine qu'ils considéraient comme fondamental, ce qui explique l'abandon massif des pratiques religieuses chez les jeunes.

Ricard met judicieusement en lumière un autre aspect du contexte social des années 1960 qui projetait à l'avant-scène cette jeunesse bruyante et sûre d'elle-même : la sympathie que lui manifestaient les nouveaux politiciens qui arrivaient au pouvoir. Ceux-ci appartenaient à la génération née durant les années de la Crise, génération coincée entre celle des *baby-boomers* et celle de leurs parents. Les naissances avaient été peu nombreuses pendant la dépression des années 1930, et la société québécoise était dirigée en 1950 par une élite accrochée à un monde religieux et agricole. Ceux qui prônaient des changements rongeaient leur frein. C'est donc avec soulagement et enthousiasme qu'au début des années 1960, ces enfants de la Crise, maintenant dans la trentaine, prenaient les rênes du pouvoir. Mais en raison de leur faible nombre, il leur fallait l'appui des autres générations. C'est ainsi qu'ils ont pu proposer des réformes ralliant les jeunes de la génération lyrique, qui, du fait de leur nombre et de leur vigueur, étaient des alliés de premier ordre.

Je me rappelle, par exemple, ma première participation, au début des années 1960, à une manifestation qui visait à appuyer le gouvernement provincial dans ses demandes d'octrois ou de points d'impôt au gouvernement fédéral. Une expérience que j'ai vécue à titre de journaliste étudiant fournira un second exemple de l'intérêt que les politiciens manifestaient à l'égard des jeunes. À quelques heures d'avis, j'avais réussi à obtenir une entrevue avec René Lévesque, le ministre le plus en vue du gouvernement provincial d'alors. Non seulement il nous avait reçus avec beaucoup d'égards, mon collègue et moi, mais il avait même lu et commenté de façon élogieuse le dernier document produit par la Presse étudiante nationale, un regroupement de journaux étudiants. Cet écrit prônait la souveraineté du Québec, dont il fit ensuite lui-même la promotion et qui devint la raison d'être du Parti québécois.

L'optimisme est le troisième trait caractéristique de la génération lyrique. Dans les années 1960, le taux de chômage était au plus bas (autour de 4 %), l'État créait des ministères de toutes sortes, participait à l'essor économique en finançant de grands projets (dont les barrages hydroélectriques, le métro de Montréal, l'exposition universelle de 1967), et en outre, il instaurait des réformes pour contrôler l'économie, former la jeunesse et protéger la vie présente et future des citoyens. Une anecdote vous renseignera sur l'état d'esprit qui était alors le nôtre. Au début des années 1960, un professeur arrive en classe un matin et nous affirme (je ne me souviens plus à propos de quel événement) que les crises économiques, c'est fini. Un économiste britannique avait expliqué le fonctionnement des crises économiques et il était maintenant possible de les prévenir. Mettez-vous à notre place : on envisageait l'avenir avec un énorme optimisme. Mes étudiants ont été stupéfaits d'apprendre, au cours d'interviews individuels avec un membre de la génération lyrique, que 80 % des enquêtés avaient déclaré avoir été optimistes, dans les années 1960, quant à leur avenir sur le marché du travail.

*L'exposition universelle de Montréal en 1967*

Le quatrième et dernier trait caractéristique que relève Ricard, c'est le narcissisme collectif de la génération des *baby-boomers*. Les jeunes se sentent uniques, ils sont seuls à être « dans le vent », selon une chanson de l'époque. Les autres, c'est-à-dire tous ceux et celles qui avaient plus de 30 ans, étaient des « croulants ». Ils croyaient qu'ils allaient toujours demeurer beaux et jeunes. Ce n'était là qu'une de leurs utopies, car le radicalisme florissait sur les questions tant politiques, sexuelles, scolaires que familiales. En effet, même la famille était remise en question, car elle était perçue comme un lieu d'endoctrinement et d'oppression. Cet engouement pour la jeunesse était contagieux et les plus vieux cherchaient à se donner des airs de jeunes. Selon Ricard, « tout le système, toute la société, s'organise dès lors en fonction de la jeunesse, en qui tend à se concentrer la puissance de dicter et d'incarner les normes, de fixer les buts et les valeurs, de justifier et d'inspirer l'action » (Ricard, 1992, p. 89). Cette emprise d'une génération sur celles qui l'avaient précédée était assez exceptionnelle. Dans le passé, la manière de considérer la succession des générations était tout autre. Les générations nouvelles entraient habituellement dans la vie sociale avec confiance et enthousiasme, mais, au contact des forces sociales en place et de la réalité, elles perdaient peu à peu leur innocence. Leurs membres pouvaient alors ou déserter ou accepter de mûrir en s'intégrant au monde des adultes, au risque de perdre leur jeunesse. La description de la génération X que je ferai plus loin montrera aussi le caractère exceptionnel de la génération des *baby-boomers*.

J'ai fait ressortir les principaux traits d'une génération considérée en bloc. Évidemment, comme dans tout phénomène humain, tous n'y participaient pas automatiquement. L'intérêt manifesté à l'égard des faits et gestes de l'ensemble ou de l'esprit du temps pouvait fluctuer. Il était assez facile, par exemple, de faire partie du mouvement ou d'être emporté par lui si on n'avait pas de responsabilités familiales, si on était toujours aux études, si on avait été peu marqué par le climat conservateur des années 1950, si on vivait dans les centres urbains, si on provenait d'une classe sociale aisée et, enfin, si on était de sexe masculin (les revendications féministes deviendront intenses seulement dans les années 1970). Mais tous les jeunes étaient touchés d'une manière ou d'une autre, car ils étaient entourés d'un respect généralisé, un peu comme la vieillesse dans les sociétés passées. Ce gonflement de l'ego d'une jeunesse en quête d'éternité se reflétait aussi dans l'art. On voulait ébranler la société. L'artiste Jordi Bonet avait gravé sur la murale du Grand Théâtre de Québec, en 1971, cette phrase du poète québécois Claude Péloquin qui avait fait scandale : « Vous êtes pas écœurés de mourir, bande de caves ? C'est assez ! »

*Murale de Jordi Bonet,*
*Grand Théâtre de Québec*

## Les X

Comme l'explique le sociologue Stéphane Kelly, la génération des X est née dans les années 1960 et au début des années 1970. Les membres de cette génération ont donc vécu leur jeunesse dans les années 1980 et au début des années 1990. Un premier trait qui les caractérise selon cet analyste est le mode survie. C'est un thème récurrent dans leurs propos. Au lieu de s'aborder par un « Comment ça va ? », les X, la plupart du temps à cette époque, demandent : « Comment tu survis ? » Ils subissent le changement social, celui-ci ne vient pas d'eux. Ils ne s'échinent pas à concevoir de grands projets, ils cherchent simplement à vivre et « à satisfaire leurs besoins les plus élémentaires, en repoussant à plus tard la réali-

*Les X ont l'impression que le pouvoir leur échappe*

sation d'autres projets normaux pour un jeune adulte : s'établir avec l'élu de son cœur, avoir un enfant, acquérir une propriété, planifier une modeste semaine de vacances… » (Kelly, 2011, p. 196). La maturité pour ces jeunes correspond à un renoncement à leurs rêves, à une traversée du désert. Ils comprennent mieux sur ce plan leurs grands-parents que leurs parents, car les premiers, nés au début du XXᵉ siècle, ont connu dans leur jeunesse le krach de 1929. Sans avoir la même ampleur, la crise économique qui touche l'Occident en 1981 est sérieuse. Cette crise les affecte durement. Le marché du travail se bouche, les gouvernements, endettés, resserrent les dépenses et l'ascenseur social vers des filières d'emplois lucratifs est en panne.

Les X ont l'impression que le pouvoir leur échappe. Ils succombent aisément à la dépression. Ils se sentent souvent épuisés et vidés. Ils n'établissent cependant pas de lien entre leurs épreuves et les enjeux de la société. Alors, ils retournent leur dépit contre eux-mêmes. « La plupart d'entre eux pensent, à tort, qu'ils ne sont tout simplement pas à la hauteur comme individus » (Kelly, 2011, p. 102). Il faut dire que les plus âgés répètent que tout est possible. Certains veulent bien les croire et demeurent d'éternels étudiants qui attendent l'emploi idéal. Mais la triste réalité les amène graduellement à se rendre compte que ces discours sont ceux d'une autre époque, de celle des *baby-boomers*, qui trouvaient un emploi avant même la fin de leurs études. Dans le cas des X, ils sont plus instruits, mais la valeur des diplômes est à la baisse. Des usines ferment, les services publics se compriment, l'inflation comme le chômage augmentent. Cette lourdeur du monde est accentuée par une société dont les institutions sont en crise : les familles éclatent de plus en plus, le sida menace, l'école n'est plus porteuse des mêmes espoirs, et au Québec, s'ajoutent les lendemains désenchantés du référendum de 1980, qui avait donné aux Québécois l'occasion de se prendre en mains et de créer un pays, mais fut rejeté.

Un regard sombre posé sur l'avenir est le troisième trait de la génération des X. Les jeunes de l'époque ont l'impression d'être devant un mur infranchissable. L'avenir leur paraît bouché. Impossible de faire des projections, de rêver de lendemains qui chantent. Les jeunes X renoncent à tout projet politique, ils n'imaginent pas le bien qui pourrait en sortir. Ils ne cherchent pas à changer la société, à abattre le système capitaliste. Le sentiment de toute-puissance des *baby-boomers* qui les avait amenés à travailler sans relâche pour transformer le monde n'habite pas les X. Survivre est suffisamment préoccupant, ils jugent inutile de lutter pour un idéal. Les gouvernements leur donnent raison. Ils ne pensent qu'à comprimer leurs dépenses, à réduire la taille de l'État, à abandonner des programmes sociaux.

Un quatrième et dernier trait caractéristique de cette génération est la conscience de ses limites. C'est la première génération depuis un siècle à entrer dans la vie adulte avec un niveau de vie plus faible que la génération qui l'a précédée. « Le ressentiment, la colère, l'amertume des X n'est pas sans fondement » (Kelly, 2011, p. 59). Les jeunes doivent s'habituer à une vie plus modeste et à survivre dans un monde où les problèmes sociaux s'accentuent : chômage, suicides, divorces, naissances hors mariage. Bref, ils vivent dans un monde inhospitalier, un milieu éclaté, un climat morose, une société de plus en plus anomique, pour reprendre un terme de Durkheim que nous avons employé au chapitre précédent. Dans ce monde qui ne leur fait pas de cadeaux, ils demandent simplement de pouvoir se faire une toute petite place au soleil. Ils aspirent à un emploi stable et à une vie de famille normale. Le tableau 3.1 met en regard les traits caractéristiques de ces deux générations.

| Tableau 3.1 | |
|---|---|
| **COMPARAISON ENTRE DEUX GÉNÉRATIONS** | |
| **Génération des *baby-boomers*** (née dans les années 1940 et 1950) | **Génération des X** (née dans les années 1960 et 1970) |
| **1er trait** **Le changement va de soi.** Ex.: Les jeunes cultivent la nouveauté. | **1er trait** **Le changement est subi.** Ex.: Les jeunes sont en mode survie. |
| **2e trait** **Le pouvoir est à nous.** Ex.: Les jeunes revendiquent avec assurance. | **2e trait** **Le pouvoir nous échappe.** Ex.: Les jeunes sont dépressifs. |
| **3e trait** **L'avenir est radieux.** Ex.: Les jeunes font preuve d'optimisme. | **3e trait** **L'avenir est sombre.** Ex.: Les jeunes font face à un mur. |
| **4e trait** **Il n'y a pas de limites.** Ex.: Les jeunes construisent des utopies. | **4e trait** **Il y a des limites.** Ex.: Les jeunes n'aspirent qu'à une vie normale. |

À la fin des années 1980 et au début des années 1990, une équipe de recherche avait déjà pressenti les épreuves de la génération X. Sa recherche-action à visée pastorale avait été menée auprès de 500 personnes du Québec, d'une partie de l'Ontario et des provinces de l'Atlantique. Ses membres avaient utilisé principalement des récits de vie et des entrevues de groupe étalés sur une période de sept ans. Cette recherche, dirigée notamment par le sociologue et théologien Jacques Grand'Maison (1931-2016), avait donné lieu à cinq rapports dont la synthèse a paru sous le titre *Le défi des générations* (Grand'Maison, 1995). L'un des constats de cette étude est le suivant: «La situation actuelle [on est au début des années 1990] des jeunes est fort différente de celle des années 1960. Les jeunes souhaitaient alors changer le monde, croyaient que tout était possible. Aujourd'hui, nous nous trouvons dans un contexte de blocage (futur, emploi, sida, environnement), sauf pour l'innovation technologique» (Grand'Maison, 1995, p. 114). Le sociologue ajoutait que les *baby-boomers* n'avaient pas eu de choix douloureux à faire, car la prospérité leur faisait obtenir ce qu'ils demandaient, alors que les X, que Grand'Maison observait alors à leur entrée dans la vie adulte, devaient faire des choix déchirants en raison de la limitation des ressources.

Grand'Maison notait des tensions entre les générations, mais une absence de conflit ouvert, qui pouvait s'expliquer par le contexte social défavorable à toute action revendicative. Ce dernier lui paraissait désorganisé, et cette situation s'expliquait, selon lui, par des facteurs tels que le faible poids démographique, la gestion de la société conçue en fonction d'individus isolés, l'importance prise par l'individualisme, qui empêche la solidarité entre les jeunes, la perte de confiance de ces derniers dans le politique et leur indifférence à l'égard des grands projets de société.

*Le dialogue intergénéra-*
*tionnel est enrichissant*

Pour conclure, revenons à un constat sociologique : le contexte social commence à laisser son empreinte sur une génération qui découvre le monde vers 20 ans, contribuant à conférer des traits communs à ces jeunes. Les enjeux du moment influent sur la manière dont ils se perçoivent eux-mêmes et le monde qui les entoure. Nous pouvons relever à cet égard des propos propres à une génération, tels que : «moi, j'aime le changement», «je me sentirai toujours jeune d'esprit», «j'ai une nature optimiste», «pour moi, il n'y a que la passion qui compte» ou «je suis l'ami de mes enfants». Ces propos, en effet, traduisent plus l'esprit d'une génération tout entière, en l'occurrence celle des *baby-boomers*, que celui d'individus isolés privés d'expériences sociales communes.

En ce qui concerne les X, ils peuvent eux aussi présenter des traits similaires. Ils se mettent à l'écoute des autres pour être appréciés et se faire une toute petite place au soleil, ils multiplient les stratégies et vont même accepter le déracinement pour prendre pied sur le marché du travail, ils prolongent leurs études, ils font même des «mariages prêts et bourses» à défaut d'épouser une carrière, ils fuient tout engagement durable, s'accommodent du climat social dépressif, évitent de s'installer définitivement dans la vie, peinent à prendre les responsabilités liées à la vie adulte ou renoncent aux grandes espérances.

Le fait de définir les traits propres à chaque génération nous permet de bâtir des ponts entre elles, de les amener à dialoguer. ◆

## Mots clés

- Contexte social, p. 50
- Enjeu, p. 51
- Épreuve, p. 50

- Génération, p. 51
- Institution, p. 50
- Lien social, p. 52

## Questions sur le chapitre 3

**1** Qu'est-ce qu'une épreuve, qu'est-ce qu'un enjeu? Dans quel cas une épreuve devient-elle un enjeu?

**2** En quoi la jeunesse est-elle une étape cruciale pour la formation d'une génération? Expliquez brièvement.

**3** Ressortez deux éléments du contexte social dans lequel ont vécu les jeunes *baby-boomers* et, pour chaque élément, un trait de cette génération qu'il a contribué à forger.

**4** Ressortez deux éléments du contexte social dans lequel ont vécu les jeunes de la génération X et, pour chaque élément, un trait de cette génération qu'il a contribué à forger.

**5** Ressortez une différence claire entre la façon d'être ou de penser des *baby-boomers* par rapport à la génération des X et expliquez-la par le contexte social différent à l'époque de leur jeunesse.

**6** Imaginez un trait qui pourrait marquer votre génération et expliquez en quoi le contexte social actuel y concourt.

# CHAPITRE 4

# NOTRE IDENTITÉ

## La théorie interactionniste et la socialisation

... tout individu, si différent soit-il de tous les autres, porte une marque spécifique qu'il partage avec les autres membres de sa société.

Norbert Elias

Fait de se reconnaître à la fois comme unique et comme semblable à d'autres.

Posséder une **identité** qui nous soit propre, bien à nous, semble être un but essentiel aujourd'hui. Notre identité, le fait de nous percevoir comme un être unique, se développe paradoxalement grâce à la société dont nous faisons partie. La sociologie permet d'éclairer cet aspect fondamental de notre personnalité et nous enseigne que notre identité est déterminée pour une bonne part par le milieu où nous vivons. La société et ses diverses composantes, de même que les liens que nous tissons avec les autres, contribuent à sa formation.

Le sociologue français Jean Cazeneuve (1915-2005), dans son livre *La personne et la société* (Cazeneuve, 1995), affirme qu'il est possible de se considérer ou de se définir sous différents angles. D'une part, nous nous regardons tous comme des membres de l'espèce humaine et, d'autre part, nous nous percevons tous comme uniques et ayant un moi propre. Nous sommes conscients de partager certaines caractéristiques avec d'autres : par exemple, nous sommes liés à une famille, nous faisons partie d'une nation, nous avons un lieu de travail commun ou faisons les mêmes études. Enfin, sociologiquement parlant, nous sommes tous « inséparables » des groupes auxquels nous appartenons. Notre identité a donc rapport avec l'appartenance à ces groupes.

### Les groupes auxquels nous sommes liés

La façon de nous percevoir et d'être reconnus par les autres est déterminée par les groupes auxquels nous appartenons. Il est possible de distinguer trois types de groupes. Il y a d'abord les **groupes d'appartenance**. Un groupe d'appartenance est un groupe dont on fait partie par les circonstances de la naissance. Donc, nous ne choisissons pas ces groupes, même s'ils laissent une empreinte sur notre identité, car nous faisons tous partie d'un genre, d'une famille, d'une nation, d'un État ou d'une génération. Il y a ensuite les **groupes d'élection**. Les groupes d'élection sont ceux que nous choisissons selon nos croyances, notre profession, nos engagements sociaux et politiques. Il y a, enfin, les **groupes de référence**. Un groupe de référence est un groupe auquel on s'identifie sans en faire partie. Ces groupes nous servent de modèles. Nous n'en ferons pas nécessairement partie, mais ils influent sur nos attitudes et nos actes. Ainsi, nous pouvons reconnaître certains étudiants à leur tenue vestimentaire, qui reflète

**GROUPE D'APPARTENANCE**
Groupe dont on fait partie par les circonstances de la naissance.

**GROUPE D'ÉLECTION**
Groupe dont on fait partie par choix.

**GROUPE DE RÉFÉRENCE**
Groupe auquel on s'identifie sans en faire partie.

non pas leur situation actuelle, mais plutôt la position sociale à laquelle ils aspirent. Il est également possible de reconnaître les personnes par leurs intérêts, leurs prises de position politiques ou sociales ainsi que par d'autres traits propres à tel ou tel groupe professionnel.

Le sociologue allemand Norbert Elias (1897-1990) a par ailleurs insisté, dans *La société des individus* (Elias, 1939), sur le fait qu'il n'y a pas, d'un côté, la société et ses groupes constituants et, de l'autre, un individu détachable et détaché de celle-ci. S'il est certain qu'il ne peut exister de société sans individus, il est tout aussi certain, même si cela ne paraît pas toujours évident, que «l'individu est toujours et dès le départ en relation avec les autres» (Elias, 1939, p. 64). Que ce soit le nouveau-né qui ne peut survivre par lui-même, que ce soit la langue qui nous est apprise par les gens qui nous entourent, que ce soit enfin la façon d'agir en société qui nous est enseignée, tout notre développement indique bien le caractère éminemment social de notre personne humaine.

### L'interactionnisme symbolique

C'est sur la base de ces rapports essentiels que nous nouons avec les autres que s'est développée au XX\ :sup:`e` siècle une des principales théories sociologiques, l'interactionnisme symbolique, mentionné au chapitre 1, selon lequel la société procède des interactions humaines et de leurs significations. Je vais en définir les grandes lignes. Ce courant de pensée né aux États-Unis a apporté une contribution majeure à la connaissance du processus de socialisation, le sujet principal de ce chapitre.

Dans le terme «interactionnisme symbolique», on peut discerner trois mots: «action», «inter» et «symbole». L'**action**, pour les tenants de cette théorie, ce sont les comportements des gens qu'on peut observer, que ce soit le simple fait de marcher dans la rue, de parler ou de «texter» au téléphone, de tenir une pancarte dans un rassemblement ou de lever la main en classe. Cette théorie est parfois appelée simplement «actionnisme», terme qui rend compte de cette donnée première que nous sommes des êtres qui accomplissent des actions.

Mais cette théorie ne se limite pas aux actions en tant que telles, et c'est ce qui lui confère son caractère plus proprement sociologique. L'interactionnisme envisage l'être humain essentiellement

**ACTION**
Toute manifestation humaine d'une volonté d'agir.

**INTERACTION**

Résultat des relations s'établissant entre des humains dans une situation donnée.

sous l'angle de ses rapports avec les autres. Une **interaction** est le résultat des relations s'établissant entre des humains dans une situation donnée. Citons ici les propos d'un grand sociologue québécois, Guy Rocher, auteur d'un remarquable ouvrage d'introduction à la sociologie dans les années 1960: «La plus petite unité d'observation du sociologue, c'est la relation entre deux personnes, c'est le rapport qui existe entre elles, c'est plus exactement encore l'interaction qui résulte de leurs relations» (Rocher, 1969, p. 11). Ce sont les multiples interactions entre les humains qui constituent la société.

Dans toute société, il y a de l'action, il y a de l'interaction, mais il y a aussi une troisième donnée, qui nous rend le monde intelligible: celle qui nous permet jusqu'à un certain point de nous mettre dans la peau des personnes qui entrent en relation les unes avec les autres pour saisir la dynamique de leur comportement. Car nous savons qu'elles n'entrent pas en rapport n'importe comment, mais qu'elles donnent un sens à ce qu'elles vivent. Le sociologue interactionniste cherche à comprendre le sens que les gens donnent à leurs actions ou à leurs relations avec les autres. Il en cherche la signification ou le **symbole social**. Par exemple, que représentent la poignée de main entre deux personnes, le fait de changer de trottoir à la vue d'un étranger, la décision de se marier, la volonté de ne dire aux autres que ce qu'ils veulent bien entendre, et ainsi de suite? C'est pour ce questionnement que la théorie de l'interactionnisme est qualifiée de symbolique. Cette théorie veut rendre compte du travail d'élucidation accompli par les chercheurs concernant la signification que les humains donnent à leurs multiples interactions. Autrement dit, ces actions réciproques des humains considérées du point de vue de leurs significations ou de leur symbolisme constituent le principal phénomène social étudié par les interactionnistes. C'est le «tissu fondamental et élémentaire de la société», selon les termes de Guy Rocher. La société ne surpasse pas les individus, elle ne leur est pas supérieure, elle est un tissu d'interrelations entre des gens qui donnent un sens à leurs contacts.

**SYMBOLE SOCIAL**

Signification donnée par les humains à leurs actions et à leurs interactions.

**ACTEUR SOCIAL**

Individu considéré sous l'angle de son agir en société.

Une quatrième notion s'avère utile pour saisir la vision de la société des interactionnistes, c'est celle d'**acteur social**, introduite par un sociologue d'origine canadienne dont il sera question un peu plus loin. L'être humain, selon cette perspective, est présenté un peu comme un acteur et la société comme la scène sur laquelle il évolue. Nous jouons par conséquent des rôles dans les différentes situations sociales où nous nous trouvons, que ce soit comme étudiante, père de famille, médecin ou éducatrice. Nous jouons ces rôles avec une certaine marge de manœuvre, de la façon dont nous jugeons devoir le faire. Ils n'en restent pas moins des rôles sociaux, car ils doivent tenir compte des autres acteurs en présence. Par exemple, nous ne comprendrions pas une mère de famille qui joue à la célibataire en présence de son mari et de ses enfants. Dans cet exemple comme dans n'importe quelle autre interaction sociale, l'être humain est un acteur social qui joue son rôle avec d'autres acteurs qui donnent eux aussi un sens à la situation vécue et dont le premier doit tenir compte, ne serait-ce que pour être lui-même compris. Nous nous construisons ainsi une identité par nos interactions en tant qu'acteurs sociaux. Nous reviendrons sur ce sujet un peu plus loin. C'est du fait que nous donnons des significations à nos échanges avec les autres que la sociologie peut interpréter nos comportements. Cette façon de voir s'inspire d'un des fondateurs de la sociologie, l'Allemand Max Weber (1864-1920). En effet, celui-ci a mis au point une sociologie dite « compréhensive » qui, à la différence d'une sociologie dite « explicative », recherche moins les causes que les significations que les humains donnent à leurs actions.

Bref, les interactions sont absolument nécessaires. C'est-à-dire que les relations que nous avons avec les autres forment notre identité. Écartons d'abord l'idée que l'être humain pourrait se réaliser en dehors de la société, en dehors de contacts avec ses semblables. Un nouveau-né ne survivrait pas longtemps s'il était laissé à lui-même. L'être humain, plus que l'animal, a besoin d'un long apprentissage avant de pouvoir assurer lui-même sa survie. De plus, l'instinct est peu développé chez l'être humain et ne peut remplacer cet apprentissage. C'est avec les autres et grâce à eux que nous pouvons découvrir que nous avons notre propre capacité d'agir. L'état de manque dans lequel se trouvent les enfants trouvés abandonnés ou négligés le montre bien.

Nous pouvons lier les huit concepts présentés jusqu'ici dans ce chapitre de la façon suivante : l'acteur social que nous sommes tous et toutes a une identité basée sur ses liens avec des groupes d'appartenance, d'élection et de référence, et ses actions le conduisent à des interactions exprimant un symbole social ou un sens dans ses rapports avec les autres.

## Les principaux mécanismes de socialisation

**SOCIALISATION**

Processus par lequel on devient un être social, par l'ensemble des éléments de notre environnement social qu'on apprend et qu'on intériorise.

**MÉCANISME DE SOCIALISATION**

Moyen par lequel fonctionne le processus qui fait de nous un être social.

**MIROIR RÉFLÉCHISSANT**

Mécanisme de socialisation par lequel nous interprétons et faisons nôtre l'image que les autres nous renvoient de nous.

Nous sommes donc des êtres éminemment sociaux, et la manière dont la société entre en nous se nomme la **socialisation**. Des sociologues interactionnistes états-uniens ont contribué à élucider le phénomène de la socialisation en montrant comment notre identité se constitue au contact des autres. Différents moyens sont mis en œuvre pour ce faire ; on les désigne sous le nom de **mécanismes de socialisation**.

Au début du XX$^e$ siècle, Charles Horton Cooley (1864-1929) a démontré que, pour nous faire une idée de nous-mêmes, nous utilisons un mécanisme de socialisation qu'il appelle **miroir réfléchissant** (*looking-glass self*). Brièvement, cela se fait en trois étapes :

- nous imaginons comment nous apparaissons aux yeux des autres à partir de remarques de toutes sortes ;

- nous imaginons le jugement porté sur nous à partir de telle ou telle perception (par exemple : intéressant, intelligent, timide, étrange, etc.) ;

- nous développons un sentiment personnel ou une impression de nous-mêmes (*self-feeling*), par exemple de fierté ou de honte, à partir de ce jugement imaginé. C'est comme si les autres étaient un miroir et que nous faisions nôtre l'image réfléchie que nous apercevons.

Les autres sont donc à l'origine de la définition de soi. Nous pouvons nous définir de façon négative, positive ou nuancée, et même nous leurrer sans trop nous en rendre compte. Par exemple, dans une famille de gens assez maigres, l'un des membres un peu plus en chair peut, à la suite de remarques plaisantes et répétées de ses proches, en venir à croire qu'il est obèse. Cette personne sera surprise si, à l'occasion d'une visite chez le médecin, elle apprend qu'elle a un poids normal. Son image pourra, comme dans ce cas-ci, se modifier, voire contredire celle que lui renvoyaient ses proches. Il en va de même pour les remarques d'un professeur ou de toute autre personne.

Un autre interactionniste états-unien, George Herbert Mead (1863-1931), a également mis en évidence le rôle que jouent les autres dans la définition de soi par un mécanisme qu'il a appelé le **jeu de rôles**. Il a souligné le fait que nos rapports avec les autres évoluent dans le temps et que notre perception devient plus complexe à mesure que nous vieillissons. Nous sommes ainsi appelés à assumer des fonctions et à nous comporter suivant des modèles appris dans notre milieu. Voici les trois étapes de cette évolution par le jeu.

**JEU DE RÔLES**

Mécanisme de socialisation par lequel nous apprenons graduellement à nous situer dans des rôles par interactions.

- L'enfant imite les gestes de son entourage, cherche à les reproduire sans trop comprendre leur sens. Par exemple, une petite fille prend la pose de sa mère avec son sèche-cheveux jouet ou un petit garçon essaie de lancer le ballon comme son père.

- Puis survient l'étape du jeu libre (*play*), où l'enfant reproduit des rôles par observation. Par exemple, il joue à la maman ou au papa, en imitant les gestes, le ton de voix ou un autre trait de la personne.

- Enfin, entre six et huit ans, sa manière de voir l'entourage devient plus complexe. Il peut maintenant participer à un jeu organisé (*game*), il comprend les rôles et les rapports de réciprocité. Par exemple, une fillette qui s'adonne à un sport d'équipe sait ce qu'on attend d'elle (par exemple, ne pas tricher, agir à tel moment, etc.) et ce qu'elle peut attendre des autres joueurs.

L'enfant, à la dernière étape, a établi un lien avec les autres, il a appris comment les traiter et ce qu'il peut attendre d'eux. Bref, une fillette, à la première étape, prend son téléphone jouet et imite la posture qu'elle a vu sa mère prendre dans la circonstance. À la deuxième étape, elle joue à la mère avec les intonations de voix et les gestes attendus. À la troisième étape, elle distingue son rôle de celui de sa mère et sait à quel moment il est préférable de lui demander quelque chose. Le jeu devient plus qu'un divertissement pour l'enfant, il représente pour lui un moyen de se définir au contact des autres.

*Le jeu est plus qu'un jeu durant l'enfance*

Erving Goffman (1922-1982), un sociologue états-unien d'origine canadienne, a démontré que, au moyen d'un mécanisme de socialisation qu'il a nommé le **maniement des impressions**, notre identité se forme par ce que nous voulons projeter de nous en vérifiant les impressions faites sur les autres. Nous nous ajustons, ensuite, selon la réaction favorable ou non, en recherchant, bien sûr, les récompenses, comme de l'affection, de la considération ou des avantages, plutôt que les punitions, qui se manifestent sous forme de rejet, de privation ou de réprimandes. L'enfant discerne ainsi ce qui est accepté, condamné, encouragé, dévalorisé. De cette façon, il intègre les normes, c'est-à-dire les règles de conduite à suivre, et les valeurs, c'est-à-dire les idéaux ou les fins auxquels tendre dans la vie en société.

**MANIEMENT DES IMPRESSIONS**

Mécanisme de socialisation par lequel nous présentons une image de nous susceptible de varier selon les circonstances.

L'enfant apprend non seulement par ce qui lui est dit, mais aussi par ce qu'il déduit des gestes, des expressions faciales ou des attitudes de son entourage. Il saisit par conséquent ce qu'il importe de retenir ou ce qui est acceptable. Il pourra ensuite porter différents masques, comme au théâtre, pour manipuler autrui à sa guise. Ce maniement des impressions, c'est-à-dire cette aptitude à projeter des images aux autres, fait aussi partie de son apprentissage social. Il saura plus tard que nous ne présentons pas la même image au travail et dans la vie privée parce que les rôles y sont différents et que la société définit ce qu'il est permis de faire dans telle ou telle situation. Pour Goffman, la société se compare à un théâtre d'improvisation où chaque acteur dit ses répliques suivant le rôle qui lui est assigné dans la pièce. Plusieurs études sociologiques utilisent l'expression « acteur social » quand il s'agit de désigner, d'expliquer ou de comprendre les comportements des individus en société.

**ANTICIPATION**

Mécanisme de socialisation par lequel nous agissons et pensons en fonction de rôles auxquels nous aspirons.

Notre identité se forme aussi en partie au moyen du mécanisme de l'**anticipation**, c'est-à-dire en prenant comme base les rôles auxquels nous aspirons. Nous intériorisons ainsi des manières d'être qui reflètent nos choix futurs ou nos aspirations. Des enquêtes menées auprès d'enfants fréquentant l'école primaire ont montré que certains jeunes, habituellement issus d'un milieu modeste, ne peuvent envisager une profession exigeant de longues études. Ils ont déjà déterminé les choix possibles pour leur avenir. Par ailleurs, les parents qui espèrent nous voir embrasser une carrière particulière peuvent nous influencer et nous diriger vers des activités ou des études qui s'y rapportent. Les jouets inculquent déjà aux enfants des façons de faire, de penser ou de sentir dès leur jeune âge.

Quatre mécanismes de socialisation ont été abordés jusqu'ici : le miroir réfléchissant, le jeu de rôles, le maniement des impressions et l'anticipation. Deux autres seront présentés quand nous aborderons le contenu de la socialisation : l'imitation et l'application de récompenses et de punitions.

### Les principaux agents de socialisation

La socialisation est le processus par lequel la société entre en nous et, comme pour l'air que nous respirons en naissant, nous ne savons pas encore l'importance qu'elle prendra dans notre existence. Comme nous venons de le voir, il faut des mécanismes pour que ce processus puisse pénétrer en nous. Il faut, en outre, des agents qui enclenchent ces mécanismes. Vous avez déjà noté l'importance de la famille pour l'individu dans les mécanismes qui ont été décrits précédemment. La famille, en effet, constitue le premier et sans doute le plus puissant **agent de socialisation**. C'est par le truchement d'agents de socialisation que, tout au long de notre existence, vont opérer les mécanismes de socialisation. Les principaux sont le groupe familial, le groupe des pairs, le groupe scolaire et celui des médias.

### La famille

Une place de premier choix revient au **groupe familial**, étant donné que ce sont les membres de notre famille qui assurent notre développement dès notre naissance. De plus, les membres de notre famille ne sont pas des robots, ils éprouvent et expriment des sentiments. L'enfant sera d'autant plus peiné de recevoir une punition s'il sent qu'il a fait de la peine à ses parents et qu'il a le sentiment d'avoir perdu un peu de leur amour. La place primordiale attribuée à la famille s'explique donc par la relation étroite que nous avons avec nos parents et dont nous ne pouvons aisément distinguer les aspects fonctionnels des aspects émotionnels.

Il est bon de rappeler que, si nous avons des frères et des sœurs, ils jouent aussi un rôle certain dans notre développement, ne serait-ce que par le rang qu'ils occupent par rapport à nous dans la famille. Une sœur plus âgée pourra nous servir de modèle et, avec un frère plus jeune, nous agirons parfois comme un père ou une mère. Ces situations nous permettent de développer l'esprit d'entraide comme l'esprit d'émulation, qui seront des atouts précieux dans la vie en société.

### Les pairs

Le **groupe des pairs** (*peer-group*) est un agent que les sociologues mettent habituellement en deuxième place en raison du rôle qu'il joue dans la socialisation. Concrètement, il s'agit de nos compagnons de jeu du voisinage, puis de camarades de classe et ensuite de collègues de travail. Ces compagnons du voisinage offrent, dans l'enfance, notre première expérience de contact en dehors du cercle familial. Avec eux, nous vivons une situation unique d'égalité,

*La famille est le premier agent de socialisation*

et cela nous permet d'acquérir, par exemple, des qualités de chef. Nous ne pouvons mettre ces qualités en œuvre dans la famille ou à l'école, car il s'y trouve déjà des figures d'autorité. À l'adolescence, le groupe d'amis prend de plus en plus d'importance et devient, d'après les enquêtes, celui avec lequel nous passons le plus de notre temps. Nous y forgeons, là aussi, notre identité en apprenant de nouvelles façons de penser ou de faire afin d'être accepté par les autres. Ces amis peuvent aussi nous soutenir dans nos démarches auprès des parents et nous offrir leur appui lorsque nous nous opposons à certaines décisions de ces derniers.

### L'école

**GROUPE SCOLAIRE**
Agent de socialisation constitué par le personnel de l'école.

*L'enseignante peut être un puissant modèle*

Le **groupe scolaire** est un autre important agent de socialisation. L'école débute de plus en plus tôt, avec les maternelles et les pré-maternelles. Il s'agit de notre premier contact avec une institution formelle, c'est-à-dire avec un groupe qui fonctionne selon des règles impersonnelles. L'enfant apprend à respecter les consignes comme les autres : ne pas parler tout le temps, se tenir droit, écouter, etc. Il est généralement initié aux règles de la vie sociale, telles que se lever et quitter la maison à heure fixe chaque matin, et se

conformer à des directives formelles. Il accepte de n'être qu'un écolier parmi d'autres, car accaparer un adulte n'est plus possible. L'école prépare déjà l'enfant au marché du travail, et ce, bien avant les études spécialisées. Le professeur joue un rôle particulier. Il est la personne avec qui l'enfant a un rapport privilégié. Il représente la première figure d'autorité rencontrée en dehors de la maison et n'a pas à s'investir sur le plan affectif comme les proches parents. Selon certaines enquêtes, lorsqu'il arrive à la fois à imposer le respect et à établir une bonne relation, il peut devenir un puissant modèle.

Les manuels scolaires véhiculent aussi des représentations du monde qui laissent des empreintes sur l'identité. Par exemple, jusqu'en 1960, les petites filles étaient toujours représentées dans des rôles passifs sur les illustrations des manuels scolaires. De même, les enfants de milieux défavorisés peuvent encore aujourd'hui se sentir isolés quand, dans les livres qu'ils lisent, les parents ont une voiture ou que la famille part en vacances. Bien sûr, le but des manuels scolaires n'est pas de fixer des modèles, mais il reste que, chez ces enfants, les images présentées laissent des traces indélébiles.

### Les médias

Aujourd'hui, un autre agent de socialisation est devenu pratiquement incontournable : le **groupe des médias**. Celui-ci se présente à nous indirectement puisqu'il ne requiert pas la présence d'êtres humains en chair et en os : le contact se fait par l'entremise d'un appareil ou d'une machine qui transmet, selon le cas, des sons, des images, des textes ou un mélange des trois. La publicité qui y est attachée vante, outre le produit ou le service lui-même, un art de vivre axé sur la consommation ; les personnes qu'on y voit et les propos qu'elles tiennent le suggèrent.

Les médias, c'est-à-dire la télévision, la radio, le disque ou son équivalent, le texte imprimé, le cinéma, le panneau d'affichage, l'ordinateur et, plus récemment, les téléphones intelligents ainsi que les tablettes numériques rejoignent des milliers, voire des millions de personnes. Les innovations sur ce plan se multiplient à un rythme effarant. Pour comprendre la présence envahissante des moyens de communication de masse, nous n'avons qu'à penser à ce que nous ferions si nous étions privés d'eux pendant une semaine. Les études sur le temps passé devant le téléviseur et, par commutation, actuellement sur un téléphone dit intelligent, indiquent qu'à 18 ans un jeune a consacré plus de temps à cette activité qu'à faire

**GROUPE DES MÉDIAS**
Agent de socialisation constitué par les supports des technologies de l'information et de la communication.

n'importe quoi d'autre, y compris étudier à l'école. Les gadgets électroniques sont devenus une sorte d'extension de soi et on peut certes parler d'envahissement.

Les sociologues et autres spécialistes des sciences humaines sont d'avis que les médias influent sur notre façon de nous percevoir et de percevoir les autres en société, mais les recherches demeurent incomplètes à ce sujet. Il faudrait, en effet, pouvoir suivre des jeunes

*Les médias influent sur nos perceptions*

pendant un certain nombre d'années, de l'enfance à l'âge adulte, en reliant par exemple le temps passé devant un écran et leurs comportements. Cela demande des ressources et des moyens considérables, et il faut aussi tenir compte de l'exigence liée à toute recherche étendue dans le temps qui consiste à garder tous les sujets.

Il reste qu'en 2002, une première étude réalisée par une équipe de psychologues dirigée par Jeffrey Johnson, de l'Université Columbia, est venue combler un vide. Ils avaient suivi 700 jeunes pendant 18 ans et

les avaient rencontrés quatre fois durant ce temps. Il en ressort que le nombre d'heures passées devant la télévision chaque jour (moins d'une heure, de une à trois heures ou plus de trois heures) est en rapport avec le nombre de délits commis par la suite. Plus on a regardé la télé chaque jour, plus, par la suite, on a tendance à commettre des délits. Ces résultats vont à l'encontre de l'idée que la quantité énorme de violence présentée au petit écran ou dans les jeux vidéo serait sans effet, certains prétendant même que cette violence pouvait être un exutoire salutaire pour certaines personnes qui se déchargeraient ainsi, sans dommage pour les autres, de leur agressivité. Il était pourtant indéniable qu'on pouvait soupçonner une certaine influence des médias sur les comportements, car les mouvements d'opinion avaient déjà signalé cette possibilité.

Notre identité porte donc le sceau des multiples facettes de la socialisation au sein desquelles nous avons baigné. L'adolescence ne marque pas la fin de la socialisation. À l'âge adulte surviendront d'autres changements. Il y aura d'autres moments marquants de socialisation : notre premier emploi à temps plein, les interactions qui s'ensuivent, le début de la vie à deux et les ajustements réciproques à effectuer, la naissance d'un premier enfant et les nouveaux rôles à jouer. Il y a également d'autres circonstances où notre identité se modifie, par exemple au moment d'un divorce, de la retraite ou de tout autre événement personnel d'importance. De plus, les nouveaux arrivants dans un pays étranger vont devoir jusqu'à un certain point se resocialiser, changer une partie au moins de leurs façons de faire, de penser et de sentir pour s'insérer dans leur nouveau milieu.

## Le contenu de la socialisation

Traitons maintenant du **contenu de la socialisation**. David Riesman (1909-2002), un sociologue états-unien, s'est penché sur la question au milieu du XXᵉ siècle. Il a observé des parents, des éducateurs, des groupes d'amis et des médias et a fait des découvertes étonnantes. Il a démontré dans *La foule solitaire* (Riesman, 1964) qu'en Occident, aux États-Unis en particulier, les individus ont été éduqués au cours des derniers siècles selon trois modèles qu'il nomme «caractères sociaux». Le dernier modèle apparaît encore d'actualité.

Le **caractère social** est la partie commune de la personnalité de tous les individus appartenant à une même époque et à une même société. Il est le résultat des expériences vécues par tous les individus. Sans être la totalité du caractère, cette partie de la personnalité de chacun est suffisamment importante, selon Riesman, pour qu'il vaille la peine de l'explorer dans le but de nous connaître davantage. Selon ce sociologue, trois caractères sociaux sont apparus successivement dans l'histoire de l'humanité : les caractères traditionnel, intro-déterminé et extro-déterminé.

### *Le caractère social traditionnel*

Le caractère social traditionnel (*tradition-directed*) s'est développé dans des sociétés basées sur la chasse, la cueillette, la pêche ou l'agriculture. L'être humain y prend sa place très jeune, que ce soit au travail, comme être sexué ou dans les cérémonies et les lieux de rassemblement. L'enfant est considéré comme un adulte en miniature. Il se développe en observant ses proches présents à ses côtés à tous les moments de la journée puisque les membres de la famille vivent souvent dans une seule pièce et que les activités principales se déroulent dans celle-ci ou à proximité. Les anthropologues qualifient ce type de famille d'élargie parce qu'elle comprend, en plus des parents, les frères, sœurs, oncles, tantes, cousins, grands-parents et autres «alliés», selon l'expression de Riesman.

**CONTENU DE LA SOCIALISATION**

Façons de faire, de penser et de sentir transmises par les agents de socialisation au moyen des mécanismes de socialisation.

**CARACTÈRE SOCIAL**

Ensemble d'éléments de socialisation qui sont présents dans toutes les personnalités des membres d'une société à une époque donnée.

**IMITATION**

Mécanisme de socialisation par lequel nous apprenons à reproduire consciemment ou inconsciemment ce qui nous est montré.

Pour être reconnu pleinement par la famille élargie, l'enfant n'a qu'à imiter ses membres dans la mesure de ses capacités. L'**imitation** est un mécanisme de socialisation qui, jusqu'ici, a été simplement mentionné dans la section traitant du jeu de rôles. Dans la forme simple de l'imitation, l'enfant cherche à refaire le plus fidèlement possible ce qui lui est montré et qu'il a à apprendre. Dans la forme complexe, l'enfant assimile sans s'en rendre compte des façons de faire, de penser et de sentir. En observant un adulte faire quelque chose dans le but de l'imiter, il apprend non seulement ce qu'il veut bien retenir, mais aussi, sans en être conscient, des inflexions de voix, des expressions faciales, des manières de dire les choses et même des façons de faire face aux obstacles et de voir la vie.

L'enseignement moral traditionnel est habituellement transmis par les anciens à l'aide de contes ou de légendes. Dans ces récits évoluent des personnages ayant une attitude jugée répréhensible, telles la désobéissance ou la non-imitation des aînés. Ces écarts de conduite provoquent le rejet ou la colère des dieux. Ces récits permettent aux jeunes de reconnaître certaines de leurs tendances et de se réconcilier avec une part cachée d'eux-mêmes. Ils apprennent aussi ce qui est permis et ce qui est défendu.

L'individu de caractère social traditionnel éprouvera de la honte s'il se juge incapable de perpétuer la tradition et, conséquemment, l'espèce. L'être social traditionnel est tout naturellement respectueux

*L'individu traditionnel ne se perçoit pas détaché des autres*

des aînés et cherche à les imiter. Il ne cherche aucunement à se singulariser. Il a le sentiment que le groupe social auquel il appartient fait partie de son identité. La notion de personne, telle qu'on l'entend aujourd'hui, ne fait pas partie de son univers.

### Le caractère intro-déterminé

Le caractère social intro-déterminé (*inner-directed*) est apparu au XIX<sup>e</sup> siècle avec l'industrialisation. «Intro» signifie que c'est à l'intérieur de lui-même que l'individu se forge une morale et des principes devant le guider dans sa recherche d'un idéal de vie. Le jeune intro-déterminé vit dans une famille restreinte dite «nucléaire» (parents et enfants seulement). Les parents cherchent à inculquer consciemment à leurs enfants une morale qui leur fournira des buts et des idéaux pour réussir leur vie. Dans les foyers les plus imprégnés d'intro-détermination, là où la réussite sociale des enfants est vue comme primordiale, les principaux préceptes que doit apprendre l'enfant sont liés à ce qui lui permettra de s'élever dans l'échelle sociale. On lui inculque l'autodiscipline pour qu'il puisse agir seul et on le munit de principes à suivre tout au long de son existence. Les parents ont soin eux-mêmes de suivre un chemin similaire, ce qui a pour effet de créer un climat tendu et une certaine distance entre les membres de la famille. Dans ce contexte, peu de signes de tendresse sont manifestés, car il importe de faire preuve de rigueur dans la recherche de l'accomplissement personnel.

La maison possède des pièces séparées et les membres la quittent quotidiennement pour aller travailler, étudier ou se divertir. Étant donné cette dispersion, les enfants voient de moins en moins leurs parents agir, mais ces derniers leur dictent ce qu'ils doivent faire en toute occasion. Les paroles l'emportent sur les gestes, ce qui fait que les enfants assument leurs responsabilités malgré l'absence de modèles patents. Les parents sont sévères. Ils récompensent à l'occasion, mais c'est la punition qui est leur principal moyen d'éducation.

Dans la forme simple de ce mécanisme dit d'**application de récompenses et de punitions**, l'enfant agira de manière à être récompensé plutôt qu'à être puni. La récompense peut tout simplement être la satisfaction qu'il donne à ses parents. Dans sa forme complexe, la récompense ou la punition n'est pas nécessairement ce qui paraît tel de prime abord. Un enfant peut avoir un comportement jugé inadmissible par ses parents (sacrer, traîner au lit, etc.), mais s'il considère que c'est la seule façon d'attirer leur attention,

**APPLICATION DE RÉCOMPENSES ET DE PUNITIONS**

Mécanisme de socialisation induisant des comportements par la perspective d'une gratification ou, au contraire, d'une sanction.

agir ainsi le récompense, alors que ses parents croient le punir en le grondant. Les punitions, pour l'enfant qui s'écarte du droit chemin, visent à raffermir le caractère. L'enfant n'a pas beaucoup de choix : il cède ou il résiste. Il apprend qu'il faut se fixer des règles de conduite dans la vie, même si ce ne sont pas celles des parents.

L'école est maintenant le lot de tous les enfants, mais ils la commencent tard (6 ou 7 ans) et la fréquentent peu d'années, sauf dans les milieux aisés. Essentiellement, la classe est non mixte et les pupitres sont alignés. L'école a un rôle limité : apprendre à l'enfant à bien se conduire en société et lui inculquer des connaissances essentielles. Riesman ajoute que l'accès généralisé à l'instruction favorise l'apprentissage « des manières et du langage des classes moyennes, afin de les aider à s'élever au-dessus de la condition de leurs parents » (Riesman, 1964, p. 91-92). L'élève sera puni s'il n'est pas sage et félicité s'il obtient de bons résultats. C'est ce qui compte pour qu'il parvienne à la réussite.

*Dans les familles imprégnées d'intro-détermination, la discipline et la réussite sociale sont des valeurs importantes*

La vie se déroulant maintenant en partie en dehors du foyer, il est inévitable que l'enfant se fasse des compagnons de jeu. Ils n'ont pas nécessairement à être du même âge que lui. Les seules objections des parents concernant le choix de ses compagnons portent sur la fréquentation prématurée de personnes de l'autre sexe ou d'un rang social inférieur. De toute façon, l'enfant apprend à garder ses distances puisqu'il doit avoir l'esprit de compétition afin d'être meilleur qu'eux et cesser de les fréquenter lorsqu'il n'est plus stimulé. Il n'est pas tenu d'être sociable ; on ne le trouve pas anormal s'il reste seul et il a droit à ses secrets. Du moment qu'il n'accable pas ses parents avec les avanies infligées par ses compagnons et qu'il règle lui-même les difficultés qui se présentent (autodiscipline), qu'il soit honnête et juste (probité), il peut mener sa vie comme il l'entend.

À l'ère de l'imprimé, le journal prévaut et ce qui y est écrit est pris très au sérieux et n'est pas remis en question. La littérature à bon marché occupe aussi une place importante. L'enfant y trouve des sujets qui ne s'adressent pas spécifiquement à lui. On y présente des situations réalistes et comportant des personnages le plus souvent ambitieux qui, à force de courage et de ténacité, atteignent les buts qu'ils se sont fixés. Démuni devant ces modèles démesurés, l'enfant se sent d'autant plus égaré que ses propres parents sont sans grande envergure.

Si l'individu de caractère intro-déterminé ne parvient pas à s'autodiscipliner, un sentiment de culpabilité l'envahit et lui rend la vie difficile. L'exemple extrême de cette quête incessante est fourni par le *self-made man* qui sacrifie tout au pouvoir, à la richesse ou à la puissance.

### Le caractère social extro-déterminé

Le caractère social le plus fascinant de Riesman est celui qui apparaît dans les classes aisées des États-Unis quelques années seulement avant la publication de son livre en 1948. Il prévoyait alors sa prédominance future sur la majorité de la population par suite de l'extension des classes moyennes. Et, en effet, le caractère social extro-déterminé s'est largement répandu.

L'expression « extro-déterminé » vient de l'anglais *other-directed*, qui signifie être dirigé vers l'autre ou vers les autres. L'enfant ayant ce caractère apprend à être sensible aux différents messages qu'il reçoit des autres. Il vit habituellement dans une maison de banlieue avec une petite famille dont les parents ne savent pas exactement quelles façons de faire et de penser ils devraient lui inculquer. Ils veulent qu'il fasse de son mieux, mais ils laissent aux autres le soin de définir les moyens. Ils consultent des spécialistes et se laissent conseiller par les médias. Ces parents ne savent trop comment éduquer leurs enfants, ils sentent qu'il faut d'abord gagner l'approbation des autres pour réussir dans la vie. Ce n'est pas tant la compétence dans un domaine donné ou les diplômes accumulés que l'art de plaire aux autres qui compte. La réussite est dans l'approbation, précise Riesman. Or, le doute s'installe quant à la façon de s'y prendre pour que l'enfant acquière cette compétence nécessaire dans les rapports avec les autres.

L'importance des relations humaines amène les parents extro-déterminés à se mêler de la vie affective de leur enfant. Ils veulent savoir si leur enfant est capable de se mettre au diapason des autres, d'être amical et d'avoir de l'entregent, ce qui est maintenant considéré comme primordial pour parvenir à la réussite sociale.

Ils seront très inquiets si leur enfant ne semble pas avoir d'amis ou fréquenter régulièrement un groupe de pairs. S'il le faut, ils prendront l'initiative d'organiser des réunions d'enfants pour le rendre populaire dans son entourage. Ils ignorent par ailleurs quoi lui enseigner pour qu'il devienne plus sociable. On lui fait cependant sentir qu'il doit avoir une personnalité qui plaît aux autres.

L'école, dans une société extro-déterminée, devient plus importante qu'auparavant. Elle débute avant le primaire et se prolonge. Elle se présente à l'enfant comme un jeu organisé par des adultes compréhensifs. L'enseignant se soucie, par ailleurs, des réactions des enfants, car il doit les amener à coopérer. Maintenant, en effet, le développement intellectuel ne représente qu'un aspect de son travail auprès des élèves. Les professeurs doivent porter une attention toute spéciale à l'adaptation de l'enfant à son environnement, et en particulier à son milieu scolaire. Ils cherchent à le faire travailler en équipe, à développer son esprit d'initiative ainsi que son leadership.

L'école est mixte et des tables ont remplacé les pupitres d'antan. Il est impossible désormais de cacher quoi que ce soit aux autres. L'enseignant place les enfants selon les affinités et orne les murs de leurs dessins. On ne traite pas seulement des matières au programme, il est parfois question de consommation et d'amitié. Aux cours viennent s'ajouter des visites industrielles et des activités qui visent notamment à développer l'intérêt pour les arts. La société d'abondance en biens de consommation va de pair avec un enseignement plus individualisé, qui cherche à déceler les problèmes d'adaptation de certains à la vie de groupe et à y remédier.

Dans un tel contexte, il est aisé de constater l'importance du groupe des pairs, car c'est au contact de ses semblables que

*Dans une société extro-déterminée, l'enseignant amène les enfants à coopérer*

s'acquièrent les compétences dans les relations humaines. Lorsque l'enfant aura appris à nouer facilement des rapports avec les autres, il pourra sans trop de difficultés s'adapter aux exigences de la vie sociale liées à un nouveau milieu. Le groupe des pairs devient donc, moyennant l'approbation des parents et des maîtres, un puissant agent de socialisation pour l'enfant. Alors que les parents sont les juges, précise Riesman, le *peer-group* est un jury ayant des pouvoirs assez étendus.

Le jeune devient tout naturellement enclin à se conformer aux goûts de sa bande, à moins qu'il ne fasse preuve d'un leadership qui lui permet d'influencer les goûts des autres. Une fois adoptés, les nouveaux goûts deviennent aussi contraignants que les anciens, et le jeune doit montrer, par son langage ou sa tenue vestimentaire, sa soumission au groupe. La soumission dont il fait preuve le sécurise quant à ses goûts et à ses préférences, et il n'hésitera pas à les justifier devant les adultes, et spécialement devant ses parents.

Ne pas se distinguer des autres est une exigence qui découle de l'éducation extro-déterminée. Vouloir se démarquer des autres est presque un crime. Les pairs cherchent alors à homogénéiser le groupe et s'attachent à obtenir la soumission de celui qui se distingue. Riesman a noté, dans des entrevues réalisées auprès de groupes de jeunes, la lenteur avec laquelle ces derniers répondent à des questions portant sur les goûts, vérifiant d'abord par des regards adressés aux autres s'ils ne s'éloignent pas des goûts communs. Cette contrainte exercée par les pairs est d'autant plus forte que le fait que le groupe s'occupe seulement de jeux et de divertissements la fait passer inaperçue.

Dans un contexte si propice à la consommation, le groupe des médias prend une place de plus en plus envahissante. Pour reprendre les termes de Riesman, les médias sont les «grossistes de l'industrie des communications, et les groupes en sont les détaillants» (Riesman, 1964, p. 124). L'accent est mis sur la vente, et les propos ne doivent pas être trop sérieux puisqu'on cherche d'abord à distraire. C'est la mode des bandes dessinées lues en groupe ou échangées entre amis. Les jeux électroniques favorisent les réunions entre jeunes et la littérature, écrite ou audiovisuelle, est maintenant ciblée comme les autres produits de consommation. Les histoires sont brèves et les personnages principaux sont habituellement des superhéros adultes invincibles auxquels le jeune peut difficilement s'identifier. La musique est aussi un élément clé pour le groupe et fournit l'occasion de nombreux débats et échanges. Mais la réflexion personnelle est limitée ou se résume à s'enquérir des goûts et préférences des autres.

Ainsi, le mécanisme principal de socialisation est le miroir réfléchissant, décrit plus haut. L'individu de caractère extro-déterminé, en effet, doit être réceptif aux différents messages provenant des autres. Ces autres agissent comme un miroir qui prend d'autant plus de place que leur opinion concernant la valeur que chacun estime avoir a de l'importance. Le jeune extro-déterminé qui ne parvient pas à capter les messages des autres le concernant ou relatifs aux goûts à la mode sentira une angoisse diffuse, se croira anormal ou différent des autres. Poussée à l'extrême, cette quête incessante d'approbation aboutit à s'abstenir de formuler toute opinion arrêtée sur quoi que ce soit. Les caractères sociaux de Riesman sont résumés dans le tableau 4.1.

| Tableau 4.1 LES CARACTÈRES SOCIAUX SELON DAVID RIESMAN | | | |
|---|---|---|---|
| **Socialisation par** | **1. Le traditionnel** | **2. L'intro-déterminé** | **3. L'extro-déterminé** |
| **La famille** | Élargie | Restreinte | Restreinte |
| **... et les parents** | Les observer | Les écouter | Dialoguer |
| **L'école** | Inexistante | Durée limitée | Durée allongée |
| **... et les enseignants** | | Instruire | Lier |
| **Les pairs** | Rien de spécifique | Présence occasionnelle | Présence continue |
| **... et les amis** | | Compétition | Conformité |
| **Les médias** | Transmission orale | Imprimés | Multimédia |
| **... et le contenu** | Héros et méchants | Gens ambitieux | Superhéros |
| **Le mécanisme principal** | Imitation | Application de récompenses et de punitions | Miroir réfléchissant |

Il est possible que vous ne vous reconnaissiez parfaitement dans aucun de ces caractères sociaux. Cela est tout à fait normal puisque ces modèles s'appellent, en sociologie, des «idéaux-types». Un *idéal-type* est un portrait abstrait d'un phénomène, simplifié et construit de façon parfaitement logique. La réalité ne se réduit naturellement pas à ce portrait. L'intérêt de telles constructions et de telles simplifications est de permettre à chacun, s'il réfléchit bien à ce qui l'entoure, de déterminer à quelle tendance il se rattache. Nous pouvons ainsi mieux nous situer dans l'enchevêtrement des situations vécues. Cette présentation des caractères sociaux de Riesman devrait vous être utile si vous voulez comprendre le genre d'éducation que vous avez reçue.

À travers ces influences diverses, la sociologie tend à suggérer que les groupes auxquels nous appartenons nous fournissent un fond commun de réactions que nous intégrons à notre identité. Ainsi que l'explique Elias, «tout individu, si différent soit-il de tous les autres, porte une marque spécifique qu'il partage avec les autres membres de sa société» (Elias, 1939, p. 239). Il appelle cette empreinte «habitus social», ce qui inclut la langue apprise et ses accents, notre façon de nommer le monde, l'écriture commune apprise à l'école ainsi que les comportements donnés en modèles. C'est sur cette base commune que s'affirme l'originalité de chaque personne. Notre style personnel garde donc des empreintes du milieu dans lequel nous avons grandi. Ce milieu comporte des groupes particuliers d'influence, chacun ayant exercé un effet sur notre personnalité. Le tableau 4.2 regroupe les principaux éléments de notre socialisation, ce qui nous a fait ce que nous sommes, socialement parlant.

| Tableau 4.2 ÉLÉMENTS DE SOCIALISATION | | |
|---|---|---|
| **Mécanismes** | **Agents** | **Contenu** |
| 1. Miroir réfléchissant | 1. Groupe familial | 1. Façons de faire |
| 2. Jeu de rôles | 2. Groupe des pairs | 2. Façons de penser |
| 3. Maniement des impressions | 3. Groupe scolaire | 3. Façons de sentir |
| 4. Anticipation | 4. Groupe des médias | |
| 5. Imitation | Plus tard 5. Marché du travail | |
| 6. Application de récompenses et de punitions | 6. Vie conjugale, familiale... | |

*Nous sommes des êtres de relations*

Sans identité parmi ce faisceau de rapports, nous serions en état de crise profonde, comme le rappelle le philosophe et politologue québécois Charles Taylor (1991). Paradoxalement, cette identité se bâtit par nos interactions avec les autres, l'être humain étant d'abord un être de relations. Dans les limites de la science, la sociologie nous renseigne sur la nature des rapports avec les autres qui sont relatifs à la formation de notre identité, et vous avez pu constater que la contribution de la théorie interactionniste à cet égard est essentielle. ◆

# Mots clés

- Acteur social, p. 70
- Action, p. 69
- Agent de socialisation, p. 75
- Anticipation, p. 74
- Application de récompenses et de punitions, p. 81
- Caractère social, p. 79
- Contenu de la socialisation, p. 79
- Groupe d'appartenance, p. 68
- Groupe d'élection, p. 68
- Groupe de référence, p. 68
- Groupe des médias, p. 77

- Groupe des pairs, p. 75
- Groupe familial, p. 75
- Groupe scolaire, p. 76
- Identité, p. 68
- Imitation, p. 80
- Interaction, p. 70
- Jeu de rôles, p. 72
- Maniement des impressions, p. 73
- Mécanisme de socialisation, p. 72
- Miroir réfléchissant, p. 72
- Socialisation, p. 72
- Symbole social, p. 70

# Questions sur le chapitre 4

❶ Parmi les groupes auxquels nous sommes liés, lequel ou lesquels avons-nous choisis? Définissez ce ou ces groupes et expliquez en quoi il s'agit d'un choix.

❷ Que nous apprend la théorie de l'interactionnisme symbolique sur l'être humain?

❸ En quel sens l'être humain peut-il être présenté comme un acteur social?

❹ En quoi les autres sont-ils importants en regard du mécanisme de socialisation appelé miroir réfléchissant?

❺ En quoi le jeu est-il plus qu'un jeu dans l'enfance?

❻ Quel mécanisme de socialisation fait appel à la manipulation? Expliquez.

❼ Par quel mécanisme le futur envisagé agit-il dans la socialisation? Expliquez.

❽ En quoi le groupe familial a-t-il une place primordiale dans la socialisation?

❾ Quelle situation unique vivons-nous avec le groupe des pairs? Qu'est-ce que cette situation permet?

❿ Comment le groupe scolaire nous socialise-t-il?

⓫ Peut-on mesurer l'influence du groupe des médias dans la socialisation? Expliquez.

⓬ Que doit-on faire pour prendre sa place ou réussir socialement selon que l'on vit dans une société axée sur le caractère social traditionnel, intro-déterminé ou extro-déterminé?

# CHAPITRE 5

# NOTRE CLASSE SOCIALE

## L'habitus de classe et les formes de capital

Ainsi, les espaces de préférences alimentaires, vestimentaires, cosmétiques, s'organisent selon la même structure fondamentale, celle de l'espace social déterminé par le volume et la structure du capital.
Pierre Bourdieu

J'ai pris conscience de l'existence de classes sociales vers l'âge de 13 ans. Je commençais mes études secondaires dans un collège privé, qu'on appelait « classique » à l'époque. Jusqu'en 1966, au Québec, c'était la filière pour quiconque voulait suivre des études universitaires. Une très petite minorité de jeunes étaient acceptés, vu les frais importants que devaient supporter les parents. Quelques rares enfants de milieux moins fortunés pouvaient être admis. Je faisais partie de ceux-là.

À mon arrivée dans cet établissement scolaire, j'ai eu la sensation de ne pas être à ma place. J'avais été bien accueilli, mais je ne croyais pas que je pourrais réussir mes études. C'était plutôt une impression diffuse et bizarre de l'état des lieux et des gens qui s'y trouvaient. Je peux donner plusieurs exemples pour décrire cette sensation de ne pas être dans mon monde. Un jour, à la récréation, certains de mes camarades de classe se promenaient avec, sous le bras, des romans d'aventures. Ils semblaient prendre plaisir à lire des livres non scolaires. J'y ai jeté un coup d'œil et je me suis aperçu qu'il n'y avait que du texte écrit, aucune image. Je ne comprenais pas qu'on puisse y trouver du plaisir. Mis à part les manuels scolaires, je ne lisais que des bandes dessinées. De quelle planète certains de mes confrères de classe pouvaient-ils bien venir ? Pour moi, des livres sans images étaient synonymes de devoirs scolaires et de lecture aride, un point c'est tout.

Autre étonnement. Dans les cours de religion, les religieux qui enseignaient dans ce collège parlaient du catholicisme, la religion

*Les collèges classiques privés étaient réservés à une classe sociale privilégiée*

de mes parents, mais cela n'avait rien à voir avec leurs croyances. On m'enseignait une religion rationnelle, intellectuelle, et on considérait la religion de mes parents, les rares fois qu'il en était question, avec une condescendance évidente. On disait qu'ils avaient la «foi du charbonnier», un ouvrier comme mon père sans doute, et l'attitude de mes professeurs laissait entendre qu'ils avaient de la chance de ne pas être limités ainsi dans leurs croyances.

Un autre souvenir refait surface. Le corps professoral de ce collège nous rappelait régulièrement que nous formerions l'élite de demain. Il était donc important d'avoir des loisirs qui nous prépareraient à occuper cette place de choix qui nous était destinée; les professeurs nous suggéraient fortement par conséquent d'aller régulièrement au théâtre ou au musée, au lieu de nous livrer à des activités qui leur semblaient dépourvues d'intérêt et que même ils réprouvaient, comme se divertir dans les salles de danse.

Les études classiques duraient huit ans, et on y faisait l'équivalent actuel des études secondaires et collégiales dans le même établissement. Avec les années, il m'est apparu évident que bon nombre d'élèves de ce collège n'appartenaient pas à la même classe sociale que mes parents et moi. J'avais remarqué le genre de maison qu'ils habitaient en allant chez certains et les sports qu'ils pratiquaient en les voyant munis de leurs skis lors de certaines sorties scolaires. Il y avait aussi le fait que je faisais partie de la petite minorité d'élèves qui devaient gagner un peu d'argent en dehors de l'école pour se payer quelques sorties et quelques vêtements neufs.

Mais j'oubliais l'aspect le plus important, peut-être parce qu'il est plus difficile à exprimer et à admettre. Ces études qui étaient dues à l'abnégation de mes parents me tenaient en même temps à distance d'eux. Je les trouvais maintenant assez primaires, indépendamment de l'amour éprouvé de part et d'autre. Par exemple, je trouvais qu'ils s'exprimaient mal, qu'ils étaient peu raffinés, ignorants et «pas dans le coup» par rapport aux bouleversements que connaissait la société à la fin des années 1950 et au début des années 1960. Je vivais ainsi dans deux mondes parallèles, celui de l'école, discret et de bon ton, les jours de semaine, et celui de ma famille, dans un quartier considéré comme bruyant et grossier les autres jours et durant les vacances.

Au-delà de ces souvenirs, c'est cette constatation qu'il existait différentes façons d'être ou de vivre dans la société qui me consternait. C'était l'inconnu. Je ne pouvais expliquer cette découverte.

*Pierre Bourdieu*

**HABITUS DE CLASSE**

Dispositions acquises dans le milieu d'origine, aptitudes nous amenant inconsciemment à avoir des préférences et des façons de penser et d'agir particulières.

**CLASSE SOCIALE (Bourdieu)**

Ensemble d'individus occupant dans la société une position déterminée par la variété et la quantité de leur capital.

**CAPITAL**

Ressources dont disposent un individu ou une classe sociale.

**CAPITAL ÉCONOMIQUE**

Richesse et revenu d'un individu ou d'une classe sociale.

**CLASSE BOURGEOISE**

Ensemble des individus d'une société possédant la plus grande quantité et la plus grande variété de capital.

C'est la sociologie qui m'a permis plus tard de me familiariser avec la réalité des classes sociales. J'ai appris que nous sommes jusqu'à un certain point le produit de notre classe sociale d'origine.

### L'habitus de classe

Un sociologue français, Pierre Bourdieu (1930-2002), s'est attaché dans ses recherches à décrire la façon dont notre classe sociale d'origine nous marque. Les enquêtes de Bourdieu, menées dans les années 1960 et 1970, portent sur ce qu'il nomme l'**habitus de classe**. Cet habitus varie suivant nos conditions matérielles d'existence. C'est ainsi que nos goûts, une réalité si personnelle qu'elle ne saurait se discuter, peuvent être à peu près semblables chez les membres d'une même **classe sociale**. L'habitus varie selon la classe d'appartenance : certains aiment aller au concert et au musée, alors que d'autres préfèrent se rendre au stade ou assister à des spectacles de variétés.

Les enquêtes menées par Bourdieu ont permis de pousser très loin l'étude des signes distinctifs qui caractérisent les classes sociales. Bourdieu cerne les classes sociales d'une société afin de délimiter l'habitus que chacun intègre à sa personnalité. Il a constaté que les membres d'une même classe sociale ont en commun des dispositions qui les incitent à agir de la même manière. Cet habitus ancré en nous influe sur notre comportement : notre façon de manger, de nous habiller, de nous divertir ou d'être en rapport avec les autres.

La classe sociale d'un individu se détermine objectivement selon le **capital** qu'il possède, c'est-à-dire les ressources dont il dispose. Le sens économique du terme « capital » est déterminant, mais il ne représente cependant que l'un des éléments servant à définir une classe sociale. Selon Bourdieu, il existe trois formes principales de capital (économique, culturel et social) qui fusionnent pour créer les classes sociales.

### La classe bourgeoise et les formes de capital

Le **capital économique** représente la richesse et le revenu dont on dispose, ou la somme des biens de cet ordre qu'on possède. Les plus riches font partie de la **classe bourgeoise**. Ce sont principalement de gros commerçants, des industriels et des financiers. Leur capital provient souvent de leur père. D'autres ont gagné la majeure partie de leur fortune : leur ascension ressemble à celle d'un sportif qui passe des ligues mineures aux ligues majeures. Il ne faut cependant pas oublier que, s'ils étaient dans les ligues mineures, c'est que la plupart d'entre eux appartenaient à une famille qui a su faire fructifier l'argent qu'elle avait.

Ces nouveaux arrivés ne sont pas nécessairement les bienvenus chez les gens prospères et bourgeois, qui ne leur font aucun cadeau. S'ils réussissent à se faire une situation, ils continuent à être mal reçus par les plus anciens, qui les qualifieront au passage de « nouveaux riches » ou de « parvenus » avec condescendance et mépris.

*Les biens nantis sont au sommet de la bourgeoisie*

Les membres de la bourgeoisie possèdent, en règle générale, des biens de deux types. Des *biens hérités*, un capital économique reçu par voie de succession, et des *biens acquis*, un capital économique obtenu grâce à leurs occupations professionnelles et qui se reflète, en particulier, dans le ou les titres qui y sont attachés.

La classe bourgeoise, qui réunit les détenteurs de grands capitaux, constitue la **classe dominante**. Ses membres luttent de diverses manières pour maintenir leur pouvoir, non seulement entre eux, mais aussi et surtout avec les membres des autres classes sociales. Ils ont un pouvoir considérable et peuvent être la source de nombreux problèmes, notamment sur le plan de l'emploi, lorsque leurs intérêts les conduisent à fermer des entreprises, à les déménager ou à les moderniser. Cette lutte, comme Bourdieu l'a démontré de façon originale dans ses recherches, se déroule non seulement dans le champ économique, mais aussi dans les champs culturel et social. À ces derniers se rattachent le capital culturel et le capital social.

**CLASSE DOMINANTE**

Classe sociale ayant le plus de pouvoir du fait de son accumulation plus importante de capital.

L'ensemble des savoirs d'un individu constitue son **capital culturel**. Comme le capital économique, il peut être hérité ou acquis. Les *savoirs hérités* sont la partie du capital culturel reçue par habitus, ce sont les savoirs qu'un individu acquiert imperceptiblement par l'entremise de son milieu, de la naissance à l'âge adulte, que ce soit sur le plan du langage, de la prestance, des connaissances, des aptitudes ou des attitudes. Ces savoirs s'acquièrent en dehors de l'école. L'individu les intègre habituellement de façon inconsciente au contact de ses proches. Sur le plan culturel, il hérite dans les milieux riches de dispositions qui l'avantagent dans ses rapports avec les autres, telle la facilité avec laquelle il se présente ou s'impose. De plus, ce capital hérité donne l'élan nécessaire à

**CAPITAL CULTUREL**

Connaissances, diplômes et « bonnes manières » d'un individu ou d'une classe sociale.

certains pour se lancer dans des carrières artistiques ou innovatrices, sans qu'il soit besoin de faire de longues études.

Les *savoirs acquis* sont la partie du capital culturel obtenue par scolarisation. Plus on va à l'école longtemps, plus on se barde de diplômes, plus on choisit des facultés prestigieuses ou d'avenir, plus on accumule un capital culturel. On peut ainsi faire partie de la classe dominante en ayant acquis ou hérité de suffisamment de capital culturel.

La classe bourgeoise comprend donc deux groupes de personnes appelés des fractions de classe, une *fraction économique* et une *fraction culturelle*. Cette dernière possède à un haut degré des savoirs d'ordre littéraire, scientifique ou économico-politique selon qu'on est, par exemple, professeur d'université, architecte ou spécialiste accomplissant un autre genre de travail intellectuel.

Les fractions économique et culturelle de la classe bourgeoise n'ont pas des goûts identiques en matière de théâtre, d'architecture, de technologie, de sport, de gastronomie, etc. Elles varient selon l'importance et la structure du capital possédé, ou plutôt selon la combinaison des deux capitaux et l'importance de leur accumulation. Ainsi, les gens moins fortunés mais plus intellectuels préfèrent la marche dans un décor naturel, les petits théâtres d'avant-garde, la sérigraphie et la voiture écologique, tandis que les gens plus fortunés et moins intellectuels choisissent la navigation de plaisance, les théâtres reconnus, la peinture consacrée et la voiture de luxe. De façon générale, le culturel est subordonné à l'économique. Si nous travaillons par exemple dans le domaine artistique, nous avons besoin de financement et de mécènes qui appartiennent à la fraction économique, et, si nous sommes des scientifiques, nous avons besoin pour nos recherches de subventions que nous devons solliciter auprès des dirigeants de grandes entreprises. Les femmes liées à la fraction économique jouent souvent un rôle de médiation entre les artistes et les bailleurs de fonds et font parfois la promotion des arts en général.

Au sommet de la classe bourgeoise se retrouvent les bien nantis, tant sur le plan économique que culturel. Ce sont habituellement les plus anciens membres de cette classe, qui ont été dotés de biens par la génération précédente. Il est difficile de tracer des frontières entre les fractions, comme le montrent les cadres supérieurs du secteur privé ou les ingénieurs conceptuels, qui appartiennent à la fois à la fraction économique et à la fraction culturelle.

Il faut également considérer une autre forme de capital qui est parfois moins facile à circonscrire, le **capital social**. Il s'agit de l'ensemble des relations qu'un individu peut entretenir et qui lui permettent de profiter d'occasions qui ne s'offrent pas aux autres. Plus particulièrement, le fait de posséder un réseau de connaissances permet à quelques élus d'être à la bonne place au bon moment pour conclure un arrangement ou pour profiter d'une occasion unique. Le capital social n'est pas mesurable comme le volume des transactions économiques, ni observable comme les diplômes. Il offre néanmoins des avantages certains pour ceux qui appartiennent à la bourgeoisie ou qui désirent s'y tailler une place. L'acquisition du capital social commence très tôt par les vacances que les enfants de cette classe passent ensemble, les rallyes organisés par les mères pour les jeunes hommes et les jeunes femmes, les études effectuées par la suite dans de grands collèges internationaux, les soirées de gala et les cercles, une fois devenus adultes (Pinçon et Pinçon-Charlot, 2007). Pour bon nombre de personnes, donc, le capital social s'ajoute au capital culturel hérité et au capital économique et contribue à maintenir leur haut *standing*. Ayant les moyens de le faire, ces personnes cherchent constamment à se distinguer du commun des mortels. Le tableau 5.1 fait ressortir les formes de capital dont peut disposer une classe sociale.

**CAPITAL SOCIAL**
Réseau de relations sociales privilégiées bâti par un individu ou une classe sociale.

| Tableau 5.1 |
|---|
| **CLASSES SOCIALES ET TROIS FORMES DE CAPITAL** |
| **(Capital: ressources dont dispose un individu ou une classe sociale.)** |

| Capital économique Richesses et revenus | | Capital culturel Connaissances, diplômes et «bonnes manières» | | Capital social Réseau de relations sociales privilégiées | |
|---|---|---|---|---|---|
| Deux types de biens | | Deux types de savoirs | | Deux filières | |
| Hérités ou reçus par succession | Acquis ou obtenus par ses occupations | Hérités ou reçus par habitus | Acquis ou obtenus par scolarisation | Ses proches | Ses autres contacts ou connaissances |

Basé sur l'ouvrage du sociologue Pierre Bourdieu *La distinction. Critique sociale du jugement* (Paris, Minuit, 1979, 670 pages).

## La petite bourgeoisie et les classes populaires

Les deux autres classes sociales ciblées par Bourdieu se définissent elles aussi selon les diverses formes de capital mentionnées. Il y a la **classe petite-bourgeoise**. Cette classe correspond en Amérique à la classe moyenne et se caractérise par ses efforts déployés en vue de ressembler à la bourgeoisie. Mais, leurs moyens étant limités, ses membres n'y parviennent qu'à plus petite échelle.

Grosso modo, les petits-bourgeois possèdent diverses formes de capital, mais celui-ci est plus modeste et moins varié que celui des bourgeois. Dans la petite bourgeoisie, il existe aussi deux fractions liées aux caractéristiques des professions exercées : les fractions établie et nouvelle. La *fraction établie* regroupe essentiellement des petits commerçants, des techniciens, des cadres administratifs moyens, des instituteurs, des artisans qualifiés, bref des gens qui ont un capital scolaire qui va au-delà de l'instruction obligatoire. Par contre, ces gens ont peu de capital culturel hérité, contrairement à la *fraction nouvelle*, plus jeune, disposant de savoirs hérités et de contacts permettant une certaine audace. Ceux qui appartiennent à l'aile nouvelle exercent souvent des professions émergentes, dans les domaines médico-social ou artistique, telles les professions d'artisan et de commerçant haut de gamme. Plus précisément encore, cette fraction nouvelle est très présente dans les domaines de la vente de biens et de services symboliques (présentateurs à la radio, psychothérapeutes) et dans les professions liées à la représentation et à la communication (représentants de commerce, agents de relations publiques). À l'aube du XXIe siècle, selon Bourdieu, l'aile établie semble en voie de disparition, alors que l'aile nouvelle est en pleine expansion.

Les **classes populaires** se composent de l'ensemble des individus d'une société ne possédant pas de capital économique et n'ayant qu'un faible capital culturel et social. Cette troisième classe dans le système de Bourdieu est la plus nombreuse. Elle regroupe les employés et les ouvriers peu qualifiés, le personnel du domaine des services, les petits commerçants et les artisans. Les membres de cette classe sont à la merci de la classe bourgeoise, qui les engage à son service ou leur donne des contrats. Ils n'ont pas vraiment d'influence sur le cours des affaires, sauf dans certaines circonstances, lorsqu'ils se regroupent pour former des syndicats ou des associations.

**CLASSE PETITE-BOURGEOISE**

Ensemble des individus d'une société possédant du capital, mais de moins grande ampleur que la classe bourgeoise.

**CLASSES POPULAIRES**

Ensemble des individus d'une société ne possédant pas de capital économique et n'ayant qu'un faible capital culturel et social.

Cette description succincte des classes sociales dans une société moderne, industrialisée et dont l'économie est fondée sur l'entreprise privée, permet de comprendre nos origines sociales. Le tableau 5.2 en résume les principaux traits. Chacune des classes sociales comporte des conditions matérielles d'existence qui déterminent chez ses membres un habitus particulier. Cet habitus se manifeste par les dispositions esthétiques propres aux membres ou agents d'une même classe, ce que nous examinerons maintenant.

| Tableau 5.2 | | | | |
|---|---|---|---|---|
| **CLASSES SOCIALES ET FRACTIONS DE CLASSES** | | | | |
| (Classe sociale: ensemble d'individus occupant dans la société une position déterminée par la variété et la quantité de leur capital.) | | | | |
| **Classe bourgeoise** Possède la plus grande quantité et la plus grande variété de capital. | | **Classe petite-bourgeoise** Possède du capital, mais de moins grande ampleur que la classe bourgeoise. | | **Classes populaires** Ne possèdent pas de capital économique et un faible capital culturel et social. |
| Fraction économique | Fraction culturelle | Fraction nouvelle | Fraction établie | Pas de fractions |
| Gros commerçants, industriels et financiers... | Universitaires, littérateurs, scientifiques, concepteurs... | Communicateurs, conseillers, thérapeutes, relationnistes, commerçants haut de gamme... | Petits patrons, cadres moyens, artisans qualifiés, techniciens, instituteurs... | Employés, ouvriers, petits artisans, petits commerçants, personnel de services publics ou privés... |

Basé sur l'ouvrage du sociologue Pierre Bourdieu *La distinction. Critique sociale du jugement* (Paris, Minuit, 1979, 670 pages).

Pierre Bourdieu a choisi d'enquêter sur les goûts parce que cet aspect négligé de la sociologie lui paraissait être un bon indicateur de la position occupée par chacun dans la société. Nous avons inconsciemment acquis un habitus de classe, et celui-ci tend à s'exprimer dans nos préférences et nos pratiques. Par conséquent, selon Bourdieu, les classes sociales ont des goûts différents. Il a écrit sur le sujet un livre majeur intitulé *La distinction* (Bourdieu, 1979). Voici l'essentiel de son propos.

## La simplicité des classes populaires

Bourdieu a constaté que les gens issus des classes populaires aiment manger copieusement et recherchent surtout ce qui est nourrissant et bon marché. Au chapitre de la nourriture, ils ne tolèrent pas les dépenses extravagantes. Les repas au restaurant sont plutôt rares et, comme ils prennent en compte le rapport qualité-prix, ils ont tendance à fréquenter des endroits servant des portions généreuses. Le succès des restaurants offrant le buffet à volonté (*all you can eat*) s'explique en partie par cette préoccupation. L'auteur précise cependant que manger abondamment est plus fréquent chez les hommes que chez les femmes. Les jeunes garçons sont d'ailleurs encouragés à finir leur assiette et même à en redemander s'ils veulent devenir des hommes. L'enquête a montré aussi certaines particularités concernant les garçons et les hommes. Dans les classes populaires, la force physique a de l'importance. Un homme doit être fort et doit surtout manifester de l'intérêt pour les sports violents, les corps-à-corps, les aliments et les boissons robustes. Les hommes doivent se moucher avec force, rire fort et être capables d'apprécier les signes extérieurs de la force tels que les muscles. Les mères sont appréciées lorsqu'elles cuisinent bien et que leurs repas sont savoureux. Ce qui importe surtout, c'est d'être à l'aise à l'heure des repas. Même avec des invités, les manières à table sont dépréciées et perçues plutôt comme un manque de générosité et de familiarité. En étant simples et sans gêne, on leur montre qu'on les accepte.

*Les moyens des classes populaires les obligent à s'en tenir à des aliments bon marché*

Sur le plan culturel, les classes populaires vont rarement au cinéma, au théâtre, au musée ou au concert. Au cinéma, les acteurs ou le genre de films (western, histoire d'amour, etc.) les intéressent davantage et le film doit être un pur divertissement. De même, s'ils assistent à un spectacle, il doit être de l'ordre de la fête, comme un cirque ou une comédie. Cela leur permet de rire des conventions et des manières guindées. Ils aiment aussi s'en mettre plein la vue : costumes extravagants, décors somptueux, franc-parler, etc. Pour ce qui est de la télévision, ils détestent les effets techniques comme lorsque la caméra dissimule l'action, le manque d'expressivité des comédiens ou les histoires sans queue ni tête. Dans le même ordre d'idées, ils apprécient les belles photographies qui montrent quelque chose (première communion, coucher de soleil sur la mer, paysage) et détestent la photographie artistique, et en particulier les photos abstraites qui ne signifient rien. Ils lisent les journaux locaux, les journaux à vedettes ou les magazines d'intérêt général. Ils aiment faire des achats dans les grands magasins, car personne n'y est jugé sur ses goûts ou sur son savoir-vivre.

Un être naturel, simple, honnête, sincère, au franc-parler, qui ne se prend pas pour un autre et qui abolit les distances avec les autres est ce qu'ils espèrent trouver chez une personnalité. Chez un politicien, ces qualités seront plus appréciées que ses idées. Ils estiment que, dans la vie, il faut prendre du bon temps et profiter des bons moments avec les autres. La sexualité demeure cependant assez stricte, pour les jeunes filles en particulier, et ils persistent à se déclarer en faveur d'une division du travail entre les sexes. Enfin, pour eux, il n'est pas raisonnable d'étaler ses émotions devant les autres, quitte à les cacher sous des dehors bourrus.

Ceci n'est qu'un résumé des nombreuses recherches de Bourdieu, ainsi que de celles de certains de ses confrères auxquels il se réfère à l'occasion. Ces enquêtes ont été effectuées au cours des années 1960 et 1970. Une description dans le détail serait inadéquate puisque les modes et les conditions matérielles de l'existence ont considérablement changé depuis. Ainsi, la fréquence des visites au restaurant a peut-être augmenté, mais la tendance générale en ce qui a trait au choix des restaurants demeure inchangée. Ensuite, certains traits particuliers à la société française peuvent ne pas avoir d'équivalents dans un autre pays ou, du moins, ne pas être présents avec la même intensité. La division des tâches entre les sexes est un bon exemple, car elle varie selon les classes et selon les pays. En outre, elle évolue constamment.

## La distinction de la classe bourgeoise

Au chapitre de la nourriture, la classe bourgeoise recherche principalement la qualité des aliments, les petits plats agréables, délicats ou légers. La forme prime le contenu, et les manières à table sont importantes : ne pas se précipiter, attendre que chacun ait été servi avant de toucher à son assiette, ne pas entamer un nouveau plat avant qu'on ait ôté le précédent. Bref, les gens qui appartiennent à cette classe doivent faire preuve de retenue et de tenue. En outre, ils se mouchent délicatement, rient de façon discrète et observent la politesse. Au restaurant, ils ont une préférence pour les cuisines peu connues.

*Les moyens financiers de la bourgeoisie lui permettent de satisfaire ses goûts raffinés*

En règle générale, les membres de la classe bourgeoise sont sûrs d'eux-mêmes. Ils ne feignent pas : ils sont ce qu'ils sont, un point c'est tout. De plus, ils se sentent différents de la majorité et ils cultivent cette différence de façon consciente ou inconsciente. Ils recherchent l'exclusivité, le luxe et la distinction dans les accessoires qu'ils portent, la décoration de leurs demeures, les objets qu'ils possèdent, les produits qu'ils consomment, les sports qu'ils pratiquent et les endroits où ils les exercent. Bourdieu utilise pour qualifier leur façon d'être le terme « aisance ». Les gens issus de cette classe donnent à croire que le quotidien est chose facile et qu'il ne faut pas s'en faire outre mesure. Cette aisance est cependant jointe à de la distance dans leurs rapports avec autrui, car ils ont appris très jeunes à se montrer corrects avec les autres, et ils ne se laissent pas aller à des débordements et ne tombent pas dans la familiarité.

Les plus grands consommateurs de produits culturels ou artistiques de toute nature se rencontrent dans la bourgeoisie. Noblesse oblige, ils s'intéressent à la musique classique, à la peinture, au théâtre, etc. S'ils vont à l'occasion au cinéma, ils connaissent le réalisateur et savent sans doute que le film qui est projeté est digne d'être vu. Au cinéma ou au théâtre, ce n'est pas l'histoire qui compte, mais la forme. Pour eux, tout est objet d'art, même la photo d'une première communion. Seulement, ils jugent la technique et s'attardent au procédé. La photographie ou la chanson sont toutefois des arts qui, hormis les artistes consacrés ayant fait leurs preuves, sont considérés par eux comme mineurs et inintéressants. Juger une chose uniquement d'après sa forme (présentation, manières) sans s'attarder au contenu, comme le font les gens de la classe bourgeoise, est le signe d'une certaine hypocrisie, affirme Bourdieu.

La vie du bourgeois varie en fonction de sa personnalité. C'est une personnalité qui cherche à s'imposer, et son aisance matérielle le lui permet. Pour reprendre les termes du sociologue : « [ils] n'ont qu'à être ce qu'ils sont pour être ce qu'il faut être » (Bourdieu, 1979, p. 286). En d'autres termes, ils donnent le ton et peuvent l'imposer. Ils peuvent même, suprême privilège, être couverts de fleurs en faisant, par exemple, du bénévolat pour une œuvre quelconque, les autres sachant bien la valeur pécuniaire attachée à ce temps, vu leur situation. Le tableau 5.3 fait ressortir les différences esthétiques entre les classes sociales, et le tableau 5.4 développe les différences de goûts entre les habitus de classe de la bourgeoisie et des classes populaires.

| Tableau 5.3 | |
|---|---|
| **CLASSES SOCIALES ET PRÉFÉRENCES ESTHÉTIQUES** | |
| **Classe bourgeoise, fraction économique** | Navigation de plaisance, théâtre reconnu, peinture consacrée, voiture de luxe… |
| **Classe bourgeoise, fraction culturelle** | Randonnée pédestre, théâtre d'avant-garde, sérigraphie, voiture écologique… |
| **Classes populaires** | L'art qui dit quelque chose, concret, compréhensible, spectacles et émissions de variétés, sport, musique country, films ayant une histoire et une fin heureuses… |
| **Classe petite-bourgeoise** | Goûts partagés avec les deux autres classes selon leurs aspirations, leurs moyens et leur origine de classe |

Basé sur l'ouvrage du sociologue Pierre Bourdieu *La distinction. Critique sociale du jugement* (Paris, Minuit, 1979, 670 pages).

**Tableau 5.4**

## HABITUS OU PRINCIPES DE CLASSEMENT SELON LES CLASSES SOCIALES

| Classes populaires (tenir le coup) | Classe bourgeoise (tenir son rang) |
|---|---|
| **En nourriture**<br>Accent sur le contenu<br><br>Le substantiel, le nourrissant, le réel (sur les apparences), le simple, l'absence de façons et de cérémonies et aussi, au restaurant ou à l'épicerie, en avoir pour son argent | **En nourriture**<br>Accent sur la forme<br><br>La qualité, la présentation, les petits plats, l'étiquette |
| **Dans leurs rapports aux autres**<br>Accent sur le naturel, la simplicité<br><br>La sincérité, le sentiment, le senti, la conformité des actes avec les paroles, le franc-parler, être entier, honnête, sans complication | **Dans ses rapports aux autres**<br>Accent sur l'assurance, l'aisance<br><br>La délicatesse, la retenue, la politesse, la personnalité, la distinction, l'exclusivité, la gratuité, bref, les belles manières |
| **Dans leur critique de l'autre classe**<br>Accent sur la prétention des autres<br><br>Leur manque de façon, de familiarité, leurs distances, leur peu d'esprit égalitaire, leurs simagrées, leur politesse excessive | **Dans sa critique de l'autre classe**<br>Accent sur le sans-gêne du peuple<br><br>Leur laisser-aller, leur trop grande familiarité, leur inconvenance, leurs façons trop libres de se comporter |
| **Sur le plan de l'esthétique\***<br>Les tableaux ou les photos qui veulent dire quelque chose | **Sur le plan de l'esthétique\***<br>Les tableaux ou les photos qui ont du style au-delà de ce qu'ils représentent |

\*Qui a rapport au sentiment, à la perception du beau.

N. B. Dans le domaine esthétique, Bourdieu laisse entendre que le goût fonctionne comme une sorte de sens de l'orientation sociale (*sense of one's place*). En étudiant les goûts, on arrive à deviner la position sociale occupée par l'individu.

Basé sur l'ouvrage du sociologue Pierre Bourdieu *La Distinction. Critique sociale du jugement* (Paris, Minuit, 1979, p. 222).

### Le bien-paraître de la petite bourgeoisie

La classe petite-bourgeoise occupe une position intermédiaire entre les classes populaires, qui ont peu de diplômes et d'argent, et la classe bourgeoise, qui possède généralement plus de biens, de relations et d'instruction que la petite bourgeoisie. Les préférences ou les goûts des petits-bourgeois ne leur sont pas propres. Ils pencheront tantôt du côté des classes populaires, tantôt du côté de la classe bourgeoise. Bon nombre de petits-bourgeois espèrent cependant accéder à la classe bourgeoise ou, du moins, pouvoir adopter son style de vie.

Cette aspiration à la bourgeoisie est plus forte chez les membres les plus anciens de la petite bourgeoisie, ceux qui en font partie depuis quelques générations ou qui exercent des professions d'avenir. Elle est moins forte chez ceux et celles qui viennent d'accéder à cette classe, c'est-à-dire qui ont eu des parents provenant des classes populaires ou qui exercent des professions en déclin. Ces aspirations différentes se reflètent dans certains de leurs goûts, ainsi que le démontre Bourdieu. Ainsi, la petite bourgeoisie établie sert à ses amis « des repas copieux et bons, simples et joliment présentés », alors que la petite bourgeoisie nouvelle opte plutôt pour « des repas originaux et exotiques ou à la bonne franquette ». Ce premier exemple nous montre que cette classe est moins définie et est plus difficile à saisir si nous ne nous référons pas aux deux autres classes.

Les goûts de la petite bourgeoisie procèdent grandement de l'entre-deux dans lequel elle se trouve et auquel elle voudrait bien

*Les goûts de la petite bourgeoisie varient en fonction de leur aspiration plus ou moins forte à la bourgeoisie*

échapper. Les petits-bourgeois veulent s'associer à la classe bourgeoise, mais ils n'en ont pas les moyens. C'est ainsi qu'ils achètent des produits qui semblent exclusifs ou griffés, mais qui perdent de leur exclusivité dès qu'ils sont devenus accessibles à tout le monde. Cette consommation ostentatoire est vaine puisqu'un produit haut de gamme qui devient accessible aux petits-bourgeois ou aux classes moyennes perd de son intérêt pour la bourgeoisie. Il en va de même des destinations de voyage : dès que certains lieux sont accessibles à la petite bourgeoisie, la bourgeoisie en cherche d'autres.

*Le golf n'est plus réservé à une seule classe sociale*

Bourdieu affirme que les membres de cette classe aspirent à sortir de leur milieu. Le petit-bourgeois cherche à grimper dans l'échelle sociale, d'où son obsession de toujours bien paraître. Cette ambition personnelle est astreignante et, en cherchant à échapper à sa condition présente, le petit-bourgeois devient tendu. Le stress qu'il éprouve l'oblige à modérer ses transports, à être sobre dans le boire et le manger. Sa morale est rigoureuse : il a des principes et des règles de vie. Il se fait un devoir de bien parler, et parfois il tombe dans l'exagération.

Comme les membres de la petite bourgeoisie sont convaincus que le salut et la réussite ne dépendent que d'eux seuls, ils ont leurs propres opinions et aiment peu les manifestations collectives. Et pourtant, leur quête du succès les force à se préoccuper grandement du jugement qui peut être porté sur eux. Ils se soucient donc de leur apparence et cherchent à s'assurer que leurs goûts ou leurs relations sociales sont acceptés. Ils peuvent ainsi confondre l'opérette avec la grande musique, la science et sa vulgarisation, le simili avec l'authentique et deviennent victimes de leur désir de bien paraître.

Sur le plan culturel, leur désir d'être conformes au goût légitime, c'est-à-dire celui qu'ils considèrent comme étant de mise dans les milieux bourgeois, les éloigne de leurs préférences. À titre d'exemple, le sociologue posait cette question : avec les sujets suivants, le photographe a-t-il des chances de faire une photo belle, intéressante, insignifiante ou laide ? Suivait l'énumération de 21 sujets. Concernant une photo de première communion, les petits-bourgeois sont plus nombreux à répondre qu'elle sera insignifiante (on veut se distinguer du goût des classes populaires) ou qu'elle sera intéressante (on n'ose pas trop se prononcer, le terme « intéressante » n'étant pas très engageant). Par ailleurs, les membres des classes populaires ont tendance à être sûrs qu'une première communion pourrait être l'objet d'une belle photo. La classe bourgeoise, quant à elle, n'écarte pas cette possibilité, tout dépendant, selon elle, de la manière de la réaliser.

Cet exemple montre que la classe petite-bourgeoise est peu sûre de ses goûts. D'une part, elle veut se démarquer des classes aux goûts vulgaires, et d'autre part, elle ne parvient pas à pénétrer dans le club sélect qui peut changer ses préférences sans prévenir dès qu'une mode se répand et perd de son exclusivité. Les petits-bourgeois ont ainsi, dit Bourdieu, des goûts « disparates ». C'est pourquoi cette classe n'apparaît pas dans le tableau 5.4. Ses goûts oscillent entre ceux des deux autres classes. La petite bourgeoisie n'a pas de préférences propres.

Notre classe sociale d'appartenance nous lègue donc certains goûts. C'est ainsi que l'habitus de classe poursuit son œuvre. Bourdieu souligne que cet habitus, que nous avons assimilé petit à petit au cours de notre existence, repose essentiellement sur le classement. Nous trions les gens, les choses selon des catégories de perception.

*La bourgeoisie est sûre d'elle-même*

### La violence symbolique

Pour résumer, nous pourrions dire que l'habitus des classes populaires est axé sur ce qui est substantiel, réel, nourrissant, naturel, simple, sincère, franc, honnête et surtout authentique. Inversement, l'habitus de la classe bourgeoise correspond à tout ce qui est léger, symbolique, maigre, maîtrisé, recherché, à tout ce qui est nuancé et respecte les convenances. Bourdieu affirme qu'une lutte oppose les classes sociales non seulement sur le terrain économique, mais aussi dans d'autres champs ou domaines d'activités.

Ainsi, ces principes de classement recèlent un jugement dépréciatif sur les goûts d'autrui (*voir au centre du tableau 5.4*). Les classes populaires disent des manières bourgeoises qu'elles sont prétentieuses, froides, trop polies et affectées. À l'inverse, la classe bourgeoise trouve que les membres des classes populaires sont sans gêne, font preuve de laisser-aller, sont inconvenants ou excessifs. La classe bourgeoise impose de surcroît ses propres goûts, et l'école dévalorise, sans nécessairement s'en rendre compte, ce qui ne correspond pas à l'idéal bourgeois. Cela crée une autre forme de préjugé, qui est celui d'être convaincu, par exemple, que quelqu'un s'exprime incorrectement parce qu'il a l'accent de son habitus de classe.

En imposant des façons de faire ou d'agir à quelqu'un, nous lui faisons violence. Bourdieu qualifie d'ailleurs de **violence symbolique** cette imposition de l'esthétique bourgeoise comme norme. Non

**VIOLENCE SYMBOLIQUE**

Fait d'imposer de manière consciente ou non ses façons de penser et d'agir à un individu ou aux membres des autres classes sociales.

seulement l'école, mais aussi les personnes qui font de la critique leur métier abondent souvent dans le sens des bourgeois en présentant leurs goûts comme la norme à suivre.

Si la classe bourgeoise tient ainsi à imposer ses règles, c'est parce qu'il ne suffit pas de contrôler les leviers économiques d'une société pour justifier et faire admettre sa position dominante. Nous devons prouver que nous méritons cette position privilégiée, un peu comme les rois et nobles d'autrefois, qui devaient montrer qu'ils tenaient leur pouvoir de Dieu. Le droit de naissance est révolu, mais la bourgeoisie cherche tout de même à légitimer sa supériorité et à la faire paraître normale ou naturelle aux yeux de la population. Voilà où la distinction devient importante. C'est de cette façon que la bourgeoisie fait violence aux goûts des autres en prétendant être la seule classe qui connaisse vraiment l'art de vivre. Elle ne se lance pas à l'attaque des classes dominées, mais, l'habitus de classe aidant, cette place enviable semble lui revenir de droit, vu la grâce avec laquelle ses membres se meuvent. Pour en garder l'exclusivité, une lutte sourde l'oppose aux autres classes, en particulier à la petite bourgeoisie, qui rêve de s'y retrouver.

C'est ainsi que, dès que la petite bourgeoisie a accès à un bien distinctif de la bourgeoisie, cette dernière s'en détache et commence à le dévaluer. Un morceau de musique classique de prédilection, une fois diffusé à grande échelle (à l'occasion d'un film, par exemple), perd pour elle de l'intérêt et est dévalorisé dans les cercles bourgeois. La haute couture, le prêt-à-porter ou les styles dans la décoration intérieure subissent le même sort.

Ces différences de goûts entre les classes sociales indiquent donc des différences de conditions d'existence. Si le bourgeois apprécie l'exclusif et le raffiné, c'est qu'il a les moyens de l'acquérir. Si l'ouvrier préfère le simple et le pratique, c'est aussi que cela correspond à ses moyens. Nous adaptons nos goûts à nos moyens en faisant de nécessité vertu. Ne pouvant aspirer à vivre autrement, nous faisons de notre mieux à l'intérieur des limites imposées par nos conditions d'existence. Mais les petits-bourgeois semblent éprouver plus de difficulté à s'accommoder de la situation, car ils sont constamment tiraillés par le désir d'être autres.

Cette notion d'habitus de classe peut nous aider à mettre au jour une partie de nous-mêmes que nous ne connaissons sans doute pas. Il faut accepter d'abord le fait que nous sommes issus d'une classe sociale particulière et que cela laisse des traces. Nous avons acquis des dispositions qui nous font apprécier certaines choses et qui nous font voir la réalité sous une perspective particulière. De plus, si nous faisons partie d'une classe dominée, comme c'est le lot de la plupart des gens, il est facile de croire que notre mode de vie et nos habitudes puissent être jugés non conformes par les membres de la bourgeoisie. La culpabilité nous envahit alors et nous avons honte de notre état. Cette attitude est déplorable, car elle ajoute l'outrage à l'injustice. N'est-elle pas absurde également ?

Il ne s'agit pas de dénigrer les autres classes sociales ni d'adopter un racisme de classe qui conduirait au culte de la distinction. Dans *L'Establishment canadien*, Peter C. Newman (1981) raconte la vie d'un grand bourgeois canadien, le Torontois Nelson Morgan Davis, qui disait avec candeur ne pas comprendre les façons d'être et d'agir de ses domestiques, tout comme celles de son chien, mais qui ne les détestait pas pour autant bien qu'ils fussent d'une autre race.

Somme toute, l'aspiration à vivre autrement, à apprécier des choses nouvelles, à s'instruire davantage, à développer des goûts, dispositions propres à la petite bourgeoisie et aux enfants des classes populaires qui cherchent à augmenter leur capital culturel, n'est pas à dédaigner, loin de là. Ce qui est plutôt dangereux, c'est de dénigrer les goûts et les dispositions qui proviennent de notre habitus de classe. Nous gagnons toujours à nous accepter avec nos contradictions. ◆

*Les contrastes entre classes sociales sont parfois saisissants*

# Mots clés

- Capital, p. 94
- Capital culturel, p. 95
- Capital économique, p. 94
- Capital social, p. 97
- Classe bourgeoise, p. 94
- Classe dominante, p. 95

- Classe petite-bourgeoise, p. 98
- Classe sociale, p. 94
- Classes populaires, p. 98
- Habitus de classe, p. 94
- Violence symbolique, p. 108

# Questions sur le chapitre 5

**1** Quelles sont les formes de capital qui composent les classes sociales selon le sociologue Pierre Bourdieu? De quoi est composée chaque forme?

**2** Comment les biens que possède une classe sociale peuvent-ils être obtenus?

**3** Comment les savoirs qu'emmagasine une classe sociale peuvent-ils être obtenus?

**4** Outre les formes économique et culturelle de capital, quelle autre forme de capital est avantageuse pour une classe sociale, et de quoi s'agit-il?

**5** Professeurs d'université, infirmières, préposés aux malades, propriétaires d'un dépanneur, propriétaires d'une grande entreprise font-ils partie d'une même classe sociale? Précisez la classe sociale de chaque occupation énumérée, s'il y a lieu.

**6** Comment se manifestent les goûts simples des classes populaires? Donnez trois exemples dans trois domaines différents.

**7** Comment se manifestent les goûts particuliers de la classe bourgeoise? Donnez trois exemples dans trois domaines différents.

**8** Selon Pierre Bourdieu, quels sont les goûts de la classe petite-bourgeoise?

**9** Pourquoi est-il si important de se distinguer pour la classe bourgeoise?

# CHAPITRE 6

# NOTRE MOBILITÉ SOCIALE

## Les théories marxiste et fonctionnaliste et leur mise à l'épreuve

En Occident, les enquêtes révèlent qu'il y a eu mobilité sociale au XX<sup>e</sup> siècle et que ce mouvement se poursuit.

L'AUTEUR

Qui n'a pas rêvé de gravir les échelons de la société et de se retrouver au sommet de l'échelle sociale ? Ou du moins d'atteindre un certain niveau de vie faisant l'envie de ses proches ? Ou encore d'avoir au cours de sa vie une trajectoire sociale constamment ascendante ? Ne sont-ils pas nombreux, ceux et celles qui rêvent d'une vie matérielle opulente en achetant des billets de loterie ? L'image la plus répandue de ces diverses aspirations représente la société comme une échelle dont chaque barreau est une position sociale assortie de conditions matérielles de vie déterminées, et sur laquelle il serait toujours possible de se hisser plus haut si on en a la volonté. C'est aussi le portrait emblématique d'une certaine Amérique qui croit qu'un cireur de souliers dans les rues de New York peut devenir un jour un magnat de Wall Street.

### Les types de mobilité sociale

La sociologie, depuis ses débuts, s'est préoccupée de cette question des possibilités réelles d'ascension sociale. C'est pourquoi elle a élaboré le concept de **mobilité sociale**. Les chercheurs se sont attachés à déterminer s'il y avait une circulation des individus entre les diverses places susceptibles d'être occupées dans la société.

Le statut social est la position d'un individu dans la hiérarchie sociale. Rappelons qu'avant le XIXᵉ siècle et la révolution industrielle, le **statut social** était **assigné**, alors qu'aujourd'hui, il est **acquis**. Il est dit assigné quand il est déterminé par la naissance, et acquis quand il est obtenu par le mérite. Pendant les siècles qui ont précédé l'ère moderne, la situation sociale de la famille dans laquelle un individu naissait déterminait son destin dans la société. Au Moyen Âge, le fils de noble devenait noble à son tour, comme le fils de paysan demeurait paysan. Il y avait transmission obligée des places occupées dans la société, depuis le roi jusqu'au plus humble paysan. L'industrialisation a entraîné le déplacement de milliers d'individus des campagnes vers les villes naissantes, et les situations sociales ont perdu de leur fixité. Tout citoyen pouvait maintenant aspirer à connaître une situation sociale différente de celle dans laquelle il avait grandi. Le statut social pouvait dorénavant être acquis. Chacun pouvait décider de son avenir professionnel. Il n'y avait plus d'obstacles juridiques qui pouvaient empêcher de changer de statut social.

Les déplacements dans la hiérarchie d'une société peuvent prendre trois directions. Une direction vers le haut, soit la **mobilité ascendante**, qu'on appelle aussi la montée dans l'échelle sociale.

**MOBILITÉ SOCIALE**
Déplacement des individus dans la hiérarchie d'une société.

**STATUT SOCIAL ASSIGNÉ ou ACQUIS**
Position d'un individu dans la hiérarchie sociale ; assigné quand il est déterminé par sa naissance ou acquis quand il l'est par son propre mérite.

**MOBILITÉ ASCENDANTE, MOBILITÉ DESCENDANTE ou IMMOBILITÉ SOCIALE**
Déplacement vers une situation sociale plus élevée ou moins élevée, ou maintien dans une même situation.

Une direction vers le bas, soit la **mobilité descendante**, où l'individu voit sa situation sociale se dégrader. Vient enfin une direction en parallèle ou un état stationnaire. C'est l'**immobilité sociale** : l'individu peut changer de métier ou de profession, mais ses conditions sociales d'existence demeurent les mêmes.

La mobilité sociale peut être envisagée dans le temps de deux façons. Sur le long terme, on compare la situation sociale d'un individu à l'âge adulte à celle de sa famille d'origine. C'est la **mobilité intergénérationnelle**. Ce type est celui qui a donné lieu à la plupart des recherches sur la mobilité sociale.

Sur le court terme, on observe un individu durant sa vie active. C'est la **mobilité intragénérationnelle ou personnelle**. Dans ce dernier cas, on pourrait par exemple prendre un échantillon d'employés de bureau en début de carrière, suivre leurs trajectoires sur vingt-cinq ans et calculer à la fin le pourcentage de ceux et celles qui ont eu une mobilité personnelle ascendante, descendante ou stationnaire (immobilité sociale).

Certaines situations sociales semblent être accompagnées de conditions de vie, de richesse et de pouvoir très intéressantes, et elles donnent envie à bon nombre de gens de les conquérir. D'ailleurs, les médias rapportent à l'occasion des *success stories* qui laissent entendre qu'il ne tient qu'à nous de monter dans l'échelle sociale. Est-ce si facile, cela exige-t-il un simple effort de volonté ? Dans la tradition sociologique, deux grandes théories ont abordé cette question. Elles fournissent des visions fort différentes de la société et des possibilités de s'y mouvoir et de connaître une ascension sociale. Nous allons examiner chacune de ces théories et montrer comment le raisonnement de l'une conduit à une prédiction opposée à l'autre quant aux chances d'ascension sociale. Par la suite, je rendrai compte brièvement des multiples enquêtes réalisées en Occident sur cette question. Finalement, en me fondant sur les résultats de ces recherches, j'évaluerai la validité de chacune de ces théories sur la mobilité sociale. Ces deux théories sont le marxisme et le fonctionnalisme.

Une mise en garde s'impose avant de poursuivre. Des concepts déjà entrevus comme ceux de classes sociales, de bourgeoisie et de petite bourgeoisie seront discutés. Leur sens varie d'une théorie à l'autre et il diffère aussi partiellement du sens que Pierre Bourdieu leur donnait au chapitre précédent. Le sachant, vous éviterez la confusion.

**MOBILITÉ INTERGÉNÉRATIONNELLE**
Déplacement social sur deux générations ou plus.

**MOBILITÉ INTRAGÉNÉRATIONNELLE OU PERSONNELLE**
Déplacement social au cours d'une vie.

## Le marxisme et le déterminisme de classe

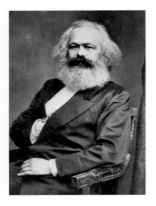

*Karl Marx*

Le **marxisme** est une théorie basée sur les travaux de Karl Marx, un Allemand d'origine juive. Né en 1818, il vécut une bonne partie de sa vie en Angleterre, où il mourut en 1883. Il fut à la fois un penseur et un homme d'action prônant la révolution pour faire advenir une société communiste où l'homme ne serait plus un loup pour l'homme. Sa pensée économique et sociale a eu une grande influence sur les sciences humaines et elle est à l'origine d'un important courant de pensée en sociologie au XXᵉ siècle. Je résumerai à grands traits cette théorie et j'en définirai quelques concepts clés de manière à pouvoir apprécier ses prédictions concernant la mobilité sociale.

La théorie marxiste peut être qualifiée de matérialiste, car la production y est présentée comme la base de toute société. L'être humain, pour assurer sa survie, doit se nourrir, se loger et s'habiller, donc produire. Pour ce faire, il utilise des outils (moyens de production) et sa propre énergie (force de travail). Dans le processus de production, il entre en contact avec d'autres humains (rapports de production). Les termes entre parenthèses sont des concepts propres à cette théorie qui ne seront pas expliqués ici, mais qui pourront être utiles dans vos lectures sur le marxisme. À une époque donnée dans une société donnée, la façon dont se combinent moyens de production, force de travail et rapports de production va amener un **mode de production** spécifique.

En produisant, les humains entrent en rapport les uns avec les autres et des groupes se constituent selon la place qu'ils occupent dans le processus. Chaque groupe forme une **classe sociale**. Chaque mode de production fait intervenir deux classes sociales qui luttent entre elles du fait de leurs intérêts opposés. Ce furent les maîtres et les esclaves à l'époque antique (esclavagisme), les seigneurs et les serfs au Moyen Âge (féodalisme). Ces deux modes de production se sont échelonnés sur environ treize siècles chacun.

Au XIXᵉ siècle, un nouveau mode de production est apparu, le **mode de production capitaliste (MPC)**, basé sur la propriété privée des moyens de production. Il a fait émerger deux nouvelles classes sociales antagonistes, l'une possédant les moyens de production et l'autre uniquement sa force de travail. Je prends un exemple pour présenter ces deux classes en conflit. Une boulangerie, pour produire du pain, doit s'installer dans un ou plusieurs bâtiments et posséder l'équipement nécessaire (four et divers outils). Ces éléments matériels sont, en langage marxiste, des moyens de production. Or, certains individus possèdent ces moyens de production, alors que d'autres n'en possèdent pas. Ces derniers doivent travailler pour les premiers s'ils veulent gagner leur vie. Le MPC fait ainsi apparaître deux classes sociales opposées. D'un côté, les *capitalistes*, appelés aussi *bourgeois*, propriétaires des moyens de production. De l'autre côté, les *prolétaires*, appelés aussi *ouvriers*, soit la classe sociale devant vendre sa force de travail contre rémunération. Cette dernière classe s'est transformée au cours du XXᵉ siècle puisque la majorité des emplois ne sont plus dans l'industrie, mais dans le secteur des services.

Dans toute société, d'autres classes sociales cohabitent avec les deux classes principales. Marx le montre dans son analyse de la société française du XIXᵉ siècle (Marx et Engels, 1952). Dans le MPC, deux autres classes en particulier sont aussi présentes. D'une part, les *petits-bourgeois*, classe sociale occupant une position intermédiaire, au service des capitalistes et encadrant le prolétariat. Elle regroupe des personnes occupant des postes de cadre, de superviseur ou de contremaître. D'autre part, les *sous-prolétaires*, que Marx désignait sous le terme de *lumpenproletariat*. Ce sont des gens qu'on nomme plus souvent aujourd'hui les *exclus* du marché du travail. Le tableau 6.1 présente ces quatre classes sociales suivant un ordre hiérarchique, la classe dominante au haut du tableau, la classe des exclus au bas.

| Tableau 6.1 | |
|---|---|
| **LES CLASSES SOCIALES EN MPC SELON LA THÉORIE MARXISTE** | |
| **Système de classes sociales** | **Caractéristiques** |
| **Classe bourgeoise ou capitaliste** | Possède les moyens de production, accapare le surtravail, vit de cette exploitation. |
| **Classe petite-bourgeoise** | Intermédiaire au service de la bourgeoisie et encadrant la classe ouvrière. |
| **Classe prolétarienne ou ouvrière** | Produit les biens de la société contre un salaire, conditions de vie maintenues au plus bas au profit des capitalistes. |
| **Classe sous-prolétarienne ou *lumpenproletariat*** | Indigente, et en réserve pour les exigences éventuelles de la production économique. |

Le dirigeant propriétaire d'une grande usine fait partie de la bourgeoisie capitaliste, un directeur des ressources humaines de la petite bourgeoisie, un opérateur de machinerie lourde de la classe ouvrière et un prestataire de l'aide sociale du sous-prolétariat.

Possédant les moyens de production, la classe capitaliste contraint les autres classes sociales à lui vendre leur force de travail et elle achète cette force de travail au plus bas prix possible. Elle s'approprie ainsi la plus grande part de la valeur de ce que produisent les classes sociales dépourvues de moyens de production. Plus-value, profit et notamment surtravail illustrent bien cette spoliation. Le **surtravail** représente toute la valeur retenue par les capitalistes sur ce que produisent les classes sociales à leur service. La part qui leur est rendue, sous forme de salaires habituellement, ne vise qu'à les maintenir en vie, c'est-à-dire à assurer l'entretien de leur force de travail. Les capitalistes accumulent de cette manière pouvoirs et richesses au détriment de l'immense majorité des ouvriers et des employés, qui ne retirent qu'une part minime du fruit de leur travail. C'est ce qu'illustre la figure 6.1.

**SURTRAVAIL**
Valeur du travail accompli par les classes sociales au service du capitalisme en sus de leur propre entretien.

**Figure 6.1**
**TRAVAIL ET SURTRAVAIL EN MPC**

| Surtravail extorqué | Surtravail soustrait | Travail |
|---|---|---|
| Part accaparée par la bourgeoisie capitaliste | Part gagnée par les luttes populaires (variable selon les sociétés) | Part retournée aux classes dominées pour maintenir en vie leur force de travail |

La superficie totale du rectangle représente la valeur totale du travail produit par les classes dominées dans le MPC, selon la théorie marxiste.

La figure 6.1 illustre le fait que la classe dominante ne peut sans se nier elle-même laisser aller la richesse produite par les classes qui dépendent d'elle. Plus il y aurait soustraction par la base populaire de la valeur du surtravail, plus la base sur laquelle repose la domination de la bourgeoisie deviendrait fragile. Il en irait de même si la mobilité sociale allait tous azimuts. Plus s'ouvriraient les classes sociales, plus s'amoindrirait la valeur du surtravail aux mains de la classe dominante et plus serait en danger l'édifice capitaliste.

De ce point de vue, le capitalisme ne favorise pas la mobilité sociale. Il rend ardue, voire illusoire, la mobilité sociale ascendante. Elle se ferait au détriment de la classe possédante, ce serait une menace à son existence. Dans la perspective marxiste, il est inutile de chercher individuellement à sortir de sa classe sociale d'origine. Que quelqu'un y parvienne exceptionnellement, ce n'est toujours que de la poudre aux yeux pour les autres, un peu comme la loterie, qui suggère que tous pourraient s'enrichir.

L'accaparement du surtravail par la bourgeoisie est essentiel à son maintien comme classe dominante. Il s'ensuit un **déterminisme de classe**. Nous appartenons à une classe sociale donnée et la pression sociale nous y fait demeurer. Pour conserver richesse et pouvoir, la classe dominante doit empêcher la mobilité sociale. La théorie marxiste postule donc une faible circulation entre les classes sociales, une mobilité presque inexistante. Même si les barrières entre les classes sociales sont invisibles, même s'il n'y a plus de lois édictées, même si le statut social n'est plus assigné comme au Moyen Âge, des obstacles majeurs à la mobilité sociale sont toujours présents. La bourgeoisie doit maintenir les autres classes sociales à leur place pour conserver la sienne. Si on arrivait à une égalisation des conditions sociales d'existence, la classe dominante disparaîtrait, car sa richesse repose sur l'exploitation des autres classes.

Sans entrer dans les détails, sur cette base économique contrôlée par la classe bourgeoise se superposent, d'un côté, l'État avec ses appareils politiques et juridiques au service de cette dernière et, de l'autre côté, des croyances, des idées, dont une **idéologie dominante** présentant comme naturelle et nécessaire la propriété privée des moyens de production. L'exploitation, le fait de sous-payer ou d'escroquer d'autres personnes, reste donc impunie. C'est ainsi que les capitalistes accumulent pouvoir, richesses et influence au détriment de l'immense majorité de la population. La lutte des classes dans le MPC se fait autour de cette exploitation par le surtravail soutiré aux classes dominées, la bourgeoisie voulant garder cette richesse, source de son pouvoir, la classe ouvrière cherchant à récupérer ce qui lui est dû. Les conflits de travail y trouvent leur source.

Bref, partout où le MPC s'est établi, une classe sociale domine : la classe capitaliste ou bourgeoise, du fait qu'elle possède les moyens de production. Elle obtient cet avantage en accaparant le surtravail des autres classes. Elle a donc tout intérêt à bloquer les échanges entre les classes. Dans ce contexte, il est illusoire de chercher à

**DÉTERMINISME DE CLASSE**

Maintien des individus dans leur classe sociale d'origine.

**IDÉOLOGIE DOMINANTE**

Système d'idées et de jugements justifiant l'ordre établi dans une société.

sortir individuellement de sa classe sociale d'origine. Il faut plutôt renverser l'ordre capitaliste par une révolution sociale, ce à quoi s'emploient les marxistes, qui font de leur théorie un credo politique.

### Le fonctionnalisme et la fluidité sociale

**FONCTIONNALISME**

Théorie selon laquelle la société est un ensemble intégré.

Le **fonctionnalisme** est une théorie issue des travaux d'un anthropologue anglais d'origine polonaise et qui a vécu aux États-Unis, Bronislaw Malinowski (1884-1942). Celui-ci se disait redevable pour sa théorie au sociologue Émile Durkheim, étudié dans le premier chapitre. Malinowski a notamment été sur le terrain dans le Pacifique aux îles Trobriand (Malaisie), où il a conçu la méthode de l'observation participante au contact des indigènes (Angers, 2009). L'approche théorique qu'il a utilisée pour étudier ces peuplades a donné naissance au fonctionnalisme. Elle consistait à expliquer les comportements et les croyances des gens par la contribution spécifique que ces derniers apportaient à la survie du groupe. Autrement dit, il voyait ces petites sociétés comme un tout dont chaque partie contribuait au maintien de l'ensemble. D'illustres sociologues états-uniens ont ensuite repris la théorie, et le fonctionnalisme s'est répandu. Ses principaux théoriciens ont été Talcott Parsons (1902-1979) et Robert K. Merton (1910-2003). Ils ont appliqué la théorie à l'étude des sociétés modernes. Je m'abstiendrai de décrire cette approche en détail, car cela déborderait le cadre de ce chapitre. Je me contenterai d'expliquer quelques concepts clés de façon à pouvoir vérifier par la suite ses prédictions concernant la mobilité sociale.

**FONCTION SOCIALE**

Rôle joué par les activités humaines dans le maintien de la société.

La théorie fonctionnaliste peut être qualifiée d'organiciste parce que la société y est représentée comme un corps social. Elle est constituée d'organes, à l'instar du corps humain, qui remplissent des **fonctions sociales**. Le théoricien fonctionnaliste a donc comme tâche de rechercher dans ces activités humaines le besoin satisfait ou la fonction remplie. Il s'attache à découvrir comment les sociétés maintiennent leur équilibre, un peu à la manière des biologistes, qui se donnent pour tâche d'expliquer comment nos organes nous maintiennent en vie.

Les activités humaines reposent sur des institutions comme la famille, l'école, l'appareil judiciaire ou les gouvernements, parmi les plus importantes. Ces activités s'appuient aussi sur des croyances ou des valeurs partagées comme la justice, la liberté, l'égalité et l'éthique. Les chercheurs fonctionnalistes se sont appliqués à définir les fonctions de ces institutions et de ces croyances. Pourquoi avoir inventé l'école ? Les fonctionnalistes vont répondre : pour transmettre les connaissances d'une génération à l'autre. Pourquoi avoir inventé les prisons ? Les fonctionnalistes vont répondre : pour protéger la société contre les criminels dangereux. Pourquoi prôner la justice ? Les fonctionnalistes vont répondre : pour assurer la paix sociale. Vue sous cet angle, la théorie fonctionnaliste cherche la raison de toute action humaine. La trouver, c'est découvrir la fonction qu'elle remplit, c'est démontrer que la société est un tout intégré dont chaque partie concourt à son développement harmonieux.

Robert K. Merton a modifié cette vision presque idyllique d'une société toujours en équilibre en montrant que tout ne fonctionne pas toujours comme prévu. Il y a la **fonction sociale manifeste**, soit la contribution attendue d'une activité humaine au maintien de la société. Sous cet angle, une prison, par exemple, sert à protéger le public, ainsi qu'il a été dit plus haut. Mais il y a aussi une **fonction sociale latente**, soit la contribution inattendue d'une activité humaine au maintien ou au déséquilibre d'une société. Ainsi, la prison crée aussi un milieu propice à l'initiation des plus jeunes au crime, aux façons de faire et de penser du monde des criminels. Dans ce cas-ci, il s'agit d'une **dysfonction sociale**, soit une activité humaine mettant en danger l'équilibre social. En effet, l'existence d'une mini-société criminelle dans les prisons ne contribue en rien à l'équilibre social.

Cependant, la fonction sociale latente d'une activité humaine n'est pas nécessairement négative. Elle peut être très utile, voire nécessaire. Par exemple, la cérémonie de la pluie chez les Hopis a comme fonction sociale manifeste de faire venir la pluie, mais elle a aussi une fonction sociale latente, qui est de réunir périodiquement les « membres disséminés » et de renforcer leur solidarité. Cette activité qui repose sur l'idée qu'il est possible d'agir sur les conditions climatiques peut être fort bénéfique puisqu'elle a comme fonction latente de renforcer la « cohésion du groupe » (Merton, 1997, p. 112).

J'examinerai maintenant les fonctions que peut remplir le système des classes sociales. Pour les fonctionnalistes, ce système répond au besoin des membres de la société de faire des classifications. Cette affirmation apparaît clairement dans un manuel d'introduction à la sociologie très en vogue au moment où la théorie fonctionnaliste était populaire aux États-Unis : « *There is good reason to assume that ranking people is inherent in man, and that no society will ever be without it* » (Inkeless, 1964, p. 83). Les membres d'une société classe-raient ainsi tout naturellement la situation sociale de leurs semblables

**FONCTION SOCIALE MANIFESTE**
Contribution attendue d'une activité humaine au maintien d'une société.

**FONCTION SOCIALE LATENTE**
Contribution inattendue d'une activité humaine au maintien ou au déséquilibre d'une société.

**DYSFONCTION SOCIALE**
Activité humaine mettant en danger l'équilibre social.

*Les sans-abri remettent en question le fonctionnement de la société*

sur une échelle de valeurs. Partant de cette prémisse, les sociologues fonctionnalistes ont mené des enquêtes auprès de la population pour établir le système de classes sociales qu'elle perçoit, nommé la **stratification sociale**. Pour se démarquer des marxistes, les chercheurs états-uniens préfèrent pour la plupart utiliser le concept de **strate sociale** plutôt que celui de classe sociale. Ils vont, chacun de leur côté, établir une stratification sociale déduite et formalisée à partir des réponses obtenues à leurs enquêtes auprès de leur population.

Les multiples enquêtes sur la stratification sociale ont révélé que les critères principaux sur lesquels les gens basent leur évaluation sont le prestige lié à une profession, le niveau d'instruction et le revenu gagné. Chaque chercheur, partant de ces critères, a établi une nomenclature de classes ou de strates. Ayant présenté plus d'une centaine de professions à la population qui fait l'objet de l'enquête, chaque chercheur a établi une classification réduite qui va de trois strates à neuf strates, comme l'indique le tableau 6.2. Parfois, les termes varient ; ainsi, on utilise « classe ouvrière » plutôt que « classe inférieure ».

| Tableau 6.2 | |
|---|---|
| **LES STRATES OU CLASSES SOCIALES SELON LA THÉORIE FONCTIONNALISTE** | |
| **Stratification sociale** | **Caractéristiques** |
| **Strates ou classes supérieures**<br>1. Supérieure-supérieure<br>2. Supérieure-moyenne<br>3. Supérieure-inférieure | Les personnes aux attributs les plus valorisés par les participants aux enquêtes selon leur profession, leur niveau d'instruction et leurs revenus. |
| **Strates ou classes moyennes**<br>4. Moyenne-supérieure<br>5. Moyenne-moyenne<br>6. Moyenne-inférieure | Les personnes qui occupent le milieu de l'échelle sociale en raison de leur moindre performance sur les plans professionnel, scolaire et salarial. |
| **Strates ou classes inférieures**<br>7. Inférieure-supérieure<br>8. Inférieure-moyenne<br>9. Inférieure-inférieure | Les personnes qui sont au bas de l'échelle sociale à cause de leur faible scolarité, de leurs modestes revenus et du peu de prestige professionnel qu'ils en retirent. |

Le dirigeant propriétaire d'une grande usine fait partie de la classe supérieure-supérieure; un directeur des ressources humaines, de la classe moyenne-supérieure; un opérateur de machinerie lourde, de la classe inférieure-moyenne; un prestataire de l'aide sociale, de la classe inférieure-inférieure.

Cette tendance des membres de toute société à classer leurs semblables répondrait, selon cette théorie, au besoin de reconnaître que la nature pourvoit chacun d'entre nous d'habiletés particulières. Selon la valeur donnée à telle ou telle habileté ou à tel ou tel attribut des individus, les gens en viennent à accepter que tout le monde n'ait pas le même traitement ou les mêmes avantages. La fonction sociale manifeste de cette hiérarchisation ou de cette échelle de prestige social serait la reconnaissance par tous de la valeur du mérite. Cette conviction laisse sous-entendre que les individus qui aspirent aux strates supérieures n'ont qu'à se donner les compétences requises et avoir la volonté d'y parvenir. Autrement dit, la montée dans l'échelle sociale dépend des capacités et de la détermination de l'individu.

Par conséquent, du point de vue fonctionnaliste, la stratification sociale établit un système équitable, une sorte de justice qui se met en place tout naturellement. Car la réussite scolaire, l'effort personnel, la profession prestigieuse correspondent à des valeurs partagées par les membres de la société. L'existence de strates ou de classes sociales est ainsi légitimée. Les fonctionnalistes laissent donc entendre qu'il faut maintenir les fondements de la société actuelle et non les renverser comme le prônent les marxistes.

La mobilité sociale, c'est-à-dire la circulation entre les strates sociales, joue dans ce contexte une fonction sociale latente importante. C'est une sorte de mécanisme de récompenses et de punitions assurant l'ordre social puisque les plus doués et persévérants sont rétribués à leur mérite en ayant accès à une mobilité ascendante alors que les autres sont contraints à l'immobilité ou doivent se résigner à accepter une mobilité descendante. Elle répond aux désirs des membres de la société d'atteindre le sommet de l'échelle sociale. Une telle ascension serait accessible à toute personne qui fait ce qu'il faut pour y parvenir.

Dans la théorie fonctionnaliste, la mobilité sociale est donc considérée comme un mécanisme de rétribution équitable, car chaque strate ou classe sociale est ouverte, n'importe qui peut y pénétrer. Cette circulation peut se comparer à celle des produits sur le marché. Plus un produit est mis en valeur, plus il a de chances de se vendre. L'acteur social qui met à profit ses capacités, sa formation ou son potentiel ou les trois à la fois, peut mieux réussir qu'un autre à se vendre et à accéder à une place enviable dans la société. Cette théorie postule une **fluidité sociale**. La circulation y est aisée, il n'y a pas de barrières étanches entre chacune, contrairement à ce qu'affirment les marxistes.

**FLUIDITÉ SOCIALE**
Situation où il y a possibilité de passer aisément d'une strate ou d'une classe sociale à l'autre.

La fluidité sociale mène vers le haut comme vers le bas de l'échelle sociale et la proportion des individus dans chaque strate reste assez stable dans le temps. Les fonctionnalistes estiment que les classes supérieures représentent 2 % de la population d'un pays, les États-Unis servant de modèle, les classes moyennes 50 % et les classes inférieures à peine un peu moins. Un équilibre se maintient, sans empêcher le va-et-vient entre les strates, bien au contraire puisqu'il y a fluidité sociale.

Bref, selon cette théorie, la société est ouverte à la mobilité sociale intergénérationnelle et intragénérationnelle. La fonction sociale manifeste de cette mobilité répond au besoin des gens de classer leur entourage selon leur mérite, et sa fonction sociale latente est de récompenser ou de punir, et donc de justifier l'ordre établi ou les inégalités inhérentes à la stratification sociale.

Le tableau 6.3 met en regard les conceptions marxiste et fonctionnaliste relatives à la société. Examinons maintenant les principaux résultats des enquêtes ayant porté sur la mobilité sociale en Occident. Me fondant ensuite sur ces données, je tenterai d'évaluer la validité scientifique des thèses marxiste et fonctionnaliste.

| Tableau 6.3 COMPARAISON DES CONCEPTIONS MARXISTE ET FONCTIONNALISTE RELATIVES À LA SOCIÉTÉ | |
|---|---|
| **Marxisme** | **Fonctionnalisme** |
| **1. Sur le fondement d'une société** | |
| C'est une entité matérielle mue par la production de biens. | C'est une entité organique mue par des fonctions stabilisatrices. |
| **2. Sur les membres d'une société** | |
| Ce sont des producteurs de biens appartenant à des classes sociales. | Ce sont des individus occupant des positions interchangeables. |
| **3. Sur la dynamique d'une société** | |
| Il y a une lutte entre classes sociales pour dominer la production. | Il y a un équilibre entre des institutions servant à répondre aux besoins des membres de la société. |
| **4. Sur l'avenir d'une société** | |
| Prône l'abolition de l'exploitation ou des classes sociales. | Prône plus d'harmonie et de valeurs partagées. |

## Les enquêtes sur la mobilité sociale

En Occident, les enquêtes révèlent qu'il y a eu mobilité sociale au XX<sup>e</sup> siècle et que cela se poursuit. Cependant, cette mobilité n'a pas la même ampleur dans tous les pays. Actuellement, les États-Unis occupent une place médiane en ce qui concerne la mobilité professionnelle intergénérationnelle (Beller et Hout, 2006). Certains pays, tels la Suède, la Norvège et le Canada, permettent plus de mobilité. D'autres pays sont plus rigides que les États-Unis ; c'est le cas de l'Allemagne, de l'Irlande et du Portugal. La mobilité sociale est aussi faible en Italie, en France et en Grande-Bretagne.

Dans l'ensemble, les enquêtes indiquent que la mobilité sociale est notable dans le monde occidental depuis la Deuxième Guerre mondiale. Cependant, on constate que, sur le plan occupationnel ou professionnel, cette mobilité intergénérationnelle « se réalise entre catégories sociales proches » (Weinberg et Journet, 1994). De même, il y a assez peu de reflux et beaucoup plus de mobilité ascendante. Les analystes expliquent le phénomène par la baisse importante du nombre de paysans et d'ouvriers au cours des décennies et l'augmentation du nombre de professionnels et de cadres. Ils ajoutent aussi que les postes au bas de l'échelle ont été laissés aux immigrants. Chauvel, un éminent spécialiste français, estime que l'importante mobilité sociale ascendante constatée au cours du XX<sup>e</sup> siècle et qui s'est accélérée dans les années 1950 et 1960 résulte de la modification des structures de la société plutôt que d'une fluidité sociale soudaine. Ce ne sont pas les individus pris isolément qui ont fait la différence, mais le marché du travail qui, en se transformant, a amené de nouveaux types d'emplois. Il s'en est suivi une ouverture vers le haut de l'échelle sociale, un passage plus aisé vers une classe ou une strate sociale plus élevée (Chauvel, 1998).

Si on s'arrête aux États-Unis, aux extrêmes de l'échelle sociale, l'immobilité sociale semble davantage la règle (Beller et Hout, 2006). On note une sorte de cercle vicieux. Moins on est riche, moins on peut compter sur un héritage pour se tirer d'affaire en cas de difficultés, et évidemment moins on peut se loger convenablement et moins on peut consacrer d'argent à l'instruction de ses enfants. Par conséquent, les démunis sont vulnérables, et parmi ceux-ci, les Afro-Américains tout spécialement. Force est de dire que le rêve américain d'une mobilité ascendante sans entraves et d'une fluidité importante dans la société n'est pas sur le point de se réaliser et que, paradoxalement,

*Les Afro-Américains sont les moins mobiles socialement*

le mythe du *self-made man* est encore plus écorné aux États-Unis que dans la plupart des autres pays occidentaux (Molénat, 2009).

Si on s'arrête à la France, le XX<sup>e</sup> siècle a connu une mobilité sociale ascendante, laquelle s'explique par les modifications de la structure sociale. Malgré tout, une certaine étanchéité des classes sociales s'observe toujours. Ainsi, en 1993, neuf agriculteurs sur dix sont fils d'agriculteurs, un ouvrier sur deux est fils d'ouvrier, et plus de la moitié des fils de cadres deviennent cadres (Goux et Maurin, 1994). Cela n'a pas empêché des personnes d'origines diverses d'avoir une mobilité intergénérationnelle ascendante en devenant cadres, par suite de la forte demande de l'économie pour ce type d'emploi, cette demande ayant plus que doublé en trente ans (Dupays, 2006).

En ce qui concerne le Canada, un sociologue québécois de l'Université Laval, Simon Langlois, a réalisé une synthèse remarquable de toutes les études canadiennes sur la mobilité sociale (Langlois, 2003). Il ressort de son analyse que, de 1945 à 1970, il y a eu au Canada une forte augmentation de la mobilité intergénérationnelle, mais aussi une mobilité intragénérationnelle, c'est-à-dire une élévation dans l'échelle sociale ou un passage d'une classe sociale à une autre au cours d'une vie. Cette circulation entre classes ou strates sociales a amené de plus une diminution considérable des écarts entre anglophones et francophones. Les francophones ont profité des changements structurels de l'économie canadienne. En 1954, les anglophones avaient des postes élevés et une mobilité plus forte que les francophones. Ces derniers, d'une génération à l'autre, ont monté graduellement dans l'échelle sociale : de cultivateurs qu'ils étaient, ils sont devenus manœuvres, ouvriers qualifiés, cols blancs, et certains ont fini par occuper des situations sociales de haut niveau.

### Le marxisme et le fonctionnalisme à l'épreuve des faits

Une théorie scientifique n'est valide que si les propositions qu'elle contient sont vérifiables dans la réalité. Plus concrètement, un chercheur ou une chercheuse faisant enquête sur un phénomène émet des hypothèses. Une hypothèse est une prédiction qui doit être vérifiée empiriquement (Angers, 2009). Elle se confirme en totalité si les données recueillies rendent compte de tous ses aspects, elle se confirme en partie si les données vont dans le sens de l'hypothèse, mais sur certains points seulement, et l'hypothèse est infirmée si les résultats vont à l'encontre de la prédiction.

Vous avez pu noter que les théories marxiste et fonctionnaliste avaient des conceptions différentes, voire opposées, de la mobilité sociale dans nos sociétés occidentales. Pour évaluer la validité de leurs propositions d'après les résultats des enquêtes rapportées à la section précédente, je présente en premier lieu au tableau 6.4 les principales hypothèses comparatives qu'on peut déduire de leurs visions respectives de la société. Ces hypothèses seront confrontées aux faits recueillis. C'est ainsi qu'on établit la validité scientifique d'une théorie. Dans ce cas-ci, celle-ci concerne la mobilité sociale.

| Tableau 6.4 | |
| QUATRE HYPOTHÈSES SUR LA MOBILITÉ SOCIALE | |
|---|---|
| **Théorie fonctionnaliste** | **Théorie marxiste** |
| **Sur l'ouverture des classes ou des strates sociales** | |
| **Hypothèse 1**<br>Les strates sont ouvertes.<br>On peut passer de l'une à l'autre. | **Hypothèse 1**<br>Les classes sont fermées ou hermétiques.<br>La circulation entre l'une et l'autre est impossible. |
| **Sur le maintien de l'équilibre entre les strates ou les classes sociales** | |
| **Hypothèse 2**<br>Les strates sont en équilibre.<br>Les montées et les descentes s'annulent. | **Hypothèse 2**<br>Les classes sont fixes.<br>Le pouvoir des classes dominantes repose sur l'exploitation. |
| **Sur la mobilité sociale intergénérationnelle** | |
| **Hypothèse 3**<br>Les strates se renouvellent.<br>Il y a une circulation entre les strates d'une génération à l'autre. | **Hypothèse 3**<br>Les classes se reproduisent.<br>Il y a un déterminisme de classe: on naît dans une classe et on lui appartient toujours. |
| **Sur le mérite comme facteur prépondérant de l'ascension sociale** | |
| **Hypothèse 4**<br>Le mérite détermine les déplacements.<br>Une même chance de se mouvoir est offerte à chaque membre de la société. | **Hypothèse 4**<br>La structure sociale détermine les rares déplacements.<br>Les impératifs économiques priment. |

Suivant l'hypothèse n° 1 du tableau 6.4 émise par la théorie fonctionnaliste, il n'y a pas de barrières entre les strates et, suivant l'hypothèse n° 1 de la théorie marxiste, les classes sont étanches. Force est de reconnaître que, sur ce sujet, l'hypothèse fonctionnaliste est confirmée. Les données pour l'Occident comme pour les principaux pays recensés montrent clairement qu'il y a eu des transferts entre classes ou strates sociales. À partir du milieu du XXe siècle notamment, des personnes issues de la classe ouvrière et de la classe agricole se sont intégrées dans les classes moyennes ou dans la classe petite-bourgeoise. L'hypothèse marxiste est infirmée.

Suivant l'hypothèse n° 2 de la théorie fonctionnaliste, l'ouverture des classes se fait autant vers le haut que vers le bas et en fin de compte, la proportion de personnes dans chaque strate demeure la même. L'hypothèse marxiste prédit le même résultat, mais pour une raison inverse : les classes dominantes continuent d'exploiter les autres classes en les empêchant de circuler. Les deux hypothèses sont infirmées. Il y a eu un très net accroissement des classes moyennes ou de la classe petite-bourgeoise dans les sociétés occidentales, les proportions ne sont donc pas restées les mêmes. L'équilibrage naturel s'établissant entre les strates selon les fonctionnalistes ne se vérifie pas, ni le maintien ni encore moins la détérioration des conditions de vie des classes dominées selon le marxisme. Pour arriver à un autre résultat, il faudrait amalgamer cette classe à une autre et inclure, par exemple, les employés de bureau dans le prolétariat, ce qui n'était pas initialement prévu. Quoi qu'il en soit, il y a eu tout au cours du XXe siècle plus de mobilité ascendante que descendante.

Selon l'hypothèse n° 3 formulée par la théorie fonctionnaliste, la mobilité est possible entre les générations : on peut être né dans une strate inférieure et monter jusqu'aux strates supérieures. Être né pauvre n'empêcherait pas de devenir riche. Du côté marxiste, tout au contraire, il découle de la fermeture des classes (hypothèse n° 1) et de la fixité entretenue par les classes dominantes (hypothèse n° 2) que la place occupée à l'âge adulte est déterminée par la classe sociale d'origine. Les résultats des recherches confirment en partie l'une et l'autre hypothèse. D'un côté, les enquêtes montrent qu'il y a eu des milliers de passages d'une strate à une autre entre les générations dans chacun des pays occidentaux étudiés, ce qui va dans le sens de l'affirmation des fonctionnalistes. Par contre, ces passages ne sont pas aussi aisés que la théorie fonctionnaliste le laissait supposer.

En général, le fils va occuper une position sociale voisine de celle de son père, la profession ou la strate sociale étant sensiblement les mêmes (Lafontant, 1990 ; Weinberg et Journet, 1994). À l'avantage du marxisme, un déterminisme de classe règle partiellement le rapport entre les générations. On a constaté en outre une rigidité des places aux deux extrémités de la structure sociale (Beller et Hout, 2006).

Suivant la quatrième et dernière hypothèse se rattachant à la théorie fonctionnaliste, le mérite prime tout et permet notamment la mobilité ascendante. Du côté marxiste, le mode de production capitaliste engendre des classes sociales donnant aux uns une lon-gueur d'avance insurmontable sur les autres dans la course à l'ascension sociale. Dans un premier temps, les constatations semblent donner raison aux fonctionnalistes, car un fort pourcentage de membres de la généra-tion des *baby-boomers* a connu une mobilité ascendante durant les Trente Glorieuses. Cependant, une telle supposition amène à poser la question suivante : les générations précédentes, ou du moins certaines d'entre elles, auraient-elles eu moins de talent ? Sur quoi se fonderait-on pour affirmer qu'il y a des générations plus méritantes que d'autres ? Il faut bien admettre plutôt que chaque génération n'évolue pas dans la même structure socioéconomique et qu'elle entre sur le marché du travail dans une conjoncture différente, comme l'a brillamment démontré Louis Chauvel pour tout le XXe siècle en France (Chauvel, 1998).

*La richesse de la classe dominante repose sur l'exploitation des autres classes*

Pour répondre à cette délicate question, des chercheurs comme Stéphanie Dupays ont tenté de distinguer la mobilité sociale struc-turelle, due à des facteurs extérieurs aux individus tels que la conjoncture économique, de la mobilité sociale nette et la fluidité due à des facteurs intrinsèques aux individus et résultant de la volonté effective de modifier leur position sociale. Son étude por-tant sur 40 000 Français et s'étalant de 1978 à 2003 n'a pas débouché sur des conclusions sans équivoque. La fluidité a dominé, mais cette mobilité nette décroît pour les dix dernières années. Elle s'accom-pagne de chances inégales d'atteindre les statuts supérieurs : « En considérant deux hommes choisis au hasard, l'un issu d'une famille de cadre, l'autre d'origine ouvrière, le premier a huit chances sur dix d'occuper une position sociale supérieure ou égale au second.

[...] En 25 ans, l'avantage relatif des fils de cadre sur les fils d'ouvrier, d'employé ou de personnes exerçant une profession intermédiaire s'est accentué » (Dupays, 2006, p. 347-348). Tout se passe comme si le mérite pouvait de moins en moins rendre compte de la mobilité sociale ascendante ; les transformations de la structure sociale expliqueraient la plupart des déplacements sociaux. Ainsi, l'hypothèse méritocratique des fonctionnalistes et l'hypothèse déterministe des marxistes éclairent chacune en partie la mobilité sociale constatée dans les pays occidentaux.

En attendant d'autres études comparatives, je crois que Chauvel (1998) peut être utile pour débrouiller cette situation complexe que ni les tenants du fonctionnalisme ni ceux du marxisme ne peuvent éclaircir. Chauvel a examiné tout le XXᵉ siècle. Il montre clairement que le destin des jeunes d'une même classe sociale qui sont entrés sur le marché du travail au cours de ce siècle dépendait de la conjoncture. Par exemple, le marché du travail offrait à un fils d'ouvrier beaucoup plus de possibilités d'ascension sociale à l'époque des Trente Glorieuses que dans les années 1980. La génération X a eu beaucoup plus de mal à se tailler une place à la mesure de ses espérances. Nous ne reviendrons pas ici sur les constatations déjà faites au chapitre 3.

La mise à l'épreuve des thèses marxiste et fonctionnaliste relatives à la question de la mobilité sociale n'a pas dérouté les adeptes des deux théories. Il m'apparaît cependant que les données disponibles indiquent que le système de classes sociales des sociétés occidentales présente une certaine fluidité, mais que celle-ci varie en fonction de l'évolution de la structure économique et sociale. En outre, les plus riches et les plus pauvres, la strate supérieure-supérieure et la strate inférieure-inférieure dans le langage fonctionnaliste, la classe bourgeoise et la classe sous-prolétaire dans le langage marxiste, sont les plus immobiles. Les uns défendent fermement leur territoire, les autres peinent à sortir de leur situation défavorisée. Les autres strates ou classes sociales entre ces extrêmes seraient tout à la fois les plus mobiles et les plus vulnérables quand l'économie capitaliste connaît une crise financière comme celle de 2008. En témoignent les indignés de Wall Street et d'autres grandes villes du monde, ces militants d'horizons divers ayant pourfendu en 2011 le 1 % de la population qui accapare les richesses. ◆

# Mots clés

- Classe sociale, p. 116
- Déterminisme de classe, p. 119
- Dysfonction sociale, p. 121
- Fluidité sociale, p. 123
- Fonctionnalisme, p. 120
- Fonction sociale, p. 120
- Fonction sociale latente, p. 121
- Fonction sociale manifeste, p. 121
- Idéologie dominante, p. 119
- Marxisme, p. 116
- Mobilité ascendante, mobilité descendante ou immobilité sociale, p. 114

- Mobilité sociale, p. 114
- Mobilité intergénérationnelle, p. 115
- Mobilité intragénérationnelle ou personnelle, p. 115
- Mode de production, p. 116
- Mode de production capitaliste (MPC), p. 116
- Statut social assigné ou acquis, p. 114
- Strate sociale, p. 122
- Stratification sociale, p. 122
- Surtravail, p. 118

# Questions sur le chapitre 6

**1** Le fils du propriétaire d'une grande firme d'ingénieurs hérite de l'entreprise de son père. De quoi s'agit-il en termes de mobilité sociale? Expliquez brièvement.

**2** Selon la théorie marxiste, essentiellement deux classes sociales s'opposent dans le MPC. Quelles sont-elles et qu'est-ce qui les distingue?

**3** Du point de vue marxiste, étant donné ce que représente le surtravail, en quoi le capitalisme ne favorise-t-il pas la mobilité sociale?

**4** Dans la théorie fonctionnaliste, quelle est la différence entre une fonction sociale manifeste et une fonction sociale latente? Répondez par un exemple dans lequel la fonction sociale latente peut conduire à une dysfonction sociale.

**5** D'un point de vue fonctionnaliste, est-ce que la stratification sociale est une bonne chose, ou, autrement dit, est-ce qu'elle établit un système équitable? Expliquez.

**6** En vous fondant sur les enquêtes sur la mobilité sociale dans les pays occidentaux relatées dans ce chapitre, démontrez qu'une des hypothèses marxistes est non fondée ou infirmée.

**7** En vous fondant sur les enquêtes sur la mobilité sociale dans les pays occidentaux relatées dans ce chapitre, démontrez qu'une des hypothèses fonctionnalistes est non fondée ou infirmée.

CHAPITRE 7

# NOTRE RAPPORT AUX AUTRES

## La différenciation sociale, la culture et la domination

L'autre est un autre moi-même.

DOMINIQUE SCHNAPPER

L a sociologue Dominique Schnapper, dans un ouvrage pénétrant, rappelle que «la relation à l'Autre, la manière de la comprendre et de traiter sa différence, est au cœur de toute élaboration identitaire» (Schnapper, 1998, p. 495). S'y intéresser donne un sens à notre vie, car la découverte de notre identité passe par celle des «collectivités historiques» auxquelles nous sommes associés, pour reprendre les termes de cette scientifique.

S'il y a une observation que la sociologie a soulignée depuis son apparition au XIXᵉ siècle, c'est bien que la vie en société engendre de la **différenciation sociale**. C'est un concept large et général qui part de la constatation suivante : «Aucune vie sociale n'est possible sans différenciation même minimale des tâches, telles la reproduction biologique, la socialisation des enfants» (Boudon et autres, 1999, p. 62). Dans toute collectivité humaine, les membres jouent des rôles différents. Jusque-là, rien de particulièrement révélateur. Mais ce que font ressortir les sociologues, c'est qu'à ces rôles divers correspondent des responsabilités, des privilèges, des pouvoirs et des positions différentes dans l'organisation sociale. Il s'ensuit des inégalités de divers ordres, une hiérarchisation plus ou moins accentuée et des modes de vie contrastés, comme il en a déjà été question dans les chapitres touchant la mobilité et les classes sociales.

*Malinowski chez les Trobriandais*

La différenciation constatée entre les collectivités a intéressé les sociologues dès le début. Les recherches menées en ethnologie, une branche de l'anthropologie, ont éveillé leur intérêt pour la question. Les ethnologues allaient sur le terrain observer des peuplades disséminées un peu partout dans le monde. Ils y constataient des façons de vivre très diversifiées. Chacune avait sa cohérence, sa logique, un caractère distinctif. Pour en rendre compte, ces chercheurs observateurs ont élaboré le concept de **culture**, une manière de ramasser en un portrait global chacun de ces modes de vie différenciés. Il s'agissait pour eux de démontrer, comme l'a fait Malinowski dont je vous ai déjà parlé quand j'ai retracé l'origine de la théorie fonctionnaliste, que chaque peuplade est unique et possède sa propre culture. Celle-ci comprend autant ses outils, qui sont des façons de faire, que ses croyances, qui sont des façons d'être ou de penser. Au plan anthropologique, par conséquent, le concept de culture a revêtu dès le départ un sens très large. Dans cet esprit, on pourrait affirmer qu'au-delà de notre constitution biologique, tout ce qui est humain finalement est d'ordre culturel.

À l'origine, la notion de culture s'appliquait uniquement aux populations « primitives », un qualificatif rejeté par la suite à cause du jugement dépréciateur qu'il comportait. Les premiers anthropologues, en effet, d'origine occidentale, se percevaient porteurs

**CULTURE**

Tout ce qu'un groupe d'humains invente et transmet de nature matérielle ou immatérielle et qui le caractérise.

*Chaque peuple a sa culture*

d'une civilisation, par conséquent membres d'une société plus avancée que les tribus qu'ils observaient. À ce sentiment de supériorité se joignait le fait que des pays européens avaient envahi à la fin du XIXᵉ siècle plusieurs coins du monde et imposé leur loi par la colonisation. J'y reviendrai. Cependant, graduellement, ces petites populations ont cessé d'être dépréciées et ont été examinées dans toute leur complexité, dans toute leur authenticité et avec une certaine déférence. En même temps, le concept de culture a pris une connotation plus neutre et a commencé à s'appliquer à tout groupe d'humains ayant ses propres façons de faire et de penser, que ce soit un peuple européen ou une petite collectivité africaine.

La sociologie utilisait le concept de culture, mais elle ne lui donnera une plus grande extension que dans les années 1960. Pendant longtemps, les sociologues ont limité l'emploi de ce terme à la description des aspects immatériels d'un peuple. On parlait alors de ses croyances, de ses règles de conduite, de tout ce qui concerne son univers mental, si l'on peut dire, comme les normes, les valeurs et les symboles dont il a été question précédemment. L'emploi du concept dans sa pleine extension, englobant les aspects matériels de la vie d'une population, s'est malgré tout répandu, et est devenu courant dans l'ensemble des sciences sociales. Pour la sociologie, chaque être humain baigne donc dans une culture, et celle-ci comporte à la fois des dimensions matérielles et des dimensions immatérielles. Ainsi, se rapporter à la culture des Français, c'est parler aussi bien de leur gastronomie que de leur esprit républicain. La culture des Québécois englobe tout autant la production de sirop d'érable que leurs sentiments par rapport au reste du Canada.

Les concepts de différenciation sociale et de culture sont liés l'un à l'autre. Car la culture différencie les peuples. Chaque entité s'est constituée à sa manière avec une langue et ses accents, des croyances et des symboles, une architecture, une gastronomie, un gouvernement, des règles de vie communes, une façon d'élever les enfants, de fabriquer des objets, etc. Tous ces éléments et bien d'autres ne sont pas nécessairement propres à une culture donnée ; une même religion peut, par exemple, être pratiquée dans plus d'un pays, mais il n'en reste pas moins que chaque groupe d'humains se construit une culture originale en combinant à sa façon ces divers éléments.

*La pratique de l'allaitement varie d'une culture à une autre*

## Les caractéristiques d'une culture

Toute culture présente certaines caractéristiques. C'est d'abord une invention humaine. Tout élément culturel est la marque d'une pensée ou d'une action humaine. Ainsi, les phénomènes naturels comme le soleil ou notre corps, en tant qu'ils se sont construits en dehors de nous, ne font pas partie de la culture. C'est aussi une invention collective. La chanson que vous avez inventée et que vous chantez sous la douche ne fait pas partie de la culture de votre société. Si vous la sortez de la maison, si vous la faites entendre à d'autres et si elle est reprise et diffusée, elle peut devenir un élément culturel de votre milieu. La culture est quelque chose de partagé, c'est le qualificatif important à retenir. Autrement dit, la culture est toujours le fait d'une collectivité. Baisser les yeux dans son coin est personnel, mais le faire devant d'autres personnes pour qui ce geste est reconnu comme un signe de politesse relève de la culture.

En plus d'être une invention humaine et collective, la culture est contraignante. On ne choisit pas sa culture, on tombe dedans en naissant par les effets de la socialisation. La plupart des gestes qui nous paraissent naturels, dont on croit qu'ils n'ont pas été appris, nous ont, en fait, été imposés sans que nous nous en rendions compte. Ce peut être des gestes tout aussi éloignés l'un de l'autre que manipuler un couteau et une fourchette à table et embrasser une autre personne sur la bouche en signe d'amour.

Par ailleurs, il est important d'ajouter qu'une culture est modifiable. Si un groupe d'humains se crée une culture particulière, celle-ci n'est pas fixe ou figée pour autant. Elle est toujours en mouvement même si les modifications ne sont pas perceptibles au jour le jour à moins d'un événement hors de l'ordinaire. Un élément culturel tel que la pratique d'une religion peut avoir une importance considérable à une certaine époque dans une communauté et n'être plus aussi essentiel par la suite. À l'inverse, un élément culturel peut avoir été quasi absent dans le passé et devenir ensuite essentiel, comme les technologies de l'information.

Il faut retenir, enfin, que la culture est multiple. Dès qu'un groupe d'humains se constitue en collectivité distincte, en développant des façons de faire et de penser qui lui sont propres, une culture émerge. Il existe donc de nombreuses cultures dans le monde : on en a dénombré 12 000 à un moment donné (Boudon et autres, 1999).

*Les cultures sont constamment en changement*

## L'identification des cultures

Pour mieux circonscrire les cultures et établir leurs droits et leur légitimité, des chercheurs ont tenté de nommer ces groupes d'humains à qui on reconnaît un mode de vie particulier. Cette opération n'est pas simple et il n'y aura sans doute jamais de réponse définitive, puisque chaque dénomination conduit à une différenciation sociale qui n'a pas les mêmes conséquences pour l'avenir du groupe ainsi identifié. Et ce groupe lui-même peut refuser le nom par lequel on le désigne. C'est ainsi qu'au Canada, les groupes amérindiens se sont désignés eux-mêmes sous le nom de Premières Nations après avoir été appelés de divers noms, parfois très dévalorisants. Cette volonté d'autonomie les a conduits à une immense prise en mains collective dont le mouvement *Idle no more* (Jamais plus l'inaction) est une manifestation, de même que leur demande tenace d'éclaircissements sur le nombre anormalement élevé de femmes autochtones mortes ou disparues. Dans le même ordre d'idées, les Américains de «race» noire se font maintenant appeler Afro-Américains pour renouer avec leurs racines. Plus généralement, parler d'ethnie, de groupes ethniques, de minorités, de communautés culturelles, de nations, c'est évoquer des places occupées dans une société en particulier ou dans le concert général des nations du monde.

Une population humaine qui développe, puis perpétue une culture sur un territoire donné, souvent avec une langue originale, constitue une «ethnie», quoique les mots «peuple» et «collectivité historique» soient souvent employés, de même que le mot «nation». Par ailleurs, dès qu'un tel groupe ne vit plus relativement isolé des autres ou quand des gens d'ethnies diverses émigrent sur un territoire déjà habité par un peuple ou une nation, une nouvelle expression existe pour les désigner. Au Canada et aux États-Unis, on utilise l'expression **groupes ethniques**. Ce terme s'applique aux gens venus d'ailleurs qui entretiennent dans leur nouveau pays une partie de leur héritage culturel. Les États-Unis, un des pays ayant connu une immigration massive, sont ainsi composés d'une population multiethnique. Plusieurs groupes provenant de nations diverses s'y sont installés tout au long du XX$^e$ siècle et même avant. Alors qu'un des rêves américains est de fondre tous ces groupes en un seul (*melting pot*), la réalité montre plutôt que les différences culturelles entre ces groupes ethniques et leurs descendants se maintiennent. J'en ai fait moi-même l'expérience en voulant me faire servir un rafraîchissement dans le quartier cubain de Miami. La jeune serveuse

**GROUPE ETHNIQUE**
Communauté d'individus issus de l'immigration et maintenant des traits de leur culture d'origine.

ne comprenait pas l'anglais et parlait manifestement seulement l'espagnol. Les moyens de communication électroniques accentuent cette possibilité de vivre rattaché à une communauté dont le noyau central se situe à l'extérieur des frontières du pays habité.

Le ministère québécois de l'Immigration, de la Diversité et de l'Inclusion, qui s'appelait encore récemment le ministère de l'Immigration et des Communautés culturelles du Québec, avait ainsi remplacé le terme « groupes ethniques » par celui de « communautés culturelles ». Or, une « communauté » peut être religieuse, villageoise, européenne, etc. Le mot est utilisé au Québec à la place de « groupe ethnique », qui garde un relent de fermeture sur soi. Cependant, certains groupes venus d'ailleurs n'ont pas conservé suffisamment de traits communs pour être désignés comme une communauté culturelle. C'est le cas des Allemands d'origine au Québec, sans doute à cause de leur petit nombre. Un groupe ethnique ou une communauté culturelle manifeste ainsi des degrés divers d'intégration et de différenciation dans la société qui l'a accueilli, comme le montre l'existence de quartiers chinois, italiens, portugais, juifs et autres dans bon nombre de grandes villes du monde.

*Les Amérindiens du Canada se font appeler Premières Nations*

Les diverses appellations ne sont pas neutres. Elles sous-entendent des prises de position politiques d'hégémonie ou de survivance. Il n'est pas sans conséquence, par exemple, d'avoir défini dans la Constitution de 1982 le Canada comme un pays multiculturel, qui considère comme des membres à part entière les groupes ethniques ou les communautés culturelles qui le composent. On y met sur le même pied, sans distinction, des Ukrainiens d'origine installés au Manitoba, des immigrants indiens de religion sikhe vivant en Ontario et les descendants des Français, dont la majorité vit au Québec et qui constituent un des peuples fondateurs du Canada. Pourtant, ces derniers se perçoivent plutôt comme membres d'une nation et se disent québécois. Cette différence noyée dans la Constitution canadienne n'est pas sans avoir de répercussions sociopolitiques. J'y reviendrai au chapitre sur l'appartenance nationale.

Le terme **minorités** doit être ajouté ici, puisqu'il fait aussi partie des analyses sociales des groupes culturels. C'est un terme très général comme celui de «communauté», qui désigne non seulement les minorités ethniques, mais tout autre groupe de personnes qui se sentent opprimées ou du moins négligées ou injustement traitées par la majorité. La base sur laquelle se font leurs revendications peut être leur orientation sexuelle, leur croyance religieuse, leur genre, leur handicap, voire leur âge ou tout autre trait qui leur semble devoir être reconnu, respecté et digne de recevoir un traitement égalitaire. C'est ainsi que sont apparues des revendications de minorités religieuses (juifs hassidiques), sexuelles (LGBTQ), nationales (Catalans, Écossais, Québécois), culturelles (Doukhobors) et ainsi de suite, la minorité étant parfois une majorité en terme numérique comme lorsqu'on présente les revendications des femmes comme celles d'une minorité. «Minorité» renvoie par conséquent à tout groupe se sentant traité injustement dans une société qui proclame l'égalité de ses citoyens.

Les luttes de ces minorités se font habituellement au nom d'une **reconnaissance sociale**, un concept émergent depuis les années 1990 (Monod, 2016). La reconnaissance sociale est une revendication collective autour d'une identité perçue comme traitée injustement. Une illustration d'actualité, les minorités sexuelles et de genre, «une expression qui regroupe les personnes qui s'identifient comme lesbiennes, gaies, bisexuelles, transsexuelles, transgenres, bispirituelles, queer ou en questionnement (LGBTQ),

**MINORITÉ**
Groupe social se considérant comme lésé dans la société.

**RECONNAISSANCE SOCIALE**
Revendication égalitaire autour d'une identité perçue comme traitée injustement.

ainsi que celles qui choisissent d'autres termes pour s'identifier (ou aucun terme) mais dont les attirances ou les comportements sexuels, l'identité ou l'expression de genre s'écartent des modèles hétéronormatifs dominants » (Chamberland et Saewyc, 2011, p. 7). Comme les autres minorités, ces personnes se décrivent comme entravées, voire affectées dans leur estime d'elles-mêmes au point de ne pas pouvoir participer pleinement à la vie démocratique de leur société. Elles voudraient se soustraire à l'image négative que la société fait peser sur elles, des injustices qu'elle entraîne et pouvoir ainsi s'insérer normalement dans la vie civique.

### Les traitements de la différence

Ethnocentrisme, discrimination, ségrégation, racisme, préjugés, stéréotypes, marginalité et exclusion sont historiquement des processus par lesquels la différenciation sociale a été observée dans les sociétés. Il est utile de les examiner un à un, car sous ces appellations se cachent des problèmes sociaux que toute société est appelée à prendre en considération. Ces traitements de la différence commandent la recherche de solutions, notamment en ce qui concerne les relations interethniques, qui, étant donné les passions qu'elles suscitent, peuvent conduire à des bains de sang.

Un groupe, quel qu'il soit, doit d'abord reconnaître son **ethnocentrisme**. Il s'agit de la tendance assez spontanée de valoriser son ethnie au détriment des autres. Qui plus est, nos valeurs, nos normes sont considérées comme les meilleures ou, pour le moins, comme les critères de base à partir desquels les actions des autres groupes doivent être jugées. L'ethnocentrisme conduit à discréditer la culture de l'autre ou des autres peuples. «À des degrés divers, cette attitude est universelle et correspond sans doute à un besoin de sécurité et d'auto-valorisation » (Grawitz, 1999, p. 161). Le danger se fait sentir quand cette dépréciation des autres va du mépris à la calomnie, à l'injustice flagrante et aux exactions, une des plus horribles formes du racisme. Je considérerai plus loin ce traitement extrême. Retenez que, pour l'ethnocentriste, l'autre est tout à fait autre et que cette conception peut conduire à toutes les autres formes de traitement différencié qui suivent.

La **discrimination** est une forme parfois subtile de traitement injuste. Comment, en effet, peut-on être sûr que le propriétaire d'un immeuble à logements a refusé de bon droit la demande de location d'une mère monoparentale ? Est-ce parce qu'il ne

**ETHNOCENTRISME**
Tendance d'un groupe à se percevoir comme le modèle à suivre.

**DISCRIMINATION**
Traitement différent des individus selon l'une ou l'autre de leurs caractéristiques sociales, et allant à l'encontre du principe d'égalité démocratique.

voulait pas entendre des enfants crier, s'embarrasser d'une femme qui vit seule, héberger une assistée sociale, avoir affaire à une Noire, vivre à côté d'une femme portant le voile islamique, ou encore est-ce parce qu'il préfère héberger une personne âgée? Cet exemple montre qu'a pu être bafoué le droit à l'égalité d'un citoyen appartenant à une société démocratique. Le même genre de questions se posent avec le *profilage racial*, une accusation qu'on fait porter à certains corps de police quand on considère que des agents arrêtent des jeunes sur leur simple apparence. Les pratiques discriminatoires demeurent difficilement démontrables, ce qui n'empêche pas de les signaler. Comment, par exemple, ne pas s'interroger quand des demandes d'emploi sont écartées parce que le nom du candidat sonne arabe ou qu'une autre se fait demander en entrevue si elle compte avoir des enfants prochainement, ou encore quand il semble qu'un candidat a été retenu à cause de son appartenance politique?

Le **sexisme** est une discrimination à l'égard d'un sexe. Sa dénonciation a pris de l'ampleur avec la montée du mouvement féministe dans les années 1970, les femmes affirmant que leur genre était le premier visé par cette mise à mal. La démonstration en est rapportée régulièrement dans les médias avec des statistiques montrant tour à tour l'absence totale ou partielle des femmes dans certains secteurs d'activité, les salaires inégaux pour des emplois équivalents ou encore la répartition déséquilibrée des tâches et responsabilités domestiques dans le couple, alors que rien ne semble justifier cet état de fait. Il est de plus en plus question à ce propos de *sexisme systémique* pour signifier que ce ne sont pas d'abord des individus qui sont visés, mais les institutions qui, dans leur mode de fonctionnement et d'organisation, empêchent les femmes de participer autant que les hommes à la vie démocratique. Par ailleurs, au plan individuel, le *machisme* est une forme aiguisée de sexisme que pratiquent des hommes ayant l'intime conviction de dominer à juste titre les femmes et d'avoir droit à des privilèges.

Un traitement très semblable à la discrimination, mais plus facilement observable, est la **ségrégation**. Un pays, l'Afrique du Sud, l'avait même instituée légalement de 1948 à 1991, sous le nom afrikaans d'*apartheid*, qui signifie «séparation». Cette loi forçait la population noire, majoritaire dans le pays, à vivre dans des *bantoustans*, des territoires distincts. La ségrégation consiste ainsi à séparer des groupes. Elle a été présente jusque dans les années 1960 aux États-Unis. Les Noirs dans le sud du pays n'avaient pas accès à certains restaurants, piscines, toilettes publiques, hôtels, églises, et même des compartiments séparés leur étaient attribués dans les transports en commun. Si de tels cas sont flagrants, comment reconnaître plus généralement un acte de ségrégation ?

« La réponse est relative à chaque société nationale, mais on peut avancer que la ségrégation apparaît quand la séparation physique et la mise à distance sociale sont à ce point fortes et visibles qu'elles contredisent de manière évidente les valeurs proclamées de l'ordre social, l'idéal démocratique de l'égalité de tous et, en conséquence, la possibilité des échanges généralisés entre tous » (Boudon et autres, 1999, p. 213).

C'est cette injustice forte, criante, qui a amené les protestations et les luttes des Noirs aux États-Unis pour la reconnaissance de leurs droits.

Une idéologie relative à la différenciation sociale dénoncée de plus en plus fermement depuis la tentative d'extermination des Juifs par les nazis durant la Deuxième Guerre mondiale (1939-1945) est

*Ce musée d'Afrique du Sud est aussi consacré au leader noir Nelson Mandela*

**RACISME**
Idéologie affirmant l'existence de groupes humains inégaux basée sur la race ou sur la culture.

celle du **racisme**. À son origine au XIXᵉ siècle, il s'agissait d'une théorie à prétention scientifique. Elle se basait sur deux affirmations qui paraissaient incontestables à ceux qui les soutenaient. Selon la première, les êtres humains se divisent en races. Comme chez les animaux d'ailleurs avec les races canine, chevaline, bovine... Un spécialiste de la question résume cela ainsi: «Le raciste, au sens strict, est celui qui affirme vigoureusement l'existence de différences biologiques : couleur de la peau, forme du nez, dimensions du crâne, courbure du dos, odeur, composition du sang ou même manière de se tenir, de marcher, de regarder... On a tout entendu. Pour le raciste, ce sont là des évidences» (Memmi, 1982, p. 94).

Suivant la seconde affirmation, une race est supérieure aux autres. En d'autres mots, les différences biologiques ont des effets sur le psychologique, le moral, l'intelligence et ainsi de suite.

*La ségrégation a sévi aux États-Unis jusqu'aux années 1960*

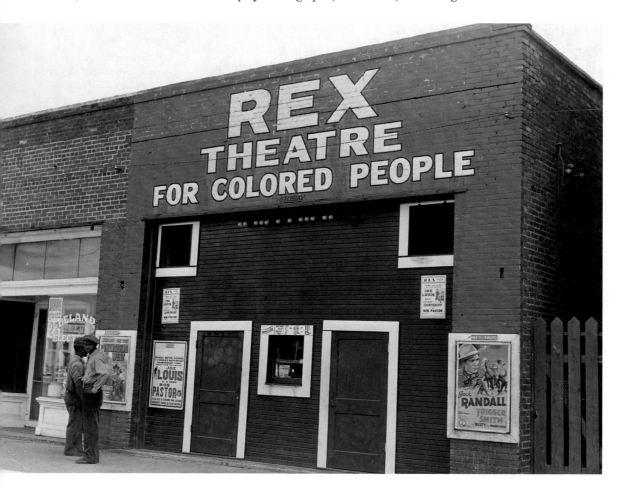

Dans ces conditions, pour le raciste, la pureté de sa race doit être protégée et sa génétique lui octroie le droit de dominer les races inférieures.

La boucle est ainsi bouclée. On est supérieur simplement par notre race blanche ou notre race aryenne, ce qui nous donne le droit de dominer ou d'exterminer. Si la race blanche est la race supérieure, les autres races ne peuvent être qu'inférieures. C'est aussi simple que cela. Regardez, dit le raciste, qui a colonisé le monde : c'est le Blanc européen. C'est donc qu'il portait dans ses gènes quelque chose qui le rendait supérieur aux autres. Cela va de soi pour le raciste.

Dans son livre sur le racisme, Memmi (1982) réfute les prétentions des racistes. D'abord, les scientifiques ont démontré qu'il n'existe aucune race pure, mais plutôt des concentrations géographiques plus compactes de certains traits, une répartition nommée « effet de spectre ». Par exemple, il y a une forte majorité de gens à la chevelure blonde au Danemark, mais il existe aussi des Italiens blonds. C'est une question de nuance et non de rupture complète puisqu'un groupe ne se distingue pas radicalement d'un autre. Ces nuances sont, par exemple, des dégradés en matière de pigmentation de la peau, personne ne pouvant établir où s'arrête le blanc et où commence le noir. « Bref, répétons-le, souligne Memmi, il est impossible de faire coïncider un groupe social avec une figure biologique » (Memmi, 1982, p. 19). Et le pourrait-on ? Quel droit ou quel raisonnement permet de conclure qu'une différence physique abaisse une catégorie d'individus et qu'elle a nécessairement des effets d'ordre psychologique sur un individu, sa moralité, ses habiletés ou que sais-je encore ?

Ces arguments solides, joints au fait que des pays ont maintenant des lois antiracistes, ont conduit récemment les tenants du racisme à argumenter sur une nouvelle base. Les spécialistes parlent à leur sujet de « néo-racisme » ou d'idéologies racisantes (Schnapper, 1998). Ces fanatiques mettent maintenant l'accent sur le culturel. Il y aurait des ethnies dont la culture serait profondément tarée. On les fige ainsi dans des traits spécifiques pour les déclasser. L'infériorité n'est plus biologique, mais culturelle. Les Arabes, par exemple, seraient incapables de moderniser leurs sociétés. Au-delà de l'ambiguïté de tels propos, qui révèlent une ignorance de leur histoire, cette façon d'argumenter néglige de considérer une des caractéristiques de toute culture, à savoir que toute culture évolue, qu'elle n'est en rien fixée une fois pour toutes. Le tableau 7.1 donne des indices pour détecter un discours raciste.

| Tableau 7.1 | |
| --- | --- |
| **COMMENT DÉTECTER UN DISCOURS RACISTE** (au-delà du style ou des précautions oratoires masquant l'offense) | |
| **1er indice** | L'auteur fait référence à un groupe ou plus (une race ou une culture) qu'il présente comme différent du sien dans son essence même. C'est ce que laissent entendre des expressions comme «Ils ont tous ceci» ou encore «Ils sont tous comme cela». Tous sont marqués. |
| **2e indice** | Une fois cette ou ces différences mises en lumière, l'auteur laisse entendre que cette altérité prouve que le groupe visé a quelque chose qui ne va pas: paresse, violence, manque d'intelligence, insouciance, négligence, usurpation, etc. Toute tare est bienvenue. |
| **3e indice** | L'auteur passe ensuite à une action à entreprendre contre les membres du groupe visé. Selon lui, nous ne pouvons pas leur laisser leur autonomie. Nous devons pour le moins les contrôler, à l'extrême les effacer de la carte. C'est qu'en fin de compte, ils sont inférieurs dans l'échelle humaine et pourraient même, suprême danger, nous contaminer. |

Reste à savoir pourquoi des groupes s'acharnent ainsi sur d'autres groupes différents d'eux. La réponse est qu'ils y trouvent leur intérêt. Pour s'en convaincre, il faut en chercher les sources. À un premier niveau, on a identifié la peur de l'Autre, car la différence inquiète, même si elle peut séduire comme en amour et faire peur tout à la fois. Trouver des tares chez un groupe qui nous est étranger, lui attribuer une valeur moindre, cela rassure ou même cela nous conforte et nous déculpabilise quand il est malmené. À un deuxième niveau, la source de cette hargne se trouve dans le profit à en tirer. Le raciste n'est jamais désintéressé, rappelle Memmi, même si le profit n'est pas immédiat. Car l'attaque n'est pas gratuite, elle permet de profiter de passe-droits, de s'enorgueillir de sa force, de s'assurer d'avoir des dirigeants à notre image ou d'obtenir des avantages de toutes sortes. Bref, maintenir l'autre dans un état inférieur, c'est conserver des privilèges. Je reviendrai sur le sujet à la section traitant des effets de la domination.

Quand on parle de racisme, de ségrégation, de discrimination ou de sexisme, on accole souvent de nos jours à ces termes l'adjectif « systémique ». On signifie de cette manière que la différenciation constatée n'est pas que d'origine individuelle, mais qu'il y a un système social qui la permet, voire l'encourage. Par exemple, le racisme était systémique en Afrique du Sud parce que les institutions, les organisations et même le gouvernement par ses lois discriminaient la majorité noire de la population.

## Les formes de stigmatisation

Vous avez pu constater que les différents processus de différenciation présentés jettent tous un discrédit sur des personnes et le ou les groupes auxquels on les identifie. Il n'y a pas d'exception, tous les membres du groupe ostracisé sont réputés identiques et présentent les mêmes manques. Ils seraient marqués par un stigmate, une détérioration quelconque. Ce serait dans leur essence même, voilà pourquoi en termes savants on parle dans de tels cas d'une prise de position « essentialiste », ce dont se targue le raciste.

Une forme de stigmatisation, sans doute le plus connu des modèles de simplification de la vision qu'on peut se faire des autres, est le **préjugé**. Le terme le dit, on juge avant de connaître ou plutôt sans se soucier de la réalité des faits. On s'approprie et on répète des affirmations toutes faites, et on s'exempte de réfléchir. Ces formules confortent ceux qui les utilisent parce qu'elles les assurent qu'ils font partie du bon groupe, du groupe qui n'a rien à se reprocher. On ne se gêne pas par la suite pour juger (« Les Juifs, vous savez… »), pour émettre une opinion tranchée (« Fondamentalement, les islamistes sont… »), pour vitupérer sans gêne (« Les syndiqués ne pensent toujours qu'à… »), etc. Le préjugé est un canal par lequel se propagent des catégorisations rigides et hâtives. Les personnes à préjugés sont réfractaires à toute vérification par l'expérience, à toute remise en question rationnelle de leurs présuppositions.

Une autre forme de simplification ou de stigmatisation qui est entrée dans le langage des analystes est celle de **stéréotype**. Celui-ci se distingue difficilement du préjugé puisqu'il en est une forme, mais plus condensée, schématisée, une sorte de cliché tordu. Sa présence a été décelée à partir d'études sur l'opinion publique, de

**PRÉJUGÉ**
Opinion préconçue sur un groupe.

**STÉRÉOTYPE**
Représentation simplifiée à l'extrême des membres d'un groupe.

slogans publicitaires et d'autres jugements présentant une simplification outrancière et ferme. Le stéréotype, en effet, ne se discute pas («Les hommes ne pensent qu'à ça»), ne se réfute pas («Trouvez-moi un Mexicain qui ne flâne pas»), ne peut être envisagé autrement («Tous les politiciens sont des menteurs»). Toutes ces affirmations semblent figées dans le roc, comme pétrifiées. Le stéréotype est donc une opinion simpliste, d'une grande rigidité, par laquelle on enferme le groupe visé dans une différence qui nous rassure sur notre propre statut dans la société. Le raciste en use abondamment puisqu'il lui permet de ramener l'autre, le différent, à quelques caractéristiques générales pour en faire une espèce à part.

Theodor W. Adorno (1903-1969) a démontré dans un ouvrage classique intitulé *The Authoritarian Personality* que les personnes portées à ces raccourcis que sont les préjugés, stéréotypes et autres opinions tranchées ont une personnalité particulière dans laquelle toutes ces attitudes font système :

> «[...] Adorno a établi qu'une attitude antisémite, ou plus généralement ethnocentrique, allait généralement de pair avec tout un système d'attitudes. En effet, l'antisémite a tendance à être conformiste [...] Il a, en outre, tendance à concevoir les rapports personnels en fonction des catégories d'obéissance, à souligner le respect dû à l'autorité, à opposer brutalement le bien au mal, à énoncer que l'action d'autrui est guidée par l'égoïsme et le cynisme, etc.» (Michel, 1998, p. 66)

On voit donc qu'un type de personnalité est plus porté à l'intransigeance et que cela se reflète dans tous les aspects de ses croyances et dans sa manière d'envisager la différence.

### Les formes d'isolement

Deux autres phénomènes de différenciation sociale sont aussi à signaler parce qu'ils conduisent à l'isolement des individus et des groupes. La **marginalité** est le premier de ces phénomènes. Ce terme contient l'idée de marge, comme la partie de la feuille dans laquelle on n'écrit pas habituellement, cette image étant destinée à représenter la situation dans laquelle se trouvent des individus vivant quelque peu à l'écart de la société. La marginalisation peut être volontaire, comme chez les religieux ayant choisi la réclusion ou chez les hippies des années 1970 essayant de vivre en petits groupes sous la bannière *Peace and Love*. Le plus souvent cependant, la marginalité n'est pas voulue de ceux et celles qui la vivent. Ce peut être des handicapés incapables de s'insérer socialement,

**MARGINALITÉ**
Situation de retrait social de personnes dont les façons de faire et de penser s'écartent de celles de la population en général.

des bisexuels ou transsexuels ne parvenant pas à se faire accepter tels qu'ils sont, ou encore des gens qui vivotent et ne trouvent pas de place véritable dans la société. La déviance est du même ordre et désigne des comportements qui vont à l'encontre de valeurs ou de normes généralement acceptées par l'ensemble des membres d'une société, certains de ces comportements n'étant qu'excentriques, alors que d'autres sont criminels, comme on l'a vu au chapitre 2.

Un deuxième processus de mise à l'écart a été mieux cerné à la suite d'une accumulation d'études sur la pauvreté établissant que ce problème est loin d'être uniquement pécuniaire. Les gens démunis, en effet, sont touchés dans plusieurs aspects de leur vie, que ce soit la santé, les loisirs, l'éducation de leurs enfants, l'environnement physique, l'accès à une nourriture saine ou à des services culturels appropriés, etc. Ces défavorisés vivent ainsi toute une série de handicaps qui les conduisent à l'**exclusion** à travers des phases de détérioration de leurs conditions de vie. Une phase extrême d'exclusion s'observe dans les grandes villes chez les personnes dans la rue sans domicile fixe (SDF), ceux et celles qu'on désigne sous les appellations d'itinérants ou de sans-abri. L'exclusion demeure cependant un terme général qui est souvent remplacé par celui de « disqualification sociale », qui évoque les pertes subies et accumulées par les plus démunis de la société. C'est le sociologue Serge Paugam qui a entrepris l'étude de cette dynamique de la disqualification exposant le caractère multi-dimensionnel de la pauvreté (Paugam, 1993).

**EXCLUSION**
Situation des personnes manquant du minimum de ressources pour être citoyens à part entière.

## Les effets de la domination

Tous les aspects de la différenciation sociale qui ont été présentés laissent supposer que des groupes en dominent d'autres dans la société. Si la **domination** peut être légitime dans le cas de la parentalité ou de l'autorité démocratique, elle ne l'était pas dans les cas de différenciation exposés ci-dessus, notamment quand il a été question de discrimination, de ségrégation et de racisme. Selon que notre groupe est dominant, c'est-à-dire en position de force, ou au contraire dominé, c'est-à-dire en position de faiblesse, nous allons vivre une situation sociale très particulière. Scruter les réactions auxquelles l'une ou l'autre de ces situations conduit est une autre façon de mieux se connaître. Un essayiste nous servira de guide tout au long de ce périple, car il a, dans une étude

**DOMINATION**
Relation sociale donnant à un groupe ou à une société la capacité de s'imposer.

COLONISATION

Forme d'oppression politique, économique et culturelle d'une population indigène par des conquérants étrangers sur son territoire.

remarquable, observé une situation de domination à l'état pur, si je puis dire, une situation de **colonisation**.

De nombreux pays ont connu la colonisation au cours des cinq derniers siècles, à la suite notamment de la prise de possession par des Européens de territoires situés en Amérique, en Afrique et en Asie. Dans tous ces pays, les individus colonisés se sont retrouvés en situation de soumission face au conquérant. L'étude de leurs interactions dans ces situations extrêmes éclaire non seulement celles-ci, mais nous renseigne sur d'autres situations où nous nous trouvons parfois dans un rapport de force ou de faiblesse face à quelqu'un ou à un groupe de personnes. Il est possible d'approfondir ces réactions et d'en dégager des considérations qui nous seront utiles pour comprendre nos propres façons d'agir dans certaines circonstances. Car les positions de dominant ou de dominé ne sont pas uniquement les attributs d'un peuple asservi et elles existent à divers degrés selon l'âge, le sexe, la langue maternelle, l'ethnie, la religion et autres caractéristiques sociales propres à notre personne.

Albert Memmi, un intellectuel juif tunisien, a retenu l'attention des chercheurs en sciences humaines par ses réflexions pénétrantes au sujet de nos réactions lorsque nous faisons partie d'un groupe d'humains vivant une situation de domination, que nous soyons du côté des dominants ou des dominés. Sa première étude, et sa plus célèbre, portait sur ce sujet et esquissait les portraits des protagonistes d'une situation de domination qu'il vivait luimême en tant que Tunisien soumis à la colonisation française. Sa situation dans ce pays était mixte et complexe vu son statut de Juif, faisant de lui à la fois un dominé face aux Français et un dominant face aux Tunisiens arabes. C'est cette situation particulière qui lui a permis de saisir les deux facettes de la domination. Il découvrit, dans ses recherches sur les situations d'oppression, que le groupe dominant en vient inévitablement à devoir justifier sa position. Pour ce faire, il fait preuve de racisme en rabaissant le groupe dominé, en montrant plus ou moins subtilement que ses membres sont tous, sans exception, des incapables et des tarés de naissance.

L'œuvre majeure de Memmi est *Portrait du colonisé*, qui est précédé de *Portrait du colonisateur* (Memmi, 1957). Examinons succinctement ces portraits afin de déterminer quelles sont les réactions possibles en situation de domination.

Commençons par les colonisés. Ce sont les membres d'un peuple qui, sur son propre territoire, subit la domination de représentants d'un peuple étranger, les colonisateurs. Nous pourrions croire que, étant donné sa situation, le colonisé ne peut éprouver que de la haine pour le colonisateur. Mais la réaction à la domination se révèle plus complexe. Le colonisé admire et méprise tout à la fois le colonisateur, car il existe deux réactions possibles en situation de domination.

Une première réaction est celle du *colonisé qui se refuse*. Tout dominé, en effet, peut chercher à s'en sortir en s'assimilant à l'autre, c'est-à-dire au dominant. Devenir l'autre, c'est obtenir les pouvoirs, les privilèges et le prestige du dominant. Qu'on songe au désir de vivre comme les gens qui font partie de l'élite économique, sportive, politique ou autre. Pour le colonisé, vouloir s'assimiler signifie trouver le moyen de se faire accepter par les colonisateurs comme l'un des leurs. Il modifie ainsi son habillement, adopte les habitudes du colonisateur, maîtrise sa langue, fréquente les mêmes écoles, etc. Le style de vie du colonisateur semble effectivement enviable et le colonisé se demande bien ce qui l'empêche, lui, de faire pareil. Ce désir d'intégration et d'acceptation est si puissant qu'il peut mener certaines personnes à vouloir blanchir leur peau ou à épouser une personne du groupe dominant. Elles cherchent à faire oublier leur différence en s'identifiant à l'autre, à tout prix.

En cherchant par tous les moyens à devenir autre, le colonisé dénigre sa propre personne et renie ce qu'il est depuis sa naissance. Son passé et ses origines sont jugés honteux et il rejette instinctivement tout ce qui est normalement digne de fierté, d'intérêt ou de considération attendrie. Il fait tout ce qu'il peut pour se dissocier des tares du colonisé mises en évidence par le colonisateur, afin de prouver qu'il n'appartient plus à ce groupe. C'est pourquoi Memmi le nomme le colonisé qui se refuse. C'est un être complexé qui regrette sa première vie, car elle a engendré sa domination. Memmi ajoute que, dans certains contextes, un Noir peut manifester du racisme envers ses semblables, et un Juif, devenir antisémite.

Memmi constate que cette tentative de devenir autre est vaine. Le candidat à l'assimilation est prêt à tous les sacrifices, mais il se heurte au dominant, qui refuse son intégration. Le dominant ne manque pas de bonne volonté, même s'il prend un malin plaisir à rappeler au candidat ses origines. C'est la situation même qui crée cette domination (la colonisation, en l'occurrence) et qui conduit à un refus. Le colonisé qui se renie croit pouvoir accéder à l'autre camp et il oublie ou ignore que ce qu'il admire chez l'autre n'est pas une qualité supérieure qu'il est possible d'acquérir, mais que cela provient du fait objectif que celui-ci exploite son peuple. Les privilèges du colonisateur (son aisance, son influence, son luxe) n'ont qu'une origine : les profits exorbitants provenant de l'exploitation des colonisés. Or, un colonisateur pourrait difficilement conserver cet avantage et le justifier si un colonisé y avait droit aussi, car le colonisateur partagerait ses privilèges. Et du moment où il y a partage, il n'y a plus de domination. Le candidat à l'assimilation ne voit pas l'obstacle et sa quête est vouée à l'échec. En tant que membre du peuple soumis, il n'est pas et ne sera jamais du côté du dominant, car, malgré les immenses efforts déployés pour changer de statut, le colonisateur remarquera toujours l'accent, les manières de faire, la tournure d'esprit ou la couleur de la peau qui caractérisent son peuple.

La deuxième réaction est celle du *colonisé qui s'accepte*. C'est le colonisé qui comprend finalement que sa tentative de se glisser dans une autre peau est vaine. Il ne peut être aveuglé indéfiniment par l'espoir de passer définitivement dans le camp du colonisateur. Un jour, il constate que c'est lui-même et les siens qu'il rejette avec mépris. Cette prise de conscience du colonisé l'incite à faire volte-face. Il adopte maintenant un point de vue inverse et magnifie son peuple. Pour reprendre le terme de Memmi, il oppose désormais un « contre-mythe » au mythe qu'il entretenait à propos du colonisateur admirable et tout-puissant dont il voulait être la copie conforme. Ce contre-mythe déifie le colonisé, qui devient maintenant pur et sans tache et dont les us et coutumes sont quasi sacrés, intouchables.

La deuxième réaction du colonisé est donc la révolte et l'opposition systématique au colonisateur. Le colonisateur est mauvais et le colonisé est bon. Une marque tangible de ce revirement chez le colonisé qui se reniait est son retour à la religion de son peuple, dont il s'était éloigné, car elle lui apparaissait comme une superstition encombrante.

Cela dit, le colonisé qui s'accepte ne peut se détacher complètement du colonisateur, auquel il continue malgré lui de s'identifier. Les habitudes prises en côtoyant régulièrement l'autre, dans sa tentative d'assimilation, sont difficiles à effacer. C'est ainsi que, de façon inusitée, le colonisé revendique dans sa révolte la libération de son peuple au nom de valeurs chères au colonisateur telles que la démocratie et la liberté. C'est d'ailleurs le seul langage que le colonisateur comprend, même s'il ne peut instaurer ces valeurs sans se nier lui-même et les privilèges qu'il s'est octroyés.

Memmi prédisait dans les années 1950 que ce paradoxe du colonisé, qui nie le colonisateur tout en revendiquant au nom de ses valeurs, ne se résoudrait qu'à la suite de la libération complète de son peuple de la domination étrangère. Dans les années subséquentes, sa prédiction s'avérera juste puisqu'une longue série de peuples colonisés mèneront des luttes de libération nationale et deviendront des pays indépendants.

Abordons maintenant le portrait des colonisateurs ou des dominants. Ces derniers administrent et dirigent la colonie avec tous les moyens nécessaires, y compris la force, au nom de leur métropole, soit le pays conquérant dont ils sont ressortissants et mandataires. Le colonisateur obtient des faveurs nombreuses et des avantages extrêmement intéressants qui se traduisent pour l'élite dirigeante par de riches émoluments, des maisons somptueuses et une nombreuse domesticité. Le colonisateur justifie sa situation privilégiée en alléguant le sacrifice qu'il s'est imposé en acceptant d'aller travailler dans un milieu ingrat et hostile. Deux réactions à sa situation sont aussi possibles. Une première réaction, qui peut paraître surprenante, est celle du *colonisateur qui se refuse*. Memmi a, en effet, rencontré dans ce groupe des personnes qui sympathisaient avec les colonisés, qui désiraient la fin de l'exploitation. Ces gens étaient souvent nouvellement arrivés ou des intellectuels de gauche qui, en principe, aiment promouvoir les valeurs d'égalité et de justice.

Cette première réaction est sans doute peu fréquente, car la colonisation ne serait pas viable si on perdait la masse critique qui contribue à maintenir les structures. Ce colonisateur «pas-comme-les-autres» se voit rapidement rejeté par les siens s'il refuse de remplir son rôle. Ses états d'âme, s'ils sont compréhensibles au départ, lorsqu'il découvre la misère des colonisés, ne sont pas excusables longtemps. Il doit se raisonner et se convaincre que cette misère serait pire sans la présence des colonisateurs et de leur civilisation nettement plus avancée. S'il s'obstine à penser que la colonisation est mauvaise, on lui dira qu'il doit sa situation privilégiée au groupe colonisateur et on l'invitera à retourner dans la métropole si le malaise persiste. S'il décide de rester dans la colonie malgré tout, ses pairs finiront par lui faire la vie dure, car il est maintenant un traître.

Le colonisateur, lorsqu'il se range du côté des exploités ou des dominés, appréhende et accepte cette animosité, voire cette agressivité des siens. Cette volonté de se rapprocher des colonisés le pousse à accepter des pratiques et des croyances chez ces derniers qu'il aurait répudiées autrement. Curieusement, il renie ses convictions personnelles antérieures, croyant ainsi être accepté de ceux dont il a épousé la cause. S'il est un transfuge pour les siens, il espère de cette façon être accueilli en ami indéfectible par les colonisés. Or, Memmi affirme que cela est impossible.

Le colonisateur est pourvu de privilèges qui empêchent les colonisés de se reprendre en main, de se libérer de la domination. Tous les colonisateurs profitent du système colonial. La bienveillance de la police à leur égard et l'emprise qu'ils exercent sur le système judiciaire maintiennent l'oppression. Le colonisateur qui se renie en espérant que les colonisés l'accueilleront et l'accepteront parmi eux finit par s'apercevoir que ses espoirs sont vains. Aux yeux des colonisés, il symbolise un système dont il profite, parfois malgré lui. Par conséquent, peu d'avenues s'ouvrent au colonisateur qui se refuse: il peut se taire puisqu'il représentera toujours une force politique négligeable d'un côté comme de l'autre, il peut quitter la colonie si la situation devient trop pénible ou, enfin, en arriver à se dire que les siens ont peut-être raison de s'accepter dans ce rôle de dominants.

La deuxième réaction la plus répandue et la plus « naturelle » est celle du *colonisateur qui s'accepte*. Il se sait privilégié parce que le peuple sous sa gouverne est soumis à son pays, à son économie, à son armée, à sa police. C'est pourquoi les bienfaits de la colonie lui profitent au premier chef. Il sait qu'il est un usurpateur, n'ayant pas été élu à la tête du pays par la population locale. Accaparer ainsi les biens de l'autre n'est pas sans susciter quelques problèmes de conscience, d'où la volonté de justifier sa présence et sa domination en essayant de prouver sa supériorité. Pour Memmi, le colonisateur qui s'accepte fait face à deux choix de démarches qui ne s'excluent pas mutuellement.

Dans la première démarche, le colonisateur qui s'accepte dans son rôle d'usurpateur insiste sur les mérites que la civilisation de son pays apporte, par son entremise, au peuple sous sa gouverne. Il souligne que les immenses progrès réalisés dans la colonie sont dus à sa présence. À la limite, il suggère qu'il est à peine croyable que ce peuple ait pu survivre si longtemps sans les bienfaits apportés par le colonisateur, ce qui justifie amplement, à ses yeux, ses privilèges.

Dans la deuxième démarche, l'usurpateur insiste cette fois sur les carences de l'« usurpé ». Selon lui, le colonisé possède de nombreux défauts, dont la paresse, la fourberie, la grossièreté, le manque de retenue, etc. Pour un peu, son extermination serait une bénédiction, mais le colonisateur éprouve des scrupules, sachant qu'il ne peut dominer l'autre (qui, au passage, lui fournit la main-d'œuvre) s'il n'existe pas. C'est ainsi que Memmi a été amené à s'intéresser au racisme, qui est à la base de la relation colonisateur-colonisé. Pour le colonisateur, le colonisé représente un degré moindre d'humanité.

À cet assaut contre sa dignité, le dominé révolté peut développer un racisme contraire à celui que manifeste depuis longtemps le dominant et croire à la nature foncièrement mauvaise du colonisateur. Il s'agit d'un racisme de défense, qui peut se répercuter sur des groupes encore plus faibles que le sien. Memmi constate alors que tous les opprimés ne font pas nécessairement front commun, qu'il peut même y avoir des rivalités entre des ouvriers et des travailleurs immigrés, colonisés et autochtones. Chaque révolte présente donc certaines particularités qu'il faut examiner soigneusement. Car elle a ses côtés sombres. Elle ne représente pas la délivrance complète pour un groupe opprimé. Cette réaction emprunte un chemin obligé vers la libération, mais ne correspond pas à la liberté totale. Un autre pas reste à franchir. Il faut cesser de se définir par rapport à l'autre si on veut vraiment s'affranchir d'une relation dominatrice.

Pour aller de l'avant, l'opprimé doit se détacher du contre-mythe qu'il a fabriqué au cours de sa révolte et dans lequel il se présente sous un jour magnifié et glorieux. Demeurer au stade de la révolte équivaut à rester figé et à ne plus progresser. Il est donc nécessaire pour le groupe qui veut se libérer d'une tutelle d'effectuer un examen critique de ses traditions afin d'alimenter la nouvelle sève plutôt que de l'assécher.

L'ex-colonisé ne doit pas rejeter en bloc les us et coutumes laissés par le colonisateur et couper tout lien avec l'ancienne métropole, pas plus qu'il ne doit maintenir certaines pratiques désuètes. Dans le même ordre d'idées, la lutte des Noirs états-uniens ne doit pas entraîner l'exclusion des valeurs de base de cette société, sous prétexte qu'elles sont celles des Blancs.

Il arrive que nous soyons confrontés à des situations où nous sommes forcés d'agir soit en dominé, soit en dominant. S'il faut combattre la domination, se dissocier de l'autre, il ne faut pas pour autant le nier. C'est le seul moyen d'avancer, sinon c'est l'enlisement. Mieux se connaître, c'est réaliser que les autres peuvent à la fois nous attirer et nous repousser. Quand il s'agit d'un de nos groupes d'appartenance, il faut savoir reconnaître ces mouvements contraires et travailler à aller au-delà. Pour reprendre le titre d'un article de la sociologue Dominique Schnapper, il faut sans doute se rappeler que «l'autre est un autre moi-même» (Schnapper, 1999) et travailler à ce qu'il soit reconnu comme nous à la fois dans sa citoyenneté et dans sa culture.

Cette dernière remarque amène à aborder la question du **relativisme culturel**, qui a été promu par les sciences humaines à la suite des multiples recherches menées à travers le monde sur la diversité des cultures. On ne porte pas de jugement de valeur sur les cultures qui nous sont étrangères, c'est l'envers du racisme, mais c'est en même temps tout aussi absolu. Le relativisme laisse sous-entendre que chaque culture serait comme fermée sur elle-même et qu'il ne faudrait pas en altérer l'essence. Or, les cultures changent, évoluent, s'interconnectent ou «s'acculturent», diraient les anthropologues. De plus, le relativisme culturel absolu entraîne dans sa logique sa propre contradiction puisqu'on pourrait affirmer qu'à la limite, le relativisme est lui même relatif, un simple point de vue comme un autre. Tout en étant très prudent, force est de reconnaître qu'un relativisme culturel bien assumé ne peut rester indifférent à ce qui heurte la dignité humaine. Prenons l'exemple d'une pratique culturelle extrême qui, heureusement, a disparu aujourd'hui : le fait d'immoler des membres de sa communauté pour apaiser les dieux ou pour toute autre justification communautaire. Un chercheur en sciences humaines imbu de relativisme culturel ne devrait-il pas s'élever contre une telle pratique ? Poser la question, c'est indiquer les limites du relativisme culturel s'il n'est pas accompagné d'un certain humanisme. Les grands sociologues en ont toujours été pourvus. ◆

**RELATIVISME CULTUREL**
Position de neutralité face aux autres cultures.

# Mots clés

# Questions sur le chapitre 7

**1** Choisissez une culture particulière et donnez un exemple de nature matérielle et un exemple de nature immatérielle de ce qu'elle a pu avoir inventé ou transmis.

**2** Quelles sont les caractéristiques d'une culture ? Donnez un exemple pour chaque caractéristique.

**3** Que signifie pour un pays le fait d'être composé d'une population multiethnique ?

**4** Nommez et décrivez deux exemples de traitement de la différence qui posent problème.

**5** Qu'est-ce que le racisme et pourquoi certains groupes le pratiquent-ils ? Expliquez.

**6** Qu'ont en commun le préjugé et le stéréotype ? Expliquez.

**7** Nommez une forme d'isolement dans la société et donnez un exemple d'une de ses manifestations.

**8** Dans une situation de domination comme la colonisation, comment peut réagir ou se comporter le colonisé ou, si vous voulez, le dominé ? Expliquez brièvement.

# CHAPITRE 8

# NOTRE ÉDUCATION GENRÉE

## Le traitement différencié des filles et des garçons

Une science sociale indifférente au genre serait aussi impuissante qu'une science sociale qui s'interdirait de parler de classes, d'ethnicité, de culture.

CHRISTINE GUIONNET et ÉRIK NEVEU

Le titre de ce chapitre vous intrigue sans doute. Vous ne trouverez pas dans les dictionnaires usuels l'adjectif «genré» ni le verbe «genrer», du moins pas dans les dictionnaires actuels. Cependant, ces termes commencent à se répandre dans la documentation sociologique francophone, et ce n'est pas pour faire de l'esbroufe. La raison en est qu'on veut être clair. Parler de **genre** au lieu de sexe permet de faire une distinction fondamentale, de lever une certaine ambiguïté et de rendre visible le caractère éminemment social de certaines de nos façons d'être et de penser trop facilement associées à notre constitution biologique.

Le terme «sexe» renvoie à la sexualité ou à ce qui nous fait biologiquement femme ou homme. C'est ce que la notion de genre permet d'éviter. Elle est utilisée dans les études féministes anglo-saxonnes dites *gender studies* depuis une trentaine d'années. Ces recherches ont porté et portent toujours sur la différenciation sociale des comportements masculins et féminins.

Le terme «sexe» renvoie à la biologie, tandis que le terme «genre» renvoie à la société dans un effort pour départager entre l'inné et l'acquis, le naturel et le culturel. Par ses recherches sur le genre, la sociologie tente de discerner parmi nos comportements dits «masculins» ou «féminins» ceux qui nous viennent de notre vie en société et non de notre anatomie. Alors que le sexe physiologique renvoie à des différences naturelles comme l'enfantement et l'allaitement chez la femme, le sexe social, ou le genre, renvoie à ce qu'on a appris comme étant masculin ou féminin alors que rien ne prouve que cela soit déterminé par la nature, comme le fait pour les hommes d'avoir plus d'ambition professionnelle. Les études sociologiques démontrent pourtant clairement cette différence masculine notoire (Baudelot et Establet, 1992). Un manuel français ayant compilé une somme impressionnante de recherches faites au cours des ans sur les comportements masculins et féminins conclut à ce sujet: «Une science sociale indifférente au genre serait aussi impuissante qu'une science sociale qui s'interdirait de parler de classes, d'ethnicité, de culture» (Guionnet et Neveu, 2009, p. 378).

### Le traitement différencié

Si nous nous arrêtons un instant pour réfléchir à nos goûts et à nos préférences, nous remarquerons immanquablement que, sous certains aspects, nous nous distinguons du sexe opposé. Bien qu'il y ait toujours des exceptions à la règle, nous voyons rarement, par exemple, des filles manifester un engouement pour les sports violents ou une passion pour la mécanique automobile. À l'inverse, rares sont les garçons qui s'entretiennent longuement des dernières modes ou qui vont magasiner ensemble. Nous partageons, sans trop nous en rendre compte, des façons de faire et de penser entre individus du même genre. L'origine de ces traits distinctifs s'explique de nombreuses façons.

En confondant sexe et genre, on penche instinctivement du côté de la constitution biologique lorsque vient le temps d'expliquer les différences de comportements et d'attitudes entre les hommes et les femmes. Il y aurait ainsi une nature féminine et une nature masculine. Mais si la nature seule est responsable, comment peut-il exister des hommes qui aiment parler de leurs sentiments et des femmes qui préfèrent s'en abstenir? Pourquoi le sexe dit «faible» est-il présent dans des entreprises où on ne l'aurait pas imaginé avant le début du XX$^e$ siècle? Si ce n'était qu'une question de nature, il n'y aurait que des monstres pour enfreindre ainsi des coutumes séculaires.

En outre, chercher à explorer notre nature masculine ou féminine fondamentale afin de mieux nous connaître, c'est croire que l'être humain se développe en dehors de ses interactions avec les autres. Or, l'enfant, mâle ou femelle, a besoin d'être entouré, guidé et aimé pour survivre. La psychologie a démontré la nécessité qu'il y ait des personnes identifiables et stables auprès d'un enfant. Ainsi, si nous ne sommes pas naturellement aptes à vivre en société, nous ne sommes pas plus spontanément garçons ou filles. Si nos caractères biologiques nous rendaient vraiment différents, cela se manifesterait dès les premiers instants de vie. Or, la synthèse des expériences en psychologie effectuées sur des enfants de moins de deux ans par la spécialiste états-unienne Beverly Birns (1986) n'indique aucune différence notable, ce qui va à l'encontre des affirmations des tenants du conditionnement biologique.

L'environnement humain, par contre, est crucial. On a constaté que les parents agissent différemment face à un bébé mâle ou à un bébé femelle. Les observations scientifiques à ce sujet sont édifiantes. Le manuel *Sociology* (Schaefer, 1986) rapporte que Shirley Weitz, une psychologue états-unienne, habillait un bébé tantôt en rose et l'appelait Beth et tantôt en bleu et l'appelait Adam, puis laissait des adultes jouer avec l'enfant. Ces derniers lui disaient qu'il n'était pas nécessaire de leur dire s'il s'agissait d'un garçon ou d'une fille, tellement cela leur apparaissait évident. Selon le sexe présumé, on le qualifiait de robuste et vigoureux ou de douce et féminine. Ces gens avaient donc perçu le bébé selon leur compréhension des réactions attendues pour son sexe. Nous subissons donc un **traitement différencié** selon notre genre. Ce traitement différencié a un puissant effet sur l'enfant, puisque c'est là qu'il perçoit tout ce qu'il devra accomplir afin de se conformer au genre masculin ou féminin.

Nous avons vu au chapitre sur l'identité que notre personnalité se développe notamment en jouant des rôles et que certains de ces rôles relèvent de notre appartenance au genre masculin ou féminin. Pour s'y retrouver, le sociologue Richard T. Schaefer établit une distinction entre l'**identité sexuelle** et les rôles sexuels ou genrés (Schaefer, 1986). L'identité sexuelle correspond à la sensation assurée que nous avons d'être un homme ou une femme. Pour ce qui est des **rôles genrés** ou sexuels, nous les avons intégrés par le jeu, tels des acteurs, selon ce qu'on nous a appris être acceptable pour une fille ou un garçon.

Forte de cette distinction, une femme est certaine de son identité sexuelle, qu'elle travaille dans l'armée ou qu'elle répare une auto, et ce, malgré le fait que les femmes ne soient pas habituellement associées à de telles activités. Il en est de même pour l'identité masculine, qui n'est pas affectée si un homme devient infirmier, profession largement féminine, ou s'il s'occupe de la préparation des repas pour sa famille.

Ces conceptions des rôles masculin et féminin se maintiendraient s'ils étaient déterminés par la nature ou la biologie, et pourtant ils ne cessent d'évoluer. Il n'y a pas si longtemps, dans les années 1970, nous acceptions à peine l'idée qu'une femme qui travaille n'est pas pour autant une mauvaise mère et qu'un mari qui aide sa femme à la maison n'est pas nécessairement un homme efféminé.

Toutes ces considérations suggèrent qu'il n'y a pas de comportements obligatoires à respecter selon notre genre (*gender*). L'anthropologue états-unienne Margaret Mead (1901-1978) a d'ailleurs démontré, dans des recherches effectuées en Nouvelle-Guinée (Mead, 1963), la variété des façons d'être possibles chez l'être humain, quel que soit son sexe. En résumé, elle a observé au sein de trois peuplades des comportements qui ne respectaient pas les différences dites «normales» de nature biologique ou psychologique entre hommes et femmes. Par exemple, parmi deux de ces peuplades, les Arapesh et les Mundugumor, aucune façon d'être ne distingue les hommes des femmes. Les Arapesh, hommes et femmes confondus, sont généralement pacifiques, sensibles, serviables et s'intéressent tous aux enfants, à l'élevage des porcs et à la culture des cocotiers. Les hommes et femmes Mundugumor sont au contraire robustes, agités, autoritaires, querelleurs et peu attirés par les enfants. Nous pouvons ainsi croire que la nature biologique n'entraîne pas automatiquement des comportements différents d'un sexe à l'autre dans une société donnée. Qui plus est, chez les Tchambuli (la troisième peuplade), les hommes et les femmes se distinguent d'une façon surprenante et les rôles traditionnels sont inversés. En effet, les hommes se parent d'ornements, s'adonnent à la sculpture, à la peinture et à la danse tandis que les femmes n'ont pas de parure, sont vives, dominatrices, travaillantes et vont à la pêche et au marché.

Selon les observations de Mead, s'il existe des différences dans les façons d'être et d'agir des hommes et des femmes dues à leur constitution biologique, nous ne les avons pas encore trouvées. Jusqu'ici, les écarts constatés ne peuvent être attribués avec certitude à la nature de l'un ou l'autre sexe. Ni l'anthropologie ni la sociologie ne prétendent résoudre cette question de façon définitive, car toute discipline scientifique demeure ouverte aux nouvelles découvertes et interprétations. Leur mission consiste plutôt à débusquer ce qui peut être regardé à tort comme le propre de l'un ou l'autre sexe, ce qui figerait les rôles selon le genre et qui représente une construction sociale. Ces disciplines observent donc notamment ce qui nous est transmis par notre entourage et plus généralement par la société dans laquelle nous vivons.

Pour mieux comprendre ce qui est transmis actuellement aux garçons et aux filles par leur entourage, explorons ce que nous pourrions appeler la **socialisation genrée**. Il s'agit des recherches sociologiques portant sur l'étude de l'éducation différente donnée aux garçons et aux filles dès leur plus jeune âge. On vérifiera ensuite la solidité de ces découvertes en notant les effets sur le comportement et les perceptions ultérieurs des garçons et des filles, en particulier à l'école. J'espère que vous pourrez ensuite mieux vous situer par rapport à l'éducation que vous avez reçue selon votre genre.

### La socialisation des filles

Nous allons nous pencher sur deux études sociologiques majeures, l'une menée en France par Christian Baudelot et Roger Establet (1992) et fondée sur des statistiques s'étalant sur tout le XXe siècle, l'autre réalisée au Québec par Pierrette Bouchard et Jean-Claude Saint-Amant (1996) auprès d'un échantillon représentatif d'élèves de secondaire 3, environ 1000 filles et 1000 garçons ayant environ 15 ans. La socialisation genrée constatée par les sociologues montre que l'accent n'est pas mis sur les mêmes choses dans l'éducation des garçons et des filles. Voici d'abord cinq particularités de ce traitement différencié qui ont été observées chez les filles.

Les filles, dès leur plus jeune âge, bénéficient d'une attention particulière en ce qui a trait à leur habillement, à leur coiffure et à leur apparence. Pensons aux soins prodigués par la mère à sa fille, aux éloges du père sur la beauté de sa «princesse», etc. Les chercheurs français ont remarqué que le souci de bien paraître est transmis très tôt aux filles. Un souci constant d'être présentables se développe ainsi chez les filles. La recherche québécoise démontre, de son côté, que 92 % des jeunes filles interrogées accordent beaucoup d'importance aux vêtements. De plus, la propreté et le soin d'être bien mise se retrouvent davantage chez les filles. Un trait majeur se dégage ainsi de l'éducation reçue par les filles : *elles doivent être fières de bien se présenter.*

**SOCIALISATION GENRÉE**

Ensemble des éléments de son milieu social qu'on apprend et intériorise selon son sexe d'appartenance.

Pour vérifier notre apparence, nous avons grandement besoin du jugement des autres. Subrepticement, l'importance de l'opinion des autres est transmise aux filles. De façon générale, tout être humain, quel que soit son sexe, construit une partie de sa personnalité en se référant aux jugements d'autrui. C'est ce qu'a démontré le sociologue états-unien Charles Horton Cooley ; selon lui, les autres nous renvoient les impressions que nous avons de nous-mêmes et nous les interprétons par la suite. Les remarques répétées de notre entourage sur un aspect de notre comportement nous forcent inconsciemment à nous faire une image de nous-mêmes correspondant aux attentes des autres. Nous nous construisons ainsi une image positive ou négative de nous-mêmes. Ce mécanisme de construction de la personnalité se nomme le *miroir réfléchissant*, comme on l'a vu au chapitre 4 sur notre formation identitaire.

Si ce mécanisme fonctionne inconsciemment chez les garçons, il semblerait cependant que les filles apprennent consciemment à lui accorder une grande importance. Ainsi, une jeune fille peut être déçue ou perdre toute estime d'elle-même si on ne lui adresse aucun commentaire sur son apparence, une préoccupation qui n'effleure même pas l'esprit de l'autre sexe. Ainsi, un deuxième trait sur le plan de la socialisation des filles se dégage : *elles sont portées à se définir par le regard des autres*.

*Bien paraître est enseigné aux petites filles*

L'étude québécoise indique, dans ce sens, que la majorité des jeunes filles accordent autant d'importance à se faire aimer des professeurs qu'à avoir de bonnes notes. Dans la même veine, elle offre une nouvelle perspective sur le phénomène des *groupies*, très bien décrit par le sociologue italien Francesco Alberoni dans *Le vol nuptial : l'imaginaire amoureux des femmes* (Alberoni, 1994). La *groupie*, en effet, espère être remarquée par son idole, et son imaginaire l'incite à croire qu'elle a quelque chose de désirable et que son idole finira par s'en rendre compte. Elle rêve ainsi d'avoir une valeur à ses yeux et serait prête à le suivre, d'après les résultats de l'enquête italienne, même si elle est déjà engagée dans une relation amoureuse. La jeune fille a donc un rapport avec ses idoles de l'autre sexe qui est basé sur une définition particulière

Le regard des autres
compte davantage pour
le sexe féminin

d'elle-même, tandis que le garçon n'a pas ce genre de délire : selon Alberoni, si sa vedette féminine préférée le remarquait, il sait qu'il aurait à peine de quoi l'inviter à une pizzeria !

Étant donné que les autres sont importants dans sa définition d'elle-même, la fille est amenée à se préoccuper beaucoup de ces derniers. Elle porte une attention particulière aux réactions et aux émotions des autres. Elle se met à l'écoute et apprend par le fait même toutes sortes de règles non dites qui régissent les rapports entre les humains. Elle saisit par conséquent la nuance des mots, les expressions du visage, puis devient experte dans l'art de décoder les messages non verbaux. Cela contribue sans doute à cette maturité précoce rencontrée chez les filles. Au sujet de l'importance des réactions d'autrui, l'étude québécoise souligne que les jeunes filles hésitent à s'engager dans de multiples relations sexuelles, car elles croient que cela peut nuire à leur réputation et modifier le regard que les autres portent sur elles. Un troisième trait lié à la socialisation des filles apparaît donc : *elles apprennent à être attentives à autrui*.

Le jugement et l'approbation que la jeune fille sollicite de son entourage ne vont pas la conduire à se prendre pour quelqu'un d'autre. Bien au contraire, les autres ont plutôt tendance à rationaliser et à tempérer, et insistent sur les qualités terre à terre et la connaissance de ses limites qu'il est bon d'acquérir. La recherche québécoise indique d'ailleurs que la majorité des jeunes filles préfèrent la coopération à la compétition et que, si elles étaient enseignantes, elles aimeraient mieux travailler au primaire qu'au secondaire. Respecter les règles a aussi obtenu l'approbation de 89 % des répondantes, qui ont affirmé qu'il était important d'agir ainsi. Le quatrième trait de la formation de la personnalité féminine réside donc dans le fait de *ne pas se surestimer*.

La jeune fille est habituellement prise en charge par ses parents et câlinée davantage, comme si elle avait instinctivement besoin d'être soutenue, encouragée, protégée. Il y a quelques années, une enquête maison menée avec mes élèves et portant sur un échantillonnage représentatif de 5000 étudiants de 17 et 18 ans a révélé que les filles recevaient plus d'argent de poche de leurs parents que les garçons. Mes élèves avaient eu une explication judicieuse de ces résultats : les parents encouragent davantage leurs fils à se débrouiller par eux-mêmes pour leurs petites dépenses, notamment en les incitant à se dénicher un emploi à temps partiel. Une telle exigence n'est pas imposée aux filles, et il semblerait, dans leur cas, que le sentiment d'indépendance ou la volonté d'affirmation se développent plus tard.

*Très tôt, les fillettes apprennent à être attentives aux autres*

Une dernière constatation, venant de l'observation de l'environnement physique dans lequel évoluent les filles, concerne la nature des jeux et des jouets. Les petites filles ne sont pas incitées à jouer dehors régulièrement, elles s'amusent avec des jouets évoquant l'intimité comme des jeux de dînette, des maisons à meubler, des poupées à habiller, etc. Un sentiment valorisant et sécurisant est alimenté concernant les occupations exigeant peu d'espace. Elles peuvent se mouvoir dans un espace exigu. En plus d'apprendre plus aisément à avoir de l'ordre, elles s'habituent aussi à ne pas s'ennuyer entre quatre murs. La majorité des jeunes filles de l'enquête québécoise se disent d'ailleurs stimulées à l'école, malgré le fait qu'elles soient confinées dans une classe. Cette recherche ajoute que la plupart d'entre elles consacrent de une à cinq heures par semaine aux travaux domestiques, tandis que les jeunes hommes, eux, y consacrent moins d'une heure. Les filles présentent donc un cinquième trait qui est constitué par le fait de *prendre part et plaisir dans l'intérieur domestique*.

Bref, avant de passer aux garçons, les quelques observations sociologiques sur la socialisation des filles dès leur plus jeune âge nous permettent de dresser le portrait suivant: une jeune fille dans la société
actuelle a plus de chances d'apprendre, de toutes sortes de manières,
à bien se présenter, à accorder consciemment de l'importance aux
jugements portés sur elle, à être à l'écoute des autres, à chercher à
connaître ses limites et à se sentir à l'aise dans un espace restreint.

Il s'agit là, bien sûr, d'un portrait général, simplifié, abstrait, voire
exagéré. Certaines jeunes filles s'y conforment et d'autres pas. Ces
modèles de conduite sont toutefois présents dans nos sociétés occidentales et influent, sans que nous en soyons toujours conscients,
sur le comportement de la jeune fille.

Cela ne signifie pas que toutes les filles suivent en tout point ce
modèle. Il en va de même pour les garçons. Filles et garçons sont
cependant soumis dès leur jeune âge à de tels standards. La différence de traitement entre les deux genres le montre bien. De nombreuses études, qui ont interrogé des jeunes dans le but d'attribuer
certaines qualités à l'un ou à l'autre sexe, prouvent sans l'ombre
d'un doute que c'est très jeune qu'apparaissent des idées toutes
faites sur l'autre sexe. Les stéréotypes véhiculés dans une société
et le degré de conformité des individus à ces derniers montrent que
les images toutes faites de nous-mêmes que nous cultivons contribuent à forger notre identité et influent sur nos comportements.

### La socialisation des garçons

Voyons maintenant cinq particularités du traitement différencié
dont les garçons font l'objet. Des observations effectuées auprès de
ceux-ci révèlent qu'ils apprennent à *être fiers d'être sans retenue*.
Les sociologues Baudelot et Establet précisent que «les reproches
empreints de fierté adressés aux garçons qui rentrent chez eux
sales et débraillés» (Baudelot et Establet, 1992, p. 150) ont un effet
important sur le caractère de ces derniers. Il ne viendrait pas à l'esprit des parents d'être aussi sévères avec leur garçon qui arrive tout
débraillé à la maison qu'avec leur fille. Dans le même ordre d'idées,
l'agression et la rudesse sont permises chez les garçons, mais vues
d'un très mauvais œil chez les filles. Les études effectuées dans les
cours d'école en France démontrent, de plus, qu'un minimum de
chahut fait partie des comportements quasi obligés des garçons.

L'enquête québécoise est intéressante sur ce plan, car, même si la
majorité n'approuve pas le désordre à l'école, près de la moitié des

jeunes hommes questionnés croient d'une part que le fait d'être indiscipliné augmente la popularité et, d'autre part, que faire le pitre est une façon de s'affirmer face aux professeurs. Cela n'est pas attribuable uniquement à la nature masculine, mais aussi au fait que la plupart des parents observés jouent plus brutalement avec leurs nourrissons de sexe masculin, bien que, comme le souligne la psychologue états-unienne Lois Hoffman (1986), les bébés de sexe féminin soient plus résistants à cet âge, moins sujets à la maladie et moins susceptibles de subir des traumatismes.

Un deuxième trait de l'apprentissage masculin réside dans le fait de *se définir par rapport à son contact avec les choses.* Le jeune homme est en effet jugé sur ses réalisations plutôt que sur ses rapports avec autrui. C'est ainsi qu'il tripote les objets, les lance, les défait, les transforme à sa guise. Il se plaît à échafauder ou à construire diverses choses. Lui-même se définit davantage à partir de ce qu'il fait qu'à partir de ce qu'il est. À une enquête portant sur de jeunes hommes québécois, 20 % des répondants ont affirmé que le fait d'avoir de nombreuses relations sexuelles renforce leur réputation auprès de leurs amis. Sur un autre plan, un des rares domaines qui soient considérés comme masculins est celui de l'ingénierie. Les filles y accèdent en petit nombre et la moitié des jeunes hommes questionnés ont dit être attirés

*Les petits garçons apprécient particulièrement les jeux qui leur permettent de manipuler et de transformer les objets*

par ce domaine. La profession d'ingénieur projette l'image que construire est important et prestigieux. L'insistance mise sur le contact matériel n'est sans doute pas étrangère au fait que les jeunes hommes québécois préfèrent majoritairement jouer à des jeux vidéo plutôt qu'écrire à un ami et que presque la moitié d'entre eux affirment qu'on doit cacher ses sentiments et ses émotions.

Un troisième trait de la socialisation masculine consiste à *développer son ego par le fantasme héroïque.* C'est de là que vient l'importance de performer, c'est-à-dire d'accomplir des exploits ou des choses remarquables. Ayant appris qu'il sera jugé sur ce qu'il fait, le garçon cherche à en mettre plein la vue, à se surpasser. En imagination ou en rêve, il se croit le plus fort, le plus grand, s'imagine luttant contre ses semblables, contre la nature. Contrairement aux filles, les héros ou les gens qu'il admire appartiennent à son sexe: ce sont des hommes forts ou courageux qui affrontent tous les dangers, sans oublier les vedettes sportives masculines. D'ailleurs, il pratique davantage des sports d'affrontement, où il doit se mesurer à des adversaires. La majorité des jeunes hommes de la recherche québécoise disent en effet préférer la compétition à la coopération. De plus, ils aiment mieux lire des histoires d'aventures que d'amour.

Un quatrième trait, lié au fantasme héroïque, apparaît: *le garçon est porté à se surestimer*. Il considère que, pour un homme, aucun obstacle n'est insurmontable. Car, puisqu'il est jugé sur ce qu'il fait, il désire réussir et il juge que tout est possible à celui qui a de la volonté. Il a donc plus facilement que les filles confiance en lui-même parce qu'il ignore ses limites. Il court cependant le risque de surévaluer ses capacités, et parfois il se lance dans des entreprises hasardeuses. Le jeune homme s'exprime avec plus d'assurance, interrompt davantage ses interlocuteurs et regarde les gens plus directement dans les yeux, rapportent les psychosociologues David Myers et Luc Lamarche (1992). Cette surestimation de soi amène le garçon, selon l'étude québécoise, à apprécier les situations où il est le chef, à considérer les homosexuels comme n'étant pas de vrais hommes, à affirmer que c'est à lui de faire les premiers pas avec une fille et que c'est à lui qu'il revient de proposer les relations sexuelles, bien que la majorité des jeunes de l'enquête aient déclaré que l'initiative pouvait être prise par l'un ou l'autre sexe.

*On permet l'agressivité et la rudesse aux garçons*

Le cinquième et dernier trait qu'il est possible de relever est le fait de *prendre plaisir à se mouvoir dans l'espace extérieur*. Le garçon est encouragé par ses parents à jouer dehors et ceux-ci lui inculquent que l'espace public lui appartient. Ses jeux nécessitent un parc ou une longue route, car il se déplace beaucoup en jouant. À Aix-en-Provence, en 1989, une étude française a observé, dans les jeux spontanés à la récréation, que les garçons ont besoin d'un maximum de partenaires, d'un maximum d'espace et d'un minimum de règles, alors que les filles ont des partenaires peu nombreux et triés sur le volet, prennent peu d'espace et observent de nombreuses règles.

Bref, à l'aide des observations sociologiques portant sur l'éducation des garçons dès leur plus jeune âge, il est possible de dresser le portrait suivant: un jeune homme apprend à se manifester sans retenue, il s'apprécie et se sent apprécié pour ce qu'il fait plutôt que pour ce qu'il est, il croit important de performer, il juge ses capacités illimitées et, de prime abord, se sent prêt à se mesurer avec n'importe qui, et finalement, il croit que l'espace public lui appartient.

L'examen comparatif des éléments d'éducation ou de socialisation reçus par les garçons et les filles est résumé au tableau 8.1. Il suscite la question suivante: un des deux sexes est-il plus libre dans son choix de vie s'il a bien intégré le modèle propre à son genre? Myers et Lamarche répondent de façon étonnante:

> En un sens, les hommes sont peut-être, en fait, le sexe le moins libéré: les rôles dévolus aux hommes, d'après certains chercheurs, sont le plus rigidement définis. Prenons quelques cas: les parents comme les enfants sont plus tolérants envers les filles jouant «comme les garçons» qu'envers les garçons jouant «comme les filles» [...]. Mieux vaut un garçon manqué qu'un «fifi». De plus, les femmes se sentent plus libres de devenir médecins que les hommes de devenir infirmiers. Et les normes sociales donnent actuellement aux femmes mariées plus de liberté de choisir d'exercer ou non un métier, tandis que les hommes qui fuient un travail pour assumer le rôle domestique sont dits «fainéants» et «paresseux». Dans ces domaines, du moins, ce sont les hommes qui sont les plus prévisibles, les plus enfermés dans leur rôle. (Myers et Lamarche, 1992, p. 186)

| Tableau 8.1 | |
| --- | --- |
| **SOCIALISATION SELON LE GENRE** | |
| **Traits féminins** | **Traits masculins** |
| Être fière de bien se présenter | Être fier d'être sans retenue |
| Se définir dans le regard des autres | Se définir par rapport à son contact avec les choses |
| Être attentive à autrui | Développer son ego par le fantasme héroïque |
| Ne pas se surestimer | Se surestimer |
| Prendre part et plaisir dans l'intérieur domestique | Prendre plaisir à se mouvoir dans l'espace extérieur |

Dans les publicités télévisées, les rôles des femmes ont évolué, mais ceux des hommes sont maintenus dans leur cadre stéréotypé traditionnel, même si c'est présenté avec plus de subtilité que par le passé. On ne verra pas un homme, par exemple, compétent dans l'art de rendre les chemises resplendissantes de propreté à moins qu'il ne soit hors du foyer, vêtu d'une blouse blanche et présenté comme un expert d'une firme quelconque ayant enquêté sur le produit vanté.

## La réussite scolaire selon le genre

D'abord les faits. On constate que, dans les pays où les filles ont accès à l'école comme les garçons, ces dernières réussissent mieux à tous les niveaux d'enseignement: notes, persistance, âge d'accès, diplômes, etc. Le Québec et le Canada, en particulier, devancent deux autres pays où la scolarisation des filles a aussi beaucoup progressé depuis 1970, soit la France et les États-Unis. Au Québec, ce n'est qu'au niveau du doctorat que les femmes deviennent minoritaires. Mais pour combien de temps encore? En nous fondant sur les traits de socialisation décrits plus haut, essayons d'expliquer le succès scolaire des filles.

Faisons comme si être élève était un métier, comme être plombier ou comédienne. Pour bien exercer un métier, quel qu'il soit, il faut avoir certaines dispositions, acquérir certaines qualités, comprendre certaines choses, etc. Comparons soigneusement les éléments de socialisation présents chez les filles avec ceux qui sont présents chez les garçons et examinons si les façons de faire et de penser apprises dans l'enfance préparent en général mieux les filles à l'école que les garçons.

Les filles peuvent déjà, avant leur arrivée dans le système scolaire et contrairement aux garçons, répondre à certaines exigences que comporte l'école, soit être calme, rester longtemps assis sans bouger dans un espace fermé et avoir de l'ordre dans ses affaires. Or, comme elles ont appris à se mouvoir plus facilement dans un intérieur restreint avec des jeux demandant du rangement et peu d'espace, les filles peuvent déjà s'adapter facilement à la maternelle.

Réussir à l'école exige aussi certaines qualités telles que l'écoute en classe, le contrôle de soi ou la discipline personnelle. Comme les filles ont déjà appris à être attentives aux autres, il ne leur est pas très difficile de suivre les propos des enseignants et de savoir quand intervenir.

De plus, nous oublions souvent que nous réussissons mieux dans nos études lorsque nous pouvons déterminer le moment où l'aide sera nécessaire et combien de temps prendra la préparation de tel travail ou de tel examen. Le fait que les filles aient appris à ne pas se surestimer leur permet certainement mieux que les garçons d'éviter de surévaluer leurs capacités et d'avoir de mauvaises surprises. Les professeurs soulignent fréquemment que les jeunes hommes de 17 ou 18 ans vont rarement voir un professeur à son bureau et que, lorsqu'ils expliquent leur échec dans un travail ou un examen, ils insistent souvent sur le fait qu'ils ont mal évalué le temps de préparation nécessaire.

Le seul élément de socialisation du garçon susceptible d'être utile à l'école, mais encore faut-il que ce dernier ait persévéré, est la surestimation de soi. Elle peut avoir un aspect positif en maintenant un niveau élevé de confiance chez l'élève, en lui montrant que la réussite est indépendante du jugement que le maître porte sur lui. À la différence de la fille, il est moins influencé par le jugement des autres. C'est une des raisons pour lesquelles certains garçons persévèrent à l'école au-delà de l'âge prescrit malgré certaines difficultés de parcours. D'autre part, bien qu'ils récoltent moins de succès que les filles, ils se lancent néanmoins dans des études et des entreprises longues et exigeantes. Baudelot et Establet mettent ainsi en garde contre l'illusion d'une égalité prochaine et assurée des femmes face

*En général les éléments de socialisation acquis dans l'enfance préparent mieux les filles que les garçons à l'école*

à leurs pairs sur le marché du travail, malgré leurs succès scolaires. Les garçons demeurent toujours plus ambitieux, même dans les « professions réputées féminines » où « ils ont souvent des carrières accélérées » (Guionnet et Neveu, 2009, p. 208).

À la suite de ces constatations, est-il possible de prédire l'avenir scolaire d'un garçon ou d'une fille que nous connaissons ? Assurément non, car un faisceau d'influences et une foule d'événements motivent chaque individu et, combinées avec ses réactions propres, certaines actions deviennent imprévisibles. Mais cela ne change rien au fait que, dans une conjoncture sociale donnée, nous pouvons prédire avec assez de certitude certains comportements de groupes ou de collectivités. Dans la conjoncture présente, par exemple, nous pourrions même avancer que, au cours des prochaines années, plus de garçons que de filles auront des difficultés à l'école et qu'ils abandonneront plus souvent leurs études avant d'avoir obtenu un diplôme. Plusieurs recherches importantes concluent en ce sens.

Sans contredire les explications données relativement au succès scolaire des filles, Bouchard et Saint-Amant soulignent avec justesse que la socialisation ou l'éducation que nous recevons dès notre jeune âge n'est pas à sens unique. C'est-à-dire que nous réagissons aux modèles de conduite imposés à notre genre au lieu de simplement les subir. De plus, les revendications concernant l'égalité des femmes menées depuis les années 1970 ont certes contribué à ce que plusieurs jeunes filles, particulièrement celles provenant des classes sociales aisées ou instruites, ne retiennent du modèle stéréotypé que ce qui favorise leur ascension sociale. C'est du moins l'avis de Bouchard et Saint-Amant. L'être humain ne suit donc pas nécessairement et complètement les modèles de conduite tout faits.

À ce propos, un dernier élément déterminant dans le fait que nous nous conformions ou non à un portrait stéréotypé, ce sont les modèles d'hommes et de femmes que nous avons sous les yeux dès notre plus jeune âge. Si un enfant a observé sa mère faisant certaines choses et son père accomplissant certaines activités, il peut en conclure qu'il y a des domaines qui sont réservés exclusivement à son genre. Rappelons que beaucoup de parents considèrent que c'est ce que les enfants observent chez les adultes qui a de l'importance pour eux plus que ce que ces derniers leur disent de faire. ◆

## Mots clés

- Genre, p. 160
- Identité sexuelle, p. 162
- Rôle genré, p. 162
- Socialisation genrée, p. 164
- Traitement différencié, p. 162

## Questions sur le chapitre 8

**1** Qu'est-ce qui prouve que la nature n'est pas la seule responsable des différences constatées entre les femmes et les hommes ?

**2** Qu'est-ce qui prouve qu'il y aurait un traitement différencié selon le genre ?

**3** Qu'est-ce que Margaret Mead a constaté chez les Arapesh, les Mundugumor et les Tchambuli ?

**4** D'après la socialisation selon le genre, qu'est-ce qui amènerait les filles à être attentives à autrui ?

**5** D'après la socialisation selon le genre, qu'est-ce qui amènerait les garçons à se surestimer ?

**6** Dans les rôles masculins et féminins présentés dans les publicités d'hier et d'aujourd'hui, qu'est-ce qui ne semble pas changer en termes de stéréotypes ? Expliquez.

**7** Qu'est-ce qui amène les filles, en règle générale, à être mieux préparées que les garçons à leur arrivée dans le système scolaire ? Répondez en précisant les exigences de base qu'impose l'école.

**8** Qu'est-ce qui explique que certains garçons, malgré un moins bon rendement scolaire que les filles, persévèrent et se lancent dans des études et des entreprises longues et exigeantes ?

# CHAPITRE 9

# NOTRE APPARTENANCE NATIONALE

## Citoyenneté, nationalité et québécitude

... la nation est le lieu et le signe d'une identité.

FERNAND DUMONT

Lorsque nous nous identifions face à un étranger, nous indiquons habituellement notre citoyenneté ou notre nationalité. Il arrive d'ailleurs que nous confondions ou distinguions mal ces deux réalités, c'est-à-dire être citoyen d'un État et être membre d'une nation. Pourtant, les critères d'identification peuvent être une source d'inquiétude et d'angoisse, car ils sont à l'origine de nombreux conflits et luttes entre les populations.

### La citoyenneté

**ÉTAT**
Institution qui régit l'individu par ses lois et ses règlements et fait de lui un citoyen d'un territoire donné.

La citoyenneté est donnée par un **État** ou une communauté politique qui reconnaît juridiquement à un individu une appartenance à son territoire, dont le passeport est une preuve tangible. C'est un groupement d'appartenance important. Dans les sociétés démocratiques, cette institution est gardienne des droits et garante de la qualité de vie citoyenne. L'État doit également arbitrer les conflits, assurer une certaine équité entre les citoyens et donner un accès égal à tous aux services d'intérêt général tels que l'éducation et la santé. Enfin, on exige de l'État, avec un degré d'intensité variable selon les époques et les groupes, qu'il veille au contrôle de l'économie et qu'il promeuve le développement culturel en soutenant en particulier le travail des artistes et des intellectuels. D'une certaine façon, l'individu a un rapport calculé avec l'État. Il y adhère de façon rationnelle parce que cela rapporte des dividendes, comme la sécurité en ville ou sur la route. Pour obtenir ces services ainsi que d'autres, le citoyen est prêt à payer des taxes et des impôts.

*L'État se rapproche des citoyens parce qu'ils ont besoin de lui pour leur mieux-être*

Un individu qui n'a pas vécu un événement particulier l'ayant obligé tout jeune à avoir affaire à l'État (une demande d'immigration ou une infraction à la loi, par exemple) prend conscience de l'existence de cette institution au moment où il découvre la réalité politique de son pays. Cette prise de conscience peut s'effectuer de diverses manières: voter pour la première fois, devoir s'enrôler dans l'armée à cause de la conscription ou être témoin d'un événement politique marquant comme le décès d'un premier ministre ou la chute d'un système politique. Ce premier événement met un terme à l'indifférence ressentie jusqu'alors face à la société et force l'individu à se prononcer en tant que citoyen.

L'attachement à l'État peut cependant varier beaucoup. On peut même l'ignorer jusqu'à un certain point, si on oublie que nos conditions de vie dépendent en grande partie des mesures prises par cette grande organisation et ses ramifications. Cependant, si j'avais dû m'enrôler dans l'armée, cette réalité de l'État m'aurait sans doute marqué immédiatement de façon indélébile. L'État entre en rapport avec ses citoyens, notamment quand ceux-ci ont besoin de lui pour leur mieux-être, par exemple en profitant de ses mesures sociales. L'État est aussi interpellé quand un individu ou un groupe se sent lésé dans ses droits.

*Fernand Dumont*

### La nationalité

La nationalité vient avec le fait de naître à un endroit précis sur la planète et dans un groupement humain particulier. C'est ainsi qu'un individu découvre imperceptiblement un jour ou l'autre qu'il est français, chinois, australien, marocain ou brésilien. Les nations n'ont pas toujours existé. Elles se sont formées graduellement et se sont modifiées dans le cours de l'histoire pour devenir incontournables à partir du XIXᵉ siècle. Un grand sociologue québécois, Fernand Dumont (1927-1998), a particulièrement travaillé à cerner et à approfondir la nature d'une **nation**. Il précise qu'un peuple, un terme synonyme de nation, se construit avec un assemblage d'idéologies, d'imaginaire et de conscience historique. Une nation s'abreuve à deux sources, celle du passé, d'où surgissent les souvenirs d'un héritage commun, et celle du présent, d'où jaillit le désir de poursuivre son existence en tirant des leçons de ce passé vécu.

Dumont précise ensuite dans *Raisons communes* (Dumont, 1995) que, pour se maintenir, une nation a besoin d'institutions vigoureuses et d'une volonté de durer. Cela exige de la part d'une nation qui ne possède pas une pleine maîtrise politique ou qui n'a pas son propre État de proclamer son nationalisme, ce qui est moins nécessaire pour d'autres nations plus solidement établies.

Ainsi, se dire italien ou français, c'est affirmer son appartenance à une nation, c'est avoir le sentiment de faire partie d'une collectivité possédant un passé reconnu et partagé. Bien que chacun interprète le passé à sa façon, les membres ont le désir de perpétuer son rayonnement dans le présent. Par ailleurs, il serait vain de tenter d'énumérer et de catégoriser les caractéristiques de chaque nation. Non seulement il n'existe aucun trait qui nous distingue radicalement des autres humains sur terre, mais aussi, comme

**NATION**

Groupement humain qui a une histoire et qui veut poursuivre sa marche en avant avec cet héritage.

tout groupement humain, la nation évolue continuellement au contact des événements, des échanges avec les autres peuples et des apports de l'immigration. Selon Dumont, la nation est plutôt « le lieu et le signe d'une identité » (Dumont, 1971, p. 86). Se reconnaître d'une nation est un passage obligé pour l'ouverture aux autres. Il faut être conscient de notre appartenance nationale pour saisir celle des autres. Nous découvrons alors que certaines nations sont solidement établies alors que d'autres sont fragiles et risquent de se replier sur elles-mêmes, surtout si elles se sentent menacées. Les fils et filles d'immigrants sont par ailleurs partagés entre l'appartenance nationale de leurs parents et celle du lieu où ils sont nés.

On peut chercher à souligner certains traits d'une nation en particulier, mais ils n'offrent que les caractéristiques du moment. L'un ou l'autre peut, de plus, être présent chez d'autres peuples, également, l'un ou l'autre peut s'affaiblir ou disparaître chez un peuple dans le long terme. Considérons la religion, par exemple. Jusqu'aux années 1950, elle était au Canada un trait distinctif des Canadiens anglais protestants et des Canadiens français catholiques. Il est clair aujourd'hui que ce trait n'a plus l'importance d'hier. La religion catholique, par exemple, a perdu son pouvoir d'attraction et de rassemblement. La nation qui s'y référait n'est pas disparue pour autant. Il n'y a jamais une seule caractéristique à considérer pour tracer le portrait d'une nation. Des éléments restent, d'autres disparaissent, et d'autres encore émergent.

Cela dit, aucun trait ne définit une nation de façon essentielle. Ce qui peut s'avérer fondamental pour une nation ne l'est pas nécessairement pour une autre. Par exemple, la langue n'est pas un trait déterminant pour toutes les nations. Dumont rappelle que les Irlandais, même s'ils ne s'expriment plus dans leur langue d'origine, le gaélique, se sentent tout de même irlandais, et non pas britanniques. Car l'essentiel d'une nation, ajoute-t-il, réside dans la mémoire vivante d'un peuple. Il relate ensuite un cas pathétique dont il a lui-même été témoin au cours d'un voyage dans l'Ouest canadien. Dans une paroisse française et catholique, quelques centaines de métis, dont les ancêtres étaient d'origines française et amérindienne, assistaient à la messe dominicale. Ceux-ci ne parlaient plus le français, car les écoles et les autres institutions à caractère français avaient disparu. Le curé les avait alors réunis après la messe pour les inciter à fréquenter dorénavant l'Église catholique voisine puisqu'on y parlait anglais. L'un d'entre eux s'était alors levé pour protester : « *We are French Canadians.* » Il cherchait désespérément à rejoindre sa communauté passée, qu'il sentait encore sienne, même s'il ne pouvait plus s'exprimer dans la langue française de ses ancêtres.

Si la perte de la langue peut rompre les attaches, conserver une langue commune ne suffit pas pour autant à maintenir une communauté nationale. Elle doit rayonner, être présente partout, des plus hautes sphères économiques jusqu'aux domaines des transactions journalières. Une nation peut se sentir en danger si l'un de ses traits distinctifs est sa langue parlée et que celle-ci n'a pas droit de cité ou est méprisée. Il en est ainsi quand elle a de la difficulté à se retrouver dans les commerces, au travail, dans la publicité, etc.

À l'inverse, l'individu n'est pas nécessairement rivé à sa nation de naissance, il peut la quitter volontairement ou par nécessité. C'est ainsi qu'environ un million de francophones des régions agricoles du Québec ont émigré aux États-Unis pour devenir ouvriers dans des manufactures entre 1830 et 1940. Leur sentiment national s'est graduellement émoussé et leur descendance a adopté la langue, la culture et la nationalité états-uniennes. Ces oncles et tantes « des États », comme on les appelait alors, sont venus visiter leur parenté au Québec jusqu'à ce que cette génération disparaisse.

Si une nation perd de ses membres par l'émigration, elle peut en gagner d'autres par l'immigration. Toute nation, par conséquent, regroupe non seulement ceux ayant des ancêtres communs, mais aussi ceux qui, venus d'ailleurs, veulent partager cette histoire. C'est sur ce principe que se sont constituées les nations modernes, qui étaient à l'origine de simples regroupements de peuples divers vivant dans le même voisinage, auxquels se sont ajoutés des étrangers venus d'ailleurs à la suite d'événements divers. Ainsi, au Québec, tous ceux et celles qui sont d'ici ou d'ailleurs et qui désirent s'insérer dans son histoire et partager ses projets actuels font partie de la nation qui s'y retrouve. Une adhésion est donc nécessaire, à la fois pour les natifs, qui peuvent éventuellement émigrer, et pour les immigrants, qui doivent s'intégrer dans une nouvelle collectivité.

## La conscience nationale

La **conscience nationale** est un sentiment qui imprègne l'individu, à la suite de divers propos et expériences qui le portent à croire qu'il existe un ou des groupes différents du sien ; ce qui lui confirme par ricochet qu'il fait partie d'un groupement national spécifique.

**CONSCIENCE NATIONALE**
Sentiment et croyance de faire partie d'une nation.

Voici, pour être plus concret et à titre d'exemple seulement, la façon dont cette conscience nationale s'est imposée à moi.

Ma famille demeurait dans la partie est de l'île de Montréal. Une fois l'an, nous allions rendre visite à une de mes tantes qui habitait à l'autre bout de la ville, à Verdun plus précisément. Durant le long trajet en autobus, je voyais des églises beaucoup plus petites que celles que je connaissais, tout comme en miniature. Lorsque j'interrogeais ma mère à ce sujet, elle me répondait toujours d'un ton sec et un peu alarmiste que c'étaient des « mitaines ». J'ai mis plusieurs années à comprendre que ce mot était une contraction de *meeting house*, une inscription qui ornait alors le devant des églises protestantes. Ce mot, et surtout le ton sur lequel il était dit, m'avertissait que c'était un endroit à ne pas fréquenter pour un catholique, et que le fait de m'y rendre me conduirait directement en enfer. Chez ma tante, mes cousins m'avisaient que les bandes de jeunes à Verdun se distinguaient par la langue parlée : il y avait la *gang* des Anglais et la *gang* des Français.

Une autre de mes tantes demeurait aussi dans l'ouest de Montréal, tout près de l'ancien Forum, rue Atwater. En entrant chez elle, nous pénétrions dans un élégant immeuble à appartements dont le vestibule, orné de glaces et de marbre, me ravissait. Elle et son mari y étaient concierges, habitant avec leurs deux garçons dans le sous-sol humide et sombre de l'immeuble. Dans ce coin de la ville, on entendait parler anglais, sauf entre concierges. Parfois, je jouais avec des copains de mes cousins qui ne s'exprimaient que dans cette langue que je ne comprenais pas. À la même époque, mon père, qui ne connaissait pas l'anglais, avait un *foreman* (il ne connaissait pas le mot « contremaître ») canadien-français qui s'obstinait à lui parler dans cette langue incompréhensible pour lui. J'ai par ailleurs déjà entendu mon père dire qu'il ne pouvait être promu parce qu'il n'était pas instruit et ne parlait pas l'anglais. Les Anglais, dans les années 1950 au Québec, occupaient le haut de l'échelle sociale et nous, le bas, comme l'a démontré éloquemment le sociologue canadien-anglais John Porter (1965). Par cet exemple, on voit que les traits perçus de notre nation évoluent dans le temps. Je ne pourrais plus dire aujourd'hui que ce qui caractérise ma nation est son infériorité économique ou sa foi catholique.

Cet exemple visait à illustrer que, dans la formation de son identité, un individu se reconnaît progressivement à titre de membre d'une communauté nationale par diverses expériences vécues ou

rapportées. Il apprend ainsi à identifier les autres et à se nommer à l'aide d'un qualificatif qui englobe tous les membres de son groupe. Ce nom qui le définit peut cependant varier selon la conjoncture et l'époque. C'est ainsi qu'historiquement au Québec, une personne de langue française née au début du XX$^e$ siècle nommait son groupement national les Canadiens (ou Canayens, comme certains prononçaient à l'époque), distinguant ainsi sa communauté de celle des Anglais, ainsi que beaucoup de Canadiens anglais se considéraient eux-mêmes à ce moment-là. Ma mère a gardé ce clivage jusqu'à son décès en 2000. Son groupement national s'était pourtant renommé pour mieux s'identifier. Les Canadiens sont devenus des Canadiens français pour ne pas être confondus avec les Anglais qui, à la suite de la Confédération en 1867, se sont fait appeler Canadiens (ou *Canadians*). Finalement, à compter des années 1960, avec l'émergence d'un nouveau sentiment d'appartenance nationale et territoriale, dans la foulée de la Révolution tranquille, les Canadiens français se sont renommés Québécois, dans la province du même

*Dans une société, il y a nous et les autres*

nom. Et le concept de province a peu à peu fait place, dans l'esprit de beaucoup de Québécois, à celui d'État national. La conscience nationale se forge donc à partir de propos et d'observations qui s'enregistrent à l'insu de l'individu.

### L'État et la nation

Les États modernes sont la plupart du temps multinationaux. Un État multi ou plurinational regroupe plus d'une nation sur son territoire. Dans un tel État, chaque nation cherche à être reconnue et soutenue pour perdurer. Nation et État sont donc deux réalités distinctes, mais qui entrent forcément en rapport. Cette relation nécessaire devrait, selon Dumont, normalement les amener à se soutenir mutuellement. Par exemple, lorsqu'un État veille à la protection et au bien-être de ses citoyens, cela implique qu'il doit leur permettre de s'épanouir dans leur culture nationale. En effet, comment un État pourrait-il être perçu comme juste et équitable si la nationalité de ses membres ou d'une partie de ceux-ci était niée, voire combattue ? Inversement, comment l'État pourrait-il convaincre ses citoyens de participer à de grands projets s'il ne s'appuyait pas sur le sentiment qu'a la population de former une communauté ayant les qualités ou les capacités nécessaires pour mener à bien des entreprises d'importance ? Dumont ajoute que nation et État gagnent à s'épauler mutuellement. Les grands chefs d'État l'ont compris, et ils adressent souvent leurs discours non pas aux citoyens, mais à la nation.

**CONSCIENCE HISTORIQUE**
Éléments de mémoire d'un groupement alimentant son présent et orientant son avenir.

Une nation s'enveloppe d'une **conscience historique**. Cette conscience est historique parce qu'elle se forme au fil des événements qui ponctuent sa trajectoire dans le temps. C'est ainsi que le Canada et le Québec ont développé au fil du temps des mémoires parallèles, se retrouvant dans des situations de dominants et de dominés. Ce fut marquant pour leur conscience historique respective.

### La conscience historique au Canada

La conscience historique au Canada a connu deux moments clés dans son élaboration. Le premier moment s'est enclenché en 1760 avec l'occupation militaire de ce qui s'appelait jusque-là la Nouvelle-France. Le deuxième moment se fait jour en 1982 et coïncide avec le rapatriement de Londres de la Constitution canadienne. Il y a donc eu définition, puis, jusqu'à un certain point, redéfinition de la conscience historique canadienne.

Le premier moment, c'est la colonisation britannique qui suit la victoire militaire anglaise sur les plaines d'Abraham en 1759, et qui se voit confirmée par le traité de Paris de 1763 dans lequel la France renonce à son territoire nord-américain. Comme tout colonisateur, avons-nous vu en abordant le phénomène de la domination au chapitre 7, les nouveaux occupants anglais ont le sentiment de la supériorité de leur «race». L'Empire britannique est d'ailleurs en pleine expansion dans le monde. Ces Anglais sont peu nombreux au départ, mais leur population augmentera avec l'arrivée des loyalistes, des Anglais comme eux qui s'étaient établis sur la côte atlantique et qui vont émigrer dans la vallée du Saint-Laurent et en Ontario lors de la déclaration d'Indépendance des États-Unis, pour rester loyaux, d'où leur nom, à la Couronne britannique.

Cette conscience de leur supériorité les amène au tout début à exiger des Canadiens, les descendants des Français, s'ils veulent exercer une fonction publique, de prêter le serment du Test. Ce serment les obligeait à renier leur religion catholique romaine. Ils refusèrent. Des compromis s'ensuivirent parce que les Anglais ne pouvaient pas se passer complètement des Canadiens dans l'administration de la

*La langue cimente une nation*

colonie. Ce sentiment de supériorité refera surface en 1840 avec l'Acte d'Union qui suivit la rébellion réprimée des Patriotes en 1837-1838. La langue française fut bannie du nouveau Parlement pour un temps. Il s'agissait de faire comprendre aux Canadiens qu'il n'y avait que des avantages à s'angliciser et à changer de religion.

Ces tentatives d'assimilation des Canadiens français ayant échoué, il fallait pour le moins réduire leur poids politique. Ce fut fait avec le British North American Act, qui donna naissance au Canada en 1867. Fernand Dumont rappelle que l'État canadien n'a pas été fondé dans l'exaltation, n'a pas connu de naissance grandiose, fruit d'un consensus populaire ou d'un acte fondateur admirable que l'on pourrait célébrer chaque année, comme en ont connu de nombreux autres pays. L'État canadien a plutôt été le résultat d'une entente entre hommes d'affaires, par politiciens interposés, pour développer un chemin de fer qui unirait la grande étendue convoitée.

Les Anglais, restés de loyaux sujets de Sa Majesté britannique, prirent tout de même le nom de Canadiens, tout en sachant que c'est la « touche française » qui les distinguait de leurs compatriotes vivant dans les États-Unis d'Amérique.

Malgré l'arrivée de nombreux immigrants au Canada au cours du XXe siècle et la montée des droits de la personne en Occident, la conscience historique canadienne ne semblait pas appelée à se modifier. C'est le rapatriement, en 1982, de la Constitution canadienne, restée jusque-là à Londres, qui modifia leur conscience collective. Une nouvelle vision du Canada se fit jour avec l'ajout d'une Charte des droits et de trois principes d'égalité. La référence à la Couronne britannique demeura, mais le nouvel esprit était ailleurs, dans la proclamation d'une triple égalité : égalité des individus, égalité des provinces et égalité des ethnies.

La beauté du Canada, outre les montagnes Rocheuses et les chutes du Niagara, résidait maintenant dans ce que chaque citoyen y est l'égal des autres et possède les mêmes droits (l'égalité des individus). Dans un tel contexte, une collectivité telle que le Québec, qui cherche à se faire reconnaître *collectivement*, apparaît comme une menace aux droits individuels des Canadiens. En deuxième lieu, il est inscrit que chaque province a un même poids politique quant à la modification éventuelle de la Constitution (l'égalité des provinces). Ainsi, une province comme l'Île-du-Prince-Édouard, qui représente 0,4 % de la population canadienne (juillet 2011), peut empêcher une autre province comme le Québec d'obtenir des garanties constitutionnelles pour préserver son avenir. La province du Manitoba, représentant 3,6 % de la population canadienne et 15,7 % de la population du Québec, a usé de son droit égal pour rejeter un accord préalable reconnaissant le Québec comme une société distincte. Ce qu'on a appelé depuis l'échec de l'Accord du lac Meech.

En troisième lieu, le Canada a inscrit dans sa Constitution une image de lui qui commençait à se répandre, celle d'une mosaïque de communautés culturelles (l'égalité des ethnies). La notion de **multiculturalisme** fit ainsi officiellement son apparition. Depuis lors, il y a un mythe persistant dans le reste du Canada (*Rest of Canada* – ROC) qu'il n'y a pas au Québec une nation à part entière, à l'origine du Canada. Dans la conscience canadienne, précise un sociologue canadien-anglais de l'Université de Regina en Saskatchewan: «les Québécois ne forment qu'un des éléments de la mosaïque» (Conway, 1995, p. 256). Une publicité du gouvernement canadien au tournant du XXe siècle, vantant la politique d'immigration canadienne, ne pouvait pas être plus claire à ce sujet: «Nous sommes tous fils et filles d'immigrants», proclamait-elle fièrement. Dans cette perspective, les Québécois francophones sont un simple groupe ethnique, ayant émigré comme des dizaines d'autres au Canada. Un Québécois d'origine hongroise l'a bien senti durant ses années passées dans une école de Montréal auprès de ses camarades de diverses origines culturelles pour qui «l'idée d'un Canada "où tout le monde vient d'ailleurs" est rassurante» (Verboczy, 2016, p. 154).

Cette nouvelle conscience historique multiculturelle met en sourdine la tradition britannique du Canada anglais, quoique ses représentants demeurent dominants dans l'économie et la politique et que la langue anglaise ne soit aucunement remise en question par les nouveaux arrivants. Cette nouvelle conscience, en outre, accepte de moins en moins ou ne comprend tout simplement pas que le Québec veuille formuler à bon droit des demandes particulières pour asseoir son caractère national distinct. Dans le ROC, il y a une sorte de dénégation-reconnaissance du fait français au Québec. Dénégation dans le sens que les Québécois francophones devraient se voir comme une communauté culturelle comme toutes les autres, sans plus. Reconnaissance dans le sens que les commentaires acrimonieux, voire racistes à certains moments, à leur égard laissent supposer qu'ils sont bel et bien différents des autres Canadiens.

L'affaire dite du *Maclean's*, une revue torontoise qui avait titré en 2010 que le Québec était la province la plus corrompue du pays,

**MULTICULTURALISME**
Politique d'immigration prônant la coexistence de cultures diverses sur un même territoire en lieu et place d'une identité commune à forger.

est révélatrice à ce sujet. Les propos échangés par écrit de part et d'autre à la suite de ce reportage ont été scrutés à fond par une chercheuse. Si les pro-Québec s'en prenaient aux propos de leurs adversaires, ces derniers, principalement des Canadiens anglais, mais aussi des fédéralistes québécois, s'en prenaient à l'être même de leurs adversaires, un trait de tout discours raciste, comme on l'a vu au chapitre 7. Elle conclut ainsi son analyse du discours anti-Québec : « On assiste donc à la construction de l'image du Québécois idiot (manque d'intelligence), né pour un petit pain (manque d'envergure) et qui agit en bébé gâté (manque de maturité), image presque figée qui est largement véhiculée dans la société » (Bernard Barbeau, 2015, p. 149).

Toujours sur le même thème, en mars 2017, à la suite du cafouillage survenu à Montréal sur l'autoroute 13 où plus de 300 automobilistes ont été coincés pendant toute une nuit en raison d'une importante tempête de neige, Andrew Potter, alors directeur de l'Institut d'études canadiennes de l'Université McGill, a écrit dans le *Maclean's* (20 mars 2017) que le Québec est une société « presque pathologiquement aliénée », caractérisée par son manque de solidarité entre ses citoyens et « déficiente dans plusieurs des formes les plus élémentaires de capital social que les autres Canadiens tiennent pour acquis ».

Cela nous ramène à un trait originel de la conscience historique canadienne, le sentiment de supériorité sur la population française conquise.

### La conscience historique au Québec

Fernand Dumont a toujours affirmé que « le Québec n'est pas une nation » (Dumont, 1995, p. 55). En scientifique rigoureux, il observe que les anglophones, les allophones (immigrants reçus) et les Autochtones ne s'identifient pas, pour la plupart, et c'est leur droit, à la nation francophone du Québec, même si elle représentait plus de 80 % de la population au 1er juillet 2010 (INM, Institut de la statistique du Québec 2011). Il faut donc éviter, ajoute le sociologue, d'identifier État, serait-il souverain, et nation au Québec. Ce n'est pas parce que la Constitution canadienne nie l'existence d'une nation au Québec que le Québec doit nier l'existence de minorités sur son territoire. Par conséquent, j'emploierai pour la suite l'expression **Franco-Québécois**, empruntée au sociologue Jacques Beauchemin, pour désigner la nation sise au Québec.

**FRANCO-QUÉBÉCOIS**
Portion majoritaire des habitants du Québec se percevant comme un groupe national.

Cette nation franco-québécoise a fait l'objet d'une étude fouillée par Fernand Dumont dans son œuvre magistrale *Genèse de la société québécoise* (Dumont, 1993). Il en conclut qu'une période de gestation de trois siècles a été nécessaire pour qu'elle naisse. À la lecture des écrits qui ont jalonné son émergence depuis le XVIᵉ siècle, le sociologue a constaté que des projets politiques se sont échafaudés, une littérature s'est ébauchée et une mémoire historique s'est élaborée.

Une première trace de cette conscience historique franco-québécoise apparaît sous le Régime français. Les premiers nés au pays se donnent alors le nom de Canadiens pour se distinguer des Français de passage, la plupart fonctionnaires ou soldats en mission au nom du roi de France. D'autres Français viendront, mais c'est surtout leur croissance naturelle qui les amènera à être autour de 65 000 habitants à la fin de ce régime.

Une deuxième trace de la prise de conscience de leur différence se manifestera par leurs luttes politiques sous le Régime britannique à partir de 1760. Les Canadiens visent à être reconnus dans leur langue française et dans leur religion catholique. De plus, au fil des changements constitutionnels, ils vont lutter pour obtenir une autonomie gouvernementale au nom des principes démocratiques mis de l'avant en Angleterre et qu'on voudrait voir s'appliquer au Bas-Canada. S'ils avaient obtenu gain de cause, ils auraient pu jusqu'à un certain point se diriger par eux-mêmes, étant majoritaires au pays. Naturellement, les colons anglais sur place ne l'entendirent pas ainsi. Gouverneurs et membres du Conseil législatif du Bas-Canada sapaient au fur et à mesure toutes les demandes reçues des députés canadiens. Certains se rebellèrent en 1837 et 1838 et ils furent emprisonnés, exilés ou exécutés. Leur conscience collective en fut naturellement marquée.

Après ce revers, un mode de survie imprégna la conscience collective des Canadiens français. Le clergé catholique jouera un rôle majeur dans cette position de retrait, luttant d'abord et avant tout pour la reconnaissance de la religion catholique romaine, l'usage de la langue française, qu'on disait alors «gardienne de la foi», et pour le maintien des coutumes et du Code civil français. La conscience nationale devint ainsi conservatrice, défensive et utopique en idéalisant le Régime français disparu et en se croyant investie d'une mission divine en Amérique du Nord, contre le matérialisme anglo-saxon.

Un courant moderniste réussit quand même à se frayer un chemin tout au long du XX$^e$ siècle chez une minorité de Canadiens français. Ce courant s'amplifiera après la Deuxième Guerre mondiale pour triompher avec l'arrivée d'un gouvernement libéral à la tête de la province de Québec en 1960. Cette nouvelle période dite de la Révolution tranquille fit émerger chez eux une conscience nationale non plus de survivance, mais d'affirmation, voire d'émancipation, certains allant jusqu'à prôner l'indépendance politique du Québec. Dans cette conscience historique renouvelée, il y avait le sentiment que le Canada se construisait à leur détriment et que le seul gouvernement leur appartenant en propre, l'État du Québec, ne disposait pas de suffisamment de moyens pour être « maître chez lui » comme le désiraient les artisans de la Révolution tranquille.

*Le Québec a tenu deux référendums sur son indépendance*

Un autre trait important de cette conscience historique tenait notamment aux garanties pour les écoles catholiques obtenues dans la Constitution ayant donné naissance au Canada en 1867 et au maintien de leur tradition juridique. Les Canadiens français avaient ainsi la conviction que les Anglais du Canada les reconnaissaient comme un des deux peuples fondateurs du pays (Rapport de la Commission sur l'avenir politique et constitutionnel du Québec, 1991). Deux événements politiques majeurs vont mettre à l'épreuve cette croyance. Le premier fut la nouvelle Constitution canadienne de 1982 : elle ne contenait aucune mention de leur existence ! Le deuxième fut l'échec en 1990 de l'Accord du lac Meech, qui était une tentative de réhabilitation de cette reconnaissance en inscrivant dans cette constitution que le Québec est une société distincte. Soumise aux provinces anglophones du Canada, la proposition ne passa pas. L'image de deux peuples fondateurs, au creux jusque-là de la conscience historique franco-québécoise, venait de voler en éclats. On avait cru à tort que le ROC avait pris acte que ce pays avait d'abord été l'œuvre d'explorateurs et de colonisateurs venus de France, et qu'une nation en était née.

C'est dans ce contexte social dramatique que s'est tenu le référendum sur l'avenir du Québec de 1995. Le sociologue canadien-anglais John F. Conway prédisait alors qu'en refusant un statut particulier pour le Québec, le Canada anglais conduirait ce dernier à la séparation, ce qui a failli se produire cette année-là (Conway, 1995). Le résultat serré, à la faveur du maintien du Québec dans le Canada, à quelques centièmes de un pour cent, occultait qu'environ 60 % des francophones avaient voté pour la souveraineté alors que les 20 % de citoyens canadiens non francophones s'étaient prononcés en presque totalité contre le détachement éventuel du Québec du reste du Canada. Par ailleurs, que 40 % des Franco-Québécois aient voté contre la souveraineté illustrait que leur conscience historique depuis la Conquête avait toujours oscillé entre la prise en mains de leur destinée et la crainte de cet affranchissement. Il faut dire que leur histoire démontre qu'ils sont passés d'une dépendance à la royauté française à une soumission à la Couronne britannique, sans avoir fait l'expérience d'une lutte d'indépendance comme l'ont connue les autres peuples du reste de l'Amérique. La conscience historique franco-québécoise en est restée meurtrie. Soulignons que plus de trente-cinq ans après sa promulgation, la Constitution canadienne rapatriée n'a jamais été signée par le gouvernement du Québec, tous partis politiques confondus.

*Le chef du camp du OUI (à la souveraineté du Québec), le soir de la défaite, avec 49,42 % des voix*

### L'enjeu pour les Franco-Québécois

Nous avons déjà rapporté qu'il y a des rapports nécessaires de soutien entre État et nation. Or, lorsqu'un État ne reconnaît pas une nation sur son territoire, il y a un problème politique grave. C'est dans ce contexte, en 1995, que le sociologue Fernand Dumont estimait que la seule solution pour la survie et l'épanouissement de cette « toute petite population française » sur un continent anglophone est l'avènement d'un État souverain au Québec. Il allait plus loin : « L'appui d'une communauté politique spécifique est d'une aveuglante nécessité » (Dumont, 1995, p. 60).

Dumont s'appuyait aussi sur le fait que les peuples anglais et français ont toujours été plutôt indifférents l'un envers l'autre, chacun vivant dans des sociétés parallèles et possédant des institutions et des valeurs nettement différentes. Les uns se tournaient vers la France à titre de référence, les autres vers l'Angleterre. Nous n'avons donc pas mis grand-chose ensemble pour établir une fibre commune, selon lui. Nous n'avons pas cessé d'ailleurs, ajoutait-il, d'interpréter différemment les attitudes de l'autre parce que nos jugements ne procédaient pas d'une même réalité vécue. Dumont ira même jusqu'à dire qu'ils n'ont jamais été de bons partenaires, puisque nous souffrons toujours de ne pas être autonomes. Il leur précise aussi qu'ils viennent à peine de se découvrir des traits qui pourraient les constituer en nation et que le Québec ne s'y retrouve pas. Et il conclut : « N'est-ce point en poursuivant, chacun de son côté, cette reconnaissance de soi que nos deux peuples parviendront à une nouvelle alliance ? » (Dumont, 1995, p. 73). L'enjeu est donc de savoir si la nation franco-québécoise a un avenir en restant dans le Canada.

### Le défi pour le Québec

À l'aube de 2020, le Québec est une société pluraliste dans ses options, dans sa composition et dans ses croyances. C'est en reconnaissant cela que la démocratie est possible et que la nation franco-québécoise doit envisager son avenir. C'est dans ce contexte que le sociologue Jacques Beauchemin, de l'UQAM, reprend le chantier là où Fernand Dumont l'avait laissé. Il rappelle comme ce dernier qu'on ne peut pas obliger les autres communautés présentes au Québec à s'identifier à la majorité franco-québécoise (Beauchemin, 2007). Ce qui n'enlève rien à notre « capacité de nous assumer comme nation » (Beauchemin, 2015, p. 132). Pour envisager l'avenir avec confiance, un peuple doit retrouver ce qui lui a permis d'exister jusque-là et revisiter sa conscience historique. Selon ce sociologue, un projet pourrait en émerger, tissant des liens entre présent, passé et avenir et reconnaissant le droit aux Franco-Québécois de durer comme nation.

Il poursuit que la conscience historique d'un peuple puise dans le passé non pour s'y complaire et s'y figer, mais pour servir le présent et envisager des projets pleins d'espoir. La conscience historique d'un peuple est pour une part comme le rétroviseur pour l'automobiliste : il ne le fait pas nécessairement reculer, mais il lui évite de ne rien voir venir et lui rappelle tout ce qu'il a déjà parcouru. Cette conscience permet d'envisager des projets ancrés dans ce qu'il a d'original et dans ce qui fait sa force. C'est ce qu'une nation a de mieux à offrir en partage aux minorités sur son territoire. Une nation s'affirmant dans sa différence, osant se prendre en main, maintenant ses qualités démocratiques et s'ouvrant aux apports des autres groupes pourrait acquérir une puissance d'attraction insoupçonnée et rallier les communautés minoritaires de son territoire. C'est ainsi que se pose le défi du Québec pour sa composante majoritaire de culture et de langue françaises. Elle doit, poursuit le sociologue, concevoir un projet rassembleur et en être le noyau. Pour réaliser ce projet, plusieurs croient nécessaire que le Québec devienne un pays souverain. C'est cette question que posaient, fondamentalement, les référendums de 1980 et de 1995 au Québec. Les Franco-Québécois devraient-ils se reposer une troisième fois la question et y répondre par l'affirmative?

Pour terminer, revenons à Fernand Dumont, cet illustre sociologue et intellectuel québécois qui a déclaré à plusieurs reprises que, s'il n'était pas né francophone au Québec, il ne serait pas devenu nationaliste, car le nationalisme n'est pas exempt d'errements et de chauvinisme. Il peut conduire à n'entrevoir les problèmes et les solutions pour une société que sous cet angle. «Pour l'heure, écrit-il, nous consentons à être nationalistes afin qu'un jour il nous soit possible d'être simplement une nation sans nous

*La nation ne regroupe pas que des descendants*

empêtrer constamment dans des tractations susceptibles de nous faire reconnaître comme société distincte » (Dumont, 1995, p. 90). Pour y arriver, selon Jacques Beauchemin, il faut redessiner un consensus ou un « vivre-ensemble » (Beauchemin, 2002, p. 55), une expression de plus en plus répandue, offrant pour le moment plus d'espoir que de réalité.

Le ROC saura-t-il reconnaître la spécificité du Québec et éviter sa séparation ? Le sociologue canadien-anglais John F. Conway n'en est pas sûr, espérant néanmoins un revirement d'attitude de sa communauté :

> Quelle que soit l'oppression dont sont victimes certaines régions du Canada, nous ne devons jamais oublier la nature différente de celle qui afflige les Québécois. Aucune autre province n'a été, comme le Québec, régulièrement soumise à la force militaire, ni n'a vécu sous la menace d'une intervention armée. Aucune autre province ne peut se dire le foyer politique et constitutionnel d'une nation dotée d'une histoire, d'une culture et d'une langue qui lui sont propres. La nation québécoise existe et elle couve un profond ressentiment contre les injustices que lui a infligées le Canada anglais tout au long de l'histoire. (Conway, 1995, p. 41) ◆

## Mots clés

- Conscience historique, p. 184
- Conscience nationale, p. 181
- État, p. 178

- Franco-Québécois, p. 188
- Multiculturalisme, p. 187
- Nation, p. 179

## Questions sur le chapitre 9

**1** Quelle sorte de rapport le citoyen a-t-il avec l'État ou la communauté politique ?

**2** De quoi est faite une nation, selon le sociologue Fernand Dumont ?

**3** À quelles conditions une nation se maintient-elle, surtout si elle n'a pas son propre État ?

**4** Dans la formation de notre identité, comment se forge notre conscience nationale ?

**5** En quoi nation et État gagnent-ils à s'épauler ?

**6** Précisez deux éléments de la conscience historique au Canada. Expliquez brièvement.

**7** Précisez deux éléments de la conscience historique au Québec. Expliquez brièvement.

**8** Quel est le défi du Québec dans sa composante majoritaire, selon le sociologue Jacques Beauchemin ?

# CHAPITRE 10

# NOTRE LIBERTÉ DANS LA SOCIÉTÉ

## De quelques conceptions sociologiques

Nous ne sommes pas faits pour nous épanouir hors de la contrainte sociale.

Jean Cazeneuve

Comment croire que nous décidons librement de notre existence, de nos gestes, de nos pensées, lorsque la sociologie dévoile des facteurs cachés ou insoupçonnés qui influent sur nos actions? Sommes-nous véritablement libres? Il semble impossible de concilier la liberté avec une identité qui se construit grâce à un réseau complexe de rapports qui nous lient aux autres et qui font de nous des êtres éminemment sociaux. Peu de sociologues ont étudié cette question importante et judicieuse, et il est surprenant de constater qu'ils ne lui ont pas accordé une place de premier choix dans leurs réflexions. Pour répondre à cet étonnement, un sociologue belge a écrit *Sociologie de la liberté*. Michel De Coster (1996) y affirme que le thème de la liberté a été «sous-développé» dans les écrits sociologiques et il s'efforce de retracer l'ensemble des discours sociologiques qui ont traité de la question depuis le milieu du XIXe siècle.

Ce silence relatif des sociologues sur la question de la liberté est compréhensible. En premier lieu, les pionniers de la discipline poursuivaient un but scientifique. Or, le seul modèle scientifique qui existait à l'époque était celui des sciences de la nature appelé **déterminisme**, qui soulignait les rapports nécessaires et immuables entre les phénomènes naturels afin d'en arriver à des lois.

C'est pourquoi les premiers sociologues recherchaient dans les phénomènes sociaux des régularités à toute épreuve, des relations de cause à effet, des conditionnements, comme si le social était du même ordre que le naturel. Or, l'être humain pense et interprète le monde qui l'entoure, ce que ne sauraient faire la matière, l'animal ou l'organisme biologique. Mais pour valider leurs démarches, ces précurseurs de la sociologie devaient appliquer le modèle déterministe, car c'était le seul modèle considéré comme scientifique à l'époque. De plus, ces pionniers participaient inéluctablement à l'euphorie qui entourait, au XIXe siècle, le progrès des sciences exactes. Cette référence refait fréquemment surface lors de critiques envers les sciences humaines et sociales, dont la sociologie, qui osent aujourd'hui prendre une distance critique face au modèle déterministe, trop rigide pour l'étude de l'être humain.

La sociologie fouille, étudie et découvre des motifs insoupçonnés, des facteurs explicatifs, des raisons d'agir derrière la façade visible des comportements humains. Ce qui fait son originalité et sa pertinence, c'est justement sa capacité d'aller au-delà des évidences pour débusquer ce qui se cache sous les divers discours sur la société ou

**DÉTERMINISME**
Conception de la nature et de la société basée sur des lois laissant peu ou pas de place au hasard et à la liberté.

pour faire ressortir le caractère social de plusieurs de nos gestes quotidiens. L'accent est mis sur ce qui masque nos raisons d'agir et sur ce qui influe sur nos actions. Parfois, il semblerait réellement que c'est la société qui dicte notre conduite, comme si nous n'étions que des marionnettes flexibles, consentantes et prisonnières d'une destinée sur laquelle nous n'avons aucun contrôle. Dans un tel contexte, la question de la liberté semble un non-sens. De Coster affirme cependant que, même si la question a été négligée par la sociologie, elle n'a toutefois pas été occultée, ce qui serait impossible puisque la liberté s'inscrit au cœur de toute réflexion sur les comportements humains. La sociologie a évolué, précise De Coster. On propose maintenant des théories qui envisagent la liberté plus explicitement et avec plus d'assurance. De Coster rappelle que la liberté a toujours été envisagée en citant un tenant du modèle des sciences de la nature et un de ses fondateurs, Durkheim, dont il a été question au chapitre I sur l'intégration sociale. Ce dernier, cependant, la limitait, pour le plus grand nombre, à l'acceptation volontaire de la contrainte, qu'il estimait essentielle à toute vie sociale.

Il ne faut pas croire que la sociologie puisse définir avec exactitude et certitude la marge de manœuvre que nous possédons en société. Certains sociologues ont effectivement jeté de la lumière sur cette question floue et ambiguë, sans toutefois pouvoir donner une réponse unique, définitive et exempte de l'expérience personnelle de chacun. La complexité d'une telle interrogation ne peut donner lieu à une seule vision. À cet effet, voici quatre conceptions de la liberté avancées par les sociologues Pierre Bourdieu, Alain Touraine, Charles Wright Mills et Zygmunt Bauman. Leurs points de vue respectifs rejoignent ceux de maints autres de leurs collègues. Il n'y a cependant pas de conception unanime. Les sociologues qui abordent le sujet de la liberté dans leurs écrits, tout en rejoignant les conceptions qui seront abordées, apposent leur touche personnelle selon le domaine particulier de recherche exploré. La première conception de la liberté ci-dessous frise la conception déterministe des conduites humaines, elle laisse peu de place à la liberté.

## La société est un jeu imposé

Pierre Bourdieu a une conception quasi déterministe des conduites humaines, laquelle laisse peu de place à la liberté. Ce sociologue est de notoriété mondiale et plusieurs de ses écrits sont maintenant fondamentaux et incontournables. L'un d'entre eux, *La distinction* (Bourdieu, 1979), a été abordé au chapitre 5 sur notre classe sociale.

*La société, comme tout jeu, comporte des règles*

Un commentateur de Bourdieu, Alain Accardo, a pour sa part tenté d'embrasser et d'expliciter toute sa pensée dans un livre intitulé *Introduction à la sociologie. Une lecture de Bourdieu* (Accardo, 1991). Cet ouvrage a inspiré mes commentaires sur la façon dont Bourdieu conçoit la liberté.

Pour ce sociologue, l'existence de la liberté ne va pas de soi. Pour comprendre la place que les individus occupent dans une société et leurs marges de manœuvre respectives, Bourdieu compare la société à un jeu auquel nous participons tous. Certains sont conscients qu'il s'agit d'un jeu avec des règles et d'autres l'ignorent. Ces derniers risquent plus que les premiers d'en assumer les frais et de voir ainsi leur liberté entravée. C'est souvent le lot des dominés, qui ne voient pas le jeu, ne connaissent pas les règles et, donc, ne savent pas qu'elles pourraient être différentes ou modifiées en leur faveur.

La sociologie peut apporter un espoir de liberté à tous en démontrant que les rapports entre les humains comportent des règles comme tout jeu. En connaissant ces règles, on peut ainsi avoir une action sur elles. Si on agissait sur ces règles, elles perdraient alors leur caractère sacré ou immuable et elles pourraient être modifiées, pour le bien du plus grand nombre. On créerait ainsi une société où l'ensemble de la collectivité participerait aux décisions qui la concernent. « Puisqu'il faut bien vivre, dit la sociologie, jouons le jeu, mais jouons-le les yeux ouverts, avec des cartes non biseautées et distribuées sans tricherie » (Accardo, 1991, p. 195). En remettant en question la société telle qu'elle fonctionne à un moment donné, en en faisant ressortir les règles cachées, la sociologie participe à la diminution du contrôle qu'exercent les pouvoirs en place et ouvre une fenêtre sur la liberté.

La liberté, ce serait donc, pour conclure sur Bourdieu, d'entrer dans le jeu de la société sans illusions, en sachant que les règles peuvent être modifiées. La sociologie, en explicitant ces règles, peut ainsi fournir les outils permettant aux individus et aux groupes de jeter un regard critique sur la société et d'élaborer une nouvelle façon de vivre les rapports sociaux.

### La société nous appartient

Alain Touraine, un autre sociologue de réputation internationale, croit pour sa part que la liberté existe. Selon lui, elle se manifeste dès le moment où un individu prend conscience qu'il peut agir sur sa société, seul ou en groupe. Touraine a toujours accordé une place

**MOUVEMENT SOCIAL**

Rassemblement d'individus et de groupes luttant pour une cause en vue de changer la société.

privilégiée aux **mouvements sociaux** comme, par exemple, l'écologie, le féminisme, le droit à la différence. Ces combats secouent la société et l'amènent à se modifier en profondeur. Ces gens qui militent correspondent à des acteurs sociaux. Or, beaucoup de gens se sentent impuissants face à la société. C'est pourquoi Touraine conçoit qu'il revient aux sociologues de montrer à leurs concitoyens comment avoir une influence positive sur leur société.

Comment s'y prendre pour faire valoir aux individus qu'ils peuvent agir sur leur société ? Touraine suggère deux façons de procéder. D'abord, la sociologie doit s'efforcer de démontrer que les dirigeants ne possèdent pas plus que quiconque le droit de légiférer et de contrôler la population. Il n'existe pas de qualité innée, de grâce divine, ni d'intelligence supérieure qui autorise les dirigeants politiques à accaparer le pouvoir. Certains dissimulent derrière leur prétendue supériorité des motifs personnels tout en justifiant leur monopole du pouvoir ou de la richesse au nom de principes étriqués et révolus. Par exemple, les rois européens, il n'y a pas si longtemps, utilisaient Dieu pour légitimer leur supériorité. Aujourd'hui, on discourt au nom de la productivité, de la compétitivité, de la mondialisation, de la nature ou de tout autre

*Le mouvement de l'année 2012*

principe transcendant. Bref, le sociologue doit faire ressortir les intérêts que servent l'idéologie ou le système d'idées dominants d'une société.

La deuxième façon de parvenir à convaincre les individus que tous possèdent un certain pouvoir sur la société, c'est de démontrer qu'une société se fait par elle-même et non grâce à ses dirigeants, qui ne sont que des acteurs parmi d'autres. Touraine définit comme un *ensemble de systèmes d'actions* les moteurs essentiels du développement d'une société, qui s'accomplit à travers des conflits et des tensions. Vus sous cet angle, les individus et les groupes ressentiraient le besoin de lutter pour construire et défendre leur propre expérience de vie, issue à la fois de rationalité et d'identité, et de la sauvegarder par une combinaison unique, ainsi qu'il le laissait entendre en 1998 au Congrès international de sociologie à Montréal.

Les recherches et les réflexions sociologiques tentent de remettre en question le discours des pouvoirs en place. Tous ceux qui veulent contester le pouvoir peuvent le faire, il suffit qu'ils comprennent qu'ils ont le droit de le faire et que c'est à cette seule condition que la société peut se renouveler. Ils se mettent ainsi au service du plus grand nombre, des plus démunis et des plus pauvres. Touraine ajoute que la sociologie ne doit pas chercher à intégrer les individus à la société. Elle doit plutôt instaurer les débats nécessaires à la réforme des institutions et au renouvellement de nos identités, car la société est faite d'acteurs individuels et collectifs qui cherchent à se réaliser.

## La liberté doit être raisonnée

Charles Wright Mills, un éminent sociologue états-unien, a de son côté insisté sur le fait que tout sociologue peut et doit être critique envers sa propre société. Pour lui, la liberté est bien plus que le libre arbitre ou la faculté de faire ce qui nous plaît et de choisir entre des possibilités. La liberté, pour lui, suppose la réunion de trois conditions essentielles :

- L'éventail des choix possibles pour les individus dans une société donnée, à un moment donné de son histoire, doit être formulé. La sociologie doit donc se donner comme mission d'aider à la formulation de l'ensemble des choix possibles. Car Mills affirme que, si les sociologues étudient la **structure sociale**, ce n'est pas pour montrer que le futur est prédéterminé par les institutions, mais, bien au contraire, pour discerner les endroits où il est possible d'intervenir efficacement dans la société.

**STRUCTURE SOCIALE**
Ensemble des éléments servant au fonctionnement de la société à un moment donné.

- La discussion des choix possibles dans cette même société doit pouvoir se réaliser. Le débat peut être alimenté notamment par des recherches en sociologie qui combattent l'idée que les seuls choix possibles sont ceux que les autorités nous proposent ou nous imposent.

- On doit avoir la possibilité de choisir. Pour ce faire, il faut sauvegarder la démocratie, qui laisse la population s'exprimer et participer aux décisions majeures concernant la société.

Or, ces trois conditions ne peuvent être réunies dans une société, selon Mills, que si ses membres acceptent d'accorder une place primordiale à la raison humaine. Autrement dit, les décisions doivent avoir été évaluées au mérite. La liberté, pour Mills, c'est nous servir de notre raison pour élargir la frontière des possibilités et entrevoir ce qui peut et doit être changé.

### Certains sont plus libres que d'autres

Un dernier sociologue, Zygmunt Bauman (1925-2017), vient conclure ce tour d'horizon de la liberté sociale. Il a obtenu le prestigieux prix européen Amalfi pour la sociologie et les sciences sociales en 1989 de même que le prix espagnol Prince des Asturies en 2010 avec son collègue Alain Touraine, récompensant des travaux de sciences sociales d'envergure internationale. Dans *Thinking Sociologically*, Bauman (1990) affirme que la liberté n'est pas innée. Il illustre la question à l'aide d'une balance à deux plateaux : un plateau contient le poids de notre liberté, et l'autre celui de notre dépendance. Durant l'enfance, le plateau de la liberté est pratiquement vide, car l'enfant ne peut choisir sa famille, sa nationalité, son voisinage, sa classe sociale, ni sa religion. Il en est de même pour la langue et la façon dont l'enfant apprend à se comporter socialement. Par conséquent, le plateau de la dépendance est le plus pesant.

D'année en année, l'enfant développe des habiletés et des ressources personnelles. Il décide quelle action il va poser, ce qu'il veut devenir plus tard, puis choisit ses amis. Le plateau de la liberté s'emplit graduellement. Bauman indique que certaines dépendances peuvent aussi être rejetées, et l'enfant peut s'opposer à la sévérité d'un parent ou choisir d'abandonner certaines pratiques religieuses qui ne lui conviennent pas. Enfin, certaines obligations se déplacent vers le plateau de la liberté si cette obligation s'avère un acquis positif, comme l'est par exemple l'apprentissage obligé

d'une deuxième langue, de la persévérance ou du sens de l'organisation. Une exigence, vue sous un tout nouvel éclairage, peut
devenir une liberté de plus.

Selon Bauman, notre liberté ne sera cependant jamais complète.
De la naissance à la mort, la balance penche d'un côté ou de l'autre,
mais le plateau de la dépendance n'est jamais vide. Il explique cela
par le fait que nos actions passées ont une incidence sur nos choix
futurs et que certaines options sont irréalisables parce qu'elles
excèdent nos ressources ou nos capacités physiques, affectives ou
autres. Un individu de 17 ans qui veut devenir pianiste de concert
ou champion de tennis, mais qui ne s'est jamais adonné à l'une ou
l'autre de ces activités a peu de chances de voir ses rêves se réaliser.
Car les réflexes ou les habiletés de base nécessaires doivent avoir
été mémorisés physiquement et mentalement très tôt dans la vie.
En outre, pour devenir pianiste, le jeune doit avoir accès à un piano,
suivre des cours et pratiquer quotidiennement. Pour qu'il devienne

*Notre liberté s'accroît
avec l'âge*

un pro au tennis, les parents du jeune doivent investir beaucoup d'argent dans des cours et motiver son désir de réussite. Le talent ne suffit pas. Enfin, un autre individu marié et père d'un enfant qui veut quitter le monde et mener une vie contemplative peut succomber à ses désirs, mais son entourage paiera cher le prix de son indépendance.

En outre, l'équilibre entre les deux plateaux n'est pas le même pour chaque être humain. D'une certaine façon, nous sommes tous libres dans la mesure où, quoi que nous fassions, il existe certaines responsabilités que nous ne pouvons négliger. Dans ce cas, éviter de choisir, c'est quand même choisir, que ce soit par rapport au mariage ou à nos convictions, par exemple. Par ailleurs, certains sont plus libres que d'autres dans la société, plus libres de désirer, d'agir selon leurs désirs et d'atteindre les résultats espérés. Bauman se réfère notamment à une catégorie de personnes (par exemple, les membres d'une classe sociale privilégiée) qui ont des possibilités de choix plus étendues que d'autres, un horizon plus large et les ressources nécessaires à la réalisation de leurs projets : argent, contacts, instruction, culture. Il ajoute que le ratio, si on veut peser séparément les deux plateaux de la balance entre liberté et dépendance, serait un bon indicateur de la position d'un individu et de la classe sociale à laquelle il appartient. Il termine en disant, et je traduis : « Ce que nous appelons privilège, apparaît, en scrutant davantage, comme un degré plus élevé de liberté et un degré moindre de dépendance » (Bauman, 1990, p. 35). Il confirme ce que d'autres sociologues ont maintes fois signalé et souvent dénoncé, à savoir qu'il y a dans la société des privilégiés qui sont plus en mesure d'exercer leur liberté.

La liberté conçue par Bourdieu est peu vraisemblable si la majorité ignore les règles du pouvoir dans la société. Celle conçue par Touraine peut être adoptée à condition d'être conscient du fait qu'en s'engageant dans un mouvement de revendication, on peut influer sur le cours de l'histoire. La liberté conçue par Mills nécessite une discussion raisonnée sur tout l'éventail des choix possibles et le pouvoir d'en décider ensuite. Enfin, celle de Bauman semble relative. Elle se développe avec l'âge, mais elle est restreinte par nos activités passées et notre situation sociale plus ou moins privilégiée. Somme toute, la liberté doit être perçue et comprise dans le cadre de la vie en société et non être vue comme détachée de celle-ci et existant par elle-même.

## Contraintes et liberté

Les contraintes sociales pèsent sur nous dès notre naissance, mais elles sont paradoxales. Considérons la langue maternelle, par exemple : nous apprenons graduellement des sons, des mots, des phrases dans un registre particulier, que nous répétons inlassablement jusqu'à ce que nous articulions parfaitement et parvenions à nous faire comprendre. C'est une contrainte, certes, comme bien d'autres apprentissages qui nous sont imposés, tels que ceux qui concernent la posture, les manières de table, la politesse, etc. C'est pourtant grâce à cette langue imposée que nous pouvons communiquer avec les autres et faire valoir et respecter nos choix ou nos préférences. L'apprentissage scolaire, de même, nous forme et nous prépare à la société afin que nous puissions nous y tailler une place. Selon le sociologue français Jean Cazeneuve, nous sommes d'autant plus libres que nous avons été longtemps et largement contraints au début de notre vie en société. Plus on a connu et digéré les rouages qui nous ont formés, plus nous sommes en mesure de changer des choses par la suite, seul ou en groupe. La ligne directrice qu'on peut dégager des conceptions sociologiques de la liberté nous donne la possibilité d'agir en connaissance de cause : on s'arrête sur un projet, on pèse le pour et le contre et enfin on établit, seul ou avec d'autres, les conditions de sa réalisation.

## Connaissance de soi et des autres

Ce parcours sociologique vers la connaissance de soi et des autres recèle quelques constats qui nous permettent de poursuivre notre réflexion sur le fait que nous sommes des êtres sociaux désirant nous réaliser pleinement en tant qu'êtres humains.

Une première condition consiste à prendre conscience que nous faisons partie depuis notre naissance d'un réseau de relations. Comme le spécifie le sociologue allemand Norbert Elias, notre survie en bas âge et notre développement ultérieur dépendent des liens tissés avec les femmes et les hommes de notre environnement ainsi que des institutions qu'ils représentent : famille, école, médias, système politique, économique, etc. Sans eux, et peu importe si leur influence a été positive ou négative, nous ne serions pas ce que nous sommes, c'est-à-dire des êtres sociaux, des individus inscrits dans une histoire familiale, scolaire, locale, nationale, voire internationale. Cette insertion crée une combinaison originale d'influences que nous subissons et qui font de nous des êtres uniques. Uniques mais sociaux, car nous partageons un fond commun de gestes et de pensées avec les divers groupes qui ont jalonné notre parcours. Bref, l'approche sociologique de la connaissance de soi et des autres révèle que ce n'est pas parce que nous avons le sentiment d'être libres que nous le sommes vraiment, et cela même si nous nous efforçons de ne pas être comme les autres.

Une deuxième condition pour se réaliser, dans une perspective sociologique, consiste à poser un regard sur les diverses influences que nous avons subies depuis notre enfance. Nous avons vu au chapitre 4 portant sur l'identité que nous avons intégré et absorbé la société grâce à l'empreinte des divers groupes qui la composent et auxquels nous avons été associés. C'est ainsi que nous avons été élevés avec une certaine conception de ce qu'est ou devrait être un garçon ou une fille, comme l'a bien montré le chapitre 8. Nous avons aussi contracté un certain habitus lié à notre milieu d'origine, comme l'a indiqué le chapitre 5, consacré aux classes sociales. Nous pouvons aussi vouloir monter dans l'échelle sociale, comme l'a montré le chapitre 6 sur la mobilité sociale. La société telle qu'elle s'offre à nous à l'aube de nos 17 ans marque aussi notre vision du monde, comme l'explique le chapitre 3, qui traite de notre rapport au contexte social. La collectivité à laquelle nous appartenons nous fait également percevoir les autres d'une façon particulière, comme l'ont montré les chapitres 7 et 9. Tous ces éléments extérieurs à notre personnalité contribuent à la formation de notre identité.

Réfléchir ainsi à ce que la société nous a transmis comme façons de faire, de penser et de sentir nous permet d'être mieux armés devant certains obstacles, de nous sentir moins isolés, moins seuls. En nous servant de notre raison, c'est-à-dire de la capacité que nous avons de concevoir par l'esprit ce qui ne se donne pas immédiatement à la perception, nous pouvons entrevoir des issues à nos problèmes en cessant d'agir par impulsion ou par habitude. En effet, grâce à notre capacité de raisonnement, nous pouvons cibler les influences diverses que nous subissons et entrevoir l'au-delà, c'est-à-dire les choix possibles, souvent plus nombreux qu'on ne l'imagine, comme le rappelle le sociologue Mills.

Une troisième condition de réalisation individuelle et collective consiste à réaliser que nos choix ne sont pas infinis, et à cet égard, les leçons de la sociologie sont à la fois frustrantes et stimulantes. D'une part, la sociologie détruit certaines illusions que nous chérissons, comme celles que nous pouvons nous épanouir

sans contrainte ou que ce que nous sommes est prédéterminé et ne peut être modifié par la société. D'autre part, la sociologie nous indique que la société n'est pas et n'a jamais été figée, que ce sont ses membres qui la font et la transforment, et que nous avons tous la possibilité d'y laisser notre marque, dans notre entourage immédiat comme dans la collectivité plus large. Ce chapitre a été assez éloquent à ce sujet. L'histoire fourmille de gens qui ont pris conscience de l'époque et de la société qui les entouraient et qui ont réussi, grâce à un judicieux équilibre entre l'action et la réflexion, à changer leur monde et le monde. Ces changements ont conduit, pour les plus spectaculaires, aux révolutions scientifique dans le domaine des idées, industrielle dans le domaine des objets, française dans le domaine politique et féministe dans les rapports entre les genres. Il faut avoir la conviction que l'on peut contribuer à sa société et non seulement la subir. La sociologie, en ce sens, ouvre la voie, à qui veut l'écouter, à toutes les espérances humaines.

Pour terminer, penchons-nous sur les propos de deux sociologues, respectivement français et québécois, qui ont rédigé dans

*La société devient ce que nous en faisons*

les années 1960 les premiers ouvrages didactiques d'initiation à la sociologie. Le premier, le jésuite Paul Virton, comparait la contrainte sociale à la pesanteur d'objets physiques. Nous avons pu vaincre la pesanteur, soulignait-il, en concevant des appareils qui volent, mais la réalité physique de la pesanteur existe toujours. Le second, Guy Rocher, comparait quant à lui la société à une planète qui poursuivrait sa course au-delà de son propre système solaire, obligeant ainsi la physique à revoir ses lois continuellement. La sociologie démontre ainsi que nos comportements sociaux sont complexes, mais en même temps plus riches en possibilités que s'ils étaient fixés et expliqués une fois pour toutes. ◆

*La sociologie fait entrevoir*
*les possibles*

## Mots clés

- Déterminisme, p. 198
- Mouvement social, p. 202
- Structure sociale, p. 203

# Questions sur le chapitre 10

**1** Lequel des quatre sociologues abordés dans ce chapitre a une conception quasi déterministe de la liberté des individus en société ? Expliquez son point de vue.

**2** Lequel des quatre sociologues abordés accorde une importance primordiale à la raison humaine pour pouvoir exercer sa liberté en société ? Expliquez son point de vue.

**3** Lequel des quatre sociologues abordés laisse entendre que notre liberté ne sera jamais complète ? Expliquez son point de vue.

**4** Lequel des quatre sociologues abordés laisse entendre que se battre pour une cause à portée sociale est un gage de liberté en société ? Expliquez son point de vue.

**5** Donnez un exemple d'une contrainte sociale qui peut nous conduire à être plus libre par la suite.

**6** Précisez une des conditions, d'un point de vue sociologique, pour nous réaliser pleinement en tant qu'êtres humains.

**7** Si vous aviez à faire une conférence sur la liberté en société, qu'avanceriez-vous ? Démontrez que vous vous basez sur l'un ou l'autre des éléments développés dans ce chapitre.

**8** Qu'est-ce qui vous a le plus frappé dans ce tour d'horizon sur le rapport entre sociologie et liberté ? Précisez à partir d'un point du texte.

**Acteur social**
Individu considéré sous l'angle de son agir en société.

**Action**
Toute manifestation humaine d'une volonté d'agir.

**Agent de socialisation**
Groupe de personnes ou institution qui nous transmet des éléments de notre environnement social.

**Anomie**
Manque de régulation dans la société.

**Anticipation**
Mécanisme de socialisation par lequel nous agissons et pensons en fonction de rôles auxquels nous aspirons.

**Application de récompenses et de punitions**
Mécanisme de socialisation induisant des comportements par la perspective d'une gratification ou, au contraire, d'une sanction.

**Approche compréhensive**
Méthode d'interprétation du comportement humain basée sur le sens attribué par les individus à ce qu'ils vivent.

**Approche déterministe**
Méthode qui explique le comportement humain par des phénomènes extérieurs aux individus.

**Capital**
Ressources dont disposent un individu ou une classe sociale.

**Capital culturel**
Connaissances, diplômes et «bonnes manières» d'un individu ou d'une classe sociale.

**Capital économique**
Richesse et revenu d'un individu ou d'une classe sociale.

**Capital social**
Réseau de relations sociales privilégiées bâti par un individu ou une classe sociale.

**Caractère social**
Ensemble d'éléments de socialisation qui sont présents dans toutes les personnalités des membres d'une société à une époque donnée.

**Caractéristique sociale**
Marque distinctive permettant de classer les individus à des fins d'analyse.

**Classe bourgeoise**
Ensemble des individus d'une société possédant la plus grande quantité et la plus grande variété de capital.

**Classe dominante**
Classe sociale ayant le plus de pouvoir du fait de son accumulation plus importante de capital.

**Classe petite-bourgeoise**
Ensemble des individus d'une société possédant du capital, mais de moins grande ampleur que la classe bourgeoise.

**Classe sociale
(Bourdieu, chapitre 5)**
Ensemble d'individus occupant dans la société une position déterminée par la variété et la quantité de leur capital.

**Classe sociale
(Marx, chapitre 6)**
Ensemble d'individus ayant une place spécifique dans un mode de production.

**Classes populaires**
Ensemble des individus d'une société ne possédant pas de capital économique et n'ayant qu'un faible capital culturel et social.

**Colonisation**
Forme d'oppression politique, économique et culturelle d'une population indigène par des conquérants étrangers sur son territoire.

**Conscience historique**
Éléments de mémoire d'un groupement alimentant son présent et orientant son avenir.

**Conscience nationale**
Sentiment et croyance de faire partie d'une nation.

**Contenu de la socialisation**
Façons de faire, de penser et de sentir transmises par les agents de socialisation au moyen des mécanismes de socialisation.

**Contexte social**
Institutions et circonstances ayant rapport avec une situation donnée.

**Contrôle social**
Ensemble des institutions et des mécanismes mis en place dans une société pour sa cohésion et son maintien.

**Culture**
Tout ce qu'un groupe d'humains invente et transmet de nature matérielle ou immatérielle et qui le caractérise.

**Déterminisme**
Conception de la nature et de la société basée sur des lois laissant peu ou pas de place au hasard et à la liberté.

**Déterminisme de classe**
Maintien des individus dans leur classe sociale d'origine.

**Déviance**
Action à l'encontre des normes d'une société.

**Différenciation sociale**
Processus de division des places dans une collectivité et entre collectivités.

**Discrimination**
Traitement différent des individus selon l'une ou l'autre de leurs caractéristiques sociales, et allant à l'encontre du principe d'égalité démocratique.

**Domination**
Relation sociale donnant à un groupe ou à une société la capacité de s'imposer.

**Dysfonction sociale**
Activité humaine mettant en danger l'équilibre social.

**Enjeu**
Problème lié au contexte social qui touche un grand nombre d'individus.

**Épreuve**
Problème touchant un individu et mettant en doute une valeur qui lui est chère.

**État**
Institution qui régit l'individu par ses lois et ses règlements et fait de lui un citoyen d'un territoire donné.

**Ethnocentrisme**
Tendance d'un groupe à se percevoir comme le modèle à suivre.

**Exclusion**
Situation des personnes manquant du minimum de ressources pour être citoyens à part entière.

**Fluidité sociale**
Situation où il y a possibilité de passer aisément d'une strate ou d'une classe sociale à l'autre.

**Fonctionnalisme**
Théorie selon laquelle la société est un ensemble intégré.

**Fonction sociale**
Rôle joué par les activités humaines dans le maintien de la société.

**Fonction sociale latente**
Contribution inattendue d'une activité humaine au maintien ou au déséquilibre d'une société.

**Fonction sociale manifeste**
Contribution attendue d'une activité humaine au maintien d'une société.

**Franco-Québécois**
Portion majoritaire des habitants du Québec se percevant comme un groupe national.

**Génération**
Groupe de personnes ayant vécu des expériences et événements communs, spécialement au cours de leur jeunesse.

**Genre**
Catégorie d'analyse portant sur la construction sociale du masculin et du féminin.

**Groupe d'appartenance**
Groupe dont on fait partie par les circonstances de la naissance.

**Groupe d'élection**
Groupe dont on fait partie par choix.

**Groupe de référence**
Groupe auquel on s'identifie sans en faire partie.

**Groupe des médias**
Agent de socialisation constitué par les supports des technologies de l'information et de la communication.

**Groupe des pairs**
Agent de socialisation qui, durant l'enfance et l'adolescence, se compose d'amis et de camarades sensiblement du même âge que nous, puis, par la suite,

de personnes dont nous nous sentons les égaux.

**Groupe ethnique**
Communauté d'individus issus de l'immigration et maintenant des traits de leur culture d'origine.

**Groupe familial**
Agent de socialisation composé d'au moins deux générations liées par la consanguinité ou l'adoption légale ou de fait.

**Groupe scolaire**
Agent de socialisation constitué par le personnel de l'école.

**Habitus de classe**
Dispositions acquises dans le milieu d'origine, aptitudes nous amenant inconsciemment à avoir des préférences et des façons de penser et d'agir particulières.

**Identité**
Fait de se reconnaître à la fois comme unique et comme semblable à d'autres.

**Identité sexuelle**
Conviction d'appartenir à un sexe donné.

**Idéologie dominante**
Système d'idées et de jugements justifiant l'ordre établi dans une société.

**Imitation**
Mécanisme de socialisation par lequel nous apprenons à reproduire consciemment ou inconsciemment ce qui nous est montré.

**Institution**
Composante concrète d'une société régie par une loi ou une coutume.

**Intégration sociale**
État ou processus de cohésion au sein d'un groupe ou d'une société.

**Interaction**
Résultat des relations s'établissant entre des humains dans une situation donnée.

**Interactionnisme symbolique**
Théorie suivant laquelle la société procède des interactions humaines et de leurs significations.

**Jeu de rôles**
Mécanisme de socialisation par lequel nous apprenons graduellement à nous situer dans des rôles par interactions.

**Langage scientifique**
Ensemble des termes d'une science visant l'univocité et la précision dans la recherche.

**Lien social**
Ce qui unit l'individu, la société et les groupes qui la composent.

**Macrosociologie**
Étude des phénomènes sociaux de l'ordre des sociétés et des grands ensembles humains.

**Maniement des impressions**
Mécanisme de socialisation par lequel nous présentons une image de nous susceptible de varier selon les circonstances.

**Marginalité**
Situation de retrait social de personnes dont les façons de faire et de penser s'écartent de celles de la population en général.

**Marxisme**
Théorie représentant la société comme un terrain de luttes entre classes sociales.

**Mécanisme de socialisation**
Moyen par lequel fonctionne le processus qui fait de nous un être social.

**Mésosociologie**
Étude des phénomènes sociaux de l'ordre des groupements à l'intérieur d'une société.

**Méthodologie scientifique**
Ensemble des méthodes et des techniques servant à la recherche dans une science donnée.

**Microsociologie**
Étude des phénomènes sociaux de l'ordre des relations interpersonnelles.

**Minorité**
Groupe social se considérant comme lésé dans la société.

**Miroir réfléchissant**
Mécanisme de socialisation par lequel nous interprétons et faisons nôtre l'image que les autres nous renvoient de nous.

**Mobilité ascendante, mobilité descendante ou immobilité sociale**
Déplacement vers une situation sociale plus élevée ou moins élevée, ou maintien dans une même situation.

**Mobilité intergénérationnelle**
Déplacement social sur deux générations ou plus.

**Mobilité intragénérationnelle ou personnelle**
Déplacement social au cours d'une vie.

**Mobilité sociale**
Déplacement des individus dans la hiérarchie d'une société.

**Mode de production**
Système social élaboré pour produire les biens.

**Mode de production capitaliste (MPC)**
Système social basé sur la propriété privée des moyens de production.

**Mouvement social**
Rassemblement d'individus et de groupes luttant pour une cause en vue de changer la société.

**Multiculturalisme**
Politique d'immigration prônant la coexistence de cultures diverses sur un même territoire en lieu et place d'une identité commune à forger.

**Nation**
Groupement humain qui a une histoire et qui veut poursuivre sa marche en avant avec cet héritage.

**Norme**
Règle de conduite, suivie généralement par les membres d'un groupe ou d'une société.

**Perspective sociologique**
Examen scientifique d'un phénomène social à partir des caractéristiques des individus dans une société donnée et à un moment donné à la lumière d'autres phénomènes sociaux.

**Préjugé**
Opinion préconçue sur un groupe.

**Racisme**
Idéologie affirmant l'existence de groupes humains inégaux basée sur la race ou sur la culture.

**Reconnaissance sociale**
Revendication égalitaire autour d'une identité perçue comme traitée injustement.

**Relativisme culturel**
Position de neutralité face aux autres cultures.

**Rôle genré**
Ensemble de comportements considérés par la société, à une époque donnée, comme étant propres à l'un des deux sexes.

**Ségrégation**
Séparation et exclusion sociale d'un groupe.

**Sexisme**
Discrimination à l'égard d'un sexe.

**Social**
Tout ce qui touche aux rapports entre les individus, ainsi qu'aux groupes et à la société.

**Socialisation**
Processus par lequel on devient un être social, par l'ensemble des éléments de notre environnement social qu'on apprend et qu'on intériorise.

**Socialisation genrée**
Ensemble des éléments de son milieu social qu'on apprend et intériorise selon son sexe d'appartenance.

**Statut social assigné ou acquis**
Position d'un individu dans la hiérarchie sociale ; assigné quand il est déterminé par sa naissance ou acquis quand il l'est par son propre mérite.

**Stéréotype**
Représentation simplifiée à l'extrême des membres d'un groupe.

**Strate sociale**
Dans la théorie fonctionnaliste, vaste ensemble d'individus ayant un revenu, un niveau d'instruction et un prestige social comparables.

**Stratification sociale**
Ensemble des strates ou classes sociales d'une société.

**Structure sociale**
Ensemble des éléments servant au fonctionnement de la société à un moment donné.

**Suicide**
Acte de se donner soi-même la mort qui peut être positif ou négatif et accompli directement ou indirectement et en connaissance de cause.

**Suicide altruiste**
Type de suicide lié à un encadrement excessif ou à la perte de l'identité personnelle.

**Suicide anomique**
Type de suicide propre à une société qui manque de règles communes susceptibles de freiner les passions.

**Suicide égoïste**
Type de suicide lié à l'affaiblissement du lien social, au manque d'encadrement des individus.

**Surtravail**
Valeur du travail accompli par les classes sociales au service du capitalisme en sus de leur propre entretien.

**Symbole social**
Signification donnée par les humains à leurs actions et à leurs interactions.

**Traitement différencié**
Pratique différente selon la ou les caractéristiques sociales présumées chez l'autre.

**Valeur**
Idéal ou but vers lequel tendent les membres d'une société.

**Violence symbolique**
Fait d'imposer de manière consciente ou non ses façons de penser et d'agir à un individu ou aux membres des autres classes sociales.

**Visée scientifique**
Objectif de recherche qui, en sciences humaines, peut consister à décrire, à classifier, à expliquer ou à comprendre.

# BIBLIOGRAPHIE

ACCARDO, A. (1991), *Initiation à la sociologie. L'illusionnisme social. Une lecture de Bourdieu* (2ᵉ éd.), Bordeaux, Le Mascaret.

ADORNO, T. W. (1950), *The Authoritarian Personality*, New York, Harper and Row.

ALBERONI, F. (1994), *Le vol nuptial. L'imaginaire amoureux des femmes*, Paris, Plon.

ANGERS, M. (2009), *Initiation pratique à la méthodologie des sciences humaines* (5ᵉ éd.), Montréal, CEC.

BAUDELOT, C., et ESTABLET, R. (1992), *Allez les filles!*, Paris, Seuil, coll. Points actuels.

BAUMAN, Z. (1990), *Thinking Sociologically*, Oxford et Cambridge, Blackwell.

BEAUCHEMIN, J. (2002), « Le poids de la mémoire franco-québécoise dans un Québec pluraliste » dans *Globe : Revue internationale d'études québécoises, 5* (2), 21-55.

BEAUCHEMIN, J. (2007), « La mauvaise conscience de la majorité franco-québécoise », repéré le 2 avril 2012 à http://dx.doi.org/doi:10.1522/24901853.

BEAUCHEMIN, J. (2015), *La souveraineté en héritage*, Montréal, Boréal.

BELLER, E., et HOUT, M. (2006), « Intergenerational Social Mobility: The United States in Comparative Perspective » dans *The Future of Children, 16* (2), 19-36. doi:10.1353/foc.2006.0012.

BERNARD BARBEAU, G. (2015), *Québec Bashing. Analyse du discours entourant l'affaire Maclean's*, Montréal, Éditions Nota Bene.

BIRNS, B. (1986), « Les différences entre les sexes : leur émergence et leur socialisation au cours des toutes premières années de la vie » dans *La différence des sexes. Questions de psychologie*, 145-178, Paris, Éditions Tierce-Sciences.

BOUCHARD, P., et SAINT-AMANT, J.-C. (1996), *Garçons et filles, stéréotypes et réussite scolaire*, Montréal, Remue-ménage.

BOUDON, R., BESNARD, P., CHERKAOUI, M., et LÉCUYER, B.-P. (dir.) (1999), *Dictionnaire de sociologie*, Paris, Larousse-Bordas/HER.

BOURDIEU, P. (1979), *La distinction : critique sociale du jugement*, Paris, Les Éditions de Minuit.

CAZENEUVE, J. (1995), *La personne et la société*, Paris, Presses universitaires de France, coll. Le sociologue.

CHAMBERLAND, L., et SAEWYC, E. (2011), « Stigmatisation, vulnérabilité et résilience : la santé psychosociale des minorités sexuelles et de genre au Canada » dans *Revue canadienne de santé mentale communautaire, 30* (2), 7-11.

CHAUVEL, L. (1998), *Le destin des générations*, Paris, Presses universitaires de France.

CONWAY, J. F. (1995), *Des comptes à rendre. Le Canada anglais et le Québec, de la Conquête à l'accord de Charlottetown*, Montréal, VLB éditeur.

DAGENAIS, D. (2007), « Suicide des jeunes et crise de la famille : la question de l'anomie » dans *Neuropsychiatrie de l'enfance et de l'adolescence, 55* (5-6), 337-344.

DAGENAIS, D. (2011), « Le suicide des jeunes : une pathologie du devenir adulte contemporain » dans *Recherches sociographiques, 52* (1), 71-104.

DE COSTER, M. (1992), *Introduction à la sociologie* (3ᵉ éd.), Bruxelles, De Boeck Université, coll. Ouvertures sociologiques.

DE COSTER, M. (1996), *Sociologie de la liberté*, Bruxelles, De Boeck Université, coll. Ouvertures sociologiques.

DUMONT, F. (1971), *La vigile du Québec*, Montréal, Hurtubise HMH.

DUMONT, F. (1993), *Genèse de la société québécoise*, Montréal, Boréal.

DUMONT, F. (1995), *Raisons communes*, Montréal, Boréal, coll. Papiers collés.

DUPAYS, S. (2006), « En un quart de siècle, la mobilité sociale a peu évolué » dans *Données sociales – La société française*, INSEE, 343-349.

DURKHEIM, É. (1967a), *Le suicide* (2ᵉ éd.), Paris, Presses universitaires de France (édition originale : 1897).

DURKHEIM, É. (1967b), *Les règles de la méthode sociologique* (16ᵉ éd.), Paris, Presses universitaires de France.

ELIAS, N. (1939), *La société des individus*, Paris, Fayard, 1987.

FOURASTIÉ, J. (1979), *Les Trente Glorieuses ou la révolution invisible*, Paris, Fayard.

GOUX, D., et MAURIN, É. (1994), « Changer de place en France aujourd'hui » dans *Sciences humaines* (45), 19-24.

GRAND'MAISON, J. (1995), *Le défi des générations. Enjeux sociaux et religieux du Québec d'aujourd'hui*, Montréal, Fides (Cahiers d'études pastorales 15).

GRAWITZ, M. (dir.) (1999), *Lexique des sciences sociales*, Paris, Dalloz.

GUIONNET, C., et NEVEU, E. (2009), *Féminins/Masculins. Sociologie du genre* (2e éd.), Paris, Armand Colin.

GURVITCH, G. (1963), *La vocation actuelle de la sociologie, tome I : Vers la sociologie différentielle*, Paris, Presses universitaires de France.

HOFFMAN, L. W. (1986), « Les changements dans les rôles familiaux, la socialisation et les différences entre les sexes » dans *La différence des sexes. Questions de psychologie*, 185-213, Paris, Éditions Tierce-Sciences.

INKELESS, A. (1964), *What is sociology ?*, Englewood Cliffs, Prentice Hall.

INM (Institut de la statistique du Québec 2011), « La démographie en quelques statistiques », dans Fahmy, M. (dir.), *L'état du Québec 2011*, Montréal, Boréal.

KELLY, S. (2011), *À l'ombre du mur. Trajectoires et destin de la génération X*, Montréal, Boréal.

LAFONTANT, J. (1990), « Les classes sociales » dans Lafontant, J. (dir.), *Initiation thématique à la sociologie*, 399-441, Saint-Boniface (MB), Éditions des Plaines.

LANGLOIS, S. (2003), « Quatre décennies d'études sur la stratification sociale au Québec et au Canada : tendances et illustrations » dans *Lien social et Politiques - RIAC* (49), 45-70.

LAPLANTE, L. (1985), *Le suicide, les mythes, les tendances, les enjeux*, Québec, Institut québécois de recherche sur la culture.

MANNHEIM, K. (1928), *Le problème des générations*, Paris, Nathan, coll. Essais et Recherches, 1990.

MARX, K., et ENGELS, F. (1952), *Les luttes de classes en France, 1848-1850*, Éditions sociales.

MEAD, M. (1963), *Mœurs et sexualité en Océanie*, Paris, Plon (édition originale états-unienne : Morrow, 1935).

MEMMI, A. (1957), *Portrait du colonisé*, Paris, Petite Bibliothèque Payot n° 212, 1973.

MEMMI, A. (1982), *Le racisme*, Paris, Gallimard.

MERTON, R. K. (1997), *Éléments de théorie et de méthode sociologique*, Paris, Armand Colin, traduit de la 2e édition, 1957.

MICHEL, A. (dir.) (1998), *Dictionnaire de sociologie*, Paris, Encyclopaedia Universalis et Albin Michel.

MILLS, C. W. (1959), *L'imagination sociologique*, Paris, La Découverte, coll. Sciences humaines et sociales, 1997.

MOLÉNAT, X. (2009), « La mobilité sociale en panne » dans *Sciences humaines* (209), 16-21.

MONOD, J.-C. (2016), « Les luttes pour la reconnaissance » dans *Sciences humaines* (277), 50-53.

MYERS, D. G., et LAMARCHE, L. (1992), *Psychologie sociale*, Montréal, McGraw-Hill.

NEWMAN, P. C. (1981), *L'establishment canadien*, Montréal, Les Éditions de l'Homme.

PAUGAM, S. (1993), « La dynamique de la disqualification sociale » dans *Sciences humaines* (28), 16-20.

PINÇON, M., et PINÇON-CHARLOT, M. (2007), *Sociologie de la bourgeoisie*, Paris, La Découverte.

PORTER, J. (1965), *The Vertical Mosaic : An Analysis of Social Class and Power in Canada*, University of Toronto Press.

POTTER, A. (20 mars 2017), « How a snowstorm exposed Quebec's real problem: social malaise », dans *Maclean's* à http://www.macleans.ca/news/canada/how-a-snowstorm-exposed-quebecs-real-problem-social-malaise/.

QUÉBEC (2011), « Le Québec chiffres en main », Institut de la statistique du Québec, repéré le 16 mars 2012 à http://www.stat.gouv.qc.ca/publications/referenc/qcem/principale.htm.

QUÉBEC, Assemblée nationale, Commission sur l'avenir politique et constitutionnel du Québec, Campeau, J., et Bélanger, M. (1991), *Rapport de la Commission sur l'avenir politique et constitutionnel du Québec*.

RICARD, F. (1992), *La génération lyrique. Essai sur la vie et l'œuvre des premiers-nés du baby-boom*, Montréal, Boréal.

RIESMAN, D. (1964), *La foule solitaire. Anatomie de la société moderne*, Paris, Arthaud.

ROCHER, G. (1969), *Introduction à la sociologie générale, tome 1*, Montréal, HMH.

SCHAEFER, R. T. (1986), *Sociology*, 2e éd., McGraw-Hill.

SCHNAPPER, D. (1998), *La relation à l'autre. Au cœur de la pensée sociologique*, Paris, Gallimard.

SCHNAPPER, D. (1999), « L'Autre est un autre moi-même » dans *Commentaire*, 22 (85), 129-136.

TAYLOR, C. (1991), *The Malaise of Modernity*, House of Anansi Press.

VERBOCZY, A. (2016), *Rhapsodie québécoise. Itinéraire d'un enfant de la loi 101*, Montréal, Boréal.

WEBER, M. (1964), *L'éthique protestante et l'esprit du capitalisme*, Paris, Plon (édition originale : 1947).

WEINBERG, A., et JOURNET, N. (1994), « À la recherche de la mobilité » dans *Sciences humaines* (45), 16-18.

# INDEX

CE LIVRE A ÉTÉ ACHEVÉ D'IMPRIMER EN JUIN 2021
SUR LES PRESSES DE L'IMPRIMERIE HLN.

# The
# New International
# Lesson Annual

## *2013-2014*

### September–August

Abingdon Press
Nashville

THE NEW INTERNATIONAL LESSON ANNUAL 2013–2014

*Copyright © 2013 by Abingdon Press*

*This book is printed on acid-free paper.*

ISBN 978-1-4267-3945-3

ISSN 1084-872X

13 14 15 16 17 18 19 20—12 11 10 9 8 7 6 5 4 3 2 1

MANUFACTURED IN THE UNITED STATES OF AMERICA

# PREFACE

Welcome! You hold in your hands a resource used by the global community of Bible students and teachers who study resources based on the work of the Committee on the Uniform Series, known by many as the International Lesson Series. *The New International Lesson Annual* is designed for teachers who seek a solid biblical basis for each session and a step-by-step teaching plan that will help them lead their classes. *The New International Lesson Annual* can be used with any student curriculum based on the International Lesson Series. In many classes, both the students and teacher rely on *The New International Lesson Annual* as their companion to the Bible.

During the Sunday school year that extends from September 2013 through August 2014, we will focus on four themes: *creation, justice, tradition,* and *community.* During the fall quarter, we will explore the theme of creation by delving into Genesis and Exodus in a course titled "First Things." "Jesus and the Just Reign of God," the course for the winter, examines portions of Luke and James to consider what justice means in God's kingdom. In the spring we will look at various books of both the Old and New Testaments to discern the connection between Jesus and the Hebrew Scriptures in "Jesus' Fulfillment of Scripture." We conclude the year with a study of Nehemiah, Haggai, Romans, and 1 and 2 Corinthians to see "The People of God Set Priorities."

As you examine *The New International Lesson Annual,* notice the following features that are especially valuable for busy teachers who want to provide in-depth Bible study experiences for their students. Each lesson includes the following sections:

**Previewing the Lesson** highlights the background and lesson Scriptures, focus of the lesson, three goals for the learners, a pronunciation guide in lessons where you may find unfamiliar words or names, and supplies you will need to teach.

**Reading the Scripture** includes the Scripture lesson printed in both the *New Revised Standard Version* and the *Common English Bible.* By printing these two translations in parallel columns, you can easily compare them for in-depth study. If your own Bible is another version, you will then have three translations to explore as you prepare each lesson.

**Understanding the Scripture** closely analyzes the background Scripture by looking at each verse. Here you will find help in understanding concepts, ideas, places, and people pertinent to each week's lesson. You may also find explanations of Greek or Hebrew words that are essential for understanding the text.

**Interpreting the Scripture** looks at the lesson Scripture, delves into its meaning, and relates it to contemporary life.

**Sharing the Scripture** provides you with a detailed teaching plan. Written by your editor, who is a very experienced educator, this section is divided into two major sections: *Preparing to Teach* and *Leading the Class.*

In the *Preparing to Teach* section you will find a devotional reading related to the lesson for your own spiritual enrichment, as well as ideas to help you prepare for the session.

The *Leading the Class* portion begins with "Gather to Learn" activities designed to welcome the students and draw them into the lesson. Here the students' stories and experiences or other contemporary stories are highlighted as preparation for the Bible story. The next three headings of *Leading the Class* are the three "Goals for the Learners." The first goal always focuses on the Bible story itself. The second goal relates the Bible story to the lives of the learners. The third goal encourages the students to take action on what they have learned. You will find diverse activities to appeal to a wide variety of learning styles, which may include among other strategies listening, reading, writing, speaking, singing, drawing, conducting research, interacting with others, and meditating. The lesson ends with "Continue the Journey," where you will find closing activities, preparation for the following week, and ideas for students to commit themselves to action during the week.

In addition to these weekly features, each quarter begins with the following helps:

- **Introduction to the Quarter** offers a quick survey of each lesson to be studied during the quarter. You will find the title, Scripture, date, and a brief summary of each week's basic thrust. This feature is on the first page of each quarter.
- **Meet Our Writer,** which follows the quarterly introduction, provides biographical information about each writer, including education, pastoral and/or academic teaching experience, previous publications, and family information.
- **The Big Picture,** written by the same writer who authored the quarter's lessons, is designed to give you a broader scope of the materials to be covered than is possible in each weekly lesson. You will find this background article immediately following the writer's biography.
- **Close-up** furnishes additional information, such as a timeline, chart, overview, short article, map, or list that you may choose to use for a specific week or anytime during the quarter, perhaps even repeatedly.
- **Faith in Action** describes ideas related to the broad sweep of the quarter that the students can use individually or as a class to act on what they have been studying. These ideas are usually intended for use beyond the classroom.

Finally, two annual features are included:

- **List of Background Scriptures** is offered especially for those of you who keep back copies of *The New International Lesson Annual*. This feature, found immediately after the contents, will enable you to locate Bible background passages used during the current year.
- **Teacher Enrichment Article,** which follows the List of Background Scriptures, is intended to be useful throughout the year. We hope you will read it immediately and refer to it often. This year's article, "Leading a Class of Adult Learners," focuses on traits of adult students and how you can capitalize on those traits for maximum learning.

We welcome your suggestions! We want *The New International Lesson Annual* to be the first resource you consult when planning your lesson. Please send your questions, comments, and suggestions to me. I invite you to include your e-mail address and/or phone number. I will respond as soon as your message reaches my home office in Maryland.

Dr. Nan Duerling
Abingdon Press
P.O. Box 801
Nashville, TN 37202

All who use *The New International Lesson Annual* are blessed by the collective community of readers. As you lead this study, we pray that you and the students will be guided by the Word of God and the power of the Holy Spirit so as to be transformed and conformed to the image of our Lord and Savior Christ.

Nan Duerling, Ph.D.
Editor, *The New International Lesson Annual*

# CONTENTS

FIRST QUARTER

## First Things
September 1, 2013–November 24, 2013

### UNIT 1: FIRST DAYS
(September 1–29)

### UNIT 2: FIRST NATION
(October 6–27)

## UNIT 3: FIRST FREEDOM
### (November 3–24)

## SECOND QUARTER

# Jesus and the Just Reign of God
### December 1, 2013–February 23, 2014

## UNIT 1: GOD SENDS JESUS
### (December 1–29)

## UNIT 2: JESUS USHERS IN THE REIGN OF GOD
### (January 5–26)

## UNIT 3: JESUS' USE OF SCRIPTURE
(May 4–25)

### FOURTH QUARTER

# The People of God Set Priorities
June 1, 2014–August 24, 2014

### UNIT 1: HOPE AND CONFIDENCE COME FROM GOD
(June 1–22)

### UNIT 2: LIVING AS A COMMUNITY OF BELIEVERS
(June 29–July 27)

## UNIT 3: BEARING ONE ANOTHER'S BURDENS
### (August 3–31)

# LIST OF BACKGROUND SCRIPTURES

## Old Testament

| | | | |
|---|---|---|---|
| Genesis 1–2 | September 8 | Leviticus 19:18 | May 25 |
| Genesis 3 | September 15 | Leviticus 25:8-55 | May 11 |
| Genesis 5:1-2 | September 8 | Deuteronomy 4:35 | May 25 |
| Genesis 6:9–9:28 | September 22 | Deuteronomy 6:1-9 | May 25 |
| Genesis 11:1-9 | September 29 | Deuteronomy 6:13-16 | May 4 |
| Genesis 12:1-7 | October 6 | Deuteronomy 8:3 | May 4 |
| Genesis 13 | October 6 | 2 Samuel 7:1-17 | March 2 |
| Genesis 15:1-6 | October 20 | Nehemiah 7:1-7 | June 22 |
| Genesis 15:7-21 | October 6 | Psalm 89:3-14, 30-37 | March 9 |
| Genesis 16 | October 20 | Psalm 91:11-12 | May 4 |
| Genesis 17:1-14, 18, 20-27 | October 20 | Psalm 104 | September 1 |
| Genesis 17:8 | October 6 | Psalm 110 | March 16 |
| Genesis 17:15-17 | October 13 | Isaiah 9:1-7 | March 9 |
| Genesis 18:9-15 | October 13 | Isaiah 29:13-14a | May 18 |
| Genesis 21:1-7 | October 13 | Isaiah 52:13–53:12 | April 27 |
| Genesis 21:9-21 | October 20 | Isaiah 56:6-8 | April 6 |
| Genesis 26:1-25 | October 20 | Isaiah 61:1-2 | May 11 |
| Genesis 27:19-29 | October 27 | Jeremiah 7:8-15 | April 6 |
| Genesis 28:1-4, 10-22 | October 27 | Jeremiah 23:5-6 | April 13 |
| Genesis 32:22-30 | October 27 | Hosea 6:1-3 | April 20 |
| Genesis 35:9-15 | October 27 | Haggai 1:1-11 | June 1 |
| Exodus 1–4 | November 3 | Haggai 1:12–2:9 | June 8 |
| Exodus 6:2-30 | November 10 | Haggai 2:10-19 | June 15 |
| Exodus 12 | November 10 | Haggai 2:20-23 | June 22 |
| Exodus 13:17-22 | November 17 | Zechariah 4 | June 22 |
| Exodus 14 | November 17 | Zechariah 6:9-15 | April 13 |
| Exodus 20 | May 18 | Zechariah 9:9-10 | March 30 |
| Exodus 35–40 | November 24 | | |

## New Testament

| | | | |
|---|---|---|---|
| Matthew 1:18–2:6 | March 9 | Acts 2:22-36 | March 16 |
| Matthew 4:1-11 | May 4 | Romans 3:31 | May 18 |
| Matthew 5:17-48 | May 18 | 1 Corinthians 1:10-17 | June 29 |
| Matthew 15:1-19 | May 18 | 1 Corinthians 6:12–7:9 | July 6 |
| Matthew 21:1-11 | March 30 | 1 Corinthians 8 | July 13 |
| Mark 11:15-19 | April 6 | 1 Corinthians 10:1-22 | July 20 |
| Mark 12:28-34 | May 25 | 1 Corinthians 14:13-26 | July 27 |
| Mark 12:35-37 | March 9 | 2 Corinthians 1:3-11 | August 3 |
| Luke 1:26-33 | March 9 | 2 Corinthians 1:23–2:17 | August 10 |
| Luke 1:26-45 | December 1 | 2 Corinthians 4:2-15 | August 17 |
| Luke 1:46-56 | December 8 | 2 Corinthians 6:1–7:4 | August 24 |
| Luke 1:57-80 | December 15 | 2 Corinthians 8–9 | August 31 |
| Luke 2:1-20 | December 22 | Hebrews 7:13 | April 13 |
| Luke 2:21-40 | December 29 | James 1:19-27 | February 2 |
| Luke 4:14-21 | May 11 | James 2:1-13 | February 9 |
| Luke 6:1-47 | January 5 | James 2:14-26 | February 16 |
| Luke 6:17-36 | January 12 | James 3:1-12 | February 23 |
| Luke 14:7-24 | January 19 | Revelation 3:7 | March 23 |
| Luke 16 | January 26 | Revelation 5:5-13 | March 23 |
| Luke 24:1-12 | April 20 | Revelation 6:12–7:17 | March 23 |
| Luke 24:25-27, 44-50 | April 27 | Revelation 22:16 | March 23 |
| John 19:1-5 | April 13 | | |

# Teacher Enrichment: Leading a Class of Adult Learners

Most adults have had the opportunity to attend school, so leaders and participants in adult Sunday school will have similar recollections about what it means to be a student. High school and college classes typically focus on a subject that the student is expected to master, whether that material is relevant to the student's future or not. Teachers take primary responsibility for ensuring learning. They create assignments, remind the students when homework is due, and even tutor them as necessary. Students often enroll in a class because it is mandated for their diploma or degree, not because they have any interest in the subject. In addition to having no interest in the subject, younger students may have no experience with it either.

Adult learners, however, bring very different perspectives and expectations to the table, especially when enrolled in a voluntary course such as Sunday school. They take time from their busy schedules to come faithfully each week because they truly want to learn. The subject matter is of vital importance to them. They will not only study on Sundays but often throughout the week. Although some adults will come mainly for the fellowship, most will be in Sunday school because they have "a need to know." Many adults will come with specific questions to be answered or problems to be solved. They are not just interested in theory but also want to know how that theory affects their lives in a practical way. Adults have a lot of life experience and knowledge that will help them determine which answers or solutions work best for them. Some adults will be ready to put what they have learned about how to be God's people into action by serving others. These students want ideas as to who they can help, how they can assist, and where they can go to be of service.

In contrast to children and youth, who often have similar levels of information and questions at their respective age levels, adults are not so easily categorized. If you are a seasoned teacher, you may recall the days when a class of "newly marrieds" or "parents of school-aged children" or "retirees" would include people of roughly the same age who shared common interests and life concerns. To some extent, those assumptions are still true, but not as rigidly so as they once were. I remember attending our thirtieth high school reunion. Working our way around the room, my husband (also a classmate) and I learned that some of our peers were grandparents, some still had children at home, some of us had not had children, some had never married, a few were already widowed, and one of our number had just celebrated the birth of his first child. Similarly, some of us had gone to college, perhaps even earned advanced degrees, while others had gotten jobs or entered the military right out of high school. Some were in the prime of their working years, several had changed careers and were starting anew, some of the women had returned to work after raising children, and a few of our number were looking forward to early retirement. All 644 of our class members had graduated in 1965, but by the time we had reached age forty-eight, our lives were very different—probably far more varied than the lives of our parents or grandparents were at the same age. Given all of these variations, is it any wonder that the adults of a particular Sunday school class—even if they are the same age and grew up in the same place and even attended a handful of neighboring churches—bring very different needs, experiences, and ideas to the table?

So what can you as the class leader do to help each adult feel that the time spent in class is worth his or her time because it will enhance spiritual growth? Let me share with you some ideas that you may find useful. The first has to do with one's image as a teacher. Do you see yourself as the guru? the facilitator? the co-learner? Although you may have more degrees and teaching experience than the students, it is important to honor their knowledge and experiences. See yourself as a co-learner whose job it is to facilitate learning. Ask open-ended questions and engage in dialogue so that the adults can share their considerable knowledge with the class. Be respectful of their contributions and encourage the students to be respectful of one another. They can certainly disagree—without being disagreeable.

As a facilitator you will want to have a lesson plan. Recognize, however, that adults may want to follow a line of inquiry that may not go as you have planned. Although you do not want to get off on a tangent or allow one person to monopolize the discussion, you do need to be sensitive to the students' input into the learning process. They may have stories to share, or problems to solve, or questions to ask, either about the Bible text itself or about how it relates to life in the twenty-first century. Adults can learn much from the shared experiences of the group, so encourage as much participation as possible.

Over the years, adults become aware of how they can best learn. Although lectures have figured prominently in most adult secular and religious education for many years, fewer and fewer adults are willing to sit through a lecture. Yes, by all means, if you need to give some background history, prepare a brief lecture. Use it to give information that the adults might have never encountered or might have forgotten if they did once know it. Not everyone retains all that is heard, and some students may have hearing challenges. Find ways to appeal to other students' preferred learning styles. Some will fare better if they read the information for themselves, rather than just hear it. Others will need to see a visual representation. Still others may need to act out or make some movement or write notes to experience the idea or scene. Another group may want to sing a song that tells the story or tap out a rhythm. Some adults do best if they have an opportunity to interact with a group in a collaborative fashion; others prefer to look inward, perhaps by writing a journal entry. Let's be realistic: you will not be able to include all of these learning styles in every lesson, but you likely can include several of them. By being aware that different students call upon different types of intelligences to learn, you will be able to increase their interest, their immersion in the topic, and consequently, their attendance. They will feel as if they are really "getting something" from the time they spend in class.

What we have been talking about requires a shift in the way many adult Sunday school teachers teach. When the lecture is the primary means of communication, the lesson is very teacher-centered and controlled. The teacher is the guru with the knowledge who imparts it to the learners. But we are talking about adults here. Most adults prefer a learner-centered classroom. Yes, they want to receive knowledge (as in the brief lecture), but they also want an opportunity to interpret it, question it, and see how it fits (or collides) with their established values and ideas. If you are leading a Bible 101 class, you may need to offer more guidance to the students. But the adults who choose a class based on the Uniform Series have likely been Bible students for a long time and have their own agendas about what they want to learn.

To create a learner-centered environment, the teacher needs to take individuals and groups into account. For example, if the ages of the class members span several decades, life-shaping influences will vary greatly. Having grown up during a time of prosperity, baby boomers may make assumptions about money that would be quite foreign to their parents who vividly recall the sacrifices of World War II and likely have childhood memories of the Great Depression. Similarly, the explosion of technology has created a divide between those who have access to it and those who do not. Suggesting Internet research, for example, may be quite familiar to some and completely alien to others. Likewise, one group may feel it is perfectly acceptable to post private information on social media, whereas another group in the class may find the idea of sharing with others something as mundane as dinner or as personal as the ultrasound of a fetus to be beyond the boundaries of privacy and good taste. Furthermore, it is more likely (though not a given) that the older members of your class grew up in church and attended Sunday school regularly, whereas many younger members did not attend at all or attended on a sporadic basis. Consequently, you will not be able to assume a common base of knowledge but will need to ensure that everyone is "on the same page." What we are pointing out here is that different people within the same class may have very different ideas, assumptions, and experiences that you need to be aware of. These differences often reveal themselves in the way people interpret a Bible story or define even a well-worn "church word," such as *grace* or *salvation*. The message that one student hears may be quite different from what another student hears. Misunderstandings can arise and bad feelings can ensue when one person insists on the "correctness" of his or her perspective without taking into account the experiences that have shaped other people's points of view.

You will find it useful to get to know each individual in the class as well as possible. That knowledge will enable you to target lessons to the learning styles, interests, and concerns of regular participants. Be careful, though, not to get so comfortable that newcomers do not feel that there is any space for them. Be mindful of what the class is telling you in terms of their learning preferences, but do continue to try new ideas. I once had a class that would raise a hue and cry whenever I suggested working in groups of three or four. At first they could not tell me why they wanted to work together in a class of twenty or so, but they were adamant about that. One class meeting a student piped up when I suggested one activity involving a small group and said, "If we work in groups, we don't get to hear what everyone else has to say." The source of the discomfort had finally been identified. I continued to use small groups sparingly, but when I did I made sure that everyone came together to share highlights of their group discussions. This seemed to satisfy them to the point that the students actually *chose* a Bible study that clearly required small group work! When we finished, everyone agreed that they had learned much and grown spiritually from that study, which a few years prior they would never have considered. We grew in our relationship with one another and with Christ. I knew and the class members knew how they learned best, but by taking a risk we all stretched and grew as "learners"—which is another word for "disciples."

As the leader of the class, you will also need to be sensitive to the learning environment and how well it works for those who currently attend—and those who may want to attend. Do any of the students have mobility challenges? If so, are you in a space where someone with a cane, walker, or wheelchair can easily reach the room and safely maneuver within it? If not, what changes can you make? If there are stairs, installing an elevator or ramp would make the room accessible, but that is an option that not all congregations can afford. Would it be possible for the class to find other meeting space that can be reached without climbing stairs? Do any of the students have hearing impairments? If so, could the class meet in the quietest space available to minimize extraneous noise? Could chairs be arranged in a circle or U-shape so that speakers are looking at one another's faces rather than the backs of heads? As the leader, you may need to repeat comments to ensure that everyone has heard what is being said. Are there current or prospective class members who have visual impairments? A whiteboard or newsprint (also known as chart paper) can help, provided you or the class scribe prints in large, bold letters. Black markers are easier to read than other colors. Minimize glare. Also be aware of the temperature in the room. If a learning space is consistently too hot or too cold, people may stop coming because they are uncomfortable. Perhaps this problem can be solved by having a designated person set a thermostat so that heat or air conditioning will come on in time for the room to reach a comfortable temperature. Talk with the church trustees to secure a fan, window air conditioner, or auxiliary heater to keep the room comfortable. Make sure that someone familiar with the electrical system in the church does the actual hookup, lest you find that circuits are tripping due to an overload.

Insofar as you are able, extend your role as a leader beyond the Sunday school hour. Take attendance each week and note the names of those who are absent. Students appreciate knowing that they have been missed. If you are unable to phone or send a card or e-mail during the week, enlist the help of a class secretary to do that. If you find that there is illness or crisis, let the pastor know and, if possible, visit this student. Pray for and with this person. To help build camaraderie among the group, try to arrange occasional outings. Some may be purely social, such as a class picnic. Others may combine fellowship with another purpose, such as having dinner and enjoying a Christmas concert together. Perhaps the class can expand its educational horizons by attending a lecture or other special event featuring a biblical scholar. Many seminaries have such events that are open to the public. Working together on a mission project is another excellent way to build up the group spiritually and personally, as well as serve people in need.

As you reach the end of this article, you may be feeling overwhelmed, especially if you are a new teacher. Relax. You will quickly establish priorities for leading your own class. Over time you will find ways to incorporate more and more of our suggestions. Ask an experienced teacher or your pastor to work with you as a mentor. Most important, whether you are new to this ministry or have been teaching for decades, remember that God not only has called you but also will continue to equip you. During your devotional and study time, ideas will "Spirit" into your heart and mind that will help you lead. Class members will be supporting you as well, for they want you to be an effective leader. Together, all of you will be able to learn more about God's Word and draw closer to Christ so as to be transformed and conformed to his image. And that, dear leader, is the ultimate goal that you and the students are pressing forward to reach.

# FIRST QUARTER
## First Things

---

### SEPTEMBER 1, 2013–NOVEMBER 24, 2013

The lessons for September, October, and November focus on God's creative work as seen in stories found in Genesis and Exodus. The sessions from Genesis begin with the creation of the world and of humanity in God's own image, and then go on to trace God's creation of a nation founded upon Abraham and Sarah. The lessons from Exodus explore how God prepares and liberates their heirs from slavery in Egypt.

In the five sessions of Unit 1, "First Days," we will explore Israel's earliest stories in Genesis 1–11. These sessions delve into God's role as the Creator of nature, humanity, and a covenant community. Psalm 104:5-9, 24-30 sets the stage on September 1 for the fall quarter by exalting the handiwork of God in a session titled "God Creates." On September 8 we discover more about God's creation of humanity by studying "God's Image: Male and Female" as presented in Genesis 2:18-25. The session for September 15 from Genesis 3:8b-17 investigates the consequences of choices in "Knowledge of Good and Evil." After destroying the earth with a flood, God makes "An Everlasting Covenant" with all creation, according to Genesis 9:8-17, the lesson Scripture for September 22. The first unit concludes on September 29 with a discussion of the story of the tower of Babel from Genesis 11:1-9 in which "God Scatters the Nations."

"First Nation," a four-session unit from Genesis 12–35, considers the promises that God made to Abraham concerning heirs and land, and demonstrates how these promises continue to be fulfilled over several generations. God's covenant with Abraham that includes "A Promise of Land" is the core of the session for October 6 from Genesis 15:7-21. On October 13 we learn from Genesis 17:15-17; 18:9-15; 21:1-7 that with the birth of Isaac God has kept "A Promise to Sarah." The sibling rivalry and ultimately "A Blessing for Ishmael and Isaac" is explored on October 20 as we survey lesson Scripture from Genesis 21:12b-14, 17-21; 26:2-5, 12-13. The second unit closes on October 27 with "The Blessing Passes to Jacob," which looks at Genesis 28:1, 10-22.

Over the course of four sessions from Exodus, Unit 3, "First Freedom," examines the power of God to save the Hebrew people from oppression. God raises up Moses as a leader, delivers the people from slavery, and guides them as they start life as a freed nation. On November 3, we will read Exodus 3:7-17 to hear God's call to Moses to lead the people out of Egypt and his response in "Preparation for Deliverance." Exodus 12:1-14, the lesson Scripture for November 10, describes the "Beginning of Passover," which God instituted to help the people to remember and celebrate their liberation from Pharaoh. Moving from despair to deliverance the Israelites experience the "Beginning of Freedom" as recorded in Exodus 14:21-30, the Scripture lesson for November 17. On November 24 the third unit ends with an exploration of Exodus 40:16-30, 34, 38, which reports on the "Beginning of the Tabernacle."

---

# MEET OUR WRITER

## DR. JEROME F. D. CREACH

Jerome F. D. Creach is the Robert C. Holland Professor of Old Testament at Pittsburgh Theological Seminary (PTS) where he has taught since 2000. Before accepting his current post he taught at Barton College in Wilson, N.C. (1994–2000), the College of William & Mary (1993–94), and the Baptist Theological Seminary at Richmond (1991–92). In addition to his work at PTS, Dr. Creach preaches and teaches frequently in churches in the Pittsburgh area. He has also taught and lectured at many retreat centers, churches, and other academic institutions.

Creach earned his Ph.D. at Union Presbyterian Theological Seminary (formerly Union Theological Seminary in Virginia) in 1994. His work there focused on the Book of Psalms. He has published three books on the Psalms: *Yahweh as Refuge and the Editing of the Hebrew Psalter* (Sheffield: Sheffield Academic, 1996); *Psalms* (Interpretation Bible Studies; Louisville: Geneva, 1998); *The Destiny of the Righteous in the Psalms* (St. Louis: Chalice, 2008). He has also written a commentary on the Book of Joshua in the series *Interpretation: A Commentary for Teaching and Preaching* (Louisville: Westminster John Knox, 2003) and a book on violence in the Bible for the series *Interpretation: Resources for the Use of Scripture in the Church* (Louisville: Westminster John Knox, forthcoming). He is an active member of the Society of Biblical Literature and the Catholic Biblical Association.

Dr. Creach is a Minister of the Word and Sacrament in the Presbyterian Church (U.S.A.). He is married to Page L. D. Creach, who is pastor of United Presbyterian Church in Freeport, Pennsylvania. They have two children, Adair, who is a student at the College of Wooster, and Davis, age eleven. In his spare time Dr. Creach enjoys hiking, camping, and fishing. He is an avid fan of the Pittsburgh Steelers.

# THE BIG PICTURE: CREATION

The theme of this series of lessons is "creation" with an emphasis on "first things." Most of the lessons come from the books of Genesis and Exodus, with one lesson from Psalm 104, a beautiful hymn about God as creator. In addition to passages that deal directly with creation, the lessons include passages about God's call of Abraham and God's rescue of Abraham's descendants from slavery in Egypt. The passages about Abraham and the Exodus may not seem to belong under the rubric of creation. A close reading of these passages, however, shows that God chose Abraham and Sarah to help fulfill God's intention to bless all humankind. The Exodus story also is told with creation language; Pharaoh appears as the anti-creator, one who opposes what God intended in creation. Therefore, God's battle with Pharaoh and the Egyptians is really an attempt to maintain the stability of creation and to continue to bless all people. Hence, the theme of creation rightly serves as the unifying subject of these lessons.

## God Creates

The first unit of lessons includes Psalm 104 and selected passages from Genesis 1–11. To understand what these passages say to us it may be helpful to begin with the word "create." This is, after all, how the Book of Genesis starts: "In the beginning when God created." Two points about the word "create" are extremely important. First, the Hebrew word has only God as its subject. Hence, God's action and God's initiative will be primary in passages that speak of God creating. These passages inherently call us to trust in and rely on God rather than on our own ability or strength. Second, the word "create" does not refer to a one-time action that set the world in motion. It refers to the ongoing activity of God to shape the world according to God's desire for goodness and well-being. For this reason the psalmist prays, "*Create* in me a clean heart" (Psalm 51:10, emphasis added). The prophet in Isaiah 40–55 continually appeals to God as creator to encourage God's people in exile that God will restore their lives to order and purpose (see especially Isaiah 45:18-19). Hence, the passages that speak of God as creator are not so concerned with what happened "in the beginning" as they are with how God continues to create our lives according to God's will.

The character of God's ongoing creative work is apparent in the way God creates in Genesis 1. The passage says that when God created the heavens and the earth "the earth was a formless void and darkness covered the face of the deep" (1:2). In other words, God's creative efforts are concerned mainly with bringing order and purpose out of what is chaotic and disordered. Thus, Genesis 1:6-13 focuses on God giving limits to the waters: God places a dome in the heavens to hold back the water that ancient people believed was above (Genesis 1:6-7); then God pushes the water below the dome into seas (Genesis 1:9-10) so dry land can appear and life on earth can be possible (Genesis 1:11-12). Because of the belief that water is all around the earth, Psalm 104:5 says the earth is set on pillars to make it stable, like a pier that is anchored in the ocean: "You set the earth on its foundations, so that it shall never be shaken." Although these descriptions of God creating focus on the *start* of things, Psalm 104 makes clear that the concern for God's creative work is ongoing. All the creatures of earth continually depend on God's provision of order (Psalm 104:10-23) and God's spirit "renews" the earth (104:30).

Two additional observations about the nature of God's creating seem important. First, it may strike some modern readers as odd that the biblical creation accounts do not describe God making something out of nothing. The main point rather is that God takes what is chaotic and disordered and gives it order and purpose. This suggests that we not read the passages about God creating the world as claims that oppose scientific explanations of the origins of the universe. Instead, we should focus on the picture of God as one who continually shapes, maintains, and protects the order of creation.

Second, the stability of the world—the fact that the waters remain in their places—is a primary sign of God's grace. This may be the main point of the story of the Flood in Genesis 6–9. The account begins, of course, with God allowing creation to come undone so that the waters returned upon the earth. Note that Genesis 7:11 says the Flood happened when "the fountains of the great deep burst forth, and the windows of the heavens were opened." In other words, God allows the limits God set on the waters in Genesis 1:6-10 to be broken. But the story ends with God reestablishing the order of creation and declaring that this kind of creation reversal will never happen again. Moreover, in Genesis 8:21 God promises to maintain this order despite the fact that "the inclination of the human heart is evil from youth" (note the NIV translation, which indicates that God determines to keep creation intact "even though" humans continue to be evil). Humankind did not learn to be more obedient as a result of the Flood, but God promises to be patient with the disobedient creatures.

This picture of God as creator that comes from these passages is rather remarkable. Although God is all powerful and reigns over the whole creation, God is patient and forbearing with God's creatures. Also, God is intimately connected to God's creatures. As Genesis 6:6 indicates, when God's creatures are rebellious and turn to violence and destructiveness, God grieves over them. This picture of God, in turn, helps shape the expectations of humankind in the creation passages. As creatures made in the "image of God" (Genesis 1:26-28), human beings have the responsibility of caring for the world and maintaining its good order.

This role of humankind develops particularly in Genesis 2:4b-25, which describes human beings in relationship to the earth. When Genesis 2:7 says God made the first human from the dust of the ground, the text refers to the human with a word (*adam*) from the same root as the word for "ground" or "soil" (*adamah*). Thus the human comes from and is dependent on the earth. All the other living things, both plants (2:9) and animals (2:19) came from the ground as well. The human, however, was given the special task of caring for the ground out of which he had been taken. This calling is described by two words: most modern translations render the first term "till" and the second term "keep." But the first word really means "to serve" as in religious service (Exodus 9:1, 13). Therefore, the implication of the man being put in the garden "to serve" seems to be that human needs are secondary to the needs of the earth. The man is literally meant to be a servant of the creation and of the ground. The second term, "keep," is often connected to keeping Torah (Exodus 13:10). In some texts this word also refers to care for the poor and vulnerable (Psalms 16:1; 17:8). Although this language can be used to communicate other types of service and caregiving, it is striking in this context of agriculture. It seems clear the human is appointed as one responsible for preventing abuse and misuse, for keeping God's creation intact.

## God Creates and Calls a People

The next set of passages focus on the call of Abraham (first known as Abram) and the covenant God establishes with him. Although this story may seem like a completely new chapter in the Genesis story and may seem to have little to do with the stories of creation, it actually follows rather closely some concerns of Genesis 1. For example, the blessing God bestowed on the first humans is now given to Abraham. God said to Abraham, "I will bless you" (Genesis 12:2) using the same word as in Genesis 1:28 ("God blessed them"). Later passages about the covenant with Abraham include the promise to "be fruitful" (Genesis 17:6), which also draws from Genesis 1:28. Hence, Abraham has become the focus of God's work with humankind.

Abraham does not just inherit the blessings of humanity to the exclusion of the rest of humankind. God bestows the blessing on Abraham so God can continue to work for the good of all creation. This means in part that humankind in general failed to respond to God's blessing. We see this in Genesis 11:1-9, the story of the tower of Babel. The people there seem intent on taking the place of God by their efforts to build "a tower with its top in the heavens" (11:4). Through this effort the people of Babel would try to "make a name" for themselves (11:4). This kind of prideful action that disregards God is always dangerous because it typically leads to violence and injustice (see Psalm 14:1). Therefore, God calls Abraham to help restore the blessings of goodness and well-being to the whole creation.

The role of Abraham as protector of creation depends on Abraham's faith and dependence on God. Therefore, the call of Abraham is presented as God's completely new and radical act, like God making and blessing the first humans. This is apparent in God's instructions to Abraham to leave his country, his kindred, and his father's house (Genesis 12:1). Modern Western readers can hardly conceive of the break God is here outlining for Abraham. The three circles of associations—country, kindred, father's house—communicate an increasingly narrow field of relationships that gave a person in the ancient Near East his or her identity and security. Particularly the latter, the household of the father, was the identifying mark of a person. The story of nearly every Old Testament figure is related directly to such identity and the inheritance that went along with it: Jacob tricks Esau out of his birthright, the sign of having first place in the household of the father; Joseph, though last in line for inheritance in the household of his father, is nevertheless favored, thus producing anger in his brothers. Hence, God's call for Abraham to leave his father's house indicates that God is giving him a new identity and a new purpose in the world. God is starting over with this man to work out the blessing for humankind God intended in the beginning.

God gives Abraham a blessing so Abraham can in turn help all humankind be blessed as well (Genesis 12:3). One way this works out is through Abraham's unique role as a witness to justice and righteousness. In the story of God's destruction of Sodom God muses as to whether God should keep from Abraham what is about to happen to the city (18:17-18). God says, "No, for I have chosen him, that he may charge his children and his household after him to keep the way of the LORD by doing righteousness and justice; so that the LORD may bring about for Abraham what he has promised him" (18:19). The words "righteousness" and "justice" appear rarely in Genesis, but they identify Abraham's purpose as that of defending the order of creation. "Righteousness" and "justice" are closely related words that denote that which promotes life and well-being in all relationships humans have with one another and with the rest of creation.

This perspective is crucial for understanding how and why God favored Abraham and Sarah. The election of this one couple and their descendants is sometimes understood as perhaps the greatest catalyst of violence. Indeed, it has encouraged some who identify with Abraham to understand themselves as people of special privilege. With that privilege they have abused others. But a careful reading of the Abraham story indicates the opposite is the intention. The people of Abraham are chosen to be God's "treasured possession out of all the peoples" (Exodus 19:5), and through Abraham "all the families of the earth shall be blessed" (Genesis 12:3). This will mean first and foremost that Abraham will take the lead in preventing violence. Much of the story that follows the call of Abraham, of course, deals with the oppression of Abraham's descendants. With their key role in the created order, such oppression represents an effort to oppose the very intention of God in creation (Exodus 1:7-10).

## Exodus: God Protects the Creation

The story of Exodus is also part of the grand story of creation. In the beginning God put everything in order and pronounced it "very good" (Genesis 1:31). As the story progresses, however, the creation rebels against God's intentions; violence spreads throughout the world God made (Genesis 6:11). The rest of the Bible may then be read as a story of God entering into world to make things right. Indeed, the biblical narrative is really a series of interventions! In the third unit of our study the passages from Exodus perhaps present most overtly the notion that God engages God's creation in order to protect it. In Exodus 3:7-8 God tells Moses, "I have observed the misery of my people who are in Egypt; I have heard their cry on account of their taskmasters. Indeed, I know their suffering, and I have come down to deliver them from the Egyptians." God hears, sees, and has compassion. God enters the human world to bring justice.

But Exodus presents God's rescue of the Israelites as more than just an act of justice in the modern sense of the term. The Israelites appear in Exodus as the center of God's purpose in creation. Like their ancestor Abraham, they have the blessing of God placed on all humankind in the beginning (Genesis 1:28-30) and in Egypt they are bearing the fruit of that blessing. Exodus 1:7 says, "But the Israelites were fruitful and prolific; they multiplied and grew exceedingly strong, so that the land was filled with them." Indeed, this characterization of the Israelites recalls the blessing God gave to the first humans by including words that appear prominently in Genesis 1:28 ("be fruitful"; "be great," Genesis 12:2). This set of connections to the creation accounts in Genesis indicates that Pharaoh's actions against the Israelites are not simply political moves by a king to preserve his power. They are acts against the stability of the cosmos. So also God's action against Pharaoh is described continually with creation language. God will bring the forces of nature against the Egyptian king (Exodus 14:21-29) to show that God is lord of creation and will fight diligently to keep it in God's good purpose.

## Conclusion

As this introduction has tried to show, the idea of creation runs throughout the books of Genesis and Exodus (and Psalm 104) and permeates even the stories of Abraham and the battle with Pharaoh in Egypt. The lessons will show that other themes emerge that are not directly dependent on these creation concerns. For example, the covenant with Abraham is not just to bring blessing to humankind as a whole. God chose and loved Abraham and Sarah and their descendants and that must always be acknowledged. Nevertheless, it is important to keep the nature of God's creative work in mind when reading all the passages in this unit.

# CLOSE-UP:
# GOD THE CREATOR

During this quarter we are exploring God's creation of the world and of the covenant community. This quarter's study provides us with an excellent opportunity to read and meditate on some of the many texts that extol God as the Creator. Listed below you will find thirteen selected passages, along with ideas for reflection. Each week, post one of these passages and its reflection question. Encourage the adults to spend time at home pondering the text to delve more deeply into what it means to call God "Creator."

- **Genesis 1:1–2:4** "The heavens and the earth" that God created are described here as harmonious and well ordered. What might that picture suggest to you as you think of God's intentions for humanity and for all creation?
- **Genesis 5:1-2** Here we read not just of Adam but also, as the passage continues, of his many descendants. What evidence do you see that God has blessed humanity over the course of numerous generations?
- **Deuteronomy 32:6** In his song, Moses refers to God as "your father, who created you." Would you describe your relationship with God as one of loving parent and child? If not, what changes would you like to make?
- **Psalm 148** The psalmist calls all creation to praise God. Write your own psalm of praise to God the Creator.
- **Isaiah 40:28** Had you heard this text as an exhausted, despairing Israelite captive in Babylon, what promises or questions would this passage raise for you about God the Creator?
- **Isaiah 43:15** What do the different titles in this verse reveal to you about who God is and what your relationship with God might be?
- **Romans 1:18-25** What do you learn about God? What do you learn about humanity? How do you see yourself in this passage?
- **Ephesians 2:10** People are "created in Jesus Christ for good works." This is God's plan for our lives. What actions are you taking to fulfill this plan?
- **Colossians 3:9-11** How does this image of stripping off "the old self," like taking off clothing, and putting on the new self, as one would don new clothes, help you to envision yourself afresh in the image of God the Creator?
- **1 Timothy 4:3-5** What does it mean to you to say that all that God has created is "good," "sanctified," and to be "received with thanksgiving"?
- **Hebrews 1:1-3** The Son is the One through whom God "created the worlds." Since we usually think of Christ as the Savior and Redeemer, what new light does this statement in Hebrews shed on his role within the Godhead? How might this idea change your relationship with Jesus?
- **1 Peter 4:19** Are you willing to "entrust [yourself] to a faithful Creator," even in the midst of suffering? If so, what gives you the assurance to do so? If not, what barriers do you need to surmount in order to fully trust your creator?
- **Revelation 4:11** Those in heaven worship God because God "created all things." Praise the Creator with words, art, or music.

# FAITH IN ACTION: ACTING AS CO-CREATORS WITH GOD

The sessions during the fall quarter focus on God's creative work. Human beings are also endowed with creativity, though obviously on a much more limited scale than God. Here are some ideas that you can use throughout the quarter to encourage creativity in light of the Bible stories that we are studying from Genesis, Exodus, and Psalm 104. You may want to do some research or check with children's teachers to get specific directions for some of these suggestions.

1. Review Psalm 104, which is a hymn to God the Creator who provides for creation. Encourage the adults to write their own poems in praise of the Creator.

2. Point out that caring for the earth is a primary purpose for which God created the two first people. Suggest that the class develop a plan and get approval for installing a garden on the church grounds. A "vegetable landscape" or garden of native plants would be particularly appropriate.

3. Create a rainbow mural as a reminder of God's covenant promise with Noah (Genesis 9:8-17). Post the mural where Sunday school classes of all ages can see it and remember God's care for creation.

4. Build a partial tower of Babel (Genesis 11:1-9) using blocks. Assign a good storyteller to tell this Bible story to older elementary students. Invite the children to complete the tower as the story is told. At the appropriate time in the story, the children are to "scatter" to different areas of the room.

5. Plan a "shower for Sarah" for the adults of the church. Provide some refreshments using the creative culinary skills of some class members. Invite guests to bring new or gently used toys and supplies that can be used to set up or refurbish the church nursery. Some class members may need to use their skills to paint and decorate the room prior to the "shower."

6. Recall that God's covenant with Abraham was passed down through the generations through Isaac to Jacob and so on down the line. To become aware of laws governing the transfer of property, invite an estate-planning lawyer to make a presentation to the church at a time when many adults can attend. Make clear that this person is to explain basic facts of estate planning and answer questions in an allotted time period, but may not overtly seek new clients. Encourage attendees to think creatively about their options and make plans to draw up a will, which may need to include the name of a legal guardian for minor children as well as an executor.

7. Mention that Exodus 35–40 provides great detail about the Tabernacle that God instructs Moses to have built and decorated by skilled artisans. Talk with class members about some kind of creative work they could do to enhance their church building. Banners, needlepoint altar kneelers, a rugged cross, bookmarks for hymnals, stained glass sun-catchers for windows, Communion pottery, and wall hangings are several possibilities.

## UNIT 1: FIRST DAYS
# GOD CREATES

---

### PREVIEWING THE LESSON

**Lesson Scripture:** Psalm 104:5-9, 24-30
**Background Scripture:** Psalm 104
**Key Verse:** Psalm 104:24

#### Focus of the Lesson:
All humans have some basic needs that must be supplied in order to sustain their daily lives. Where can Christians find a reliable source to assist them in acquiring what is needed? The psalmist tells the reader that God's hands are full to overflowing with the resources needed by everything that God created.

#### Goals for the Learners:
(1) to develop a self-understanding that recognizes their relationship to God and God's creation.
(2) to experience the awesome wonder of God's creation.
(3) to name ways believers take responsible care of God's gifts in creation.

#### Pronunciation Guide:
Baal (bay'uhl) or (bah ahl')              Leviathan (li vi' uh thuhn)
Canaanite (kay' nuh nite)                 Masoretic (mas uh ret' ik)

#### Supplies:
Bibles, newsprint and marker, paper and pencils, hymnals

---

### READING THE SCRIPTURE

NRSV
Lesson Scripture: Psalm 104:5-9, 24-30
5   You set the earth on its foundations,
       so that it shall never be shaken.
6   You cover it with the deep as with a
         garment;
       the waters stood above the mountains.
7   At your rebuke they flee;

CEB
Lesson Scripture: Psalm 104:5-9, 24-30
⁵You established the earth
    on its foundations
    so that it will never ever fall.
⁶You covered it with the watery deep
    like a piece of clothing;
    the waters were higher

at the sound of your thunder they
  take to flight.
8  They rose up to the mountains,
    ran down to the valleys
  to the place that you appointed
    for them.
9  You set a boundary that they may
    not pass,
  so that they might not again cover
    the earth.

**24  O LORD, how manifold are your works!
  In wisdom you have made them all;
  the earth is full of your creatures.**

25  Yonder is the sea, great and wide,
    creeping things innumerable are there,
    living things both small and great.
26  There go the ships,
    and Leviathan that you formed
    to sport in it.
27  These all look to you
    to give them their food in due season;
28  when you give to them,
    they gather it up;
    when you open your hand,
    they are filled with good things.
29  When you hide your face, they are
    dismayed;
    when you take away their breath,
    they die
    and return to their dust.
30  When you send forth your spirit,
    they are created;
    and you renew the face of the ground.

than the mountains!
7But at your rebuke they ran away;
  they fled in fear
    at the sound of your thunder.
8They flowed over the mountains,
  streaming down the valleys
    to the place you established for them.
9You set a boundary they cannot cross
  so they'll never again cover the earth.

**24LORD, you have done so many things!
  You made them all so wisely!
  The earth is full of your creations!**

25And then there's the sea, wide and deep,
  with its countless creatures—
    living things both small and large.
26There go the ships on it,
  and Leviathan, which you made,
    plays in it!
27All your creations wait for you
  to give them their food on time.
28When you give it to them,
  they gather it up;
  when you open your hand,
    they are filled completely full!
29But when you hide your face,
  they are terrified;
  when you take away their breath,
  they die and return to dust.
30When you let loose your breath,
  they are created,
  and you make the surface of the
    ground brand-new again.

---

## UNDERSTANDING THE SCRIPTURE

**Introduction.** Psalm 104 presents a glorious picture of God as creator and a sweeping view of the world God made. The main subject of the psalm is the order of the world and the sovereignty of the God who created and maintains it. This subject in turn instills confidence that God can and will order the lives of those who seek God by keeping them in God's purpose and away from evil.

Psalm 104 draws from theological ideas similar to those in the creation story in Genesis 1:1–2:4a and the Flood story in Genesis 6–9. In the Genesis account God creates the world by pushing back the waters that covered the earth so there is a place for plants to grow and animals, including humans, to flourish (Genesis 1:6-13). When God saw that human beings were completely bent toward evil (6:5), God decided to reverse creation and start over.

(Note in Genesis 7:11 the Flood occurred when the waters were allowed to cross the boundaries God had made.) After the Flood ended God realized that humans were still inclined toward evil (8:21b). Nevertheless, God decided to allow the world to remain intact (8:21a). God promised to allow the earth to endure, to allow "seedtime and harvest, cold and heat, summer and winter, day and night" (8:22) to recur without interruption. This promise is the most basic sign of God's grace. God determined to be patient with human beings and not to punish them as they deserve.

Psalm 104:14-23 especially emphasizes that God's work in creation provides all God's creatures with what they need to live. In turn, verses 28-30 recognize that God could withdraw the source of life at any time, but God does not. This sign of God's grace is therefore cause to praise the Lord (104:1, 33, 35) and to seek God's favor (104:34).

**Psalm 104:1-4.** The psalm opens by praising God for God's majesty in the heavens. God "wears" honor and majesty as people wear clothes (104:1). Verse 2 describes the heavens as something God stretched out "like a tent." Here "heavens" refers to the dome ancient people believed was in the sky to protect the earth from the waters above (Genesis 1:6-8). They seemed to assume that there must have been a water source above, from which rain came, but the dome held it back until God wanted to open the "windows" of the dome (7:11). Verse 3a then presents God establishing a throne on top of the heavenly waters as a sign of God's mastery over them. Given this picture, it is perhaps not surprising that verses 3b-4 depict God riding on the clouds and revealing God's self through the storm. This is very similar to the way Baal, the Canaanite storm God, was pictured. Psalm 104:2-4 makes the subtle point that the Lord rules over the elements, not Baal.

**Psalm 104:5-9.** The next section of the psalm deals with God's establishment of the

earth. The primary concern is that God protected the earth from the threatening waters that surround it. "The deep" refers to the primeval ocean ancient people thought covered the earth before God ordered the world. In creation God set boundaries for the waters and created seas (Genesis 1:9-10). But since the psalmist thought of water being under the earth as well, the earth had to be set on foundations or pillars (104:5; see also Job 38:4-6).

**Psalm 104:10-23.** The psalm then turns to describe how God provides for all God's creatures. In this section water is treated as a necessity of life that God provides. God waters the earth from the heavens (104:13) and the earth brings forth produce in abundance so that all creatures have what they need (104:14-23). God does not just give the bare necessities, however. Verse 15 lists three products that help people enjoy life, not just endure it: wine, oil, and bread.

**Psalm 104:24-30.** This section describes again God's mastery over all the creatures of the earth. God is even the master of Leviathan, the mysterious sea creature sometimes conceived as a symbol of chaos and evil (Psalm 74:14). The section ends with two important claims: God gives all creatures their food (104:27-28); and God gives them the breath of life, without which they could not survive (104:29-30). The second point says essentially the same thing as Genesis 2:7, which reports how God made the first human being from the dust of the ground and then breathed into his nostrils the breath of life.

**Psalm 104:31-35.** The psalm concludes with a section dominated by calls for God to be praised and honored. The final verse asks that "sinners be consumed from the earth," which may seem inconsistent with the praise of God as Creator that dominates the rest of the psalm. The petition is consistent, however, in that the order of God's world will not accommodate rebellion against God's rule. It may be helpful to note that the main Hebrew manuscript used to translate the Old Testament (known as the Masoretic Text) actually reads "Let *sins* cease" (104:35, emphasis added). The NRSV uses the translation "sinners" because that word appears in a manuscript from the Dead Sea Scrolls. The words "sins" and "sinners" in Hebrew differ in only one letter, the first vowel. The translators thought "sinners" was more logical since the term "wicked" appears as a parallel word later in the verse. Regardless of which wording is most accurate, however, the notion that God would cause "sins" to end is consistent with the spirit of the psalm. God created the world with order and purpose; anyone or anything that acts against that purpose essentially tries to undo the good creation God established. Thus, the final petition of Psalm 104 is not really a prayer against particular people, but against the forces of evil with which people sometimes cooperate against the wishes of the Creator.

## INTERPRETING THE SCRIPTURE

### On Not Being Shaken

One of the central theological concerns behind Psalm 104:5-9 is that God maintains our lives just as God maintains the order of creation. This section of the psalm gives the basic picture of the stability of the earth that, in turn, gives us language to express our faith that God supports us and holds our lives together. Verse 5 states, "You set the earth on its foundations, so that it shall never be shaken." The rest of the section concerns God's control of the waters; God put the waters in their places and set boundaries they cannot pass (104:9). Hence, the earth is firmly "rooted" and the floods cannot threaten it. This picture of the stability of the world is what we all hope for in our own lives. When trouble strikes we pray that the trouble will not overwhelm us, that it might not cover us, and that the foundation of our lives keeps us from being shaken. Indeed, the stability of the world is a helpful symbol that gives us language to pray and express our faith. But a symbol is never *just* a symbol. Indeed, a symbol participates in the reality it represents. The regularity of the earth—the fact that the earth may be threatened by natural catastrophe but is not dismantled by it—gives us assurance that we too will not be shaken by hardship if we put our lives in the hands of God.

Psalm 104 ends with a very practical concern about the order of the world. The psalmist prays, "Let sinners be consumed from the earth, and let the wicked be no more" (104:35). As already noted, the concern here is for the threat posed by people whose actions represent evil and disorder, particularly when such people seem to flourish while humble and devout people seem to suffer. The hope of this psalm is that the order of the world (the fact that God created the world "in wisdom," 104:24) will one day show through and the threat of the wicked will end. For Christians this hope is grounded in the stability of the earth but also, and more important, in the knowledge that God raised Jesus from the dead (Romans 8:11). But these two ideas are intimately connected. The apostle Paul in fact presents the resurrection of Jesus as the greatest sign that God is master over the forces of chaos and the most important source of hope that God will one day complete the creation and bring it to all the goodness intended in the beginning (Romans 8:18-30). As the creation reminds us of God's purpose and fidelity to our well-being, it also gives us hope that God will one day complete the creation and rid it of all violence and disorder.

### *Leviathan: God's Plaything?*

Verses 24-25 give a particularly interesting testimony to God's sovereignty and mastery over the creation. These verses begin much like the psalm begins, by lauding God for the marvelous works of creation. Verse 24 makes a new statement, however, that "in wisdom you have made them all." The term "in wisdom" could also be translated "by wisdom." The expression suggests that God created with great skill and insight and that all things made have a purpose. This statement is important for understanding the next two verses. Verses 25-26 highlight the sea, which ancient Israelites often saw as mysterious, uncontrollable, and perhaps even evil (note that Pharaoh in Exodus is closely associated with the sea; Jonah flees from God on the sea). As if to deny that the sea is outside God's creative purpose, verse 25 lists the sea and all its creatures as among those things God made "in wisdom." Verse 26 makes it emphatic by naming Leviathan, the great sea monster, as part of God's plan: "There go the ships, and Leviathan that you formed to sport in it."

Leviathan is often listed in the Old Testament as a dreaded creature that is untamable, like the sea itself (Job 41). Therefore, the statement about Leviathan is a particularly important claim that God is master over the creation; no creature is beyond God's control. But verse 26 may make an even more radical claim than the translation given indicates. Leviathan appears here not as a fearsome creature, but one that "frolics" (NIV). This translation assumes the end of the verse means simply that Leviathan plays in the sea (NRSV "in it"; NIV "there"). But there is another intriguing possibility that would speak even more strongly to God's creation of Leviathan with a purpose. The words "in it" (NRSV) are actually one word in Hebrew. The word is a combination of a preposition that can mean "in," "by," or "with" and a pronoun "it." Our translations assume "it" refers to the sea, thus Leviathan sports and plays "in it." But "it" could refer to Leviathan. If Leviathan is the intended antecedent then the verse is saying God made Leviathan "to play with it." In other words, not only is Leviathan not a creature God dreads or sees as an enemy, it is God's pet or plaything. This image of God playing with the great sea monster offers comfort for all those who feel the world around them is chaotic and unruly. It assures them that God is ultimately in control, even though we may feel out of control.

### *God Is the Source of All Life*

Psalm 104 reminds us that all the provisions of life come from God. After giving a sweeping view of all the creatures God made (104:10-23), the psalm then declares, "These all look to you to give them their food in due season" (104:27). To modern people this statement may seem naive. Animals acquire their food by using instincts that some would say are the result of natural adaptation to their environment. Therefore, it would be easy to attribute the animals' acquisition of food to natural abilities to survive rather than directly to God.

Closer consideration of the psalm's statements about this matter, however, reveals the truth of what the psalm is saying. Verse 29 emphasizes the animals' breaths, over which they have no control: "When you take away their breath, they die." The word "breath" here is the same word translated "spirit" in verse 30: "When you send forth your spirit, they are created; and you renew the face of the ground." The point is that the animal—including the human—cannot on its own produce the ability to breathe. Much about breathing may be explained scientifically, but the nature of life, and breath, is a mystery. It is the gift of God. God is also the one who ultimately provides food for each creature. Although the lion (104:21) may have instincts for how to hunt and kill its prey, it did not make the animals that provide its nourishment. All such provisions come from the Creator. Having made that point, the psalm appropriately ends, "Bless the LORD, O my soul. Praise the LORD!"

---

## SHARING THE SCRIPTURE

### PREPARING TO TEACH

#### Preparing Our Hearts

Explore this week's devotional reading, found in Matthew 6:25-34. In this portion of the Sermon on the Mount Jesus is teaching his followers not to worry, for God can be trusted to provide all that is needed for life. In verses 26 and 28, respectively, he uses the examples of "the birds of the air" and "the lilies of the field" to show how completely God cares for creation. Today's reading from Psalm 104 makes a similar point about God as both the creator and sustainer. Jesus assures us that the God who cares for creation will also care for each of us. What concerns do you need to bring before God right now? Make a commitment to give these concerns over to God's care and control.

Pray that you and the adult students will give thanks for God's gracious, reliable provisions.

#### Preparing Our Minds

Study the background Scripture from Psalm 104, and the lesson Scripture from Psalm 104:5-9, 24-30.

Consider this question as you prepare the lesson: *Where can Christians find a reliable source to assist them in acquiring what is needed to sustain their daily lives?*

Write on newsprint:
❑ information for next week's lesson, found under "Continue the Journey."
❑ activities for further spiritual growth in "Continue the Journey."

Review the "Introduction," "The Big Picture," "Close-up," and "Faith in Action." Consider how you will use this additional information, which immediately precedes this first lesson, for this session and throughout the quarter.

Prepare to review the story of Job in three or four sentences.

### LEADING THE CLASS

#### (1) Gather to Learn

❖ Greet the class members. Introduce any guests and help them to feel at home.

❖ Pray that those who have come today will recognize that our Creator God provides everything they need.

❖ Introduce this first quarter of the 2013–2014 Sunday school year by reading or retelling "The Big Picture: Creation."

❖ Post newsprint and invite participants to respond to this question: **What questions do you have about God's role in the creation and sustaining of the universe, humanity, and a covenant people?** List the participants' questions and keep the newsprint sheet(s) posted throughout the quarter. Spend a few moments at the end of each lesson discussing any answers that have been suggested by that week's study. Recognize that some questions cannot be answered and will remain a mystery.

❖ Read aloud today's focus statement: **All humans have some basic needs that must be supplied in order to sustain their daily lives. Where can Christians find a reliable source to assist them in acquiring** what is needed? The psalmist tells the reader that God's hands are full to overflowing with the resources needed by everything that God created.

*(2) Goal 1: Develop a Self-understanding that Recognizes the Learner's Relationship to God and God's Creation*

❖ Read the introduction from "Understanding the Scripture" to lead into today's Scripture reading.

❖ Invite a volunteer to read Psalm 104:5-9, 24-30 and then ask:

1. **What do verses 5-9 suggest to you about God?** (See "On Not Being Shaken" in "Interpreting the Scripture" for additional ideas about God's authority and ability to maintain order within creation.)
2. **Verses 24-26 mention sea creatures, specifically Leviathan, generally described in the Old Testament as untamable. What is the view of Leviathan here and its relationship with God?** (See "Leviathan: God's Plaything?" in "Interpreting the Scripture.")
3. **Note verses 27-30. How do you respond to people who say that there is no God, that all of creation, including our breath, occurred by happenstance?** (See "God Is the Source of All Life" in "Interpreting the Scripture.")
4. **If you knew nothing about God, what would be your impression of God after reading these few verses?**
5. **If God is so willing to care for the animals God created, what inferences might you draw concerning God's willingness and ability to care for humanity?**

❖ Review the story of Job, particularly God's answers to him out of the whirlwind in Job 38 and 39. Job responds to God in 40:3-5. Form several small groups to discuss these questions: As you consider these portions of Job and Psalm 104, what might you say about your own relationship to God the Creator?

*(3) Goal 2: Experience the Awesome Wonder of God's Creation*

❖ Invite the adults to tell brief stories to a partner or small group about experiences in nature, perhaps on a bicycle ride, boat cruise, camping trip, hike, or outing at a beach that helped them to experience and appreciate the wonder of God's creation.

❖ Bring the groups together and distribute paper and pencils. Encourage each learner to write a prayer of thanksgiving for the awesome world that God has created. (Tell the students to keep these prayers handy, since several volunteers will be asked to read theirs later.)

*(4) Goal 3: Name Ways Believers Take Responsible Care of God's Gifts in Creation*

❖ **Option:** If possible in the time you have for class, and if your church campus lends itself to such an activity, consider taking a brief nature walk around the property. Be alert for plants, animals, rock formations, water, and other natural resources over which your congregation has stewardship. As you walk, discuss how the members are taking responsible care of that which God has entrusted to them.

❖ Post four sheets of newsprint labeled "at home," "at work," at church," and "in the community." (Use multiple sheets for each category if the class is large.) Provide markers. Encourage learners to go to one or more sheets and write words to describe actions they take to be responsible stewards in those settings.

❖ Suggest that participants note the variety of answers and return to their seats to discuss these questions:

1. **Are there certain types of activities that we seem to do across the board?**

2. What else could we be doing as individuals, and perhaps as a class, to be better stewards of God's good earth?

*(5) Continue the Journey*

❖ Invite several volunteers to read the prayers of thanksgiving for God's creation the have written (under Goal 2).

❖ Read aloud this preparation for next week's lesson. You may also want to post it on newsprint for the students to copy.

- Title: God's Image: Male and Female
- Background Scripture: Genesis 1–2; 5:1-2
- Lesson Scripture: Genesis 2:18-25
- Focus of the Lesson: Finding a suitable companion with whom one can share life can be a struggle, but it can also bring great joy. How does one find a suitable partner? According to Genesis 2, God created Eve as a partner for Adam.

❖ Post these three activities related to this week's session on newsprint for the students to copy. Challenge the adults to grow spiritually by completing one or more of them.

(1) Take a walk, bike or car ride, or a boat cruise to observe God's creation in your area. Are there places where life appears to be as God would want it to be? If so, give thanks. Are their blights on creation, such as litter or contaminated water? If so, what can you do to "renew the face of the ground" (Psalm 104:30)?

(2) Become familiar with at least one environmental issue that directly affects your community. Consider air, water, land use, wildlife, and natural resources. What can you do to ensure that God's creation is well cared for?

(3) Volunteer for a community cleanup day, or spearhead the effort to hold one if your community does not have such days. Consider cleaning streams, picking up roadside liter, planting trees, weeding community gardens, or doing whatever is appropriate in your area. As you work, give thanks to God for this creation and for the opportunity that you have to care for it.

❖ Sing or read aloud "For the Beauty of the Earth."

❖ Conclude today's session by leading the class in this benediction, which is adapted from Genesis 28:15, the key verse for October 27: **Know that I am with you and will keep you wherever you go; for I will not leave you until I have done what I have promised you. Amen.**

# UNIT 1: FIRST DAYS
# GOD'S IMAGE:
# MALE AND FEMALE

## PREVIEWING THE LESSON

**Lesson Scripture:** Genesis 2:18-25
**Background Scripture:** Genesis 1–2; 5:1-2
**Key Verse:** Genesis 2:18

### Focus of the Lesson:
Finding a suitable companion with whom one can share life can be a struggle, but it can also bring great joy. How does one find a suitable partner? According to Genesis 2, God created Eve as a partner for Adam.

### Goals for the Learners:
(1) to explore God's image in connection with their creation as "male and female."
(2) to appreciate that God takes an active role in creating loving partnerships.
(3) to identify spiritual practices that honor strong family and personal bonds with one another.

### Pronunciation Guide:
*adam* (aw dawm')
*adamah* (ad aw maw')
Torah (toh' ruh)

### Supplies:
Bibles, newsprint and marker, paper and pencils, hymnals

## READING THE SCRIPTURE

NRSV
Lesson Scripture: Genesis 2:18-25

**¹⁸Then the LORD God said, "It is not good that the man should be alone; I will make him a helper as his partner."** ¹⁹So out of the ground the LORD God formed every animal of the field and every bird of the air,

CEB
Lesson Scripture: Genesis 2:18-25

**¹⁸Then the LORD God said, "It's not good that the human is alone. I will make him a helper that is perfect for him."** ¹⁹So the LORD God formed from the fertile land all the wild animals and all the birds in the sky and

and brought them to the man to see what he would call them; and whatever the man called every living creature, that was its name. [20]The man gave names to all cattle, and to the birds of the air, and to every animal of the field; but for the man there was not found a helper as his partner. [21]So the LORD God caused a deep sleep to fall upon the man, and he slept; then he took one of his ribs and closed up its place with flesh. [22]And the rib that the LORD God had taken from the man he made into a woman and brought her to the man. [23]Then the man said,

"This at last is bone of my bones
　and flesh of my flesh;
this one shall be called Woman,
　for out of Man this one was taken."

[24]Therefore a man leaves his father and his mother and clings to his wife, and they become one flesh. [25]And the man and his wife were both naked, and were not ashamed.

brought them to the human to see what he would name them. The human gave each living being its name. [20]The human named all the livestock, all the birds in the sky, and all the wild animals. But a helper perfect for him was nowhere to be found.

[21]So the LORD God put the human into a deep and heavy sleep, and took one of his ribs and closed up the flesh over it. [22]With the rib taken from the human, the LORD God fashioned a woman and brought her to the human being. [23]The human said,

"This one finally is bone from my bones
　and flesh from my flesh.
She will be called a woman
　because from a man she was taken."

[24]This is the reason that a man leaves his father and mother and embraces his wife, and they become one flesh. [25]The two of them were naked, the man and his wife, but they weren't embarrassed.

---

# UNDERSTANDING THE SCRIPTURE

**Introduction.** Genesis 1–2 tells how God created the heavens and the earth and placed humans on earth to carry out God's will among God's creatures. These chapters contain two distinct stories. But the two accounts have been placed together to give a fuller explanation of what God did in creation. Genesis 1:1–2:4a reports creation in a seven-day cycle, with God creating part of the world each day. On the sixth day God created humankind in God's image (1:26-30). God blessed humankind and gave them charge over the rest of God's creatures. Genesis 2:4b-25 gives an account that focuses on the creation of human beings and expands on what it means for humans to represent the image of God.

**Genesis 1:1-2.** Genesis begins with the statement, "In the beginning God when created." Two points about the word "create" are significant theologically. First, the word

for "create" in Hebrew is a term that has only God as its subject. Hence, the Bible opens by recognizing that God acts in ways that humans cannot. The account also later says simply that God "made" certain parts of the world. In this case the term is also used of human activity. But the opening line makes clear that God's action and God's initiative are primary. Second, the account says that when God created the heavens and the earth "the earth was a formless void and darkness covered the face of the deep" (1:2). In other words God's creative work is not conceived here as God making something out of nothing. Rather, God takes something that is chaotic and disordered and gives order and purpose. The second point suggests that Genesis 1:1–2:4a should not be read as an account of origins that competes with scientific explanations. Instead, it makes the theological point that God's work is characterized by continual shaping of what is disordered into something that can be called "good" (Genesis 1:31). It is significant that when the psalmist says, "Create in me a clean heart, O God" (Psalm 51:10), the word "create" is the same word used in Genesis 1:1. God not only created "in the beginning," but continues to create, to bring the world—including us—into the divine purpose.

**Genesis 1:3-25.** The story of creation proceeds with God ordering the elements, beginning with the separation of light from darkness. Much of the focus is on God putting water in its place. This is important since ancient people often thought of water as a threat to the earth. They imagined the earth surrounded by water, with water above and below the earth as well. So God's first act after separating light from darkness was to place a "dome" above the earth to hold back the water above (1:6-8).

The language God uses in this creative work is noteworthy. God does not give orders. Rather, God uses verbs that invite the participation of the elements in the work of creation. For example, Genesis 1:20 says, "Let the waters *bring forth* swarms of living creatures" (emphasis added).

**Genesis 1:26-31.** The last creatures God made were human beings, made in the "image" and "likeness" of God. The word "image" is the same word sometimes used elsewhere to refer to idols. But the word "likeness" is a more general term. The combination of these words prevents the conclusion that humans look like God. What is most clear about humans is that they have a special office in God's kingdom. God puts them in charge of the earth and its creatures. They are God's special representative on earth.

**Genesis 2:1-4a.** The final act of creation is God resting (2:2) and blessing the seventh day (2:3). Exodus 20:11 will identify the seventh day of creation as sabbath, a day to cease all labor and remember what God did in creation. The seventh day, therefore,

provides a check on the role of humans. Humans are obliged to cease their efforts to control the world on the seventh day in order to remember that God is ultimately in charge of the universe.

**Genesis 2:4b-25.** Genesis 2:4b-25 is different from 1:1–2:4a in some details. It reports God creating humans before anything else and placing them in the garden of Eden. It speaks of God "forming" humans and other animals from the "dust of the ground" (2:7, 19). The word for "form" is from the same root word from which we get "potter."

As distinct as Genesis 2:4b-25 is from 1:1–2:4a, however, the second creation account essentially explains and expands on what it means to be created in the image of God. The role of human beings in Genesis 2:4b-25 is defined first by the human's relationship to the earth. When Genesis 2:7 says that God made the first human from the dust of the ground, it refers to the human as *adam*, a word that derives from the same root as "ground" or "soil" (*adamah*). Thus the human comes from and is dependent on the earth. All the other living things, both plants (2:9) and animals (2:19), came from the ground as well. The human, however, was given the special task of caring for the ground out of which he had been taken. This calling is described by two words rendered "till" and "keep" (2:15). But these words are not typical agricultural terms. Rather, they most often denote worship and religious service. The term translated "till" in most other contexts really means "to serve" or give deference (Exodus 9:1, 13). Therefore, the implication of the man being put in the garden "to serve" it seems to be that human needs are secondary to the needs of the earth. The man is literally meant to be a servant of the creation and of the ground. The second term is often connected to keeping Torah (Exodus 13:10). In some texts this word also refers to care for the poor and vulnerable (Psalms 16:1; 17:8). Although this language can be used to communicate other types of service and caregiving, it is striking in this context of agriculture. It seems clear the human is appointed as one responsible for preventing abuse and misuse, for keeping God's creation intact, not for lording over it.

**Genesis 5:1-2.** At the beginning of this genealogical account of Adam's descendants through Noah the point is again made that God created "male and female" in God's own "likeness" and "blessed" them.

---

## INTERPRETING THE SCRIPTURE

### A Suitable Helper

As Genesis 2:18-25 focuses on the nature of human beings as male and female, it presents a rather remarkable picture given the male-centered environment that produced the Old Testament. It suggests that God did not intend men and women to live in hierarchical relationships but as equal partners. Indeed, man and woman were meant to live together in mutuality, not with one partner lording over the other. Genesis 3:16 does include among the curses on humankind man's dominance of woman and the difficult place the woman has because of childbirth, but this is clearly presented as the result of human sin, not as God's intention. Hence, just as violence in general appears in Genesis as a human intrusion into God's design, so the subtle forms of violence that arise from male/female hierarchy are also against the Creator's intent.

The first statement about the relationship between man and woman is that God searched for a "helper" for the man (2:18, 20). The term "helper" has been read at times as a reference to a subordinate person. Some have thought it refers specifically to the woman's role in childbirth. Neither the passage nor the specific word "helper" suggests either of these, however. In fact, the Old Testament uses the term "helper" most often for God (Exodus 18:4; Deuteronomy 33:7; and Psalm 20:2). The woman's role as helper reflects the fact that humans were meant to live in community, to enjoy mutual support. The relationship between man and woman is in fact the basis of communal support and cooperation.

### From the Side of Man

It also says nothing negative about the woman's status that she is taken from the "side" (traditionally "rib") of the man. As the man's response to the woman indicates, the point is that the woman is of the same kind as the man: "This at last is bone of my bones and flesh of my flesh" (2:23). Some marriage ceremonies today include comments on the story of the woman coming from the man's rib as evidence of the supportive role man and woman are intended to have with each other. The point is sometimes made that the woman was not taken from the man's head to rule over him, nor from his feet, to be trampled upon by him, but from his side in order that she might be his partner. Such commentary actually follows the logic of the story very closely, for the passage emphasizes the side of man, not specifically his rib. Genesis 2:21 woodenly says, "The LORD God took *one from his side*" (emphasis added). The next verse translated literally from the Hebrew says, "The LORD God built the side he had taken from the man into a woman." Therefore, one possible interpretation of the passage is that the first human being did not have a distinct gender. God then took the first human and split the being in half. Now the two "sides" together make a complete being, one male and the other female. Whether this interpretation is correct in each detail or not, it illustrates just how much the passage points to man and woman as equal partners. It would be anachronistic to interpret such statements as indication that ancient Israel was a gender-blind, egalitarian society. These statements do, however, express an ideal of male-female relationships that represent a calling for Christians in marriage and in society in general.

The ideal male/female relationship presented in this story anticipates the failed relationships between men and women later in the Bible. The rest of the Bible will testify to many acts of violence against women that arise from a depreciation of the role of women highlighted here. The "fall" described in Genesis 3 leads to a curse on humankind, a curse marked in part by constant forgetting of the intended role of the two sexes. But there is hope that what God planned for the sexes in the beginning will be regained eventually. This testimony to the ideals of mutual sharing and appreciation between women and men should be particularly apparent to Christian readers in light of the New Testament's understanding of creation's renewal in Christ. When Paul declares that in Christ "there is no longer male and female" (Galatians 3:28), he harkens back to God's creative intentions now lost. Likewise, when Ephesians says "clothe yourselves with the new self" (4:24), it refers in part to men and women being "subject to one another out of reverence for Christ" (5:21). This notion of a new humanity seems to acknowledge that in Christ something has been regained in the relationship between women and men.

### One Flesh

The notion that the man and woman come together as "one flesh" (Genesis 2:24) is a fascinating idea. The expression is sometimes taken as an explanation for the sexual union between a man and a woman. While this may be part of what the passage has in mind, it is certainly not the only thing. For one thing, the Old Testament typically speaks of sexual intercourse as the man and woman "knowing" each other (Genesis 4:1). This language is not used here. Instead, in Genesis 2:24 the state of being one flesh comes as a result of the man leaving father and mother and clinging to his wife. The husband and wife have a partnership that overrides all other human relationships and commitments.

The one-flesh relationship God intends for man and woman is prescribed very strongly by the description of how the man leaves his father and mother. In ancient Israel the typical practice was in fact for a woman to leave her family when she married and to live with her husband's family. Couples did not live independently. They usually occupied quarters in a compound built and governed by the husband's father. For example, Genesis 38 describes how Tamar came into Judah's house when she married his son, but when the son died Tamar returned to her father's house to live as a widow. Therefore, Genesis 2:24 may seem somewhat strange: "a man leaves his father and his mother and clings to his wife." The "leaving" must refer to the man's shift in primary allegiance, rather than to his physical dwelling place. Indeed, the man did not literally leave father and mother in terms of where he lived. But he was to separate from them emotionally in order to form the bond with his wife. In other words, Genesis 2:24 describes a spiritual and emotional commitment the man was to make in recognition of the difficult place the woman had leaving her father and mother. This kind of concern for the partner is therefore the basis of the relationship between man and woman in marriage. It anticipates the love of Christ, the one who gave himself for the church (Ephesians 5:2). Read this way, Genesis 2:18-25 not only tells the story of the first man and first woman, but it also presents the idea that all marriage relationships should be characterized by mutual sharing and sacrifice. Hence, it gives a kind of mandate for Christian marriage.

# SHARING THE SCRIPTURE

## PREPARING TO TEACH

### Preparing Our Hearts

Explore this week's devotional reading, found in Psalm 8. This exquisite hymn attributed to David celebrates the glory of God and the place of honor that God has given humanity within the created order. Verse 5 may be translated, as the NRSV does, "a little lower than God" or as "a little lower than the divine beings or angels." Moreover, as Genesis 1:26 reports that humanity has "dominion" over the rest of creation, so also Psalm 8:6 says that God has "given them dominion" over creation. Yet the psalmist is keenly aware that human beings are small specks and so asks God, "What are human beings that you are mindful of them, mortals that you care for them?" (8:4). Read this psalm each day as you prepare for Sunday's lesson. Marvel at the role God has given to us mortals. Write a reflection in your spiritual journal.

Pray that you and the adult students will be in awe of humanity's place in creation—and give thanks.

### Preparing Our Minds

Study the background Scripture from Genesis 1–2; 5:1-2, and the lesson Scripture from Genesis 2:18-25.

Consider this question as you prepare the lesson: *How does one find a suitable partner with whom to share one's life?*

Write on newsprint:
❑ information for next week's lesson, found under "Continue the Journey."
❑ activities for further spiritual growth in "Continue the Journey."

Review the "Introduction," "The Big Picture," "Close-up," and "Faith in Action." Consider how you will use this additional information, which immediately precedes the first lesson, for this session.

## LEADING THE CLASS

### (1) Gather to Learn

❖ Greet the class members. Introduce any guests and help them to feel at home.

❖ Pray that those who have come today will appreciate God's gift of loving partnerships.

❖ Call on volunteers to tell brief stories of how they met their life partners. Be sensitive to members in the group who have never found the right person; to those who married only to learn that the mate was not the right person, thus ending the relationship in divorce; and to those whose mate is now deceased.

❖ Read aloud today's focus statement: **Finding a suitable companion with whom one can share life can be a struggle, but it can also bring great joy. How does one find a suitable partner? According to Genesis 2, God created Eve as a partner for Adam.**

### (2) Goal 1: Explore God's Image in Connection With the Learners' Creation as "Male and Female"

❖ Lead into today's lesson by reading or retelling the information in "Understanding the Scripture" for Genesis 2:4b-25.

❖ Select a reader for Genesis 2:18-25. Discuss these questions using information from "Understanding the Scripture" and the suggested portions of "Interpreting the Scripture" to add information:

1. **What does the Bible mean when it refers to "helper" in Genesis 2:20? (See "A Suitable Helper.") How has the idea of "helper" often been distorted from God's original intention?**

2. **What relationship did God intend for the man and woman to have with each other?** (See "From the Side of Man.")

3. **What kind of commitment did God expect the man and woman to make to each other?** (See "One Flesh.")

❖ Begin a comparative Bible study by choosing another volunteer to read Genesis 1:26-30 and then discuss these questions:

1. **What differences do you note between these two stories?** (You may wish to record these ideas on newsprint.)

2. **What instructions does God give?** (See Genesis 1:28.)

3. **What blessings does God bestow on the man and the woman?**

❖ Wrap up this section by asking: **What does it mean to you that humanity is created in the image of God as "male and female"?**

*(3) Goal 2: Appreciate that God Takes an Active Role in Creating Loving Partnerships*

❖ Form several small groups. Mention that sometimes we talk about "a marriage made in heaven." Encourage the groups to talk about what that phrase means. Specifically, what role does God play in creating and sustaining loving partnerships?

❖ Bring the groups together to report on their ideas.

❖ Conclude by reading Cathern Paxton's description of God's active role in creating and sustaining loving partnerships. Invite the adults to respond to her insight. **"A braid appears to contain only two strands of hair. But it is impossible to create a braid with only two strands. If the two could be put together at all, they would quickly unravel. Herein lies the mystery: What looks like two strands require a third. The third strand, though not immediately evident, keeps the strands tightly woven. In a Christian mar-** riage, God's presence, like the third strand in a braid, holds husband and wife together."

*(4) Goal 3: Identify Spiritual Practices that Honor Strong Family and Personal Bonds With One Another*

❖ Read Walter Wangerin Jr.'s comment: **"Marriage is not romanticized in the creation account. Its ideal purpose is not one of sweet feeling, tender words, poetical affections or physical satisfactions—not "love" as the world defines love in all its nasal songs and its popular shallow stories. Marriage is meant to be flatly practical. One human alone is help-LESS, unable. But 'Two are better than one,' says Ecclesiastes, 'Because they have a good reward for their toil. For if they fall, one will lift the other.' Marriage makes the job of survival possible. And the fact that a spouse is termed a 'helper' declares marriage was never an end in itself, but a preparation. We've accomplished no great thing, yet, in getting married. We have completed a relationship (though many a fool assumes that the hard work's done with the wedding and turns attention to other interests). Rather, we've established the terms by which we now will go to work."**

❖ Encourage the adults to take Wangerin's ideas a step further by discussing what a newly married couple can do to begin—and continue to do—to keep the commitment they have made to each other in getting married strong and rooted in God.

*(5) Continue the Journey*

❖ Pray that the learners will recognize that all people everywhere, male and female, are created in God's image.

❖ Read aloud this preparation for next week's lesson. You may also want to post it on newsprint for the students to copy.

■ **Title: Knowledge of Good and Evil**

■ **Background Scripture: Genesis 3**

■ **Lesson Scripture: Genesis 3:8b-17**

■ **Focus of the Lesson: Everyone at times has given in to lust or greed instead of making a right choice. Why do humans make poor choices? Genesis 3 informs readers that when temptation confronts them, God gives them the freedom to make choices.**

❖ Post these three activities related to this week's session on newsprint for the students to copy. Challenge the adults to grow spiritually by completing one or more of them.

**(1) Research the term "image of God" in a Bible dictionary or online. "Image" implies that we are somehow "like God," but the biblical writers do not explain how we are "like God." How do you see humanity as being "like God"?**

**(2) Think about how your family honors the personal bonds that you have among yourselves. Are there some practices that work well for you? Are there other practices that you could adopt? Talk with other family members to see if you can reach some consensus.**

**(3) Be on the lookout for media portrayals of married life. In what ways do the media uphold or denigrate the institution of marriage?**

❖ Sing or read aloud "As Man and Woman We Were Made."

❖ Conclude today's session by leading the class in this benediction, which is adapted from Genesis 28:15, the key verse for October 27: **Know that I am with you and will keep you wherever you go; for I will not leave you until I have done what I have promised you. Amen.**

UNIT 1: FIRST DAYS

# Knowledge of Good and Evil

---

## PREVIEWING THE LESSON

**Lesson Scripture:** Genesis 3:8b-17
**Background Scripture:** Genesis 3
**Key Verses:** Genesis 3:22-23

### Focus of the Lesson:
Everyone at times has given in to lust or greed instead of making a right choice. Why do humans make poor choices? Genesis 3 informs readers that when temptation confronts them, God gives them the freedom to make choices.

### Goals for the Learners:
(1) to increase understanding of the ways in which sin creates barriers to healthy relationships with other people and with God.
(2) to confess their wrongs as individual persons, as a church, and as a nation.
(3) to recall experiences in which God has helped them discern right from wrong.

### Pronunciation Guide:
*adam* (aw dawm')                              *adamah* (ad aw maw')

### Supplies:
Bibles, newsprint and marker, paper and pencils, hymnals

---

## READING THE SCRIPTURE

NRSV
Lesson Scripture: Genesis 3:8b-17, 22-23

⁸The man and his wife hid themselves from the presence of the LORD God among the trees of the garden. ⁹But the LORD God called to the man, and said to him, "Where are you?" ¹⁰He said, "I heard the sound of you in the garden, and I was afraid, because I was naked; and I hid myself." ¹¹He said,

CEB
Lesson Scripture: Genesis 3:8b-17, 22-23

⁸The man and his wife hid themselves from the LORD God in the middle of the garden's trees. ⁹The LORD God called to the man and said to him, "Where are you?"

¹⁰The man replied, "I heard your sound in the garden; I was afraid because I was naked, and I hid myself."

"Who told you that you were naked? Have you eaten from the tree of which I commanded you not to eat?" [12]The man said, "The woman whom you gave to be with me, she gave me fruit from the tree, and I ate." [13]Then the LORD God said to the woman, "What is this that you have done?" The woman said, "The serpent tricked me, and I ate." [14]The LORD God said to the serpent,

"Because you have done this,
    cursed are you among all animals
    and among all wild creatures;
upon your belly you shall go,
    and dust you shall eat
    all the days of your life.
[15]    I will put enmity between you and
        the woman,
    and between your offspring and hers;
he will strike your head,
    and you will strike his heel."
[16]To the woman he said,
"I will greatly increase your pangs
    in childbearing;
    in pain you shall bring forth children,
yet your desire shall be for your
        husband,
    and he shall rule over you."
[17]And to the man he said,
"Because you have listened to the
        voice of your wife,
    and have eaten of the tree
about which I commanded you,
    'You shall not eat of it,'
cursed is the ground because of you;
    in toil you shall eat of it all the days
        of your life;

[22]Then the LORD God said, "See, the man has become like one of us, knowing good and evil; and now, he might reach out his hand and take also from the tree of life, and eat, and live forever"—[23]therefore the LORD God sent him forth from the garden of Eden, to till the ground from which he was taken.

[11]He said, "Who told you that you were naked? Did you eat from the tree, which I commanded you not to eat?"

[12]The man said, "The woman you gave me, she gave me some fruit from the tree, and I ate."

[13]The LORD God said to the woman, "What have you done?!

And the woman said, "The snake tricked me, and I ate."

[14]The LORD God said to the snake,
"Because you did this,
    you are the one cursed
        out of all the farm animals,
        out of all the wild animals.
On your belly you will crawl,
    and dust you will eat
    every day of your life."
[15]I will put contempt
    between you and the woman,
    between your offspring and hers.
They will strike your head,
    but you will strike at their heels."
[16]To the woman he said,
"I will make your pregnancy very painful;
    in pain you will bear children.
You will desire your husband,
    but he will rule over you."
[17]To the man he said, "Because you listened to your wife's voice and you ate from the tree that I commanded, 'You will not eat from it,'
    cursed is the ground because of you;
        in pain you will eat from it
        every day of your life.

[22]The LORD God said, "The human being has now become like one of us, knowing good and evil. Now so he doesn't stretch out his hand and take also from the tree of life and eat and live forever," [23]the LORD God sent him out of the garden of Eden to farm the fertile land from which he was taken.

# UNDERSTANDING THE SCRIPTURE

**Introduction.** Genesis 3 tells the story of the first human rebellion against God. In Christian theology the story is linked to the doctrine of original sin, the idea that humankind lost its opportunity to live without sin when Adam and Eve disobeyed God's command. Although this connection certainly makes sense, the word "sin" does not actually appear in the story. Still, the story is about humankind "missing the mark," which is what the word "sin" means. But some slightly different themes deserve attention as well. The story focuses on the loss of innocence (3:7) and the loss of the pristine life in the garden of Eden (3:22-24). The story is also about God's grace in the midst of punishment and correction, as God covers the nakedness of the couple and sends them into the future (3:21).

**Genesis 3:1-7.** The story opens with an introduction of the serpent as "crafty." This word seems to imply that the serpent was dishonest. The same Hebrew word sometimes just means "wise" or "prudent" (as in Proverbs 15:5). The focus here, of course, is on the serpent's deception of the woman. Despite the serpent's devious role, however, he is not to be equated with the devil. He is simply one of the wild animals as 3:1 indicates. He has special wisdom or insight, but he uses it for an evil purpose.

What the serpent says to the woman is true, namely, that eating of the fruit of the tree of the knowledge of good and evil will make her "like God, knowing good and evil" (3:5). The problem is that God forbade eating from the tree precisely because it would make them aware of their potential to be separated from God and from each other. To this point the man and the woman have no knowledge of right and wrong and therefore they have no guilt. The serpent is right when he says God knows their "eyes will be opened" (3:5) if they eat of the fruit of the tree. He implies, however, that God withholds this information for some self-serving reason. In fact, God does it to protect them. When they ate of the fruit of the tree of the knowledge of good and evil, "then the eyes of both were opened and they knew that they were naked" (3:7). The guilt they experienced has often been associated with sexual activity, but nothing in the passage suggests that association. Rather, their awareness of their nakedness represents the self-consciousness that comes from estrangement from others. The man and the woman try to cover their nakedness by making garments of fig leaves. There is perhaps a touch of dark humor here since fig leaves irritate the skin and could never be used as a garment.

**Genesis 3:8-13.** The next scene features a picture of God who walks in the garden as a person would do (3:8). But the main point is God's control of the garden. Although the serpent understood certain things about the garden's rules, God is finally the one in charge. Also, the human God put in the garden "to till it and keep it" (2:15) was to work in the service of the Creator. God called to the man, but the man and woman hid themselves. The man answers God by saying "I was afraid" (3:10). Walter Brueggemann says insightfully that the response is typical of those who do not trust in God's goodness (see the fearful responses of Abraham in 20:11 and Isaac in 26:9). Furthermore, when fear takes over, the man and woman focus on themselves rather than on God. When asked what they have done, their responses all begin with "I."

**Genesis 3:14-19.** After interrogating the man and woman God then pronounces sentences on them in the form of curses. The curses are (now) well-known conditions of life, but their origins are explained by the story. God curses the serpent to a life of crawling in the dust. His appearance and mode of locomotion therefore will cause fear and loathing (3:14-15). The woman will have children with great pain and her husband will exercise authority over her. Note, however, that the nature of the relationship is not God's desire; rather, it is the natural consequence of human brokenness. The man will struggle with the ground to eke out a living. This final curse recalls the beginning of creation in Genesis 2:7 when God "formed man from the dust of the ground." The word for man, Hebrew *adam*, is from the same root as the word for ground, *adamah*.

**Genesis 3:20-21.** The man named his wife Eve. The name in Hebrew resembles the word for living. Then God replaced the ridiculous covering of fig leaves the man and woman made for themselves and gave them garments of animal skins instead.

**Genesis 3:22-24.** Although the story is about the first rebellion against God, the story concludes with a different emphasis than might be expected. The point of 3:22-24 is not that humans are tainted by sin and need salvation, although that point is implied. The emphasis rather is on the concern that these humans who are now aware of their nakedness not gain immortality. A new tree in the garden is introduced, the tree of life (3:22). This tree apparently gives immortality to those who eat its fruit. The man and woman are not allowed to partake of that fruit, having now the knowledge of good and evil. It is not clear, however, whether this is a punishment for the man and woman, a mode of protection for them, or some combination of both. The story may have in mind the idea that living forever was only possible in the pristine state of the garden and when that is lost, so is the right to immortality. But the man and the woman have already experienced a kind of death: the death of their innocence. Therefore, to live forever in this state would not be a reward.

---

# INTERPRETING THE SCRIPTURE

### Why Are You Hiding?

The story in Genesis 2 ends with the famous note that "the man and his wife were both naked, and were not ashamed" (Genesis 2:25). This state of innocence ends in Genesis 3 when the man and woman eat from the tree of knowledge: "Then the eyes of both were opened, and they knew that they were naked" (Genesis 3:7). Hence, the story of the man and woman in the garden is akin to the experience of a child who becomes conscious of his or her disobedience for the first time. Before children have such awareness they are not perfect, of course. The story in Genesis 2 likewise does not say the man and woman lived in perfect obedience. Rather, it indicates that eating from the tree of the knowledge of good and evil made them aware of their imperfections and produced guilt.

Carlyle Marney, a famous Baptist minister in the last century, offered an appropriate illustration for the account of Adam and Eve becoming aware of their nakedness. Someone asked Marney where the garden of Eden was located. He said with confidence the garden of Eden is located at 215 Elm Street, Knoxville, Tennessee! The person who asked the question responded in disbelief, "That can't be true. I thought the garden of Eden was somewhere in Asia or in Mesopotamia." No one had ever said the garden was in Knoxville. It couldn't be true. But Marney insisted that it was so. He said that it was "there on Elm Street when I was but a boy that I stole a quarter from my mama's purse and I went downtown and bought me some candy and I ate it and then I was so ashamed that I came home and hid in the closet. It was there she found me and asked, 'Where are you?' 'Why are you hiding?' 'What have you done?'" What Marney was saying of course was that the story of the garden of Eden is everyone's story. It is the story of being loved, and trading that love for something much less. We all experience what Marney experienced with someone in our life, whether a parent, a spouse, or a friend. But most of all we experience it with God. God gives us good things, but we try to go our own way, make it on our own wisdom and ability, and inevitably we are disappointed and our lives are diminished.

It is traditional to speak of Genesis 3 as the story of "original sin." That label is appropriate since it reports the first occasion of human disobedience to God's instructions. But the question of what that means is more complicated than it may seem. Did something fundamentally change in humankind when Adam and Eve sinned so that now sin is part of our DNA? Or is the experience of Adam and Eve simply the typical human experience? That is, does each of us begin with a clean slate, with the possibility of living in perfect harmony with God only to fail to maintain the relationship? Genesis 3 does not give an answer to these questions. Christian tradition has favored the first interpretation of this story. From a practical perspective it may not matter that much. The story of Adam and Eve hiding from God, aware of their nakedness, is the experience of us all.

### Curses and Death

The curses God issues as a result of the disobedience of the man and woman represent punishment for their misdeeds. Each curse represents and explains some aspect of the human experience. It is important to note here that God actually curses only the serpent—"cursed are you among all animals" (3:14)—not the man or woman. The curse of the serpent explains why this creature has such a loathsome appearance and mode of locomotion. But there is more here than just a statement about the snake crawl-

ing instead of walking. The curse includes the serpent eating dust, which is a sign of humiliation (Psalm 72:9). The serpent led the man and woman to eat the forbidden fruit; now the serpent will "eat dust" as a result.

God does not curse the woman. Rather, God states the punishment on the woman for her disobedience: "I will greatly increase your pangs in childbearing" (3:16). Thus God's Word to the woman explains why childbirth is so painful. Note, however, that God does not place the woman under the man's authority as part of her punishment, at least not directly. It is part of the brokenness that resulted from human disobedience, but not the result of a direct word from God. God's Word against the man involves a curse, but not a curse on the human. God curses the ground: "cursed is the ground because of you" (3:17). Therefore, the ground will not cooperate with the man and he will have to struggle with it to produce food.

Each of these sentences against God's creatures represents a major hindrance to the full life God had originally intended them to have. The greatest reaction of God to the rebellion, however, is the assurance of death. God drives the man and the woman out of the garden so they cannot eat from the tree of life and live forever (3:22). But the imposition of death is not as much a punishment as it might seem at first. In fact, death here is, in a way, a sign of God's compassion for two reasons. First, as noted previously, immortality filled with guilt would not be gracious and that would be the only possibility after the man and woman ate from the tree of knowledge. Second, although death is promised, it does not come immediately. God promised sudden and certain death if they ate from the tree of the knowledge of good and evil (2:17). Indeed, the words God spoke in 2:17 sound like a pronouncement of capital punishment; it emphasizes that "in the day" the crime (eating of the fruit) was committed death would come. But instead of executing this in a literal way, God sends Adam and Eve out of the garden to continue living. Death will come, eventually, but they will have a chance to experience life and God's grace until it does.

### Enmity With the Serpent

As already noted, the serpent in Genesis 3 is not identified as the devil. Nevertheless, it is right to associate the serpent with the force of evil since he led the man and woman to act contrary to God's will. Moreover, he presented the humans with a half-truth, namely, that "God knows that when you eat of it your eyes will be opened, and you will be like God" (3:5). So although the serpent is not the devil, he does stand for disobedience against God.

This makes the statement in 3:15 significant: "I will put enmity between you and the woman, and between your offspring and hers; he will strike your head, and you will strike his heel." One reading of this verse is simply that humans typically have a revulsion for snakes and the story of how the serpent deceived the woman in the garden explains how it started. But the church has made another connection that is deeper and more symbolic. The offspring of the woman has been read as Christ, who came to overcome the evil the serpent introduced. Although the word for "offspring" here is singular, it is typically used as a collective and almost certainly refers to all humankind. Nevertheless, the symbolic dimensions of the story, including the serpent's identity, lead naturally to the idea that the Messiah will deal with the evil the serpent introduced.

## SHARING THE SCRIPTURE

### PREPARING TO TEACH

#### Preparing Our Hearts

Explore this week's devotional reading, found in Deuteronomy 30:11-20. Moses sets before the people a life-altering option: choose life and blessings by obeying God's commands or choose death by turning away from God. Adam and Eve were confronted in the garden with the same choice, but they chose disobedience and death. What choices are you making? What criteria help you to determine which choices you should make? What have been the consequences of some poor choices you have made?

Pray that you and the adult students will be guided by God in discerning right from wrong, good choices from poor choices.

#### Preparing Our Minds

Study the background Scripture from Genesis 3, and the lesson Scripture from Genesis 3:8b-17.

Consider this question as you prepare the lesson: *Why do humans make poor choices?*

Write on newsprint:

❑ quotations for discussion under "Increase Understanding of the Ways in Which Sin Creates Barriers to Healthy Relationships with Other People and with God."

❑ information for next week's lesson, found under "Continue the Journey."

❑ activities for further spiritual growth in "Continue the Journey."

Review the "Introduction," "The Big Picture," "Close-up," and "Faith in Action." Consider how you will use this additional information, which immediately precedes the first lesson, for this session.

## LEADING THE CLASS

### (1) Gather to Learn

❖ Greet the class members. Introduce any guests and help them to feel at home.

❖ Pray that when the learners make choices, they will be aware of the consequences.

❖ Read the second paragraph of "Why Are You Hiding?" in "Interpreting the Scripture." Invite participants to tell their own childhood stories of making poor choices and the resultant consequences. What lessons did they learn that helped them to make better choices as they matured?

❖ Read aloud today's focus statement: **Everyone at times has given in to lust or greed instead of making a right choice. Why do humans make poor choices? Genesis 3 informs readers that when temptation confronts them, God gives them the freedom to make choices.**

### (2) Goal 1: Increase Understanding of the Ways in Which Sin Creates Barriers to Healthy Relationships With Other People and With God

❖ Choose a volunteer to read Genesis 3:8b-17.

❖ Read or retell "Curses and Death" in "Interpreting the Scripture" to help the adults understand the consequences of sin and the barriers sin creates in terms of creating and maintaining healthy relationships with God and other people.

❖ Form several groups and assign each group one of the following quotations to discuss what it implies about the barriers sin creates in relationships between people and with God. Post the quotations on newsprint.

1. **My soul is like a mirror in which the glory of God is reflected, but sin, however insignificant, covers the mirror with smoke** (Saint Teresa of Avila, 1515–82).
2. **Sin becomes a crime, not against law, but against love; it means not breaking God's law so much as breaking God's heart** (William Barclay, 1907–78).
3. **Sinning is nothing but turning from God's face/And having turned it thus, turning it toward death** (Angelus Silesius, 1624–77).
4. **The religious dimension of sin is man's rebellion against God. The moral and social dimension of sin is injustice** (Reinhold Niebuhr, 1892–1971).

❖ Call the groups together to hear summaries of their discussions.

### (3) Goal 2: Confess Wrongs as Individual Persons, as a Church, and as a Nation

❖ Distribute copies of a confession found in your denominational hymnal or another source. Prior to the session, select the prayer of confession you will use. (Note that if you have access to *The United Methodist Hymnal*, pages 890, 891, 892, and 893 would all be appropriate for this activity.) Read the prayer in unison, provide time for silent reflection, and close with words of assurance.

❖ Note that the selected confession is helpful for individuals and for the church as a body. Post newsprint and encourage participants to list specific sins that they believe the church has committed. Discuss ways in which the church can repent and move forward as a reconciled people.

❖ Point out that unlike ancient Israel, which was a nation under God's leadership, modern democracies are pluralistic, secular, and governed by the will of the people. Still, as Christians we can respectfully disagree with choices our government has made and do all in our power to change public policy. Invite the adults to list wrongs committed by the government that they feel need to be confessed and righted. If time permits, encourage the adults to suggest ways changes can be made.

❖ Close with a few moments of silence so that the students may offer their own confessions for wrongs done by the church or nation.

*(4) Goal 3: Recall Experiences in Which God Has Helped the Learners Discern Right From Wrong*

❖ Distribute paper and pencils and invite the adults to finish these sentences that you will read aloud. State in advance that no one will be asked to share this information.

1. **Here's what I remember about a difficult situation as a child or teen in which God helped me to discern right from wrong . . .**
2. **I knew that God was guiding me because . . .**
3. **From that situation I learned . . .**

❖ Encourage the adults to write about a situation that a friend or family member is confronting. Invite the class members to describe ways they could use their experiences to help this person. Suggest that names not be used so that personal information will not be divulged should the paper be lost.

❖ Conclude this activity by challenging the students to make a commitment to support the persons in question by helping them to discern right from wrong.

*(5) Continue the Journey*

❖ Pray that the learners will always rely upon God to help them discern right from wrong.

❖ Read aloud this preparation for next week's lesson. You may also want to post it on newsprint for the students to copy.

■ **Title: An Everlasting Covenant**

■ **Background Scripture: Genesis 6:9–9:28**
■ **Lesson Scripture: Genesis 9:8-17**
■ **Focus of the Lesson: A natural disaster can cause great anxiety over the safety and welfare of loved ones. How can loved ones be assured of God's protection in the future? God said that the rainbow would remind God of the covenant to never again destroy the earth with a flood.**

❖ Post these three activities related to this week's session on newsprint for the students to copy. Challenge the adults to grow spiritually by completing one or more of them.

(1) **Be alert for situations in which you try to hide from God. What prompted such a response? What steps can you take to avoid putting yourself in a similar position in the future?**

(2) **Examine your conscience at the end of each day this week to see where you have fallen short. Replay the day mentally as you might view a video. When you recognize actions or attitudes that are sinful, "freeze the frame" and decide how you could handle that situation in a more Christlike way.**

(3) **Recall how you learned to distinguish right from wrong. Give thanks to the people who helped to shape your moral and ethical conscience.**

❖ Sing or read aloud "Dear Lord and Father of Mankind."

❖ Conclude today's session by leading the class in this benediction, which is adapted from Genesis 28:15, the key verse for October 27: **Know that I am with you and will keep you wherever you go; for I will not leave you until I have done what I have promised you. Amen.**

UNIT 1: FIRST DAYS
# An Everlasting Covenant

---

## PREVIEWING THE LESSON

**Lesson Scripture:** Genesis 9:8-17
**Background Scripture:** Genesis 6:9–9:28
**Key Verse:** Genesis 9:11

### Focus of the Lesson:
A natural disaster can cause great anxiety over the safety and welfare of loved ones. How can loved ones be assured of God's protection in the future? God said that the rainbow would remind God of the covenant to never again destroy the earth with a flood.

### Goals for the Learners:
(1) to explore the covenant God made with Noah after the flood.
(2) to discover ways in which they can take delight in signs of God's grace.
(3) to identify the promises of God on which adults can stake their lives.

### Supplies:
Bibles, newsprint and marker, paper and pencils, hymnals

---

## READING THE SCRIPTURE

NRSV
Lesson Scripture: Genesis 9:8-17

⁸Then God said to Noah and to his sons with him, ⁹"As for me, I am establishing my covenant with you and your descendants after you, ¹⁰and with every living creature that is with you, the birds, the domestic animals, and every animal of the earth with you, as many as came out of the ark. **¹¹I establish my covenant with you, that never again shall all flesh be cut off by the**

CEB
Lesson Scripture: Genesis 9:8-17

⁸Then God said to Noah and to his sons with him: ⁹"I now establish my covenant with you and with your descendants after you ¹⁰and with every living creature that was with you—the birds, the livestock and all the wild animals, all those that came out of the ark with you—every living creature on earth. **¹¹I establish my covenant with you: Never again will all life be cut off by**

waters of a flood, and never again shall there be a flood to destroy the earth." ¹²God said, "This is the sign of the covenant that I make between me and you and every living creature that is with you, for all future generations: ¹³I have set my bow in the clouds, and it shall be a sign of the covenant between me and the earth. ¹⁴When I bring clouds over the earth and the bow is seen in the clouds, ¹⁵I will remember my covenant that is between me and you and every living creature of all flesh; and the waters shall never again become a flood to destroy all flesh. ¹⁶When the bow is in the clouds, I will see it and remember the everlasting covenant between God and every living creature of all flesh that is on the earth." ¹⁷God said to Noah, "This is the sign of the covenant that I have established between me and all flesh that is on the earth."

the waters of a flood; never again will there be a flood to destroy the earth."

¹²And God said, "This is the sign of the covenant I am making between me and you and every living creature with you, a covenant for all generations to come: ¹³I have set my rainbow in the clouds, and it will be the sign of the covenant between me and the earth. ¹⁴Whenever I bring clouds over the earth and the rainbow appears in the clouds, ¹⁵I will remember my covenant between me and you and all living creatures of every kind. Never again will the waters become a flood to destroy all life. ¹⁶Whenever the rainbow appears in the clouds, I will see it and remember the everlasting covenant between God and all living creatures of every kind on the earth."

¹⁷So God said to Noah, "This is the sign of the covenant I have established between me and all life on the earth."

---

## UNDERSTANDING THE SCRIPTURE

**Introduction.** Genesis 6:9–9:28 tells the story of Noah and the Flood. Noah was introduced in 6:8 with the brief note that "Noah found favor in the sight of the Lord" as opposed to the rest of all other human beings who were inclined to evil continually (6:5). Now Genesis 6:9 introduces Noah more extensively. He was "righteous" and "blameless." The words that describe Noah do not mean that he was morally pure in an abstract sense. Rather, these terms in the Old Testament are relational terms. For example, Psalm 37:39 describes the righteous as those who seek refuge in God. The words here therefore seem to mean that Noah lives humbly before God and acknowledges God as his source of strength and protection.

**Genesis 6:9-22.** This part of the Flood story begins with an explanation of why the Flood must take place. The beginning of the

account describes human corruption explicitly in terms of violence. Genesis 6:11 says the "earth was filled with violence" and in Genesis 6:13 God restates the point in his speech to Noah. Because of the violence that spread throughout the earth the passage says "earth was corrupt" (6:12). The term could also be translated "to be ruined." Violence seems like a disease that breaks out and spoils everything. It is not only human hearts that are affected but the whole earth or land. Moreover, the nonhuman world seems to be part of the problem as well. It is not just humans but "all flesh" (6:13) that has spread violence. This may refer to the wild animals acting as predators, which apparently was not intended originally. Because all is spoiled, the only remedy is to start over, which is the intention of God's action to "make an end of all flesh" (6:13). God instructs Noah to build an ark in order to preserve humankind and the animals. God tells him to take two of every kind of animal (6:19) on the ark to save them from the deluge to come.

**Genesis 7.** God again gives instructions for taking animals on the ark. But in 7:1-5 the details differ from 6:19-22 in that the second set of instructions includes Noah taking seven pairs of all "clean animals" and one pair of all that are "not clean" (7:2-3). This probably indicates that two authors contributed to the story and their work was combined to give us the present form of the story. The second version (7:2-3) assumes that a sacrificial system is in place, thus, clean animals refer to those that are suitable for sacrifice (thus they are ritually clean).

God's method of destroying the earth is popularly conceived as a flood. But Genesis 7 describes the event as more; it was a reversal of creation. This is expressed in Genesis 7:11, which notes that "the fountains of the great deep burst forth" and "the windows of the heavens were opened." The picture here is of the primeval ocean that God pushed back in creation (Genesis 1:2, 6-7) now gushing forth past the limits God once set. Likewise, the heavenly vault God established to hold back the waters above the earth loses its effectiveness. In Genesis 1 creation was characterized first and foremost by the control of the waters—waters above and waters below given set limits. But the creation God once protected from these waters is ruined so the waters bring it to an end.

**Genesis 8:1-19.** God remembered Noah and all the animals in the ark and God allows creation to return to order (8:1). As in Genesis 1:2 God causes a wind (the word could also be translated "spirit") to blow over the waters, and the elements God put in place to hold the waters back are restored (8:1-3).

**Genesis 8:20-22.** Genesis 8:20-22 reports that Noah made sacrifices. God then made a declaration to never again destroy the earth by covering it with water. Most important, 8:21 states that God made this decision despite the fact that humankind had not changed. This is perhaps the most important theological statement in the story. On this matter two points are crucial. First, the sacrifices Noah makes seem to be purely expressions of thanks. There is no hint that Noah's sacrifices appease God's anger or make atonement for sins. Second, the decision of God to allow the earth to continue and the promise never to destroy it again is a great expression of God's grace. The translation in the NRSV obscures this point: "I will never again curse the ground because of humankind, *for* the inclination of the human heart is evil from youth" (8:21). It seems to say that God decided to preserve the creation *because* humans continued their bent toward evil. But the word translated "for" is a Hebrew particle that can also be translated "even though," which seems best here (see similar use of the term in Jeremiah 49:16). Indeed, what God's statement indicates is that God decided not to destroy the earth again, *despite* the fact that humankind had not become any more obedient.

**Genesis 9.** As the Flood story concludes, God blesses Noah and his sons, just as God blessed the first humans in Genesis 1:28: "Be fruitful and multiply, and fill the earth." But this blessing in 9:1 is not merely a repetition of the first blessing. Something has changed because of the corruption of humankind. As God blesses Noah and his family, God also makes concessions to the violence that destroyed the earth. The original pristine state of creation, characterized by nonviolence, was embodied in the vegetarian lifestyle before the Flood. Now God allows humans to eat meat. God gives as a complement to the prohibition against eating the blood of animals an absolute law against the shedding of human blood: "Whoever sheds the blood of a human, by a human shall that person's blood be shed; for in his own image God made humankind" (9:6). This declaration highlights the seriousness of preserving life and acting as though life is holy, a gift from God, in whose image humans are made. The covenant God makes with "all flesh" (9:11) anticipates the time when God will restore the relationships of all creatures to what God originally intended. For now, God promises not to destroy the earth again.

---

# INTERPRETING THE SCRIPTURE

### A One-Sided Covenant

The central feature of the lesson Scripture is the covenant God made with humankind. The word "covenant" means agreement or treaty. Making covenants was a central part of the ancient Near Eastern world. Covenants governed everything from agreements between nations to promises friends made with each other (note the covenant Jonathan and David made in 1 Samuel 18). It is not surprising, therefore, that the idea of covenant is crucially important in the Old Testament, and in the Bible as a whole.

In fact, the Bible itself is organized around this idea. The word "testament" is just another word for "covenant." So the Bible is made up of the "Old Covenant" and the "New Covenant." The difference between the two testaments, and thus between the two covenants, is often thought to be that the old covenant was characterized by law but the new covenant is received by grace. A close reading of Genesis 9:8-17, however, refutes this common assumption. The so-called "agreement" between God and Noah and Noah's descendants is really just a divine promise that God will never again destroy the earth and its creatures. Genesis 9:11 explicitly states that covenant is "that never again shall all flesh be cut off by the waters of a flood, and never again shall there be a flood to destroy the earth." The covenant is repeated in 9:15. Appropriately, God refers to the covenant as "my covenant" (9:9, 11) because it is the work of God alone. This is a sign that the Old and New Covenants should be understood merely as two expressions of the same covenant, based on the goodness of God.

This idea that the Old Testament or Old Covenant is about law is based in part on the fact that God makes a later covenant through Moses and that covenant does include expectations such as the Ten Commandments. But even in that covenant the "requirements" have often been misunderstood. The covenant is based on action God took for Israel when God rescued Israel from slavery in Egypt (Exodus 20:1-2). The expectations expressed in the Commandments, therefore, are really guidelines for the relationship Israel has with the God who saved them. God's salvation came before Israel was able to respond in any way at all.

Despite the similarities between the covenants made through Noah and Moses, one major difference is important to recognize. Namely, the covenant with Moses is made specifically with the descendants of Abraham while the covenant with Noah is universal. Hence, the covenant made through Noah can be understood apart from Israel's life with God. The covenant with Noah is the most basic sign of God's grace and God's patience with humankind. In turn, it makes possible other, more specific covenants like the covenants with Abraham (Genesis 12:1-3) and with Moses that will come.

### The Bow in the Clouds

The primary sign of the covenant God makes is the bow that appears in the sky after rain. An important question, however, is why the bow was identified as the sign of

God's covenant. The language of Genesis 9:13 is crucial to the understanding of the importance of the bow: "I have set my bow in the clouds, and it shall be a sign of the covenant between me and the earth." Note first that the word "bow" refers to an implement of war. In fact, the bow was essential to warfare in the ancient world. It was standard infantry equipment, like the rifle today. The implication, therefore, seems to be that God has been "at war" with the creation over the rebellion against the Creator. Other passages describe God as a warrior more explicitly (Exodus 15:3). But Genesis 9 makes the connection by speaking of the bow as God's instrument.

The idea that God is a warrior may seem troubling to some readers. Remember, however, that the Bible does not present God as a warrior in the same way that human warriors have that identity. God fights only to preserve or restore the goodness of creation. The Old Testament seems to have no qualms about presenting God as a warrior for this purpose. But Genesis 9:13 indicates that God's "warring" with the creation in general is over. God "set the bow in the clouds" so God will not use it again. Remarkably, God says the bow appears there to remind God of the covenant (9:16)! This statement does not suggest God really needs to be reminded. Rather, it indicates the extent to which God goes to reconcile God's creatures to God's self.

*Ecological Implications*

God does not just make a covenant with Noah and the rest of humankind but also "with every living creature that is with you, the birds, the domestic animals, and every animal of the earth with you, as many as came out of the ark" (9:10). The covenant is with "all flesh" (9:16).

This feature of the covenant has at least two important implications. First, it tells us something very essential about God. God cares for every creature and is at work try-ing to improve their lives. The covenant in Genesis 9 recognizes that the Flood was disastrous for all of God's creatures, not just for humans. The promise of maintaining the earth, therefore, is a promise to the nonhuman world as well as to Noah and his descendants.

The concern for the nonhuman world is evident throughout Genesis 1–9 and the covenant in 9:8-17 looks forward to the time when God will restore the whole creation to what God intended. One sign of God's concern for nonhuman creatures is the fact that animals were not food before the Flood. In Genesis 2:16 the first humans were given "every tree of the garden" for food, but animals were not on the menu (see also 3:2). More explicitly, Genesis 6:21 says that God told Noah to take onto the ark "every kind of food that is eaten" and "it shall serve as food for you and for them." The word "them" refers to the animals on the ark. They are to have food, but they themselves are not food. After the Flood God makes concessions and declares that humans can consume animal flesh. But they can only eat the flesh of an animal, not its blood. Blood represents life, and God is determined to sanctify and protect life, albeit with this allowance for meat eating. Animals also prey on one another. But other latter portions of the Bible make clear that God will eventually transform this imperfect situation by returning the creation to the original intent. Then the "lion shall eat straw like the ox" (Isaiah 11:7) and humans will not be at odds with nonhumans.

The second implication of God's covenant with "all flesh" is that humans should follow God's example in caring and working for the welfare of nonhuman creatures. Hosea 2:18 makes this idea explicit. The prophet refers to God making yet another covenant in which humans will be reconciled to wild animals and all expressions of hatred and animosity between God's creatures will come to an end. But

Genesis 9:8-17 anticipates this reconciliation and encourages us to take our rightful place as protectors of the nonhuman parts of creation.

---

# SHARING THE SCRIPTURE

## PREPARING TO TEACH

### Preparing Our Hearts

Explore this week's devotional reading, found in Isaiah 54:9-14. Isaiah 54 is sometimes referred to as the last of the "Zion" poems, all of which promise the restoration of Israel. Today's lesson Scripture concerns Noah and the covenant God made following the Flood, which is mentioned in 54:9. Consider how God's rainbow covenant relates to your own life. How have you felt God's protection? How is this covenant a sign of God's grace in your life?

Pray that you and the adult students will give thanks for the covenantal relationship you have with God.

### Preparing Our Minds

Study the background Scripture from Genesis 6:9–9:28, and the lesson Scripture from Genesis 9:8-17.

Consider this question as you prepare the lesson: *How can we be assured of God's protection in the future, especially after a natural catastrophe?*

Write on newsprint:

❑ information for next week's lesson, found under "Continue the Journey."

❑ activities for further spiritual growth in "Continue the Journey."

Review the "Introduction," "The Big Picture," "Close-up," and "Faith in Action." Consider how you will use this additional information, which immediately precedes the first lesson, for this session.

## LEADING THE CLASS

### (1) Gather to Learn

❖ Greet the class members. Introduce any guests and help them to feel at home.

❖ Pray that the learners will feel confident in God's covenant.

❖ Read this information aloud: **Natural disasters—ranging from floods to hurricanes, wildfires, excessive heat, drought, earthquakes, tornadoes, and tsunamis—seem to have become more commonplace in recent years. Often when disaster strikes, people begin to ask, "Where is God?" Where, indeed? One compelling answer is that God is present with those who suffer and with those who mobilize to respond to the crisis. What mechanisms do our congregation or denomination have in place for gathering the financial aid, resources such as food and other critical supplies, and volunteers who can help both immediately and in the long-term to help the community get through the crisis and rebuild?** (As the group discusses this question, you may want to make notes on newsprint. If you are unfamiliar with your denominational and congregational means of assistance, talk with your pastor or missions committee chair prior to the session. Recognize that the volunteers of some nonprofit agencies, such as the Red Cross, may be in your class.)

❖ Read aloud today's focus statement: **A natural disaster can cause great anxiety over the safety and welfare of loved ones. How can loved ones be assured of God's protection in the future? God said that the rainbow would remind God of the covenant to never again destroy the earth with a flood.**

*(2) Goal 1: Explore the Covenant God Made
With Noah After the Flood*

❖ Set the stage for today's lesson by reading or retelling the "Understanding the Scripture" portion from the introduction up to Genesis 9.

❖ Select a volunteer to read today's lesson Scripture from Genesis 9:8-17.

1. **What do you learn about the covenant itself from these verses?** (It is one-sided; universal; includes all life for all future generations, not just humanity; signified by a bow in the clouds.)

2. **What do you learn about God?** (God chose to establish a covenant with Noah and his sons; God cares for all creation; God is gracious; God will set aside the divine bow, which can be used as an instrument of war and death; God remembers promises.)

3. **How do you understand this covenant to be true and in force, even though natural disasters continue to occur around the globe?**

❖ Wrap up this portion by reading "The Bow in the Clouds" in "Interpreting the Scripture."

*(3) Goal 2: Discover Ways in
Which the Learners Can Take
Delight in Signs of God's Grace*

❖ Read: **In his sermon, "The Means of Grace," Methodism's founder, John Wesley, wrote: "By 'means of grace' I understand outward signs, words, or actions, ordained of God, and appointed for this end, to be the ordinary channels whereby he might convey to men, preventing, justifying, or sanctifying grace. . . . The chief of these means are prayer, whether in secret or with the great congregation; searching the Scriptures (which implies reading, hearing, and meditating thereon); and receiving the Lord's Supper, eating bread and drinking wine in remembrance of Him: And these we believe to be ordained of God, as the ordinary channels of conveying his grace to the souls of men."**

❖ Invite the adults to comment on what you have read. Encourage responses concerning their agreement (or disagreement) with Wesley and other signs or means by which we can experience God's grace. Note that God's covenants are also signs of grace.

❖ Distribute paper and pencils and read aloud these two options:

1. **Option 1:** Imagine yourself as Noah. Write a letter to your grandchildren explaining signs of God's grace that you discovered in the midst of a horrifying flood and its aftermath.

2. **Option 2:** Think about signs of God's grace in your own life, particularly as you faced a challenging situation. Write a letter to a loved one describing what you discovered about God's grace during this difficult period, and the means by which you found this grace.

❖ Bring the students together and encourage volunteers to read their letters.

*(4) Goal 3: Identify the Promises of God on
Which the Learners Can Stake Their Lives*

❖ Form several small groups. Invite the adults to talk with one another about biblical promises on which they rely. If possible, they are to cite chapter and verse. Encourage the groups to discuss examples of situations in which this promise has been meaningful.

❖ Bring the groups together and ask:

1. **Were there any biblical promises that several group members found particularly helpful? If so, what were they?**

2. **If someone asked you why you find assurance in God's promises, what would you say?**

*(5) Continue the Journey*

❖ Pray that the learners will show by their words and actions that they trust God's promises.

❖ Read aloud this preparation for next week's lesson. You may also want to post it on newsprint for the students to copy.

- **Title: God Scatters the Nations**
- **Background Scripture: Genesis 11:1-9**
- **Lesson Scripture: Genesis 11:1-9**
- **Focus of the Lesson: Sometimes leaders make plans that will take those they serve in a harmful direction. What can stop this from happening? According to Genesis 11, God is aware of misguided plans and will intervene for the greater good of creation.**

❖ Post these three activities related to this week's session on newsprint for the students to copy. Challenge the adults to grow spiritually by completing one or more of them.

(1) **Recall that in the covenant of Genesis 9, God made a promise not just to Noah but to all creation and "for all future generations" (9:12). What role do you as a Christian have in protecting and caring for God's creation?**

(2) **Check a concordance for the word "promise." Choose and read several of these promises. Select one that you will focus on this week, preferably one that speaks to a current need in your own life.**

(3) **Recall a promise that you have made to someone that you have not yet fulfilled. Do whatever you can this week to begin to make good on your promise.**

❖ Sing or read aloud "Standing on the Promises."

❖ Conclude today's session by leading the class in this benediction, which is adapted from Genesis 28:15, the key verse for October 27: **Know that I am with you and will keep you wherever you go; for I will not leave you until I have done what I have promised you. Amen.**

UNIT 1: FIRST DAYS

# GOD SCATTERS THE NATIONS

---

## PREVIEWING THE LESSON

**Lesson Scripture:** Genesis 11:1-9
**Background Scripture:** Genesis 11:1-9
**Key Verse:** Genesis 11:8

### Focus of the Lesson:
Sometimes leaders make plans that will take those they serve in a harmful direction. What can stop this from happening? According to Genesis 11, God is aware of misguided plans and will intervene for the greater good of creation.

### Goals for the Learners:
(1) to investigate the misguided theology of the plan to build the tower of Babel.
(2) to humbly acknowledge their futile attempts to be like God.
(3) to identify potential "towers of Babel" that the church attempts to construct today.

### Pronunciation Guide:
Babel (bay' buhl)                     Marduk (mahr' dyook)
*balal* (ba lal')                     Shinar (shi' nahr)
*hubris* (hoo'bris)                   ziggurat (zig' oo rat)

### Supplies:
Bibles, newsprint and marker, paper and pencils, hymnals, picture of a ziggurat

---

## READING THE SCRIPTURE

NRSV
Lesson Scripture: Genesis 11:1-9
¹Now the whole earth had one language and the same words. ²And as they migrated from the east, they came upon a plain in the land of Shinar and settled there. ³And they said to one another, "Come, let us make bricks, and burn them thoroughly." And

CEB
Lesson Scripture: Genesis 11:1-9
¹All people on the earth had one language and the same words. ²When they traveled east, they found a valley in the land of Shinar and settled there. ³They said to each other, "Come, let's make bricks and bake

they had brick for stone, and bitumen for mortar. ⁴Then they said, "Come, let us build ourselves a city, and a tower with its top in the heavens, and let us make a name for ourselves; otherwise we shall be scattered abroad upon the face of the whole earth." ⁵The LORD came down to see the city and the tower, which mortals had built. ⁶And the LORD said, "Look, they are one people, and they have all one language; and this is only the beginning of what they will do; nothing that they propose to do will now be impossible for them. ⁷Come, let us go down, and confuse their language there, so that they will not understand one another's speech." **⁸So the LORD scattered them abroad from there over the face of all the earth, and they left off building the city.** ⁹Therefore it was called Babel, because there the LORD confused the language of all the earth; and from there the LORD scattered them abroad over the face of all the earth.

them hard." They used bricks for stones and asphalt for mortar. ⁴They said, "Come, let's build for ourselves a city and a tower with its top in the sky, and let's make a name for ourselves so that we won't be dispersed over all the earth.

⁵Then the LORD came down to see the city and the tower that the humans built. ⁶And the LORD said, "There is now one people and they all have one language. This is what they have begun to do, and now all that they plan to do will be possible for them. ⁷Come, let's go down and mix up their language there so they won't understand each other's language." **⁸Then the LORD dispersed them from there over all of the earth, and they stopped building the city.** ⁹Therefore, it is named Babel, because there the LORD mixed up the language of all the earth; and from there the LORD dispersed them over all the earth.

---

## UNDERSTANDING THE SCRIPTURE

**Introduction.** Genesis 11:1-9 is the final narrative in the first major section of the Book of Genesis (Genesis 1–11). The story provides an important conclusion to the stories in Genesis 1–11. This section of Genesis began with creation (1:1–2:4a) in which God declared everything "very good" (1:31). God made human beings in God's own image to represent God on earth (1:26-30). But the humans soon rebelled against God, thus threatening the goodness and order God intended (Genesis 3). Eventually their rebellion caused violence to spread throughout the earth and God decided it was necessary to start over with Noah and his family (6:11-22). God sent a flood that destroyed the earth. But after the flood was over God saw that humans had not changed, that the "inclination of the human heart" was still evil (8:21). God promised to be patient and never again to destroy the

earth with a flood (9:15). But Genesis 11:1-9 presents another rebellion against God that will cause God to find yet another way to bring about God's purpose for creation. Following the Babel story, therefore, God chooses Abraham as one who will fulfill God's plans for humankind (Genesis 12:1-2). Hence, the Babel story presents the arrogance of those who build the tower as the "last straw" in humankind's rebellion against God's desires.

**Genesis 11:1-4.** The story begins with all the people on earth having one language. The reference to migration gives a direction that is not certain. It could mean that the people traveled to the east or from the east. Regardless of the start of the travel, however, they settle in Shinar, which refers to the territory occupied by the Babylonians. The story then focuses on some famous characteristics of these people, beginning with their skill in building. They were particularly adept at constructing massive masonry structures, monuments of human ingenuity (11:3). The Babylonians used kiln-dried brick for construction because stones were not available in abundance. They used bitumen for mortar whereas some other peoples (such as the Egyptians) simply used the same mud that was used to make the bricks.

Given the name of the land (Shinar) and the clear reference to Babylon at the end of the story, the tower the story has in mind seems to be the great ziggurat tower built to honor the Babylonian god Marduk. The appearance of this tower is known from archaeological excavations and some ancient historical records. The tower, located in the city of Babylon, was a square construction. It was built as a series of six stages, one on top of the other, with each stage getting progressively smaller as the tower rose. The top story was a chapel to the god. To ancient people it must have seemed like a skyscraper. Therefore, it is understandable that this tower would become a symbol of human ingenuity and pride. It is probably also important that the tower was a monument to Marduk, whom the Babylonians thought was the creator of the world. When the Babylonians defeated the people of Judah in 587 B.C. and took their citizens into exile, the claim that Marduk was the most powerful god must have been difficult to argue against. Yet the people of Judah would continue to declare that their God was the Creator and ruler of the earth. This belief would sustain them through the Exile.

**Genesis 11:5-7.** The description of God seeing the tower presents God as dwelling in the heavens, above the dome that ancient people believed held back the waters above the earth (see the reference in Psalm 104:3 to the Lord's chambers being set on the waters, the waters above the earth). The plural language God uses in Genesis 11:7 ("Come, let us") is like God's speech in Genesis 1:26 when God spoke of creating humankind ("Let us make humankind in our image"). This has suggested to some interpreters that God is here speaking as the Trinity—Father, Son, and Holy Spirit. While the plural language does support the Trinitarian doctrine in a general way, that doctrine is developed much later, as Christian scholars reflected on the relationship between the man Jesus and God the Creator. The original intent of language like that in Genesis 11:7 is probably to portray God as a king who has attendants and footmen around the throne. In other words, God is speaking as the leader of a divine council or speaking to a gathering of all heavenly beings who do God's bidding. Job 1:6 makes explicit reference to this image: "One day the heavenly beings came to present themselves before the LORD." Likewise, Psalm 82:1 says, "God has taken his place in the divine council; in the midst of the gods he holds judgment." Further, 1 Kings 22:19-23 pictures God seated on a throne with the hosts of heaven all around and God deliberates with those around the throne as to what should be done with King Ahab. In Genesis 11:8, however, it becomes clear that God is the sole actor. No one who attends God's throne has any decision-making power that challenges the heavenly King.

**Genesis 11:8-9.** The Hebrew term *balal* means "confuse." The term is presented here as a play on the name Babel, which is the Hebrew word for Babylon. The story explains why the people of the earth have different languages. Genesis 1–11 has many stories that explain phenomena like this. But the story does much more than that. The word play on the name "Babel" clearly is meant to denigrate the Babylonians. It was a way of dealing with the Babylonian defeat of Judah to identify the center of human arrogance in Babylon and to tell of the confusion of language among people who prided themselves on having such a high culture. The reference to the tower not being completed may have been inspired by times when the Babylonian ziggurat was partially destroyed and in need of rebuilding.

---

## INTERPRETING THE SCRIPTURE

### Hubris

The story of the tower of Babel is a story of excessive pride and overconfidence, sometimes called "hubris." The term "hubris" is used in Greek tragedy to refer specifically to human action that defies the gods. This is an appropriate characterization of what is happening in Genesis 11:1-9. Two features of the story indicate that this is a primary concern. First, the humans speak *like* God as if to imitate or take the place of God. They express their plans to build their city and tower by saying, "Come, let us" (11:3, 4). In Genesis only God uses this first person plural language and it has not occurred since God declared the intention to make humans in Genesis 1:26: "let us make humankind." The first-person speech in Genesis 1 is sometimes called the "royal we" because, as noted in "Understanding the Scripture," it assumes God is the heavenly king who speaks to courtiers (angels, heavenly messengers) who are ready to do God's bidding. By using this speech in Genesis 11, the residents of Babylon therefore sound like they are taking the place of God.

Second, the humans state they are building a tower "with its top in the heavens" (11:4). That is, they intend to reach with their efforts to the very dwelling place of God.

As the story indicates, of course, they are not even close to being able to accomplish this goal. The problem is not that the humans could actually take the place of God. Hubris is no threat to the Creator. The problem is that when humans act with such excessive pride they inevitably mistreat one another. Some Old Testament passages suggest in fact that human arrogance and a false sense of autonomy go hand in hand with violence (Genesis 49:5-7). In the Psalms, those in particular who are called "wicked," have this demeanor of overconfidence and extreme self-reliance to the point that they think God does not care or notice what they do. A natural by-product of such attitudes is the mistreatment of those who are weak and vulnerable (Psalm 73:4-9).

### And God Came Down

The tower of Babel story at one point does seem to suggest that God is actually threatened by the people involved in the building project. After surveying the building God says, "Nothing that they propose to do will now be impossible for them" (11:6). But closer reading shows this is not the case. Indeed, when God wants to examine the work of the people, "the LORD came down to see the city and the tower" (11:5). There is a touch of ironic humor here. For God to look closely at the mighty tower that intends to reach the heavens, God must go down. Again, two verses later God says, "Come, let us *go down*" (11:7, emphasis added). The mighty tower does not even come close to the heavens. The problem God sees with the tower building, therefore, must be something other than its threat to God's throne. Two problems seem likely. First, the tower-building project, which is motivated by the pride of the people and their determination to "make a name" (11:4) for themselves, causes them to ignore their relationship with God. It is God who gifts humans for their work and blesses their efforts. The residents of Babel, however, act as independent agents. As such, they cannot fulfill their intended role as those created in the image of God (Genesis 1:26-30). They were made to represent the Creator; now they fancy themselves creators in their own right. Second, as previously noted, this attitude inevitably leads to violence and destruction. The tower builders are capable of much, as God declares in 11:6. But without a proper orientation to God, their efforts will inevitably be destructive. Their greatness will turn toward evil.

### Confusing Speech and the Image of God

As already noted, the main problem in the tower of Babel story is that the residents of Babel try to assume the place of God. They have confused the fundamental relationship of Creator with creature. This concern places the story of Genesis 11:1-9 at a pivotal place in the larger story of creation and salvation.

When Genesis began with God creating and making humans in the image of God, it emphasized that humans were meant to be God's representative on earth, to multiply and fill the earth and subdue it. Also, by putting humans in this special place God blessed humankind. The two details about humans go together. Filling the earth and caring for it were to be signs of the blessing God gave humanity. Now in the story of Babel at least two problems arise that seem to threaten what God wants to accomplish for and through the humans. First, the people of the earth have gathered in one place rather than spreading abroad to fill the earth (11:2). This seems to stop what Genesis 10 declares was happening, namely, various people were settling different areas of the world (see especially 10:18). This presumably pleased God for it followed the directions of God's initial charge to them in Genesis 1:28. But the people of Babel fear being scattered and do all they can to prevent it (11:4).

Second, as already noted, the people set out on a building project that seems intended to countermand the sovereignty of God. The tower is one obvious feature of this rebellion against the Creator. But the city in which the tower is located is also a sign of rebellion against God. In the Old Testament cities are often associated with evil and anti-God activity. The first city mentioned in the Bible was founded by Cain, the first murderer. The association of cities with violence and oppression may not seem logical to modern people, for whom cities may be places of great opportunity. In the ancient world, however, cities were typically places of royal power, places built with the aid of military force and built in order to advance the goals of a local ruler. Although not all cities are understood this way (Jerusalem is one example of a city that is established for the worship of God), the city in Genesis 11:1-9 is part of the people's attempt to "make a name for [themselves]" (11:4). Hence, it is a sign of direct opposition to God.

The story of humans acting against God's wishes in Genesis 11:1-9 serves as a capstone for the story of God's work with and for humanity in Genesis 1–11. What comes next in the story of Abraham will show God's response to the people of Babel and to humanity in general. When God identifies Abraham as the focus of creation in Genesis 12:1-3, God essentially declares that what could not be done through humankind in general will be done through this one man and his family. The image of God continues to rest on all human beings, but now the blessings God wants to bestow on humankind will come through the obedience of Abraham and Sarah and their descendants. This will be done as Abraham trusts in God, which is his main calling. God will make for Abraham a great name, in contrast with the people of Babel who try to make a name for themselves. Abraham's faith will allow God to bless him and through him all the people of earth will be blessed (12:3).

# SHARING THE SCRIPTURE

## PREPARING TO TEACH

### Preparing Our Hearts

Explore this week's devotional reading, found in 2 Chronicles 34:22-28. The prophet Huldah told the messengers of the Judean king Josiah that God would destroy Israel because of its idolatry. However, because of Josiah's personal penitence, God promised that he would not see the disaster that was to come. What circumstances prompt you to repent right now? What slippery slopes can you identify for either the church or your nation, or both? Pray about these situations and act with humility to try to resolve them.

Pray that you and the adult students will repent and choose actions that please God.

### Preparing Our Minds

Study the background Scripture and lesson Scripture, both of which are from Genesis 11:1-9.

Consider this question as you prepare the lesson: *What can stop leaders who make plans to take those they serve in a harmful direction?*

Write on newsprint:
❏ questions for "Identify Potential 'Towers of Babel' that the Church Attempts to Construct Today."
❏ information for next week's lesson, found under "Continue the Journey."
❏ activities for further spiritual growth in "Continue the Journey."

Review the "Introduction," "The Big Picture," "Close-up," and "Faith in Action." Consider how you will use this additional information, which immediately precedes the first lesson, for this session.

Try to locate a picture of a ziggurat.

## LEADING THE CLASS

### (1) Gather to Learn

❖ Greet the class members. Introduce any guests and help them to feel at home.

❖ Pray that the learners will steer clear of pride and arrogance.

❖ Introduce the theme of "hubris" by reading this information: **Hubris, defined as arrogant self-confidence that usually leads to a tragic downfall, was considered a major sin in ancient Greece. This excessive pride is seen in many mythological characters. For example, in the myth of Daedalus and Icarus, father Daedalus had warned his son not to fly too close to the sun. Prideful Icarus refused to heed the warning. His wings melted when he soared too high, thus causing him to plummet to his death in what became known as the Icarian Sea. Hubris is still with us, for we see it in entertainers, athletes, politicians, religious leaders, and other public figures who believe that they can do whatever they choose without thought to any negative consequences for themselves or others.**

❖ Invite the adults to name historical public figures whose overconfident actions have harmed themselves and others.

❖ Read aloud today's focus statement: **Sometimes leaders make plans that will take those they serve in a harmful direction. What can stop this from happening? According to Genesis 11, God is aware of misguided plans and will intervene for the greater good of creation.**

### (2) Goal 1: Investigate the Misguided Theology of the Plan to Build the Tower of Babel

❖ Read the introduction to "Understanding the Scripture" to set today's story in its context. Then read the section on

Genesis 11:8-9 to explain the meaning of "Babel."

❖ Show a picture of a ziggurat, if you have one. Note that the ziggurat is a tall tower that features a terraced pyramid of successively receding stories. Ziggurats were used as temples in the ancient Middle East.

❖ Choose a volunteer to read Genesis 11:1-9.

Familiarize yourself prior to the session with the points made in "Interpreting the Scripture" so that you can add ideas as you discuss these questions:

1. **What do the people want to do?**
2. **What fears prompt them to build?**
3. **Where do you see pride in this story?**
4. **How do you see the tower-builders working against the kind of diversity that God apparently wants?**
5. **How did God handle this situation?**

*(3) Goal 2: Humbly Acknowledge the Learners' Futile Attempts to Be Like God*

❖ Read "Hubris" from "Interpreting the Scripture."

❖ Distribute paper and pencils. Invite the adults to recall one or more incidents in their own lives when they have tried to play God. Perhaps they knew a particular course of action was wrong for them, but they forged ahead despite the still small voice that said otherwise. Possibly they tried to control someone else's life, thinking that they could solve issues that were truly none of their business. Or maybe they lobbied hard to sway a church group to take action that they saw as appropriate but others believed was not in the best interest of the church or in line with God's will. Set a time limit and encourage the students to write about the incident(s). Tell them before they begin that they will not be asked to share what they have written with anyone else.

❖ Call time and bring everyone together.

Invite learners to tell something they learned about themselves when they tried to play God. Reiterate that they are not being asked to discuss the incidents they described.

*(4) Goal 3: Identify Potential "Towers of Babel" that the Church Attempts to Construct Today*

❖ Note that while the Babel story deals with the construction of a physical building, the church has continued to build all types of "Babel towers" throughout its history. Some "Babels" were (and are) actual church buildings, as one church tries to outdo another in the size of its building, its music program, or its social prominence in the community. But these "towers" may also take other forms as one church attempts to show its pride and reputed superiority over others.

❖ Form several groups. Post a sheet of newsprint with these questions:

1. **What "towers of Babel" are churches (or denominations) constructing today?**
2. **Why do you think these "towers" are displeasing to God?**
3. **How do you think God is responding or will respond to these prideful attempts to be greater than God?**

❖ Bring the groups together. Ask each group to discuss one of the "towers" they have identified by suggesting why they believe it is displeasing to God and how they think God is responding to this "tower."

❖ Conclude the discussion by pointing out that we can turn to God with humble repentance and do all in our power to deconstruct such "towers."

*(5) Continue the Journey*

❖ Pray that the learners will walk humbly with God.

❖ Read aloud this preparation for next week's lesson. You may also want to post it on newsprint for the students to copy.

■ Title: A Promise of Land

■ Background Scripture: Genesis 12:1-7; 13; 15:7-21; 17:8

■ Lesson Scripture: Genesis 15:7-21

■ Focus of the Lesson: Many people hope to leave an inheritance for their children. What sort of inheritance has lasting value? God's promise to Abram was the promise of creating a special relationship— a chosen nation—with Abram and Sarai's heirs.

❖ Post these three activities related to this week's session on newsprint for the students to copy. Challenge the adults to grow spiritually by completing one or more of them.

(1) Be aware of leaders in politics, business, the church, and other organizations whom you believe are leading people astray. What evidence do you have to support your belief? What can you do to stop these persons, or at least let others know of your concerns?

(2) Look for signs of overconfidence in yourself. Write in your spiritual journal about times this week when you acted with overblown pride and confidence, perhaps causing negative consequences for yourself or other people. What steps can you take to be more humble?

(3) Read "Ozymandias" by the English poet Percy Bysshe Shelley. How does this poem speak to you about your own sense of self-importance? Have you deceived yourself about your accomplishments?

❖ Sing or read aloud "Savior, Again to Thy Dear Name."

❖ Conclude today's session by leading the class in this benediction, which is adapted from Genesis 28:15, the key verse for October 27: Know that I am with you and will keep you wherever you go; for I will not leave you until I have done what I have promised you. Amen.

UNIT 2: FIRST NATION
# A PROMISE OF LAND

---

## PREVIEWING THE LESSON

**Lesson Scripture:** Genesis 15:7-21
**Background Scripture:** Genesis 12:1-7; 13; 15:7-21; 17:8
**Key Verse:** Genesis 15:18

### Focus of the Lesson:
Many people hope to leave an inheritance for their children. What sort of inheritance has lasting value? God's promise to Abram was the promise of creating a special relationship—a chosen nation—with Abram and Sarai's heirs.

### Goals for the Learners:
(1) to understand the significance of God's covenant with Abram and Sarai.
(2) to help the adults measure their level of trust in God to keep promises.
(3) to describe the inheritance God promises to give to us.

### Pronunciation Guide:
Ai (i) or (ay' i)                          Jebusite (jeb' yoo site)
Amorite (am' uh rite)                      Kadmonite (kad' muh nite)
Bethel (beth' uhl)                         Kenite (ken' ite)
Canaanite (kay'nuh nite)                   Kenizzite (ken' uh zite)
Chaldean (kal dee' uhn)                    Perizzite (per' i zite)
Euphrates (yoo fray' teez)                 Rephaim (ref' ay im)
Girgashite (guhr' guh shite)              Shechem (shek' uhm)
Hebron (hee' bruhn)                        Ur (oor)
Hittite (hit' tite)

### Supplies:
Bibles, newsprint and marker, paper and pencils, hymnals

---

## READING THE SCRIPTURE

NRSV
Lesson Scripture: Genesis 15:7-21
  [7]Then he said to him, "I am the LORD who brought you from Ur of the Chaldeans, to give you this land to possess." [8]But he said,

CEB
Lesson Scripture: Genesis 15:7-21
  [7]He said to Abram, "I am the LORD, who brought you out of Ur of the Chaldeans to give you this land as your possession."

"O Lord God, how am I to know that I shall possess it?" [9]He said to him, "Bring me a heifer three years old, a female goat three years old, a ram three years old, a turtledove, and a young pigeon." [10]He brought him all these and cut them in two, laying each half over against the other; but he did not cut the birds in two. [11]And when birds of prey came down on the carcasses, Abram drove them away.

[12]As the sun was going down, a deep sleep fell upon Abram, and a deep and terrifying darkness descended upon him. [13]Then the Lord said to Abram, "Know this for certain, that your offspring shall be aliens in a land that is not theirs, and shall be slaves there, and they shall be oppressed for four hundred years; [14]but I will bring judgment on the nation that they serve, and afterward they shall come out with great possessions. [15]As for yourself, you shall go to your ancestors in peace; you shall be buried in a good old age. [16]And they shall come back here in the fourth generation; for the iniquity of the Amorites is not yet complete."

[17]When the sun had gone down and it was dark, a smoking fire pot and a flaming torch passed between these pieces. [18]**On that day the Lord made a covenant with Abram, saying, "To your descendants I give this land, from the river of Egypt to the great river, the river Euphrates,** [19]the land of the Kenites, the Kenizzites, the Kadmonites, [20]the Hittites, the Perizzites, the Rephaim, [21]the Amorites, the Canaanites, the Girgashites, and the Jebusites."

[8]But Abram said, "Lord God, how do I know that I will actually possess it?"

[9]He said, "Bring me a three-year-old female calf, a three-year-old female goat, a three-year-old ram, a dove, and a young pigeon." [10]He took all of these animals, split them in half, and laid the halves facing each other, but he didn't split the birds. [11]When vultures swooped down on the carcasses, Abram waved them off. [12]After the sun set, Abram slept deeply. A terrifying and deep darkness settled over him.

[13]Then the Lord said to Abram, "Have no doubt that your descendants will live as immigrants in a land that isn't their own, where they will be oppressed slaves for four hundred years. [14]But after I punish the nation they serve, they will leave it with great wealth. [15]As for you, you will join your ancestors in peace and be buried after a good long life. [16]The fourth generation will return here since the Amorites' wrongdoing won't have reached its peak until then."

[17]After the sun had set and darkness had deepened, a smoking vessel with a fiery flame passed between the split-open animals. [18]**That day the Lord cut a covenant with Abram: "To your descendants I give this land, from Egypt's river to the great Euphrates,** [19]together with the Kenites, the Kenizzites, the Kadmonites, [20]the Hittites, the Perizzites, the Rephaim, [21]the Amorites, the Canaanites, the Girgashites, and the Jebusites."

---

## UNDERSTANDING THE SCRIPTURE

**Introduction.** This lesson focuses on God's choice of Abram to be the father of a great nation and to be a blessing to all humankind. God makes a covenant with Abram. The covenant is essentially a promise that God will make Abram's descen- dants so numerous they cannot be counted and those descendants will possess the land of Canaan. Abram responds to this promise with faith and trust (Genesis 15:6). As with other Old Testament covenants the covenant God establishes with Abram is one-sided. God pledges to bless him, make his descendants numerous, and give him the land of Canaan. Abram does nothing to earn this promise.

**Genesis 12:1-3.** The story of Abram begins with God's call for him to leave everything and begin a new life in God's promise. Although this story may seem like a completely new chapter in the Genesis narrative, and it appears to shift from primeval time to a historical period, the account of Abram represents God's attempt to work out the promises made to humankind in creation. The blessing of God once bestowed on all humankind now is placed on this one man and his family. Two features of Genesis 12:1-3 indicate this shift. First, the blessing bestowed on the first humans is now given to Abram. God said to Abram, "I will bless you" (12:2) using the same word as in Genesis 1:28 ("God blessed them"). In later versions of the blessing the promise to "be fruitful" (1:28) will also appear (Genesis 17:6).

Second, the call of Abram is framed as God's completely new and radical act, like God making and blessing the first humans. This is apparent in God's instructions to Abram to leave his country, his kindred, and his father's house (12:1). Modern Western readers can hardly conceive of the break God is here outlining for Abram. The three circles of associations—country, kindred, father's house—communicate an increasingly narrow field of relationships that gave a person in the ancient Near East his or her identity and security. Particularly the latter, the household of the father was *the* identifying mark of a person. The story of nearly every Old Testament figure is related directly to such identity and the inheritance that went along with it: Jacob tricks Esau out of his birthright, the sign of having first place in the household of the father; Joseph, though last in line for inheritance in the household of his father, is nevertheless favored, thus producing anger in his brothers. Hence, God's call for Abram to

leave his father's house indicates God is giving him a new identity and a new purpose in the world. God is starting over with this man to work out the blessing for humankind God intended in the beginning.

Genesis 12:3 makes clear that God's call to Abram is for the sake of all creation. God promises to bless Abram and to protect him against those who would do him harm ("curse him"). But God also says the promise to Abram would be the avenue through which all people on earth would be blessed. The translation of the last words in 12:3 is debated. It could be translated "in you all the families of the earth shall bless themselves." Regardless of the exact rendering, the point that Abram is central to the well-being of all people is clear.

**Genesis 12:4-7.** In verse 1 God had told Abram to "go." Verse 4 records that Abram "went." His entourage includes Sarai and all of the possessions and slaves they had acquired in Haran. Their nephew Lot is also with them. The mention of Lot anticipates later key stories in the Abram saga, including the division of territory between Abram and Lot (Genesis 13) and Lot's captivity and rescue during a war in Sodom and Gomorrah, where Lot had settled (Genesis 14). The unnamed land that God had promised to show Abram in verse 1 now becomes a specific area in Canaan. Although Canaanites then occupied the land, "the Lord appeared to Abram" (12:7) and vowed that it would belong to Abram's offspring.

**Genesis 13:1-18.** Lot and his uncle Abram both had significant possessions, including large flocks, which prompted tensions to flare between the herdsmen who were vying for grazing land. Abram offered Lot his choice of territory, and Lot selected the fertile area that included "all the plain of the Jordan" (13:11). After Lot and Abram had gone their separate ways, God told Abram to look in all directions in order to see the land that was God's gift to him and his descendants. Abram obeyed and then settled at Hebron, where he built an altar as he had done in previous cities.

**Genesis 15:7-21.** God's covenant with Abram is presented as a ceremony in which Abram makes sacrifices. In the ancient Near East covenants (which could also be called treaties or legal agreements) were typically made in the context of a meal. This is the picture given here of God's covenant with Abram. Abram cut the sacrificial animals in pieces and then the ceremony proceeds. This explains the Old Testament expression translated "make a covenant" (15:18). In Hebrew the expression literally says "cut a covenant." Although the covenant-making language does not appear in this passage, this passage explains its meaning when it does occur. God made a covenant with Abram literally through the cutting of sacri-ficial animals. As with other covenants between God and humans, the covenant with Abram is essentially God's promise. Abram has nothing to offer except faith that God will keep the promise God makes.

The covenant includes two parts. First, God promises that Abram will have children and many descendants even though he and Sarai are childless now. Second, their descendants will possess the land in which Abram now wanders as an alien.

**Genesis 17:8.** This verse gives again the promise of land. The land is specifically called Canaan. Abraham (note name change in verse 5) is also identified as one who is currently an alien in the land. This identity is a central feature of his relationship with Canaan and will be crucial for Israel's identity as well.

## INTERPRETING THE SCRIPTURE

*Faith in the Midst of Trouble*

The story of Abram has as its central theme Abram's belief that God would bless him and make his offspring as numerous as the stars in the heavens (15:5). Central to that faith was the belief that Abram's descendants would possess the land "from the river of Egypt to the great river, the river Euphrates" (15:18, key verse). We can probably only understand the importance of that faith, however, when we consider the circumstances of those who told Abram's story. Although the account of Abram is set long before the Israelites were formed as a people in the land of Canaan, they probably composed the story when they were in exile in Babylon, sometime between 587 B.C. and 539 B.C. The Babylonian exile was the most tumultuous experience in their history. It marked the end of the monarchy that began with David, the destruction of the Temple in Jerusalem where they worshiped, and the loss of the land they had possessed for cen-turies. Hence, the promise to Abram that his descendants would possess the land mainly produced hope in people who had lost the land that they would occupy it once again.

This circumstance of the authors of the Abram story gives a particular cast to the story that should shape the faith of all who read it and identify with it in at least two important ways. First, it suggests that the promise of God for blessing and prosperity is meant for those who at present suffer hardship and loss. This might mean, for example, that the promises to Abram should not be used to support a prosperity gospel. For anyone in North America to rightly apply the Abram story to their lives would mean to identify with the shame and loss that exile represented and hear God's promise as release from such shame and loss. Any claim of the promise as a promise of material prosperity for those who already have such is a misapplication of Abram's saga. But those who see their own broken-ness and "exile"—be it from the pain of divorce, professional failure, or personal sinfulness—are ready to receive the promise of a new day and a "land."

Second, the particular form of the promise to Abram declares that God is more powerful than anything that might enslave us. It encourages belief that God will fully restore life and vigor to those who have experienced defeat. The dimensions of the land God promises Abram are remarkable. They will occupy everything from the Nile in Egypt to the Euphrates (15:18). Such grandiose visions of the land never literally materialized in history. But the promise essentially says, however, that God is more powerful than Egypt, who enslaved Israel before the Exodus, and Babylon, who currently held Israel captive.

### Resident Aliens

Abram appears in Genesis as a wealthy and influential person. He already has flocks, herds, and servants, and God promises that he will possess much more. Indeed, God promises not only that Abram and Sarai will have many children (15:5) but also that his children would possess a large territory, making them a great nation (15:18-19). But Abram's identity was not that of a wealthy land owner or ruler of nations. Rather, his identity was that of an alien in a foreign land. This ironic portrayal—that God had given him the land, but in it he traveled as a stranger—is crucial to understanding how the church should appropriate the promises to Abram.

Abram wandered through the land of Canaan as a stranger even though God said he would possess Canaan. God also told Abram his descendants would live as aliens in Egypt, enslaved by Pharaoh for four hundred years (15:13). Thus, Abram and his descendants are to have a dual identity. On the one hand they are rich and powerful; they rule the world. But on the other hand they are strangers in that world at the present time. This is much like the way Jesus said it would be for his followers. The meek shall inherit the earth (Matthew 5:5); they do not possess it now. This dual identity shapes the life of faith in at least two crucial ways. First, the identity as an alien creates empathy with all others who are strangers needing to be welcomed and helped. Israel was to show compassion for such persons as they remembered their own slavery and life as aliens (Deuteronomy 24:22). Second, the promise of the land reminds the people of God they are not lowly; they are not to pity themselves or live as victims, but as heirs to the great promises of God.

### From Ur to Canaan

Our passage begins and ends with references to places that were important in the life of Abram. The two places represent his life with God, from the beginning when God directed him to leave his "country, [his] kindred and [his] father's house" (Genesis 12:1) to the future place of his descendants in a new land they will possess. Abram began in "Ur of the Chaldeans" (15:7), the land of his ancestors. That stage of his life was marked by idol worship. God called him from that life to the worship of the one God. Canaan represents the life of faith and dependence on God.

Genesis 15:7 mentions Abram's beginnings in Ur as part of God's self-identification: "I am the LORD who brought you from Ur of the Chaldeans, to give you this land to possess." The passage says nothing about Abram worshiping idols in Ur, but that detail does appear in Joshua 24:2 and it has been the subject of much reflection throughout Jewish and Christian history. Some tales report that Abram destroyed the idols of his father as if Abram had an innate attraction to the worship of one God. Biblical passages that mention this stage of Abram's life, however, emphasize that it was God's initiative that brought Abram to a more pure faith. Genesis 15:7 makes this point; God is the only actor.

If we take Genesis 15:6 seriously, then even Abram's ability to respond in faith was due to God's leadership and action. The LORD "brought up" (15:7) Abram from Ur of the Chaldeans. In a sense, God gave Abram the opportunity and the ability to respond to God in faith. Saint Augustine called this "prevenient grace," that is, grace that gives us the ability to respond to God's mercy. That too is something that God gives. Abram's move from Ur was due to God's initiative, not to Abram's righteousness or insightfulness.

The land on the other side of Abram's life was an expansive territory God promised Abram's descendants. As already noted, the limits of the land are unrealistic. Not even the great empires of the ancient Near East ever really owned the land from Egypt to the Euphrates. But this promise of land matches the promise that Abram's descendants will be as numerous as the stars in the sky—they could not be counted. For Abram and his seed there would be no limits, and that was good, because Abram was not only given a blessing but he also was identified as the one through whom blessing would come for all humankind. To all of this Abram trusts in God (15:6). God had brought him from Ur to Canaan by faith and this would be the key to the future as well.

---

## SHARING THE SCRIPTURE

### PREPARING TO TEACH

*Preparing Our Hearts*

Explore this week's devotional reading, found in Hebrews 11:8-16. In this chapter that begins in verse 1 by defining faith as "the assurance of things hoped for, the conviction of things not seen," the writer of Hebrews points to Abraham as one whose actions were based on his faith in God. In what ways do you demonstrate your faith in God? How do you respond when God's promises seem to go unfulfilled?

Pray that you and the adult students will walk faithfully with God even when divine promises apparently are not fulfilled.

*Preparing Our Minds*

Study the background Scripture from Genesis 12:1-7; 13; 15:7-21; 17:8. The lesson Scripture is from Genesis 15:7-21.

Consider this question as you prepare the lesson: *What sort of inheritance has lasting value?*

Write on newsprint:

❑ list of Scriptures for "Describe the Inheritance God Promises to Give to Us."

❑ information for next week's lesson, found under "Continue the Journey."

❑ activities for further spiritual growth in "Continue the Journey."

Review the "Introduction," "The Big Picture," "Close-up," and "Faith in Action." Consider how you will use this additional information, which immediately precedes the first lesson, for this session.

### LEADING THE CLASS

*(1) Gather to Learn*

❖ Greet the class members. Introduce any guests and help them to feel at home.

❖ Pray that the learners will eagerly seek God's lasting inheritance for them.

❖ Read a quotation by A. W. Tozer (1897–1963) about our inheritance from God: **"God being who he is, the inheritance we receive from him is limitless—it is all of the universe."**

❖ Invite the learners to note specific

things they have inherited from God, such as the ability to love and laugh, aspects of the created world that bring them joy, other people (particularly family), the very DNA and genes that make them who they are. Ask: **How do the specific "things" that you have identified provide you with a lasting inheritance, in contrast to material goods or financial resources that can be lost or broken?**

❖ Read aloud today's focus statement: **Many people hope to leave an inheritance for their children. What sort of inheritance has lasting value? God's promise to Abram was the promise of creating a special relationship—a chosen nation—with Abram and Sarai's heirs.**

*(2) Goal 1: Understand the Significance of God's Covenant With Abram and Sarai*

❖ Read or retell the "Understanding the Scripture" portion through Genesis 13:1-18 to provide background.

❖ Select a volunteer to read Genesis 15:7-21.

❖ Help the adults understand what they have just read by reading "Faith in the Midst of Trouble" from "Interpreting the Scripture."

❖ Enter into the covenant ceremony with Abram by inviting the adults to sit quietly and imagine themselves:

- **listening to God's promise (15:7), raising a protest (15:8), and hearing divine assurance (15:13-16).** *(pause)*
- **feeling enveloped by a "terrifying darkness" (15:12).** *(pause)*
- **seeing and smelling a smoking firepot pass between the split pieces of animals (15:17).** *(pause)*
- **hearing God's description of the Promised Land (15:18-21).** *(pause)*

❖ Provide time for the students to discuss the significance of this covenant as they try to imagine it through Abram's experience.

*(3) Goal 2: Measure the Learners' Level of Trust in God to Keep Promises*

❖ Distribute paper and pencils. Read the following sentences (A through E) and ask the adults to rate their responses according to this scale. Note that they will not be asked to share their results with anyone else.

1 — ABSOLUTELY NOT
2 — UNLIKELY
3 — VERY LIKELY
4 — DEFINITELY TRUE

- A. **When I read one of God's promises in the Bible, I believe that I can claim that for myself and trust that God will keep that promise.**
- B. **If I claim a promise that is not fulfilled in the time or way that I would prefer, I begin to doubt God's willingness or ability to keep that promise.**
- C. **When a friend has experienced the fulfillment of a promise, I tend to think that is just a coincidence.**
- D. **When a friend is facing a difficult challenge, I often bear witness to how God has fulfilled a promise for me and encourage my friend to claim an appropriate promise for the situation and trust that it will be fulfilled.**
- E. **So many promises made to me have been broken that I am reluctant to trust God or anyone else to keep a promise.**

❖ Suggest to the adults that in light of their responses they rate themselves as to their level of trust in God. Higher responses on letters A and D indicate a higher level of trust in God, as do lower numbers on B, C, and E. Provide quiet time for students to talk with God about how they can increase their trust level, if necessary.

*(4) Goal 3: Describe the Inheritance God Promises to Give to Us*

❖ Review the inheritance of land that God promised to Abram by reading "From

Ur to Canaan" in "Interpreting the Scripture."

❖ Note that the inheritance that God promises to give Christians, who are called God's children, is not land but rather "eternal life" (Matthew 19:29), "the kingdom" (Matthew 25:34), and "a blessing" (1 Peter 3:9).

❖ Form small groups and post these Scriptures on newsprint. Encourage the groups to select and read verses from this list to determine what God wants them to inherit.

- Matthew 5:5
- 1 Corinthians 6:9-10
- Ephesians 1:13-14
- Ephesians 1:17-19
- Colossians 1:11-12
- Hebrews 6:10-12
- Hebrews 9:15-18
- 1 Peter 1:3-5
- Revelation 21:7

❖ Call the class together and ask:
1. **What does the promised inheritance you researched mean to you?**
2. **How do we as a church recognize and claim these promised inheritances?**

*(5) Continue the Journey*

❖ Pray that the learners will recognize and give thanks for the inheritance God promises to give us.

❖ Read aloud this preparation for next week's lesson. You may also want to post it on newsprint for the students to copy.

- ■ **Title: A Promise to Sarah**
- ■ **Background Scripture: Genesis 17:15-17; 18:9-15; 21:1-7**
- ■ **Lesson Scripture: Genesis 17:15-17; 18:9-15; 21:1-7**
- ■ **Focus of the Lesson: We often rejoice at the birth of a new member**

in the family or community. What does a birth mean to a family or community? Abraham and Sarah saw their child as evidence of God's faithfulness in keeping the promise to create a nation.

❖ Post these three activities related to this week's session on newsprint for the students to copy. Challenge the adults to grow spiritually by completing one or more of them.

(1) **Consider the inheritance you are leaving for those who are dear to you. Think not so much about material gifts that you will pass on but rather about how your life has shown forth the love of God in ways that have made a difference to others.**

(2) **Recall a promise that God made that you have claimed. If someone were to ask you if you believe that God is a promise-keeper, how would you answer? What specific examples could you give to support your answer?**

(3) **Do some research to better understand the role that land has played in Israel's history. Find current maps (available online) that will help you to understand the tensions between the Israelis and Palestinians that were brought about when the modern state of Israel was created in 1948.**

❖ Sing or read aloud "The God of Abram Praise."

❖ Conclude today's session by leading the class in this benediction, which is adapted from Genesis 28:15, the key verse for October 27: **Know that I am with you and will keep you wherever you go; for I will not leave you until I have done what I have promised you. Amen.**

# UNIT 2: FIRST NATION
# A PROMISE TO SARAH

---

## PREVIEWING THE LESSON

**Lesson Scripture:** Genesis 17:15-17; 18:9-15; 21:1-7
**Background Scripture:** Genesis 17:15-17; 18:9-15; 21:1-7
**Key Verse:** Genesis 21:2

### Focus of the Lesson:
We often rejoice at the birth of a new member in the family or community. What does a birth mean to a family or community? Abraham and Sarah saw their child as evidence of God's faithfulness in keeping the promise to create a nation.

### Goals for the Learners:
(1) to understand Abraham and Sarah's joy at the birth of a child in their old age.
(2) to weep with those who want children and have none, and to laugh with those who rejoice in the birth of a child.
(3) to identify God's faithfulness to the faith family across generations and give thanks.

### Pronunciation Guide:
Mamre (mam' ree)
Sarai (sair' i)

### Supplies:
Bibles, newsprint and marker, paper and pencils, hymnals

---

## READING THE SCRIPTURE

NRSV
Lesson Scripture: Genesis 17:15-17

¹⁵God said to Abraham, "As for Sarai your wife, you shall not call her Sarai, but Sarah shall be her name. ¹⁶I will bless her, and moreover I will give you a son by her. I will bless her, and she shall give rise to nations; kings of peoples shall come from her." ¹⁷Then Abraham fell on his face and laughed, and said to himself, "Can a child be

CEB
Lesson Scripture: Genesis 17:15-17

¹⁵God said to Abraham, "As for your wife Sarai, you will no longer call her Sarai. Her name will now be Sarah. ¹⁶I will bless her and even give you a son from her. I will bless her so that she will become nations, and kings of peoples will come from her."

¹⁷Abram fell on his face and laughed. He said to himself, Can a 100-year-old man

born to a man who is a hundred years old? Can Sarah, who is ninety years old, bear a child?"

Genesis 18:9-15

⁹They said to him, "Where is your wife Sarah?" And he said, "There, in the tent." ¹⁰Then one said, "I will surely return to you in due season, and your wife Sarah shall have a son." And Sarah was listening at the tent entrance behind him. ¹¹Now Abraham and Sarah were old, advanced in age; it had ceased to be with Sarah after the manner of women. ¹²So Sarah laughed to herself, saying, "After I have grown old, and my husband is old, shall I have pleasure?" ¹³The LORD said to Abraham, "Why did Sarah laugh, and say, 'Shall I indeed bear a child, now that I am old?' ¹⁴Is anything too wonderful for the LORD? At the set time I will return to you, in due season, and Sarah shall have a son." ¹⁵But Sarah denied, saying, "I did not laugh"; for she was afraid. He said, "Oh yes, you did laugh."

Genesis 21:1-7

¹The LORD dealt with Sarah as he had said, and the LORD did for Sarah as he had promised. **²Sarah conceived and bore Abraham a son in his old age,** at the time of which God had spoken to him. ³Abraham gave the name Isaac to his son whom Sarah bore him. ⁴And Abraham circumcised his son Isaac when he was eight days old, as God had commanded him. ⁵Abraham was a hundred years old when his son Isaac was born to him. ⁶Now Sarah said, "God has brought laughter for me; everyone who hears will laugh with me." ⁷And she said, "Who would ever have said to Abraham that Sarah would nurse children? Yet I have borne him a son in his old age."

become a father, or a 99-year-old woman have a child?

Genesis 18:9-15

⁹They said to him, "Where's your wife Sarah?"

And he said, "Right here in the tent."

¹⁰Then one of the men said, "I will definitely return to you about this time next year. Then your wife Sarah will have a son!"

Sarah was listening at the tent door behind him. ¹¹Now Abraham and Sarah were both very old. Sarah was no longer menstruating. ¹²So Sarah laughed to herself, thinking, I'm no longer able to have children and my husband's old.

¹³The LORD said to Abraham, "Why did Sarah laugh and say, 'Me give birth? At my age?' ¹⁴Is anything too difficult for the LORD? When I return to you about this time next year, Sarah will have a son."

¹⁵Sarah lied and said, "I didn't laugh," because she was frightened.

But he said, "No, you laughed."

Genesis 21:1-7

¹The LORD was attentive to Sarah just as he had said, and the LORD carried out just what he had promised her. **²She became pregnant and gave birth to a son for Abraham when he was old,** at the very time God had told him. ³Abraham named his son—the one Sarah bore him—Isaac. ⁴Abraham circumcised his son Isaac when he was eight days old just as God had commanded him. ⁵Abraham was 100 years old when his son Isaac was born. ⁶Sarah said, "God has given me laughter. Everyone who hears about it will laugh with me. ⁷She said, "Who could have told Abraham that Sarah would nurse sons? But now I've given birth to a son when he was old!"

---

## UNDERSTANDING THE SCRIPTURE

**Introduction.** The passages in this lesson present different versions of God's revela-tion to Abraham and Sarah that Sarah will have a child to fulfill God's promise made in Genesis 12:1-3. In each of the stories there is an emphasis on laugher that helps give meaning to the larger story. The name Isaac means "laughter." Although the exact meaning of the laughter of the characters in the story differs, the overall significance of the laughter is clear. God does something miraculous, something Abraham and Sarah cannot at first believe. Laughter is thus a sign of doubt, amazement, and finally joy. Moreover, laughter throughout the story is a declaration that God is with this couple.

The laughter appears initially in accounts of God's revelation of the birth of Isaac. In Genesis 17:15-17 God speaks to Abraham about Sarah's coming pregnancy and Abraham laughs. In Genesis 18:9-15 God again reveals the plan to Abraham, but this time Sarah overhears the conversation and she laughs. The difference between the accounts may be explained as the work of two different writers whose work is combined to give us the present story. Regardless of the explanation, the repetition and variation on the theme gives richness to the account through the perspectives of Abraham and Sarah, respectively.

The final passage reports the birth of Isaac and his circumcision. Laughter is a theme once again, but this time the laughter is celebratory and triumphant. The incredible news God gave Abraham and Sarah in Genesis 17:15-17 and 18:9-15 is true. The covenant promise of many descendants that Abraham naturally doubted have come to pass just as God said. The child of promise, Isaac, has come as a sign that God would accomplish the divine purpose with this couple with Sarah's own child, not with a surrogate.

**Genesis 17:15-17.** The first report of news that Sarah will bear a son comes as part of a larger covenant passage in which God asks Abraham to circumcise all the males in his household (17:9-14). Circumcision will be Abraham's testimony to his devotion to God. Although presented as a "requirement" or stipulation of the covenant, God's

covenant with Abraham, as are the other covenants in the Old Testament, is really one-sided. God pledges to make a name for Abraham, give him the land of Canaan, and make him the father of a great nation. The most difficult part of the covenant for Abraham is simply to rely on God to keep these promises. Chief among the promises is God's pledge that Sarah will bear a son.

The passage has two word plays that are important for understanding its message. First, God tells Abraham that his wife's name will no longer be Sarai but Sarah. Much like the names Abram and Abraham (which are quite similar), the two names for his wife are not that different and in fact seem to be versions of the same name. But the focus on Sarah's name helps make the most important point: Sarah is not subsumed under Abraham. She plays an integral role in the covenant. The second word play is more significant as far as the meaning of the words goes. When Abraham hears the prediction of Sarah's pregnancy he laughs. The name of the child, Isaac, then comes from the same root. Hence, Isaac essentially means "laughter." His name is a constant reminder of the incredible circumstances of his birth and the miraculous action of God to establish the covenant.

Abraham asked God to fulfill his promises through Ishmael, the child already born to Abraham and his slave girl Hagar. The promise would be through the miracle of Isaac. But God did not reject Ishmael. Indeed, Ishmael is blessed as well.

**Genesis 18:9-15.** The second prediction of Isaac's birth comes in a very different type of story. Genesis 18 may be older than Genesis 17, as some scholars believe. The most noticeable difference between the two stories is that in Genesis 17 God appears and speaks to Abraham directly while in Genesis 18 God appears through three messengers. The story begins with the Lord appearing at Abraham's tent "by the oaks of Mamre" (18:1). After the passage states this, however, Abraham sees the three men.

The passage implies they are heavenly messengers. It is not clear, however, if they collectively represent God or if one of them is in fact the Lord. Regardless, Abraham recognizes them as divine representatives and immediately asks Sarah to prepare a meal. One of the three then declares that Sarah will have a son (this one is perhaps the Lord; 18:10). In 18:11 the narrator tells us about the advanced age of Abraham and Sarah and that for Sarah "the manner of women" had ceased. She could no longer bear children. Sarah overhears the announcement of birth and laughs. The messenger, however, asks why she laughed and then declares the central theme of the passage: "Is anything too wonderful for the Lord?" (18:14). Sarah's laughter seems a denial of what God has promised. The messengers do not correct or chide her, but only ask why she laughs. Therefore, the account seems to include understanding for this woman.

**Genesis 21:1-7.** The final passage in the lesson Scripture reports the birth of Isaac and thus the fulfillment of God's promise to Abraham and Sarah. This story ties together previous stories in at least two ways. First, after Isaac's birth Abraham circumcised him (21:4) as God commanded him in Genesis 17:9-14. Isaac is thus proof of God's fidelity to the covenant, and he bears the sign of Abraham's faith and acceptance of the covenant. Second, the laughter of disbelief that came from Abraham and Sarah after the predictions of Isaac's birth is now turned into laughter of celebration. The child named "laughter" is now acknowledged by everyone with laughter. Sarah recognizes that now people will laugh with her in delight. The laughter will be in amazed response to the idea that Sarah is nursing a child in her old age (21:7).

---

## INTERPRETING THE SCRIPTURE

### The Child of Promise

The story of Abraham is a story of faith, of this man and his wife, Sarah, believing God's promises and living by them. The greatest challenge for them to believe was the fact that Sarah had no children and seemed not to be able to bear children. For Sarah "the manner of women" had ceased and the promise seemed impossible (18:11). For the child to be born to Sarah in her old age, however, was a crucial part of the covenant God made with Abraham, for it required this couple to rely on God's promise completely. They could not work out the promise themselves.

That the promise required a child be born to Sarah is somewhat surprising. The Old Testament world was one that traced lineage through males and typically passed property from father to son(s). Therefore, the main concern in such a world was to establish a male heir to inherit property and to pass on the father's name. We see this overriding concern when Sarah is not able to bear a child and she gives her slave girl Hagar to Abraham as a surrogate wife (Genesis 16). The need for a male heir is greater than marital fidelity of this couple and greater than the love between Abraham and Sarah. When Hagar gives birth to Ishmael it seems the problem is solved. Now Abraham has his heir.

Although the physical problem of an heir has been resolved, the spiritual issue still remained. Genesis makes clear that the promise God gave Abraham and Sarah was not simply that Abraham had a male child to inherit his property and pass on his name. The promise was to Abraham *and* Sarah and the child would be one God *gave*, not one the couple had on their own. In a world without medical help for infertility this was perhaps the ultimate test of faith: to rely on God to give an heir when the biological systems of Abraham and Sarah did not seem to cooperate on the matter.

This dependence on God for a child was the difference between Ishmael and Isaac. Ishmael would not be rejected. Indeed, he would be blessed and would be fruitful as well (17:20). He would show the same signs of fulfilling God's intention for humanity that Abraham would (Genesis 1:28). But God would establish the covenant with Abraham through the child of promise, Isaac. The point God made to Abraham really had nothing to do with the particular children themselves. The issue was that Abraham was able to get the child Ishmael through his own efforts. The surrogate mother route was the ancient equivalent of medical help for the infertile. As God indicates with the blessing of Ishmael, there is nothing wrong with that. But God insists the covenant is based on divine action, not human action. For this reason the apostle Paul said Hagar and her child Ishmael represented the law, or at least the idea that the law was a path to salvation. But Sarah and Isaac represented salvation through faith (Galatians 4:21-26). The primary difference between the two was that the child Isaac witnessed to the miracle of God, to the childless one being given a child (Galatians 4:27). One key to our relationship with God is our recognition that we are saved ultimately through the work of God for us, not by our own work for God. The story should not suggest that some people, like Hagar and Ishmael, are rejected in favor of others. Nevertheless, God sometimes chooses to work in certain ways and through certain people. This is often referred to as the doctrine of election. Such a doctrine requires faith that God's way will work out and that those whom God chooses, if faithful, will benefit everyone else.

## A Mocking Laugh?

The first time God announces that Sarah would conceive and give birth to Isaac, the announcement comes to Abraham and Abraham laughs (Genesis 17:15, 17). On a practical level the news must have seemed rather silly. Sarah was ninety years old, after all. But Walter Brueggemann is probably right when he says that Abraham's laugh was a "mocking laugh." The promise God gave to Abraham was not just that Sarah would have a child. Rather, the larger promise was that God was going to bless Sarah: "I will bless her, and moreover I will give you a son by her. I will bless her, and she shall give rise to nations; kings of peoples shall come from her" (17:16). The promise of a son comes between two promises to bless Sarah. This is the focus of God's Word. The promise of blessing, furthermore, is essentially the same promise God gave Abraham in Genesis 12:2. It seems that although Abraham was able to believe the general promise that God would make of him a great nation, Abraham could not accept the way God chose to accomplish the promise. Abraham would try to work things out by himself. Indeed, two verses later he would appeal to God concerning Ishmael. He would ask God to accomplish the promise through this child who was already born (17:18).

The laugh of Abraham mocked two parts of God's promise. First, it essentially denied God's ability to bless whom God chose to bless and to work through whom God chose to work. By laughing, Abraham scoffed at God and how God chose to work. Second, Abraham's laugh denied the role of Sarah in the covenant. One of the remarkable features of biblical faith is how it insists God's favor comes upon people who seem unlikely or unworthy vessels. One lesson this teaches us is that we should always be open to God's way, which may be quite different from our way or our vision of how God will bring about God's purpose. God may choose to work through people who are very different from us. Our task is to look for the possibilities and people God sets before us.

### The Last Laugh

The final passage in our lesson Scripture suggests the laughter heard in the story is, in the end, laughter of joy. All those who had witnessed Sarah's barrenness celebrated with her, indeed, laughed with her at the birth of her son, "Laughter" (Isaac; Genesis 21:6). Laughter is a sound that can express numerous human emotions. Laughter can express joy, contempt, relief, exuberance, surprise. Sarah's laughter celebrated the victory of God over her hard circumstances. As a barren woman, Sarah was seen by many in her world to be outside God's favor. As such, she was an object of contempt and ridicule. The meaning of her laughter in Genesis 21 not only celebrates but also proclaims God's favor on her. Her laugh is much like that in a song by British musician Mark Knopfler called "The Last Laugh." The song describes a person whose dreams have "crashed and burned" but has continued on in life. The person faced much opposition and hardship, but finally something redemptive happened and life turned around. The song invites celebration of the fact that "they had you crying, but you came up smiling" and then the song declares the last laugh belongs to the one who has suffered. This is very much the type of laughter Sarah enjoys when Isaac is born.

---

# SHARING THE SCRIPTURE

## PREPARING TO TEACH

### Preparing Our Hearts

Explore this week's devotional reading, found in Isaiah 51:1-6. In this prophecy that promises restoration to Jerusalem, Abraham and Sarah are spotlighted as righteous examples. Abraham is referred to as "father" and Sarah as the one "who bore you" (51:2). Just as they were saved, Jerusalem (Zion) will also be saved and become "like Eden" (51:3). According to verse 5, God's salvation will be extended to the nations who await it. This salvation will last forever (51:6). Ponder what it means to you to be saved by God. Give thanks for God's steadfast love and care for you.

Pray that you and the adult students will give thanks for promises that God fulfills.

### Preparing Our Minds

Study the background Scripture and the lesson Scripture, both of which are found in Genesis 17:15-17; 18:9-15; 21:1-7. Consider this as you prepare the lesson: *What does a birth mean to a family or community?*

Write on newsprint:
- ❑ information for next week's lesson, found under "Continue the Journey."
- ❑ activities for further spiritual growth in "Continue the Journey."

Review the "Introduction," "The Big Picture," "Close-up," and "Faith in Action." Consider how you will use this additional information, which immediately precedes the first lesson, for this session.

## LEADING THE CLASS

### (1) Gather to Learn

❖ Greet the class members. Introduce any guests and help them to feel at home.

❖ Pray that the learners will ponder the importance of keeping promises.

❖ Invite the adults to tell stories they heard about what their births meant to their families. Perhaps there was great rejoicing at the birth of a long-awaited first child or grandchild. Maybe many comments were made about how much the newborn's eyes resembled those of her grandmother or his chubby, round face reminded everyone of his dad. Possibly an older brother or sister was thrilled (or not so happy) to have a new sibling. Perhaps three new grandchildren were born within the space of a few months, creating a hectic schedule for grandparents who traveled around the country to see everyone.

❖ Read aloud today's focus statement: **We often rejoice at the birth of a new member in the family or community. What does a birth mean to a family or community? Abraham and Sarah saw their child as evidence of God's faithfulness in keeping the promise to create a nation.**

*(2) Goal 1: Understand Abraham and Sarah's Joy at the Birth of a Child in Their Old Age*

❖ Call on three volunteers to read the story of God's promise and its fulfillment in the birth of Isaac from Genesis 17:15-17; 18:9-15; 21:1-7.
❖ Discuss these questions:
1. **How did Abraham respond to God's promise to bless Sarah and give her a son?** (See Genesis 17:15-17, the discussion of these verses in "Understanding the Scripture," and "A Mocking Laugh?" in "Interpreting the Scripture.")
2. **How did Sarah respond when she overheard God's visitors tell Abraham she would bear a son?** (See Genesis 18:9-15 and the discussion of these verses in "Understanding the Scripture.")
3. **How did the new parents and their friends receive news of Isaac's birth?** (See Genesis 21:1-7, the discussion of these verses in "Understanding the Scripture," and "The Last Laugh" in "Interpreting the Scripture.")

4. **What does Isaac's birth reveal to you about God?**

*(3) Goal 2: Weep With Those Who Want Children and Have None, and Laugh With Those Who Rejoice in the Birth of a Child*

❖ Approach this goal with great sensitivity and knowledge of the life situations of the class members. Although for generations it was assumed that men and women would marry and welcome children into their lives, social, economic, and medical changes have greatly altered that assumption. Some may have dearly loved and wanted children of their own or as part of blended family; others may have children who have caused great heartaches; some may be in the process of trying to conceive or adopt a child; still others may have made the decision to remain child-free; and some may want (or have wanted) children but have not found the right partner. You may also have grandparents in the class who are raising grandchildren.
❖ Discuss these questions, without mentioning specific names:
1. **What can our church family do to give comfort and support to those who have not yet been able to have the children they desire?**
2. **What can our church family do to help new parents know that we share their joy and want to be available to help them raise their family?**
❖ Challenge class members to do whatever they can to assist those in the congregation, as well as other friends and neighbors, who are in the difficult process of starting a new family.

*(4) Goal 3: Identify God's Faithfulness to the Faith Family Across Generations and Give Thanks*

❖ Meet this goal by reading both of the following options and inviting each class member to choose the one he or she would find most interesting. Distribute paper and pencils.

1. **Option 1:** Invite the adults to write about an ancestor of theirs who remained faithful to God despite persecution. Comment on how that faithfulness affected succeeding generations who likely did not face persecution for their beliefs. Perhaps, for example, that ancestor left his or her homeland and came to the United States.

2. **Option 2:** Encourage the learners to write about how God's family in this church (or another they have known) has been faithful across the generations. Possibly the first members pooled meager resources to build a small chapel. Maybe the church family needed to pull together to rebuild after a fire. Perhaps they were on the forefront of a social issue that prompted others to scorn or belittle them.

❖ Bring the learners together and call for volunteers to read or retell their stories.

❖ Spend a few moments in silent prayer to give thanks for the way God has been faithful to the ancestors and the ancestors have remained faithful to God.

*(5) Continue the Journey*

❖ Pray that the learners will experience God's faithfulness and give thanks.

❖ Read aloud this preparation for next week's lesson. You may also want to post it on newsprint for the students to copy.

■ **Title: A Blessing for Ishmael and Isaac**

■ **Background Scripture: Genesis 15:1-6; 16; 17:1-14, 18, 20-27; 21:9-21; 26:1-25**

■ **Lesson Scripture: Genesis 21:12b-14, 17-21; 26:2-5, 12-13**

■ **Focus of the Lesson: The circumstances surrounding one's birth can affect a child's identity and self-worth. Where does a child find his or her identity and self-worth? Despite the circumstances surrounding their births, God promised to create great nations through both Ishmael and Isaac.**

❖ Post these three activities related to this week's session on newsprint for the students to copy. Challenge the adults to grow spiritually by completing one or more of them.

(1) **Be supportive of a couple who is dealing with issues of infertility, particularly as they go through procedures to try to conceive or undertake the process of adoption.**

(2) **Be aware of miracles of God that are occurring all around you and give thanks.**

(3) **Learn about your family's history. Try your hand at genealogy or see if a family member has already done research that he or she would share with you. Discern whatever you can about the circumstances and challenges of your ancestors' lives.**

❖ Sing or read aloud "God Be with You till We Meet Again."

❖ Conclude today's session by leading the class in this benediction, which is adapted from Genesis 28:15, the key verse for October 27: **Know that I am with you and will keep you wherever you go; for I will not leave you until I have done what I have promised you. Amen.**

UNIT 2: FIRST NATION

# A Blessing for Ishmael and Isaac

---

## PREVIEWING THE LESSON

**Lesson Scripture:** Genesis 21:12b-14, 17-21; 26:2-5, 12-13
**Background Scripture:** Genesis 15:1-6; 16; 17:1-14, 18, 20-27; 21:9-21; 26:1-25
**Key Verses:** Genesis 21:12b-13

### Focus of the Lesson:

The circumstances surrounding one's birth can affect a child's identity and self-worth. Where does a child find his or her identity and self-worth? Despite the circumstances surrounding their births, God promised to create great nations through both Ishmael and Isaac.

### Goals for the Learners:

(1) to explore the theological and political implications of the blessing God gave to Isaac and Ishmael.
(2) to confess the jealousies that stand in the way of loving God and neighbor as believers are called to do.
(3) to pray for world peace, including peace among persons of all faiths.

### Pronunciation Guide:

Abimelech (uh bim' uh lek)            El Shaddai (el shad' i)
Beer-sheba (bee uhr shee' buh)        Hagar (hay' gahr)
Eliezer (el ee ee' zuhr)              Paran (pay' ruhn)

### Supplies:

Bibles, newsprint and marker, paper and pencils, hymnals, optional world map and push pins

---

## READING THE SCRIPTURE

NRSV
Lesson Scripture: Genesis 21:12b-14, 17-21

**¹²ᵇIt is through Isaac that your offspring will be reckoned. ¹³As for the son of the**

CEB
Lesson Scripture: Genesis 21:12b-14, 17-21

**¹²ᵇDo everything Sarah tells you to do because your descendants will be traced**

slave woman, I will make a nation of him also, because he is your offspring." [14]So Abraham rose early in the morning, and took bread and a skin of water, and gave it to Hagar, putting it on her shoulder, along with the child, and sent her away. And she departed, and wandered about in the wilderness of Beer-sheba.

[17]And God heard the voice of the boy; and the angel of God called to Hagar from heaven, and said to her, "What troubles you, Hagar? Do not be afraid; for God has heard the voice of the boy where he is. [18]Come, lift up the boy and hold him fast with your hand, for I will make a great nation of him." [19]Then God opened her eyes and she saw a well of water. She went, and filled the skin with water, and gave the boy a drink.

[20]God was with the boy, and he grew up; he lived in the wilderness, and became an expert with the bow. [21]He lived in the wilderness of Paran; and his mother got a wife for him from the land of Egypt.

Genesis 26:2-5, 12-13

[2]The LORD appeared to Isaac and said, "Do not go down to Egypt; settle in the land that I shall show you. [3]Reside in this land as an alien, and I will be with you, and will bless you; for to you and to your descendants I will give all these lands, and I will fulfill the oath that I swore to your father Abraham. [4]I will make your offspring as numerous as the stars of heaven, and will give to your offspring all these lands; and all the nations of the earth shall gain blessing for themselves through your offspring, [5]because Abraham obeyed my voice and kept my charge, my commandments, my statutes, and my laws."

[12]Isaac sowed seed in that land, and in the same year reaped a hundredfold. The LORD blessed him, [13]and the man became rich; he prospered more and more until he became very wealthy.

through Isaac. [13]But I will make of your servant's son a great nation too, because he is also your descendant." [14]Abraham got up early in the morning, took some bread and a flask of water, and gave it to Hagar. He put the boy in her shoulder sling and sent her away.

She left and wandered through the desert near Beer-sheba.

[17]God heard the boy's cries, and God's messenger called to Hagar from heaven and said to her, "Hagar! What's wrong? Don't be afraid. God has heard the boy's cries over there. [18]Get up, pick up the boy, and take him by the hand because I will make of him a great nation." [19]Then God opened her eyes, and she saw a well. She went over, filled the water flask, and gave the boy a drink. [20]God remained with the boy; he grew up, lived in the desert, and became an expert archer. [21]He lived in the Paran desert, and his mother found him an Egyptian wife.

Genesis 26:2-5, 12-13

[2]The LORD appeared to him [Isaac] and said, "Don't go down to Egypt but settle temporarily in the land that I will show you. [3]Stay in this land as an immigrant, and I will be with you and bless you because I will give all of these lands to you and your descendants. I will keep my word, which I gave to your father Abraham. [4]I will give you as many descendants as the stars in the sky, and I will give your descendants all of these lands. All of the nations of the earth will be blessed because of your descendants. [5]I will do this because Abraham obeyed me and kept my orders, my commandments, my statutes, and my instructions."

[12]Isaac planted grain in that land and reaped one hundred shearim that year because the LORD had blessed him. [13]Isaac grew richer and richer until he was extremely wealthy.

# UNDERSTANDING THE SCRIPTURE

**Introduction.** The background Scripture passages in this lesson take us from the promise God gave Abraham and Sarah (Genesis 15:1-6) that they would have a child to the difficult choice of the child Isaac over his half-brother Ishmael (21:9-21). Despite the troubling idea that one child is favored over the other, the story affirms at numerous points that both Isaac and Ishmael are blessed and become fathers of nations. Furthermore, the favor given to Isaac is identified as having the larger purpose of bringing blessing to all people (26:4).

**Genesis 15:1-6.** This passage presents God's promise that Abraham and Sarah will have a child to make possible the larger promise that they will be parents of a great nation. That the word of God "came" to Abraham "in a vision" gives special significance to the message. This is the language of prophetic oracles (Jeremiah 1:4; Ezekiel 1:1-3). It appears only here in the Book of Genesis, but it perhaps suggests that Abraham is like the prophets, given special messages directly from God. God identifies God's self as "your shield" (15:1), which refers to God's role as Abraham's protector and refuge (see Psalm 18:2 for the combination of "shield" and other metaphors of protection). But Abraham questions the promised future by noting that he remains childless (15:2). Then Abraham refers to an otherwise unknown figure, Eliezer of Damascus, who stands to inherit his property (15:2). The next verse seems to identify Eliezer as a slave in Abraham's household. This may reflect an ancient Near Eastern custom of adopting a slave when no heir is available, but the custom is not mentioned anywhere else in the Old Testament. Regardless of the intended reference, God responds by saying "your very own issue shall be your heir" (15:4). Furthermore, God assures Abraham that his descendants will be as numerous as the stars in the heavens (15:5).

Genesis 15:6 gives one of the most important statements in the entire Abraham story: Abraham "believed the Lord; and the Lord reckoned it to him as righteousness." The word "righteousness" does not refer to moral purity or perfection. Rather, righteousness is a relational word that speaks of fulfilling one's obligations to another. Righteousness is something that originates with God who always fulfills divine responsibilities to support goodness and justice (Psalm 5:8). Hence, what is expected of Abraham in relationship with God is to believe God's promise and to rely on it. The apostle Paul uses this verse as the foundation of his argument to the Galatians that salvation comes through dependence on God, not through one's own right actions (Galatians 3:6).

**Genesis 16.** The plot of the story of Abraham thickens when his wife, Sarah, remains childless. Sarah interpreted this as a sign of God's disfavor on her (16:2), so she proposed that her servant Hagar act as a surrogate. Hagar became pregnant and then flaunted her fertility before Sarah. Abraham then appears passive as he fails to deal with the conflict. He simply reminds Sarah that she has power over Hagar. So Sarah "dealt harshly with her, and she ran away" (16:6). As Hagar fled, an angel appeared to her and gave her a promise that essentially had the same character as the promise to Abraham, namely that she would have offspring so numerous they could not be counted (16:10). Moreover, the angel promised that God heard her cries for help. Her son, therefore, would be named Ishmael, which means "God hears" (16:11). The angel also declares that "he shall be a wild ass of a man" (16:12). This probably refers to Ishmael's future as a bedouin who moves and lives freely in wilderness areas (Genesis 25:16-18).

**Genesis 17:1-14, 18, 20-27.** Genesis 17 presents another account of God appearing to Abraham with the promise of fruitfulness. God is called "God Almighty," a translation of the name El Shaddai (17:1). After the promise of a multitude of descendants, God changes the name from Abram to Abraham (17:5). These two names are actually very similar, but the latter is presented as having a distinct meaning, "father of many" (Abram has the similar sense of "exalted father" and could imply "father of many"). God then gives Abraham something to do, namely, to circumcise all the males in his household (17:10). Circumcision was practiced by people other than the Israelites, but it would become very important later when the Israelites were exiled in Babylon since the Babylonians did not observe the practice.

God promises Abraham he will have a child with Sarah, but Abraham petitions God to let Ishmael be the child of promise (17:18). This may be simply because Abraham loves Ishmael, although this is not clear in the narrative. God promises, however, to bless Ishmael as well as the child to be born to Sarah (17:20).

**Genesis 21:9-21.** This chapter presents another story of Hagar being driven away, this time with her son Ishmael. Again, the problem is Sarah's insecurity. She asks Abraham to be rid of Hagar and Ishmael and again Abraham gives in to Sarah's wishes. When Hagar and the child fled, they wandered in the wilderness until they were at the point of death when they ran out of water. Then God heard the cries of the boy, Ishmael. God commanded Hagar to gather up Ishmael and care for him, and God promised again to make him a great nation (21:18).

**Genesis 26:1-25.** The final story in the background Scripture echoes a familiar theme. Isaac, like Abraham before him, is living as an alien in Canaan (26:3). When King Abimelech saw his wife, Rebekah, Isaac said she was his sister (26:6, as Abraham did with Sarah in 12:13). When Abimelech learns the truth, however, he upbraids Isaac for putting him and his people in potential danger. Abimelech therefore ensured the safety of Isaac and Rebekah and they lived in prosperity in the land.

---

## INTERPRETING THE SCRIPTURE

*The Struggle With Election*

The fact that one child is identified as the child of the covenant and the other is not is difficult theologically for many modern people. "Election" is the term commonly used for this kind of choice. It is understandable that the idea of election is often ignored in many theological discussions today. Despite the difficulties with the idea, however, election remains a crucial concept that should not be abandoned. Modern people understandably have trouble with the idea of election because it means God chooses some over others. We like to believe that God treats everyone the same. For God to be truly personal, however, some idea of election must be maintained for it identifies God as one who has specific relationships with individuals and peoples. If that picture of God is lost then God becomes merely an abstraction, a formless being who has no passion and no uniqueness. The Bible insists God has these qualities in abundance.

The difficulty with the choice of Isaac over Ishmael is apparent in the story itself, particularly in Genesis 21. Sarah makes the decision that Hagar and Ishmael must leave, and she implores Abraham to send them on their way (21:10). This separation is probably necessary if the two children are to reach their separate destinies (17:19-20). God affirms this point by saying to Abraham, "Do not be distressed . . . because of your slave woman; whatever Sarah says to you, do as she tells you, for it is through Isaac that offspring shall be named for you" (21:12). But 21:11 indicates that Abraham was indeed distressed about the matter. Ishmael was, after all, his son. So much attention is given to Abraham's love for Isaac, particularly in regard to the chapter to come (the story of the sacrifice of Isaac in Genesis 22), that his love for Ishmael is often missed. Earlier Abraham pleaded for Ishmael to have a place in God's plan: "O that Ishmael might live in your sight!" (17:18). It may be that this plea is simply Abraham's attempt to get on with the promise the easiest way, through the child already born. But even so, Abraham makes a case for Ishmael who is also his son.

Hagar and Ishmael depart into the wilderness, which marks a major shift in the story (21:14). Now the two boys go to their separate futures. The necessity of Ishmael's departure in order to give sole place to Isaac in the covenant may be compared to the covenant of marriage. What would it be like if a person refused to choose between two loves? The relationship between husband and wife could not develop and produce fruit as intended. As a result the world around them would be diminished rather than enhanced. This is very much the situation with the two sons of Abraham. God will work through one and develop a unique relationship with him but not the other. The intention, however, is for the relationship to benefit the whole world, including the son who must leave.

### An Inclusive God

Despite the necessity of division between Isaac and Ishmael, all analogies fall short of explaining adequately why the division is necessary. Perhaps for that reason our passage insists so strongly that Hagar and her son are not rejected or abandoned by God to perish in the wilderness. Hagar is ready to concede death and defeat and so, without water, she placed Ishmael under a bush and left so she would not have to look on the death of her child. But Genesis 21:17 insists that God was paying attention to them: "And God heard the voice of the boy." God's angel urges her to pick up Ishmael and then God reveals to her a well (21:19). God provides a way to life for them. The name of the child, Ishmael, also reminds us that God heard the cries of the child and came to his aid. Just as God heard the cries of Israel in Egypt (Exodus 3:7), so also God heard Ishmael's cries (Genesis 21:17). Theologically, this point is crucial. While God enters into a unique relationship with the descendants of Isaac, God still hears the cries of others who suffer.

The passage proclaims again that God will make Ishmael a great nation (21:18). It is worth noting how many times in the sequence of narratives this promise appears. From the first time Abraham pleaded to God for Ishmael, God promised to bless him and make his descendants great in number (17:20). We are reminded in 21:13 that he is Abraham's offspring and God will not forget him. For Jews who associate with Isaac by birth, and Christians who claim adoption into Isaac's family, the story of Ishmael can perhaps produce humility that leads to better relations with peoples of other faiths. As of 2012, more than two billion Muslims identify with Abraham through Ishmael. The passages in our lesson should remind us that they stand under God's blessing, as these stories state emphatically. This need not lead us to reject the idea of election, but to embrace the doctrine of election with proper deference to the spirit of God who blesses and works through many other than Isaac. We should remember the words of Jesus to this effect: "I have other sheep that do not belong to this fold. I must bring them also, and they will listen to my voice. So there will be one flock, one shepherd" (John 10:16).

### Prosperity for All

The final passage in our lesson shows Isaac as an adult, one of the few stories that do so. He appears much like Abraham in previous stories. He is faced with a famine and so wonders where to turn for help (26:1). God gives him the promise of a multitude of descendants just as God promised Abraham (26:4). The lesson Scripture ends with Isaac obeying God's command to remain in Canaan and Isaac became very prosperous (26:12-13).

Three features of this passage are somewhat unique and may serve as keys for understanding. First, Isaac is promised great prosperity "because Abraham obeyed my voice" (26:5). This does not mean that Isaac was not faithful, but it is striking that Isaac here is prosperous because of the faithfulness of someone else. This is often the case with us, and this story should remind us to live with an awareness of the

fact. Second, God reminds Isaac that his prosperity will give blessing to "all the nations of the earth" (26:4). What God gives is not our own; it is a gift and it is intended for the good of the whole world. Finally, God's initial instruction to Isaac, which God says will lead to prosperity, is for Isaac to "reside in this land as an alien" (21:3). Throughout this chapter, and throughout the entire Abraham story, this is the stance of the people favored by God. They do not live in the land as owners or rulers, but as aliens. This theme appears in so many places that it must be a key to the identity of Abraham and his descendants. In Genesis 26:3 God states directly that he will be with Isaac if he lives in the land under these circumstances. The alien identity is perhaps the key to understanding the doctrine of election and perhaps makes it less offensive. The elect, it seems, are never to dominate the world or live as land grabbers, as if they are due something because they are elect. Rather, they are to live as aliens, always relying on the hospitality and compassion of others. As such, they will continue to rely on God.

---

## SHARING THE SCRIPTURE

### PREPARING TO TEACH

#### Preparing Our Hearts

Explore this week's devotional reading, found in Hebrews 11:17-22. This passage refers to the faith of the patriarchs. Verses 17-19 point to the example of Abraham, who obeyed God's command to sacrifice his son of promise, Isaac. Abraham is considered a "hero in the faith" for Jews and Christians because he is the father of Isaac, and for Muslims who trace their faith ancestry back to Abraham through Ishmael. Who are your heroes in the faith? For what rea-

sons might someone consider you a hero in the faith? Take action this week to let others see your steadfast faith in God.

Pray that you and the adult students will look to Abraham and others who have followed God faithfully as role models for your own life with God.

#### Preparing Our Minds

Study the background Scripture from Genesis 15:1-6; 16; 17:1-14, 18, 20-27; 21:9-21; 26:1-25. The lesson Scripture is from Genesis 21:12b-14, 17-21; 26:2-5, 12-13.

Consider this question as you prepare the

lesson: *Where does a child find his or her identity and self-worth?*

Write on newsprint:

❑ information for next week's lesson, found under "Continue the Journey."

❑ activities for further spiritual growth in "Continue the Journey."

Review the "Introduction," "The Big Picture," "Close-up," and "Faith in Action." Consider how you will use this additional information, which immediately precedes the first lesson, for this session.

## LEADING THE CLASS

### (1) Gather to Learn

❖ Greet the class members. Introduce any guests and help them to feel at home.

❖ Pray that the learners will value God's blessings for others, as well as for themselves.

❖ Read this information from *Gifted Hands*, the autobiography of Dr. Ben Carson: **A graduate of Yale University, Dr. Benjamin Carson is a world-renown pediatric neurosurgeon who is director of pediatric neurosurgery at Johns Hopkins Hospital in Baltimore, Maryland. Those who knew Ben as a poor, academically unsuccessful young boy in the inner city of Detroit could hardly have predicted such success. His parents divorced when he was eight years old. His mother, Sonya Carson, worked hard as a domestic. Although she had only a third grade education, Sonya had remarkable wisdom in the art of mothering. Her love and "can do" spirit motivated both Ben and his older brother, Curtis. One of her favorite expressions was "You weren't born to be a failure, Bennie. You can do it!" She also taught her sons to call upon God by saying, "You just ask the Lord, and He'll help you." Her love, encouragement, and reliance on God did much to shape the child who would one day save the lives of many other children.**

❖ Read aloud today's focus statement: **The circumstances surrounding one's birth can affect a child's identity and self-worth. Where does a child find his or her identity and self-worth? Despite the circumstances surrounding their births, God promised to create great nations through both Ishmael and Isaac.**

### (2) Goal 1: Explore the Theological and Political Implications of the Blessing God Gave to Isaac and Ishmael

❖ Select one or two volunteers to read today's lesson Scripture from Genesis 21:12b-14, 17-21; 26:2-5, 12-13.

❖ Distribute paper and pencils and form four groups. One group is to imagine itself as Abraham, a second group as Hagar, a third as Ishmael, and a fourth as Isaac. Each group is to discuss feelings about Sarah and jot down its ideas. Tell the third and fourth groups to envision Ishmael and Isaac as teenagers in order to do this activity.

❖ Bring the groups together and have them report their attitudes to one another.

❖ Point out that although Isaac became the child of promise for the Jewish people, Ishmael was the son through whom Muslims trace their roots back to Abraham. Ask: **Had Sarah and Abraham waited for God's plan to be fulfilled through Isaac, rather than forcing Hagar to bear Abraham's child, how might the politics of the Middle East be different today?**

### (3) Goal 2: Confess the Jealousies that Stand in the Way of Loving God and Neighbor as Believers Are Called to Do

❖ Read "The Struggle with Election" from "Interpreting the Scripture."

❖ Read aloud Genesis 21:9-10 and today's key verses, Genesis 21:12b-13. Recall that God is gracious; God will bless and multiply both the son of Hagar and the son of Sarah. Yet Sarah is jealous, for she does not want Abraham's firstborn son, Ishmael, to inherit what Sarah believes rightfully belongs to her son Isaac. She wants Abraham to send away Hagar and Ishmael.

❖ Note that we, too, can act so as to jealously guard what we believe belongs to us.

❖ Provide quiet time and invite the adults to silently complete this prayer, which you will read aloud. Be sure to pause at the end of each sentence to give the students time to reflect. **Gracious God, I confess that I have felt jealous of _____ because _____. Forgive me and help me to move beyond this jealousy by _____. In Jesus' name I pray. Amen.**

*(4) Goal 3: Pray for World Peace, Including Peace Among Persons of All Faiths*

❖ Read "An Inclusive God" from "Interpreting the Scripture." Point out that no matter what one's religious beliefs may be, all humanity is created in the image of God. Therefore, we need to treat all people as brothers and sisters and pray for peace among the nations of the world.

❖ Post a world map on a bulletin board. Generate a prayer list by asking the adults to name countries in the world that are torn by war, internal strife, or disagreements. Insert push pins in any country named. (If you do not have a map, list country names on a sheet of newsprint.)

*(5) Continue the Journey*

❖ Offer a prayer for world peace, naming the identified countries and asking God to bless all peoples.

❖ Read aloud this preparation for next week's lesson. You may also want to post it on newsprint for the students to copy.

■ **Title: The Blessing Passes to Jacob**
■ **Background Scripture: Genesis 27:19-29; 28:1-4, 10-22; 32:22-30; 35:9-15**
■ **Lesson Scripture: Genesis 28:1, 10-22**
■ **Focus of the Lesson: When people feel insecure, they look for a place**

of security and the assurance of not being alone. Where and with whom can they find sanctuary? God assures Jacob of God's presence and promises that through Jacob and his offspring, all the families of the earth will be blessed.

❖ Post these three activities related to this week's session on newsprint for the students to copy. Challenge the adults to grow spiritually by completing one or more of them.

(1) Recall that Abraham is the patriarch not only of Jews and Christians through Isaac but also of Muslims through Ishmael. Research the religion of Islam. Read several chapters of the Koran. What surprises you?

(2) Remember instances in your own life, if you have siblings, when you perceived that one of your parents was showing favoritism toward one of your brothers or sisters. How did that make you feel then? How do you feel about this parent and this sibling as you recall the incident now? Offer forgiveness to move beyond this attitude if you are still harboring resentment.

(3) Look objectively at how you treat your own children or grandchildren, if you have any. In what ways do you show favoritism? What effect is your favoritism having on the favored one and on the other children? What will you do to change?

❖ Sing or read aloud "Blest Be the Tie That Binds."

❖ Conclude today's session by leading the class in this benediction, which is adapted from Genesis 28:15, the key verse for October 27: **Know that I am with you and will keep you wherever you go; for I will not leave you until I have done what I have promised you. Amen.**

UNIT 2: FIRST NATION

# The Blessing
# Passes to Jacob

---

## PREVIEWING THE LESSON

**Lesson Scripture:** Genesis 28:1, 10-22
**Background Scripture:** Genesis 27:19-29; 28:1-4, 10-22; 32:22-30; 35:9-15
**Key Verse:** Genesis 28:15

### Focus of the Lesson:
When people feel insecure, they look for a place of security and the assurance of not being alone. Where and with whom can they find sanctuary? God assures Jacob of God's presence and promises that through Jacob and his offspring, all the families of the earth will be blessed.

### Goals for the Learners:
(1) to interpret the meaning of Jacob's vision.
(2) to recall and cherish the awesomeness of God's presence in their personal experiences.
(3) to invite God's presence into their everyday activities.

### Pronunciation Guide:
Beer-sheba (bee uhr shee' buh)      Jabbok (jab' uhk)
Bethel (beth' uhl)                  Laban (lay' buhn)
Canaanite (kay'nuh nite)            Luz (luhz)
Haran (hair' uhn)                   Peniel (pen' ee uhl)
Hittite (hit' tite)                 ziggurat (zig' oo rat)

### Supplies:
Bibles, newsprint and marker, paper and pencils, hymnals, several Bible commentaries, a small stone for each participant

---

## READING THE SCRIPTURE

NRSV

Lesson Scripture: Genesis 28:1, 10-22
¹Then Isaac called Jacob and blessed him.

CEB

Lesson Scripture: Genesis 28:1, 10-22
¹So Isaac summoned Jacob, blessed him.

[10]Jacob left Beer-sheba and went toward Haran. [11]He came to a certain place and stayed there for the night, because the sun had set. Taking one of the stones of the place, he put it under his head and lay down in that place. [12]And he dreamed that there was a ladder set up on the earth, the top of it reaching to heaven; and the angels of God were ascending and descending on it. [13]And the LORD stood beside him and said, "I am the LORD, the God of Abraham your father and the God of Isaac; the land on which you lie I will give to you and to your offspring; [14]and your offspring shall be like the dust of the earth, and you shall spread abroad to the west and to the east and to the north and to the south; and all the families of the earth shall be blessed in you and in your offspring. [15]Know that I am with you and will keep you wherever you go, and will bring you back to this land; for I will not leave you until I have done what I have promised you." [16]Then Jacob woke from his sleep and said, "Surely the LORD is in this place—and I did not know it!" [17]And he was afraid, and said, "How awesome is this place! This is none other than the house of God, and this is the gate of heaven."

[18]So Jacob rose early in the morning, and he took the stone that he had put under his head and set it up for a pillar and poured oil on the top of it. [19]He called that place Bethel; but the name of the city was Luz at the first. [20]Then Jacob made a vow, saying, "If God will be with me, and will keep me in this way that I go, and will give me bread to eat and clothing to wear, [21]so that I come again to my father's house in peace, then the LORD shall be my God, [22]and this stone, which I have set up for a pillar, shall be God's house; and of all that you give me I will surely give one-tenth to you."

[10]Jacob left Beer-sheba and set out for Haran. [11]He reached a certain place and spent the night there. When the sun had set, he took one of the stones at that place and put it near his head. Then he lay down there. [12]He dreamed and saw a raised staircase, its foundation on earth and its top touching the sky, and God's messengers were ascending and descending on it. [13]Suddenly the LORD was standing on it and saying, "I am the LORD, the God of your father Abraham and the God of Isaac. I will give you and your descendants the land on which you are lying. [14]Your descendants will become like the dust of the earth; you will spread out to the west, east, north, and south. Every family of earth will be blessed because of you and your descendants. [15]I am with you now, I will protect you everywhere you go, and I will bring you back to this land. I will not leave you until I have done everything that I have promised you." [16]When Jacob woke from his sleep, he thought to himself, The LORD is definitely in this place, but I didn't know it. [17]He was terrified and thought, This sacred place is awesome. It's none other than God's house and the entrance to heaven. [18]After Jacob got up early in the morning, he took the stone that he had put near his head, set it up as a sacred pillar, and poured oil on the top of it. [19]He named that sacred place Bethel, though Luz was the city's original name. [20]Jacob made a solemn promise: "If God is with me and protects me on this trip I'm taking, and gives me bread to eat and clothes to wear, [21]and I return safely to my father's household, then the LORD will be my God. [22]This stone that I've set up as a sacred pillar will be God's house, and of everything you give me I will give a tenth back to you."

## UNDERSTANDING THE SCRIPTURE

**Introduction.** The cycle of stories about Jacob are among the best-loved stories in the Bible. The character of Jacob is complex, however, and poses challenges for us as we try to identify with him. At first, he is a liar and a cheat. His name means "heel." It recalls how he came out of the womb after his twin brother, Esau, grabbing Esau's heel. Thus, "heel" has the sense of "heel grabber" or supplanter. By all rights we should not like Jacob and yet he is presented as a character we do like. Perhaps we are directed to have empathy for him because we know how the story ends, with Jacob being changed by God. The stories in our background Scripture progress from Jacob's earliest deception of Esau and his father to God's appearance to him and his transformation at Bethel.

**Genesis 27:19-29.** In Genesis 27 Jacob lives up to his name and to the oracle to his mother that the two sons in her womb would be divided and the younger would rule over the elder (Genesis 25:23). Jacob has already acquired Esau's birthright, the right of the eldest son to obtain a double portion of the inheritance (25:29-34; Deuteronomy 21:15-17). Now with the help of his mother, Rebekah, Jacob poses as Esau in order to get the father's blessing as well. Isaac is waiting for Esau to return from a hunt with game and then Isaac will bless his oldest son. But Rebekah has Jacob kill a kid from the flock; she prepares it for Isaac, making him think the meat is game killed by Esau. When Isaac asks how he got the game so fast Jacob replies deceitfully but ironically, "Because the LORD your God granted me success" (27:20). Eventually, of course, God will grant Jacob success, but this statement is a baldfaced lie.

In order to pass as Esau who, when he was born "came out red, all his body like a hairy mantle" (25:25), Jacob places on his arms the skin of the goat. This fools Isaac and he gives Jacob the blessing. The blessing includes the words "Be lord over your brothers, and may your mother's sons bow down to you" (27:29). Thus, the blessing reiterates what was said in the oracle in 25:23. But more than restating the prediction, the blessing was thought to have a

magical power. It was like an arrow fired toward a target. Once released, it could not be taken back and it was thought to affect the course of events. Thus, the blessing of the father was greatly desired.

**Genesis 28:1-4, 10-22.** The events of Genesis 28 are set up by the end of Genesis 27. Esau learned what Jacob had done to him and vowed to kill him as soon as their father died (27:41). So Rebekah again tricked Isaac. She complained to him of the Hittite women who lived around them and expressed fear that Jacob would marry one of them (27:46). So Isaac charged Jacob to go to their ancestral home, to Rebekah's brother Laban, and find there a wife for himself (28:1-2). The wife-hunting journey would keep Jacob from his brother Esau and keep him safe.

As Isaac sent Jacob on his way he blessed him again, this time with the language of the covenant with Abraham. He prayed that God would make Jacob "fruitful and numerous" (28:3) and that he would possess the land in which he now lived as an alien (28:4). Thus, the course of three chapters went from being an insignificant younger son to being heir to his father's property and to the divine promises made to his grandfather Abraham.

On Jacob's journey he stopped at a place for the night. There he had a dream that a ladder or stairway came down from heaven. God stood beside him and uttered again the promises that God had made to Abraham and Isaac: "your offspring shall be like the dust of the earth, and you shall spread abroad to the west and to the east and to the north and to the south; and all the families of the earth shall be blessed in you and in your offspring" (28:14).

**Genesis 32:22-30.** The story of Jacob has now progressed so that Jacob has two wives, daughters of his uncle Laban, and eleven children. He also has acquired much wealth in the form of flocks and herds while living with and working for his uncle. Jacob sends word of his good fortune to Esau in hope of reconciling their differences (32:3-5). But Jacob's messengers came back with word that Esau was coming to meet him accompanied by four hundred men (32:6). Uncertain what this meant, Jacob sent his wives, servants, and children across the Jabbok and he remained alone. What happened next is another crucial turning point in the life of Jacob. As he was alone that night, "a man wrestled with him until daybreak" (32:24). Although the story does not reveal the identity of the visitor, references in 32:28, 30 suggest it is God. Jacob wrestled with this visitor until daybreak, insisting that the man bless him. The man ends the wrestling match by striking Jacob on the hip and throwing it out of socket. The meaning of this action and the comments on it are uncertain. But the visitor then gives Jacob, the supplanter, a new name. He will be called Israel (32:28), which means "one who strives with God." Jacob confirms that God has been his wrestling partner by naming the place Peniel. The name means "face of God" for Jacob declared he met God there face to face and yet lived.

**Genesis 35:9-15.** In the final background passage there is another account of Jacob receiving his new name. As in other cases of such parallel stories, the repetition with significant difference probably signals the work of a different author. The fact that the story appears more than one time in different form, however, indicates how important the essential content of the story was. This time God gave him the name Israel at Bethel, the place he first encountered God in Genesis 28.

---

## INTERPRETING THE SCRIPTURE

### *God Is in This Place*

The story of Jacob's encounter with God at Bethel is linked to and helps explain the significance of a well-established house of worship. Bethel appears many times in the Old Testament as a place of worship, particularly for the people of northern Israel (1 Kings 12:26-33). Therefore, some scholars have concluded the story in Genesis 28 is an attempt to legitimize the worship site by linking it with a story of the ancestors. There may be some truth in this conclusion, but the story now serves a larger purpose, namely, to report an experience with God in an ordinary place. Hence, the story encourages us to be aware of God's presence in places we had not anticipated experiencing it.

Genesis 28:11 emphasizes the ordinary nature of the place Jacob stopped for the night. It was "a certain place" Jacob stopped "because the sun had set." Then Jacob placed an ordinary stone under his head as a pillow. But as he slept he dreamed there was a "ladder" from earth to heaven with divine beings going up and down on it. God appeared to him in this ordinary place.

The dream was probably inspired by temple towers called ziggurats. Such towers were built with the appearance of leading up to heaven. In fact, those who worshiped in such places thought of them as microcosms of the world with the top in the heavens. They had stairways or ramps extending from the ground to the top. Priests would travel up and down the stairways to provide communication between earth and heaven. What Jacob saw in his dream was something like this. The common translation, "ladder," might better be rendered "stairway." The Hebrew term appears only here. It comes from a root that simply means "to lift up." Hence, the picture in the dream could have been just like the familiar temple towers of the day. One interesting feature of Jacob's dream, however, is the complete lack of purpose of those going up and down the ladder. They did not serve as intermediaries. God spoke directly to Jacob. So while the vision is inspired by popular temple structures of the ancient world, it seems to critique the religious systems housed in such places. The idea that one had to have a group of priests to intervene between the believer and God is declared false. In fact, Genesis 28:13 makes the bold statement that "the LORD stood beside" Jacob. Jacob needed no established place of worship; God was there without any human manipulation or encouragement.

Upon waking Jacob declared, "Surely the LORD is in this place—and I did not know it!" (28:16). Jacob responded appropriately with reverence and fear. He then declared the place was the "house (*beth*) of God (*el*)," that is, Bethel. Jacob then makes a shrine. The stone he used for a pillow became a pillar, a standing stone to mark the holy spot (28:18). Then Jacob made a vow of faithfulness (28:20-22).

The most striking feature of this story is probably not Jacob's identification of the place as a future sanctuary but Jacob's transformation. He responds to the dream by being changed. He now looks for God and to God for his future. That this extraordinary event occurred in an ordinary place is surely one of the lessons to be learned from the story. In her well-known lines from the poem *Aurora Leigh* Elizabeth Barrett Browning puts it this way:

Earth's crammed with heaven,
And every common bush afire with God;
But only he who sees, takes off his shoes,
The rest sit round it and pluck
blackberries.

### God Is Here, and Everywhere

The story of Jacob's dream raises the issue of the importance of places of worship and their role in mediating the presence of God. As Genesis 28:18-22 illustrates, an experience with God in a particular place can cause the place to become a regular meeting site in which the presence of God is

experienced. Such places are important because human beings are affected by place. Furthermore, sanctuaries and organized worship give order and regularity that can facilitate experiences with the divine. Indeed, knowing that a place is supposed to give a sense of God's nearness makes the seeking of God tangible. Surely this is all behind Jacob's establishment of Bethel as an official worship place. The regularity of a place of worship even begins to emerge in the story of God appearing unexpectedly in Jacob's dream. Though God's appearance is new, what God says to Jacob has been said before numerous times: God promises to bless Jacob and make him fruitful and to use him to bless all the families of the earth (28:13-14).

But God cannot be limited to a sanctuary as though God cannot be found apart from such a place. The Old Testament is clear that God is never limited in this way. Indeed, the story of Jacob at Bethel illustrates the importance of both God in the sanctuary and God's possible appearance anywhere. Bethel does become a regular place to experience God; thus Jacob returns to Bethel in Genesis 35:1-15. But Jacob also experiences God on his journeys (as in Genesis 32:1-2). Writing in the first volume of *The New Interpreter's Bible*, Terence Fretheim put it well when he says, "The rhythms of the ancestors include the rhythm of journeying and worship; their journeys are punctuated by moments of worship at specific places. Yet the place never becomes a final objective, where one settles in; it provides sustenance for the ongoing journey." So it is with us as well.

### Hope for Tricksters

Jacob's meeting with God at Bethel marks a transformation in his life and thereby gives signs of hope that one can be changed, truly changed, by an encounter with the divine. To this point in the Genesis narrative Jacob has lived up to his name, "heel grabber" or "supplanter." He bought Esau's birthright for a bowl of stew and pulled his older brother out of his way in order to gain their father's blessing. But now in Genesis 28 Jacob shows signs of change. His initial response to the dream is a good sign, for fear and praise are the beginnings of a life oriented to God rather than to self (28:17). The fact that Jacob then makes a vow to God in response to God's promise to him also indicates he is beginning to be directed by God's will rather than his own.

The Old Testament stories of the ances-tors have numerous accounts of people's lives being redirected by God. The change often involves a change of name, which sig-nifies a change in character and purpose. This also happens with Jacob in Genesis 32:28. His name is changed from "heel grab-ber" to Israel, "one who strives with God." The people Israel thus gain their identity from the one-time supplanter who now has been given a new purpose. Each time one of the ancestors has such a change of direction it is due to the appearance of and experience with the living God.

---

# SHARING THE SCRIPTURE

## PREPARING TO TEACH

### Preparing Our Hearts

Explore this week's devotional reading, found in John 4:1-15, the familiar story of Jesus and the Samaritan woman. This pas-sage relates to today's Scripture lesson in that the conversation about living water takes place at the well of the patriarch Jacob (4:11-12). The woman is very puzzled by Jesus' request for a drink of water. On the practical side, he has no bucket. On the social side, Jews do not associate with Samaritans; nor do men associate with women. Yet this woman and the people of her town are for-ever changed and blessed because of her encounter with Jesus. How is Jesus blessing you right now? In what ways are you bless-ing others through the love of Jesus?

Pray that you and the adult students will recognize the blessings of God in your life and pass them on to others.

### Preparing Our Minds

Study the background Scripture from Genesis 27:19-29; 28:1-4, 10-22; 32:22-30; 35:9-15. The lesson Scripture is found in Genesis 28:1, 10-22.

Consider this question as you prepare the lesson: *When people feel insecure, where and with whom can they find sanctuary and the assurance of not being alone?*

Write on newsprint:
❑ questions for "Interpret the Meaning of Jacob's Vision."
❑ information for next week's lesson, found under "Continue the Journey."
❑ activities for further spiritual growth in "Continue the Journey."

Review the "Introduction," "The Big Picture," "Close-up," and "Faith in Action." Consider how you will use this additional information, which immediately precedes the first lesson, for this session.

Prepare a brief lecture from the "Under-standing the Scripture" portion to help the students learn or recall important elements of Jacob's story.

Gather or purchase a bag of small stones so that you will have enough for each participant.

Set up a small worship table.

## LEADING THE CLASS

### (1) Gather to Learn

❖ Greet the class members. Introduce any guests and help them to feel at home.

❖ Pray that the learners will be open to ways in which God speaks words of assurance to them.

❖ Read aloud this information: **Your editor, Nan, has two Curly-Coated Retrievers. For those of you not familiar with Curlies, think of a black Labrador retriever with a poodle permanent weighing in at eighty pounds and you'll be able to envision this long-recognized but rather rare breed. Littermates Ada and Bentley love their work as therapy dogs with adolescent boys and girls who live in a locked-down residential facility. The residents seek to overcome psychiatric illnesses and conduct issues. Nan and her husband, Craig, find it amazing to watch the teens hug and pet the dogs, both of whom thrive on this lavish attention. With their unconditional love, Ada and Bentley provide acceptance, security, and a safe haven for these teens who are struggling to find healing and hope.**

❖ Read aloud today's focus statement: **When people feel insecure, they look for a place of security and the assurance of not being alone. Where and with whom can they find sanctuary? God assures Jacob of God's presence and promises that through Jacob and his offspring, all the families of the earth will be blessed.**

### (2) Goal 1: Interpret the Meaning of Jacob's Vision

❖ Present the lecture you have prepared from "Understanding the Scripture" in order to help the learners recall important elements of Jacob's story.

❖ Choose a volunteer to read Genesis 28:1 (ending with "blessed him") and verses 10-22.

❖ Form several small groups and give each group a Bible commentary where they can find information concerning Genesis 28. Include *The New International Lesson Annual* if participants do not each have a copy. Distribute paper and pencils so the adults may make notes. Post newsprint on which you have written these questions prior to the session:

1. **What do you know about the place where Jacob stopped for the evening?**
2. **What information can you find about the "ladder" (or "stairway" or "ramp") that Jacob saw in his dream? What is the significance of this structure?**
3. **What information does God communicate to Jacob through a dream?**
4. **What significance does Jacob attach to this dream when he awakens?**
5. **What action does he take?**
6. **How do you respond to the vow Jacob made to God?**

❖ Bring everyone together and call on each group to answer one question. Invite others, who likely have used different resource books, to add whatever they found as you discuss each question.

❖ Conclude this section by reading "God Is in This Place" in "Interpreting the Scripture." Omit the final paragraph.

### (3) Goal 2: Recall and Cherish the Awesomeness of God's Presence in the Learners' Personal Experiences

❖ Distribute the stones that you have gathered or purchased. Invite each participant to hold the stone and think of a time when he or she felt God's presence in a particularly meaningful way.

❖ Ask each person to talk with a nonrelated partner about the special experiences they have both identified. Consider questions such as What happened? Where?

When? How did this experience affect your relationship with Jesus at the time? How has this experience continued to influence your relationship with Jesus?

❖ Invite each pair to come to the worship table together and place their stones there as a symbol of God's presence with them. (If one partner has mobility issues, invite the other to bring both stones forward.)

❖ Conclude by reading these words from today's key verse, Genesis 28:15: "Know that I am with you and will keep you wherever you go."

### (4) Goal 3: Invite God's Presence Into the Learners' Everyday Activities

❖ Read the lines from *Aurora Leigh* by Elizabeth Barrett Browning at the end of the "God Is in This Place" portion of "Interpreting the Scripture."

❖ Encourage the learners to talk about ways that God is present, perhaps mentioning some of the special times they identified in the prior activity.

❖ Discuss this question: **How can we become more aware of God's presence so that instead of picking blueberries we might remove our shoes in recognition of the holy ground on which we stand?** (Try to move the discussion in the direction of learning to listen for God through prayer, meditation, worship, Bible study, meditating on the Scriptures, hymns, and other people.)

### (5) Continue the Journey

❖ Pray that the learners will seek sanctuary and security with God throughout each day.

❖ Read aloud this preparation for next week's lesson. You may also want to post it on newsprint for the students to copy.

■ **Title: Preparation for Deliverance**

■ **Background Scripture: Exodus 1–4**
■ **Lesson Scripture: Exodus 3:7-17**
■ **Focus of the Lesson: When people are called to a new challenge, they must overcome their fears. How can people overcome their fears? Before Moses could lead the people to freedom, God repeatedly assured Moses of God's persistent help in all the trials to come.**

❖ Post these three activities related to this week's session on newsprint for the students to copy. Challenge the adults to grow spiritually by completing one or more of them.

(1) **Offer prayer for persons who are facing a crisis so that they might experience God's loving presence in the midst of upheaval.**

(2) **Record your dreams each night this week. Set paper and a pencil by your bed so that as you awaken you can write down whatever you recall. Check the Internet for sites where you can find interpretations of dream symbols. Can you discern that God is speaking to you through any of your dreams? If so, what do you feel led to do?**

(3) **Be open to discovering God in unexpected places this week.**

❖ Sing or read aloud "We Are Climbing Jacob's Ladder."

❖ Invite the learners to return to the worship table to pick up a stone to take home as a token of an experience of God's presence. (If time is short, the students may come forward as they sing the final hymn.)

❖ Conclude today's session by leading the class in this benediction, which is adapted from Genesis 28:15, the key verse for today's lesson: **Know that I am with you and will keep you wherever you go; for I will not leave you until I have done what I have promised you. Amen.**

## UNIT 3: FIRST FREEDOM
# PREPARATION FOR DELIVERANCE

---

### PREVIEWING THE LESSON

**Lesson Scripture:** Exodus 3:7-17
**Background Scripture:** Exodus 1–4
**Key Verses:** Exodus 3:16-17

#### Focus of the Lesson:
When people are called to a new challenge, they must overcome their fears. How can people overcome their fears? Before Moses could lead the people to freedom, God repeatedly assured Moses of God's persistent help in all the trials to come.

#### Goals for the Learners:
(1) to explore the significance of God's assignment to Moses.
(2) to reflect on the value of allowing the heart to say yes to God.
(3) to name ways in which adults resist God's call on their lives and ways in which they can open themselves to obey.

#### Pronunciation Guide:
Adonai (ad oh ni')              Hobab (hoh' bab)
Amorite (am' uh rite)           Perizzite (per' i zite)
Canaanite (kay'nuh nite)        Reuel (roo' uhl)
Hittite (hit' tite)             theophany (thee of' uh nee)
Hivite (hiv' ite)               Zipporah (zi por' uh)

#### Supplies:
Bibles, newsprint and marker, paper and pencils, hymnals

---

### READING THE SCRIPTURE

NRSV
Lesson Scripture: Exodus 3:7-17
⁷Then the LORD said, "I have observed the misery of my people who are in Egypt; I have heard their cry on account of their

CEB
Lesson Scripture: Exodus 3:7-17
⁷Then the LORD said, "I've clearly seen my people oppressed in Egypt. I've heard their cry of injustice because of their slave

taskmasters. Indeed, I know their sufferings, [8]and I have come down to deliver them from the Egyptians, and to bring them up out of that land to a good and broad land, a land flowing with milk and honey, to the country of the Canaanites, the Hittites, the Amorites, the Perizzites, the Hivites, and the Jebusites. [9]The cry of the Israelites has now come to me; I have also seen how the Egyptians oppress them. [10]So come, I will send you to Pharaoh to bring my people, the Israelites, out of Egypt." [11]But Moses said to God, "Who am I that I should go to Pharaoh, and bring the Israelites out of Egypt?" [12]He said, "I will be with you; and this shall be the sign for you that it is I who sent you: when you have brought the people out of Egypt, you shall worship God on this mountain."

[13]But Moses said to God, "If I come to the Israelites and say to them, 'The God of your ancestors has sent me to you,' and they ask me, 'What is his name?' what shall I say to them?" [14]God said to Moses, "I AM WHO I AM." He said further, "Thus you shall say to the Israelites, 'I AM has sent me to you.'" [15]God also said to Moses, "Thus you shall say to the Israelites, 'The LORD, the God of your ancestors, the God of Abraham, the God of Isaac, and the God of Jacob, has sent me to you':

This is my name forever,
and this my title for all generations.

[16]Go and assemble the elders of Israel, and say to them, **'The LORD, the God of your ancestors, the God of Abraham, of Isaac, and of Jacob, has appeared to me, saying: I have given heed to you and to what has been done to you in Egypt. [17]I declare that I will bring you up out of the misery of Egypt,** to the land of the Canaanites, the Hittites, the Amorites, the Perizzites, the Hivites, and the Jebusites, a land flowing with milk and honey.' "

masters. I know about their pain. [8]I've come down to rescue them from the Egyptians in order to take them out of that land and bring them to a good and broad land, a land that's full of milk and honey, a place where the Canaanites, the Hittites, the Amorites, the Perizzites, the Hivites, and the Jebusites all live. [9]Now the Israelites' cries of injustice have reached me. I've seen just how much the Egyptians have oppressed them. [10]So get going. I'm sending you to Pharaoh to bring my people, the Israelites, out of Egypt."

[11]But Moses said to God, "Who am I to go to Pharaoh and to bring the Israelites out of Egypt?"

[12]God said, "I'll be with you. And this will show you that I'm the one who sent you. After you bring the people out of Egypt, you will come back here and worship God on this mountain."

[13]But Moses said to God, "If I now come to the Israelites and say to them, 'The God of your ancestors has sent me to you,' they are going to ask me, 'What's this God's name?' What am I supposed to say to them?"

[14]God said to Moses, "I Am Who I Am. So say to the Israelites, 'I Am has sent me to you.'" [15]God continued, "Say to the Israelites, 'The LORD, the God of your ancestors, Abraham's God, Isaac's God, and Jacob's God, has sent me to you.' This is my name forever; this is how all generations will remember me.

[16]"Go and get Israel's elders together and say to them, **'The LORD, the God of your ancestors, the God of Abraham, of Isaac, and of Jacob, has appeared to me. The LORD said, "I've been paying close attention to you and to what has been done to you in Egypt. [17]I've decided to take you away from the harassment in Egypt** to the land of the Canaanites, the Hittites, the Amorites, the Perizzites, the Hivites, and the Jebusites, a land full of milk and honey."

## UNDERSTANDING THE SCRIPTURE

**Introduction.** Exodus 1–4 tells the story of Pharaoh enslaving the Israelites and God calling Moses to lead his people out of slavery and into the land God promised their ancestors. These chapters present the Egyptian king as one who opposes the plans God has for creation. Therefore, Pharaoh is the very enemy of God. God opposes Pharaoh in order to protect the order and purpose of creation God is trying to work out through the Israelites.

**Exodus 1.** The story of Exodus begins where the story of Genesis left off. The sons of Jacob and their families went down to Egypt to live under the protection of their brother Joseph who had become a high official of Pharaoh (Genesis 46). Exodus 1:7 declares that the Israelites in Egypt "were fruitful and prolific, they multiplied and grew exceedingly strong, so that the land was filled with them." The language here that describes the Israelites is identical to the language God used in blessing humankind in Genesis 1:28. This suggests the descendants of Jacob are thus fulfilling God's hopes for humankind. In Exodus 1:8-22 Pharaoh tries to squelch the fruitfulness of the Israelites first by making them slaves (1:8-14) and then by ordering the death of all the male babies born to them (1:15-22). In acting against the Israelites in these ways Pharaoh acted against the intentions of God for the whole creation. Neither of Pharaoh's efforts worked, however, because God was with the Israelites. Therefore, they "multiplied and became very strong" (1:20).

**Exodus 2.** Pharaoh's attempt to kill all the male Israelite babies sets the stage for the birth of Moses. Moses' mother hid him from the Egyptians whom Pharaoh sent to kill the infants. When she could no longer hide him, she placed him in a basket and floated him down the river. Ironically, Moses' mother obeyed Pharaoh's order to "throw into the Nile" every boy baby (1:22). But Moses was saved. Pharaoh's daughter found the child in the basket and kept him for her own. The story suggests, however, that Moses grew up with an identity as a Hebrew. Exodus 2:11 says that when he grew up he went out and saw the forced labor of his people. When he saw an Egyptian slave master beating a Hebrew, he killed the Egyptian. Now a murderer, Moses fled to the wilderness between Egypt and Canaan where the met Reuel, the priest of Midian, and married his daughter Zipporah.

**Exodus 3:1-6.** Moses was shepherding his father-in-law's flocks near the mountain of God when God appeared to him and called him to lead the Israelites out of Egypt. In 3:1 the holy mountain is called Horeb. In other texts, however, the same location is known as Sinai (Exodus 19:1). Moses' father-in-law is named Jethro in 3:1, though he was called Reuel in 2:18 and will be called Hobab in Numbers 10:29. The memory of these different place names and personal names may indicate the work of different authors and thus of different written sources used to create the Book of Exodus.

Moses is drawn to the location of his meeting with God when he sees a bush that is burning but not consumed. God's appearance from the midst of fire, storm, or wind is a common motif in the Old Testament (1 Kings 19:1-18; Psalm 29:3-9; Ezekiel 1). The event is often called a "theophany," the revelation of God through natural phenomenon.

Exodus 3:2 says "the angel of the LORD appeared" to Moses in the burning bush. But verse 4 indicates that God spoke directly to Moses from the bush, not through a mediator or divine messenger (the role of angels). This type of interplay between God and the angel shows the reluctance of the biblical writer to say matter-of-factly that God appeared and spoke (see (Judges 6:12, 14). God's instruction for Moses to remove his shoes (3:5) indicates the seriousness and holiness of the place because of God's presence. Moses shows awareness of God's holiness by hiding his face (3:6). Looking directly at the divine countenance was thought to be fatal (Isaiah 6:5).

In Exodus 3:6 God expresses the divine identity by saying, "I am the God of your father." "Father" here could be translated generically "ancestor." The culture of the Old Testament, however, traced lineage through male forebears. God's introduction to Moses with this language reminds Moses and the Israelites that they are heirs to the promises made long before to Abraham, Isaac, and Jacob.

**Exodus 3:7–4:17.** God introduces his call to Moses by first expressing concern for the Israelites' condition in Egypt (3:7). God is not the detached deity described by philosophers. Instead, God is passionate about people and about justice. The story of the call of Moses then follows a pattern found in many other call stories in the Bible. In such stories (1) the person being called meets God or an angel (3:2); (2) God commissions the person to a special task (3:10);

(3) the person being commissioned expresses doubt or questions the task (3:11, 13; 4:1, 10); (4) God gives a sign of assurance that the task will be successful (3:12, 14-15; 4:2-9, 15-16). Exodus 3 emphasizes Moses' doubts about the commissioning. In 3:11 Moses raises the first, and most general, objection to God's call: "Who am I that I should go to Pharaoh?" The other objections are really an expansion of this one (They will never believe me [4:1]; I am slow of speech [4:10]). Strangely, the sign of assurance God gives Moses can only be seen after Moses answers the call (3:12)!

**Exodus 4:18-31.** Moses returns to Egypt with the miraculous signs God gave him to use by means of his shepherd's staff. The story of the return to Egypt includes the strange account of God attacking Moses and then Zipporah circumcising their son (4:24-26). This account may reflect an ancient idea about circumcision warding off evil spirits. In the present context it illustrates, as Walter Brueggemann writes in *The New Interpreter's Bible*, the "untamed holiness of God" and circumcision represents the holiness of God's people.

---

## INTERPRETING THE SCRIPTURE

*God Hears the Cries*

Exodus 3 reveals an essential feature of the character of God: God is moved by human suffering; God acts within human history and enters human experience to relieve the suffering God sees.

This picture of God indicates that the God of the Bible and of the Christian faith is different from the way God is often conceived in modern Western society. God is not an inanimate spirit. God is not the sum of all the good and just actions in the world. God is not just the prime mover who set the world in motion. To be sure, God may be understood in all these ways. But the biblical God is much

more. Exodus 3 depicts God as one who seeks a relationship with people, especially with a particular people, Israel. God works for them and through them to bring justice to the world. God's work is not always seen and identified clearly when events take place, but the Bible testifies to God's intimate involvement with humankind. This feature of God's character appears in the very first part of God's address to Moses, "I have observed the misery of my people . . . I have heard their cry. . . . I have come down to deliver them" (3:7-8). This portion of the story not only tells us about God's character; it also gives us a vision of how we should act toward those in pain and distress.

### *"I Am Who I Am"*

One of the most difficult portions of the story is the exchange between God and Moses in 3:13-15. Moses asks God to reveal God's name, but the reason is unclear. As Moses indicates 3:13, the Hebrews had known this God previously as the God of their ancestors. So perhaps it would have been necessary for Moses to tell this generation what this God will be to them. The name of God would help them understand, because the name would indicate something of God's character. Although this is possible, Moses' inquiry about the divine name appears in a string of objections to Moses' call.

It is also impossible to be certain what God's response to Moses means. The sentence, "I AM WHO I AM," could be translated several other ways. In Hebrew the sentence consists of three words, two forms of the verb "to be" ("I am") connected by a relative particle ("who"). But the verb in Hebrew has no built-in tense as do verbs in English. So the sentence could also be translated "I will be who I will be" or "I am who I will be" or any number of other possible combinations of verb tense. We can only guess at the meaning of the answer God gives Moses concerning the significance of the divine name. Some have proposed that the answer is essentially evasive. God is saying through the explanation of God's name that Moses and the people will know God by seeing what God does.

In Exodus 3:15 God's statement "I AM WHO I AM" is linked to the name of God frequently used in the Old Testament. It is translated "the Lord." But the Hebrew word that stands behind the translation is actually a third-person form of the verb "to be." Christians sometimes translate this name as it perhaps sounded, Yahweh. The name is formally translated "Lord," however, because Jews in the ancient world held it to be so sacred that it was not pronounced. And the scribes who passed on the Old Testament put signals in the text that instructed readers to say another, common word, "Adonai," which refers simply to one who has authority over another (hence, a "lord"). Since this name appears in verse 15 as God instructs Moses on how to address the Israelites, it seems that God's answer to Moses in 3:13-14 is meant to explain the divine name (Yahweh). Here "The LORD" is identified as the God of Israel's ancestors, "the God of Abraham, the God of Isaac, and the God of Jacob" (3:15). The passage ends with this same identity and is linked to the promise that the Lord will bring the Israelites out of slavery and to "a land flowing with milk and honey" (3:17). Hence, the divine name may suggest that God is known both for what God has done in the past (for the ancestors) and what God will do (in the Exodus). The main point though is that God is One who acts, particularly in response to the cries of the needy.

### *But Who Am I, Lord?*

Although God is the One who will rescue the Israelites from slavery in Egypt, Exodus 3:7-17 also declares that God will use Moses to accomplish this feat. Indeed, immediately after God tells Moses, "The cry of the Israelites has now come to me" (3:9), God says, "So come, I will send you to Pharaoh to bring my people, the Israelites, out of Egypt" (3:10).

Moses responds to God's call with a logical question: "Who am I that I should go to Pharaoh, and bring the Israelites out of Egypt?" (3:11). As the larger story in Exodus 3–4 makes clear, Moses is unsure about the commission God gives him and he raises numerous objections to God as to his ability to answer God's call. It is understandable that Moses might feel inadequate for such a task. What is more difficult to understand is why God chose to use this particular person to rescue the Israelites. One answer is that such is the nature of God's work in our world. God works through frail creatures to accomplish the divine purpose and God's work through Moses is a good example of that fact.

To many readers, Moses may not seem weak and ineffective at all. After all, the most popular image of Moses may be that of the character played by Charlton Heston in the film *The Ten Commandments*. There Moses appears rugged, handsome, and charismatic. But the story in Exodus 1–4 suggests a different picture. The exchange between God and Moses, particularly the persistent doubts Moses expresses about his ability to carry out the mission, shows that Moses had some very real limitations. To be sure, Moses used his many inadequacies to avoid accepting the task God had for him. Nevertheless, his objections apparently indicate God could have chosen someone with more potential for success: Moses was unknown to the Israelites, thus he legitimately worried they would not listen to him (3:11; 4:1); he may have had a speech impediment (4:10) or at best he was not trained in

the art of persuasion and so he wondered if he could make a convincing case to Pharaoh. These limitations of Moses seem significant, not to mention the fact that he was a murderer whose offense had been witnessed being asked to return to the scene of the crime to deliver God's people! In other words, God's call of Moses is yet another example in Scripture of what the apostle Paul said about how God works: "God chose what is weak in the world to shame the strong" (1 Corinthians 1:27).

This dimension of the story reminds us that God is the main actor in the story of the Exodus and in our story. The point is not so much that we are weak and inadequate. Rather, our abilities are never enough to deliver us. God knows already that our efforts alone will fail (3:19). Ultimately only God can save us. So while Exodus 3 focuses on Moses as God's agent, it also reminds us that Moses is an ordinary human being chosen by God to show God's extraordinary deeds.

---

## SHARING THE SCRIPTURE

### PREPARING TO TEACH

*Preparing Our Hearts*

Explore this week's devotional reading, found in Exodus 4:10-16, which is part of the background Scripture. God has called Moses to lead the Israelites out of Egypt. Moses responds with excuses, emphasizing that he has "never been eloquent" (4:10). God promises to be with Moses and teach him what to say, but Moses responds bluntly, "Please send someone else" (4:13). God is not amused with Moses—or with us when we respond fearfully and fail to trust God to equip us for the work God has for us. What is God calling you to do right now? Are you willing to trust God to lead and prepare you for this task? If not, in what

ways does your faith need to stretch and grow?

Pray that you and the adult students will overcome your fears and say yes to God's call on your lives.

*Preparing Our Minds*

Study the background Scripture from Exodus 1–4, and the lesson Scripture from Exodus 3:7-17.

Consider this question as you prepare the lesson: *How can people overcome their fears when they are called to a new challenge?*

Write on newsprint:
- ❑ information for next week's lesson, found under "Continue the Journey."
- ❑ activities for further spiritual growth in "Continue the Journey."

Review the "Introduction," "The Big Picture," "Close-up," and "Faith in Action." Consider how you will use this additional information, which immediately precedes the first lesson, for this session.

## LEADING THE CLASS

### (1) Gather to Learn

❖ Greet the class members. Introduce any guests and help them to feel at home.

❖ Pray that the learners will be open and ready to undertake God's work in their lives.

❖ Distribute paper and pencils and ask the adults to write letters A through G on their papers. Tell them that you will be reading several words or phrases aloud slowly and they are to rate themselves in terms of the "Fear Factor" on a scale of 1 to 10, with 1 being "no fear at all" to 10 being "scared silly."

**A. Snakes**

**B. Speaking in front of a group**

**C. Starting a new job**

**D. Meeting new neighbors**

**E. Taking on a mortgage for a new home**

**F. Taking on an unfamiliar responsibility in the church or community**

**G. Being introduced to a potential in-law**

❖ Conclude by asking volunteers to state one "scared silly" fear and perhaps to tell a brief story indicating whether they were able to overcome that fear and meet the new challenge.

❖ Read aloud today's focus statement: **When people are called to a new challenge, they must overcome their fears. How can people overcome their fears? Before Moses could lead the people to freedom, God repeatedly assured Moses of God's persistent help in all the trials to come.**

### (2) Goal 1: Explore the Significance of God's Assignment to Moses

❖ Set the scene for today's Bible lesson by reading or retell the "Introduction" through "Exodus 3:1-6" in "Understanding the Scripture."

❖ Select a volunteer to read Exodus 3:7-17.

❖ Discuss these questions:

1. **According to this passage, what has God seen, heard, or known?**

2. **How does God plan to remedy the misery of the Israelites in Egypt?**

3. **How does Moses respond to God's call on his life?**

4. **What promises does God make to Moses?**

5. **What do you learn about God from Exodus 3? (See "God Hears the Cries" in "Interpreting the Scripture.")**

6. **Moses insists on knowing God's identity and God responds by announcing the divine name. What does God's name suggest about how God might relate to the enslaved people?**

### (3) Goal 2: Reflect on the Value of Allowing the Heart to Say Yes to God

❖ Distribute paper and pencils. Read aloud this quotation from the famous nineteenth-century preacher Charles Haddon Spurgeon (1834–92): **If you desire Christ for a perpetual guest, give him all the keys of your heart; let not one cabinet be locked up from him; give him the range of every room and the key of every chamber.** Invite the adults to write a letter to God in which they turn over the keys to their hearts. Encourage the students to be honest about cabinets that are currently locked up and places they will not allow God to touch their lives. Make clear at the outset that whatever they write is between themselves and God. No letters will be shared with the group.

❖ Call time and suggest that the learners put these letters in a safe place where they can review and add to them during the week.

*(4) Goal 3: Name Ways in Which Adults Resist God's Call on Their Lives and Ways in Which They Can Open Themselves to Obey*

❖ Form groups of three. Invite each participant to recall a time when he or she hesitated to respond to a perceived call from God. They need not reveal what they felt they were being asked to do, but rather comment on why they felt unable to respond. For example, did they think the job was too difficult or time consuming?

❖ Bring the group together. Read "But Who Am I, Lord?" from "Interpreting the Scripture" as a way of reminding the adults that they are not the only ones who have resisted God's call.

❖ Now ask the adults to comment on ways that they can open themselves to hear and obey God's call. List their ideas on newsprint. Possible answers include being moved by a Scripture reading, sermon, or hymn; hearing about a situation and feeling a strong desire to respond; having someone identify a gift that you have and suggesting a need that you could fill with that talent; spending time in prayer and meditation listening for God's call.

*(5) Continue the Journey*

❖ Pray that the learners will listen for God's call and obey it.

❖ Read aloud this preparation for next week's lesson. You may also want to post it on newsprint for the students to copy.
  - ■ **Title: Beginning of Passover**
  - ■ **Background Scripture: Exodus 6:2-30; 12**
  - ■ **Lesson Scripture: Exodus 12:1-14**

■ **Focus of the Lesson: People who are living under oppression hunger for freedom. What is the meaning of freedom? The freedom God promises to the Hebrew people will create a new beginning in their relationship with God—a beginning they will commemorate for generations to come.**

❖ Post these three activities related to this week's session on newsprint for the students to copy. Challenge the adults to grow spiritually by completing one or more of them.
  (1) **Read and meditate on the seven "I Am" sayings in the Gospel of John: "I am the bread of life" (6:35); "the light of the world" (8:12); "the gate for the sheep" (10:7); "the good shepherd" (10:11, 14); "the resurrection and the life" (11:25); "the way, and the truth, and the life" (14:6); "the true vine" (15:1). How do these echoes of God's discussion with Moses in Exodus 3 help you to better understand who Jesus is?**
  (2) **Offer support to a church leader, perhaps one who is new to leadership or one who is undertaking a difficult responsibility.**
  (3) **Set aside time to listen for God's call on your life. Write in your spiritual journal about whatever you hear. Continue to be alert for guidance in fulfilling this call.**

❖ Sing or read aloud "Holy Ground."

❖ Conclude today's session by leading the class in this benediction, which is adapted from Genesis 28:15, the key verse for October 27: **Know that I am with you and will keep you wherever you go; for I will not leave you until I have done what I have promised you. Amen.**

UNIT 3: FIRST FREEDOM
# BEGINNING OF PASSOVER

---

## PREVIEWING THE LESSON

**Lesson Scripture:** Exodus 12:1-14
**Background Scripture:** Exodus 6:2-30; 12
**Key Verse:** Exodus 12:14

### Focus of the Lesson:
People who are living under oppression hunger for freedom. What is the meaning of freedom? The freedom God promises to the Hebrew people will create a new beginning in their relationship with God—a beginning they will commemorate for generations to come.

### Goals for the Learners:
(1) to understand the historical events that lie behind the Jewish celebration of Passover.
(2) to empathize with those who are in need of deliverance.
(3) to identify ways in which the church can participate in freeing those who need deliverance.

### Pronunciation Guide:
Amram (am' ram)                          Jochebed (jok' uh bed)
Haggadah (huh gah' duh)                   Nisan (ni' san)

### Supplies:
Bibles, newsprint and marker, paper and pencils, hymnals, optional picture of the Israelites eating the first Passover; matzah

---

## READING THE SCRIPTURE

NRSV
Lesson Scripture: Exodus 12:1-14
[1]The LORD said to Moses and Aaron in the land of Egypt: [2]This month shall mark for you the beginning of months; it shall be the first month of the year for you. [3]Tell the whole congregation of Israel that on the

CEB
Lesson Scripture: Exodus 12:1-14
[1]The LORD said to Moses and Aaron in the land of Egypt, [2]"This month will be the first month; it will be the first month of the year for you. [3]Tell the whole Israelite community: On the tenth day of this month they must

tenth of this month they are to take a lamb for each family, a lamb for each household. ⁴If a household is too small for a whole lamb, it shall join its closest neighbor in obtaining one; the lamb shall be divided in proportion to the number of people who eat of it. ⁵Your lamb shall be without blemish, a year-old male; you may take it from the sheep or from the goats. ⁶You shall keep it until the fourteenth day of this month; then the whole assembled congregation of Israel shall slaughter it at twilight. ⁷They shall take some of the blood and put it on the two doorposts and the lintel of the houses in which they eat it. ⁸They shall eat the lamb that same night; they shall eat it roasted over the fire with unleavened bread and bitter herbs. ⁹Do not eat any of it raw or boiled in water, but roasted over the fire, with its head, legs, and inner organs. ¹⁰You shall let none of it remain until the morning; anything that remains until the morning you shall burn. ¹¹This is how you shall eat it: your loins girded, your sandals on your feet, and your staff in your hand; and you shall eat it hurriedly. It is the passover of the LORD. ¹²For I will pass through the land of Egypt that night, and I will strike down every firstborn in the land of Egypt, both human beings and animals; on all the gods of Egypt I will execute judgments: I am the LORD. ¹³The blood shall be a sign for you on the houses where you live: when I see the blood, I will pass over you, and no plague shall destroy you when I strike the land of Egypt.

¹⁴**This day shall be a day of remembrance for you. You shall celebrate it as a festival to the LORD; throughout your generations you shall observe it as a perpetual ordinance.**

take a lamb for each household, a lamb per house. ⁴If a household is too small for a lamb, it should share one with a neighbor nearby. You should divide the lamb in proportion to the number of people who will be eating it. ⁵Your lamb should be a flawless year-old male. You may take it from the sheep or from the goats. ⁶You should keep close watch over it until the fourteenth day of this month. At twilight on that day, the whole assembled Israelite community should slaughter their lambs. ⁷They should take some of the blood and smear it on the two doorposts and on the beam over the door of the houses in which they are eating. ⁸That same night they should eat the meat roasted over the fire. They should eat it along with unleavened bread and bitter herbs. ⁹Don't eat any of it raw or boiled in water, but roasted over fire with its head, legs, and internal organs. ¹⁰Don't let any of it remain until morning, and burn any of it left over in the morning. ¹¹This is how you should eat it. You should be dressed, with your sandals on your feet and your walking stick in your hand. You should eat the meal in a hurry. It is the Passover of the LORD. ¹²I'll pass through the land of Egypt that night, and I'll strike down every oldest child in the land of Egypt, both humans and animals. I'll impose judgments on all the gods of Egypt. I am the LORD. ¹³The blood will be your sign on the houses where you live. Whenever I see the blood, I'll pass over you. No plague will destroy you when I strike the land of Egypt.

¹⁴**"This day will be a day of remembering for you. You will observe it as a festival to the LORD. You will observe it in every generation as a regulation for all time.**

---

## UNDERSTANDING THE SCRIPTURE

**Introduction.** Exodus 6 appears immediately after the call and commissioning of Moses and after Moses and Aaron stand before Pharaoh the first time to announce God's demand for the Israelites to leave Egypt. Exodus 5 tells how Pharaoh refused

God's demand and made the Israelites' work more difficult. It also reports that the Israelites are angry with Moses and Aaron for creating this trouble for them. Now, Exodus 6 recaps much of what God said to Moses in Exodus 3–4 by emphasizing the role God played with Israel's ancestors and reiterating the promise to bring the Israelites out of bondage in order to possess the land of Canaan. This recap is meant to encourage Moses in the face of his initial failure with Pharaoh and the Israelites.

**Exodus 6:2-6.** God reassures Moses of the coming deliverance and of Moses' own success in leading the Israelites first by saying simply, "I am the LORD" (6:2). God explained the divine name to Moses in 3:14-15. There God seemed to say to Moses that God would be known by divine actions. Now God tells Moses something new, namely, that God did not reveal the name, the Lord, to Israel's ancestors (6:3). Thus, the name is a special gift to Moses and this generation to give hope. This only makes sense when we realize that a name in the ancient Near East signified the essential features of one's character. God tells Moses that "The LORD" is not just powerful (as revealed in the name "God Almighty") but is sure to act on behalf of God's people. Second, God tries to comfort Moses by reminding him of the promises made to Israel's ancestors (6:4). The promises have not been forgotten, despite the initial failure to accomplish the mission. Finally, God tells Moses once more that God has heard the cries of the Israelites (6:5). God is a God of compassion and will answer the cries of the oppressed. Indeed, Moses is to announce God's intentions again to the Israelites. Moses is to tell them "the Lord" is one who will surely act on their behalf.

**Exodus 6:7-9.** In the next portion of God's speech to Moses God speaks in distinctive covenant language: "I will take you as my people, and I will be your God" (6:7). Although God is the God of all people, God is Israel's God in a way that is not true for

any other people. This kind of exclusive devotion is true to all covenant language. One of the best analogies in the modern world is perhaps the covenant of marriage. The person who pledges her love to another person in marriage is not saying she only loves the marriage partner; she loves the partner, however, in ways she does not love anyone else. God's devotion to Israel is similar. As God said to Abraham, however, this special love for Israel is for the benefit and blessing of all peoples (Genesis 12:3).

The final statement Moses is to make to the Israelites is that they will know "that I am the LORD your God, who has freed you from the burdens of the Egyptians" (6:7). The Israelites will know their God as one who freed them from slavery and kept the promises God made to their ancestors (6:7-8). Exodus 6:9 indicates, however, that the Israelites again did not believe Moses because their spirits were broken from the years of service to Pharaoh.

**Exodus 6:10-13, 28-30.** After Moses' failure to convince the Israelites that God would rescue them from Pharaoh (6:9), God simply tells Moses to go to Pharaoh again and demand the Israelites be freed. Moses' answer to God is understandably filled with doubt. He asks why Pharaoh would listen to him. Moses also repeats an earlier objection to his commissioning, namely, that he is a poor speaker. As before (4:14-16) God sends Aaron along with Moses. But the message God gives does not seem contingent upon good speech or Aaron's abilities at speaking being greater than those of Moses. In 7:3, in fact, God tells Moses that Pharaoh will not listen to any speech. The success of Moses' mission depends on God's faithfulness and power, not on Moses' ability.

**Exodus 6:14-27.** The final section in Exodus 6 is typically ignored because it seems archaic and void of theology. The section features a list of "heads of their ancestral houses" (6:14), a list of the sons of Jacob and their sons. The list begins with Reuben, the eldest, and proceeds to Simeon, the next in line, and then comes to Levi (6:16). The list does not go on past Levi, which indicates his ancestral house is the real focus on the section. Indeed, the descendants of Levi are given in detail. Most important is the note that Aaron and Moses were born to Amram and Jochebed (6:20). As 6:26-27 indicates, the list of ancestral houses appears here to legitimate these two leaders.

The list of ancestors in Exodus 6 illustrates how much the biblical authors valued tradition. To be connected solidly to something known and trusted in the past was of utmost importance. Moses and Aaron had gifts God would use to deliver the Israelites. But it was just as important that these two were connected to the promises God made to the ancestors and also that they were from a priestly family.

**Exodus 12.** The Passover celebration is the culmination of God's deliverance. The celebration here is not simply described, but prescribed for future generations. The instructions feature questions and answers about why the celebration is as it is. This format would ensure future generations that the events surrounding Passover would not be forgotten. After the prescriptions for Passover are made, the tenth and final plague comes when the Lord passes through Egypt and kills the firstborn in all houses not marked by the blood of the Passover lambs (12:29). God "passes over" the homes marked with blood (12:13). The verb that means "pass over," however, is not the same as the word for the festival, although our English translations make them appear the same.

---

## INTERPRETING THE SCRIPTURE

*A Day of Remembrance*

Exodus 12 prescribes a ritual of remembrance. Exodus 12:14 uses the term "festival" explicitly to refer to the future celebrations that will be patterned after the events in this chapter. These points may seem rather obvious. The fact that this chapter is about a ritual, however, is significant. To this point in the Book of Exodus the text has been dominated by a story—a story that has roots in history, in real events in the past. To be sure, historians cannot document all the events reported in Exodus 1–11, but the writer of Exodus presents the events as a coherent narrative about the past. But now Exodus stops and points to the future, to generations yet to come. This festival instruction is important for at least two reasons. First, it suggests that we put historical events in their proper perspective. Modern people

are often overly concerned with historical questions such as "Did this really happen as reported"; "When did this occur"; and "How does the reported event fit into other historical events at the same time?" Exodus 12 seems to say that the events of the past are important because of what they tell us about God and how God relates to us. Otherwise, the events would just be relics of the past; they would have no meaning to us. Second, the nature of Exodus 12 is important because it presents a service of worship as the key to embracing and claiming what God did in the past and the hope of what God will do in the future. What we believe about God must be regularly recited and recalled in rituals, in liturgy, in prayers, and the proclamation of the Word in order to shape the way we think and live each day.

## Content of the Celebration

The Passover celebration has at least three distinct features that remain part of the Jewish ritual today. These features also present theological and spiritual truths for us that may deepen our faith. The first striking feature of the Passover celebration is that each family or group of families is to kill and eat a lamb and to spread the blood of the animal on their doorposts and lintel of the houses (12:3-4, 7). The fact that the blood of the lamb signaled God to pass by indicates the killing of the lamb was closely related to sacrifice. The lamb was to have no blemish (12:5) and was to be slaughtered at a set time on a particular day (12:6). The sacrificial nature of the preparation of the lamb should remind Christians of the sacrifice of Jesus on the cross. Although the New Testament does not specify how the Jesus' sacrifice works to atone for our sins, the general point that God came in human form and gave God's self for us is clear. According to the Gospel of John, the crucifixion of Jesus took place at the same time the Passover lambs were being slaughtered (John 19:31). Hence, we are encouraged to think of Jesus as the one who saved our lives at the cost of his own.

A second distinctive feature of the Passover ritual is its urgency. The Israelites remember how they had to leave Egypt in great haste (12:11). This seems to be the reason Passover includes the use of unleavened bread (12:8). The notion that those who wait on God to come in deliverance and therefore must be always on watch is like the injunction of Paul to the Thessalonians to "keep awake" (1 Thessalonians 5:6).

A third important element of Passover is that it is designed to recall the bitterness of slavery even while celebrating freedom. This is symbolized by the bitter herbs used in the meal (12:8). This recognition of the suffering of slavery may not seem to translate easily into Christian devotion. But Christian worship rightly includes a confession of sin even though we believe we have been forgiven and reconciled to God already. We also regularly pray for the needs of the world even though we believe God has in Christ overcome evil and will make all things new. To recognize the "bitterness" of our slavery to sin and to remember the brokenness of the world, however, is essential to celebrate our salvation properly. It also reminds us that salvation is always celebrated as something that has occurred but it not yet complete.

## God Is the Only Actor

The victory over Pharaoh that Passover celebrates may be troubling for the way it portrays the death Egypt's firstborn. But in the story of the Exodus Pharaoh and his people represent more than Israel's enemy. Indeed, they stand for the forces that oppose the very intentions of God in creation. Note that Exodus 1:7 presents the Israelites as fulfilling God's mandate to all humankind (Genesis 1:28) and Pharaoh tries to stop them. Hence, the battle with Pharaoh and the Egyptians is meant to be read as an account of God's battle with evil.

Given this larger symbolic portrayal of Pharaoh, it may be helpful to note that in the Passover story—the story of God's final rescue of Israel from slavery—God is the only actor. The Israelites are not called to defend themselves or to act alongside God in defeating Pharaoh. God is the only one able to deliver and to save.

This point about God's exclusive action is stated explicitly after the Israelites leave Egypt and confront Pharaoh at the Red Sea. Moses says to the Israelites when they realize they are hemmed in by Pharaoh: "The LORD will fight for you, and you have only to keep still" (Exodus 14:14). The Lord fights because Israel cannot defend itself. The Jewish Passover liturgy (called the Passover Haggadah) emphasizes this point. When recalling the story of the

Exodus it emphasizes that God acted without intermediaries:

"I will pass through the land of Egypt," I and not an angel;

"And I will smite every first-born in the land of Egypt," I and not a seraph;

"And I will carry out judgments against all the gods of Egypt," I and not a messenger;

"I-the LORD," it is I, and none other!

Recognizing with the Jewish community that God was the only actor in the Passover event helps us deal with the violence inherent in the story. It reminds us, as already noted, that the Exodus story is more than a story about a people being freed from human oppression. It is about being freed from all the forces that bind us, including our own sinfulness. God alone can be trusted to deal with the oppression humans put on one another. Human actions in that regard will always be imperfect and self-serving in some ways. But most important, God alone is able to deal with evil that plagues us and keeps us from fulfilling God's will for our lives.

## SHARING THE SCRIPTURE

### PREPARING TO TEACH

#### Preparing Our Hearts

Explore this week's devotional reading, found in John 1:29-37. John the Baptist refers to Jesus as "the Lamb of God who takes away the sin of the world" (1:29). This label clearly connects Jesus with the lambs that are sacrificed during Passover. Today's Bible lesson takes us back to the first Passover, recorded in Exodus 12. As you read John 1, consider your own understanding of Jesus as the Lamb of God. How does this metaphor enhance your relationship with Jesus?

Pray that you and the adult students will see connections between the Old Testament and the New that enable you to more fully appreciate Jesus' relationship with God and his relationship with you.

#### Preparing Our Minds

Study the background Scripture from Exodus 6:2-30; 12, and the lesson Scripture from Exodus 12:1-14.

Consider this question as you prepare the lesson: *What is the meaning of freedom?*

Write on newsprint:
- ❏ information for next week's lesson, found under "Continue the Journey."
- ❏ activities for further spiritual growth in "Continue the Journey."

Review the "Introduction," "The Big Picture," "Close-up," and "Faith in Action." Consider how you will use this additional information, which immediately precedes the first lesson, for this session.

Locate online or in a book a picture of the Israelites eating the first Passover. Mark Chagall's 1931 painting *The Israelites Are Eating the Passover Lamb* (Musée National Message Biblique Marc Chagall, Nice, France) is especially effective.

Purchase and have available enough matzah (available in many grocery stores) for each participant. We will be using just this one element from the Seder meal.

### LEADING THE CLASS

#### (1) Gather to Learn

❖ Greet the class members. Introduce any guests and help them to feel at home.

❖ Pray that the learners will remember and celebrate their relationship with God.

❖ Post newsprint and invite participants to name oppressive regimes around the world. As this lesson is being written, North Korea, Syria, Sudan, Zimbabwe, Eritrea, and many others easily meet the criteria for being led by the world's worst dictators. Encourage the students to give examples of policies that make the regimes they have identified so oppressive.

❖ Read aloud today's focus statement: **People who are living under oppression hunger for freedom. What is the meaning of freedom? The freedom God promises to the Hebrew people will create a new beginning in their relationship with God—a beginning they will commemorate for generations to come.**

*(2) Goal 1: Understand the Historical Events that Lie Behind the Jewish Celebration of Passover*

❖ Read "A Day of Remembrance" in "Interpreting the Scripture" to introduce today's Bible lesson.

❖ Invite a volunteer to read Exodus 12:1-14.

❖ **Option:** If you were able to locate an artist's painting of the original Passover, show it to the group. Discuss how the colors, specific subject matter, and perspective help the adults to enter into the Passover itself. Ask: **What do the facial expressions and body language of the characters suggest about their feelings regarding the coming of freedom?**

❖ Note that the month referred to in Exodus 12:2 is Nisan, which overlaps our March and April. The Passover dates change from year to year in our calendar so as to coincide with Nisan 14. For example, in 2013, Passover began on March 25 and ended on April 2; in 2014 Passover will begin on April 14 and end on April 22. In the Jewish calendar, the day always begins at sundown, so the Passover meal is eaten in the evening.

❖ Note that we cannot partake of an entire Seder meal this morning, but we will taste the unleavened bread. Serve the matzah and offer this blessing from the *Haggadah*: **"Blessed are You, L-rd, our G-d, King of the universe, who brings forth bread from the earth."**

❖ End this portion of the session by reading "Content of the Celebration" from "Interpreting the Scripture." Invite the learners to raise questions or make comments.

*(3) Goal 2: Empathize With Those Who Are in Need of Deliverance*

❖ Recall that the Israelites celebrate the Passover to commemorate God's deliverance of them from the oppressive slavery they endured in Egypt. Mention that political oppression still exists in our world, as we noted in the "Gather to Learn" portion. But there are other kinds of situations from which people need deliverance. Invite the adults to suggest different types of bondage from which people need deliverance. List ideas on newsprint. (Encourage a wide range of ideas, such as *addiction, crushing debt, abusive situations, unemployment or underemployment, unfair wages, discrimination, underperforming schools, difficult home environments, homelessness.*)

*(4) Goal 3: Identify Ways in Which the Church Can Participate in Freeing Those Who Need Deliverance*

❖ Point out that as Jesus began his ministry, he used quotations from Isaiah to explain his mission, which included "to proclaim release to the captives . . . [and] to let the oppressed go free" (Luke 4:18). As his followers, his mission has become our mission. Ask the adults to look again at the list they just created and decide which of the groups mentioned are present in your community. Put a check mark beside those groups.

❖ Choose one group of people in need of deliverance that the class (or church at large) may be able to help and discuss the following questions. Be sure not to mention specific names of persons in need, though the group may name agencies or churches (including your own) that offer help.

1. **What is our church currently doing to help this population?**
2. **Are there other churches or agencies in the community who currently help this population? If so, who are they and what do they do?**
3. **What resources (people, money, building, material goods) do we have at our disposal that could assist this group?**
4. **What specific help could we offer?**
5. **Which members of our class are willing to form a task force to investigate the need, talk with appropriate persons, and get back to us so that we can move forward with specific plans?**

*(5) Continue the Journey*

❖ Pray that the learners will reach out in Jesus' name to those who seek deliverance.

❖ Read aloud this preparation for next week's lesson. You may also want to post it on newsprint for the students to copy.

■ **Title: Beginning of Freedom**
■ **Background Scripture: Exodus 13:17-22; 14**
■ **Lesson Scripture: Exodus 14:21-30**
■ **Focus of the Lesson: People may find themselves in seemingly impossible circumstances while seeking freedom. How can they safely reach freedom? God created a way out when there was no way.**

❖ Post these three activities related to this week's session on newsprint for the students to copy. Challenge the adults to grow spiritually by completing one or more of them.

(1) **Research countries that within the last ten to twenty years have been able to overcome oppression and create an atmosphere of freedom for their people. How have the lives of the "ordinary people" changed once a brutal dictator has been ousted?**

(2) **Talk with a Jewish friend or do some research to learn more about how the Passover festival is currently celebrated. Identify the symbolism of the foods that are served. Locate online a copy of the Haggadah used during the Passover meal. More than two thousand different editions are available, so you may wish to review more than one. Read this book containing the liturgy used during the Seder.**

(3) **Think about the kinds of people in your community who need deliverance. What can you do to help them? Contact a community agency and see what opportunities are available to you as a volunteer. Match your talents with the needs of a local agency and do whatever you can to help.**

❖ Sing or read aloud "This Is a Day of New Beginnings."

❖ Conclude today's session by leading the class in this benediction, which is adapted from Genesis 28:15, the key verse for October 27: **Know that I am with you and will keep you wherever you go; for I will not leave you until I have done what I have promised you. Amen.**

UNIT 3: FIRST FREEDOM

# BEGINNING OF FREEDOM

---

## PREVIEWING THE LESSON

**Lesson Scripture:** Exodus 14:21-30
**Background Scripture:** Exodus 13:17-22; 14
**Key Verse:** Exodus 14:30

### Focus of the Lesson:
People may find themselves in seemingly impossible circumstances while seeking freedom. How can they safely reach freedom? God created a way out when there was no way.

### Goals for the Learners:
(1) to delve into the story of the crossing of the Red Sea.
(2) to experience gratitude for God's deliverance in their lives.
(3) to identify the importance of the Exodus to the Christian faith.

### Supplies:
Bibles, newsprint and marker, paper and pencils, hymnals

---

## READING THE SCRIPTURE

NRSV
Lesson Scripture: Exodus 14:21-30

21Then Moses stretched out his hand over the sea. The LORD drove the sea back by a strong east wind all night, and turned the sea into dry land; and the waters were divided. 22The Israelites went into the sea on dry ground, the waters forming a wall for them on their right and on their left. 23The Egyptians pursued, and went into the sea after them, all of Pharaoh's horses, chariots, and chariot drivers. 24At the morning watch the LORD in the pillar of fire and cloud looked down upon the Egyptian army, and threw the Egyptian army into panic. 25He

CEB
Lesson Scripture: Exodus 14:21-30

21Then Moses stretched out his hand over the sea. The LORD pushed the sea back by a strong east wind all night, turning the sea into dry land. The waters were split into two. 22The Israelites walked into the sea on dry ground. The waters formed a wall for them on their right hand and on their left. 23The Egyptians chased them and went into the sea after them, all of Pharaoh's horses, chariots, and cavalry. 24As morning approached, the LORD looked down on the Egyptian camp from the column of lightning and cloud and threw the Egyptian camp into clogged their chariot wheels so that they turned with difficulty. The Egyptians said, "Let us flee from the Israelites, for the LORD is fighting for them against Egypt."

<sup>26</sup>Then the LORD said to Moses, "Stretch out your hand over the sea, so that the water may come back upon the Egyptians, upon their chariots and chariot drivers." <sup>27</sup>So Moses stretched out his hand over the sea, and at dawn the sea returned to its normal depth. As the Egyptians fled before it, the LORD tossed the Egyptians into the sea. <sup>28</sup>The waters returned and covered the chariots and the chariot drivers, the entire army of Pharaoh that had followed them into the sea; not one of them remained. <sup>29</sup>But the Israelites walked on dry ground through the sea, the waters forming a wall for them on their right and on their left.

<sup>30</sup>**Thus the LORD saved Israel that day from the Egyptians;** and Israel saw the Egyptians dead on the seashore

a panic. <sup>25</sup>The LORD jammed their chariot wheels so that they wouldn't turn easily. The Egyptians said, "Let's get away from the Israelites, because the LORD is fighting for them against Egypt!"

<sup>26</sup>Then the LORD said to Moses, "Stretch out your hand over the sea so that the water comes back and covers the Egyptians, their chariots, and their cavalry." <sup>27</sup>So Moses stretched out his hand over the sea. At daybreak, the sea returned to its normal depth. The Egyptians were driving toward it, and the LORD tossed the Egyptians into the sea. <sup>28</sup>The waters returned and covered the chariots and the cavalry, Pharaoh's entire army that had followed them into the sea. Not one of them remained. <sup>29</sup>The Israelites, however, walked on dry ground through the sea. The waters formed a wall for them on their right hand and on their left.

<sup>30</sup>**The LORD rescued Israel from the Egyptians that day.** Israel saw the Egyptians dead on the seashore.

## UNDERSTANDING THE SCRIPTURE

**Introduction.** Exodus 13:17–14:30 tells the story of Israel leaving Egypt, of Pharaoh and his army pursuing them, and then God miraculously saving them at the Red Sea. The main actor in the story is God. God fights for the Israelites against the Egyptians and the Israelites do nothing themselves. Moses does enter the action, but only to lift his hands over the sea. A wind from God does the work of pushing back the waters for the Israelites to cross over.

Repetitions at various points may make the story seem somewhat disjointed. For example, Exodus 14:26 seems to assume the Egyptians will be killed by a wall of water coming down on them after the Israelites have passed through safely. The next verse, however, begins by saying the water returned to its normal depth, as though

gradually and calmly. But the last part of the verse seems to assume the wall of water again and the Egyptians flee from it. The verse ends with the statement that "the LORD tossed the Egyptians into the sea." These disjunctions are probably due to the fact that more than one writer contributed to the story and slightly different versions of the account were combined to give us the present account. In other words, the story was written by a committee! Although this makes the story complex, it is good news in that it indicates the writing was a process of careful recollection by different members of the community. This is typical of good theology and of much of the narrative in the Old Testament.

**Exodus 13:17-22.** The Israelites leave Egypt prepared for war (13:18), but God led them toward the Promised Land on an indirect route for fear they would fall away if they met an enemy (13:17). The exact location of their journey is uncertain. The sea mentioned in 13:18 is literally called the Sea of Reeds, which may suggest a marshy area with little water. Tradition holds, however, that this refers to the Red Sea, a substantial body of water that seems to fit the miraculous deliverance described in Exodus 14. The Israelites are led by a pillar of cloud by day and a pillar of fire by night, both signs of God's presence that will appear again in relation to the Tabernacle in Exodus 40.

**Exodus 14:1-14.** In Exodus 14 a new reason is given for the indirect route the Israelites take out of Egypt. Here the reason is that God knows Pharaoh will observe their meandering path and pursue them and then God will gain glory over the Egyptian king. One troubling part of this section is God's statement that he will harden Pharaoh's heart (14:4). It sounds as though God meant Pharaoh to be disobedient and thus be destroyed. Other references to Pharaoh's heart, however, indicate that he hardened his own heart (8:32). Moreover, each time the hardening of the heart is mentioned it comes after Pharaoh has seen miraculous signs. His hardened heart is his stubborn resistance to the power of God. Thus, Exodus 14:4 essentially says that God would use the recalcitrance of Pharaoh to show divine greatness. But from the beginning of the story Pharaoh has been against the Israelites and against God (1:7; 5:2). Contrasted with Pharaoh's hard heart is God's presence with power to save the Israelites. Moses commands them to "stand firm, and see the deliverance" of God (14:13).

**Exodus 14:15-20.** God calls on Moses to direct the Israelites to move forward. Now trapped against the sea, the Israelites complain that they have been led to a slaughter (14:11). But God tells Moses to lift his hand and staff over the sea and divide it (14:16).

The result will be that the Egyptians will know that "I am the LORD" (14:18).

Exodus 14:19 introduces an angel who goes between the Israelites and the Egyptians, presumably to allow the Israelites to go through the sea unharmed. The rest of the story only refers to God acting, with no mention of angels. Some Old Testament narratives, however, speak of the work of God through an angel perhaps as a modest way of talking about God's presence and might. The rest of the story makes clear that God is the sole actor on behalf of the Israelites. After reference to the angel the passage, then speaks of the pillar of cloud, as though God separated the two camps with it.

**Exodus 14:21-31.** The story concludes with Moses stretching his hand over the sea and the sea parting. Here the parting of the sea is reminiscent of Genesis 1:2 that speaks of a wind from God sweeping over the chaotic waters. The wind (the word could also be translated "spirit") was God's agent to bring order out of disorder. Here God again uses a wind to control waters, this time to defend the Israelites against Pharaoh. The same message pertains, however, that God is the ruler of creation and God uses the natural world to accomplish the divine purpose against one who would act against it.

The story concludes with the Egyptians lying dead on the shore and the Israelites safe on the other side of the sea. The main point of the story, however, is not the death of the Egyptians but the resulting faith of the Israelites. To this point the Israelites have doubted God's action for them and they have questioned the ability of Moses to lead them (14:11). But now "the people feared the LORD and believed in the LORD and in his servant Moses" (14:31). They had seen the "great work" of God and now believed.

# INTERPRETING THE SCRIPTURE

### *Creation and Chaos*

The story of God rescuing the Israelites at the Red Sea is one of the most inspiring stories in the Bible. A band of ex-slaves wandering through the wilderness are pursued by Pharaoh and hemmed in at the sea. The situation looks hopeless, but God amazingly divides the sea and the Israelites walk through on dry ground. When the Egyptians pursue them, the waters come back upon them and they all drown.

Because of the miraculous nature of the story, many modern people have tried to explain the event as a result of natural phenomena. For example, Pete Spotts, a writer for the *Christian Science Monitor*, reports that a team of researchers has discovered unique features in the meeting of land and sea in the area where the crossing may have taken place. The scientists have concluded that "wind moving across the bend could in effect push water both upstream and downstream, exposing the bottom." In other words, there is a logical explanation for what happened. This type of explanation is a comfort to many believers who want to make sure the events reported in the Bible really happened. There are two problems with such an explanation, however. First, by reducing the event to a natural phenomenon, the actual claims of the biblical text are ironically denied. Exodus 14:21 does mention that a wind was involved, but it insists that "the LORD drove the sea back." It is possible, of course, to combine the two explanations by saying God used the wind. Nevertheless, any natural explanation reduces the event to less than the passage says it was.

Second, trying to explain the crossing of the sea by natural causes misses the deeper theological point that what occurred was a sign of God's restoration of creation. Throughout Exodus 1–12 Pharaoh appears

as more than just a godless ruler; he is the opponent of the creation itself. We see this in his first encounter with the Israelites in Exodus 1. The Israelites are introduced as a people "fruitful and prolific" (Exodus 1:7), which indicates they are fulfilling God's mandate to humankind in creation (Genesis 1:28). When Pharaoh tries to destroy the Israelites, God sends a series of plagues that are essentially creation's rebellion against the Egyptian ruler. For example, the plague of darkness (10:21-29) sends Egypt back to a precreation state when there was nothing but darkness (Genesis 1:1-5). Now at the Red Sea God uses a wind to create dry land for the Israelites just as God used a wind in the beginning to put the unruly waters in place (Genesis 1:2, 6-10). After the Israelites cross over, God uses the waters against the Egyptians. Where there was dry land, a place for Israel to travel safely, now there is only water—water to destroy the opponents of God. Hence, whatever historical event may lie behind the Israelites' escape from Pharaoh, it has been interpreted and passed on to us as an act of creation.

### *"The LORD Is Fighting for Them!"*

One of the key claims in the Exodus story is that God fought for Israel. Although Moses is involved, he really does nothing except lift his hand over the sea (14:21). The emphasis throughout the story is on what God does: "the LORD drove the sea back" (14:21); "the LORD in the pillar of fire and cloud looked down" (14:24); God "threw the Egyptian army into panic" (14:24); "he clogged their chariot wheels" (14:25). The Egyptians then fled saying, "the LORD is fighting for them!" (14:25).

The claim that God fought for the Israelites against the Egyptians has two equally significant implications. First, it makes an important statement about God's sovereignty and our dependence on God. Only God can liberate, free from oppression, and save in the truest sense of those terms. This is one of the major themes in the Bible and one of the key beliefs for Christians. This theme is especially important if we take seriously the symbolic meaning of the Exodus account. If Pharaoh and the Egyptians represent the forces of evil, then the fact that God is the exclusive actor points us to reliance on God as the supreme virtue, the ultimate goal of the life of faith.

Second, the idea that God alone does battle for God's people raises the question of the place of warfare and human coercive actions among the people of God. The story does not give any direct answer to this question. It does suggest strongly, however, that warfare and police operations are God's prerogative. God does not empower the Israelites to fight for themselves. Indeed, Moses tells the people, "The LORD will fight for you, and you have only to keep still" (14:14). This does not necessarily mean Israel is (or we are) being called to a life of pacifism. It does mean, however, that we cannot make the case for war or other violent action based on the Exodus story.

### Does God Love the Egyptians Too?

One of the most difficult questions that arises from the story of God's defeat of the Egyptians is this: "Is God against the Egyptians, or does God love the Egyptians too?" At first glance it may seem that God is in fact against Egypt. After all, Exodus 14:21-25 states that God fought against Pharaoh and his army both directly (by clogging their chariot wheels and throwing them into a panic) and indirectly (by driving back the sea for the Israelites). But the idea that God is inherently against Israel's enemy is a dangerous theological concept. It promotes an exclusivist attitude toward people who do not look, sound, and worship like those we believe are the people of God.

The Old Testament recognizes this problem and will not allow God's battle against the Egyptians to be the last word. The larger picture is found in the Book of Isaiah. Isaiah's oracles against the nations predictably declare that God will "trample under foot" nations like Egypt (and Assyria; Isaiah 14:25). But Isaiah 19:18-25 promises that Egypt will be joined with Israel, all counted as the people of God: "On that day Israel will be the third with Egypt and Assyria, a blessing in the midst of the earth, whom the LORD of hosts has blessed, saying, 'Blessed be Egypt my people, and Assyria the work of my hands, and Israel my heritage'" (Isaiah 19:24-25). Perhaps the most striking claim, however, comes a few verses earlier when God explains the reason that the Egyptians suffered judgment. Isaiah 19:22 declares, "The LORD will strike Egypt, striking and healing; they will return to the LORD, and he will listen to their supplications and heal them."

In other words, God punishes Egypt in order to restore the Egyptians to the purpose God had for them. God does not strike Egypt because Egypt is Israel's enemy and God favors Israel. Rather, God strikes Egypt because Egypt is God's creation just as Israel is. Particularly interesting is the fact that the Hebrew word translated "strike" appears numerous times in the plague stories in Exodus. This use includes God's declaration to kill the firstborn of all Egyptian households in the final plague: "For the LORD will pass through to strike down the Egyptians" (12:23). Although the intended significance of this language shared between Isaiah's oracle and the Exodus narrative is not certain, it raises the interesting possibility that even in God's striking Egypt to rescue Israel from slavery, God was also working to rescue Egypt from its own sinfulness. Isaiah declares that God's attack on Egypt was not divine violence and destruction aimed at a foreign enemy so much as it was God's attempt to restore Egypt to fellowship with its maker.

# SHARING THE SCRIPTURE

## PREPARING TO TEACH

### Preparing Our Hearts

Explore this week's devotional reading, found in Galatians 5:13-21. This passage begins with Paul reminding the church at Galatia to remember that it was "called to freedom" (5:13). What did that mean for the early church? What does it mean for the church today? Notice that the apostle is emphasizing love, rather than strict adherence to the law as outside missionaries are insisting upon. As you study today's lesson from Exodus, consider how the story of the Hebrew slaves gaining freedom from Pharaoh relates to the freedom about which Paul writes.

Pray that you and the adult students will rejoice in your freedom in Christ and do whatever you can to help others attain both spiritual and physical freedom.

### Preparing Our Minds

Study the background Scripture from Exodus 13:17-22; 14, and the lesson Scripture from Exodus 14:21-30.

Consider this question as you prepare the lesson: *How can those who find themselves in seemingly impossible circumstances safely reach freedom?*

Write on newsprint:
❏ information for next week's lesson, found under "Continue the Journey."
❏ activities for further spiritual growth in "Continue the Journey."

Review the "Introduction," "The Big Picture," "Close-up," and "Faith in Action." Consider how you will use this additional information, which immediately precedes the first lesson, for this session.

## LEADING THE CLASS

### (1) Gather to Learn

❖ Greet the class members. Introduce any guests and help them to feel at home.

❖ Pray that the learners will perceive how through God they may move from despair to deliverance.

❖ Read this information from a PBS broadcast in November 2009 concerning the role of the church in the fall of the Berlin Wall: *Religion & Ethics Newsweekly* **correspondent Deborah Potter interviewed Christian Fuhrer, pastor of Saint Nikolai Evangelical Lutheran Church in Leipzig, Germany. Now retired, Pastor Fuhrer had been holding weekly prayers for peace during the 1980s. Although the meetings were small at first, they swelled over several years and included non-Christians who accepted the message of Christ, particularly as embodied in the Beatitudes. The government cracked down, beating and arresting those who gathered at the church to protest the separation of East and West Germany. Two days later, Saint Nikolai was filled beyond capacity for the weekly prayer vigil and soon seventy thousand people marched through the city past soldiers who did not respond to this crowd. Just one month later, in November 1989, the Wall fell, ending nearly thirty years of division and oppression of the German people. Pastor Fuhrer commented, "If any event ever merited the description of 'miracle' that was it—a revolution that succeeded, a revolution that grew out of the church."**

❖ Read aloud today's focus statement: **People may find themselves in seemingly impossible circumstances while seeking freedom. How can they safely reach freedom? God created a way out when there was no way.**

*(2) Goal 1: Delve Into the Story of the Crossing of the Red Sea*

❖ Read or retell information in "Understanding the Scripture" up to Exodus 14:21-31 to provide background information for today's text.

❖ Choose a volunteer to read Exodus 14:21-30.

❖ Distribute paper and pencils. Invite participants to imagine themselves as news reporters or editorial writers for the *Egyptian Gazette* who will report on the events of Exodus 14. Tell the adults to assume they have heard stories about the Hebrew slaves escaping across the Red Sea. How might you, as an Egyptian, have interpreted these events?

❖ Bring everyone together and invite volunteers to read their news article or editorial.

❖ Ask: **Suppose you had been one of the Hebrew slaves who had obtained a copy of the *Egyptian Gazette*. How are the facts that you have read here from the Egyptian point of view similar to and different from the facts as you know them? How would you interpret the events that occurred?**

*(3) Goal 2: Experience Gratitude for God's Deliverance in the Learners' Lives*

❖ Read together today's key verse from Exodus 14:30.

❖ Read or retell "The LORD Is Fighting for Them!" and "Does God Love the Egyptians Too?" from "Interpreting the Scripture" to help the adults understand both God's willingness to deliver the Israelites and God's relationship with the Egyptians. The latter portion addresses an issue that is important to many readers.

❖ Invite the adults to imagine themselves as liberated Israelites. They are to show their gratitude to God by standing and striking a pose, or using a facial expression.

❖ Provide quiet time for the students to think about something from which God has delivered them. Participants are not to state aloud the situation from which they were delivered, but possibilities include *an illness, unemployment, despair, feelings of failure, addiction, or an unhealthy relationship.* Call time and ask the adults to again strike a pose or use a facial expression to express their own gratitude to God for this deliverance.

*(4) Goal 3: Identify the Importance of the Exodus to the Christian Faith*

❖ Read aloud Exodus 14:31, noting that the upshot of the dramatic Exodus event of liberation is that "the people feared the LORD and believed in the LORD." Note, too, that in the Gospels, particularly the Gospel of John, the purpose of recording Jesus' signs is that the reader "may come to believe that Jesus is the Messiah, the Son of God" (John 20:31).

❖ Discuss these questions:
1. **How does the Exodus story help you to believe in God?**
2. **The Exodus story is foundational for the Jewish faith. What role does this story play in shaping your Christian faith?**

*(5) Continue the Journey*

❖ Pray that the learners will find strength for their own faith in the Exodus event.

❖ Read aloud this preparation for next week's lesson. You may also want to post it on newsprint for the students to copy.
- **Title: Beginning of the Tabernacle**
- **Background Scripture: Exodus 35–40**
- **Lesson Scripture: Exodus 40:16-30, 34, 38**
- **Focus of the Lesson: In the midst of a difficult transition, people look for security and guidance. Where**

can they find the security and direction they seek? While the Israelites were on their way to the Promised Land, God instructed the people to create the Tabernacle—a place where they could always find God's presence and guidance.

❖ Post these three activities related to this week's session on newsprint for the students to copy. Challenge the adults to grow spiritually by completing one or more of them.

(1) Focus on an issue, such as human trafficking, where it seems clear that powerful, unjust "pharaohs" still exist in modern life. Learn all you can about the issue you select. Listen for what God is calling you to do to bring justice and freedom to oppressed people.

Take whatever steps you can to address your chosen issue.

(2) Support a friend who is in a seemingly hopeless situation. Help this person to be aware of glimpses of God and thus recognize that God is playing a role, even when all seems lost.

(3) Offer help in whatever form you can—money, prayer, labor—to victims of flooding.

❖ Sing or read aloud "Let My People Seek Their Freedom."

❖ Conclude today's session by leading the class in this benediction, which is adapted from Genesis 28:15, the key verse for October 27: **Know that I am with you and will keep you wherever you go; for I will not leave you until I have done what I have promised you. Amen.**

UNIT 3: FIRST FREEDOM

# BEGINNING OF THE TABERNACLE

---

## PREVIEWING THE LESSON

**Lesson Scripture:** Exodus 40:16-30, 34, 38
**Background Scripture:** Exodus 35–40
**Key Verse:** Exodus 40:38

### Focus of the Lesson:
In the midst of a difficult transition, people look for security and guidance. Where can they find the security and direction they seek? While the Israelites were on their way to the Promised Land, God instructed the people to create the Tabernacle—a place where they could always find God's presence and guidance.

### Goals for the Learners:
(1) to understand the significance of God's instructions to Moses regarding the Tabernacle.
(2) to explore how they emotionally respond to the furnishings of worship spaces.
(3) to seek the glory of the Lord.

### Pronunciation Guide:
Bezalel (bez' uh lel)                    *kabod* (kaw bode')
Horeb (hor' eb)                          Oholiab (oh hoh' lee ab)
Judahite (joo' duh hite)

### Supplies:
Bibles, newsprint and marker, paper and pencils, hymnals, worship table with cloth, candle, Bible, flowers, cross

---

## READING THE SCRIPTURE

NRSV
Lesson Scripture: Exodus 40:16-30, 34, 38

[16]Moses did everything just as the LORD had commanded him. [17]In the first month in the second year, on the first day of the month, the tabernacle was set up. [18]Moses

CEB
Lesson Scripture: Exodus 40:16-30, 34, 38

[16]Moses did everything exactly as the LORD had commanded him. [17]In the first month in the second year, on the first day of the month, the dwelling was set up. [18]Moses

set up the tabernacle; he laid its bases, and set up its frames, and put in its poles, and raised up its pillars; [19]and he spread the tent over the tabernacle, and put the covering of the tent over it; as the LORD had commanded Moses. [20]He took the covenant and put it into the ark, and put the poles on the ark, and set the mercy seat above the ark; [21]and he brought the ark into the tabernacle, and set up the curtain for screening, and screened the ark of the covenant; as the LORD had commanded Moses. [22]He put the table in the tent of meeting, on the north side of the tabernacle, outside the curtain, [23]and set the bread in order on it before the LORD; as the LORD had commanded Moses. [24]He put the lampstand in the tent of meeting, opposite the table on the south side of the tabernacle, [25]and set up the lamps before the LORD; as the LORD had commanded Moses. [26]He put the golden altar in the tent of meeting before the curtain, [27]and offered fragrant incense on it; as the LORD had commanded Moses. [28]He also put in place the screen for the entrance of the tabernacle. [29]He set the altar of burnt offering at the entrance of the tabernacle of the tent of meeting, and offered on it the burnt offering and the grain offering as the LORD had commanded Moses. [30]He set the basin between the tent of meeting and the altar, and put water in it for washing.

[34]Then the cloud covered the tent of meeting, and the glory of the LORD filled the tabernacle.... **[38]For the cloud of the LORD was on the tabernacle by day, and fire was in the cloud by night, before the eyes of all the house of Israel at each stage of their journey.**

set up the dwelling. He laid out its bases. He set up its boards, inserted its bars, and raised up its posts. [19]He spread the tent out over the dwelling, and he put the covering of the tent over it, just as the LORD had commanded Moses. [20]He took the covenant document and placed it inside the chest. He put the poles on the chest, and he set the cover on top of the chest. [21]He brought the chest into the dwelling. He set up the veil as a screen to hide from view the chest containing the covenant, just as the LORD had commanded Moses. [22]He placed the table in the meeting tent, on the north side of the dwelling, outside the veil. [23]He set the bread in its proper place on the table in the LORD's presence, just as the LORD had commanded Moses. [24]He put the lampstand in the meeting tent, opposite the table on the south side of the dwelling. [25]He set up the lamps in the LORD's presence, just as the LORD had commanded Moses. [26]He put the gold altar in the meeting tent in front of the veil. [27]He burned sweet-smelling incense on it, just as the LORD had commanded Moses. [28]He also set up the screen at the entrance to the dwelling. [29]He placed the altar for entirely burned offerings at the entrance to the meeting tent dwelling. He offered the entirely burned offering and the grain offering on it, just as the LORD had commanded Moses. [30]He put the washbasin between the meeting tent and the altar, and put water in it for washing.

[34][T]he cloud covered the meeting tent and the LORD's glorious presence filled the dwelling.... **[38]The LORD's cloud stayed over the dwelling during the day, with lightning in it at night, clearly visible to the whole household of Israel at every stage of their journey.**

---

## UNDERSTANDING THE SCRIPTURE

**Introduction.** Exodus 35–40 concludes the Book of Exodus with God's instructions to and through Moses for the Israelites to build a tabernacle that will house the presence of God. These instructions, which largely follow what has already been given in Exodus 25–31, and the completion of them (40:16-33) fulfill the larger purpose God has for Israel, namely to free the people from bondage and bring them to a land where God can dwell with them (19:4). It is significant that Exodus ends with the Israelites outside the land God promised, but God is present nevertheless. What makes the Israelites distinctive is God's presence, not the land (as Moses says to God in 33:16). It is also important to note that the instructions to build the Tabernacle for God's presence come immediately after the story of the golden calf (Exodus 32) and God's promise to be gracious to the rebellious people (Exodus 33–34). The Tabernacle and the dwelling of God with Israel is a sign of God's grace and forbearance.

**Exodus 35:1-29.** The instructions for building the Tabernacle begin with a command to observe the Sabbath (35:2-3). Sabbath is a time to remember that God created the world and rules over it (20:8-11). Thus, Israel is reminded that the Tabernacle for God's presence will not represent any accomplishment of theirs. They do not cause the divine presence to come among them, nor can they manipulate it. It is God's gift to them, and Sabbath helps them recall that everything, including God's presence, is a gift. After giving the command to Sabbath observance, Moses then instructs the people to give offerings to the Lord from among their possessions. The people are to respond to God's generosity with their own gifts of gratitude. The list of items to be given are noteworthy for their value and rarity: precious metals (35:5), dyed thread (dyed thread was a sign of great care and expenditure for most thread and cloth was a basic color; 35:6), leather (35:7), special oil and spices (35:8), and gem stones (35:9). People were also to give of their skill in building and decorating (35:10-19). The passage concludes by saying the people answered Moses' call and gave their posses-

sions and their labor "as a freewill offering to the LORD" (35:29).

**Exodus 35:30–36:38.** After receiving the necessary materials and labor force to construct the Tabernacle, Moses then appoints two workers to head the project, Bezalel and Oholiab. One the one hand, this reflects the very practical needs of such a building project. These two have "skill, intelligence, and knowledge in every kind of craft" (35:31). Through the ages artisans have given their labor to building great places of worship and without them the worship of God in such inspiring places would not be possible. One the other hand, however, there is deep symbolism in the choice of Bezalel and Oholiab. Bezalel is from the tribe of Judah (35:30), the tribe that will eventually be the central tribe in Israel. Jerusalem, the eventual location of the Temple, is located in Judah so it is appropriate that the Temple's precursor, the Tabernacle, is built by a Judahite. Oholiab is from the tribe of Dan (35:34), the northernmost tribe (Joshua 19:40-48). Hence, the two builders represent the entire people as they will be eventually identified according to territory. The details of the Tabernacle, like the choice of builders, are in part practical and focused on necessary information concerning dimensions and . . . types of materials. But the detail also speaks to the intended order of the Tabernacle, which will imitate the order of the whole creation and make it a suitable place for God's presence.

**Exodus 37.** Exodus 37 describes the making of the furniture for the Tabernacle. The ark of the covenant is first and most important. This object represents the throne of God, surrounded by cherubim, who are divine attendants. Then a table for the "bread of the Presence" is described (37:10-16; see also 25:23-30). The bread placed here probably represents a sacrifice of grain to God. Provisions are also made for a lampstand (37:17-24), an altar for incense (37:25-28), and oil for anointing (37:29).

**Exodus 38:1-20.** More elaborate is the altar for burnt offering (38:1-8). The court of the Tabernacle will be a place where most people gather (38:9-20). The ark of the covenant will be placed in a secluded place, apart from plain view for it represents the throne of God.

**Exodus 38:21–39:43.** The materials for the Tabernacle and for the garments for the priests are given in detail. The detail indicates the care with which the Tabernacle will be treated and the concern for holiness on the part of those who will serve there.

**Exodus 40.** Exodus 40 reports the Lord's instructions to Moses to set up the Tabernacle. The Tabernacle is referred to also as "the tent of meeting" (40:1). It is the place where God will meet the people and show the divine presence. The chapter continues by saying that Moses "did everything just as the LORD had commanded him" (40:16). This indicates the favored place Moses occupies. It also marks the end of what Moses can accomplish. After Moses sets up the Tabernacle, the presence or "glory" of God enters at God's own desire. The presence of God is not predictable (40:36-37). The glory of God is seen clearly, however, in the form of a cloud that descends on the tent of meeting (40:34). At night the cloud would be filled with fire (40:38). These signs of the presence, cloud and fire, have been with the Israelites since they encountered God on Mount Horeb, also known as Mount Sinai (Exodus 19:18). They indicate the mysterious and fear-inspiring nature of God's nearness. This awesome presence will lead them on their journey from the wilderness to the land God promised (40:38).

---

## INTERPRETING THE SCRIPTURE

*Order, Wholeness, and Holiness*

The conclusion to the Book of Exodus may seem rather anticlimactic and perhaps even unimportant when compared to the stirring story of God rescuing the Israelites from Pharaoh. Indeed, after the parting of the Red Sea, the details of material that make up a curtain in the tent of meeting are not that exciting, at least to most modern readers. But the fact that Exodus concludes with six full chapters about such seemingly mundane matters suggests there is something here meant to grab our attention. Why is the order of and material in the tent of meeting so important?

The author of Exodus 35–40 was likely a member of Israel's priesthood and that identity is one clue to the role the details about the tent of meeting play in the larger story. Israel's priests were extremely concerned with order and the instructions in Exodus 40 particularly show that concern. The chapter begins with instructions to Moses about placing the ark in the Tabernacle. There are careful details about how the ark is to be veiled (40:3) and how other elements are to be situated in relation to the ark (40:4-15). God instructs Moses to anoint the Tabernacle along with its altar and other elements of the sanctuary with oil (40:9-10). Then Moses is to bring Aaron and his sons to perform their tasks as exactly as Moses performed his. Moses is to wash them and anoint them with oil (40:12-14). Exodus 40:16-30 reports that Moses did all God commanded him to do.

These details in Exodus 40 make clear that order and cleanliness are crucial issues. But we should not conclude that the priests were simply neat freaks. Their concern for order is part of their larger worldview that focuses on wholeness or completeness. It may help to recognize that the priestly author was also at work in Genesis 1 in describing God's creation of the world with the same focus on order. Creation was done in an orderly manner: in seven days, with each plant and animal created and reproducing according to its kind. For Israel's priests this order was a sign that the world was as God intended. They saw in the world a kind of harmony or symmetry that they believed reflected the plan of God. Any deviation from that order brought chaos, disorder, and therefore a loss of God's blessings. Obviously, the world is an imperfect place and disorder is all around us. Israel's priests surely understood this, but their attention to the details of the tent of meeting was their attempt to create a space that followed the order of creation and therefore ensured compatibility with God's presence. They were trying to practice and experience divine order in the limited space of the Tabernacle.

The idea of wholeness or completeness in the Tabernacle was most important because it was thought to encourage the very presence of God. God is everywhere, the priests believed, but God could occupy some spaces in a more concentrated way. Such a space had to match the order and perfection of God as closely as possible. Thus, the priests were not obsessed with trivial matters. They were committed to making a place worthy of God's presence, a place they could call holy.

Although some of the priestly concerns reflected in Exodus 40 need not be part of our worship and devotion, the principles on which the priests worked may influence our experience with God. There is something very valuable in creating space that is constructed, decorated, and cared for as though God would live there. The great cathedrals of the world illustrate this point. It is also helpful to note how careful the priests were in the way they cared for themselves as they prepared to enter the holy place. Although we know we cannot make ourselves acceptable to God, we are called to give ourselves

as "living sacrifice(s), holy and acceptable to God" (Romans 12:1). This is precisely the idea that lies behind Exodus 40.

### The Elusive Presence

The presence of God that comes upon the Israelite camp is referred to as the "glory" of the Lord. The glory is described as mysterious and unpredictable. The Israelites could not count on it resting or rising and it could not be manipulated (Exodus 40:37). At night the cloud was also filled with fire (40:38), thus making its appearance more ominous.

All of this indicates that the presence of God is something terrifyingly mighty and majestic. The Hebrew word translated as "glory" (kabod) actually means "weighty." We should not expect otherwise, for the presence of God represents the presence of absolute justice, righteousness, goodness, and power, and human beings cannot fathom such things. For the Israelites the glory of God was a gift that reminded them all they had was due to God's goodness. Appropriately, therefore, the glory of God was beyond their control. In the Old Testament it is always presented as something elusive. The church inherited this same recognition of the elusive presence of God. We do believe that the glory of God took concrete shape at a particular time in the form of Jesus of Nazareth (John 1:14). The presence of God in Jesus, however, is no less elusive. For two thousand years Jesus' followers have been wrestling with what it means for him to be in our midst.

### The Traveling Presence

The concluding verses of Exodus 40 are about God coming to be with the Israelites in the Tabernacle that Moses and the people built. Until now the emphasis has been upon human action. In Exodus 25:8 God said to Moses, "Have them make me a sanctuary, so that I may dwell among them." In 40:1-2 God ordered Moses to set up the

Tabernacle in prescribed fashion. Exodus 40:16 reports, "Moses did everything just as the LORD had commanded him." The work of human beings was crucial. But now the rest is left to God.

The presence of God is the critical ingredient in Israel's success as a people. The concern for God's presence dominates a large portion of the Book of Exodus. In Exodus 33:15-16 Moses said to God, "If your presence will not go, do not carry us up from here. For how shall it be known that I have found favor in your sight, I and your people, unless you go with us? In this way, we shall be distinct, I and your people, from every people on the face of the earth." Now at the end of Exodus God's presence comes in the form of a cloud that covered the tent of meeting.

The presence of God is palpable in the Tabernacle, in a particular place. But the presence of God does not bid the Israelites to stay in one place, but to be on the move. The reason for God's presence, in fact, is not for the Israelites to bask in the glow of God's blessing, but to go toward the goals God had for them. Indeed, in the final five verses of Exodus there are three references to the Israelites being on the move. This dual emphasis on the presence of God as something God gives and the movement and action of God's people in response is a good model for the church. Like the people of Israel, the church is distinct because it enjoys the presence of God. But also like Israel, God's presence does not just make us feel good about ourselves; it spurs us on in a journey of sharing God's presence with the world.

---

## SHARING THE SCRIPTURE

### PREPARING TO TEACH

#### *Preparing Our Hearts*

Explore this week's devotional reading, found in Hebrews 9:11-15. In this section the writer contrasts the work of Christ as the high priest with the rites of the Temple. Christ came not only as the priest but also as the perfect sacrifice. Whereas the cleansing achieved by animal blood is external and of limited value, Christ's blood has the power to cleanse the inner person. Christ is the mediator of a new covenant; he has redeemed us from our transgressions. Ponder the significance of Christ's role. Give thanks for the sacrifice that Christ made for you.

Pray that you and the adult students will offer praise and thanksgiving for the One whose shed blood enables you to worship and relate to the living God.

#### *Preparing Our Minds*

Study the background Scripture from Exodus 35–40, and the lesson Scripture from Exodus 40:16-30, 34, 38.

Consider this question as you prepare the lesson: *Where can people who are in the midst of a difficult transition find the security and direction they seek?*

Write on newsprint:

❑ information for next week's lesson, found under "Continue the Journey."
❑ activities for further spiritual growth in "Continue the Journey."

Review the "Introduction," "The Big Picture," "Close-up," and "Faith in Action." Consider how you will use this additional information, which immediately precedes the first lesson, for this session.

## LEADING THE CLASS

### (1) Gather to Learn

❖ Greet the class members. Introduce any guests and help them to feel at home.

❖ Pray that the learners will be aware that they are in God's presence in a sacred space.

❖ **Option:** Consider meeting in the sanctuary if at all possible today. The furnishings and symbols of sacred Presence are comforting and motivating to many believers.

❖ Brainstorm answers to this question: **Although we know that God is present with us in all places, many people experience God's presence and guidance more fully in a church sanctuary. What is it about such sacred space that makes one feel closer to God?** List participants' ideas on newsprint.

❖ Read aloud today's focus statement: **In the midst of a difficult transition, people look for security and guidance. Where can they find the security and direction they seek? While the Israelites were on their way to the Promised Land, God instructed the people to create the Tabernacle—a place where they could always find God's presence and guidance.**

### (2) Goal 1: Understand the Significance of God's Instructions to Moses Regarding the Tabernacle

❖ Read "Order, Wholeness, and Holiness" from "Interpreting the Scripture" to provide background for today's Scripture.

❖ Select one or more volunteers to read Exodus 40:16-30, 34, 38.

❖ Discuss these questions:
1. **What do you learn about the Tabernacle and its furnishings?** (Use information from "Understanding the Scripture" as needed to help the adults envision this sacred space.)
2. **What do you learn about Moses?**

3. **What do you learn about God?** (God is free to do what God chooses. God is not confined to a particular space but may graciously come among humanity.)

### (3) Goal 2: Explore How the Learners Emotionally Respond to the Furnishings of Worship Spaces

❖ Provide a worship setting either in the sanctuary or the classroom. If you are in the sanctuary, point out the following items. If you are in the classroom, set out these items on a table and invite participants to arrange them on a classroom altar: cloth, candle, Bible, flowers, and cross. Talk with the group about these items, which are commonly found on altars.

❖ Discuss these questions:
1. **How do these items help you to experience the presence and glory of the Lord?**
2. **What other items found in your sanctuary (or classroom) prompt you to recognize and respond to the presence of the Lord?**
3. **Compare and contrast how you respond to God in different kinds of worship spaces. Think, for example, about these types of spaces, which students may be familiar with: country clapboard church, stone church, suburban church built in the 1950s or 1960s, contemporary church, European Gothic cathedral, school or other public building where a church meets, and your own church. Consider why one type of church may draw you whereas another may not feel at all like sacred space to you.**

### (4) Goal 3: Respond to the Traveling Presence of God

❖ Lead the class in a unison reading of today's key verse, Exodus 40:38.

❖ Read "The Traveling Presence" from "Interpreting the Scripture."

❖ Invite the adults to relax and imagine themselves in this scene:

> You are an Israelite wandering in the desert with Moses. You catch a glimpse of the newly completed Tabernacle, which is the tent where God dwells. You see a cloud hovering over this tent of meeting and know that God is present.
> 1. What does God's presence in the cloud suggest about God's concern for you? (*pause*)
> 2. Is your desire to move closer to the tent or get as far away as possible? Why do you suppose you feel this way? (*pause*)
> 3. What emotions well up as God guides you in the cloud? (*pause*)

❖ Invite the learners to open their eyes and report any insights they have, particularly concerning what God's traveling presence means to them.

### (5) Continue the Journey

❖ Pray that the learners will find God's presence in a special way in the midst of their own congregation's sanctuary.

❖ Read aloud this preparation for next week's lesson. You may also want to post it on newsprint for the students to copy.

- ■ Title: Jesus' Birth Foretold
- ■ Background Scripture: Luke 1:26-45
- ■ Lesson Scripture: Luke 1:26-40
- ■ Focus of the Lesson: People are always amazed and often perplexed when unexpected things happen in their lives. How can Christians handle these unanticipated events that occur? Mary responded at first with surprise and then with dedication to the angel's announcement about the birth of her baby.

❖ Post these three activities related to this week's session on newsprint for the students to copy. Challenge the adults to grow spiritually by completing one or more of them.

(1) Visit several sanctuaries in person or by means of pictures, which are often posted on church websites. Keep a running list of those furnishings and symbols that remind you God is present. Also note anything in the sanctuary that detracts from your sense of sacred space. Consider why certain things give you a greater sense of God's presence while other things move you away from God.

(2) Look up 1 Corinthians 3:16 and 6:19 to discover how Paul uses the image of the Tabernacle (and its successor, the Temple) in relation to the Christian experience. What new insights does this image provide in terms of your relationship with Christ?

(3) Change your location within the sanctuary as you attend church this week. How does the sanctuary seem different to you when you move from front to back or side to side? What symbols or furnishings do you see from a different angle? Did you talk with your new seatmates? How did this change enable you to experience God differently?

❖ Sing or read aloud "Sanctuary."

❖ Conclude today's session by leading the class in this benediction, which is adapted from Genesis 28:15, the key verse for October 27: Know that I am with you and will keep you wherever you go; for I will not leave you until I have done what I have promised you. Amen.

# SECOND QUARTER
## Jesus and the Just Reign of God

DECEMBER 1, 2013–FEBRUARY 23, 2014

Over the course of thirteen weeks during the winter quarter we will explore the theme of "justice" as we study two books, the Gospel of Luke and the Letter of James. Through these sessions we will hear God's power proclaimed through the person of Jesus Christ. Those who come to know Christ are empowered to live under God's rule. In doing so, they are committed to treating all people justly.

Unit 1, "God Sends Jesus," is a five-session study from the Gospel of Luke. On the first Sunday of Advent, December 1, "Jesus' Birth Foretold" records the account in Luke 1:26-40 of the angel Gabriel announcing to Mary that she will bear a son who will be called the Son of God. "Mary's Song of Praise" is the title of the session for December 8 from Luke 1:46-56, a familiar passage known in Latin as the Magnificat. Luke 1:57-58, 67-69 forms the Scripture basis for the session on December 15, the third Sunday of Advent, in which "Zechariah Prophesies About His Son, John," whom we know as John the Baptist. On December 22, we hear afresh the message from Luke 2:1-17 that "Jesus Is Born." The unit ends on December 29 when "Jesus Is Presented in the Temple" to two devout people who had long awaited the Messiah, Simeon and Anna, as recorded in Luke 2:25-38.

The four sessions of Unit 2, "Jesus Ushers in the Reign of God," continue our study from Luke's Gospel. In the lesson on January 5, we read in Luke 6:1-11 how Jesus teaches about "Honoring the Sabbath" after he is challenged by the religious leaders for "working" on the day of rest. On January 12, we find in Luke 6:17-31 words from Jesus that show us "How to Live as God's People." The session for January 19, from Luke 14:7-18a, 22-24, focuses on welcoming all people, including enemies, as "Jesus Teaches About Relationships." In Luke 16:19-31, the lesson Scripture for January 26, "Jesus Teaches Compassion for the Poor" as he tells the story of the poor beggar Lazarus, who dies at the rich man's gate.

Unit 3, "Live Justly in the Reign of God," explores the Epistle of James over the course of four sessions. The unit begins on February 2 with a study of James 1:19-27 in which the author of this letter, who may have been Jesus' brother and the leader of the church in Jerusalem, challenges readers to "Hear and Do the Word." Concern for justice rings loudly in "Treat Everyone Equally," the session from James 2:1-13 for February 9, in which James sharply condemns the common practice of giving preference to those who have higher social status and wealth in the community. On February 16 we turn to James 2:14-26 to hear James's exhortation to "Show Your Faith by Your Works." The quarter concludes on February 23 as James 3:1-12 takes up the issue of improper use of our tongues in "Control Your Speech."

# MEET OUR WRITER

## THE REVEREND JOHN INDERMARK

John Indermark lives in the town of Naselle, located in the southwest corner of Washington State. His wife, Judy, retired from her vocation as an E-911 dispatcher for Pacific County.

John grew up in St. Louis, graduating from Northwest High School, St. Louis University, and Eden Theological Seminary. Ordained in the United Church of Christ, John served as a parish pastor for sixteen years before shifting to a ministry of the written word. He also has served in a variety of interim and extended pulpit supply positions for Presbyterian, United Methodist, and Lutheran congregations in southwest Washington and northwest Oregon.

John's ministry of writing focuses on biblical faith formation books and Christian education curricula. Among his most recent books are *The Greatest of These* and *Way Words* (Abingdon Press), *Luke (Immersion Bible Studies)*, and *Do Not Live Afraid* (Upper Room Books). His curricula projects, in addition to *The New International Lesson Annual*, include *The Present Word* and *Feasting on the Word*. He wrote the New Testament materials for youth and leaders in *Crossings: God's Journey with Us*, a confirmation resource published by Logos Productions, Inc., and later revised that resource for use with adults. John edited the *Minister's Annual Manual* for 2011–12, 2012–13, and is scheduled to do so again for the 2013–14 edition.

In their spare time, John and Judy enjoy walking their region's trails, traveling here and abroad, and enjoying retirement.

# THE BIG PICTURE: MATTERS OF JUSTICE

Let me begin with a story you may have heard. In the 1950s, mainline churches—Presbyterian, Methodist, Episcopalian, Lutheran, United Church of Christ—were thriving. Growing numbers of Sunday schoolers and worshipers resulted in a boom of church construction. Then came the 1960s, and with it a host of exploding matters of social justice: Vietnam, an expansion of the civil rights protests of the decade before, and the stirrings of the women's rights movement that had been largely dormant since the women's suffrage movement. As a result of the church's involvement in all those timely issues of the day, so this story goes, came the decline in membership and participation in those mainline churches. Their engagement with these and other issues of justice became the cause célèbre for why former members—and monies—were flocking to now-growing conservative churches, which seemingly disdained such justice involvements for "old-fashioned religion."

Conveniently overlooked in that narrative is that it didn't take long for those churches preaching a self-identified non-politicized "old-fashioned religion" to catch up with and then exceed the social activism of mainliners-become-sideliners. And surprise of surprises: their positions on matters of justice did not cause an exodus from the pews of evangelical and fundamentalist and Pentecostal bodies. Those same bodies, the most socially involved of all Christian groups in the last quarter of the twentieth century, continue to grow. Their track record suggests that people flee from the intersection of faith and justice only when it disturbs rather than stabilizes the status quo of those on the inside looking out. Interestingly, a growing dissatisfaction by a new generation of evangelicals over environmental and other justice positions in those same traditions hints that the potential for disruption when matters of justice cut too close to home may soon impact conservatives as it once did mainliners.

All of which is to say that this quarter's study of the "just" (as in "justice") reign of God is not an abstract matter that has no connection to the lived and embodied faith of individuals and churches. The framing of this quarter's title as "Jesus and the Just Reign of God" makes clear that Jesus and justice are no strangers—and that the reign of God is intimately related to both.

## Covenant and Justice

Our contemporary views on and definitions of justice are sometimes limited to perspectives on crime and punishment. The "justice system" has become a synonym in some discourse simply for the imprisonment of criminals. Even in that, we have forgotten the original meaning of "penitentiaries" and "reformatories," places where incarceration aimed at rehabilitation, and become fixed on incarceration as punishment if not degradation (as in facilities clothing male prisoners in pink underwear or jumpsuits). The problem is that when justice is exclusively defined as punishment of wrong behavior, it creates an ethic of avoidance where justice is served simply by what you or I do not do.

That is an inadequate ethic, particularly for persons and communities who look to the biblical witness for direction. Justice as the doing of that which is good is a foundation of biblical ethics. Nowhere is that more clear than in the covenant traditions of Israel.

"Covenant" was, in ancient times, an agreement entered into by two parties, often between a sovereign or ruler and a people or state. Covenant relationship bound the partners together, most often by promises or oaths made regarding future conduct by which the covenant would be kept. In the case of Israel as a people, God enters into covenant with them at Sinai. The giving of the Ten Commandments serves as one segment of what God describes as the actions by which covenant will be kept. Four of those commandments relate to actions toward God, and six of those commandments relate to actions toward neighbor. Justice, in its covenantal understanding, has to do with conduct toward others that observes covenant. That is, justice is not a guideline for punishing what is wrong, but a guideline for practicing what is right. And the covenant demands for justice to be observed come directly out of covenant's witness to God's own just character. So in the Book of Deuteronomy, where the keeping of covenant is spelled out in such detail, we hear why our practice of justice is so critical in its description of God: "The Rock, his work is perfect, and all his ways are *just*. A faithful God, without deceit, *just* and upright is he" (32:4, emphasis added). The prophets, who called the people to renew their covenant obligations, grounded their urgings for justice likewise in the nature and character of God: "But the LORD of hosts is exalted by justice, and the Holy God shows himself holy by righteousness" (Isaiah 5:16).

And it is precisely because God is just that covenant calls Israel to do justice: "Justice, and only justice, you shall pursue" (Deuteronomy 16:20).

Why this excursion into Old Testament understandings of covenant and justice in a quarter drawn solely from New Testament passages surrounding Jesus and four other texts attributed to James the brother of Jesus? Neither Jesus nor James (or whoever wrote in the name of James) grew up in a vacuum. They were nurtured in the traditions of Judaism and covenant. When Jesus teaches that he has not come to abolish the Law and the Prophets but to fulfill them (Matthew 5:17), it is clear those traditions and that covenant will be at the core of his ministry. And it is also critical to note that, a mere three verses after this assertion, Jesus goes on to say that "unless your *righteousness* exceeds that of the scribes and Pharisees, you will never enter the kingdom of heaven" (Matthew 5:20, emphasis added). "Righteousness" translates a word whose root means "justice." And here, such keeping of righteousness/justice is integrally connected by Jesus to the kingdom or reign of God.

Covenant, kingdom or reign of God, and justice are all woven together not only in the traditions that nurtured Jesus but also then in the teachings of discipleship Jesus passes on to those who would follow him. Remember, for instance, the first "sermon" of Jesus recorded in Luke 4:16-21. Hear the words with which Jesus inaugurates his public ministry as he stands before his hometown synagogue in Nazareth. Note that the words he says at the end find fulfillment in their hearing: "The Spirit of the Lord is upon me, because he has anointed me to bring good news to the poor. He has sent me to proclaim release to the captives and recovery of sight to the blind, to let the oppressed go free" (4:18). These are words and actions of justice. Just as the character of the just God became the foundation for Israel's call to do justice, so now the just character of Jesus' ministry becomes the marching orders for the church to be about Christ's own ministries of justice.

And how might kingdom or reign of God be linked with justice in the Gospels, beyond the verse from Matthew already alluded to? Some associate the reign and realm of God solely with its future fulfillment. The kingdom is coming, out there—but we are not there yet. And so, it could be argued, the justice of that kingdom must await its coming. There certainly are elements of New Testament proclamation that lean in that future orientation of the kingdom of God. In Mark's Gospel, the very first words spoken by Jesus are about that reign: "The time is fulfilled, and the kingdom of God has come near" (1:15). Heard in isolation, one could locate the reign and thus justice of God in a day not yet here. Yet in response to a Pharisee who asked when the kingdom of God would come, Jesus reveals: "the kingdom of God is among you" (Luke 17:21). The verb is not "will be," but rather the reign of God is among you. God's reign has already begun in our midst, which means, among other things, that the justice of that reign and the God who initiates it are not a future hope but a present call. The justice of the reign of God is now the work and ministry of the church.

## Jesus and James

The sessions in this quarter's exploration of "Jesus and the Just Reign of God" come exclusively from the Gospel of Luke and from the Letter of James. The choice of the Gospel is understandable, for clearly there you would expect to encounter—as you will—stories related to Jesus' promised coming and ministry and teachings that relate to the kingdom he proclaimed.

But why the Epistle of James?

As noted already, while there are other "Jameses" in the New Testament materials (notably James the son of Zebedee), the particular James associated with this epistle is none other than James the brother of Jesus. The first session involving James touches on the difficulties with James as the actual author. But even if this epistle is the work of an anonymous author who simply attributes it to Jesus' brother, you might have expected the epistle to have some family stories playing on the brothers' connections—or at the very least, frequent mention of brother Jesus. In truth, "Jesus" appears in only two verses. The rest of James's epistle is a collection of wisdom sayings and urgings for faith demonstrated in works—a theme and urging closely related to Jesus' own teachings (Matthew 7:24-27; 21:28-32).

While it goes beyond the purview of this quarter's theme, those interested in exploring further the relationship between Jesus and his brother James will find material to read—and controversy to digest. Among recent works delving into the connections is a book by Robert Eisenman: *James the Brother of Jesus: The Key to Unlocking the Secrets of Early Christianity and the Dead Sea Scrolls*. His argument, along with others intrigued by so-called lost traditions, is that James and not Peter was the leader of the early Christian church. Had James's leadership of the Jerusalem church been broadened, and not cut short by his martyrdom, speculation abounds as to how the early church might have been transformed.

## Overview

The materials for this quarter are divided into three main segments, each of which centers on the overall theme of justice.

The five sessions of the first quarter, "God Sends Jesus," are set in the Sundays of Advent and the first Sunday of Christmas. As the title implies, these sessions engage passages (all from the Gospel of Luke) that take up promises related to the births of Jesus and his relative John the Baptist, the birth story according to Luke, and then the narrative of Jesus' presentation in the Temple. While the title might make Jesus the central character in these lessons, in the passages themselves it is the words and actions of other characters that are on display: the angel Gabriel, Mary, Mary's cousin Elizabeth, Zechariah, the VIPs of Rome and Judea, Mary now joined with Joseph, angels, shepherds, and then the parents again along with Simeon and Anna. The list might make it seem as if Jesus is being shunted out of the picture. Quite a different purpose is at work, however. While God may send Jesus, that sending employs a host of human agents. Some, such as Augustus and Quirinius, are indifferent and unaware. But most are receptive, recognizing the joy and promise—and in one case at least, the peril—of this child.

And what has all this to do with justice? Listen to the song Mary sings, or to the hopes Zechariah lifts. Watch the sort of outsiders who come barging in from the fields to celebrate a child who will be good news for all people. Justice is there.

The next four sessions, again all from the Gospel of Luke, are bound together in the unit's title "Jesus Ushers in the Reign of God." One usually thinks of the announcement of reigns with trumpet fanfares. If that is so, consider these narrative "fanfares" surrounding God's reign and its accompanying justice as blaring with no small amount of discordant notes. The reign ushered in here comes in conflict with leaders and "ways we have always done things around here" (6:1-11). The reign comes ushered in with words that those on the down and out will be lifted up and in, while insiders marked by wealth and the good life might find themselves on the outside looking in (6:20-26). Perhaps more ominously, the reign beckons love, not destruction, of enemy (6:27-36). Table manners are transformed by justice manners (14:7-24), while compassion for the poor becomes in parable form a literal matter of life and death (16:19-31).

The justice Mary sang of in the first unit takes on clear form in this second unit's urgings to redirect our lives toward how we treat neighbor and stranger in the light of Jesus' words and ways.

The final four sessions of unit 3's "Live Justly in the Reign of God" all come from passages in the letter attributed to James the brother of Jesus—who is also sometimes named James the Just. How that name came to be applied is due in no small reason to the summons to just living that is frequent in this epistle attributed to him. Religion itself is early on defined in this epistle by how one treats the most vulnerable in society (James 1:27)—a refreshing and stunningly contemporary counter to treating the vulnerable among us as though they are to blame for their circumstances. One shudders to think how James would characterize such attitudes and their attendant behaviors. Then again, we don't have to think how James might characterize such indifference when he shortly thereafter blasts favoritism in the church that goes on appearances of wealth (to be welcomed, of course) and want (have a seat in the back of the church bus) in 2:1-6. And just in case the message is not clear, another salvo is leveled in 2:14-18, where pious words go betrayed by the absence of just actions. Such faith is not merely shortsighted or inadequate, James tells us that such faith without justice to embody it is flat-out dead. In the last of the sessions, James takes on not the emptiness of faith without words but the power of the tongue, and words, to destroy. Justice aims to transform how we speak to one another, as surely as it seeks to make right how we treat one another.

All these passages, and their rich and varied insights into justice and God's reign, bear great potential for transforming the whole of our lives: personal, ecclesial, societal. The biblical tradition does not draw neat lines and compartments around where justice is to be done—and where it is not to be bothered with or ignored. Justice, like the very reign of God of which it is part and parcel, intends to permeate the whole of our relationships and communities.

We know justice to be our calling, for we know God to be just.

# CLOSE-UP:
# BIBLICAL JUSTICE

This quarter's study of the Gospel of Luke and the Epistle of James focuses on the theme of "Jesus and the Just Reign of God." When those of us in the United States think of justice, our minds likely turn to our judicial system and opinions concerning the "fairness" with which victim and criminal are treated. We want to be sure that those who have committed crimes are proportionately punished and victims are compensated as much as possible. We expect our judges to be of the highest moral and ethical character. We demand that defendants be tried by an impartial jury of their peers. And when the jury is sent to deliberate, we anticipate a verdict based on clear, unbiased evidence.

Although this understanding of justice is important in providing equal protection under the law, the Bible takes a very different view of justice. Justice is not a set of rules, but rather an intrinsic part of God's character. For example, Deuteronomy 32:4 speaks of God as "faithful . . . without deceit, just and upright." Moreover, since God embodies justice, God's people are expected to pursue justice (Deuteronomy 16:20). God's people are "to do justice, and to love kindness, and to walk humbly with your God" (Micah 6:8). Another prophet calls people to "hate evil and love good, and establish justice in the gate" (Amos 5:15).

The biblical practice of justice has to do with how the community lives in covenant with God and with one another. The community is called to repent when injustice has been wrought upon others, especially those who are poor and oppressed. The tradition of Jubilee (see Leviticus 25) provides a means by which wrongs and inequalities can be redressed every fifty years as debts are forgiven, land that had to be sold to pay debts is returned to its original family, and indentured servants are freed.

The Epistle of James overflows with concerns for just treatment of all people. In chapter 2 James takes to task those who show partiality toward the rich, treating them with deference when they come into the worship assembly, whereas the poor are ordered to stand aside or sit on the floor. As chapter 5 begins, James warns wealthy landowners who hoard their riches so long that they rot and exploit their workers by withholding wages. The rich have lived in luxury, as was true of the rich man in Luke 16 who ignored the poor beggar at his door. James and Jesus both warn that their fortunes will be greatly reversed. James emphasizes the importance of "the royal law" (2:8), which concerns loving one's neighbor as oneself. Judgment awaits those who fail to act with mercy. The person who professes faith must demonstrate that faith by works of mercy, such as feeding the hungry, clothing the naked, and otherwise caring for the poor, oppressed, and marginalized. In fact, James insists that "care for orphans and widows in their distress" defines "religion that is pure and undefiled" (1:27). Such care provides justice not only for the one who receives but also for the one who shows mercy and for the community at large.

# FAITH IN ACTION: LIVING UNDER THE JUST REIGN OF GOD

Read and discuss the following information. You may want to refer to "Close-up: Biblical Justice" to help the group understand how integral justice is to God's nature and God's people.

As we consider the "just reign of God" in this quarter's sessions, we are reminded that our Christian faith is not just something we agree to or simply discuss; rather, it guides our daily actions. James 1:22 reminds us that we are not just to hear the word but to do it. God expects us to enact the faith we profess. So how do we do that? How do we fulfill the royal law to love our neighbors as ourselves as James calls us to do (2:8)? Obviously, there is no single answer, but let's consider some of the ways, and then you decide how you can best take action.

**Short-term remedies:** When people are hungry and need food, homeless and need a roof, or cold and need a coat, people of faith are called to provide these basic necessities. How does your congregation help to meet these needs? What role can you play in preparing and serving guests in your church's soup kitchen, for example?

**Longer-term remedies:** How can your congregation work with other faith-based groups to sponsor a day-care center, for example, for single parents who need a safe place for their children while they work or study to prepare themselves for work? What might you do to assist families who need more than short-term relief to tide them over a rough patch?

**Advocacy for solutions:** Many problems, particularly affecting those who are poor, are deeply rooted in our social structures. A failing educational system, for example, cannot produce the kind of well-prepared students needed for skilled jobs and further academic study. Obnoxious uses of land often affect those who do not have the power to keep such noisy factories or pollution-causing facilities out of their neighborhoods. Wealthy people often have access to perfectly legal tax shelters, but we must wonder how moral such arrangements are when poor and middle-class citizens must pay a higher percentage of their income to meet their tax obligations. Corruption in government and law enforcement has a negative impact on the safety and well-being of the entire community. Unchecked crime costs not only large sums of money but often lives. Look around. Where do you see evidence of systematic problems that are harming your community, particularly those who have little or no power? What can you do to influence the political process and public policy? Have you considered running for an office that would put you in a position to address your concerns? Are you willing to write to and talk with your elected officials about your concern? Would you write letters to the editor of your local paper? Would you try to gather a group of like-minded people to start a grassroots movement for change?

Let's challenge one another to think and pray about justice so that we might act on behalf of those in need so as to live under the just reign of God.

## UNIT 1: GOD SENDS JESUS
# JESUS' BIRTH FORETOLD

---

### PREVIEWING THE LESSON

**Lesson Scripture:** Luke 1:26-40
**Background Scripture:** Luke 1:26-45
**Key Verse:** Luke 1:31

### Focus of the Lesson:
People are always amazed and often perplexed when unexpected things happen in their lives. How can Christians handle these unanticipated events that occur? Mary responded at first with surprise and then with dedication to the angel's announcement about the birth of her baby.

### Goals for the Learners:
(1) to review the foretelling of Jesus' birth.
(2) to reflect on the unexpected and perplexing events of their lives.
(3) to dedicate themselves to the purposes of God.

### Pronunciation Guide:
Magnificat (mag nif' uh kat)          Penninah (pi nin' uh)
*parthenos* (par then' os)            Yeshua (yay shoo' ah)

### Supplies:
Bibles, newsprint and marker, paper and pencils, hymnals

---

### READING THE SCRIPTURE

NRSV
Lesson Scripture: Luke 1:26-40

²⁶In the sixth month the angel Gabriel was sent by God to a town in Galilee called Nazareth, ²⁷to a virgin engaged to a man whose name was Joseph, of the house of David. The virgin's name was Mary. ²⁸And he came to her and said, "Greetings, favored one! The Lord is with you." ²⁹But she was much perplexed by his words and pondered

CEB
Lesson Scripture: Luke 1:26-40

²⁶When Elizabeth was six months pregnant, God sent the angel Gabriel to Nazareth, a city in Galilee, ²⁷to a virgin who was engaged to a man named Joseph, a descendant of David's house. The virgin's name was Mary. ²⁸When the angel came to her, he said, "Rejoice, favored one! The Lord is with you!" ²⁹She was confused by these

what sort of greeting this might be. [30]The angel said to her, "Do not be afraid, Mary, for you have found favor with God. **[31]And now, you will conceive in your womb and bear a son, and you will name him Jesus.** [32]He will be great, and will be called the Son of the Most High, and the Lord God will give to him the throne of his ancestor David. [33]He will reign over the house of Jacob forever, and of his kingdom there will be no end." [34]Mary said to the angel, "How can this be, since I am a virgin?" [35]The angel said to her, "The Holy Spirit will come upon you, and the power of the Most High will overshadow you; therefore the child to be born will be holy; he will be called Son of God. [36]And now, your relative Elizabeth in her old age has also conceived a son; and this is the sixth month for her who was said to be barren. [37]For nothing will be impossible with God." [38]Then Mary said, "Here am I, the servant of the Lord; let it be with me according to your word." Then the angel departed from her.

[39]In those days Mary set out and went with haste to a Judean town in the hill country, [40]where she entered the house of Zechariah and greeted Elizabeth.

words and wondered what kind of greeting this might be. [30]The angel said, "Don't be afraid, Mary. God is honoring you. **[31]Look! You will conceive and give birth to a son, and you will name him Jesus.** [32]He will be great and he will be called the Son of the Most High. The Lord God will give him the throne of David his father. [33]He will rule over Jacob's house forever, and there will be no end to his kingdom."

[34]Then Mary said to the angel, "How will this happen since I haven't had sexual relations with a man?"

[35]The angel replied, "The Holy Spirit will come over you and the power of the Most High will overshadow you. Therefore, the one who is to be born will be holy. He will be called God's Son. [36]Look, even in her old age, your relative Elizabeth has conceived a son. This woman who was labeled 'unable to conceive' is now six months pregnant. [37]Nothing is impossible for God."

[38]Then Mary said, "I am the Lord's servant. Let it be with me just as you have said." Then the angel left her.

[39]Mary got up and hurried to a city in the Judean highlands. [40]She entered Zechariah's home and greeted Elizabeth.

---

## UNDERSTANDING THE SCRIPTURE

**Introduction.** Of the four Gospels, only Matthew and Luke contain what we refer to as the "birth narratives" of Jesus, though some of the material relates to episodes prior to the birth. This and the following four sessions explore such narratives from the Gospel of Luke. Luke begins his birth narratives with the story of Elizabeth and Zechariah, who will become the parents of John the Baptist. That detail plays into the significance of the conclusion of today's reading when Mary goes to visit her relative Elizabeth, now six months pregnant with John. Other details of the Elizabeth and

Zechariah narrative will come into play in today's reading as well.

**Luke 1:26-27.** Gabriel appears in Daniel 8:16 and 9:21 as the angel who interprets certain visions given to the prophet. While that is Gabriel's only appearance in Old Testament materials, he does play a role in various apocalyptic writings such as 1 Enoch and in the War Scroll in Qumran. Galilee was the region to the north of Samaria. Nazareth was a minor town in southern Galilee, some distance from the Sea of Galilee. "Virgin" translates *parthenos* (as in the Parthenon of Athens), which can be translated either as "girl" in general or as a young woman who has not had sexual intercourse. Identifying Joseph as the "house" of David simply indicates his family lineage. Joseph plays a more active role in the birth narrative of Matthew, where he is the recipient of an angel's message prior to the birth (Matthew 1:20-21). Here in Luke, Mary is the central human character in the drama.

**Luke 1:28-29.** The opening three words of greeting by the angel are the source of Catholicism's traditional prayer of "hail Mary, full of grace." The assurance that "the Lord is with you" is a familiar biblical promise, especially in times of crisis or transition, as in Isaiah 43:2, where that word accompanies the hope of restoration to Israel in exile. There is also a textual variant at the end of verse 28. Most manuscripts end with "The Lord is with you." Others add "blessed are you among women." Verse 42 places this same blessing upon the lips of Elizabeth for Mary. Having the blessing also come from the angel, however, adds weight to what later evolved into devotions to Mary. "Perplexed" (1:29) is the word used to describe Mary's initial reaction. The "pondering" Luke attributes to her uses a different word from that which he employs later in 2:19 when he speaks of her "pondering" the words of the shepherds.

**Luke 1:30-33.** The assurance of "do not be afraid" (1:30) is found frequently in both Old and New Testaments when an individual or group faces some form of divine encounter or revelation (as with the shepherds in 2:10). "Favor" in verse 30 comes from the same root as "favored" in verse 28. The far more common translation of this word group in the New Testament is "grace," in either its noun or verb form. In both cases of this word here, Mary is the one graced by God. "Jesus" renders the Hebrew "Yeshua" (also "Joshua"), the literal meaning of which is "the Lord will save." "Son of the most High" (1:32) echoes language found in Psalm 2:7, a psalm traditionally

associated with the inauguration of a new king. The kingship language becomes quite specific in 32b-33 with the Davidic references. Second Samuel 7:13 closely parallels these promises of a throne and kingdom established "forever."

**Luke 1:34-37.** The response of Mary of "how can this be" (1:34) echoes two critical antecedents. Most immediately, it is reminiscent of Zechariah's questioning response to the angel announcing a child to him and Elizabeth (1:18). More distantly, it reflects the skeptical laughter of Sarah to the promise of an heir in Genesis 18:9-15. The Holy Spirit plays an important role in Luke's Gospel and especially in Acts, another work attributed to Luke. "Overshadow" is not a sexualized word. Its other occurrences in the Gospels are all in reference to the Transfiguration, where a cloud "overshadows" those on the mountain. This is not a mechanical/sexual explanation of how the promised child comes to be. Rather, these words set all in the mystery of the power of God. Paralleling the earlier acclamation of the child as "Son of the Most High" is verse 35's declaration that "he will be called Son of God." Gabriel's revealing of Elizabeth's pregnancy now ties this passage to the preceding narrative—and sets up Mary's ensuing visit to her relative. Gabriel's closing assertion that "nothing will be impossible with God" (1:37) traces back to that earlier referenced story of Sarah, where her laughter finds response in "Is anything too wonderful for the LORD?" (Genesis 18:14).

**Luke 1:38-40.** Interesting parallels to the Hannah/Samuel story occur here. Mary's "here am I" echoes the words spoken by the young boy Samuel to Eli, when he thought Eli called to him in the night (1 Samuel 3:1-10). Mary's ensuing identification of herself as God's servant reflects not only Eli's telling young Samuel to identify himself as "your servant" (3:9) to the One who calls to him in the night. It also echoes Hannah, Samuel's mother, when she referred to herself as "your servant" to Eli in the wake of his promise that her petition to God would be answered (1 Samuel 1:18). She was praying for a son, and would later give birth to Samuel. Also intriguing in these connections: (1) Hannah speaks of herself as "find[ing] favor" (1:18) in Eli's sight (parallel to Gabriel's pronouncement to Mary); and (2) Hannah's child, Samuel, is the prophet who will anoint David king (1 Samuel 16:1-13).

**Luke 1:41-45.** The leaping of Elizabeth's child in her womb, a detail noted twice in this passage, hearkens to the Old Testament story of Rebekah and the twins within her womb, Jacob and Esau. The movement then was more a struggle, attributed to the younger usurping the elder (Genesis 25:19-26). Here in Luke, the movement is of joy—although, ironically, the elder John will be the one who prepares the way and serves the purposes of the younger Jesus (Luke 1:76).

---

## INTERPRETING THE SCRIPTURE

### Foretellings and Annunciations

An older term for the story of the encounter between Mary and the angel Gabriel is "annunciation," deriving from the "announcements" that form its core. This foretelling of birth and the promissory announcements related to it are not limited in the biblical witness to this singular encounter. Several such stories figure in the background of this one regarding the promised birth of Jesus.

Most immediate is the narrative that Luke tells at the beginning of this chapter. The angel Gabriel announces to the aged priest Zechariah that his barren wife, Elizabeth, will give birth to a child "filled with the Holy Spirit" (1:15). Zechariah reacts with skepticism (1:18) not far removed from Mary's "how can this be?" (1:34). Gabriel's assessment of his disbelief results in Zechariah's muteness until the child's birth, whereas Mary's faithfulness (1:38) eventually issues in her "song" recorded in next week's text (1:46-56).

As noted in "Understanding the Scripture," two other Old Testament stories where birth is foretold loom in the background of our text. The first concerns Sarah, the wife of Abraham. The promise of an heir runs through the background of Genesis 12–18, surfacing at times in hope and at other times in the couple's attempt to bypass promise with a surrogate mother. Genesis 18:9-15 narrates the final announcement of birth that results in Sarah's laughter and skepticism—not unlike the initial wondering of Mary of how this could be. The response attributed to God in that passage, "Is anything too wonderful for the LORD?" (Genesis 18:14), closely parallels Gabriel's closing words to Mary: "Nothing will be impossible with God" (Luke 1:37).

Perhaps the closest parallel in terms of structure and overall story is between Mary and Hannah, the mother of Samuel. First Samuel 1 relates the story of a man with two wives. One wife (Peninnah) had children, but the other (Hannah) did not (1 Samuel 1:2). The former made life miserable for the latter. On a trip to Shiloh, a shrine in northern Israel where the ark of the covenant was kept, Hannah prayed for a child and promised to dedicate him as a Nazirite in service of God. The prophet Eli hears her prayers, and after a conversation between the two, assures her that God will grant her petition (1:14-17). Hannah's "let your servant find favor in your sight" (1:18) parallels Mary's depiction of herself as "servant," even as Gabriel had earlier declared she had found favor with God (Luke 1:38). While we will take this up next week in greater detail, Hannah's prayer in

1 Samuel 2 bears close parallels to Mary's Magnificat in Luke 1:46-55.

*Facing the Unexpected*

In Mary's story, as in the stories of Sarah and Hannah, astounding news is received in terms of the promised birth. At the forefront is the seeming impossibility of birth for these women: Mary, because Luke identifies her (1:27) and she identifies herself as "virgin" (1:34, see the meanings of this Greek word in "Understanding the Scripture" comments on verses 26-27); and Sarah and Hannah, because they have been barren all their lives. What makes the unexpected possible in all of their lives, youthful or aged, is the life-giving power of God.

Understanding the heart of the story to reside in that power and possibility, rather than the contingencies of these particular lives (and our own lives), is the starting point for facing the unexpected. Clearly, in Mary's case, the announcements linked to this unexpected birth are in some ways even more startling. To a young woman who lives in an out-of-the-way town in an era where social status typically was fixed, the promise of a child who will be great and would reign as king must have been startling. And perhaps more scandalous in traditional Jewish thought: a child to be called "Son of the Most High" and "Son of God" (1:32, 35). The Greeks might have their legends of mortals descended from gods. But one did not speak of such relationship in terms of the Holy One of Israel.

The unexpected nature of birth is not simply due to Mary's youth or virginity, however one translates and understands the term *parthenos*. The unexpected nature of this birth, and the promises attendant to it, relates to the way God is announced to be engaged in human life and history. The text thankfully leaves the "how" of this shrouded in mystery. "The power of the Most High will overshadow you" (1:35) is not a sexual statement, but an affirmation of the power of God's presence. "Overshadow," as noted in "Understanding the Scripture" (1:34-37), is the term used for the cloud that envelops all on the Mount of Transfiguration (Luke 9:34). What "overshadows" makes paramount in that setting, as in the annunciation to Mary, is God's immanent presence that wraps the scene in holy mystery. It is the power of God, not the particular condition of Mary, that makes the birth a marvel and that allows the unexpected to be accepted with trust rather than fear or a need to have all the explanations for how this event will occur.

Recognizing God's engagement in human life is an important component for the way we may face unexpected times. Sometimes explanations for how or why something will or will not be go beyond our grasp. Faith is not having all the information ahead of time so we can stay in control. Faith is trusting in God's power and grace, so that even and especially when we realize things have moved beyond our ability to control or manipulate or understand, we may be at peace and in a position to do what we can and trust God for the rest. "Let it be with me according to your word" (1:38). Mary does not abdicate her responsibilities in those words. Rather, those words become the faith that initiates taking on the unexpected path God brings to her. And so they may be for us as well.

*Letting Be and Setting Out*

"Let it be." The words of Mary that entrust herself to the purposes of God become for Mary the first steps of a long journey, literally and figuratively. From Nazareth in Galilee to this unnamed town in the Judean hill country was not equivalent to walking across the street to visit a friend. Depending upon the route taken, a journey could have been more than seventy miles—perhaps longer if care were taken to avoid the region of Samaria that stretched between Galilee and Judea.

Figuratively, the journey Mary begins in those words is one of faithfulness to the purposes of God that will lead her in ways that will continue to take unexpected twists and turns. First, in her visit to Elizabeth, a journey to discover how the child within her kinswoman's womb leaps for joy—and to hear Elizabeth's blessing pronounced upon her (Mary's faith). Even longer journeys stretched ahead: the pain of childbirth; the words of a prophet that her newborn son would one day occasion: "a sword will pierce your own soul" (2:35); a journey to find a child seemingly lost in Jerusalem (2:41-52); and eventually, a journey to the cross of her son (John 19:25).

"Let it be" sets Mary forth on her journey of faith. "Let it be" sets us forth on our own journeys, trusting in the power of God to bring life to promises; trusting in the presence of God to guide us on ways we do not always understand, but are willing to travel as long as we journey with God.

---

## SHARING THE SCRIPTURE

### PREPARING TO TEACH

#### Preparing Our Hearts

Explore this week's devotional reading, found in Psalm 89:1-7. In this lengthy psalm, Ethan prays that God will protect the kingship of David (89:1-37), will reaffirm the covenant made with David (see 2 Samuel 7), and will restore Israel, which was likely in Babylon when this psalm was edited into the form we now have. Note in verse 4 that the psalmist quotes God's promise to "establish your descendants forever, and build your throne for all generations." Ponder that thought as we begin Advent this week. As you think of the birth of Jesus, what hope do you find in God's promise?

Pray that you and the adult students will give thanks for the promises God has fulfilled in Jesus.

#### Preparing Our Minds

Study the background Scripture from Luke 1:26-45, and the lesson Scripture from Luke 1:26-40.

Consider this question as you prepare the lesson: *How can Christians handle unanticipated events?*

Write on newsprint:

❑ information for next week's lesson, found under "Continue the Journey"
❑ activities for further spiritual growth in "Continue the Journey"

Review the "Introduction," "The Big Picture," "Close-up," and "Faith in Action." Consider how you will use this additional information, which immediately precedes the first lesson, for this session and throughout the quarter.

### LEADING THE CLASS

#### (1) Gather to Learn

❖ Greet the class members. Introduce any guests and help them to feel at home.

❖ Pray that the learners will enter into the session with a feeling of anticipation about God's good news.

❖ Invite the adults to call out some unexpected local, national, or world news that they have heard in the past several weeks. Perhaps an esteemed member of the church or community died unexpectedly; maybe an unusual weather event turned a community upside down; possibly violence suddenly erupted in a country halfway around the globe. Encourage the students to comment on how they handled the news of this unanticipated event.

❖ Read aloud today's focus statement: **People are always amazed and often perplexed when unexpected things happen in their lives. How can Christians handle these unanticipated events that occur? Mary responded at first with surprise and then with dedication to the angel's announcement about the birth of her baby.**

*(2) Goal 1: Review the Foretelling of Jesus' Birth*

❖ Set the stage for today's lesson by reading "Foretellings and Annunciations" in "Interpreting the Scripture."

❖ Choose volunteers to read the words of the narrator, Gabriel, and Mary in Luke 1:26-40. Encourage the listeners to pay particular attention to Mary's reaction to Gabriel's announcement.

❖ Enlist two volunteers to assume the roles of Mary and Joseph. Ask "Mary" to talk with "Joseph" about Gabriel's visit. The couple may discuss what this pregnancy will mean for their relationships with each other, with their families, and with their community. How do they expect people to treat them? How will they respond?

❖ Conclude by inviting the observers to add ideas they may have shared had they been one of the roleplayers.

*(3) Goal 2: Reflect on the Unexpected and Perplexing Events of the Learners' Lives*

❖ Read or retell the last paragraph of "Facing the Unexpected" in "Interpreting the Scripture."

❖ Invite participants to talk with a partner or small group about a negative, unexpected event in their lives. Such events might include a natural disaster, family crisis, sudden death of a loved one, job loss, or financial reverses, among other things. Some students may prefer not to reveal exactly what happened, but encourage them to discuss how they first responded to this unanticipated event, how they

coped with it, and where they saw God at work.

❖ Bring the groups together and ask:
1. **We talked earlier in the session about our responses to unexpected local, national, and world news. How do our responses to unexpected personal news differ from those we discussed earlier?**
2. **What role does your faith in God play in responding to unanticipated events?**
3. **How might the role of faith differ if the event creates joy as opposed to sorrow or uncertainty?**

*(4) Goal 3: Dedicate Oneself to the Purposes of God*

❖ Ask this question and list ideas on newsprint: **What characteristics do you associate with someone who is truly dedicated to a group or a cause?** (The students may think of devoted sports fans, or someone who has a clear professional goal, or an entrepreneur who is avid about her product, or an activist who volunteers countless hours for a cause.)

❖ Read "Letting Be and Setting Out" from "Interpreting the Scripture." Relate Mary's dedication to fulfilling God's plan to the characteristics you have listed.

❖ Note that we, too, are on our own faith journeys. Our paths differ from Mary's and from one another's, but all of us are to be as devoted to God as Mary is. Distribute paper and pencils. Invite the adults to write responses to this question in whatever format seems most comfortable for them (for example, a paragraph, an outline, a list of words): **As we begin this Advent season and move closer to the celebration of Jesus' birth over the next four weeks, how do you prepare spiritually to renew your dedication to God?**

❖ Wrap up this portion by going around the room and asking each student to say one way he or she prepares spiritually to rededicate his or her life to the purposes of God. Answers need not be unique. For example, several students may mention prayer or Bible study.

*(5) Continue the Journey*

❖ Pray that the learners will discover and say yes to God's will for their lives.

❖ Read aloud this preparation for next week's lesson. You may also want to post it on newsprint for the students to copy.

- ■ Title: Mary's Song of Praise
- ■ Background Scripture: Luke 1:46-56
- ■ Lesson Scripture: Luke 1:46-56
- ■ Focus of the Lesson: People usually respond with great joy when good things happen to them. What is the origin of such joyful responses? Mary responded from the depths of her soul by praising her God of justice for receiving such a wonderful gift.

❖ Post these three activities related to this week's session on newsprint for the students to copy. Challenge the adults to grow spiritually by completing one or more of them.

(1) Review today's Scripture lesson. God called Mary to do an extremely difficult task, one that could cause her personal shame and ostracism. She was willing to say yes to God. How might Mary and the strong faith and courage she demonstrated be a role model for you?

(2) Take positive action to help an unwed pregnant teenager or an agency that serves such girls.

(3) Select a book of daily devotions for Advent that you will use during this season to help you prepare for Christmas. As an alternative, write a brief devotion or journal entry each day to help you on your journey through this season.

❖ Sing or read aloud "To a Maid Engaged to Joseph."

❖ Conclude today's session by leading the class in this benediction, which is adapted from James 1:22, the key verse for February 2: **Let us go forth to be doers of the word, and not merely hearers who deceive themselves, so that all people may experience the just reign of God. Amen.**

## UNIT 1: GOD SENDS JESUS
# MARY'S SONG OF PRAISE

---

### PREVIEWING THE LESSON

**Lesson Scripture:** Luke 1:46-56
**Background Scripture:** Luke 1:46-56
**Key Verses:** Luke 1:47 (NRSV); 1:46b-47 (CEB)

**Focus of the Lesson:**
People usually respond with great joy when good things happen to them. What is the origin of such joyful responses? Mary responded from the depths of her soul by praising her God of justice for receiving such a wonderful gift.

**Goals for the Learners:**
(1) to explore themes of justice in Mary's song of praise.
(2) to appreciate the deepest meanings of praise in response to God.
(3) to develop new ways of praising God.

**Pronunciation Guide:**
*hesed* (kheh' sed)
Magnificat (mag nif' uh kat)

**Supplies:**
Bibles, newsprint and marker, paper and pencils, hymnals

---

### READING THE SCRIPTURE

NRSV
Lesson Scripture: Luke 1:46-56
<sup>46</sup> And Mary said,
<sup>47</sup> **"My soul magnifies the Lord,**
 **and my spirit rejoices in God**
 **my Savior,**
<sup>48</sup> for he has looked with favor on the
 lowliness of his servant.
 Surely, from now on all generations
 will call me blessed;
<sup>49</sup> for the Mighty One has done great
 things for me,

CEB
Lesson Scripture: Luke 1:46-56
<sup>46</sup>Mary said,
 **"With all my heart I glorify the Lord!**
<sup>47</sup>**In the depths of who I am**
 **I rejoice in God my savior.**
<sup>48</sup>He has looked with favor
 on the low status of his servant.
 Look! From now on, everyone will
 consider me highly favored
<sup>49</sup>because the mighty one
 has done great things for me.

and holy is his name.
50 His mercy is for those who fear him
from generation to generation.
51 He has shown strength with his arm;
he has scattered the proud in
the thoughts of their hearts.
52 He has brought down the powerful
from their thrones,
and lifted up the lowly;
53 he has filled the hungry with
good things,
and sent the rich away empty.
54 He has helped his servant Israel,
in remembrance of his mercy,
55 according to the promise he made to
our ancestors,
to Abraham and to his descendants
forever."
56And Mary remained with her about three months and then returned to her home.

Holy is his name.
50He shows mercy to everyone,
from one generation to the next,
who honors him as God.
51He has shown strength with his arm.
He has scattered those with
arrogant thoughts and proud
inclinations.
52He has pulled the powerful
down from their thrones
and lifted up the lowly.
53He has filled the hungry
with good things
and sent the rich away empty-handed.
54He has come to the aid of his servant
Israel,
remembering his mercy,
55just as he promised to our ancestors,
to Abraham and to Abraham's
descendants forever."
56Mary stayed with Elizabeth about three months, and then returned to her home.

## UNDERSTANDING THE SCRIPTURE

**Introduction.** This whole passage is sometimes called the Magnificat, a name deriving from the Latin verb translated in verse 47 as "magnify." Several manuscripts of Luke attribute this song to Elizabeth rather than Mary. The overwhelming majority, however, attribute the song (and its structure is poetry rather than prose) to Mary. Further questions arise over whether the words originated from Mary, were an original composition by Luke, or were borrowed from an early Jewish Christian hymn. What is undeniable are the strong parallels in structure and theme between the Magnificat of Mary and the song of Hannah (1 Samuel 2:1-10). Both celebrate a birth not only miraculous (Hannah had been barren many years) but also of great significance in God's story of salvation. (Hannah's child, Samuel, would later be the prophet who anointed David as king.) Both

songs offer strong witness to God's commitment for justice to the poor and vulnerable, as well as "reversals of fortune" depicted between rich and poor, powerful and lowly.

**Luke 1:46-47.** "Magnify" and "rejoice" anchor this song in praise of God. "Soul" and "spirit" use two different expressions to speak of such praise arising out of the core of Mary's identity and faith. The depiction of God as "Savior" brings several levels of meaning. First, it reminds the church that Jesus' life and ministry derive from God's saving purposes that stretch far before the still-promised birth. God has been Savior all along. Second, to sing of God as "Savior" offers a subtle challenge in the cultural and political context of Luke's community. The word used here occurs in nonbiblical literature in reference to a variety of figures, notably among them Julius Caesar, hailed as "god manifest and common savior of human life." The social reversals, which will later be revealed in the song, find their subversive grounding in this opening assertion of God as Savior.

**Luke 1:48-49.** These verses celebrate the personal causes of Mary's rejoicing. The notion that God "looked with favor" upon Mary recalls the traditional benediction of Numbers 6:24-26 that calls upon God to "lift up his countenance [face] upon you." The assertion by Mary that God so looks "on the lowliness of his servant" introduces the theme repeated later in the song and emphasized in Jesus' subsequent ministry in Luke, that God has special regard for the lowly. The "blessedness" connected in these verses to Mary traces not to any peculiar traits on her part but rather to the actions and holiness of God. The use of the term "generation" in verse 50 likewise introduces a continuing theme in this song, where God's saving actions span generations both past (1:50, 54-55a) and future (verse 55b).

**Luke 1:50.** "Mercy" in Judaism was by no means limited to the extension of forgiveness for some past wrongdoing, or sparing punishment for the same. More broadly, mercy related to the covenant relationship that existed between God and people. Mercy carried with it the connotation of loyalty and kindness in that relationship, particularly in terms of God's graciousness toward Israel as covenant partner. The connection between God's mercy and justice, as both God's attributes and Israel's calling, can be seen in Micah 6:8: "What does the LORD require of you but to do justice, and to love *kindness* [emphasis added; the Hebrew word there, *hesed*, can also be translated as "mercy" as in the KJV], and to walk humbly with your God?"

**Luke 1:51-53.** Mary sings here of six redemptive actions of God that elicit her praise—and set the stage for the ministry of her unborn child. The first action, "shown strength with his arm," is evocative of creation imagery used of God in Isaiah 51:9-11, imagery employed there to announce God's

deliverance of Judah from exile in Babylon. The following five actions can be understood as ways in which that strength is shown. First comes the scattering of the "proud"—a term used clearly in contrast to the lowliness God looks on with favor. Next follow two pairs of contrasting actions that reflect God's overturning the usual workings of the world. The powerful are brought down and the lowly lifted up. The hungry are filled and the rich sent away empty. The song of the mother will be, in Luke's telling, the mark of her son's ministry and mission.

**Luke 1:54-55.** These verses underscore the moorings of this song, and Mary's son, in the traditions of Israel. The "helping" of God is done in remembrance of God's mercy—again keeping in mind that "mercy" would have naturally brought to mind God's keeping of covenant to Luke's Jewish Christian readers. That implicit theme of covenant is played upon further in the reference to both the "promise" made to "our ancestors" and to the figure of Abraham. Abraham was honored in both Judaism and the early church (especially in the writings of Paul) for his trusting of the promises God made in covenant (Genesis 12:1-4; Galatians 3:6-8, 15-18). The mention of "ancestors" and "descendants" likewise recalls the core promise of God's covenant with Abraham of descendants as numerous as the stars of heaven (Genesis 15:1-5). Abraham's trust in those promises also provides a "prototype" for the trust with which Mary opens herself to God's promises in her response of "let it be with me according to your word" (Luke 1:38).

**Luke 1:56.** The time reference of Mary staying with Elizabeth, "about three months," needs to be held in tandem with Luke 1:26's timing of the annunciation "in the sixth month." Six months referred to the episode of the predicted birth of John the Baptist to his parents, Zechariah and Elizabeth. Put together, these time signatures suggest Mary stayed with Elizabeth until the time of John's birth. Since Luke does not speak of John's birth until 1:57, it would seem Mary leaves right before the birthing. Perhaps Elizabeth's kin gather to provide the needed support for her. Perhaps it is also an issue of Mary not wanting to delay returning home past the third month of her pregnancy. Luke also does not relate whether Mary returns to her parents' home, or to Joseph's.

---

## INTERPRETING THE SCRIPTURE

### Cause for Rejoicing

What is it that moves your heart and spirit to lift praise to God? Your answer to that needs to dig deeper than "when the minister offers the call to worship on Sunday morning at 10 a.m." What are the causes that move you into the response of praise and thanksgiving?

Mary lifts her Magnificat in response to a compelling series of events. First, as studied in last week's session, was the encounter between her and the angel Gabriel. She rejoices here out of the promises and vocation conveyed to her. She rejoices in the wake of Gabriel's powerful word that "nothing will be impossible with God" (Luke 1:37). Second, she rejoices in the context of her encounter with her kinswoman Elizabeth. Her elder relative speaks words of blessing upon Mary and the child announced to her, culminating in Elizabeth's lifting up of Mary's trust in God: "Blessed is she who believed there would be a fulfillment" (1:45).

And here in today's passage, Mary gives voice to the praise so generated. The common thread between these two previous encounters and Mary's praise is the simple yet profound intuition that God is at work in her life, lowly as it is. Her cause for praise is in the God she experiences as Savior—as one who looks with favor rather than judgment. Her praise begins in first person singular: "*My* soul . . . *my* spirit . . . will call *me* blessed . . . has done great things for *me*" (1:47-49, emphasis added). Such praise is not self-centered. Mary figures largely in it simply because she has come to experience God, and she rejoices out of that experience.

Mary reminds us that all praise begins with first person singular. That is, praise is not something that others do for you or for me. Praise is intensely personal as it arises out of encounter with God. Now it certainly is true that praise moves us toward and into community. Mary raises her song in the company of her kinswoman. You and I raise our praise in company with communities of faith. But if praise is to be genuine, it needs to arise out of our own experience. Our rejoicing is to be in recognition of encounter with God, whether in solitude or community.

So again, what is it today that is cause for your rejoicing in God? What experience of God as Savior elicits the song of your spirit?

### In Praise of Justice

What is intriguing in Mary's song of praise, as with her ancestor Hannah's song that seems so closely related, is that what is chiefly celebrated is justice—and a very different ordering of the world than what one might find described as the "conventional wisdom" of things, then or now. Oftentimes, our praise centers upon God's providence in creation, particularly the gifts that we ourselves enjoy. There is nothing wrong with that. Praise for families who care for us, praise for a creation filled with beauty and wonders, praise for access to food and shelter. Who would not praise God for such gifts?

But what Mary, and Hannah before her

(1 Samuel 2:1-10), rejoice in are the ways in which God's saving actions focus upon the establishing of justice and the redressing of wrongs and inequities. For when Mary sings about the God who has "shown strength with his arm" (1:51), she does not list waterfalls and sunsets and mountain peaks as evidence of such strength put to work. Rather, she sings about a God who is quite active—and countercultural—in the doing of justice. Unlike the lowly ones God looks upon with favor, God "scattered the proud" (1:51). The very ones who think their place is assured, whether by their own wealth or self-righteousness, go dispersed. The powerful, the ones with the wherewithal to get things done, are undone, while lowly ones like Mary and those among whom her son will minister get lifted out of the muck and into the light of God's favor. The ones accustomed to going away hungry are filled, while the ones used to getting whatever they want because of their plenty find themselves on the short end of the stick.

You might be wondering, *I thought Luke, and Jesus, were supposed to be about good news! Mary's song sounds like a warning song for some.* To be truthful, it is. Then again, read Luke's account of the Beatitudes in 6:20-26 and you'll find that Mary's boy has very similar ideas about justice being a leveling of the playing field: some are lifted up, some are brought down. Mary's song of praise for God's justice sometimes takes on a minor key. But in this season of Advent, the song brings the needed reminder that we do not yet live in the kingdom of God. And the ways of that kingdom mean a stopping of some ways that have too long been presumed as how it always will be. God's justice will have the final word in those matters—and that moves Mary to sing!

### From Praise to Practice

The narrative ends in verse 56 with Mary remaining with Elizabeth for several months and then returning home. I strongly suspect

Mary did not spend the entire three months singing. There was work to be done in assisting her cousin Elizabeth as she neared the time of her birthing. There was work to be done in preparation for her own return home and all the uncertainties that brought. Would the promises be just as clear three and six months down the road for Mary, as when she heard them spoken by Gabriel? Would the assurance of Elizabeth's blessing hold fast when neighbors would start to gossip at her unexpected and likely scandalous pregnancy? Would Mary still feel herself looked upon with favor when other looks began to be cast her way? Would Mary still believe in fulfillment when her own pregnancy caused time to slow and questions to arise?

Life goes on. The song Mary sang in the presence of Elizabeth would now need to be put to the test of the life now stretching before her. The ease of praise in moments of holy encounter would need to find their way into the mundane moments of living in Nazareth—and later, in journeying to Bethlehem. We do not get to remain in places of extraordinary encounter. Faith is not lived out in sanctuaries, or in the hour between worship's opening and closing. Faith is lived on our way home, on our way to work, in all the hours we face. For it is in those times and places that the gift of promises intends to change and transform how we live and how we trust God.

So it was with Mary, who makes her way home. Does the song stay in her? Does she teach her song to the child she carries unborn within, and then sing it to him as she rocks him to sleep? You tell me. For one day, he will tell a rich young man to sell all he has and follow. For one day, he will feed a crowd with loaves and fishes. For one day, he will speak truth to Pilate seated on his throne. For one day, he will heal lowly ones who cry out his name. Mary sings her song. And Jesus puts that song into practice.

Will you so sing, will you so practice, the favor and justice of God?

# SHARING THE SCRIPTURE

## PREPARING TO TEACH

### *Preparing Our Hearts*

Explore this week's devotional reading, found in Psalm 111. This hymn, which opens and closes with words of praise for God, teaches us why God is so worthy to be praised. Read the psalm aloud. Underline or list attributes that make God worthy of praise. What other traits might you add to this list?

Pray that you and the adult students will offer praise to God for all the divine virtues.

### *Preparing Our Minds*

Study the background Scripture and lesson Scripture from Luke 1:46-56.

Consider this question as you prepare the lesson: *What causes joyful responses when good things happen to people?*

Write on newsprint:
❑ information for next week's lesson, found under "Continue the Journey."
❑ activities for further spiritual growth in "Continue the Journey."

Review the "Introduction," "The Big Picture," "Close-up," and "Faith in Action." Consider how you will use this additional information, which immediately precedes the first lesson, for this session.

## LEADING THE CLASS

### *(1) Gather to Learn*

❖ Greet the class members. Introduce any guests and help them to feel at home.

❖ Pray that the learners will rejoice in news of the Savior's coming.

❖ Read "Cause for Rejoicing" from "Interpreting the Scripture." Focus on the idea here that praise is a personal response to an experience with God. Read again these questions and solicit responses:

1. **What is it today that is cause for your rejoicing in God?**
2. **What experience of God as Savior elicits the song of your spirit?**

❖ Read aloud today's focus statement: **People usually respond with great joy when good things happen to them. What is the origin of such joyful responses? Mary responded from the depths of her soul by praising her God of justice for receiving such a wonderful gift.**

### *(2) Goal 1: Explore Themes of Justice in Mary's Song of Praise*

❖ Select a volunteer to read Luke 1:46-56.

❖ Read or retell "From Praise to Practice" from "Interpreting the Scripture."

❖ Encourage the adults to identify specific instances of justice in Mary's Magnificat. List these on newsprint and then discuss these questions. You may find information in "Understanding the Scripture" to augment the discussion.

1. **Who are the powerful leaders who need to be "brought down" today? Why do you believe these leaders are acting unjustly?**
2. **What types of people are the "lowly" ones in our society? What can be done to help lift them up? What responsibility does the church have in assisting them?**
3. **What can be done to ensure that anyone who is hungry has food, regardless of his or her ability to pay?**
4. **What promises has the God of justice made—and how are these promises being fulfilled?**

*(3) Goal 2: Appreciate the Deepest Meanings of Praise in Response to God*

❖ Read or retell "In Praise of Justice" from "Interpreting the Scripture."

❖ Begin a comparative Bible study by choosing a volunteer to read 1 Samuel 2:1-10. Note that like Mary's Magnificat, Hannah's prayer overflows with praise to God.

❖ Form several small groups and give each a sheet of newsprint and a marker. Invite each group to consider these questions and write their responses on newsprint. If time is limited, assign one or two questions to each group.

1. **For what reasons does Hannah give thanks and praise to God?**
2. **Where do you see similarities between Hannah's praise and Mary's praise?**
3. **Look at Luke 6:20-26, which are Jesus' Beatitudes as recorded in this Gospel. What similarities do you see between what Jesus says and what Hannah and Mary say?**
4. **Given these similarities, what roles do you think Jesus' followers play in ensuring justice for those who are weak and powerless?**
5. **How, then, might praise for God be connected with the quest for justice for those who cannot fend for themselves?**

*(4) Goal 3: Develop New Ways of Praising God*

❖ Help the adults consider several ways of praising God by offering them as many of these choices as you can make available. Check the church library, public library, Internet, and private collections of students to see what you can locate.

1. **Music:** Recall that songs were originally sung as part of worship. Much of the music of the church is, of course, intended as praise for God. One exquisite piece that is based on

Luke 2 is Johann Sebastian Bach's *Magnificat.* You can find English translations of the Latin text on the Internet and performances on YouTube. Time will be limited, so you may wish to play only the first movement, "Magnificat."

2. **Meditation:** Invite the learners to praise God by reading Luke 1:46-56 silently. Suggest that whenever a word or phrase prompts them to praise God, they stop and focus on their praise.
3. **Poetry:** Distribute paper and pencils. Encourage the adults to write their own songs of praise. Suggest that they focus, as Mary did, on issues of justice that inspire praise.
4. **Movement:** Clear a space in the learning area where adults may move or dance. You may wish to have music playing or provide a drum or other percussion instrument so that someone may create a tempo. The movements will in some way express the meaning of the Magnificat.

❖ Bring the group together. Invite volunteers to report on how the activity they chose helped them to praise God. How did this act make them feel?

*(5) Continue the Journey*

❖ Pray that the learners will give special attention to praising God this week.

❖ Read aloud this preparation for next week's lesson. You may also want to post it on newsprint for the students to copy.

■ **Title: Zechariah Prophesies About His Son, John**
■ **Background Scripture: Luke 1:57-80**
■ **Lesson Scripture: Luke 1:57-58, 67-79**
■ **Focus of the Lesson: When a baby is born, parents usually have high expectations for their new child.**

What hopes and joys do they usually express? Zechariah prophesied that his son, John, would prepare the way for the God of justice.

❖ Post these three activities related to this week's session on newsprint for the students to copy. Challenge the adults to grow spiritually by completing one or more of them.

(1) Recall that Mary's song of praise reflects God's graciousness and justice, especially for the poor and powerless. Identify ways that you can help such people through your church or through a community agency. Do whatever you can to assist them.

(2) Share words of praise for God with someone who yearns to know that God is available even in the midst of challenging circumstances.

(3) Collect and donate food for the hungry during this season of Advent. If your church does not have a year-round food pantry, this would be an ideal time to start one. It would also be a good time to work with other community agencies and churches that focus on those who are food insecure. Also consider providing food for a neighboring school so that children will have food for the weekends that the schools cannot provide.

❖ Sing or read aloud "My Soul Gives Glory to My God."

❖ Conclude today's session by leading the class in this benediction, which is adapted from James 1:22, the key verse for February 2: **Let us go forth to be doers of the word, and not merely hearers who deceive themselves, so that all people may experience the just reign of God. Amen.**

UNIT 1: GOD SENDS JESUS

# ZECHARIAH PROPHESIES ABOUT HIS SON, JOHN

---

## PREVIEWING THE LESSON

**Lesson Scripture:** Luke 1:57-58, 67-79
**Background Scripture:** Luke 1:57-80
**Key Verses:** Luke 1:76-77

### Focus of the Lesson:
When a baby is born, parents usually have high expectations for their new child. What hopes and joys do they usually express? Zechariah prophesied that his son, John, would prepare the way for the God of justice.

### Goals for the Learners:
(1) to encounter the story of Zechariah's prophecy concerning his son, John the Baptist.
(2) to gain an appreciation for prophecy and to reflect on expectations learners have for the next generation.
(3) to address the justice modeled in Zechariah's prophecy.

### Pronunciation Guide:
Belshazzar (bel shaz' uhr)
Benedictus (ben uh dik' toohs)
Shalom (shal lohm')

### Supplies:
Bibles, newsprint and marker, paper and pencils, hymnals

---

## READING THE SCRIPTURE

NRSV
Lesson Scripture: Luke 1:57-58, 67-79

[57]Now the time came for Elizabeth to give birth, and she bore a son. [58]Her neighbors and relatives heard that the Lord had shown his great mercy to her, and they rejoiced with her. . . .

CEB
Lesson Scripture: Luke 1:57-58, 67-79

[57]When the time came for Elizabeth to have her child, she gave birth to a boy. [58]Her neighbors and relatives celebrated with her because they had heard that the Lord had shown her great mercy. . . .

151

67Then his father Zechariah was filled with the Holy Spirit and spoke this prophecy:
68 "Blessed be the Lord God of Israel,
    for he has looked favorably on
        his people and redeemed them.
69 He has raised up a mighty savior for us
    in the house of his servant David,
70 as he spoke through the mouth of
    his holy prophets from of old,
71 that we would be saved from our
        enemies and from the hand of
        all who hate us.
72 Thus he has shown the mercy
        promised to our ancestors,
    and has remembered his holy
        covenant,
73 the oath that he swore to our
        ancestor Abraham,
    to grant us 74that we, being
        rescued from the hands of
        our enemies,
    might serve him without fear,
        75in holiness and righteousness
    before him all our days.
76 **And you, child, will be called**
        **the prophet of the Most High;**
    **for you will go before the Lord to**
        **prepare his ways,**
77 **to give knowledge of salvation to**
        **his people**
    **by the forgiveness of their sins.**
78 By the tender mercy of our God,
        the dawn from on high will
        break upon us,
79 to give light to those who sit in
        darkness and in the shadow of
        death,
    to guide our feet into the way
        of peace."

67John's father Zechariah was filled with the Holy Spirit and prophesied,
68 "Bless the Lord God of Israel
        because he has come to help and
        has delivered his people.
69 He has raised up a mighty savior for
        us in his servant David's house,
70 just as he said through the mouths of
        his holy prophets long ago.
71 He has brought salvation from our
        enemies
    and from the power of all those
        who hate us.
72 He has shown the mercy promised
        to our ancestors,
    and remembered his holy covenant,
73 the solemn pledge he made to our
        ancestor Abraham.
    He has granted 74that we would
        be rescued
    from the power of our enemies
    so that we could serve him
        without fear,
75 in holiness and righteousness in
        God's eyes,
    for as long as we live.
76 **You, child, will be called a prophet**
        **of the Most High,**
    **for you will go before the Lord**
        **to prepare his way.**
77 **You will tell his people how to be saved**
        **through the forgiveness of their sins.**
78 Because of our God's deep compassion,
        the dawn from heaven will
        break upon us,
79 to give light to those who are sitting
        in darkness
    and in the shadow of death,
        to guide us on the path of peace."

## UNDERSTANDING THE SCRIPTURE

**Luke 1:57-58.** The promise given to Zechariah in 1:14 of a son in whom many will rejoice now finds fulfillment in the terse description of John's birth and the rejoicing that accompanies it. "Mercy" in the Old Testament is closely connected with God's steadfast love and kindness (favor). An intriguing parallel occurs here with the previous passage of Mary's song (Magnificat) in Luke 1:47-55. There, Mary opens that canticle by declaring, "My soul *magnifies* the Lord" (1:47, emphasis added). The same Greek word appears in 1:58, translated as "great" ("the Lord had shown his great mercy"). Yet again, Luke links Mary and Elizabeth through the response to God's purposes in their children's births.

**Luke 1:59-64.** In Judaism, the eighth day following birth was designated as the day of circumcision for all male children (Genesis 17:12; Leviticus 12:3). There is a question as to whether at this stage of Judaism the naming also took place on this day. It is also unclear whether "they" (one assumes the "neighbors and relatives" referenced in verse 58) were actually calling the child by his father's name, or whether they assumed the child would be named after his father. Actually, one usual practice was to name a male child after his grandfather. Tradition held that the father named the child, so Elizabeth's declaring that he would be called John would have been surprising. It also raises the question, had Zechariah informed Elizabeth of the child's naming as designated by Gabriel in 1:13 (by writing, since he could not speak), or had Elizabeth been given a similar revelation? The detail in verse 62 of "motioning" to Zechariah suggests that he had been struck not only mute but deaf by Gabriel (1:20). The crowd's response of amazement when Zechariah writes "his name is John" is revealed by Luke in the next chapter to be the response of Mary and Joseph to Simeon's blessing of their child at the Temple (2:33).

**Luke 1:65-66.** The response of fear is a frequent one in the Bible, and Luke in particular, to encounters with or revealing of God, as is its coupling with the assurance of "do not be afraid" (1:12-13; 1:29-30; 2:9-10). The spreading word of the circumstances surrounding John's birth and naming anticipates similar "community grapevine"

disseminations regarding Jesus' later ministry (4:14, 37). The "hill country of Judea" represented primarily the eastern half of what was now a Roman provincial district, as opposed to the flatter western portion that lay along the Mediterranean coast. The "pondering" of these things likewise anticipates similar reflective moments regarding Jesus' birth (2:19) and youth (2:51). The question raised in this reflection in verse 66 ("What then will this child become") serves as the entry point into the words (some would say song) with which Zechariah blesses God.

**Luke 1:67-75.** Theories abound about a prior source (or sources) of Zechariah's song in 1:68-79, often called the Benedictus (from the Latin word for "blessed" that opens verse 68). Some view verses 68-75 as one unit, either Jewish or Jewish-Christian in origin, especially since it is in Greek one very long sentence. "Looked favorably" translates a Greek verb that more literally means to "visit" or "look after." In verse 69, which the NRSV translates as "mighty savior," a more literal reading of the Greek is "a horn of salvation." An animal "horn" was a symbol of power in the ancient world. Another metaphor for power comes in verse 71 when it speaks of God saving the people from the "hand" of haters. In Hebrew, the same word can be translated as either "power" or "hand." The linkage of Zechariah's blessing with his son's future role is hinted at in verse 70 with the "prophets" who spoke God's word about salvation. In all, these verses identify these actions as cause for Zechariah's blessing God: looked favorably on the people and redeemed; raised up a savior/horn of salvation; shown the promised mercy; and remembered God's covenant. Zechariah's praise is solidly grounded in the covenant history of God's saving actions and promises.

**Luke 1:76-77.** While the previous verses of Zechariah's song speak of God's saving works and promises, these two verses now single out the work and ministry that will belong to Zechariah and Elizabeth's son, John. For that reason, scholars suggest that these two verses form an addition by Luke to the single-sentence canticle of verses 68-75. John is designated here as a prophet, whose work will consist of preparing the ways of God (see Luke 3:1-4 and Isaiah 40:3). Luke and the other Gospels depict the baptism John brings as one of repentance, alluded to in verse 77 in the linking of his task of giving "knowledge of salvation" by "forgiveness of their sins."

**Luke 1:78-79.** The closing two verses return more to the spirit and theme of verses 68-75, as they are once again not about John but about the promises of God's saving activity soon to unfold. Indeed, in Greek, these two verses are not sentences, but clauses that could easily be appended to verses 76-77, to simply add on to the canticle's single sentence. "Tender mercy" more literally means "merciful compassion." Similar to the salvation oracle in Isaiah 9:2, the coming of God's salvation is here imagined as the giving of light to those who are in darkness, even as "shadow of death"

calls to mind God's deliverance affirmed in Psalm 23:4. "The way of peace" in verse 79 introduces the first of thirteen references of peace in Luke's Gospel, from the song of the angels at Jesus' birth (2:14, "on earth peace among those whom he favors") to the closing benediction the risen Jesus offers his disciples before his ascension (24:36).

**Luke 1:80.** This seemingly innocent verse is notable for two things. First, its description of John's maturing is repeated almost verbatim in 2:40 to speak of Jesus' maturing. Second, it locates John in the wilderness "until the day he appeared publicly" (1:80). There is mystery here: how long did John stay there? Was he alone, or, as some suggest, was he part of one of the Essene or Dead Sea communities? Such questions are unresolved. What is clear is that John's ministry, and Jesus' first adult appearance, will take place in the wilderness—a place rich with Old Testament precedents for where God's saving activity unfolds in and for Israel.

---

## INTERPRETING THE SCRIPTURE

### *Benedictus*

Mary was not the first one approached in Luke's Gospel by an angelic visitor. While serving as priest at Jerusalem, Zechariah was visited by the angel Gabriel with the promise of a child to be born to his (to this point) barren wife, Elizabeth. But unlike Mary's "let it be," Zechariah balks on the matter of his and his wife's advanced years. As a result, according to Luke 1:20, Zechariah will "become mute, unable to speak, until the day these things occur."

It is important to know this background to today's passage in order to rightly perceive its power and surprise—and promise. As noted in "Understanding the Scripture," the words that finally and first flow from Zechariah's loosened tongue are traditionally titled Benedictus. Blessing.

Blessing of God.

Zechariah has undergone a period of waiting before speech returns. Likewise, the blessings offered for promises that flow once words do come speak of waiting long endured by Zechariah's people—and if the truth be told, waiting that still lies ahead. The recitation of covenant promise keeping includes two of that covenant's most notable figures: Abraham and David. But even for them, waiting preceded all. Abraham journeyed far and long before an heir ever came, and longer still before he and Sarah became landed. David, too, waited. Long after being anointed by Samuel, David waited while Saul reigned and raged.

The problem with waiting can be the dimming of promises. Abraham could have given up, as he was tempted to several times (for example, his decision to take matters into his own hands and have a child by a servant of his wife when Sarah still had not conceived, Genesis 16). David could have given up on the promises, and either slit Saul's throat while he slept or abdicated any hope of coming to the throne. Zechariah also could have given up. His first words after those long months could have been bitter recriminations against a God who had rendered him speechless, unable to cry out in joy on the day of his son's birth.

Instead, Zechariah—like the patriarchs he intones in this canticle—holds on to promise. His first words form blessing— blessing for promises kept, and for promises that will be kept.

So what of you? What promises evoke words of blessing from you? And just as importantly, as the son of this now-tongue-untied priest will soon discover as his own vocation: what promises evoke words and actions that prepare the way of those promises to find fulfillment?

Blessed be the God of Israel, the God of promise.

### Prophets: Fore-telling and Forth-telling

Mention the word "prophecy" today—or better yet, search for the word "prophecy" on the Internet—and you will likely be inundated with definitions and presumptions of foretelling the future. Step outside the canon of Scripture, and "prophets" found in such searches are likely to include figures as diverse as Nostradamus and Edgar Cayce, among others. For these (or at least, their followers) are the ones who allege to know the secrets of the future.

Granted, there is a strong thread of "future telling" associated with prophecy in the Old and New Testaments. Daniel is a prophet who reads the handwriting on the wall, that is, the future of King Belshazzar (Daniel 5). Even the mainstream prophets like Isaiah and Jeremiah, Amos and Micah, have their share of "predictive" or fore-telling elements. Like them, the later

ministry of the newborn John will speak of one who will baptize with fire and water— a pointing ahead and beyond himself.

But John's prophetic ministry, as hinted at here and soon revealed in Luke and the other Gospels, like those earlier prophets of Israel, is not simply fore-telling. Perhaps even most pressing and explicit in John's case, prophetic ministry involves "forth-telling." In other words, to be a prophet is to tell it like it is, here and now. In the earlier Prophets, that helps explain why, for example, words of judgment are also paired with appeals to do what is right and just now. What is coming down the road is not an invitation to do nothing while we wait for it to happen. What is coming down the road is an invitation to change and redirect life here and now. That will be abundantly clear when little John grows up and does truth-telling to those who come out to him in the wilderness.

For in the end, what drives the prophets, whether those in ancient Israel or in the soon-to-be prophetic work of John, is preparation for the ways of God that do not simply loom out in the future but that impinge on our lives and ethics here and now. For prophets continually call the people into faithful covenant relationship with God. The future and its expectations are for the prophets not a wormhole by which we escape into the future. Rather, the covenant promises and the expectations coupled with them become the prophetic tool for reorienting our lives, today, in light of God's promised future.

### The Way of Peace

The title of this quarter's study is "Jesus and the Just Reign of God." The theme woven into all the sessions is that of justice.

So what has this to do, you might ask, with the passage before us? There is, after all, not a single mention of justice by name. And, in truth, the entire background passage of Luke 1:57-80 does not mention Jesus even once. It seems all about the birth of John to Zechariah and Elizabeth, and

Zechariah's blessing of God. What's the connection here between justice and Jesus?

To begin with: prophets. The earlier prophets of Israel were intimately and fiercely devoted to justice. "Let justice roll down like waters," Amos 5:24 cries out. Micah 6:8's oft-quoted formula of "what does the LORD require of you" places the doing of justice at the top of the list. And while John remains an infant while his father sings the blessings of God, Luke 3:10-14 will later report the ministry of John to be tightly focused on matters of ethics and justice.

The second connection is the strong emphasis on covenant in Zechariah's song. Abraham and David represent two of covenant's chief figures. And what is at the core of covenant with God as explicated in the Hebrew Scriptures? Relationship with neighbor. Justice. Of the Ten Commandments, six involve relationships with others. The promises of God celebrated in Zechariah's song intertwine the trustwor-thiness of God's covenant promises with faithful human conduct that reflects covenant's intentions. For example, in Luke 1:75, God's deliverance is directly linked to the call for us to "serve him without fear, in holiness and *righteousness*" (a synonym for justice, emphasis added).

Even more explicit, and with deep roots in God's covenantal promises, are the closing words of the song: "to guide our feet into the way of peace." Peace is filled with meaning in its Hebrew antecedent of *shalom*. Shalom, or peace, is not simply an absence of war or con-flict. Peace represents a fullness of life, a pres-ence of all that is needed—materially, socially, spiritually—for life to flourish. Peace for the prophets represented the fulfillment of God's promises. Isaiah 32:16-18 makes the connec-tions between peace and justice explicit when it affirms: "Then justice will dwell in the wilderness. . . . the effect of righteousness will be peace. . . . My people will abide in a peace-ful habitation."

---

## SHARING THE SCRIPTURE

### PREPARING TO TEACH

#### Preparing Our Hearts

Explore this week's devotional reading, found in Luke 1:59-66, which is part of the background Scripture. Said to be "righteous before God [and] living blamelessly accord-ing to all the commandments and regula-tions of the Lord" (1:6), Zechariah and Elizabeth show their adherence to the Law by having their eight-day-old son circum-cised (1:59). The child was also named John, which surprised those in attendance be-cause this was not a family name. At this point, Zechariah, who had been made mute because he expressed doubts when Gabriel appeared to him (1:20), could begin to speak again. People all around began to ask about who John would become. Who, indeed?

Ponder the role of John the Baptist in the life and ministry of Jesus. What might have been lost had he not appeared?

Pray that you and the adult students will be mindful of how God calls and uses peo-ple to fulfill God's purposes.

#### Preparing Our Minds

Study the background Scripture from Luke 1:57-80, and the lesson Scripture from Luke 1:57-58, 67-79.

Consider this question as you prepare the lesson: *What hopes and joys do parents usually express when a child is born?*

Write on newsprint:

❏ information for next week's lesson, found under "Continue the Journey."
❏ activities for further spiritual growth in "Continue the Journey."

Review the "Introduction," "The Big Picture," "Close-up," and "Faith in Action." Consider how you will use this additional information, which immediately precedes the first lesson, for this session.

## LEADING THE CLASS

### (1) Gather to Learn

❖ Greet the class members. Introduce any guests and help them to feel at home.

❖ Pray that the learners will listen with open hearts and minds for God's message to them today.

❖ Talk with the class about hopes and dreams that parents may have for their newborn children. Some students may want to answer specifically about hopes they had for their own children, grandchildren, nieces, or nephews. Others may recall family lore about hopes that their own parents had for them. (Be sensitive to students who may not have children or whose hopes for their sons and daughters have been largely unfulfilled.)

❖ Read aloud today's focus statement: **When a baby is born, parents usually have high expectations for their new child. What hopes and joys do they usually express? Zechariah prophesied that his son, John, would prepare the way for the God of justice.**

### (2) Goal 1: Encounter the Story of Zechariah's Prophecy Concerning His Son, John the Baptist

❖ Choose a volunteer to read Luke 1:57-58.

❖ Point out that these verses fulfill Gabriel's promises in Luke 1:13-14: Zechariah and Elizabeth become the parents of a son. His birth prompts many to rejoice. Furthermore, the stigma that Elizabeth endured because of her barrenness has now been removed. Use Luke 1:57-58 in "Understanding the Scripture" to provide further information.

❖ Select a volunteer who reads poetry expressively to read verses 67-79.

❖ **Option:** If you have access to *The United Methodist Hymnal*, use the responsive reading "Canticle of Zechariah" on page 208 so that the entire class can participate.

❖ Discuss these questions:
1. **What do you learn about God's character and actions from Zechariah's prophecy?**
2. **What do you learn about the promised Savior?**
3. **What do you learn about how John will fit into God's plan of salvation?**

❖ Conclude this portion by reading or retelling "Benedictus" in "Interpreting the Scripture."

### (3) Goal 2: Gain an Appreciation for Prophecy

❖ Ask: **When you think of a prophet, who comes to mind?** (Encourage answers related not only to biblical prophets but also to those persons who have been acclaimed as prophets, such as Nostradamus, Edgar Cayce, Dr. Martin Luther King, Jr., Mother Teresa, and Nelson Mandela. Students may not agree on the names others have suggested. If there is disagreement, note that just because someone has been referred to as a prophet does not mean that class members must accept that person's prophecies.)

❖ Read aloud "Prophets: Fore-telling and Forth-telling" from "Interpreting the Scripture" to discern the difference between people who predict the future and those who bring credible messages from God. Invite students to comment on this distinction and state how they define a true prophet of God.

### (4) Goal 3: Address the Justice Modeled in Zechariah's Prophecy

❖ Read "The Way of Peace" in "Interpreting the Scripture" to note the connection between justice and peace as seen in today's lesson.

❖ Invite the adults to turn to these two Scriptures that link peace and justice (righteousness) and have two volunteers read them aloud: Isaiah 32:16-17 and Psalm 85:10.

❖ Point out that the connection between peace and justice has been made apart from the church by reading these two quotations:

1. **"If you want peace, work for justice."** (H. L. Mencken, journalist and critic, 1880–1956 [quotation was later used as a popular bumper sticker])

2. **"Peace and justice are two sides of the same coin."** (Dwight David Eisenhower, American brigadier general and thirty-fourth president, 1890–1969)

❖ Read this excerpt from "The World Methodist Social Affirmation," which demonstrates how one denomination links peace and justice. (If you have access to *The United Methodist Hymnal*, read responsively the entire affirmation on page 886.)

> **We commit ourselves individually and as a community**
> **to the way of Christ:**
> **to take up the cross;**
> **to seek abundant life for all humanity;**
> **to struggle for peace with justice and freedom;**
> **to risk ourselves in faith, hope, and love,**
> **praying that God's kingdom may come.**

❖ Ask: **What tangible actions can we as Christians take to live out the commitments expressed in this affirmation in order to bring about the peace and justice of which Zechariah sings?** List ideas on newsprint.

❖ Distribute paper and pencils. Encourage the adults to copy and complete this sentence: I pledge to commit myself to work for peace and justice by . . . Suggest that they put this pledge in a prominent place where they will see it often.

*(5) Continue the Journey*

❖ Pray that the learners will seek justice for all people.

❖ Read aloud this preparation for next week's lesson. You may also want to post it on newsprint for the students to copy.

- ■ **Title: Jesus Is Born**
- ■ **Background Scripture: Luke 2:1-20**
- ■ **Lesson Scripture: Luke 2:1-17**
- ■ **Focus of the Lesson: New parents marvel at the miracle of birth. What makes the birth of a child miraculous? The angels announced to the shepherds the most miraculous birth of all—Jesus, Savior, Messiah, and Lord.**

❖ Post these three activities related to this week's session on newsprint for the students to copy. Challenge the adults to grow spiritually by completing one or more of them.

(1) **Use Zechariah's Benedictus in your personal devotions this week to prepare yourself for the coming of the "mighty savior" (Luke 1:69).**

(2) **Show mercy and forgiveness this week to someone who has wronged you. Likewise, ask for forgiveness from someone you have hurt.**

(3) **Rejoice with a family who has celebrated the birth of a child. Give a gift of yourself, perhaps by spending time with older children or cleaning the house or running errands.**

❖ Sing or read aloud "Blessed Be the God of Israel."

❖ Conclude today's session by leading the class in this benediction, which is adapted from James 1:22, the key verse for February 2: **Let us go forth to be doers of the word, and not merely hearers who deceive themselves, so that all people may experience the just reign of God. Amen.**

## UNIT 1: GOD SENDS JESUS
# JESUS IS BORN

---

### PREVIEWING THE LESSON

**Lesson Scripture:** Luke 2:1-17
**Background Scripture:** Luke 2:1-20
**Key Verse:** Luke 2:7

### Focus of the Lesson:
New parents marvel at the miracle of birth. What makes the birth of a child miraculous? The angels announced to the shepherds the most miraculous birth of all—Jesus, Savior, Messiah, and Lord.

### Goals for the Learners:
(1) to investigate the story of Joseph and Mary's journey to Bethlehem and Jesus' birth.
(2) to reflect on the meaning of Messiah in contemporary times.
(3) to identify the saving work of Jesus in the world today.

### Pronunciation Guide:
Protoevangelium (proh toh i van jel' ee uhm)
Quirinius (kwi rin' ee uhs)

### Supplies:
Bibles, newsprint and marker, paper and pencils, hymnals

---

### READING THE SCRIPTURE

NRSV
Lesson Scripture: Luke 2:1-17

¹In those days a decree went out from Emperor Augustus that all the world should be registered. ²This was the first registration and was taken while Quirinius was governor of Syria. ³All went to their own towns to be registered. ⁴Joseph also went from the town of Nazareth in Galilee to Judea, to the city of David called Bethlehem, because he was descended from the house and family of

CEB
Lesson Scripture: Luke 2:1-17

¹In those days Caesar Augustus declared that everyone throughout the empire should be enrolled in the tax lists. ²This first enrollment occurred when Quirinius governed Syria. ³Everyone went to their own cities to be enrolled. ⁴Since Joseph belonged to David's house and family line, he went up from the city of Nazareth in Galilee to David's city, called Bethlehem, in Judea. ⁵He

David. [5]He went to be registered with Mary, to whom he was engaged and who was expecting a child. [6]While they were there, the time came for her to deliver her child. **[7]And she gave birth to her firstborn son and wrapped him in bands of cloth, and laid him in a manger, because there was no place for them in the inn.**

[8]In that region there were shepherds living in the fields, keeping watch over their flock by night. [9]Then an angel of the Lord stood before them, and the glory of the Lord shone around them, and they were terrified. [10]But the angel said to them, "Do not be afraid; for see—I am bringing you good news of great joy for all the people: [11]to you is born this day in the city of David a Savior, who is the Messiah, the Lord. [12]This will be a sign for you: you will find a child wrapped in bands of cloth and lying in a manger." [13]And suddenly there was with the angel a multitude of the heavenly host, praising God and saying,

[14]　　"Glory to God in the highest heaven,
　　　and on earth peace among those
　　　　whom he favors!"

[15]When the angels had left them and gone into heaven, the shepherds said to one another, "Let us go now to Bethlehem and see this thing that has taken place, which the Lord has made known to us." [16]So they went with haste and found Mary and Joseph, and the child lying in the manger. [17]When they saw this, they made known what had been told them about this child.

went to be enrolled together with Mary, who was promised to him in marriage and who was pregnant. [6]While they were there, the time came for Mary to have her baby. **[7]She gave birth to her firstborn child, a son, wrapped him snugly, and laid him in a manger, because there was no place for them in the guestroom.**

[8]Nearby shepherds were living in the fields, guarding their sheep at night. [9]The Lord's angel stood before them, the Lord's glory shone around them, and they were terrified.

[10]The angel said, "Don't be afraid! Look! I bring good news to you—wonderful, joyous news for all people. [11]Your savior is born today in David's city. He is Christ the Lord. [12]This is a sign for you: you will find a newborn baby wrapped snugly and lying in a manger." [13]Suddenly a great assembly of the heavenly forces was with the angel praising God. They said, [14]"Glory to God in heaven, and on earth peace among those whom he favors."

[15] When the angels returned to heaven, the shepherds said to each other, "Let's go right now to Bethlehem and see what's happened. Let's confirm what the Lord has revealed to us." [16]They went quickly and found Mary and Joseph, and the baby lying in the manger. [17]When they saw this, they reported what they had been told about this child.

---

## UNDERSTANDING THE SCRIPTURE

**Luke 2:1-3.** Luke's setting of the historical stage presents several difficulties. Augustus served as emperor of Rome, beginning officially in 31 B.C. and continuing through A.D. 14. However, the term of Quirinius as governor of Syria did not begin until 6 B.C., when he did in fact order a census, but only of Judea. There is no independent historical record of a "worldwide" census or registration ordered by Augustus. Additionally, such registrations did not require a return to one's town of birth or family origin. Another dating issue needing to be noted is that Jesus would have had to have been born sometime before 4 B.C., since that is the year when King Herod, who plays a large role in the Matthew birth account, died.

**Luke 2:4-5.** The distance from Nazareth (a town in south-central Galilee) to Bethlehem in Judah is sixty-nine miles as the crow flies, though Joseph and Mary would likely have walked a route of eighty to eighty-five miles. Bethlehem was less than five miles southwest of Jerusalem. Bethlehem had long been associated with David, and with the prophecy beginning in Micah 5:2 concerning a promised messianic ruler. At the time of Jesus' birth, Bethlehem was a small village of little strategic or economic importance. Luke does not speak, as does Matthew, of an angel's visit to encourage Joseph to take Mary as his wife in spite of her pregnancy. Joseph's role in Luke's narrative story is to provide linkage to the Davidic line and explanation as to how Jesus came to be born in Bethlehem.

**Luke 2:6-7.** "The time came for her" abruptly shifts the narrative from "while they were there" (no indication of how long that was) to the immediacy of birth. "Firstborn" has been a contention for debate, particularly with some traditions that hold to Jesus being Mary's only child. In Luke's usage, and given the background of Matthew's narrative that leads to birth, Luke most likely uses the word to underscore that Mary had borne no other children before Jesus. The wrapping of the child in bands of cloth was a typical act, not something unusual meant to set Jesus apart (see Wisdom of Solomon 7:4). The word translated as "manger" can mean either a feeding trough or a stall. Other apocryphal works (*Protoevangelium of James* 18:1) place Jesus' birth in a cave, of which there were many in and near Bethlehem that were often used for stables.

"Inn" has nothing to do with modern understandings of that word. "Inn" might be either a guest room in a private home or a "caravansary" where traders and others on journeys might find space to spend the night.

**Luke 2:8-14.** The detail of shepherds makes yet another Davidic association, as David had been serving as shepherd for his father's sheep when Samuel anointed him as king (1 Samuel 16:1-13). The fields outside of Bethlehem were likely the hills overlooking the town that have been linked by tradition with the shepherds. "Shepherds" also adds a detail of Luke's interest in those on the margins of society. These were not only common laborers, but traditions of that day viewed shepherds with disdain, separated as they were from society and sabbath worship by long stretches away with the flocks. The angel in verse 9 is not identified, in contrast with the care Luke had taken to name Gabriel as the angel who visited Zechariah (1:19) and then Mary (1:26). As with those previous visitations, this anonymous angel brings the same initial assurance of "do not be afraid" (2:10; compare 1:13, 30). The good news for all people comes in the identity announced for this child: Savior and Messiah (2:11). Mary in her Magnificat had earlier rejoiced in God "my Savior" (1:47). The title of "savior" was used in both the contemporary Greco-Roman and the Hebrew Scriptures. In the latter, it is used of individuals God used to bring deliverance (2 Kings 13:5). "Messiah" (the Greek form of this word is "Christ" or *Christos*) literally means "anointed one." Rulers were anointed, as is the case for David when Samuel anoints him even though Saul still reigns (1 Samuel 16:13). "Host," as in "heavenly host," is actually a military term. Only here, the "army" of angels brings not the threat of war but the announcement of peace. That announcement is a subtle political statement. Augustus had prided himself on bringing peace to the empire. Here, the mangered Christ is proclaimed as the sign of God's peace.

**Luke 2:15-17.** Unlike Matthew's birth narrative, there is no star to guide the shepherds.

They have only the "sign" to be sought of a swaddled newborn in a manger. If the traditions that place the birthing in a stable or cave used for such purposes were commonly known, it would be quite understandable for the shepherds to know where such places were located in order to seek them out first. Such knowledge would have been especially helpful, since the setting for this is at night. Their discovery of the couple and the child leads to the shepherds making known what they had been told. Thus, they do for the family what the angel had done for them: bring good news.

**Luke 2:18-20.** "All who heard it were amazed" (2:18) raises an interesting question: does "all" infer a larger group than the couple and the shepherds present? Were there others from Bethlehem there, perhaps following the middle-of-the-night commotion provided by the shepherds on their search for the sign? Luke leaves the matter unclear. The reaction of the "all," whoever they might have been, is amazement. It is the same word used to describe the later amazement of these same parents at the blessing of their child by Simeon (2:33). Mary's treasuring of these words brought by the shepherds is later echoed when she treasures "these things" in the wake of the episode involving her and Joseph's search for their now twelve-year-old son at the Temple (2:51). The returning shepherds are described as "glorifying and praising God" (2:20)—the same activity of the angels when they brought their message to the shepherds. The lowly ones in Luke "get it"—and the gospel of Jesus the Christ begins to unfold.

## INTERPRETING THE SCRIPTURE

### The Storied Birth

Familiar stories can be the hardest ones to engage, for familiarity breeds an assumption that we have seen it and heard it all before. So where are the places in this most beloved of stories that might catch us again with its newness, or its freshness?

To begin with, let us remember that, in its day, it would have been an easily overlooked story. That, in one sense, is the point of Luke beginning this narrative with this very intentional listing of all the important persons in all their important places—all of whom are oblivious to the birthing. There is Augustus, seated on the imperial throne in Rome, at the head of that day's most renowned world power. There is the emperor's governor of Syria, seeing to it that Rome's and Augustus's decrees are duly followed. And if you go back to Luke's first chapter, there is King Herod, presiding over life in Judea, though at the beck and call of Augustus. These are the persons in charge, the powers that control. Yet in Luke's telling, they are left out of the loop of their day's most decisive event. In their eyes, a Jewish baby, born in some out-of-the-way provincial town, whose Davidic memories were just that, would hardly have merited a blip on the radar screen of things to keep track of.

And let us also attend to the story of the birth. You would have thought that Luke would have spared no details in giving us every single bit of information possible about the birth. This was, after all, the Savior and Messiah. You'd think a court biographer would have wanted to start the legends growing at the very outset.

But no. The birth story itself is actually limited to one single verse. Nothing extravagant. No breaking open of the heavens. No miracle child who comes out of the womb ready to preach or do calculus. A child is born and swaddled. And his parents had to settle for a feeding trough, as nothing else was available in town. Period.

The narrative of Jesus' birth is not a Steven Spielberg special effects production. It is . . . well . . . what it is. Perhaps it is, as this newborn might later have put it, a mustard seed birth. So small as to be overlooked by the likes of Augustus and Quirinius and Herod, but a birth that would eventually outsize the memory of them all.

Is that the storied birth you remember?

### Anointed Ones

As I write this, one political party in the United States is engaged in discerning who will be the "one" to carry their hopes and dreams for retaking the White House; the other party meanwhile is no doubt hoping that the "one" elected in 2008 will once again have the powers of the presidency invested in him. Hopes and dreams and power: of such things are messiahs sought.

I do not mean by the previous paragraph to suggest that presidential candidates should be viewed messianically, although, to our great misfortune, they often are. Nor do I mean to equate such figures with what the Judeo-Christian narratives have longed for or declared as God's Messiah. Rather, it is to attempt to unpack the layers of meanings that come in the Jewish term "Messiah" or its Greek translation of "Christ."

In the decades immediately preceding and following Jesus' birth, messianic expectations were rampant. That is, the hopes and dreams of God's promised Messiah being finally given were high. The Zealots in particular were a group within first-century Judaism who were especially eager for God to fulfill that promise of a Deliverer who would rid their nation of Rome's occupation (that is where "power" intersects with the meaning of "Messiah"). They awaited a nationalistic warrior who would free the land—and with that as their philosophy, they were not above forcing God's hand by their own acts of violence and finally rebellion in the latter third of the first century.

In our own time, messianic hopes and expectations—and the power associated with such views—sometimes make their way into our consciousness. The *Matrix* movie trilogy is a thinly veiled messianic exploration, where the character Neo (a Latin word meaning "new") is clearly identified as the One awaited.

Messianic hopes and associations in Luke's narrative explain the intentionality of the Davidic background of Bethlehem and Joseph. But Luke's Messiah is a far cry from the warrior-king of the Zealots, and not a few militant versions of Christian faith today. Rather, to see the outlines of the Messiah whose birth is heralded in Luke, one must return to the hopes and dreams— and power—celebrated by Mary in her song of praise called the Magnificat. For Luke's Messiah, as sung by Mary and as narrated in Luke's further narratives, is the One who scatters the proud rather than joins them. Luke's Messiah does not sit on a throne, but brings thrones down (1:52) while lifting up the lowly whom the powers of that day (and too often our own) seek to keep down.

These reasons explain the danger of placing messianic-style hopes on political leaders or systems of this or any day. In the end, all such powers and systems tend to look out for themselves and to hold on to their own power. God's Anointed One seeks out the vulnerable, and brings the power not of cobbled special interests but of God's hand in creation and God's purpose for justice. And that is why angels sing of peace for those God favors, for God's Messiah embodies that favor and will settle for nothing less than that peace, that *shalom*, of God.

### All the People

The angels sing of the newborn child not only as Messiah but as Savior. So exactly what (and whom) does that salvation include and embrace?

Luke speaks of the shepherds being given a sign to identify the Child. But here in the narrative, the shepherds themselves become at least partially a sign of that promised salvation. For the news of Christ's birth is given to them: outsiders. To folks on the margins, the presence of the shepherds in the birth narrative declares God's love for them too. It is to Luke's narrative credit that he also does not suggest that salvation comes only to those on the outside. No, the gospel declaration is "news of great joy for *all* the people" (2:10, emphasis added).

Luke is quite consistent on that message throughout his Gospel. Jesus heals the servant of a centurion in chapter 7. Lest we forget, centurions were officers of the much-maligned occupation forces of Rome.

Jesus tells a story in chapter 10 where a despised Samaritan is the hero in his care and compassion of another. And perhaps most unsettling, in Luke 15 Jesus tells the parable of a father who loves both his prodigal son and his dutiful one as well. Salvation is not just for the insiders; it is for the outsiders as well. Salvation is for all, which can be a hazardous word to proclaim, much less embody in community, when we are so accustomed to drawing lines and building walls and fencing others out, when they don't rise up (or fall down) to meet our standards of righteousness.

Because our standards notwithstanding, Christmas is about news of great joy for *all* the people. Alleluia!

## SHARING THE SCRIPTURE

### PREPARING TO TEACH

#### Preparing Our Hearts

Explore this week's devotional reading, found in Galatians 4:1-7. Written to readers who were in a spiritual crisis because of people, likely Jewish Christians, who highly esteemed the Mosaic law, Galatians is a very significant writing because it focuses on justification by faith. In chapter 4, Paul is continuing the discussion begun in chapter 3 about the purpose of the law. Today's devotion connects with Christmas in verses 4-5. What do you learn here about God's purpose in sending Jesus in human form? Rejoice and give thanks as you contemplate this passage.

Pray that you and the adult students will not only celebrate Jesus' birth but also share this good news with others.

#### Preparing Our Minds

Study the background Scripture from Luke 2:1-20, and the lesson Scripture from Luke 2:1-17.

Consider this question as you prepare the lesson: *What makes the birth of a child miraculous?*

Write on newsprint:
- ❏ information for next week's lesson, found under "Continue the Journey."
- ❏ activities for further spiritual growth in "Continue the Journey."

Review the "Introduction," "The Big Picture," "Close-up," and "Faith in Action." Consider how you will use this additional information, which immediately precedes the first lesson, for this session.

### LEADING THE CLASS

#### (1) Gather to Learn

❖ Greet the class members. Introduce any guests and help them to feel at home.

❖ Pray that the learners will joyously celebrate the birth of the Savior.

❖ Note that every human has a birth date, so births and anniversaries of births are commonly celebrated in many cultures. Yet most people's birthdays are not observed beyond the honoree's own family and circle of friends. Ask: **What makes Jesus' birth so special that people around the world and across the ages pause to celebrate his birth?**

❖ Read aloud today's focus statement: **New parents marvel at the miracle of birth. What makes the birth of a child miraculous? The angels announced to the shepherds the most miraculous birth of all—Jesus, Savior, Messiah, and Lord.**

*(2) Goal 1: Investigate the Story of Joseph and Mary's Journey to Bethlehem and Jesus' Birth*

❖ Introduce today's Scripture by reading "The Storied Birth" from "Interpreting the Scripture."

❖ Invite one volunteer to read Luke 2:1-7. Encourage the students to comment on what they know about the rulers and census mentioned here. Add information from Luke 2:1-3, 4-5, 6-7 in "Understanding the Scripture." Ask:

1. **Why might Luke have given such a specific political setting to this story?**
2. **Unlike Matthew's birth narrative where Joseph plays an important role, he is in the background in Luke's account. What role does Joseph play for Luke?**

❖ Choose a volunteer to read Luke 2:8-20, which includes the background Scripture.

1. **What role do the angels play in this story?**
2. **How do the shepherds represent many of the people we find in Luke's Gospel?** (See "All the People" in "Interpreting the Scripture.")
3. **Had you heard about this event, what questions would you have wanted to ask the shepherds after their visit to the manger?**
4. **In what ways do these lowly shepherds serve as role models for us?**

(Notice that they listened, responded immediately, praised and glorified God for what they had been privileged to witness, and shared the good news with others.)

*(3) Goal 2: Reflect on the Meaning of "Messiah" in Contemporary Times*

❖ Read "Anointed Ones" in "Interpreting the Scripture" to help participants understand how Jesus did, and did not, meet Jewish expectations for a Messiah. Invite class members to add any other first-century expectations for the Messiah.

❖ Read: **Although we know the word "Messiah" also means "Christ" and "anointed," we have to look further to fully understand what it means to say that Jesus is the Messiah. Recall in Mark 8:29 that Peter states that Jesus is the Messiah. Immediately, though, we see that he does not understand that the identity of the Messiah and that of his followers is rooted in suffering, rejection, and death for the sake of God's kingdom. Cross bearing is an integral part of following Jesus, the Messiah.**

❖ Form several small groups and ask each one to discuss this question: **What do people today mean when they refer to "a messiah" or "the Messiah"?**

❖ Reunite the groups and hear responses. Then ask:

1. **How do current definitions reflect a biblical understanding of "Messiah" as related to Jesus?**
2. **How do current definitions skew or revise a biblical understanding of "Messiah" as related to Jesus?**
3. **How do you think people's understandings of "Messiah" shape their willingness to accept Jesus as Savior, Messiah, and Lord?**

*(4) Goal 3: Identify the Saving Work of Jesus in the World Today*

❖ Post several sheets of newsprint around the room and provide markers.

Label one (or more, if the group is large) sheet "Saved From" and another "Saved For." Encourage participants to go to both sheets and list at least one idea. For example, "saved from estrangement from God"; "saved for telling the good news of Jesus." Many answers are possible, and one response may be written by several students. Review the recorded ideas.

❖ Ask: **Where do you see Jesus' saving work going on in the world today?** (This is an excellent place to tie in the quarterly theme of "justice." People who have experienced Jesus' salvation will treat others justly. Christians will work against oppression, discrimination, and domination to create a society that treats all people as those made in God's own image.)

*(5) Continue the Journey*

❖ Pray that the learners will tell others the good news that a Savior has been born.

❖ Read aloud this preparation for next week's lesson. You may also want to post it on newsprint for the students to copy.

■ **Title: Jesus Is Presented in the Temple**

■ **Background Scripture: Luke 2:21-40**

■ **Lesson Scripture: Luke 2:25-38**

■ **Focus of the Lesson: All people desire to live in freedom. In what way and through whom is this desire fulfilled? Simeon and Anna anticipated the presentation of the baby Jesus in the Temple because they recognized Jesus as the just**

**fulfillment of the prophecy of the coming Messiah.**

❖ Post these three activities related to this week's session on newsprint for the students to copy. Challenge the adults to grow spiritually by completing one or more of them.

(1) **Ponder the significance of the birth of Jesus as you prepare to celebrate Christmas. How is Jesus' birth significant for the world? How is his birth significant for you personally?**

(2) **Visit a hospital, nursing home, or other institution to bring joy to those who may have no one with whom to celebrate Christmas. Since such persons are often forgotten, try to bring a Christmas card for each one you will visit. If possible, see if you could continue visiting or doing other volunteer work there once the holidays are over.**

(3) **View some art or listen to some Christmas music that causes your spirit to soar as you think of the coming of the Savior, Messiah, and Lord.**

❖ Sing or read aloud "He Is Born."

❖ Conclude today's session by leading the class in this benediction, which is adapted from James 1:22, the key verse for February 2: **Let us go forth to be doers of the word, and not merely hearers who deceive themselves, so that all people may experience the just reign of God. Amen.**

UNIT 1: GOD SENDS JESUS

# JESUS IS PRESENTED IN THE TEMPLE

---

## PREVIEWING THE LESSON

**Lesson Scripture:** Luke 2:25-38
**Background Scripture:** Luke 2:21-40
**Key Verses:** Luke 2:30-31

### Focus of the Lesson:
All people desire to live in freedom. In what way and through whom is this desire fulfilled? Simeon and Anna anticipated the presentation of the baby Jesus in the Temple because they recognized Jesus as the just fulfillment of the prophecy of the coming Messiah.

### Goals for the Learners:
(1) to explore Jesus' being presented in the Temple.
(2) to consider the importance of being role models for children.
(3) to decide how they might live holier lives.

### Pronunciation Guide:
Asher (ash' uhr)
Elkanah (el kay' nuh)
Nunc Dimittis (noonk di mit' is)

Phanuel (fuh nyoo' uhl)
Simeon (sim' ee uhn)
Torah (toh' ruh)

### Supplies:
Bibles, newsprint and marker, paper and pencils, hymnals

---

## READING THE SCRIPTURE

NRSV

Lesson Scripture: Luke 2:25-38

<sup></sup>25Now there was a man in Jerusalem whose name was Simeon; this man was righteous and devout, looking forward to

CEB

Lesson Scripture: Luke 2:25-38

25A man named Simeon was in Jerusalem. He was righteous and devout. He eagerly anticipated the restoration of Israel, and the

the consolation of Israel, and the Holy Spirit rested on him. 26It had been revealed to him by the Holy Spirit that he would not see death before he had seen the Lord's Messiah. 27Guided by the Spirit, Simeon came into the temple; and when the parents brought in the child Jesus, to do for him what was customary under the law, 28Simeon took him in his arms and praised God, saying,

29    "Master, now you are dismissing
        your servant in peace,
        according to your word;
30    **for my eyes have seen your salvation,**
31    **which you have prepared in the
        presence of all peoples,**
32    a light for revelation to the Gentiles
        and for glory to your people Israel."

33And the child's father and mother were amazed at what was being said about him. 34Then Simeon blessed them and said to his mother Mary, "This child is destined for the falling and the rising of many in Israel, and to be a sign that will be opposed 35so that the inner thoughts of many will be revealed— and a sword will pierce your own soul too."

36There was also a prophet, Anna the daughter of Phanuel, of the tribe of Asher. She was of a great age, having lived with her husband seven years after her marriage, 37then as a widow to the age of eighty-four. She never left the temple but worshiped there with fasting and prayer night and day. 38At that moment she came, and began to praise God and to speak about the child to all who were looking for the redemption of Jerusalem.

Holy Spirit rested on him. 26The Holy Spirit revealed to him that he wouldn't die before he had seen the Lord's Christ. 27Led by the Spirit, he went into the temple area. Meanwhile, Jesus' parents brought the child to the temple so that they could do what was customary under the Law. 28Simeon took Jesus in his arms and praised God. He said, 29"Now, master, let your servant go in
        peace according to your word,
30**because my eyes have seen your salvation.**
31**You prepared this salvation in the
        presence of all peoples.**
32It's a light for revelation to the Gentiles
        and a glory for your people Israel."

33His father and mother were amazed by what was said about him. 34Simeon blessed them and said to Mary his mother, "This boy is assigned to be the cause of the falling and rising of many in Israel and to be a sign that generates opposition 35so that the inner thoughts of many will be revealed. And a sword will pierce your innermost being too."

36There was also a prophet, Anna the daughter of Phanuel, who belonged to the tribe of Asher. She was very old. After she married, she lived with her husband for seven years. 37She was now an eighty-four-year-old widow. She never left the temple area but worshiped God with fasting and prayer night and day. 38She approached at that very moment and began to praise God and to speak about Jesus to everyone who was looking forward to the redemption of Jerusalem.

## UNDERSTANDING THE SCRIPTURE

**Luke 2:21-24.** Circumcision was traditionally done on the eighth day after birth (Leviticus 12:3). This is the first of several elements and assertions in this passage that reveal Jesus' strong moorings in Jewish tradition. The one break with tradition is Luke's noting that the name Jesus came not

from his father but from the angel, a detail that calls to mind Elizabeth's earlier declaration that her child was to be named "John" (1:59-60), with father Zechariah simply confirming that naming. The rite of purification Luke identifies was for the mother, coming forty days after the birth of a son or eighty days after the birth of a daughter. The timing as well as the sacrifices prescribed for purification are detailed in Leviticus 12:2-8. Unlike circumcision, which typically was done in the family's town, the rite of purification was to be done at the Temple. Luke's describing this event as "their" purification is misleading, as it related only to the mother.

**Luke 2:25-26.** The identification of Simeon as a "righteous" man is an intriguing detail. The Greek word Luke uses there can also be translated as "just." It is the same word used in Matthew 1:19 to describe Joseph, and implies there why Joseph was not willing to hold Mary up to public disgrace for her pregnancy. It is also the same word used to describe another Joseph at the end of Luke's Gospel, whose "justice" not only dissented from Jesus' condemnation but who then stepped forward to care for Jesus' lifeless body after his crucifixion (Luke 23:50). Yet another parallel between Simeon and Joseph of Arimathea comes in Luke using the same word to describe both as oriented toward and waiting for God's promised future. The role of the Holy Spirit will be key in the whole of Luke's Gospel, even as God's Spirit has already entered the narrative in 1:15 (John), 1:35 (Mary), 1:41 (Elizabeth), and 1:67 (Zechariah).

**Luke 2:27-32.** Luke notes here that the Child has been brought into the Temple to again observe Jewish law and custom. The custom here is that of the presentation of the firstborn (Exodus 13:2, 11-16)—a separate act from the purification rite for the mother. Luke omits mention of the customary payment of five shekels (Numbers 18:15-16). The Child is the focus in this ritual, a focus that takes shape in the narrative as Simeon takes the infant in his arms. Because of the earlier indication that Simeon had been promised to see the Messiah before he died, some interpreters hear "now you are dismissing your servant in peace" as Simeon's declaring he is ready to die. The meaning of "dismissing," however, need not be that

extreme. It could also represent Simeon acknowledging God's "loosing" or "freeing" him from having to watch for God's Messiah, for the watch is now over. The blessing of Simeon in verses 29-32 is often called the Nunc Dimittis, based on the Latin form of the song's first two words. Simeon grounds his celebration of messianic celebration in imagery that draws deeply on Isaiah's anticipations of a "light" for the Gentiles and "glory" to Israel (2:32).

**Luke 2:33-35.** The amazement of the parents at Simeon's words echoes earlier amazement at the words of the shepherds (2:18) and Jesus' own later amazement at the faith of a centurion (7:9). Where Simeon had earlier blessed God, now Simeon turns his words of blessing upon the parents. Commentators have noted frequent parallels in the birth stories of Samuel (mother Hannah) and Jesus (mother Mary). Both women are attested to have miraculous births made possible by God. Both women sing songs filled with joy and justice in anticipation of these promised births (1 Samuel 2:1-10; Luke 1:46-55). And here, the prophetlike figure of Simeon blesses Joseph and Mary, even as the prophet Eli had once blessed Elkanah and Hannah (1 Samuel 2:20). Here in Luke, however, Simeon's blessing speaks specifically to Mary. The positive aspect of the revelation this child will bring (Luke 2:32) will now be accompanied by a more negative revelation in verse 35. The "sign that will be opposed" (2:34) bears ominous hints about Jesus' own teachings concerning signs (11:29-30) and his own identity as a "sign" evoking repentance. Many commentators relate the "sword" that will pierce Mary's soul to be her anguish at the cross. Interestingly, however, Luke does not have Mary present at the cross. Joseph Fitzmyer in *The Gospel According to Luke I–IX* suggests instead that this "piercing" may relate to the priority Jesus later places on followers over and above family ties (see 8:19-21 and 11:27-28, and even 2:48-50).

**Luke 2:36-38.** As Luke prefaced the narrative of Jesus' birth with Zechariah and Elizabeth, so now that narrative of birth draws to a close with Simeon (already explored above) and Anna. Luke clearly identifies Anna as a prophet, in the mainstream of Jewish traditions identifying women as prophets: for example, Deborah and Miriam and Huldah. The detail of Anna's age is obscured by the Greek grammar here: it could mean she is eighty-four years old, as followed in the NRSV, or it could mean that she has been a widow for eighty-four years. Like Simeon, Anna is intimately connected to the Temple, especially its worship and prayers. Luke does not clarify whether Anna speaks immediately upon seeing the child, or hearing Simeon, or something of both. Luke does use the same verb for her "looking for" Jerusalem's redemption as of Simeon's "looking forward" to Israel's consolation. Like Simeon, Anna's words about the child are woven into praise of God.

**Luke 2:39-40.** Luke closes this narrative as he began, asserting Joseph and Mary's keeping of Jewish tradition and custom. Unlike Matthew, there is no flight to Egypt to narrate, only a return to their home in Nazareth of Galilee. Galilee is the region geographically separated from Judah by Samaria. The summary statement in verse 40 about Jesus' development resembles a similar declaration about John (1:80). Where the two statements differ is in Luke's attribution to Jesus of wisdom and favor (*charis*, the Greek word most usually translated as "grace").

---

## INTERPRETING THE SCRIPTURE

### A Templed Story

In "Understanding the Scripture" we noted that at the beginning and ending of this passage Luke lifts up how Mary and Joseph kept Jewish customs and laws, thus demonstrating Jesus' moorings in Judaism. That truth is indicative of even broader "bracketing" of Luke's entire Gospel. For it begins (1:9) and ends (24:53) in the Jerusalem Temple.

The Jerusalem Temple signified the heart of Jewish worship and custom. While the observance of Torah was the practical grounding of what it meant to be a Jew, the Temple remained the unifying and tangible symbol of Judaism. By centering his Gospel within the "bookends" of Temple episodes, Luke confirms Jesus' roots in Judaism. Jesus does not enter the scene or carry out his ministry as someone bent on destroying his tradition. Time and again, on the part of his parents and later in his own life, Jesus keeps those traditions. While some view Matthew as the most "Jewish" of Gospels, there is an argument to be made that Luke merits that title. In grounding Jesus' life and ministry so centrally in Judaism, Luke serves as a foil to any and all who would seek to remove Jesus from his Jewish moorings or, in the process, denigrate or deny the value of those traditions in times ancient or modern.

One of the earliest heresies in the church sought to strip the Old Testament from the canon of Scripture, as if it held no value. But if that were so, for example, why would Jesus declare in his hometown synagogue that, having read a passage from Isaiah, "today this scripture has been fulfilled in your hearing" (4:21)? The desire to strip Jesus of his grounding in Judaism and its traditions goes to the heart of what anti-Semitism has always sought to accomplish. De-Judaizing Jesus made possible the obscenity of the Holocaust, and still drives the efforts of those who want to claim the mantle of Jesus' name while scourging Jews as Christ-killers. The extraordinary irony of all this comes in today's passage, where Jesus' naming takes place in the Jewish Temple, in Jewish ritual, by parents who would raise their child as a Jew, and a child who would be in his adult ministry not a destroyer of that tradition, but a reformer, and one who came as its fulfillment.

## What the Future Holds

Here we are, eight days after the joyous celebration of Jesus' birth. You would think that the gospel would still be all wonder and praise and thanksgiving. And largely, that is the case, especially when Simeon takes the Child in his arms and praises God with words that give assurance that the Messiah has come. This is the One!

But even as he holds the Child in his hands, Simeon is moved to speak what the future holds. Luke sets those words in the midst of a blessing of the parents. But for Simeon, the future holds mixed blessings: "This child is destined for the falling and the rising of many in Israel" (2:34). We like it when prophets—not to mention preachers—give us good news. We want to hear that Jesus will result in "risings," especially since "risings" translates a word that elsewhere is translated as "resurrections." We like it when Christmas and Easter merge! But Simeon also reveals there will be "fallings"—in other words, to continue in that seasonal language and imagery, you can't get from Christmas to Easter without Lent.

The future for this child is also revealed by Simeon to be a place of opposition, and for Mary, a place of piercing. By the time Simeon stops speaking, you wonder if he is the proverbial wet blanket, like the crotchety old relative at a family gathering after a baptism that rambles on about how bad things are these days.

But Simeon is not rambling. He is truth-telling. The Messiah whom he lifted in joy,

and with good reason, will face difficult days, as will those who love him. Simeon anticipates this Messiah will not be the conquering hero who stomps his boot on the throats of enemies. Simeon anticipates this Messiah will leave it to folks to make their choices about faith or unfaith, the Messiah given to quoting Isaiah who will in the end be much like the servant in Isaiah 52–53. In some ways, these words of Simeon in Luke serve the same purpose of the story of Herod's pursuit after this child in Matthew. The Messiah has come, but the transformation from the powers that be to the power that will be is going to take time. And cost. And discipleship.

Thanks to Simeon, Christian hope is not giddiness over a newborn. Christian hope is trustworthiness that God's promises will be kept, even and especially through the times that test those promises the most.

## Role Models

One way to more deeply enter into biblical stories is to imagine oneself as one of the characters. What would this look like from the inside? How might your character become a role model for faithfulness?

Surely Mary and Joseph witness to the importance and value of grounding our children—and grounding ourselves—in one's traditions. Being raised in a tradition, and keeping its custom as adults, is not a sign of narrow-mindedness—at least, it need not be. One occasionally hears from the experience of those engaged in ecumenical dialogues that the best partners are those whom have clearly held positions on faith and theology. At least then you know whom you are talking to, and where you are talking from. Rigidity is no virtue, but then neither is formlessness.

The other set of potential role models in this passage is Simeon and Anna. I take hope in Luke's assertion of Anna's advanced age and the implication of Simeon's as well. Sometimes we stereotype the elderly as those incapable of change, locked into nostalgia. As to the former, we fail to remember how much change they may have seen and adapted to in comparison with our own limited experience. I think of my grandmother, born in 1891 and living until 1986. Growing up on a farm where horses were the norm of travel, to flying on a jet to visit her son, to watching on a television (whose popularity did not catch on until she was well into her sixties) while Neil Armstrong stepped onto the moon. Incapable of change? Give me a break!

So also with Simeon and Anna. For besides their age, the one attribute Luke assigns to both is looking forward. Unlike countless others who likely saw the Child that day (and in days to come), they had so disciplined themselves to God's future that they recognized the Messiah's and redemption's coming in that child.

Where are our eyes set? What is it we might miss by our own incapacity to accept change—by our own resistance to the future, by being caught up in nostalgia for things as they used to be (or, should I say, as we think they used to be but really never were)? These two elders, Simeon and Anna, hold the promise of role models for us. Role models for the future, role models for hope, role models for prayer and expectancy that issue in praise of God.

---

## SHARING THE SCRIPTURE

### PREPARING TO TEACH

#### Preparing Our Hearts

Explore this week's devotional reading, found in Isaiah 49:8-13. These verses expand on the second "Servant Song," found in Isaiah 49:1-6. We hear God promise to gather the exiles in Babylon and other scattered Israelites and bring them all home to the Promised Land. This would be a dream come true, but it was surely not far-fetched. Isaiah's audience knew that centuries earlier God had liberated the Hebrew slaves from Egypt. Ponder these questions: What holds you in bondage? What can God do to comfort and free you?

Pray that you and the adult students will recognize and give thanks for the life-giving freedom that comes only from God.

#### Preparing Our Minds

Study the background Scripture from Luke 2:21-40, and the lesson Scripture from Luke 2:25-38.

Consider this question as you prepare the lesson: *In what way and through whom is the desire to live in freedom fulfilled?*

Write on newsprint:
- ❑ information for next week's lesson, found under "Continue the Journey."
- ❑ activities for further spiritual growth in "Continue the Journey."

Review the "Introduction," "The Big Picture," "Close-up," and "Faith in Action." Consider how you will use this additional information, which immediately precedes the first lesson, for this session.

### LEADING THE CLASS

#### (1) Gather to Learn

❖ Greet the class members. Introduce any guests and help them to feel at home. Be mindful that since this is the Sunday between Christmas and New Year's Day, you may have out-of-town guests, and you also may be missing some regular attendees.

❖ Pray that the learners will marvel at the way God fulfills prophecy.

❖ Invite the learners to comment on how this Christmas may have been special for them. Be sensitive to the fact that for some the "specialness" may have been a challenge, such as the first Christmas without a loved one. Although this question does not relate specifically to today's lesson, its open-endedness should encourage visitors and casual attendees to join the discussion.

❖ **Option:** Brainstorm answers to this question and list ideas on newsprint: **As you think back over the centuries preceding Jesus' birth, what prophecies do you recall that seem to be fulfilled in the coming of Jesus?**

❖ Read aloud today's focus statement: **All people desire to live in freedom. In what way and through whom is this desire fulfilled? Simeon and Anna anticipated the presentation of the baby Jesus in the Temple because they recognized Jesus as the just fulfillment of the prophecy of the coming Messiah.**

*(2) Goal 1: Explore Jesus' Being Presented in the Temple*

❖ Use Luke 2:21-24 from "Understanding the Scripture" to introduce today's Bible lesson.

❖ Call on four volunteers to read Luke 2:25-28, 29-32, 33-35, and 36-38.

❖ Discuss these questions:

1. **What do you learn about Simeon?**
2. **What does Simeon announce about Jesus?**
3. **Had you been Mary, what questions might you have asked Simeon in response to his words to you in verses 35-36? What fears or concerns might you have had?** (See "What the Future Holds" in "Interpreting the Scripture" for additional ideas.)

4. **How does what you know about Anna give even more credence to Simeon's testimony?**

*(3) Goal 2: Consider the Importance of Being Role Models for Children*

❖ Form four groups and give each a sheet of newsprint and a marker. Assign each group one character: Mary, Joseph, Simeon, or Anna. Each group is to review the Bible story to determine how their assigned character is acting as a role model for Jesus, even though he is too young to understand their impact at that moment. The groups may want to begin their study at verse 21, which is the first verse of the background Scripture. They are to list their ideas on newsprint.

❖ Call the groups together and invite a spokesperson for each group to share its findings.

❖ Ask: **What threads seem to connect all four of these role models?**

❖ Conclude, if time permits, by reading "Role Models" from "Interpreting the Scripture."

*(4) Goal 3: Decide How the Learners Might Live Holier Lives*

❖ Read in unison today's key verses, Luke 2:30-31. Point out that the Scripture makes clear that both Simeon and Anna had lived devout, Spirit-filled lives. They were actively seeking the things of God, especially the Messiah. So when Mary and Joseph came to the Temple, these two elders were spiritually prepared to see and affirm who this baby was.

❖ Distribute hymnals and invite the students to find "Take Time to Be Holy." Sing or read this familiar song. Distribute paper and pencils and encourage the adults to list on the left side of the sheet ways that this song suggests we can be holy. On the right side, they are to give specific information as to how they are enacting the suggestion. For example, if on the left a student has written "speak oft with thy Lord," a specific example may be "I spend twenty minutes in prayer early in the morning." Here's another example: "In joy or in sorrow, still follow the Lord" written on the left may be followed by "even as I am dealing with cancer, I continue to praise God, who is ever with me."

❖ Provide time for class members to share at least one idea for living a holier life. To allow for more participation, ask the adults to talk with a partner or small group about their ideas.

### (5) Continue the Journey

❖ Pray that the learners will make a commitment to holy living.

❖ Read aloud this preparation for next week's lesson. You may also want to post it on newsprint for the students to copy.

◼ Title: Honoring the Sabbath
◼ Background Scripture: Luke 6:1-47
◼ Lesson Scripture: Luke 6:1-11
◼ Focus of the Lesson: Often rules and limitations set by others make it difficult for us to help one another. What causes us to want to help others? Jesus, who is lord of the sabbath, teaches that acts of mercy and justice should be practiced all the time.

❖ Post these three activities related to this week's session on newsprint for the students to copy. Challenge the adults to grow spiritually by completing one or more of them.

(1) Recall that Mary and Joseph acted as faithful Jews in bringing Jesus to the Temple. What religious rituals does your family follow when a child is born? Do these rituals seem to be an affirmation of the family's faith, or are they done just because "that's the way we've always done this"? Which of these rituals would you hope that the rising generation of parents in your family will follow?

(2) Think about leaders in the church who have had an impact on your life. Reread Luke 2:25-38. What characteristics of Simeon and Anna do you see in those contemporary Christians? Which characteristics can you cultivate in yourself?

(3) Be alert, as Simeon and Anna were, for signs of God's grace. What spiritual disciplines can you practice to make you more aware of God's gracious presence? Consider keeping a journal in which you document signs of God's grace. What happened? When? To whom? How did this sign strengthen your own faith?

❖ Sing or read aloud "Go Now in Peace."

❖ Conclude today's session by leading the class in this benediction, which is adapted from James 1:22, the key verse for February 2: **Let us go forth to be doers of the word, and not merely hearers who deceive themselves, so that all people may experience the just reign of God. Amen.**

UNIT 2: JESUS USHERS IN THE REIGN OF GOD
# HONORING THE SABBATH

---

## PREVIEWING THE LESSON

**Lesson Scripture:** Luke 6:1-11
**Background Scripture:** Luke 6:1-47
**Key Verse:** Luke 6:9

### Focus of the Lesson:
Often rules and limitations set by others make it difficult for us to help one another. What causes us to want to help others? Jesus, who is Lord of the sabbath, teaches that acts of mercy and justice should be practiced all the time.

### Goals for the Learners:
(1) to analyze sabbath laws and their conflicts with human need.
(2) to appreciate the priority of human needs being met.
(3) to make a commitment to live so as to honor the sabbath from the perspective of Jesus.

### Supplies:
Bibles, newsprint and marker, paper and pencils, hymnals

---

## READING THE SCRIPTURE

NRSV
Lesson Scripture: Luke 6:1-11

¹One sabbath while Jesus was going through the grainfields, his disciples plucked some heads of grain, rubbed them in their hands, and ate them. ²But some of the Pharisees said, "Why are you doing what is not lawful on the sabbath?" ³Jesus answered, "Have you not read what David did when he and his companions were hungry? ⁴He entered the house of God and took and ate the bread of the Presence, which it is not lawful for any but the priests to eat, and gave some to his companions." ⁵Then he

CEB
Lesson Scripture: Luke 6:1-11

¹One Sabbath, as Jesus was going through the wheat fields, his disciples were picking the heads of wheat, rubbing them in their hands, and eating them. ²Some Pharisees said, "Why are you breaking the Sabbath law?"

³Jesus replied, "Haven't you read what David and his companions did when they were hungry? ⁴He broke the Law by going into God's house and eating the bread of the presence, which only the priests can eat. He also gave some of the bread to his

said to them, "The Son of Man is lord of the sabbath."

⁶On another sabbath he entered the synagogue and taught, and there was a man there whose right hand was withered. ⁷The scribes and the Pharisees watched him to see whether he would cure on the sabbath, so that they might find an accusation against him. ⁸Even though he knew what they were thinking, he said to the man who had the withered hand, "Come and stand here." He got up and stood there. **⁹Then Jesus said to them, "I ask you, is it lawful to do good or to do harm on the sabbath, to save life or to destroy it?"** ¹⁰After looking around at all of them, he said to him, "Stretch out your hand." He did so, and his hand was restored. ¹¹But they were filled with fury and discussed with one another what they might do to Jesus.

companions." ⁵Then he said to them, "The Human One is Lord of the Sabbath."

⁶On another Sabbath, Jesus entered a synagogue to teach. A man was there whose right hand was withered. ⁷The legal experts and the Pharisees were watching him closely to see if he would heal on the Sabbath. They were looking for a reason to bring charges against him. ⁸Jesus knew their thoughts, so he said to the man with the withered hand, "Get up and stand in front of everyone." He got up and stood there. **⁹Jesus said to the legal experts and Pharisees, "Here's a question for you: Is it legal on the Sabbath to do good or to do evil, to save life or to destroy it?"** ¹⁰Looking around at them all, he said to the man, "Stretch out your hand." So he did and his hand was made healthy. ¹¹They were furious and began talking with each other about what to do to Jesus.

---

## UNDERSTANDING THE SCRIPTURE

**Introduction.** The pair of "controversy stories" that form the opening eleven verses (and lesson Scripture) of today's narrative follow on chapter 5's narratives of discipleship, two healings, and table fellowship—including controversy stories triggered by the second of the healings (5:17-25) and Jesus' eating and drinking with "tax collectors and sinners" (5:29-32).

**Luke 6:1-5.** Once more a controversy arises between Jesus and religious leaders related to food. Only now, it is not what or with whom food is eaten, but how and when. The disciples' gleaning of grain was permissible (see Leviticus 19:9-10; 23:22; Deuteronomy 24:19-22). What the leaders took exception to was their plucking (reaping) and threshing (rubbing the grain to get rid of the chaff)—actions the leaders took to be outside the work allowed on the sabbath. It is also important to note that Luke identifies those who objected as "some" of the Pharisees, implying not all. Other pas-

sages suggest Jesus had supporters among the Pharisees (for example, 14:1). The appeal to David by Jesus has a double meaning. First, in the argument with these Pharisees, he makes appeal to an example (1 Samuel 21:1-6) with which they would have been familiar. This argument places the priority of genuine human need above particulars of the law. (Note that the case Jesus cites is not related to sabbath keeping, but regulations specified in Leviticus 24:5-9 involving food otherwise set aside for the priests.) Second, in the wider purposes of this Gospel, Luke can again emphasize Jesus' link to Davidic hopes in the Gospel's portrayal of Jesus as "The Son of David (1:32; 18:38-39). It is notable that Luke's declaration in verse 5, "The Son of Man is lord of the sabbath," does not include the more expansive statement in Mark 2:27 of the sabbath being made for humankind and not the other way around.

**Luke 6:6-8.** Verse 6's designation "on another sabbath" sets the stage for another uproar concerning what is permissible to do on the sabbath. The immediate setting is Jesus' teaching in a synagogue, another textual hint of Luke's anchoring of Jesus within Judaism (see 4:44). The detail that it was the "right hand" that was withered increases the incapacitation and even shame implied, as the right hand was traditionally associated with work and extending greetings, while the left hand was to be used for matters of personal hygiene. The watchfulness of the religious leaders for the sake of entrapment mirrors a later passage, coincidentally also a controversy story involving healing (14:1-6). Luke's attribution to Jesus of knowing the thoughts of others (6:8) occurs elsewhere in 9:47 (when the disciples argue about greatness) and serves as a type of illustration of Simeon's earlier observation that the then-child Jesus was destined "so that the inner thoughts of many will be revealed" (2:35).

**Luke 6:9-11.** Jesus' question to the religious leaders of "Is it lawful" echoes the question they put to him in 6:2. Only here, Jesus focuses not on broad categories of what is lawful or not, but rather on the particulars of whether an act does good or does harm. That contrast is heightened by the parallel construction in the second half of verse 9, where doing good on the sabbath is raised to the level of "saving life," while doing harm is elevated to "destroying [life]." A subtle shift occurs here: now the matter is not what can or cannot be done on the sabbath but rather what *must* be done. In other words, the argument shifts from permissible work on the sabbath to indispensable work on the sabbath. The actual narrative of healing is brief. No gesture or physical action is required by Jesus, only that he speaks. Immediately, restoration follows. Again, restoration is not simply of physical use of the hand, but of the vocational and social actions the withering had limited. Luke's description of the reaction of the religious leaders as "fury" uses a Greek word, which is defined as "folly, madness, foolishness." Luke closes by depicting the consequence of their fury as a vague discussion in verse 11 of "what they might do to Jesus." The parallel account in Mark 3:1-6 ends on a far more sinister note, with the leaders conspiring with the Herodians as to "how to destroy [Jesus]."

**Luke 6:12-16.** Throughout his Gospel Luke frequently depicts Jesus in prayer, though here and the account of the Transfiguration are the only two times where such prayer is set on a mountain (9:28). The detail that Jesus chooses twelve from among his disciples to be named as both disciples and apostles (6:13) reveals that the disciples were a larger group than the Twelve. Luke 8:1-3 makes clear that this larger company of disciples included a number of women. Luke's list of the Twelve parallels lists in Matthew 10:1-4; Mark 3:13-19; and Acts 1:13 (where the list numbers eleven, since Judas has not yet been replaced). None of the lists agree entirely with any of the others. The one constant among them all is that Simon Peter is listed first. One other detail to be noted: in Matthew and Mark, the listing includes or immediately precedes the sending of the Twelve in mission. Here in Luke, the names are simply given; the sending does not come until 9:1-6.

**Luke 6:17-36.** As these verses form the background passage for next Sunday's session, please refer to "Understanding the Scripture" there for comments on Luke 6:17-36.

**Luke 6:37-47.** This set of miscellaneous teachings and parables comes at the end of a portion of Luke referred to as the Sermon on the Plain (unlike Matthew 5, where the setting is a mountainside). The opening two verses offer two negative and two positive commands related to judgment and forgiveness that employ a marketplace metaphor regarding the sale of grain to make their point. The remaining verses consist of four short parables: the blind leading the blind, the log in one's own eye versus the speck in a neighbor's, a tree and its fruit, and the linkage of hearing and doing God's Word with the foundations of homes. The latter parable (6:46-49) closes the sermon, even as Matthew's version of the parable concludes his account of Jesus' sermon (Matthew 7:24-29).

## INTERPRETING THE SCRIPTURE

### Sabbath Traditions

Underlying these two stories and their interpretations is the role and place of sabbath in first-century Judaism. Sabbath keeping was not a minor observance among others for practicing Jews, of which Jesus was one. Walter Brueggemann speaks of sabbath's centrality this way: "In the final form of the text of the Old Testament, sabbath has become a defining mark of Jewish faith—a visible, regular discipline that distinguishes members of that faith community from the general culture in which it lives." Sabbath keeping was, in other words, at the heart of Jewish identity and community.

The (stereo)typical way this and similar passages are often viewed by the church is that Jesus comes along and either reduces sabbath's importance or reveals what a legalistic sham first-century Judaism had become in its overly scrutinized and joyless observance of sabbath. Amy-Jill Levine writes cogently and persuasively to bring those preconceptions to light—and then to challenge them with the truth of Jesus' own sabbath-keeping—as she reflects on this story in particular and Jewish sabbath tradition: "The impression is symptomatic of a larger view of Judaism as a straitjacket with thousands of picky injunctions, and of Jews fearful that if they violate one commandment, they would face the wrath of an angry God. . . . The tendency to depict 'Judaism' as in need of correction by Jesus yields to a picture of Jesus firmly within his tradition."

The core of Jewish tradition surrounding sabbath comes in the two versions of the Ten Commandments (Exodus 20:8-11; Deuteronomy 5:12-15). Exodus connects sabbath observance to God's work of creation in six days, and God's resting upon the seventh day. Sabbath calls us to remember and celebrate the God who gives life to us and to all. Deuteronomy also connects sabbath observance to God's work of deliverance from slavery in Egypt. Sabbath calls us to remember and celebrate the God who brings freedom to us all.

So consider those core themes of sabbath tradition in the light of our healing text from Luke. Jesus firmly stands within those traditions, celebrating sabbath by restoring life and freedom to this individual. The fact that at the outset of the story Luke attributed objections to *some* Pharisees (6:2) is indicative that others took no exception to the action of the disciples in the fields, or of Jesus in the synagogue. The suggestion that some Jewish leaders at this time were narrow-minded or blinded to their own traditions is no more a condemnation of Judaism than is the stark fact of many Christians in the pews and leaders today who are equally, if not more, narrow-minded in religious matters a condemnation of Christianity as a whole. Leaders of any tradition always grapple with the issue of power and control.

Jesus does not enter the scene in Luke as a destroyer of sabbath and Judaism, but as one who challenges narrow, legalistic interpretations of laws concerning the sabbath. That challenge continues to resonate within the church when we twist tradition away from encounter with God and into a litmus test for our peculiar interpretations of it.

*Priorities*

An old series of television commercials about traveler's checks depicted various crises encountered when folks who were away from home lost their cash and did not have the benefit of traveler's checks. The question always asked was, "What will you do? What *will* you do?"

In one sense, that is precisely how Jesus turns this questioning of his and his disciples' sabbath actions back upon the questioners: "I ask you, is it lawful to do good or to do harm on the sabbath?" (Luke 6:9). In other words, what will you do?

It is a tactic Jesus uses elsewhere. In 13:1-5, questioners intimated that a group of Galileans apparently massacred by Pilate and eighteen people who were killed when a tower fell were worse sinners than others. Jesus replies, "No, I tell you; but unless you repent, you will all perish as they did" (13:5). In other words, don't worry about what someone else may or may not have done. What will you do?

The turning of the question into "What will you do?" whether of those who inquire about innocent victims or about sabbath healings, puts faith's priorities into place. Faith is not about conjecture regarding others. Faith is about what you and I do within the circumstances presented to us. In the case of the passage of Luke before us today, faith is about the priority of doing good and saving life. On such acts there are no restrictions or inhibiting traditions, sabbath or otherwise. The priority of faithfulness to God unfolds when it comes to making choices as to whether one will do good—or do harm.

The stinging irony of the Luke passage is that, as it ends, those who question what Jesus "does" on the sabbath end in a sabbath conversation on what they will "do" with Jesus. They, too, engage in "work." Only theirs is the work that leans strongly in the direction of doing harm, or as Mark's account of this story makes tragically clear: they conspire on the sabbath as to "how to destroy him" (Mark 3:6). Sabbath keeping is not a contrast between doing something and doing nothing. Rather, the real sabbath question is what will you do? Will you do good or do harm?

*Sabbath Keeping Today*

That priority Jesus identifies of doing good brings a fascinating dimension to the contemporary conversation of how we keep sabbath today. It is a lively topic, with many articles and books that explore sabbath keeping from a Christian perspective. It is also a challenge, especially for those who themselves or whose spouses by necessity work on the traditional day of sabbath (be it Sunday or Saturday for you). Firefighters and nurses, 911 dispatchers and nursing home staff cannot simply abandon Sundays or Saturdays. It is not simply that the world does not work that way. It is also that the sabbath does not work that way either, for the good those folks do is needed 24/7, even on the sabbath. The challenge in those cases is to carve out another day as sabbath for its keeping and renewal and restoration.

Clearly both Jewish and Christian tradition link worship with the keeping of sabbath, and rightly so. Worship that gathers to celebrate God as Creator and Redeemer of all holds to the ancient traditions of sabbath's meaning identified earlier from the accounts of the Ten Commandments.

But worship alone is not the fulfillment of sabbath.

Contemporary ideas of sabbath keeping expand into other disciplines. Some find the experience of sabbath rest in setting aside for the day the technology that drives our lives and often works to the point where we might never be "off" unless we intentionally unplug from the Internet and the cellphone and all manner of pads and pods and things that go "beep" in the night and in the day. Others experience sabbath rest in spending time with families and friends, or in solitude with a good book or a renewing place in creation.

However, contemporary ideas of sabbath can also become prescriptions that "must" be done, but "must" verges on the edge of legalism and duty, rather than the restorative gift of sabbath's life and freedom. The earlier section's question remains vital: What will *you* do? What will you do that is more restorative than obligatory when it comes to sabbath? What will you do that is good—and that does good—in the keeping of sabbath in light of Jesus' modeling of sabbath keeping?

---

## SHARING THE SCRIPTURE

### PREPARING TO TEACH

#### *Preparing Our Hearts*

Explore this week's devotional reading, found in John 5:2-17. As we will see in today's Scripture lesson, this reading from John's Gospel demonstrates how Jesus' healing on the sabbath creates controversy among the religious leaders. Jesus encountered a man who had been paralyzed for thirty-eight years (5:5) and healed him. Instead of rejoicing that he was free of what seemed to be a permanent disability, the religious leaders faulted the man for carrying his mat on the sabbath (5:10). Notice in verses 16-18 that the leaders want to kill Jesus, who in verse 17 equated his work with God's work. As Christians, we, too, follow the rules of our religious beliefs. When and in what ways do our rules get in the way of godly care for others?

Pray that you and the adult students will live with justice and mercy.

#### *Preparing Our Minds*

Study the background Scripture from Luke 6:1-47, and the lesson Scripture from Luke 6:1-11.

Consider this question as you prepare the lesson: *What causes us to want to help others, even when rules and limitations set by others make it difficult for us to do so?*

Write on newsprint:

❑ information for next week's lesson, found under "Continue the Journey."
❑ activities for further spiritual growth in "Continue the Journey."
Review the "Introduction," "The Big Picture," "Close-up," and "Faith in Action." Consider how you will use this additional information, which immediately precedes the first lesson, for this session.

### LEADING THE CLASS

#### *(1) Gather to Learn*

❖ Greet the class members. Introduce any guests and help them to feel at home.

❖ Pray that the learners will be open to the Spirit's leading and new insights.

❖ Invite the students to state conditions under which it may be appropriate to break a particular law or rule. You may wish to list their ideas on newsprint. Here are some examples: *a driver goes against the light in a clear intersection to reach a hospital with a sick person; a group of people stage a peaceful protest against an unfair law or situation; an employee challenges company rules by reporting suspicious activity to appropriate authorities.* Wrap up this discussion by identifying together any larger principles other than "obeying the rules" that seem to be in effect when people have made a conscious decision to break a law.

❖ Read aloud today's focus statement: **Often rules and limitations set by others** make it difficult for us to help one another. What causes us to want to help others? Jesus, who is Lord of the sabbath, teaches that acts of mercy and justice should be practiced all the time.

*(2) Goal 1: Analyze Sabbath Laws and Their Conflicts With Human Need*

❖ Read "Sabbath Traditions" in "Interpreting the Scripture" to provide background for today's lesson.

❖ Recall that the reason behind the sabbath laws was good. God rested after creation and so all people and their animals were also to rest on the sabbath (Exodus 20:8-11).

❖ Note that there are two stories related to sabbath laws in today's lesson. Choose one volunteer to read Luke 1:1-5 and another to read verses 6-11. Discuss these questions:

1. **What arguments do the religious leaders make against Jesus' healing on the sabbath?**
2. **What needs were met in these two stories because the strict interpretation of sabbath laws was set aside?**
3. **What would you say to someone who argued that a need, especially a medical one, could wait until the next day to be fulfilled, rather than violate sabbath laws?**

*(3) Goal 2: Appreciate the Priority of Human Needs Being Met*

❖ Read or retell "Priorities" from "Interpreting the Scripture." Then read in unison today's key verse, Luke 6:9.

❖ Make clear that the Jewish sabbath begins on Friday night at sundown and ends on Saturday night at sundown. Although Christians often refer to Sunday as the sabbath, what we are really celebrating on that day is Jesus' resurrection.

❖ Ask these questions:

1. **How would you summarize Jesus' priority regarding keeping the sabbath?**
2. **What activities do you think are appropriate for the sabbath?**
3. **What activities, if any, do you consider off-limits for the sabbath? Why?**

*(4) Goal 3: Make a Commitment to Live so as to Honor the Sabbath From the Perspective of Jesus*

❖ Read this brief summary of blue laws, which may be familiar to some students: **Since colonial times, many areas in the United States have had laws that restrict commerce, drinking, and sports on Sundays. Although these laws were originally enacted for religious purposes, the U.S. Supreme Court later determined that the laws also had secular goals. Although they were not deemed unconstitutional, most states have repealed these laws. The result is that although once businesses were closed on Sundays (or allowed to sell only certain items), most establishments are now free to operate on Sundays, though in some areas the sale of liquor is still banned.**

❖ Choose four students to debate the pros and cons of this statement: **blue laws are needed so that Christians can properly honor the Lord's Day.** See what conclusions the class is willing to draw from their comments.

❖ Summarize this issue by asking: **Given that our society-at-large does not observe the sabbath (or the Lord's Day), what can you do to honor this sacred time from the perspective of Jesus, who met human need, rather than closely adhering to laws enacted to restrict certain activities?**

*(5) Continue the Journey*

❖ Pray that the learners will do all in their power to meet the needs of others.

❖ Read aloud this preparation for next week's lesson. You may also want to post it on newsprint for the students to copy.

- ■ **Title: How to Live as God's People**
- ■ **Background Scripture: Luke 6:17-36**
- ■ **Lesson Scripture: Luke 6:17-31**
- ■ **Focus of the Lesson: People experience both love and hate from others around them. How are Christians to respond to those who hate them? Jesus teaches that justice does not always appear in the way people treat one another, but his followers are to love people regardless of what they do or say to them.**

❖ Post these three activities related to this week's session on newsprint for the students to copy. Challenge the adults to grow spiritually by completing one or more of them.

(1) **Recall that Jesus' priority was to live with justice and mercy, allowing the rules to work on behalf of humanity and not the other way around. What action can you take to treat someone in need with justice?**

(2) **Note that Jesus acted with boldness in the face of increasing tensions with the religious leaders. Are there rules that need to be challenged within your faith community? If so, what steps will you take to do so?**

(3) **Read Exodus 20:8-11. Are you taking a rest? If not, what changes can you make to allow yourself this sacred time, which is both a command and a gift to us?**

❖ Sing or read aloud "Lord, I Want to Be a Christian."

❖ Conclude today's session by leading the class in this benediction, which is adapted from James 1:22, the key verse for February 2: **Let us go forth to be doers of the word, and not merely hearers who deceive themselves, so that all people may experience the just reign of God. Amen.**

UNIT 2: JESUS USHERS IN THE REIGN OF GOD

# How to Live as God's People

## PREVIEWING THE LESSON

**Lesson Scripture:** Luke 6:17-31
**Background Scripture:** Luke 6:17-36
**Key Verse:** Luke 6:27

### Focus of the Lesson:

People experience both love and hate from others around them. How are Christians to respond to those who hate them? Jesus teaches that justice does not always appear in the way people treat one another, but his followers are to love people regardless of what they do or say to them.

### Goals for the Learners:

(1) to explore and interpret the meanings of love and judgment.
(2) to examine the difficult feelings associated with loving people who show total disdain for them.
(3) to develop prayers that express love for the enemy.

### Pronunciation Guide:

*shama* (shay' muh)
Sidon (si' duhn)
Tyre (tir)

### Supplies:

Bibles, newsprint and marker, paper and pencils, hymnals

## READING THE SCRIPTURE

NRSV

Lesson Scripture: Luke 6:17-31

¹⁷He came down with them and stood on a level place, with a great crowd of his disciples and a great multitude of people from all

CEB

Lesson Scripture: Luke 6:17-31

¹⁷Jesus came down from the mountain with them and stood on a large area of level ground. A great company of his disciples

Judea, Jerusalem, and the coast of Tyre and Sidon. [18]They had come to hear him and to be healed of their diseases; and those who were troubled with unclean spirits were cured. [19]And all in the crowd were trying to touch him, for power came out from him and healed all of them.

[20]Then he looked up at his disciples and said:

"Blessed are you who are poor,
for yours is the kingdom of God.

[21]    "Blessed are you who are hungry now,
for you will be filled.

"Blessed are you who weep now,
for you will laugh.

[22]"Blessed are you when people hate you, and when they exclude you, revile you, and defame you on account of the Son of Man. [23]Rejoice in that day and leap for joy, for surely your reward is great in heaven; for that is what their ancestors did to the prophets.

[24]    "But woe to you who are rich,
for you have received your
consolation.

[25]    "Woe to you who are full now,
for you will be hungry.

"Woe to you who are laughing now,
for you will mourn and weep.

[26]"Woe to you when all speak well of you, for that is what their ancestors did to the false prophets.

[27]"But I say to you that listen, **Love your enemies, do good to those who hate you,** [28]bless those who curse you, pray for those who abuse you. [29]If anyone strikes you on the cheek, offer the other also; and from anyone who takes away your coat do not withhold even your shirt. [30]Give to everyone who begs from you; and if anyone takes away your goods, do not ask for them again. [31]Do to others as you would have them do to you.

and a huge crowd of people from all around Judea and Jerusalem and the area around Tyre and Sidon joined him there. [18]They came to hear him and to be healed from their diseases, and those bothered by unclean spirits were healed. [19]The whole crowd wanted to touch him, because power was going out from him and he was healing everyone.

[20]Jesus raised his eyes to his disciples and said:

"Happy are you who are poor,
because God's kingdom is yours.

[21]    Happy are you who hunger now,
because you will be satisfied.

Happy are you who weep now,
because you will laugh.

[22]Happy are you when people hate you, reject you, insult you, and condemn your name as evil because of the Human One. [23]Rejoice when that happens! Leap for joy because you have a great reward in heaven. Their ancestors did the same things to the prophets.

[24]    But how terrible for you who are rich,
because you have already received
your comfort.

[25]    How terrible for you who have
plenty now,
because you will be hungry.

How terrible for you who laugh now,
because you will mourn and weep.

[26]    How terrible for you when all speak
well of you.

Their ancestors did the same things
to the false prophets.

[27]"But I say to you who are willing to hear: **Love your enemies. Do good to those who hate you.** [28]Bless those who curse you. Pray for those who mistreat you. [29]If someone slaps you on the cheek, offer the other one as well. If someone takes your coat, don't withhold your shirt either. [30]Give to everyone who asks and don't demand your things back from those who take them. [31]Treat people in the same way that you want them to treat you.

## UNDERSTANDING THE SCRIPTURE

**Introduction.** Luke 6:17-49 and Matthew 5–7 form what have come to be called, respectively, Jesus' Sermon on the Plain and Jesus' Sermon on the Mount. The two have intriguing parallels and dissimilarities. Luke has less material than Matthew. Both end with parables on hearing and doing Jesus' words using the metaphor of foundations for building. Both have sections broadening love's call to include one's enemies. The most distinctive difference, however, comes in the matter of blessings. Matthew has nine beatitudes, while Luke has only four, two of which take a decidedly different expression from their parallels in Matthew. In addition, Luke appends those four statements of blessing with four parallel statements of woes, a feature absent from Matthew's account of the sermon.

**Luke 6:17-19.** The detail of Jesus' being joined not only by a multitude of people but "a great crowd of his disciples" underscores Luke's earlier portrayal of the Twelve (apostles) being drawn from a much larger group of disciples (Luke 6:13). Indicating the crowds came from the region of "Tyre and Sidon" along with Judea and Jerusalem may reflect more than a geographical detail of Jesus' fame and attraction. Tyre and Sidon were largely Gentile territories. Thus Simeon's words in 2:31-32 and Jesus' own words in 4:25-27 find fulfillment here about the inclusion of Gentiles in Jesus' own ministry, and not simply through the later church mission. The gathering of these groups is identified with the desire to hear and to be healed by Jesus. The association of "touch" with power anticipates the story in 8:43-46. There, a woman touches Jesus' clothes, with the result not only of healing but Jesus' comment that "I noticed that power had gone out from me" (8:46). The association of touch that "healed *all* of them" in 6:19 (emphasis added) hints at another episode of touch and inclusion,

when people brought infants to Jesus "that he might touch them" (18:15)—and Jesus' ensuing rebuke of the disciples' attempt to exclude them.

**Luke 6:20-23.** Luke's four blessings or "beatitudes" correspond to four of Matthew's nine beatitudes. Significant differences arise between the two sets of blessings regarding the poor and hungry. In Matthew, those blessed are the "poor in spirit" (5:3) and the ones who "hunger and thirst" do so "for righteousness' sake" (5:6). In Luke, however, it is simply the poor (6:20) and the hungry (6:21) who are blessed. Whereas Matthew's two blessings suggest a "spiritualized" nature of those two conditions, Luke holds that God's blessing is upon the materially poor and hungry. This theme is consistent with the whole of Luke's Gospel: the justice Mary sings about in the Magnificat (1:47-55), the choice of lowly shepherds to receive the news of Jesus' birth (2:8-15), and the ministry Jesus announces in 4:18 "to bring good news to the poor." The final beatitude in verse 26 goes into some detail about the exclusion and defaming of those who are hated. It may be, as is also likely with Matthew 5:11, that the community so addressed experienced that segregation in the context of the split that was taking (or had taken) place between synagogue and church.

**Luke 6:24-26.** The pronouncement of four woes forms a tightly structured parallel to the four blessings Luke records (rich/poor, full/hungry, laughing/weep, speak well/hate). Another point of parallel between the blessings and woes comes in the final line of each. In the blessings, hatred and exclusion are identified with the fate of the prophets (6:23). In the woes, the phrase when "all speak well of you" is identified with the praise heaped on false prophets (6:26). (See, for example, Jeremiah 5:31: "The prophets prophesy falsely, and the priests rule as the prophets direct; my people love to have it so.") The imagery of these pronouncements finds precedent in Mary's Magnificat, where powerful ones are brought down while lowly ones are lifted up, and where the hungry are filled and the rich sent away empty (Luke 1:52-53).

**Luke 6:27-31.** The opening line that addresses those who "listen" raises an interesting possibility. In Hebrew, a single word (*shama*) is the most common word for both "hear" and "obey." Speaking out of that Jewish tradition, the notion of "listening" to Jesus' words implies a consequent obedience—if the words have truly been heard. That also helps explain the force of the closing parable in 6:46-49 about one who "hears my words" and then "acts on [obeys] them" (6:47). The injunction in 6:27 to "love your enemies" parallels Matthew 5:44. In Luke, four actions are singled out by Jesus in terms of how one responds to enemies: "love," "do good," "bless," and "pray." In Matthew, only "love" and "pray" are lifted up. Verses 29-30 extend this teaching about love toward the seemingly unlovable into very practical matters related to how one responds to violence and insult, along with impositions made on one's generosity. Luke's version of the Golden Rule in verse 31 comes as a summary of these teachings on how one responds to enemies, though he omits Matthew 7:12's association with it as fulfilling the Law and the Prophets. In Luke, that fulfillment comes in love for God, neighbor, and self (10:25-28).

**Luke 6:32-36.** These verses somewhat parallel Matthew 5:46-47 in the concern that Christian love and ethics are not merely reciprocal in nature (you give what you get). Luke deepens the meaning of this by asking "What credit is that to you?" in all three examples (6:32, 33, 34). The word translated as "credit" literally means "grace." Graciousness, not reciprocity, is to mark how we respond to opponents and haters. It is also curious that, in all three examples, those who act on the basis of only reciprocity rather than grace are referred to as "sinners." In the Gospel of Luke, "sinners" is not necessarily a pejorative term in the context of Jesus' ministry. Indeed, the charge leveled against Jesus in this Gospel is that he associates with sinners (15:1-2) even as Jesus himself identifies sinners as the very recipients of his ministry (5:32). As in verse 27, "doing good" to those others is the chief ethical summons in these verses when it comes to how love of enemy gets expressed. The basis for doing so is none other than God's own kindness and mercy to those who do not reciprocate love toward God (6:35-36).

---

## INTERPRETING THE SCRIPTURE

### Jesus' Power for Community

The title of this session raises the issue of how we are to live as God's people. The opening three verses of today's passage, 6:17-19, frame that issue in several ways.

First, verse 18 identifies a movement by people toward One who brings wisdom ("They had come to hear him") and wholeness ("to be healed"). How to live as God's people takes shape in our conscious seeking of God in and for our living. We are all God's people by virtue of our creation by God, so in that sense being God's people is not a condition we bring upon ourselves but one that is bestowed upon us. That is the "grace" component of our status as God's people.

But second, these verses reveal there is also a vocational aspect to being the people of God. Movement is involved. Listening (obeying) is involved. Restoration is involved. In this passage, folks gather from distant points to be in community with the One they perceive as bringing the word and power that make life and new life possible.

Third, the passage makes clear that "how to live as God's people" hinges on being in touch (figuratively and literally, here) with Jesus and with the power he brings. It is a touch and power connected to healing, a point later illustrated in Luke 8:44-46. Beyond that, it is a power and touch related to inclusion in community, for as Luke notes, the power that comes from Jesus "healed all of them" (6:19).

A crowd gathered to hear Jesus' words and gathered to seek wholeness and restoration. Although the exact details may change, that remains a viable image for what it means to live as God's people who follow Jesus. Words remain important to informing and forming who we are and what we do as followers of Christ. And so we continue to listen: to Scripture, to be sure, but also to one another. Did not Jesus reveal he is apt to come to us in others, particularly in the least and lowly? Once we stop listening to the Word God brings in Christ and Scripture, once we stop seeking the presence of Christ in the presence of others, we risk forgetting how we live as God's people gathered in Christ.

We also gather for wholeness and restoration. We come together, particularly but not exclusively in worship, for the assurance of God's restorative forgiveness. But what of healing per se? This matter can be difficult. For not all find cures, even when prayers are offered—and in the end, we all die. Still, when it comes to seeking what makes for life, even in the face of death, like those crowds of old, we yearn to touch and be touched by the power of Jesus.

Let us also not forget Paul's imagery of the body of Christ. For if we are Christ's hands and feet on earth today, then those who come seeking Christ's healing and empowering touch depend on how we touch their lives in Christ's name. Will we be as gracious? Will we be for "the healing of all," or only for those who toe our line of biblical interpretation, doctrinal precision, political persuasion—or only the ones who love and care for us in return? Those, too, Jesus would touch with love through us.

### Blessings, Woes, and Conventional Wisdoms

Let me be brief on this point. Like the song of his mother, Mary, Jesus taught a way of looking at the world that was upside down. The conventional wisdom in place then, as it often is now, would be the reverse of Jesus' blessings and woes. Whether in the commercials of beautiful people doing beautiful things, or some televised pulpits whose message sounds more like the high life than the high road, the message is this: blessed are the rich, the ones who are full now, for obviously they are doing something right. And woe to the poor or hungry, for clearly they haven't yet named and claimed the wealth God wants them to enjoy. Or perhaps they are too lazy to deserve it.

But thankfully, there is an alternative. It is the alternative of Jesus' Sermon on the Plain. It is the unconventional wisdom that bestows God's blessings on the ones whom the world would keep off-camera and out of the front pew, the unconventional wisdom that appearances of power and prosperity and public acclaim truly are deceiving, no matter how cleverly or religiously they are wrapped in the mantle of entitlement.

### Love to the Max

*Do-gooder.*

I don't know about you, but most of the times I have heard that phrase, it has carried more than a hint of disdain. A do-gooder as someone who sticks his or her nose where it doesn't belong. A do-gooder as one who is terribly naive to the realities of this world.

Yet twice in the latter half of this sermon Jesus tells us—commands us, since the verbs are in the imperative—to be do-gooders (6:27, 35).

The scandal and affront of Jesus' imperative to "do good" come in those toward whom we are directed to do good. Our doing of good is not aimed here at folks we get along with and are related to by virtue of family or friendship or church membership—although, to be sure, doing good in the close quarters of those relationships can be a difficult task. Indeed, if verses 32-34 are taken at face value, the doing of good toward those who readily do good toward us is no big thing; it is to be expected. Rather, Jesus commands our doing of good for those who hate us (6:27) and are our enemies (6:35).

Now some interpreters have sought to soften this command by relating that Jesus does speak in hyperbole in places. Surely he is not serious here about doing good, which is to say loving, those who intend ill for us.

Really?

The Reverend Dr. Martin Luther King, Jr., and Mohandas Gandhi, among others, have taken these words of Jesus quite seriously. Their philosophies of nonviolent resistance to evil by refusing to hate and insisting on love grow directly out of these and related texts. To be sure, their stands, and those who followed them, were quite costly. But then again, so were they quite transformative of them personally, and of the culture around them.

Sometimes we do a disservice to Jesus' words by seeking to tamp them down with explanations and a rationalization of "that was then, but this is now." But whose purpose is served by tamping down the power and command to love, that is in truth the most fundamental word and answer to this session's issue of "how to live as God's people"? God's people are called to love—and not just love the ones we share the pews with, or whose values and philosophies mesh with ours, or who we can depend on to love us in return. Jesus calls the people of God to love to the max: to bring love and to seek good even for the ones who have no intention of reciprocating. For if evil and hatred are ever to be transformed, that transformation will come not by responding in kind, but rather by such love that Jesus not only spoke in these words but lived. By table fellowship shared with outsiders. Eventually by forgiveness extended to crucifiers.

You see, when all was said and done, Jesus was a do-gooder.

What about you?

## SHARING THE SCRIPTURE

### PREPARING TO TEACH

#### Preparing Our Hearts

Explore this week's devotional reading, found in Matthew 18:21-35. After explaining that repeated forgiveness is part and parcel of life within the community of faith, Jesus tells a parable about an unforgiving servant. Although a king mercifully forgave a slave for a debt he could never repay, the slave was unwilling to forgive a fellow slave who owed much less and who likewise begged for mercy. When news of the first slave's actions reached the master, the slave was punished for his unwillingness to forgive. Think about your own willingness to forgive. Are there certain people or situations that prompt you to forgive more easily—or less easily—than others?

Pray that you and the adult students will freely offer forgiveness to others.

*Preparing Our Minds*

Study the background Scripture from Luke 6:17-36, and the lesson Scripture from Luke 6:17-31.

Consider this question as you prepare the lesson: *How are Christians to respond to those who hate them?*

Write on newsprint:

❑ information for next week's lesson, found under "Continue the Journey."

❑ activities for further spiritual growth in "Continue the Journey."

Review the "Introduction," "The Big Picture," "Close-up," and "Faith in Action." Consider how you will use this additional information, which immediately precedes the first lesson, for this session.

LEADING THE CLASS

*(1) Gather to Learn*

❖ Greet the class members. Introduce any guests and help them to feel at home.

❖ Pray that the learners will set aside hatred and be open to loving as Jesus would love.

❖ Read this information: **Corrie ten Boom was a remarkable woman who, along with her elderly father and older sister, had hidden Jews during the Holocaust. Captured and sent to a concentration camp, Corrie lost her sister and father before being released due to a clerical error. She spent the rest of her life witnessing for Christ. In her book *The Hiding Place* she recounts the story of meeting one of her former Nazi guards who heard her, thanked her for her message, and wanted to shake her hand. Hesitant, Corrie prayed that Jesus would give her his forgiveness. And so it was. She struggled with the guard's request but realized that when Jesus tells us to love our enemies, he also provides the love itself.**

❖ Read aloud today's focus statement: **People experience both love and hate from** others around them. How are Christians to respond to those who hate them? Jesus teaches that justice does not always appear in the way people treat one another, but his followers are to love people regardless of what they do or say to them.

*(2) Goal 1: Explore and Interpret the Meanings of Love and Judgment*

❖ Read or retell "Jesus' Power for Community" from "Interpreting the Scripture" to introduce today's lesson.

❖ Invite volunteers to read Luke 6:17-26, 27-31.

❖ Use the "Introduction," Luke 6:17-19, 20-23, and 24-26 in "Understanding the Scripture" to compare and contrast Luke's account of the Beatitudes with Matthew's, found in Matthew 5:1-12. Ask:

1. **How are these two accounts similar?**

2. **How are they different?**

3. **What do they teach you about how to live as God's people?**

4. **Where do you see an emphasis on living justly with others?**

Add information from "Blessings, Woes, and Conventional Wisdoms" in "Interpreting the Scripture" to round out the discussion.

*(3) Goal 2: Examine the Difficult Feelings Associated With Loving People Who Show Total Disdain for the Learners*

❖ Read today's key verse, Luke 6:27, in unison. Ask: **How does Jesus' teaching to love your enemies challenge you?**

❖ Distribute paper and pencils. Tell the students that this activity will not be shared, so they are to be as honest as possible. Encourage them to write about a person or group of people whose actions deeply hurt them. Perhaps the issue was a personal hatred; possibly it concerned hatred due to ethnicity or race; maybe a professional snub was involved. Whatever the case, challenge the learners to state their feelings about the people who showed disdain for them. Have they been able to forgive their detractors? If not, could they forgive now?

❖ Conclude by reading or retelling "Love to the Max" from "Interpreting the Scripture." Invite the students to comment on other famous figures who have shown love in the face of hatred. Ask: **How do the ways other people have handled such different situations help you to determine how you can show love to people who hate you?**

*(4) Goal 3: Develop Prayers that Express Love for the Enemy*

❖ Read this prayer found on a scrap of paper at the Nazi concentration camp in Ravensbruck, Germany, as a model prayer for one's enemies: **Lord, remember not only the men of goodwill, but also those of ill will. But do not remember all the suffering they have inflicted upon us. Remember rather the fruits we have brought, thanks to this suffering: our comradeship, our loyalty, our humility, the courage, the generosity, the greatness of heart that has grown out of this. And when they come to judgment, let all the fruits we have borne be their forgiveness.**

❖ Form several small groups. Make sure everyone has a pencil and a fresh sheet of paper. Invite each group to craft a prayer or litany that expresses love for their enemies. Recommend that no names be used.

*(5) Continue the Journey*

❖ Invite someone from each group to read their prayer or litany.

❖ Read aloud this preparation for next week's lesson. You may also want to post it on newsprint for the students to copy.

■ Title: **Jesus Teaches About Relationships**

■ **Background Scripture: Luke 14:7-24**

■ **Lesson Scripture: Luke 14:7-18a, 22-24**

■ **Focus of the Lesson: Homogeneity is the standard by which many people invite others to social events. What inhibits some Christians from inviting those who are different from them? Jesus has a message of social justice that reverses the custom and compels people to welcome all people.**

❖ Post these three activities related to this week's session on newsprint for the students to copy. Challenge the adults to grow spiritually by completing one or more of them.

(1) **Review Jesus' Sermon on the Plain as recorded in Luke 6:17-49. How is this account similar to and different from Jesus' Sermon on the Mount in Matthew 5–7?**

(2) **Notice that the blessings and woes found in Luke 6:20-26 show a world turned upside down. Think about your own life. Based on your current status, will you be more apt to receive blessings or woes? What changes, if any, do you want to make?**

(3) **Ponder the world situation. Where do you see hatred and retribution? How might peoples of different cultures and religions break this cycle of violence?**

❖ Sing or read aloud "O Jesus, I Have Promised."

❖ Conclude today's session by leading the class in this benediction, which is adapted from James 1:22, the key verse for February 2: **Let us go forth to be doers of the word, and not merely hearers who deceive themselves, so that all people may experience the just reign of God. Amen.**

## UNIT 2: JESUS USHERS IN THE REIGN OF GOD
# JESUS TEACHES ABOUT RELATIONSHIPS

---

### PREVIEWING THE LESSON

**Lesson Scripture:** Luke 14:7-18a, 22-24
**Background Scripture:** Luke 14:7-24
**Key Verse:** Luke 14:11

### Focus of the Lesson:
Homogeneity is the standard by which many people invite others to social events. What inhibits some Christians from inviting those who are different from them? Jesus has a message of social justice that reverses the custom and compels people to welcome all people.

### Goals for the Learners:
(1) to explore Jesus' teachings about humility and exaltation.
(2) to evaluate their attitudes and behavior toward those who are disenfranchised.
(3) to become sensitive to the needs of the poor.

### Supplies:
Bibles, newsprint and marker, paper and pencils, hymnals, snacks as suggested in "Become Sensitive to the Circumstances of the Poor"

---

### READING THE SCRIPTURE

NRSV
Lesson Scripture: Luke 14:7-18a, 22-24

⁷When he noticed how the guests chose the places of honor, he told them a parable. ⁸"When you are invited by someone to a wedding banquet, do not sit down at the place of honor, in case someone more distinguished than you has been invited by your host; ⁹and the host who invited both of you may come and say to you, 'Give this person your place,' and then in disgrace you would

CEB
Lesson Scripture: Luke 14:7-18a, 22-24

⁷When Jesus noticed how the guests sought out the best seats at the table, he told them a parable. ⁸"When someone invites you to a wedding celebration, don't take your seat in the place of honor. Someone more highly regarded than you could have been invited by your host. ⁹The host who invited both of you will come and say to you, 'Give your seat to this other person.'

start to take the lowest place. [10]But when you are invited, go and sit down at the lowest place, so that when your host comes, he may say to you, 'Friend, move up higher'; then you will be honored in the presence of all who sit at the table with you. **[11]For all who exalt themselves will be humbled, and those who humble themselves will be exalted."**

[12]He said also to the one who had invited him, "When you give a luncheon or a dinner, do not invite your friends or your brothers or your relatives or rich neighbors, in case they may invite you in return, and you would be repaid. [13]But when you give a banquet, invite the poor, the crippled, the lame, and the blind. [14]And you will be blessed, because they cannot repay you, for you will be repaid at the resurrection of the righteous."

[15]One of the dinner guests, on hearing this, said to him, "Blessed is anyone who will eat bread in the kingdom of God!" [16]Then Jesus said to him, "Someone gave a great dinner and invited many. [17]At the time for the dinner he sent his slave to say to those who had been invited, 'Come; for everything is ready now.' [18]But they all alike began to make excuses. . . . [22]And the slave said, 'Sir, what you ordered has been done, and there is still room.' [23]Then the master said to the slave, 'Go out into the roads and lanes, and compel people to come in, so that my house may be filled. [24]For I tell you, none of those who were invited will taste my dinner.'"

Embarrassed, you will take your seat in the least important place. [10]Instead, when you receive an invitation, go and sit in the least important place. When your host approaches you, he will say, 'Friend, move up here to a better seat.' Then you will be honored in the presence of all your fellow guests. **[11]All who lift themselves up will be brought low, and those who make themselves low will be lifted up."**

[12]Then Jesus said to the person who had invited him, "When you host a lunch or dinner, don't invite your friends, your brothers and sisters, your relatives, or rich neighbors. If you do, they will invite you in return and that will be your reward. [13]Instead, when you give a banquet, invite the poor, crippled, lame, and blind. [14]And you will be blessed because they can't repay you. Instead, you will be repaid when the just are resurrected."

[15]When one of the dinner guests heard Jesus' remarks, he said to Jesus, "Happy are those who will feast in God's kingdom."

[16]Jesus replied, "A certain man hosted a large dinner and invited many people. [17]When it was time for the dinner to begin, he sent his servant to tell the invited guests, 'Come! The dinner is now ready.' [18]One by one, they all began to make excuses. . . . [22]The servant said, 'Master, your instructions have been followed and there is still room.' [23]The master said to the servant, 'Go to the highways and back alleys and urge people to come in so that my house will be filled. [24]I tell you, not one of those who were invited will taste my dinner.'"

---

## UNDERSTANDING THE SCRIPTURE

**Introduction.** Luke opened chapter 14 with the story of a sabbath healing that takes place at the home of a Pharisee who had invited Jesus (no word is mentioned about disciples) to eat. Table fellowship was not a casual matter in this era. Its significance owed not simply to the importance of hospitality. More important to the teachings and parables that unfold in this passage, was the belief that the company one kept at table became a reflection of one's character. Elsewhere, Jesus is often called to task for table fellowship with "sinners" (5:29-30; 15:2). Here, however, Jesus accepts the invitation of a Pharisee to break bread—an indication not only of Jesus' openness to all but also a positive sign that Pharisees are not always and everywhere the stereotyped opponents of Jesus' ministry.

**Luke 14:7-9.** This first of Jesus' teachings is directed at the guests, not at the host. The issue has to do with their choice of seats associated with "honor." The background for such associations can be seen in Mark 10:35-40, where James and John ask Jesus for the privilege of sitting at his left and his right "in your glory" (10:37). So in Luke places of honor would have primarily related to seats next to or near the host; and secondarily, to seats in proximity to other guests of importance. The parable that begins in verse 8 uses an extreme comparison to heighten Jesus' teaching on positioning oneself at the table. The setting is now not simply a sabbath meal, but a wedding banquet, where positions of honor would be even more coveted. The shame/honor element of Middle Eastern culture comes to the fore in the parable. For those who chose positions of honor for themselves will be shamed or "disgraced" (14:9) by being asked to move down to a lower place. Broader implications of what Jesus has in mind by "invited" can be seen in the Greek verb that occurs nine times in the entire passage, whose more literal meaning is "called." In Luke's companion volume, Acts, the noun derivative of this same verb refers to the church.

**Luke 14:10-11.** Having mentioned the negative repercussions of choosing the place of honor for oneself only to be humiliated by being asked to move down, Jesus inverts the situation by calling on those invited to choose their seats with humility, and then have the opportunity to be elevated to a higher position. A telling difference in the tone of the host occurs here. In verse 9, the host had spoken brusquely in the imperative voice: "Give this person your

place." In verse 10, the host again speaks in the imperative voice, only now he prefaces it with the declaration of favored relationship with "Friend, move up higher." Such an act lifts one not simply to a new place at the table, but to a new standing in the presence of those "who sit at the table with you" (14:10). The closing of verse 11 offers, as Jesus sometimes but not always does in parables, a statement of principle upon which the parable has been grounded in terms of self-exaltation and humility.

**Luke 14:12-14.** These verses are not a parable but a teaching Jesus offers to the host. It could be argued that, in his invitation of the clearly controversial figure of Jesus to his table, this Pharisee has already put into practice the sort of broadening Jesus has in mind here. Verse 12 uses two different words ("luncheon," "dinner") for settings of table fellowships (distinct also from verse 8's "wedding banquet"), thus emphasizing the inclusivity of occasions that call for humility, graciousness, and justice in table companions. The principle here is a reversal of reciprocity in invitation. Normal protocol would assume that a host invites guests who will return the favor by inviting the host to their homes. Jesus turns this protocol on its head when he teaches that his followers are to invite those who cannot return the invitation. The list of those who are to be invited reflects those whom Jesus has already identified as recipients of his ministry (4:18) and those whose transformation answers John the Baptist's question to Jesus, "Are you the one who is to come?" (7:20). As Jesus closes his response to John's messengers with a blessing on those who take no offense at Jesus, so here does Jesus promise blessing upon those who welcome guests in no position to repay. The force of Jesus' blessing is heightened when he asserts that those who exercise such welcome will be "repaid at the resurrection of the righteous" (14:14). A form of the word translated as "righteous" is translated elsewhere as "justice."

**Luke 14:15-20.** The theme of blessing is continued by a dinner guest, whose comment brings the conversation around Jesus' teaching into even more direct association with God's promised realm. Scholars debate whether the three excuses offered by those who fail to respond to the banquet's invitation are understandable in their time or outrageous. The chief argument in the latter view is the absurdity of someone who would buy a field or a work animal without first inspecting either one.

**Luke 14:21-24.** The refusal of the originally invited guests results in not one but two expansions of the invitation. The first ties directly into Jesus' earlier comments about banquet invitations. Those whom the one in charge of the banquet summons his servant to invite are the poor, the crippled, the lame, and the blind—a repetition of verse 13's subjects. When room remains, a second invitation is extended. The categories of folks are not identified, but where they are to be found is in "the roads and lanes" (14:23). The directive is to go to those places where those normally kept at arm's length from "polite society" are to be found. The closing in verse 24 asserts a word of judgment. The parallel to this parable in Matthew 22:1-14 likewise ends in judgment, although there the emphasis is upon the fate of not those once invited who do not attend, but one who responds though without proper attire.

## INTERPRETING THE SCRIPTURE

*Table Manners, Gospel Style*

Whom do you associate with teachings on etiquette: Emily Post, Miss Manners . . . or Jesus? At table in the home of a Pharisee, Jesus takes note of a social etiquette based on privilege that unfolds in the choosing of seats for the dinner. Having taken note, he offers his own version of table manners.

This is not one of those dinners with names on little placards indicating which place is yours. This is more a wedding reception where you're not sure where the bridal party or the family will be seated and they're still getting pictures made back at the church. Do you risk sitting too close to the front, lest when the party arrives someone informs you that table is taken and you will have to leave and the only seating left is in the back right next to the bathroom door?

The principle Jesus puts into place at this table is "choose humbly." Don't presume your importance, only to be taken down a notch. To be sure, Jesus is talking about more than where we find seats at a dinner. Elevating self is risky business, especially for the church—whether in promotion of one's own position within the church, or even the church claiming special privileges in the wider community. But let me add a footnote here. Sometimes, when we go by the letter of this text rather than its spirit, humility can become the chosen tactic of the proud. Fred Craddock, one of the outstanding preachers of our generation, offered these words on this text:

> The human ego is quite clever and, upon hearing that taking a low seat may not only avoid embarrassment but lead to elevation to the head table, may convert the instruction about humility into a new strategy for self-exaltation. Jesus does not offer a divinely approved way to get what he or she wants. Taking the low seat because one is humble is one thing; taking the low seat as a way to move up is another.

Choices that merely appear humble to mask deeper ambitions do not succeed with a God who searches the human heart even more than the seating arrangements of dinner parties. Or, to put the matter as the late Golda Meir, then prime minister of Israel, is reported to have done on occasion: "Don't be so humble, you're not that great."

### Guest Lists, Repayment, and Justice

I don't know about you, but when I read Jesus' words in verse 12, my first reaction is: *ouch!* On first hearing, that sounds *exactly* like the folks I'd want to invite. I enjoy the company of my friends. I value the fellowship of brothers and sisters, likely a synonym in this passage for fellow believers. You can't help opening your table to family, even to the odd-duck-of-an-uncle, or the cousin who never fails to get into the cooking sherry. You can choose your friends but not your family. And rich neighbors? Well, if Bill Gates wants to rub elbows with me, who am I to deny him?

Jesus' perspective on guest lists unmasks the principle of repayment. Friends will always invite you over. Church members take turns on the fellowship dinners and share in the potlucks. Families take care of one another. And you never have enough rich neighbors, right? In each case, these are all folks who are in positions to repay your invitation. Some with invitations of their own, some with relationships that offer all manner of benefits—but all are reciprocal. In crass terms, we profit from them. But listen to the invitation list enjoined by Jesus . . . and why we are to invite these folks. "When you give a banquet, invite the poor, the crippled, the lame, and the blind. And you will be blessed, because they cannot repay you, for you will be repaid at the resurrection of the righteous" (Luke 14:13-14).

We are called to practice table invitations and hospitality that defy the ingrained habit of self-interest. Don't invite people who can pay you back or help you out. Be hospitable, open your table, to those who are not in a position to repay you.

Like the caution in the previous section about not adopting humility as a self-serving tactic, our "opening" of the guest lists is not to be done to prove a point to God about how generous we are. The point of such expansion of generosity is not to say something about us, but to reveal something about God. To be sure, it is God's graciousness, but as verse 14 implies, such expansive hospitality reveals the justice of God. For there, the blessing of God upon the practice of such table manners is tied directly to the "resurrection of the righteous" (14:14)—or as that word can also be translated, the resurrection of the *just*. Justice and grace both go to the heart of God's character. Blessed are those who act now with justice and grace, particularly toward those who are too often left on the margins of society . . . and church . . . and our tables.

### Making It Personal and Congregational

So you tell me: how good are we at the sort of table manners and guest lists that Jesus not merely encourages but summons? While the challenge applies to us as individuals and families, it goes beyond that. How good are we as church at this? Whom do we invite—not just hope they will see our sign on the highway, not just think they might read our ad in the newspaper? For whom do we go out of our way, and risk forming the words in our mouths: would you join us at the church's table of community? Even if we take that risk, do the invitees come from friends and siblings and relatives and rich neighbors—or from today's equivalent of the poor and crippled and lame and blind?

This text also confronts us with how we practice mission as well. For note carefully in the parable: Jesus doesn't transform the meal into something we do *for* these people from a distance. We sit down and eat *with* them. The spirit of this passage is not fulfilled when we send money and even food to these folks. The passage evokes community shared face-to-face, across the table. For these persons are not charity cases: they are, in Christ, our kin. They are the ones with whom we will sit and eat, by the grace of God, in the just realm of God. Everyone who sits at that table, including us, will do so as those unable to repay the host. What can repay God for grace, for the cross of Christ, for the gift of God's Spirit? Nothing. When it comes to God's banquet, we find our places there among the second group Jesus identifies in his teaching of

table manners as those who cannot possibly repay what we receive at that table.

As a result, we are simply called to practice the same grace that is our hope and life in our opening of our communities, and the opening of our lives, to those routinely left on the outside looking in. Our blessing comes not in repayment provided by the guests but in grace extended by God. It is that simple; it is that profound. As God invites us, so we are to invite others. To table. To fellowship. To grace.

---

# SHARING THE SCRIPTURE

## PREPARING TO TEACH

### Preparing Our Hearts

Explore this week's devotional reading, found in Psalm 147:1-11. This song of praise bids the entire community to join in praising the God who rules at Zion. Notice particularly the many references to those who are outcasts and living at the margins of society. God will "gather," "heal," "bind up," and "lift up" these persons in need. Today's lesson from Luke 14 also speaks of humble ones who will be exalted. What can you do today to lift up someone so that he or she will want to sing praise and give thanks to God? What praises will you sing this day? Make a list of them in your spiritual journal.

Pray that you and the adult students will hospitably welcome all whom God welcomes.

### Preparing Our Minds

Study the background Scripture from Luke 14:7-24, and the lesson Scripture from Luke 14:7-18a, 22-24.

Consider this question as you prepare the lesson: *What inhibits some Christians from inviting those who are different from them to social events?*

Write on newsprint:
- ❏ information for next week's lesson, found under "Continue the Journey."
- ❏ activities for further spiritual growth in "Continue the Journey."

Review the "Introduction," "The Big Picture," "Close-up," and "Faith in Action." Consider how you will use this additional information, which immediately precedes the first lesson, for this session.

Package snacks for "Become Sensitive to the Circumstances of the Poor" as follows. For every eight people who usually attend, pack one brown paper bag with a hearty snack and seven brown paper bags with one plain cracker each. If this activity is not doable for you, write the contents of the hearty snack on a slip of paper and the words "plain cracker" on other slips, fold them over, and hand them out randomly at the appropriate time.

## LEADING THE CLASS

### (1) Gather to Learn

❖ Greet the class members. Introduce any guests and help them to feel at home.

❖ Pray that the learners will be ready to welcome all people.

❖ Brainstorm answers to these questions with the group: **What groups of people in our community may not feel at home in our congregation? Why?** List answers on newsprint and display it throughout today's session. Prod the group to go beyond saying that everyone is welcome to examining the church's implicit messages. For example, a building that has steps but no elevator or ramp is not welcoming to people who have mobility challenges. Likewise, a nursery facility that seems run down or is not staffed by qualified adults is not welcoming to parents with young children. A congregation that does not have a packet of information about the church seems unwelcoming to visitors.

❖ Read aloud today's focus statement: **Homogeneity is the standard by which many people invite others to social events. What inhibits some Christians from inviting those who are different from them? Jesus has a message of social justice that reverses the custom and compels people to welcome all people.**

*(2) Goal 1: Explore Jesus' Teachings About Humility and Exaltation*

❖ Invite a volunteer to read Luke 14:7-14.

❖ Read or retell "Guest Lists, Repayment, and Justice" in "Interpreting the Scripture."

❖ Roleplay this scenario: **One person is to come to the front of the room where there is a chair prominently placed and be seated. Another person is to escort a second guest to that same seat and ask the first person to move. The one who has been moved is then to share with the audience his or her feelings about this treatment. Likewise, the second guest is to express feelings about how he or she felt about being given a more exalted place.**

❖ Select another volunteer to read Luke 14:15-18a, 22-24.

❖ Distribute paper and pencils. Invite the adults to write about the excuses they give for not accepting God's invitations. Say in advance that they will not be asked to read aloud their paragraphs.

*(3) Goal 2: Evaluate Attitudes and Behavior Toward Those Who Are Disenfranchised*

❖ Read or retell "Table Manners, Gospel Style" from "Interpreting the Scripture." Emphasize that we are not to act humbly to mask our own desire to appear more humble and godly than we truly are.

❖ Discuss these questions:
1. **What words would you use to describe the responses of "respectable" persons when one who is obviously poor enters a room?**
2. **Why do you think many people have negative responses to those who are poor?**
3. **How do we as the church respond differently from the rest of society to the poor? Or are our responses not so different after all? Explain your answer.**

*(4) Goal 3: Become Sensitive to the Circumstances of the Poor*

❖ Distribute randomly the snack bags you have prepared. Tell the adults not to open their bags until you give the signal. Read this information: **To raise awareness about the needs of the poor and hungry, some organizations hold a meal based on the following pattern. Tables of eight are set up. At each table one person receives a meal consisting of meat and several side dishes. The other seven people at the table receive a modest portion of a vegetarian meal (often just rice), which represents the type of meal consumed by 90 percent of the world's people. The one who receives the meal that is more common in the Western world is chosen at random, perhaps by having an identifying card** under the chair. We are not able to replicate such a meal this morning, but we can do so with the snack you have received. Open your bag now.

❖ Discuss these questions:

1. **If you received a very nice snack, how do you feel about your snack? How do feel when you see what most people received?**

2. **If you received just one cracker, how did you feel when you saw the lavish treat that another classmate had?**

3. **How do these snack bags demonstrate the kind of justice for all that Jesus taught about?**

❖ Encourage the class to think about how the church can act with greater sensitivity to and justice for the poor by reading or retelling "Making It Personal and Congregational" from "Interpreting the Scripture."

*(5) Continue the Journey*

❖ Pray that the learners will invite someone to attend class with them next week who normally does not attend any church.

❖ Read aloud this preparation for next week's lesson. You may also want to post it on newsprint for the students to copy.

■ **Title: Jesus Teaches Compassion for the Poor**

■ **Background Scripture: Luke 16**

■ **Lesson Scripture: Luke 16:10, 19-31**

■ **Focus of the Lesson: Selfishness motivates the attitudes and behaviors of many people. How does selfishness blind Christians to the needs of others? Jesus tells the story of Lazarus and the rich man**

to teach his followers to put their selfish desires aside so they can help the poor.

❖ Post these three activities related to this week's session on newsprint for the students to copy. Challenge the adults to grow spiritually by completing one or more of them.

(1) **Work with other church members to host a free dinner or luncheon for the community. Publicize the event widely and do everything you can to welcome and treat everyone as Jesus would have.**

(2) **Save coins in a designated container that you will donate to a hunger project. Stand in solidarity with those who are hungry by placing your coins in a container as you prepare to say grace at your table.**

(3) **Visit several facilities in your community that serve those on the margins. Observe how people are welcomed and treated. If possible, volunteer at one of these shelters, soup kitchens, safe havens for victims of domestic violence, or facilities for the mentally ill.**

❖ Sing or read aloud "Come, Sinners, to the Gospel Feast."

❖ Conclude today's session by leading the class in this benediction, which is adapted from James 1:22, the key verse for February 2: **Let us go forth to be doers of the word, and not merely hearers who deceive themselves, so that all people may experience the just reign of God. Amen.**

UNIT 2: JESUS USHERS IN THE REIGN OF GOD
# JESUS TEACHES COMPASSION FOR THE POOR

---

## PREVIEWING THE LESSON

**Lesson Scripture:** Luke 16:10, 19-31
**Background Scripture:** Luke 16
**Key Verse:** Luke 16:10

### Focus of the Lesson:
Selfishness motivates the attitudes and behaviors of many people. How does selfishness blind Christians to the needs of others? Jesus tells the story of Lazarus and the rich man to teach his followers to put their selfish desires aside so they can help the poor.

### Goals for the Learners:
(1) to study the story of the rich man and Lazarus.
(2) to examine their feelings about compassion toward the poor.
(3) to work to involve their congregation in developing a project that has a positive effect on their attitudes and actions toward the poor.

### Supplies:
Bibles, newsprint and marker, paper and pencils, hymnals

---

## READING THE SCRIPTURE

NRSV
Lesson Scripture: Luke 16:10, 19-31

[10]"Whoever is faithful in a very little is faithful also in much; and whoever is dishonest in a very little is dishonest also in much. . . .

[19]"There was a rich man who was dressed in purple and fine linen and who feasted sumptuously every day. [20]And at his gate lay a poor man named Lazarus, covered with sores, [21]who longed to satisfy his hunger with what fell from the rich man's table;

CEB
Lesson Scripture: Luke 16:10, 19-31

[10]"Whoever is faithful with little is also faithful with much, and the one who is dishonest with little is also dishonest with much. . . .

[19]"There was a certain rich man who clothed himself in purple and fine linen, and who feasted luxuriously every day. [20]At his gate lay a certain poor man named Lazarus who was covered with sores. [21]Lazarus longed to eat the crumbs that fell from the

even the dogs would come and lick his sores. ²²The poor man died and was carried away by the angels to be with Abraham. The rich man also died and was buried. ²³In Hades, where he was being tormented, he looked up and saw Abraham far away with Lazarus by his side. ²⁴He called out, 'Father Abraham, have mercy on me, and send Lazarus to dip the tip of his finger in water and cool my tongue; for I am in agony in these flames.' ²⁵But Abraham said, 'Child, remember that during your lifetime you received your good things, and Lazarus in like manner evil things; but now he is comforted here, and you are in agony. ²⁶Besides all this, between you and us a great chasm has been fixed, so that those who might want to pass from here to you cannot do so, and no one can cross from there to us.' ²⁷He said, 'Then, father, I beg you to send him to my father's house—²⁸for I have five brothers—that he may warn them, so that they will not also come into this place of torment.' ²⁹Abraham replied, 'They have Moses and the prophets; they should listen to them.' ³⁰He said, 'No, father Abraham; but if someone goes to them from the dead, they will repent.' ³¹He said to him, 'If they do not listen to Moses and the prophets, neither will they be convinced even if someone rises from the dead.' "

rich man's table. Instead, dogs would come and lick his sores.

²²"The poor man died and was carried by angels to Abraham's side. The rich man also died and was buried. ²³While being tormented in the place of the dead, he looked up and saw Abraham at a distance with Lazarus at his side. ²⁴He shouted, 'Father Abraham, have mercy on me. Send Lazarus to dip the tip of his finger in water and cool my tongue because I'm suffering in this flame.' ²⁵But Abraham said, 'Child, remember that during your lifetime you received good things whereas Lazarus received terrible things. Now Lazarus is being comforted and you are in great pain. ²⁶Moreover, a great crevasse has been fixed between us and you. Those who wish to cross over from here to you cannot. Neither can anyone cross from there to us.'

²⁷"The rich man said, 'Then I beg you, Father, send Lazarus to my father's house. ²⁸I have five brothers. He needs to warn them so that they don't come to this place of agony.' ²⁹Abraham replied, 'They have Moses and the Prophets. They must listen to them.' ³⁰The rich man said, 'No, Father Abraham! But if someone from the dead goes to them, they will change their hearts and lives.' ³¹Abraham said, 'If they don't listen to Moses and the Prophets, then neither will they be persuaded if someone rises from the dead.' "

## UNDERSTANDING THE SCRIPTURE

**Introduction.** Luke 16 is set in the midst of this Gospel's "travel narrative" (9:51–19:48) that relates Jesus' journey toward Jerusalem. Some scholars see a connection between this material and the Book of Deuteronomy. There, Israel is prepared for covenant faithfulness in the land yet to be entered. In Luke, Jesus' followers are prepared for discipleship in the times looming beyond what will take place in

Jerusalem. Luke consistently reveals not only God's favor for the poor and vulnerable but also an overarching concern for how wealth can be a means of discipleship (8:1-3) as well as a hindrance to it (12:13-21). Those attitudes regarding wealth and God's favor toward vulnerable ones come to the fore in chapter 16—and in particular within the parable that forms today's focal text (16:10, 19-31).

**Luke 16:1-9.** This section's parable opens with the phrase used verbatim in the second parable beginning at verse 19: "There was a rich man." Beyond the different stories that follow each, the parable in 16:1-9 is directed toward the disciples, while the later parable (16:19-31) is apparently aimed at a group of Pharisees (see 16:14). In Roman times, the "manager" would often have been a trusted servant trained in financial administration over a household's business affairs. The degree of trust occasionally was related to that servant having been born in the household of the one now being served. The debts here, as in the parable of forgiveness in Matthew 18:23-35, are extraordinary in size, not typical of an ordinary household. Some commentators attempt to explain away the distastefulness of the servant's rewriting of bills by saying the amount reduced would have been the manager's commission. If that were the case, however, the parable's reference in verse 8 to the "dishonest" steward would not have been applicable.

**Luke 16:10-13.** These four verses contain expressions of wisdom that are connected to the previous parable by way of their emphasis on what one does with wealth, along with a repeated reference to "dishonesty." Taken literally, however, their message seems to be in opposition to the parable and its commendation of the dishonest steward. Shrewdness in these verses is not how one manipulates wealth to assure a future welcome (see 16:4), but rather how one uses what has been entrusted to one by another. Verse 13 is less a commentary on the parable, or even these sayings that follow it, and more of a prologue to the episode and parable that eventually follow.

**Luke 16:14-18.** The charge of Pharisees as "lovers of money" is highly controversial, bordering on the way that John 12:6 interprets Judas's protest against the use of expensive ointment to anoint Jesus because Judas "was a thief; he kept the common purse and used to steal what was put into it." The charge of "lovers of money" may on a deeper level reflect a theological issue that divided Jesus and (some) Pharisees. Recall the introduction's words about the possible influence of Deuteronomy on Luke's travel narrative. In Deuteronomy, the predominant theology is God's blessings upon the obedient. When covenant is kept, life will be good and wealth will result (Deuteronomy 8, especially verse 18). Jesus' critique may be aimed not so much at blatant greed as at a theology that then presumes wealth to be a sign of righteousness and God's favor. What Jesus holds in common with the Pharisees is the rigorous view of law affirmed in Luke 16:17.

**Luke 16:19-23.** The parable that begins in these verses has parallels in Egyptian and Talmudic (Jewish) literature. Purple garments were a sign of royalty and/or high office. The "fine linen" would have been undergarments worn underneath the robe. Both types of clothing reflected significant wealth and privilege. The detail of feasting sumptuously "every day" in verse 19, not simply on special occasions, heightens the extravagance of this individual's wealth. Lazarus is the only named human character in any of Jesus' parables, with his name a derivative of the Hebrew Eleazar, "God helps." Such help, at the parable's opening, seems far removed. In contrast to the superlatives that mark the rich man's status, Lazarus is poor, diseased, and hungry. Some interpreters point to the licking of the dogs as a possible act of soothing the wounds. The visual disgust of the scene seems more to the point of contrast made by the parable. The deaths of the two men reverse their positions on at least two levels. In the structure of the story, now it is Lazarus at his death who comes first, and then the rich man. Second, while Lazarus is "carried away by the angels to be with Abraham" (the Greek more literally indicates "to Abraham's bosom"), the rich man is simply buried (16:22). "Hades" is the Greek parallel to the Hebrew "Sheol," where initially all were thought to go after death.

**Luke 16:24-26.** The contrasting fates of the pair are made even more pronounced. The rich man appeals to "Father" Abraham" (16:24), a relational term that would heighten the appeal he makes. In 16:25, Abraham's response of "Child" affirms the relationship. The reply, however, also hints at John the Baptist's earlier warning that claiming Abraham as ancestor, without repentance, does no good (Luke 3:8). The parable continues its framework of contrast by indicating the reversal of fortunes of what each individual had "received" in their lifetimes. Unspoken in Abraham's reply is the apparent indifference of the rich man to Lazarus during their lifetimes that has fashioned Lazarus's lifting and the rich man's being brought down (see 1:52). From verse 24 onward in this parable, no more mention of "rich" and "poor" is made. A more fundamental distinction comes into play, symbolized by the "chasm" of verse 26.

**Luke 16:27-31.** When the rich man pleads for Lazarus to be sent to warn his brothers, Abraham replies initially with "they have Moses and the prophets" (16:29). Recall the audience of this parable: Pharisees. Jesus' parable urges the Pharisees to reconsider their own traditions, not those of a later church, for discerning what is at stake. The closing verses regarding "someone [who] rises from the dead" may well reflect the experience of the early church, where even the proclamation of the risen Christ remains unconvincing to many, even among some who "have Moses and the prophets."

---

## INTERPRETING THE SCRIPTURE

### *"Rich Man, Poor Man, Beggarman, Thief"*

The words in this heading come from a children's rhyme that dates in this form to 1883. But you might also consider them as a title for the parable that forms today's passage.

Rich man and poor man are, quite literally, the opening descriptions of the two chief characters. Lazarus as "beggar" is clear enough, longing (the same word is used in Luke 15:16 to describe the prodigal son's hunger) for table scraps, though how he might grasp what fell from the rich man's table when the story indicates Lazarus laid "at his gate" (16:20) is unclear. So, like the young prodigal, the longing of Lazarus goes unfulfilled, even though the feast inside is daily and extravagant. The story does not say whether he starves to death or dies of his disease. The *means* of death is irrelevant.

The *cause* of death, however, is relevant and urgent—and precisely to the point of this session's title. Whatever the medical cause of death may have been, the social— actually, to be true to the story's context, the *theological*—cause of Lazarus's dying was an utter lack of compassion. Which leads to the fourth category in that children's rhyme: "thief." Lazarus has had his dignity, and ultimately his life, stolen by apathy. We do not know if the rich man had access to better medical care, though wealth usually does provide such benefits. But clearly, indisputably, the rich man has more than enough on his table to feed Lazarus. Now, it might be argued the rich man was unaware of Lazarus's plight. Perhaps he never saw him by the gate, busy as he was presiding over his table. The only ones who attend to Lazarus are dogs.

At least, that is true at the parable's outset. But then, the meaning of Lazarus as "God helps" kicks in to the narrative. Angels sweep up Lazarus into the bosom of Abraham, a metaphor whose meaning in Jewish literature combines a sense of honor or intimacy, two qualities sorely lacking in Lazarus's vigil at the gate. Two gifts that, for all of the bounties that daily filled the rich one's table, did not seem to be available to the one who needed them most.

Rich man, poor man, beggarman, thief. By story's end, all things are tossed topsy-turvy. What had been stolen from Lazarus by the fates—and by the indifference of the rich man—now abounds in his place in Abraham's bosom. And sumptuousness has transformed into torment. Why?

That would be the chasm in the parable. Not simply the chasm described at the end that prohibits interchange, it is the chasm that begins the parable: between a rich one and a poor one, a gulf made impassable by lack of compassion.

### Selfishness, Compassion, and Justice

Jesus once taught that we should love our neighbor as ourselves. So what is the problem with love of self? Nothing . . . unless it leads to selfishness.

What does selfishness look like? Through the eyes of the parable, it looks like the ability to proceed through life oblivious to the needs and situations of others, particularly those who might be aided by what you have at hand. I don't know that the rich man in the parable was a particularly bad man. Recall the discussion in "Understanding the Scripture" that establishes the context of this parable in Jesus' address to those he described as "lovers of money" (16:14) and how Jesus' words might have been less about blatant greed and more about a theology that views wealth as a barometer of one's righteousness.

To be sure, that theology is not limited to the first century A.D. Turn on any number of religious programs today that feature versions of the "prosperity gospel" or the "health and wealth" gospel for its contemporary expressions. The problems such theologies generate have to do with the creation of blind spots. It may be a blind

spot to matters in our own lives that wealth allows us to overlook by way of "I wouldn't have all this if God weren't happy with me." Or it may be a blind spot to those around us, whose failing fortunes may generate a patronizing response of "if you only had more faith." Or it may be a literal blind spot where our plenty allows or even encourages us to overlook the need around us, as with Lazarus unnoticed by the rich man just outside his gate.

Or does he notice—and then not care? It is interesting, is it not, that when he finds himself in torment and in need of a drink of cool water, the rich man suddenly knows Lazarus by name. Perhaps the name had been the subject of conversation around that sumptuous table, whether by way of pity or blame or ridicule. But Lazarus was known—and his need went unmet.

That result is the essence of selfishness, even as that was the lost opportunity for compassion. And if the direction and outcome of the parable are taken as more than a mere literary device, then that is also the test of justice in our lives. Will we show compassion? Will we even bother to notice? For in the end, it matters not whether the rich man knows himself as a child of Abraham, which is to say, for the sake of argument, whether you or I say we know Jesus or not. What matters is whether we show compassion. That is, do we not merely talk Jesus, but live Jesus? And if this sounds too social justice-y and not enough gospel-y, please read Matthew 25:31-46 for another teaching where Jesus mingles compassion, justice, and the coming realm of God.

### Practicing Compassion: Attitudes and Actions

So what exactly does one do—as an individual, as a congregation—in the wake of the parable of Lazarus and the rich man? What constitutes the practice of compassion in the place you live, in the needs you encounter, and with the challenge of apathy always waiting to whisper the equivalent of

"It does not matter; it is only Lazarus, you know"?

While specifics will have to come out of the particulars of your own life and faith community, specifics that this session will be aimed at bringing to light are that two matters are always involved: attitudes and actions, for compassion involves both.

Compassion involves attitudes toward others that are empathetic, not patronizing. Compassion necessitates our seeing others as children of God as surely as we are, and not as "children" that we "adults"—whether "adulthood" be measured by our creeds or our nation of origin or our economic status—are obliged to lift up to "our" status. Compassion is an attitude adjustment. In the parable, it would have been the rich man seeing Lazarus not as beggar but as kin.

And in so seeing, then acting. For compassion is yoked to action. Compassion and justice are not just thinking good thoughts and offering proper prayers for the "needy." Compassion and justice involve working for and with those we encounter. To return to the earlier point about selfishness being oblivious to the needs of others: compassion is the willingness to use one's self and resources to meet another's need. It does so, not because we are better than someone else but because we belong to one another, and in Jesus Christ, that belonging extends to the whole human family.

---

## SHARING THE SCRIPTURE

### PREPARING TO TEACH

#### Preparing Our Hearts

Explore this week's devotional reading, found in Luke 19:1-10. If you attended Sunday school as a child, you may remember the song about Zacchaeus, who was a wee little man. What do you learn about Zacchaeus as you read the text? What does Jesus' interaction about this wealthy tax collector suggest to you about how Jesus treats one who does not pass muster among the religious elite? What does Zacchaeus's pledge in verse 8 suggest about his character?

Pray that you and the adult students will have the compassionate spirit for the poor that Zacchaeus seems to exhibit in this story.

#### Preparing Our Minds

Study the background Scripture from Luke 16, and the lesson Scripture from Luke 16:10, 19-31.

Consider this question as you prepare the lesson: *How does selfishness blind Christians to the needs of others?*

Write on newsprint:
❑ information for next week's lesson, found under "Continue the Journey."
❑ activities for further spiritual growth in "Continue the Journey."

Review the "Introduction," "The Big Picture," "Close-up," and "Faith in Action." Consider how you will use this additional information, which immediately precedes the first lesson, for this session.

### LEADING THE CLASS

#### (1) Gather to Learn

❖ Greet the class members. Introduce any guests and help them to feel at home.

❖ Pray that the learners will experience and share the compassion of Christ.

❖ Read this quotation from the mystic Meister Eckhart (ca. 1260–ca. 1327): **He who withholds but a pennyworth of worldly** goods from his neighbor, knowing him to be in need of it, is a robber in the sight of God.

❖ Ask: **How does selfishness blind us to the needs of others?**

❖ Read aloud today's focus statement: **Selfishness motivates the attitudes and behaviors of many people. How does selfishness blind Christians to the needs of others? Jesus tells the story of Lazarus and the rich man to teach his followers to put their selfish desires aside so they can help the poor.**

### (2) Goal 1: Study the Story of the Rich Man and Lazarus

❖ Enlist a volunteer to read Luke 16:19-31, which is the story of the unnamed rich man and the beggar at his door named Lazarus. (Note that this is not the Lazarus whom Jesus raised from the dead in John 11.)

❖ Begin to discuss this story by reading or retelling "Rich Man, Poor Man, Beggarman, Thief" from "Interpreting the Scripture."

❖ Discuss these questions:
1. **How would you contrast the earthly lives of Lazarus and the unnamed man?**
2. **How was each man transformed in death?**
3. **Why might Jesus have told this story to the disciples—and to us?** (Consider how this is a warning or cautionary tale for those who ignore the needs of the poor.)
4. **How would you describe the rich man's attitude toward Lazarus?** (Note that the rich man did not treat him harshly; he took no notice of him. He had an abundance of food to share but either did not see Lazarus or chose to ignore him. Even the dogs who presumably guarded the rich man's property knew Lazarus was there and approached him to lick his sores. Since dogs lick their own wounds

to heal them, this may have been an instinctive act that turned out to be the only compassion Lazarus experienced here on earth.)

### (3) Goal 2: Examine the Learners' Feelings About Compassion Toward the Poor

❖ Distribute paper and pencils. Slowly read aloud these descriptions concerning how various people may feel toward the poor. Allow time for the adults to write A through E on their papers. As you read, they are to mark each letter with a number from 0 through 5, with 0 showing no agreement at all and 5 indicating strong agreement.

A. **Poor people need to get to work and pull themselves up by their own bootstraps.**
B. **Poor people want something for nothing.**
C. **Some poor people deserve my compassion, but others do not.**
D. **I think that contributing to a food pantry, soup kitchen, or community shelter for the homeless only encourages people to depend on others.**
E. **I believe the poor should take seriously the statement from a seventeenth-century author, "God helps those who help themselves."**

❖ Do not ask for a show of hands as to how students responded, but point out that none of these statements reflect godly compassion for the poor.

❖ Read Isaiah 25:4, which describes God as "a refuge to the poor, a refuge to the needy in their distress."

### (4) Goal 3: Work to Involve the Congregation in Developing a Project that Has a Positive Effect on Their Attitudes and Actions Toward the Poor

❖ Read or retell "Practicing Compassion: Attitudes and Actions" in "Interpreting the Scripture." Reread and discuss this sentence: **What constitutes the practice of compassion in the place you live, in the needs you encounter, and with the challenge of apathy always waiting to whisper the equivalent of "It does not matter; it is only Lazarus, you know"?**

❖ Brainstorm ideas for encouraging church members to get to know the poor and be willing to help them. List ideas on newsprint. Here are some possibilities: *work on a Habitat for Humanity build; invite those in need into the church to pick up something the members have collected, such as winter coats or school supplies; hold a dinner and invite anyone in the community who wants to come and eat at no charge.*

❖ Select an idea or two and assign a task force to turn this idea into a reality.

*(5) Continue the Journey*

❖ Pray that the learners will work to address the needs of the poor.

❖ Read aloud this preparation for next week's lesson. You may also want to post it on newsprint for the students to copy.

■ Title: Hear and Do the Word
■ Background Scripture: James 1:19-27
■ Lesson Scripture: James 1:19-27
■ Focus of the Lesson: People often talk about what will help others, but they do not take action. What will motivate them to take action? James says that those who are both hearers and doers of the word practice justice.

❖ Post these three activities related to this week's session on newsprint for the students to copy. Challenge the adults to grow spiritually by completing one or more of them.

(1) **Review Charles Dickens's classic** *A Christmas Carol.* **Recall that Jacob Marley and the Ghosts of Christmas Past, Present, and Yet to Come returned to warn Ebenezer Scrooge to change his ways, just as the rich man in Luke 16 wanted someone to warn his brothers so that they might avoid "this place of torment" (16:28). How do these stories inspire you to reach out to the poor?**

(2) **Investigate the economic policies of your elected officials, or at least their political parties. Who, if anyone, seems to treat those in need with Christlike compassion? What can you do to support this official or party?**

(3) **Read the Book of Amos. What do his prophecies teach about the will of God in relation to the poor? How can you enact any of these teachings?**

❖ Sing or read aloud "Where Cross the Crowded Ways of Life."

❖ Conclude today's session by leading the class in this benediction, which is adapted from James 1:22, the key verse for February 2: **Let us go forth to be doers of the word, and not merely hearers who deceive themselves, so that all people may experience the just reign of God. Amen.**

## UNIT 3: LIVE JUSTLY IN THE REIGN OF GOD
# HEAR AND DO THE WORD

---

### PREVIEWING THE LESSON

**Lesson Scripture:** James 1:19-27
**Background Scripture:** James 1:19-27
**Key Verse:** James 1:22

#### Focus of the Lesson:
People often talk about what will help others, but they do not take action. What will motivate them to take action? James says that those who are both hearers and doers of the word practice justice.

#### Goals for the Learners:
(1) to review the relationship expressed in the Scripture between hearing and doing the word.
(2) to express feelings about hearing and doing God's Word.
(3) to develop practical strategies for taking actions that adhere to the Word.

#### Pronunciation Guide:
Christology (kris tol' uh jee)
*shama* (shay' muh)
Torah (toh' ruh)

#### Supplies:
Bibles, newsprint and marker, paper and pencils, hymnals

---

### READING THE SCRIPTURE

NRSV
Lesson Scripture: James 1:19-27

<sup></sup>¹⁹You must understand this, my beloved: let everyone be quick to listen, slow to speak, slow to anger; ²⁰for your anger does not produce God's righteousness. ²¹Therefore rid yourselves of all sordidness and rank growth of wickedness, and

CEB
Lesson Scripture: James 1:19-27

¹⁹Know this, my dear brothers and sisters: everyone should be quick to listen, slow to speak, and slow to grow angry. ²⁰This is because an angry person doesn't produce God's righteousness. ²¹Therefore, with humility, set aside all moral filth and the

welcome with meekness the implanted word that has the power to save your souls. **22But be doers of the word, and not merely hearers who deceive themselves.** 23For if any are hearers of the word and not doers, they are like those who look at themselves in a mirror; 24for they look at themselves and, on going away, immediately forget what they were like. 25But those who look into the perfect law, the law of liberty, and persevere, being not hearers who forget but doers who act—they will be blessed in their doing.

26If any think they are religious, and do not bridle their tongues but deceive their hearts, their religion is worthless. 27Religion that is pure and undefiled before God, the Father, is this: to care for orphans and widows in their distress, and to keep oneself unstained by the world.

growth of wickedness, and welcome the word planted deep inside you—the very word that is able to save you. **22You must be doers of the word and not only hearers who mislead themselves.** 23Those who hear but don't do the word are like those who look at their faces in a mirror. 24They look at themselves, walk away, and immediately forget what they were like. 25But there are those who study the perfect law, the law of freedom, and continue to do it. They don't listen and then forget, but they put it into practice in their lives. They will be blessed in whatever they do.

26If those who claim devotion to God don't control what they say, they mislead themselves. Their devotion is worthless. 27True devotion, the kind that is pure and faultless before God the Father, is this: to care for orphans and widows in their difficulties and to keep the world from contaminating us.

---

## UNDERSTANDING THE SCRIPTURE

**Introduction.** Tradition associates the "James" identified in the book's first verse as author with James the brother of Jesus, who was the leader of the Jerusalem church until he was martyred in Jerusalem in A.D. 62. One stumbling block to claiming that Jesus' brother is the author is the very formal style of Greek language employed in the letter, a style not typically associated with what a Palestinian Jew of this era would have used. If James is not the original author, one reason for assigning this work to him is the epistle's strongly Jewish character, particularly in its positive view of Torah. Often categorized as a letter-form of "wisdom" literature, James gathers together a large number of proverbs or sayings related to ethics and morals, often expressed in imperative form. Luke Timothy Johnson reports that there are 59 imperatives used in

its total of 108 verses. James is thus an epistle that constantly challenges the reader, of its day and our own, with numerous summonses to choose and act and not simply read and reflect. James is also much more expressive of theology (the nature and workings of God) than Christology, as there are only two explicit references to Christ in the letter (1:1; 2:1).

**James 1:19-21.** The address of the community as "beloved" is also used elsewhere (1:16; 2:5; 5:7; 9:10, 12). The term is relational rather than hierarchical. In that context, the imperatives regularly encountered in this letter can be heard as summons given not from "on high" by an authority figure looming over the community, but rather from one who speaks from within the community, bound to them in love. The threefold imperative in verse 19 embraces all in the community ("let everyone"), not a select few. The power of the imperative is heightened by the internal contrast between that which one is to be quick about (listening) and those things that one is to be slow or deliberate about (speaking and becoming angry). The motive given for such instruction exceeds manners: the command stems from what is—and is not—conducive to God's righteousness or justice. Verse 21 provides negative and positive insights into what must be given up and what must be taken on in order to follow the call of verse 19. "Rid yourselves of" reflects the same act of loosing evil and its degrading influences from one's life as Hebrews 12:1 speaks of laying aside sin and whatever weight holds one back from the following of Jesus. The verb for "welcome" in James 1:21 is related to the extending of friendship or hospitality. Thus, the author seeks for his beloved community a hospitable welcoming of the saving word that has been planted among them (see 1:18). This association of the word that possesses power to save bears striking resemblance to Paul's definition of the gospel in Romans 1:16 as "the power of God for salvation."

**James 1:22.** This single verse sets forth the theme not only for the remainder of this passage but also for much of the epistle, particularly 2:8-26 and 3:13-18. The opening section of "Interpreting the Scripture" ("Hearing and Doing: Traditions") will explore verse 22 in the context of both Jewish and Christian traditions.

**James 1:23-25.** James uses the simile here of looking into a mirror in order to explore the different consequences of being a hearer of the word only or one who actually acts on the word. "Themselves" in verse 23 is an awkward translation of a pair of Greek words that, taken together, literally mean "birth/natural face." The intended meaning is obscure. Is the meaning that those who only hear look in the mirror and see themselves as they "truly" are, but do nothing about it? Or is the metaphor shaped by how

mirrors of this day were polished metal rather than glass, and often provided distorted and thus deceptive views of "what they were like"? As indicated in verse 22, deception results when the word is only heard but not done. There is also some question about what James means by "the perfect law, the law of liberty" (1:25). Is this a reference to the "word of truth" in 1:18? Is it an anticipation of the "royal law" noted in 2:8 as love of neighbor as of self? Perhaps the letter leaves the matter unsettled so that listeners can mine the meaning of both options. The theme of "forgetting" in verses 24 and 25 reflects a major theme in Judaism, especially in the Deuteronomy traditions. There, remembrance was the key to keeping covenant in the Promised Land—while forgetfulness was contrasted as that which would jeopardize covenant (Deuteronomy 8:11-20).

**James 1:26-27.** "Religion" and "religious" translate a Greek word that is used in only one other place in the New Testament besides these verses, Acts 26:5. It typically refers to external religious ceremonies or rituals. The critique of such outward practices, as occurs in verse 26, reflects an important strand of earlier prophetic critiques in the Old Testament (Isaiah 1:12-17; Micah 6:6-8). It is also significant that those same prophetic critiques are paired with summons to do good and to do justice. The hazards of uncontrolled tongues will be taken up more extensively in James 3:1-12. The matter of being deceived occurs once more in verse 26 in terms of the "heart." In Jewish thought, the heart is not the seat of emotions but rather the will. And if the will is deceived, it follows that actions will be stunted. James's definition of religion includes three words that resonate with elements in Jewish sacrificial law. "Pure," "undefiled," and "unstained" all can reference something that can be presented for use in God's service. Actions that embody such qualities in a positive sense are identified with care for the most vulnerable ones, in the case of orphans and widows in James's era. To keep oneself "unstained by the world" (1:27) means standing apart from whatever might interfere or hold one back from the presence or service of God.

---

## INTERPRETING THE SCRIPTURE

### Hearing and Doing: Traditions

The introduction to "Understanding the Scripture" identifies the Letter of James with the wisdom tradition and literature in Judaism. It is important to keep in mind that wisdom in Judaism was largely focused on the conduct of life. That is, wisdom was by no means simply "head knowledge." Wisdom focused upon how one lived—and in keeping with its Jewish moorings, how one lived in the presence of and in faithfulness to God. James stands solidly within that tradition shared with Proverbs and many of the Psalms. What does one do in faith and in response to God's actions toward us?

Another element from Jewish tradition that points to the vital link between faith as hearing and doing, and not hearing alone, comes in the very language of that community. In Hebrew, the word most commonly translated as "to hear" is *shama*. And in Hebrew, the word most commonly translated as "to obey" is *shama*. The same word. In Hebrew, to truly hear something is to obey it—that is, to *do* it.

In terms of later church traditions, James's emphasis on faith as necessitating "doing" and "works" has caused dispute among some Christian interpreters in its supposed contradiction of the role of grace. No less a figure than Martin Luther strongly critiqued James on this point, insisting on the Pauline principles that "the one who is righteous will live by faith" (Romans 1:17).

That critique, however, overlooks the truth that Paul certainly understands and proclaims about the necessity of faith's doing and not just its hearing: "For it is not the hearers of the law who are righteous in God's sight, but the doers of the law who will be justified" (Romans 2:13). And when one brings into the conversation Jesus' own teachings about hearers and doers of his word (Matthew 7:24-27), the message of James 1:22 is clearly an integral part of the gospel and the "implanted word" (1:21) that James bids the community to welcome into their lives—and evidence in their living.

Hearing and doing: how does the church continue to hold those two actions together, and in particular pass on the tradition of acting on one's faith? The question raises interesting issues for the practice and goal of preaching and Christian education—not only for its practitioners but also for the "listeners." Faith is not just in what we *hear* from week to week in sanctuaries and classrooms and fellowship groups; faith comes in what we *do* from day to day in all the places where life unfolds.

### Hearing and Doing: Disciplines

So what might it look like to be doers of the word and not merely hearers? James does more than state this principle as a theory to be followed. While not exhaustive by any means, the letter provides several insights into practical disciplines that would evidence faith's doing.

The first, interestingly enough, involves a disciplined approach to hearing: "Be quick to listen, slow to speak, slow to anger" (1:19). For the word to be done it must first be heard—whether in attending to the written word or, as is most likely the background behind this verse, in attending to the thoughts and ideas and insights of others and the community. "Quick to listen" reminds us that wisdom comes from outside before it dwells within. Those too intent on always speaking their minds—and not listening to the minds of others—are apt to miss the wisdom God would bring, and in doing so, overlook new ways of setting one's faith into action beyond what one already knows.

To speak of this charge as a discipline becomes clear when set against, for example, the way in which the body politic tends to function these days. Quick to speak, and quicker to anger, seems to be the order of the day. And sadly, that reversal of James's injunction too often permeates the church, particularly when we face matters on which we disagree. The discipline of listening gives way to faith reduced to slogans and power plays, where offense is taken at any position other than one's own. But if listening does not take place, James implies, the lack of hearing will be evidenced in a lack of doing or even, as verse 20 warns, a lack of God's righteousness.

The other disciplines to which James points that would evidence the doing of God's Word come in the passage's concluding definition of religion. Again, while not exhaustive, the closing verse invites not only our consideration but also our action. What James places first in religion that "does" the word is care for orphans and widows, the most vulnerable persons in that day. The question for us is this: Who are the vulnerable ones today? Who are the ones without voice, without strength, without advocates? And the question for the church is not simply who those ones are, but what exactly are we doing on their behalf and by their side. The notion that a society—or a community, or a church—is measured by its treatment of the weakest of its members is not an invention of modern liberalism or progressive thought, easily discarded by those who position themselves on the other side of those political strands. James 1:27 makes clear, as

does Matthew 25:31-46, that how (and whether!) we care for the vulnerable provides a clear sign, in terms of this epistle's emphasis, for whether we are hearers only or doers of God's Word. Such is the discipline of religion that is "pure and undefiled" (1:27).

*Hearing, Doing, and the Practice of Justice*

This final unit of this quarter is titled "Live Justly in the Reign of God." The previous two paragraphs make clear how tightly James weaves the connection between living justly and the reign of God. God's reign is not an opinion we hold; it is our active participation in the workings and priorities of God in our day. And for the practice of such justice, hearing and doing the Word of God's reign and justice must be held in a dynamic tandem.

It is not that James denies the value or even necessity of hearing. The summons in verse 19 to be quick to listen underscores that matter. The connection between listening and justice is also a vital one. For unless one truly listens to the voices and needs of the world for justice, those cries will not be heard. And if not heard, they will not be done.

Consider the life and ministry of your church. Where are the places where listening, true listening, is taking place? Where are the voices and needs of the community outside your walls being brought into your awareness for the sake of action, and not simply "information"? How might worship better integrate not only the hearing of the Word but its doing? How might programs of Christian education and fellowship more intentionally focus not only on faith's understanding and enrichment but its call to action and in particular its call to do justice for the sake of God's reign?

We are all called to be doers of the Word. So what will you do today to live out the faith, to practice the justice, with which you have been graced?

# SHARING THE SCRIPTURE

## PREPARING TO TEACH

### Preparing Our Hearts

Explore this week's devotional reading, found in 1 John 3:14-20. John's first epistle reminds us that we are to love one another. Here, as elsewhere in Scripture, "love" is not simply a noun. Rather, it is a verb, for we are to love "in truth and action" (3:18). Such behavior is very pleasing to God. Make a list of specific actions you have taken over the last three days to demonstrate God's love for someone else. Although we cannot predict when a chance encounter with someone will enable us to put God's love into action, sometimes we can look ahead several days and know that we will be in a particular situation (perhaps volunteering at a nursing home) or will see a particular person with whom we can share God's love. Make a list of any such possibilities you know of for the upcoming week. Keep track during this week of any loving actions you have been able to do on God's behalf.

Pray that you and the adult students will be open to opportunities to share God's love with others.

### Preparing Our Minds

Study the background Scripture and the lesson Scripture, both of which are from James 1:19-27.

Consider this question as you prepare the lesson: *How can people who often talk about what will help others but fail to help be motivated to take action?*

Write on newsprint:

❏ information for next week's lesson, found under "Continue the Journey."
❏ activities for further spiritual growth in "Continue the Journey."

Review the "Introduction," "The Big Picture," "Close-up," and "Faith in Action." Consider how you will use this additional information, which immediately precedes the first lesson, for this session.

## LEADING THE CLASS

### (1) Gather to Learn

❖ Greet the class members. Introduce any guests and help them to feel at home.

❖ Pray that the learners will prepare themselves to listen to the Word of God.

❖ Form groups of three. Ask group members to each summarize an incident when a company promised to take action to resolve an issue with its product or service. Suggest that the groups discuss these questions: What was the problem? How was the problem resolved—or did the company fail to take action? If you had a choice, did you continue to deal with this company and/or recommend it to others? Why or why not?

❖ Read aloud today's focus statement: **People often talk about what will help others, but they do not take action. What will motivate them to take action? James says that those who are both hearers and doers of the word practice justice.**

### (2) Goal 1: Review the Relationship Expressed in the Scripture Between Hearing and Doing the Word

❖ Choose a volunteer to read James 1:19-27 and discuss these three questions:

1. **What do you learn from verses 19-21 about how one can live as a righteous person?**
2. **How do you find the image of a mirror in verses 22-25 helpful in understanding the importance of being a "doer"?**
3. **How does James describe "pure" religion in verses 26-27? Do you**

**agree with him? If not, how would you modify his description?**

❖ Read or retell "Hearing and Doing: Traditions" in "Interpreting the Scripture."

❖ Conclude by discussing this question from the portion you just read: **Hearing and doing: How does the church continue to hold those two actions together, and in particular pass on the tradition of acting on one's faith?** (Instead of thinking about "the church" generically, you may want to focus on your own church.)

*(3) Goal 2: Express Feelings About Hearing and Doing God's Word*

❖ Read the final paragraph of "Hearing and Doing: Disciplines" in "Interpreting the Scripture."

❖ Note that it is clear from James and other places in Scripture that we are called to care for the vulnerable. In a society that has the pioneer spirit—everyone is a rugged individualist who should take care of himself or herself—James's words may create a dissonance. Some people find it repugnant to be asked to care for others. Discuss these questions:

1. **How is the church to take a different stance from that which many so-called "self-made" citizens feel is most appropriate?**
2. **Invite the students to think silently for a few moments about their own feelings when called to enact God's Word rather than simply listen to it. Then ask: How do you feel about God's expectation that you are to do for others, especially those who are vulnerable?**

*(4) Goal 3: Develop Practical Strategies for Taking Actions that Adhere to the Word*

❖ Read or retell "Hearing, Doing, and the Practice of Justice" in "Interpreting the Scripture."

❖ Reread slowly the paragraph that begins "Consider the life and ministry . . ." Take time to discuss each question.

❖ Form two groups (or multiples of two if the class is large). Give newsprint and a marker to each group so that they may list their ideas.

1. The "Hearers" group will develop strategies for hearing about needs that must be met. For example, they may learn of a need by word of mouth, by a news article or a prayer request, or a letter soliciting help from a community agency such as the department of social services or a school. Based on the information provided by the sources they identify, they will need to determine how others within the congregation could also hear of the need.
2. The "Doers" group will assume that they have heard of needs and now need to develop strategies to determine how they can take action. Would they want to have a standing committee that, for example, provides emergency meals to a family in crisis? Would they assign an existing church group responsibility for a particular project that occurs perhaps just once a year, such as collecting school supplies or Christmas presents for those in need?

❖ Call the groups back together to report their ideas. Post their newsprint for easy reference. Try to build consensus by agreeing on those strategies that are most feasible for the class (or church). Encourage individuals to take ownership of selected ideas and move forward to implement them.

*(5) Continue the Journey*

❖ Pray that the learners will have strategies in place so as to be ready to act when they hear God's Word.

❖ Read aloud this preparation for next week's lesson. You may also want to post it on newsprint for the students to copy.

■ **Title: Treat Everyone Equally**

■ **Background Scripture: James 2:1-13**

■ **Lesson Scripture: James 2:1-13**

■ **Focus of the Lesson: People show partiality toward others for a variety of reasons. How can we avoid favoritism? James reminds his followers of the importance of justice practiced through taking care of the poor and loving their neighbors as ourselves.**

❖ Post these three activities related to this week's session on newsprint for the students to copy. Challenge the adults to grow spiritually by completing one or more of them.

(1) **Check media in your church and community to locate a project for which you could volunteer. This might be a one-time event, or the project may require your time on** an ongoing basis. Determine what you can contribute and commit yourself to action.

(2) Help a child or teen take action by doing an age-appropriate project that will benefit others. Explain the importance not only of knowing God's Word but also of acting on it.

(3) Review James's definition of "religion" in 1:26-27. How does this definition relate to your own definition? How does it relate to the well-known definition in Micah 6:8?

❖ Sing or read aloud "O Master, Let Me Walk with Thee."

❖ Conclude today's session by leading the class in this benediction, which is adapted from James 1:22, today's key verse: **Let us go forth to be doers of the word, and not merely hearers who deceive themselves, so that all people may experience the just reign of God. Amen.**

# UNIT 3: LIVE JUSTLY IN THE REIGN OF GOD
# TREAT EVERYONE EQUALLY

---

## PREVIEWING THE LESSON

**Lesson Scripture:** James 2:1-13
**Background Scripture:** James 2:1-13
**Key Verse:** James 2:5

### Focus of the Lesson:
People show partiality toward others for a variety of reasons. How can we avoid favoritism? James reminds his followers of the importance of justice practiced through taking care of the poor and loving their neighbors as themselves.

### Goals for the Learners:
(1) to delve into James's writings concerning partiality and ways to avoid it.
(2) to explore the meaning of the phrase "Love your neighbor as yourself."
(3) to identify ways they discriminate against certain groups and ways to express love to those groups.

### Pronunciation Guide:
Torah (toh' ruh)

### Supplies:
Bibles, newsprint and marker, paper and pencils, hymnals, pictures of members of groups that may be discriminated against in your community

---

## READING THE SCRIPTURE

NRSV
Lesson Scripture: James 2:1-13

¹My brothers and sisters, do you with your acts of favoritism really believe in our glorious Lord Jesus Christ? ²For if a person with gold rings and in fine clothes comes into your assembly, and if a poor person in dirty clothes also comes in, ³and if you take notice of the one wearing the fine clothes and say, "Have a seat here, please," while to

CEB
Lesson Scripture: James 2:1-13

¹My brothers and sisters, when you show favoritism you deny the faithfulness of our Lord Jesus Christ, who has been resurrected in glory. ²Imagine two people coming into your meeting. One has a gold ring and fine clothes, while the other is poor, dressed in filthy rags. ³Then suppose that you were to take special notice of the one wearing fine

the one who is poor you say, "Stand there," or, "Sit at my feet," ⁴have you not made distinctions among yourselves, and become judges with evil thoughts? ⁵Listen, my beloved brothers and sisters. **Has not God chosen the poor in the world to be rich in faith and to be heirs of the kingdom that he has promised to those who love him?** ⁶But you have dishonored the poor. Is it not the rich who oppress you? Is it not they who drag you into court? ⁷Is it not they who blaspheme the excellent name that was invoked over you?

⁸You do well if you really fulfill the royal law according to the scripture, "You shall love your neighbor as yourself." ⁹But if you show partiality, you commit sin and are convicted by the law as transgressors. ¹⁰For whoever keeps the whole law but fails in one point has become accountable for all of it. ¹¹For the one who said, "You shall not commit adultery," also said, "You shall not murder." Now if you do not commit adultery but if you murder, you have become a transgressor of the law. ¹²So speak and so act as those who are to be judged by the law of liberty. ¹³For judgment will be without mercy to anyone who has shown no mercy; mercy triumphs over judgment.

clothes, saying, "Here's an excellent place. Sit here." But to the poor person you say, "Stand over there"; or, "Here, sit at my feet." ⁴Wouldn't you have shown favoritism among yourselves and become evil-minded judges?

⁵My dear brothers and sisters, listen! Hasn't God chosen those who are poor by worldly standards to be rich in terms of faith? **Hasn't God chosen the poor as heirs of the kingdom he has promised to those who love him?** ⁶But you have dishonored the poor. Don't the wealthy make life difficult for you? Aren't they the ones who drag you into court? ⁷Aren't they the ones who insult the good name spoken over you at your baptism?

⁸You do well when you really fulfill the royal law found in scripture, *Love your neighbor as yourself.* ⁹But when you show favoritism, you are committing a sin, and by that same law you are exposed as a lawbreaker. ¹⁰Anyone who tries to keep all of the Law but fails at one point is guilty of failing to keep all of it. ¹¹The one who said, *Don't commit adultery,* also said, *Don't commit murder.* So if you don't commit adultery but do commit murder, you are a lawbreaker. ¹²In every way, then, speak and act as people who will be judged by the law of freedom. ¹³There will be no mercy in judgment for anyone who hasn't shown mercy. Mercy overrules judgment.

---

## UNDERSTANDING THE SCRIPTURE

**James 2:1.** James opens what will be a direct challenge to the readers or listeners with an affirmation of underlying relationship: "my brothers and sisters." The hard words that follow do not come from one who despises those to be upbraided. They come from one bonded to those addressed by kinship in Christ. The question James pairs with this opening declaration of kinship sets the tone for the entire passage. Its central focus is on acts of "favoritism,"

which translates a compound word in Greek (also used in verse 9 in its verb form) whose individual components more literally mean "to take or receive faces." The question turns not on whether the community's acts of favoritism are good manners or even equitable social or political policies. What is at stake in actions that favor the rich and dishonor the poor is whether those actions exhibit faith in Jesus Christ.

**James 2:2-4.** It is not only unclear whether the "assembly" James speaks of is one gathered for worship, fellowship, or some other purpose, but the purpose in gathering is unimportant to James's point. The pressing matter is that of diverse receptions given to those who come well dressed and those whose clothing could use a good washing. The difference in reception is not merely reflected in the seating arrangements that follow, but in the very language used in doing so. The address to the rich is invitational nearly to the point of begging: "have a seat here, please" (2:3). The address to the poor is spoken in the imperative, as if these guests have no choice. The "there" of "stand there" (2:3) implies distance. The position of sitting at another's feet in that era is not that of privilege but that of subjugation. James closes these verses by noting that these actions are divisive to the community that, supposedly, is united in Christ. Even more telling, they are depicted as the outcome of "evil thoughts" (2:4).

**James 2:5-7.** The author pleads with the community to "listen," that is, to hear. The letter does not eliminate the role of hearing in its comments on doing the Word. Here, the epistle pleads for listening eventuating in faithful action that will reveal God's own favorable disposition toward those the community summarily dismissed in verses 2-4. The assertion of God's choosing the poor to be heirs of the kingdom sounds a strikingly similar note to Jesus' first beatitude in Matthew 5:3 and even more so in Luke 6:20: "Blessed are you who are poor, for yours is the kingdom of God." The ensuing insight that the rich whom they favor are the very ones who oppress and trouble James's community likewise reveals an attitude similar to Luke's recording of not only Jesus' beatitudes embracing the poor and hungry but also his woes levied upon the rich and full (Luke 6:24-25). James 2:7 is an even more stunning assessment than 2:4. The rich (one might well read "powerful" or "influential") now are charged not only

with "evil thoughts" but also with blasphemy against the "excellent name that was invoked over you." Tradition holds this "name" to be that of Jesus, though it is unclear whether James draws this from the imagery of being baptized "in Jesus' name" or in the broader sense of the church being the "body of Christ."

**James 2:8.** The center of this passage references the "royal" law, identified here with "you shall love your neighbor as yourself." Although found in the teachings of Jesus (Mark 12:31; Luke 10:27), this commandment does not originate there. Rather, this law is first stated in Leviticus 19:18—interestingly, only three verses after Leviticus 19:15 calls for impartiality in the pursuit of justice toward neighbor. James's descriptive adjective of it as "royal" law suggests several interpretive meanings. In the political context of the day, "royal law" would have no rival. The sovereign's word was the final word. In this sense, "royal law" in reference to love of neighbor could be taken as this being the "final word" that reigns over all else. In the context of this passage itself, "royal law" may simply hearken back to the teaching in verse 5 regarding the poor as heirs of the "kingdom," which is the only usage of "kingdom" in all of James. Thus, "royal law" would be the principle of love that grows out of the just qualities of God's realm, promised and present.

**James 2:9-11.** The theme of partiality is once more engaged, only now in the context of law. Again, the immediate law in mind is that of verse 8: love of neighbor. To exercise partiality toward the rich and powerful does not only call into question the integrity of one's faith (2:1). Here, it breaks the "royal law" and leaves the transgressor accountable to the whole of the law. The argument as it unfolds in verse 11 is that keeping one portion of the law does not matter if another is not kept. Not only does transgression of one element bring accountability to the whole but also the sin that is committed is against the "royal law," the central element to what it means to live faithfully as individuals and as a community.

**James 2:12-13.** The "law of liberty" may be heard as a blending of 1:25's reference to the same as well as the "royal law" of 2:8. James urges the community to words and to actions that embody love for neighbor as self and its implication that the poor are to be shown the same regard and honor in love as presently shown to those of substance and power. James closes with an intriguing appeal to the showing of mercy. The Greek word for "mercy" is the root for the word for "alms." The expression of "showing mercy" in 2:13 matches what is translated in Matthew 6:2 as "giving alms." Almsgiving—mercy—enabled those with substance to provide for those who were without. James, in very practical application, identifies the right stance toward wealth and its use: not as a means of currying or justifying favor but of providing for the needs of the community's vulnerable ones. This connection of alms and mercy serves as a powerful introduction to an indictment levied in next week's passage against those of means who offer the poor only words and "do not supply their bodily needs" (James 2:16).

## INTERPRETING THE SCRIPTURE

### The Perils of Partiality

Like attracts like. That is a principle at work in any number of social relationships. We gravitate toward those with whom we share interests, values, and common heritages or outlooks. Immigrants settling in a new land tend, at least initially, to take up residence in neighborhoods or towns where others from their background have settled. We feel more comfortable around those whom we think like and look like.

Some theories of church growth have emphasized the importance of forming small "homogeneous" groups with congregations that give folks a "comfort zone" in which belonging is linked to being with others most like them.

The critique of growth based on such a principle is as old as the Letter of James. The hazard of monolithic faith communities, whether of race or economy or even theological perspective, is that those who are outside the "favored" parameters are not only viewed but also treated at "arm's length" from the rest of the community.

Today's passage from James accentuates those hazards as they come into play when such favoritism is exercised based on wealth. For here, it is not simply "like attracts like" at work. Rather, there is a certain envy at work in the welcoming of the rich and a clear disdain at work in the shuffling of the poor to the side. James does not portray the whole community as rich. Rather, those in the "middle" between rich and poor are portrayed as casting their lot with inclusion of the rich, perhaps in hopes that some of the wealth and influence will rub off on them.

As noted in "Understanding the Scripture," the hazard of practicing Christian community on the basis of such partiality is not that it is a social misstep. James portrays it as a contradiction of faith at best, and blasphemy (taking God's name in vain) at worst. The very ones upon whom Jesus spoke blessings and God has chosen as heirs of the kingdom are rendered as second-class citizens in the church that bears Jesus' name.

## The Royal Law

The antidote to such partiality and favoritism, and the chief means to avoiding its hazards, is simply yet profoundly a single commandment that comes from Leviticus's teaching of God's law: "You shall love your neighbor as yourself" (19:18).

Love.

The Torah's understanding of love, reinforced in the teachings and example of Jesus, is not so much how you *feel* about or toward another person. Love is what you *do* toward or on behalf of another. In particular, love is seeking what is good for another.

Sometimes we in the church have fallen prey to sentimentalizing love for the other, robbing it of its ethical dimension. Not too many years ago, there was a Christian fad of wearing bracelets that had the letters "WWJD?" stamped on them—"What would Jesus do?" Like all fads, it seems to have quickly passed. But in truth, the question of "What would Jesus do?" goes to the heart of what it means to love another. It's not about what Jesus would *feel*. Love really is about what Jesus would *do*.

To parallel love of neighbor with love of self has several interesting implications. To begin with, it implies that love of self is a legitimate exercise. After all, we are loved of God and we should value all that God loves. But such love is not the fawning self-congratulation of self-righteousness. If love seeks what is good for another, then love of self would also mean to seek what is good for oneself: good, not in the sense of "whatever I *want*," but rather, seeking that which brings good (not goods, as the prosperity gospel misinterprets!) into one's own life.

Love of self is not a substitute for love of neighbor. Rather, it becomes a testing ground for love of neighbor. For if one cannot love self, how can one rightly love neighbor? Without love of self, neighborly love risks turning into an attempt to seek another's good because one cannot find the possibility of good in oneself. And just as important: if one cannot love neighbor, how can one love self? Without love of neighbor, love of self veers in the direction of elevating oneself above all else in the sight of God, an absorption that fails to grasp the love with which God loves all.

## Partiality and Blind Spots, Then and Now

In the community addressed originally by James, partiality took the form of economic bias and discrimination. It created a blind spot in the community, rendering its members unable to see in their fawning pursuit of the rich and influential that these were the very ones who disdained them in return.

As much as things change, things stay the same. James's critique of his community's partiality that creates blind spots resonates with more than a few tendencies in our time and culture. A host of folks who are not wealthy or influential bend over backward in defense of the right of the super-rich in our day to leave executive bonuses and abundant loopholes untouched by efforts at reform based on the common good. Perhaps it is a hope borne of the thinking that drives lottery ticket sales: *one day, that may be me at the top.* In the meantime, the living standards of the defenders continue to decline, precisely because of the actions of the very ones they defend at all costs.

James's critique also challenges communities of faith today to consider what elements of partiality and discrimination remain entrenched within our own circles. During the civil rights movement, it was once noted that the most segregated hour in the United States was 11 a.m. on Sunday. Positive strides have been made since those times, but where might one find the residue of racial partiality at work today, whether in attitudes toward those in church leadership or the presence (or more absence) of minorities in congregations that no longer reflect the racial composition of their neighborhood?

And beyond race, significant an issue as it is, what are other partialities and blind spots that continue to plague the church in general and your congregation in particular? James writes of differing receptions given to those who enter the assembly with fine clothes or dirty clothes. What might be substituted for the manner of "clothes" that would reveal differing receptions and welcomes (or not) given to persons who enter your assembly? What matters of social status, or personal orientation, or—you fill in the blank—would result in some being invited to "have a seat here, please!" and others being informed to "stand there" or "sit at my feet" (2:3).

### Mercy Trumps All

Sometimes the church hears "mercy" only as an expression of forgiveness, as in a prayer of confession invoking God to "have mercy on me." As noted in "Understanding the Scripture," "doing mercy" was an expression in James's day for the giving of alms, providing for the needs of the very ones who get overlooked in James 2:2. Another aspect of mercy can be heard in one of its alternate translations in the Old Testament: steadfast love. Love that does not let go. Love that engages in covenant loyalty. Such love is ascribed most often to God. But in Jesus Christ we are called to love as God in Christ loves us. Mercy as "steadfast love" goes to the heart of "love your neighbor as yourself." Mercy as love trumps all, because love is at the core of God's disposition toward this world, and God's call to love is the "royal law" above all other callings.

---

## SHARING THE SCRIPTURE

### PREPARING TO TEACH

#### Preparing Our Hearts

Explore this week's devotional reading, found in Romans 13:8-14. Here, as in this week's Scripture lesson, we see the importance of loving one's neighbor. This act fulfills the law of love. Since, as Paul reminds his readers in Rome, the day of salvation is near, we must live honorably as Christ's people. Such living requires us to love others. What action can you take today to share God's love with someone who needs to experience it?

Pray that you and the adult students will not only recognize the importance of loving your neighbors but also take tangible action to demonstrate that love.

#### Preparing Our Minds

Study the background Scripture and lesson Scripture, both of which are from James 2:1-13.

Consider this question as you prepare the lesson: *How can we avoid favoritism?*

Write on newsprint:
❑ information for next week's lesson, found under "Continue the Journey."
❑ activities for further spiritual growth in "Continue the Journey."

Review the "Introduction," "The Big Picture," "Close-up," and "Faith in Action." Consider how you will use this additional information, which immediately precedes the first lesson, for this session.

Locate pictures from magazines, newspapers, or other sources of individuals or several people who belong to a group that would likely be discriminated against in your community or church. If you need help in finding pictures, contact several class members during the week and solicit their help.

## LEADING THE CLASS

### (1) Gather to Learn

❖ Greet the class members. Introduce any guests and help them to feel at home.

❖ Pray that the learners will be sensitive to the truth of James's teachings in their lives.

❖ Invite the learners to recall instances from their youth when a parent, family member, teacher, coach, or other significant adult showed favoritism. Discuss these questions:

1. **How did you feel toward the significant adult who was showing partiality when you were the one who was favored?**

2. **How did you feel toward a significant adult who was showing partiality toward someone else?**

3. **How did you feel toward the one to whom partiality was shown?**

4. **What lessons did you learn from these situations?**

❖ Read aloud today's focus statement: **People show partiality toward others for a variety of reasons. How can we avoid favoritism? James reminds his followers of the importance of justice practiced through taking care of the poor and loving their neighbors as themselves.**

### (2) Goal 1: (1) Delve Into James's Writings Concerning Partiality and Ways to Avoid It

❖ Read "The Perils of Partiality" from "Interpreting the Scripture" to introduce today's lesson.

❖ Choose a volunteer to read James 2:1-13 and then discuss these questions:

1. **In verses 1-7, James condemns deference toward the rich and dis-**crimination toward the poor. On what basis does he do this?** (Verses 8-9 point out that such discrimination violates God's "royal law" of love, which is to love one's neighbor as oneself.)

2. **How does the language that James uses in verse 3 reveal this discrimination?** (Notice that the rich are *invited* to "please" have a seat; the poor are *ordered* to "stand there" or "sit at my feet.")

3. **What do these verses suggest about hospitality within your own church?**

❖ Read in unison today's key verse, James 2:5. Point out that God's concern for the poor is a theme that permeates the Bible. Call on volunteers to each read one of these passages: Deuteronomy 10:17-18; Psalm 68:5; Amos 2:6-7a; Luke 1:51-53; 6:20. Invite the group to comment on why justice for the poor is so important to God.

### (3) Goal 2: Explore the Meaning of the Phrase "Love Your Neighbor as Yourself"

❖ Read the opening portion of "The Royal Law" in "Interpreting the Scripture" that begins "The antidote" and ends with "good for another."

❖ Note that the command to "love your neighbor as yourself" appears eight times in the Bible: Leviticus 19:18; Matthew 19:19; 22:39; Mark 12:31; Luke 10:27; Romans 13:9; Galatians 5:14; James 2:8. This law is second only to the law calling us to love God with our whole being. Together, these two injunctions summarize the heart of God's law.

❖ Look again at James 2:8-13. Notice that a person fulfills "the royal law," or the law of the kingdom of God, by loving one's neighbor. Conversely, those who show partiality are as guilty of breaking God's law as if they had broken one of the Ten Commandments.

*(4) Goal 3: Identify Ways the Learners Discriminate Against Certain Groups and Ways to Express Love to Those Groups*

❖ Read "Partiality and Blind Spots, Then and Now" in "Interpreting the Scripture."

❖ Hold up the pictures that you have located of people belonging to groups that your community or church may discriminate against. Suggestions for such pictures include people of a different race, immigrants, poor people, gay or lesbian couples, people with handicapping conditions, people of various ages. As you focus on a picture, encourage the class members to talk about (1) ways that this group might be discriminated against, and (2) what the church can do to show love and hospitality to these people. For example, immigrants might find a service in their own language or classes for people who want to speak English. A person with mobility challenges might find a ramp or elevator. A poor person might find food and clothing, along with an invitation to worship with you on Sunday.

❖ Conclude by asking students what the class can do to help the church and the community become more open and loving to those on the margins. Consider what you might do as individuals and as a group to take action.

*(5) Continue the Journey*

❖ Pray that the learners will treat all people equally.

❖ Read aloud this preparation for next week's lesson. You may also want to post it on newsprint for the students to copy.

■ **Title: Show Your Faith by Your Works**

■ **Background Scripture: James 2:14-26**

■ **Lesson Scripture: James 2:14-26**

■ **Focus of the Lesson: People often make great declarations of faith but show no evidence of them in their actions. What gives evidence of faith? James states that faith, which by itself is dead, becomes active when carried out through works of justice.**

❖ Post these three activities related to this week's session on newsprint for the students to copy. Challenge the adults to grow spiritually by completing one or more of them.

(1) **Be alert for situations in your church, workplace, and community that appear to be biased. Do whatever you can to call attention to and correct these unjust situations.**

(2) **Scan media accounts for examples of how the rich oppress the poor today. If such oppression is part of "the system," advocate for the poor by letting elected officials know of your concern and suggest legislation to address the problem.**

(3) **Read 1 Corinthians 11:17-34 and Galatians 2:11-14 to see how Paul handled the problem of partiality in the church. What examples can you think of in your own congregation? What steps can you take to put an end to this biased behavior?**

❖ Sing or read aloud "In Christ There Is No East or West."

❖ Conclude today's session by leading the class in this benediction, which is adapted from James 1:22, the key verse for February 2: **Let us go forth to be doers of the word, and not merely hearers who deceive themselves, so that all people may experience the just reign of God. Amen.**

UNIT 3: LIVE JUSTLY IN THE REIGN OF GOD
# SHOW YOUR FAITH BY YOUR WORKS

## PREVIEWING THE LESSON

**Lesson Scripture:** James 2:14-26
**Background Scripture:** James 2:14-26
**Key Verse:** James 2:26

### Focus of the Lesson:
People often make great declarations of faith but show no evidence of them in their actions. What gives evidence of faith? James states that faith, which by itself is dead, becomes active when carried out through works of justice.

### Goals for the Learners:
(1) to examine James's relationship between faith and works.
(2) to consider a faith statement and how it might be expressed in works.
(3) to commit to making faith visible.

### Pronunciation Guide:
Rahab (ray' hab)
Shema (shee' muh) or (shuh mah')

### Supplies:
Bibles, newsprint and marker, paper and pencils, hymnals

## READING THE SCRIPTURE

NRSV
Lesson Scripture: James 2:14-26

¹⁴What good is it, my brothers and sisters, if you say you have faith but do not have works? Can faith save you? ¹⁵If a brother or sister is naked and lacks daily food, ¹⁶and one of you says to them, "Go in peace; keep warm and eat your fill," and yet you do not

CEB
Lesson Scripture: James 2:14-26

¹⁴My brothers and sisters, what good is it if people say they have faith but do nothing to show it? Claiming to have faith can't save anyone, can it? ¹⁵Imagine a brother or sister who is naked and never has enough food to eat. ¹⁶What if one of you said, "Go in peace!

supply their bodily needs, what is the good of that? ¹⁷So faith by itself, if it has no works, is dead.

¹⁸But someone will say, "You have faith and I have works." Show me your faith apart from your works, and I by my works will show you my faith. ¹⁹You believe that God is one; you do well. Even the demons believe—and shudder. ²⁰Do you want to be shown, you senseless person, that faith apart from works is barren? ²¹Was not our ancestor Abraham justified by works when he offered his son Isaac on the altar? ²²You see that faith was active along with his works, and faith was brought to completion by the works. ²³Thus the scripture was fulfilled that says, "Abraham believed God, and it was reckoned to him as righteousness," and he was called the friend of God. ²⁴You see that a person is justified by works and not by faith alone. ²⁵Likewise, was not Rahab the prostitute also justified by works when she welcomed the messengers and sent them out by another road? ²⁶**For just as the body without the spirit is dead, so faith without works is also dead.**

Stay warm! Have a nice meal!"? What good is it if you don't actually give them what their body needs? ¹⁷In the same way, faith is dead when it doesn't result in faithful activity.

¹⁸Someone might claim, "You have faith and I have action." But how can I see your faith apart from your actions? Instead, I'll show you my faith by putting it into practice in faithful action. ¹⁹It's good that you believe that God is one. Ha! Even the demons believe this, and they tremble with fear. ²⁰Are you so slow? Do you need to be shown that faith without actions has no value at all? ²¹What about Abraham, our father? Wasn't he shown to be righteous through his actions when he offered his son Isaac on the altar? ²²See, his faith was at work along with his actions. In fact, his faith was made complete by his faithful actions. ²³So the scripture was fulfilled that says, Abraham believed God, and God regarded him as righteous. What is more, Abraham was called God's friend. ²⁴So you see that a person is shown to be righteous through faithful actions and not through faith alone. ²⁵In the same way, wasn't Rahab the prostitute shown to be righteous when she received the messengers as her guests and then sent them on by another road? ²⁶**As the lifeless body is dead, so faith without actions is dead.**

---

## UNDERSTANDING THE SCRIPTURE

**Introduction.** Repetition of words can serve as a key indicator of theme and emphasis. That is clearly the case in this passage. In its thirteen verses, "faith" is used eleven times and "works" twelve times. The earlier encouragement in 1:22-25 to be "doers of the word and not merely hearers" is treated more extensively in the second half of chapter 2. And as was the case in the first half of chapter 2, today's passage weaves the issue of justice into its linkage of faith and works.

**James 2:14.** Once again, the author

prefaces what will be a powerful challenge to the community by addressing them as "brothers and sisters." Speaking the truth to "family" can be even more difficult than speaking truth to power. For these are not strangers being called to task. They are one's kin in Christ. The opening salvo in this verse questions the "good" or usefulness of faith that is devoid of works. The author frames the question as far more than a matter of abstract theological speculation.

"Can faith save you?" No doubt this is one of the verses that caused Luther and others to question the place of James in the canon. Taken out of context, it could be heard to say that works, not faith, save—a seeming contradiction of Paul's assertion of being justified by faith and not works (Galatians 2:16). Yet a careful reading of this verse and those that follow reveals that James does not jettison faith for works. Nor are James and Paul as far apart as they may seem. When Paul writes about "works of the law," he is talking about obeying commandments that relate to the Law, such as dietary restrictions. For James, however, the term "works" refers to acts of charity and mercy.

**James 2:15-17.** Earlier in this chapter, the author illustrated the scandal of acting with partiality toward the rich by relating two distinct "welcomes" (or the lack thereof) given to rich and poor. Here in these verses, James illustrates this necessary linkage between faith and works with a brief parable about the treatment of the poor by the community. Faith that is hearing (words) only, separated from works, offers only words of benediction upon those in need. As in verse 14, the author asks the rhetorical question of such faith devoid of just works: "What good is it?" The failure of such faith is made all the more severe by the description of those who are in need as "naked" and "lacking daily food." These have not even the most rudimentary protection against the elements. And it is not that they don't have a well-rounded diet; they have no diet at all. Another striking element of this description has to do with "daily food." The prayer of Jesus bids us to ask God for "daily bread." Yet here the community that may well offer that prayer now does nothing to extend such providence to those who look to them for help. The judgment levied upon such faith devoid of working faith's good is severe. Such faith, in James's assessment, is not merely lacking, or inadequate, or misguided. It is dead.

**James 2:18-19.** James now brings into the passage an imaginary questioner who, in a sense, plays devil's advocate by challenging James's theme ("You have faith and I have works"). It is, if you will, an early expression of "compartmentalizing" faith. That is, faith has to do with only this part of my life, and no more. As long as I believe it and feel it in my heart, all is well. But as the author quickly rebuts, all is not well. Belief in God is no great thing—"even the demons believe" (2:19). The force of James's words here is subtly conveyed by what he associates such belief with: "God is one." One of the earliest confessions of faith in Israel, and one that has lasted through the centuries as a core of Judaism, is the aptly named *Shema* (from the Hebrew word "to hear") of Deuteronomy 6:4. The King James translation reads: "Hear, O Israel: The LORD our God is one LORD." When James associates belief with "God is one," he is not engaging in a denunciation of Jewish faith. Rather, he is lifting up what is at the heart of Jewish teaching and thus what would have been at the heart of his own Jewish Christian community. And just as the remainder of Deuteronomy spelled out covenant actions that kept such faith, so James insists here that faith and works are inseparable.

**James 2:20-25.** Having given illustration in community life to the danger of dividing faith from works, the author now turns to make his case from within Jewish tradition. The appeal to Abraham is critical, particularly for a letter addressed to a Jewish Christian community. Abraham was viewed as the "ancestor" (2:21) of Jewish faith. Genesis 15:6 asserts that Abraham's belief in God's promises of covenant "reckoned it to him as righteous," a point Paul expands on in Galatians 3:6-18. James here does not try to undo that affirmation or later interpretation. Rather, James's point is that, in the ensuing near-sacrifice of Isaac, Abraham's faith took necessary expression in works. Or, to allow verse 22 to speak for itself, "Faith was brought to completion by the works." James then asserts that what Abraham does fulfills Genesis 15:6. But

Abraham is not the only one whom James lifts up as an exemplar of faith with works. Surprisingly, the other example he cites is the prostitute (and non-Israelite!) Rahab, who gave shelter to the Jewish spies sent to Jericho prior to its fall (Joshua 2:1-21).

**James 2:26.** The passage closes with a proverb or aphorism that once again invokes the image of death to describe faith without works. But here, the point is heightened by comparing faith without works to body with spirit. It is an intriguing comparison, for its pairings link not only faith with body but also works with spirit. It is an insight on which James and Paul agree. In Galatians 5:22-23, Paul describes the "fruit" of the Spirit, all of which are action related. So here in James, the Spirit of God is likened to that which gives life or "energizes" the works of faith.

---

# INTERPRETING THE SCRIPTURE

### *Faith and Works: Show Me*

One might be tempted to say that the author of James came from Missouri, the "Show-Me State." For when it comes to the matter of faith, James's insistence is on tangible demonstration. Don't just point to words of faith; show me faith's works.

James gleans his position from Jewish tradition, in this passage, from the lives and works demonstrated by the expected choice of Abraham and the unexpected choice of Rahab. You would expect the letter to bring Abraham into the conversation around faith and works, due not only to Abraham's standing in Judaism but also to the way he has been interpreted in Christian tradition as the example of faith, particularly by Paul. To ignore Abraham would leave James open to the charge that he was avoiding the issue of one made righteous by faith. As noted in "Understanding the Scripture," James masterfully uses the story of Abraham to demonstrate that the works of Abraham bring faith to its completion. The unexpected choice of Rahab in James's argument provides a large hint that the workings of faith can be seen in those not on center stage, whether in the Old Testament or in the life of the church. Maintaining the vital balance between faith and works is not just for patriarchs and church leaders: it is for the whole people of God.

All of us are called to an orthodoxy not exhausted by creeds or valuing of Scripture, but one that finds fullest expression in how one then lives on the basis of this faith.

Perhaps one of the more eloquent voices for such faith is the German theologian Dietrich Bonhoeffer. Bonhoeffer was nurtured in the Lutheran tradition, which has at times looked with some suspicion on James's "elevation" of works. Yet Bonhoeffer came to a similar conclusion in his critique of what he termed "cheap grace." In his work *The Cost of Discipleship*, first published in 1937, when the Third Reich largely co-opted the German church into capitulation or silence, Bonhoeffer spoke of cheap grace—what James terms as "faith without works"—with these eloquent words: "Cheap grace is the preaching of forgiveness without requiring repentance, baptism without church discipline. . . . cheap grace is grace without discipleship, grace without the cross."

Faith without works has consequences: for the individual so deluded, for the church so misled if not misleading, and for the wider community whose good is served when faith and works blend in dynamic balance and witness.

*Justice and the Works of Faith*

This quarter's theme of living justly in the reign of God finds powerful witness not only in James's overall linkage of faith and works but also in the particular connections James draws between the works of faith and the doing of justice. The first chapter of this letter asserted that by defining religion in terms of caring for the vulnerable (1:27). The first half of the second chapter reaffirmed that by its critique of favoritism that reveals bias toward the rich and influential at the expense of those at the opposite end of the economic and power spectrum (2:2-4). And now in 2:15-16, the author critiques faith that speaks soothing and even orthodox words with actions devoid of justice and compassion.

What is the good of that? James asks. What is the good of faith that absolves itself of doing justice?

Well, to return to those earlier illustrations, the perceived good might be not rocking the boat of the potential contributors of money and status to the community. Faith as seeking justice for those who are on the underside does have a tendency at times to unsettle those on the topside, who are quite happy with things as they are, thank you. "And what's this business about bringing justice into religion?" one might hear whispered in the ranks of James's audience.

For after all, it is a whisper that has been known to rear its head in the modern-day church. Some theories about the decline of mainline churches in the 1960s directly attribute it to societal engagements related to civil rights and, later, the Vietnam War.

And you know what? They may be right. Tying justice to faith, as James does in this passage, may not be a pathway to church growth. It may not be the pathway to making sure no one is offended, so that attendance and tithes continue to grow.

To which I suspect James would ask (again), what is the good of that? What is the good of filled pews and oversubscribed budgets when the words of faith declared in sermon and liturgy, classroom and administrative meetings are not paired with the just works of faith?

Living justly in the reign of God is not about what we do when we all get to heaven. Living justly in the reign of God is about the way we translate the values and priorities of our faith in the pressing matters of these days, and in particular the pressing opportunities and challenges to do justice.

*Linking Faith's Words and Works Today*

The wisdom James shares is by no means exclusive to this letter. In the Sermon on the Mount, Jesus taught: "Not everyone who says to me, 'Lord, Lord,' will enter the kingdom of heaven, but only the one who does the will of my Father in heaven" (Matthew 7:21). Faith is doing. Jesus offers yet another affirmation on faith as doing, in particular the doing of justice, as related in Matthew 25:31-46—a story and summons that hinge on verse 40: "Just as you did it to one of the least of these who are members of my family, you did it to me." Faith, again, is doing—the doing of justice.

In the gospel of Jesus Christ, actions can indeed speak louder than words, or at least, actions give credence to our words.

So how, then, does this linkage take shape in your faith and in the faith communicated by your church? Where and when are the movements from the words celebrated and invoked among us into the actions taken by us, encouraged, challenged, questioned, or otherwise brought to light?

Here is an exercise that might help you in such discernment. Find a copy of a statement of faith that matters to you and of which you have ownership. Perhaps it is your church's covenant or statement of faith. Perhaps it is the Apostles' Creed, or another of the church's statements. Look at one, just one, of its affirmations. And then ask, what is this calling upon me, and upon my community, to do? What action does it seek? In particular, ask those questions in the light of matters of justice. Just for an example: "I believe in God the Father Almighty, Maker of heaven and earth." Who are the ones being treated as if they are not fashioned by God—and what might I/we do in response? Or where is the earth being treated more like a disposable and used tissue than a God-fashioned gift?

What might I/we do to bear witness to this faith?

In every generation, all the way back to Abraham, continuing with James, and on to Bonhoeffer and into our own time, the people of God face the challenge and opportunity to exercise faith not simply in attitudes but in actions. That is not a denial of the gift of God's grace. It is, rather, allowing grace to take hold of us and work through us.

## SHARING THE SCRIPTURE

### PREPARING TO TEACH

#### Preparing Our Hearts

Explore this week's devotional reading, found in Luke 7:1-10. In this story of Jesus healing the centurion's servant we find a strong faith that is accustomed to words of authority summoning immediate action. Jesus said he had never seen such faith in all of Israel. What do you believe about God's ability to act? How does your faith influence your own willingness to act?

Pray that you and the adult students will act in ways consistent with what you say you believe.

#### Preparing Our Minds

Study the background Scripture and lesson Scripture, both of which are from James 2:14-26.

Consider this question as you prepare the lesson: *What gives evidence of faith?*

Write on newsprint:

❑ information for next week's lesson, found under "Continue the Journey."

❑ activities for further spiritual growth in "Continue the Journey."

Review the "Introduction," "The Big Picture," "Close-up," and "Faith in Action." Consider how you will use this additional

information, which immediately precedes the first lesson, for this session.

### LEADING THE CLASS

#### (1) Gather to Learn

❖ Greet the class members. Introduce any guests and help them to feel at home.

❖ Pray that the learners will consider ways in which their lives demonstrate what they believe.

❖ Read this excerpt: "A Statement of Faith of the United Church of Canada." If you have access to *The United Methodist Hymnal* (page 883), read the complete statement in unison.

> **We are not alone, we live in
>     God's world.**
> **We believe in God . . .**
> **We trust in God.**
> **We are called to be the church:**
>     **to celebrate God's presence,**
>     **to love and serve others,**
>     **to seek justice and resist evil,**
>     **to proclaim Jesus, crucified and risen,**
>     **our judge and our hope.**
> **In life, in death, in life beyond death,**
>     **God is with us.**
> **We are not alone.**
> **Thanks be to God. Amen.**

❖ Ask: **Based on this statement, what relationship do you see between faith and works among God's people?**

❖ Read aloud today's focus statement: **People often make great declarations of faith but show no evidence of them in their actions. What gives evidence of faith? James states that faith, which by itself is dead, becomes active when carried out through works of justice.**

*(2) Goal 1: Examine James's Relationship Between Faith and Works*

❖ Read "Justice and the Works of Faith" in "Interpreting the Scripture" to set the stage for today's Bible reading.

❖ Choose a volunteer to read James 2:14-26 and then ask:

1. **What does James claim that the relationship between faith and works is?** (Be sure the adults understand that James is not suggesting that we are *saved* by our works. What he is saying is that God's people *show* their faith by their works. Faith and works cannot be separated.)

2. **How do you understand James in relationship to Paul, who argues that "a person is justified by faith apart from works prescribed by the law" (Romans 3:28)?** (Although James and Paul have often been said to be at odds with each other concerning faith and works, that is not the case. Paul uses the concept of "works" to refer to legal commandments, such as circumcision and dietary regulations. In contrast, James uses "works" to refer to acts of charity and mercy.)

3. **How does James's use of Abraham and Rahab strengthen his argument?** (Refer to Genesis 15:1-6 and Joshua 2 for details about these two figures.)

❖ Select a volunteer to read Matthew 25:31-46 and ask: **How does James's teaching reflect Jesus' teaching about the judgment?**

❖ Provide a few moments for silent reflection on this question: **What is Jesus saying to me about my faith and my works? Am I dead or alive? What changes do I want to make?**

*(3) Goal 2: Consider a Faith Statement and How It Might Be Expressed in Works*

❖ Invite the students to recall or look again at "A Statement of Faith of the United Church of Canada." Reread the part that begins, "We are called to be the church."

❖ Form groups of three or four. Distribute newsprint and a marker to each group. Ask half of the groups to consider this statement: **"to love and serve others,"** and the other half to address this one: **"to seek justice and resist evil."** The groups are to brainstorm tangible actions that they could take to fulfill their assigned faith statement. Encourage them to suggest as many ideas as possible.

❖ Call time and ask a spokesperson for each group to report on their ideas. Post the newsprint. Challenge the class to choose the three suggestions they find most compelling.

*(4) Goal 3: Commit to Making Faith Visible*

❖ Distribute paper and pencil to each person. Ask the students to each choose one of the top three suggestions and jot down several ideas as to how they think it could become a reality.

❖ Call time and ask those working on suggestion one to gather together, those on suggestion two to gather elsewhere, and those who prefer suggestion three to go to another area in the room. Encourage each group to flesh out a plan of action, including what they plan to do, for whom, when, at what cost, and with what resources.

❖ Provide time for the groups to share their ideas. Encourage the rest of the class to comment on and affirm these ideas.

❖ Conclude this activity by asking the students to write on their papers a sentence or two stating what they will commit themselves to do to make faith visible.

*(5) Continue the Journey*

❖ Pray that the learners will show their faith by their works.

❖ Read aloud this preparation for next week's lesson. You may also want to post it on newsprint for the students to copy.

■ **Title: Control Your Speech**
■ **Background Scripture: James 3:1-12**
■ **Lesson Scripture: James 3:1-12**
■ **Focus of the Lesson: Often people speak without thinking about the impact their words will have on others. How can Christians be sure that their words will benefit those who hear them? James speaks of justice within the context of controlling a person's tongue because both blessings and curses can come from the same mouth.**

❖ Post these three activities related to this week's session on newsprint for the students to copy. Challenge the adults to grow spiritually by completing one or more of them.

(1) **Take initial steps to put the plan of action that you and your group developed into motion. Bring other people into the project as possible.**

(2) **Review James 2:15-16. Check to see if there are groups within your church or another church or agency (for example, the Salvation Army) where you could volunteer to feed the hungry, help operate a homeless shelter, or work in a nonprofit thrift store that provides low-cost clothing and household items. Make a commitment to volunteer your time.**

(3) **Make it a habit to do something helpful for an elderly neighbor or family member.**

❖ Sing or read aloud "When the Church of Jesus."

❖ Conclude today's session by leading the class in this benediction, which is adapted from James 1:22, the key verse for February 2: **Let us go forth to be doers of the word, and not merely hearers who deceive themselves, so that all people may experience the just reign of God. Amen.**

UNIT 3: LIVE JUSTLY IN THE REIGN OF GOD
# CONTROL YOUR SPEECH

---

## PREVIEWING THE LESSON

**Lesson Scripture:** James 3:1-12
**Background Scripture:** James 3:1-12
**Key Verse:** James 3:10

### Focus of the Lesson:
Often people speak without thinking about the impact their words will have on others. How can Christians be sure that their words will benefit those who hear them? James speaks of justice within the context of controlling a person's tongue because both blessings and curses can come from the same mouth.

### Goals for the Learners:
(1) to explore James's teachings concerning the use and misuse of speech.
(2) to express how it feels to be criticized and praised.
(3) to commit to speaking in positive ways.

### Supplies:
Bibles, newsprint and marker, paper and pencils, hymnals

---

## READING THE SCRIPTURE

**NRSV**
Lesson Scripture: James 3:1-12

¹Not many of you should become teachers, my brothers and sisters, for you know that we who teach will be judged with greater strictness. ²For all of us make many mistakes. Anyone who makes no mistakes in speaking is perfect, able to keep the whole body in check with a bridle. ³If we put bits into the mouths of horses to make them obey us, we guide their whole bodies. ⁴Or look at ships: though they are so large that it takes strong winds to drive them, yet they are guided by a very small rudder wherever the will of the pilot directs. ⁵So also the

**CEB**
Lesson Scripture: James 3:1-12

¹My brothers and sisters, not many of you should become teachers, because we know that we teachers will be judged more strictly. ²We all make mistakes often, but those who don't make mistakes with their words have reached full maturity. Like a bridled horse, they can control themselves entirely. ³When we bridle horses and put bits in their mouths to lead them wherever we want, we can control their whole bodies.

⁴Consider ships: they are so large that strong winds are needed to drive them. But pilots direct their ships wherever they want

tongue is a small member, yet it boasts of great exploits.

How great a forest is set ablaze by a small fire! [6]And the tongue is a fire. The tongue is placed among our members as a world of iniquity; it stains the whole body, sets on fire the cycle of nature, and is itself set on fire by hell. [7]For every species of beast and bird, of reptile and sea creature, can be tamed and has been tamed by the human species, [8]but no one can tame the tongue—a restless evil, full of deadly poison. [9]With it we bless the Lord and Father, and with it we curse those who are made in the likeness of God. [10]From the same mouth come blessing and cursing. My brothers and sisters, this ought not to be so. [11]Does a spring pour forth from the same opening both fresh and brackish water? [12]Can a fig tree, my brothers and sisters, yield olives, or a grapevine figs? No more can salt water yield fresh.

with a little rudder. [5]In the same way, even though the tongue is a small part of the body, it boasts wildly.

Think about this: a small flame can set a whole forest on fire. [6]The tongue is a small flame of fire, a world of evil at work in us. It contaminates our entire lives. Because of it, the circle of life is set on fire. The tongue itself is set on fire by the flames of hell.

[7]People can tame and already have tamed every kind of animal, bird, reptile, and fish. [8]No one can tame the tongue, though. It is a restless evil, full of deadly poison. [9]With it we both bless the Lord and Father and curse human beings made in God's likeness. [10]Blessing and cursing come from the same mouth. My brothers and sisters, it just shouldn't be this way!

[11]Both fresh water and salt water don't come from the same spring, do they? [12]My brothers and sisters, can a fig tree produce olives? Can a grapevine produce figs? Of course not, and fresh water doesn't flow from a saltwater spring either.

---

## UNDERSTANDING THE SCRIPTURE

**Introduction.** It might appear that this passage stands entirely out of context with the rest of James: an excursion into the power of speech for good or evil, in the midst of a letter aimed at emphasizing works rather than words. But from the very outset, the Epistle of James has placed a premium on the right use of words. That idea lies behind the counsel to "be quick to listen, slow to speak" (1:19). It serves as the basis to critique words that are not joined to works that would fulfill them (2:14-16). The instruction to be "doers of the word" (1:22) would be senseless without a word to be done. What James does in 3:1-12 parallels teachings in the wider culture of this epistle's day about the power of speech and words. The author brackets this collection of wisdom teachings about speech and the

argument he constructs with them with the phrase we have noted several times in this unit: "my brothers and sisters" (3:1, 12). The epistle's focus remains on the community that is as kin to its author. But whereas the moralists of the wider community of James's day tended to be largely positive in their assessment of speech, the epistle here draws sharp word pictures about the potential of speech to do evil and work destructively in human affairs and relationships.

**James 3:1-2.** Throughout this epistle, the author addresses the community in the second person ("you"). But in verse 1, the author alludes to "we who teach." "Teacher" was an identified role and perhaps even office in the early church (Acts 13:1; 1 Corinthians 12:28). Teachers were highly respected in the wider Hellenistic culture that placed a premium on wisdom and philosophy. Such standing could breed arrogance, or lead to currying favor of students for the sake of greater popularity. It is unclear whether those tendencies might have added to James's cautionary words about taking on the responsibilities of teaching, or whether the warning arises out of too many unqualified individuals presuming to take on the mantle of teaching in the church. Verse 2 presents a mixed view of human potential, particularly regarding speech. Its initial word suggests that mistakes are not only inevitable, but are likely to be multiple. Yet in the second half of the verse, it sounds as though someone who is "perfect" could attain perfection in speech. The linkage of such control of speech with keeping in check the "whole body" introduces what will be a repeated contrast in this passage of how "small" things influence and sway larger ones.

**James 3:3-4.** James continues that thought of the small controlling the large with two distinct examples. The first, related to the previous verse's references to "bridle," regards the use of bits in the mouths of horses "to make them obey us" (3:3). The "bit" was the metal mouthpiece of a bridle, controlled by leather or rope reins, by which the rider or leader of the horse could direct its movement. The point James emphasizes in this illustration is not only the smallness of the bit in comparison to the horse but also the way in which this tool affects not simply the mouth but the direction of the entire horse. The second example is that of a ship's rudder. The size of sails needed to move such vessels is immense in comparison with the rudder, yet it is the rudder that controls the direction of such movement, putting the vessel under the will and command of the pilot. The contrast is accentuated in the second example with the explicit references to "large" and "strong" being guided by "very small."

**James 3:5-8.** Having set the basis for his argument grounded in such contrast, James goes to the heart of his message in verse 5: the tongue, a "small" member, is capable of "great" exploits. However, "great" is not a synonym for "good" in this passage, but rather for "big" or "large." Twice in these verses, James references the tongue with the word "member" (3:5, 6). This Greek word literally means a limb or body part. It is the same word used in Paul's imagery of the church as the body of Christ in 1 Corinthians 12:12-27, where emphasis is made upon the varied functions of the "members" in coordination with one another. Here in James, the tongue as "member" is not an image of coordination but dominance—and dominance that is not for good. Once again, James illustrates his meaning by first using a metaphor: how a "great" forest is ignited by a "small" fire. Fire in the ancient world, and in the biblical tradition, was often used as an image for purification. That is definitely not the case here. The tongue as fire is depicted by James as an image of destruction. Its influence is a "staining" one, not only of the "whole body" but, in a phrase whose exact meaning remains unclear, it sets fire to the "cycle of nature." Where verse 2 had suggested the possibility of perfection in speech by self-control, verses 7-8 make a strong case against that possibility, declaring that in spite of all that human beings have tamed or domesticated, no one can so control the tongue. In a vivid rhetorical flourish, the epistle equates the tongue with "a restless evil, full of deadly poison" (3:8).

**James 3:9-12.** These closing verses describe how the tongue blends such potential for good with evil in its concurrent ability to speak blessings and utter curses. It is worth noting that, while the blessing is framed with God as the object of such words, the curses are identified as targeting those "made in the likeness of God" (3:9). James's earlier critique of ill treatment of the poor now broadens into the critique of language that demeans any human being. The passage closes with three more images to illustrate the essential incompatibility of the tongue engaging in both good and evil: a spring cannot yield two types of water, a tree cannot produce fruit of another kind, salt water cannot yield fresh. So how can one presume to bless God while cursing others? As the epistle affirms and pleads: "This ought not to be so" (3:10).

## INTERPRETING THE SCRIPTURE

### The Power and Peril of Words

"A picture is worth a thousand words," so the old saying goes. But unless one lives in an art gallery or never leaves a computer's "my pictures" section, words are the primary basis for conveying our understandings of the world around us and engaging in relationships. In the biblical works, words and speech play vivid roles not simply in communicating views and experiences of God but in becoming themselves part and parcel of how God is known and encountered. Consider Genesis 1. Each day of creation begins with this fundamental assertion: "God *said*" (1:3, 6, 9, 14, 20, 24, 26, emphasis added). And from that word, creation springs into life. God speaks creation into being. Likewise, the prologue to John's Gospel takes that symbolism in another direction, beginning its narrative of the Christ in this way: "In the beginning was the Word, and the Word was with God, and the Word was God. . . . and the Word became flesh" (John 1:1, 14).

Word and speech stand at the core of Judaism and Christianity. The Epistle of James takes that emphasis in another direction in this passage's opening, cautioning those who would "teach." It is an understandable caution. For if Word and speech are at the heart of faith, then those whose chief vocation is communicating and interpreting the words and the Word of faith are not engaged in some peripheral matter.

As James unpacks this cautionary counsel, he brings into the succeeding verses the warning that the power of words and speech can easily be misused for ill. The abuse is all the more perilous because of the inherent power of words to influence far more than what we say to or about one another or our world. For in the repeated ways in which the epistle illustrates how "small" things direct much larger ones, the "tongue"—the instrument of human speech—is shown to have enormous influence not only over one's own life ("the whole body"), but even in ways that James leaves vague over "the cycle of nature" (3:6).

Lest we think the epistle is overplaying this peril, consider the power of demagogues to stir up trouble in local communities and far beyond simply with inflammatory words. Consider the case of Adolf Hitler: small in stature, not at all striking in appearance, a rather undistinguished record of service in World War I and the years following. Yet he was, to use the term advisedly, a gifted speaker, whose charisma with words left millions of Jews and other so-called non-Aryans dead and his nation in ruins. All, largely, by the power of words: words that tragically and obscenely played out the ancient perception of James in 3:8 of a tongue that was "a restless evil, full of deadly poison."

Words have power. Whether the power is for good or ill depends solely upon those who employ them and to what ends.

### Experiencing Constructive and Destructive Speech

The power of speech to construct or deconstruct is not a matter limited to the era of this epistle, or that of the Third Reich. Consider your own life, and the experiences you have had of words you have received from others and words you have spoken to others.

There is the childhood rhyme that "sticks and stones may break my bones, but words will never hurt me." Have you found that to actually be true? That is, have you never been hurt by another's word spoken to your face, or behind your back? And if the truth be known, have you never hurt another by your words to or about him or her?

These days, there is a great deal of attention paid, to bullying. Some of those actions are the easy-to-see, playground-type of aggression that involves physical assault or, in more "adult" settings like one's job, forms of physical or vocational intimidation aimed at keeping workers in their places—or causing them to leave. An increasingly pernicious form of bullying is almost entirely word-oriented: cyber-bullying. These are postings on social networks and other Internet sites that demean an individual's reputation, or threaten in some form or another. If you have never had an experience with such things, perhaps your children and grandchildren will be able to inform you of their power—and of the suicides that are attributed to such abuses of words and language.

In all such actions, it is inadequate to say, "It's just words." No, it's not. Words communicate feelings others have for us, and words can manipulate how we feel about ourselves. Domestic abuse, whether of spouse or child, need not be limited to striking with a hand or fist. Family goes abused when words are used to demean, to belittle, to undermine human worth. And the craziness of such abuse is heightened by cycles of words that, in one moment, express love and tenderness and, in the next, inflict verbal wounds that may go as deep as physical wounds—or deeper, if they destroy the spirit. That contradictory blend of love and

hate in words reflects James's point in the closing of today's passage: "from the same mouth come blessing and cursing" (3:10). That same verse's observation that "this ought not to be so" is a remarkable understatement that such use of language not only has no use in the church but it also has no use in our relationships, in our treatment of those who are fashioned in the image of God (see 3:9).

*Living Justly and Speaking Justly*

This connection with how our words express our treatment of those made in the likeness of God brings this passage back to the concern of this unit's theme, "Living Justly in the Reign of God," and to the ongoing concern with justice that has been at the heart of this entire quarter's study. How we treat another "made in the likeness of God" (3:9) becomes, in a sense, how we are willing to treat God.

The power and potential of words, for good and for ill, reflect the wider truth that the whole of our lives can be put in the service of God, and God's justice, or they can be put in the service of lesser things. To speak of God's concern for justice is to affirm that God seeks our treatment of others that corresponds to the good God seeks for them—and for us—in our creation and in our redemption. And it is to do so in this moment given to us, for the reign of God does not begin at the end of time. The reign of God is now, in the words and in the works by which we open ourselves, our lives, and our communities to the purposes and priorities of God's justice, of God's seeking of that which is right.

Think of that as a challenge and an opportunity opened to you and to your church today. By what ways, and in what words, might you give evidence to the good and right God seeks? How, and for whom, does justice need to be spoken, lest either in silence or in abusive speech, justice goes neglected? Your words have the potential to bless God, and to be a blessing to those made in God's image.

My brothers and sisters, speak God's justice today, and let your words pave the way for your just actions.

---

## SHARING THE SCRIPTURE

### PREPARING TO TEACH

#### *Preparing Our Hearts*

Explore this week's devotional reading, found in Proverbs 18:2-13. Some of these sayings concern the use of words. Consider, as verse 4 claims, how "the words of the mouth are deep waters." What experiences have you had with the "fool" in verse 6, whose "lips bring strife"? How do you perceive the mouths of fools to be their ruin, as verse 7 states? As you read these Proverbs, ponder how the use and misuse of words affect both the one who utters them and those who hear them.

Pray that you and the adult students will be mindful of your words so as to bring healing, not harm, to others.

#### *Preparing Our Minds*

Study the background Scripture and lesson Scripture, both of which are from James 3:1-12.

Consider this question as you prepare the lesson: *How can Christians be sure that their words will benefit those who hear them?*

Write on newsprint:
- ❑ information for next week's lesson, found under "Continue the Journey."
- ❑ activities for further spiritual growth in "Continue the Journey."

Review the "Introduction," "The Big Picture," "Close-up," and "Faith in Action." Consider how you will use this additional information, which immediately precedes the first lesson, for this session.

### LEADING THE CLASS

#### *(1) Gather to Learn*

❖ Greet the class members. Introduce any guests and help them to feel at home.

❖ Pray that the learners will objectively evaluate their way of speaking.

❖ Read "Experiencing Constructive and Destructive Speech" from "Interpreting the Scripture." Encourage the adults to discuss this question, either with the class or a small group: **How does the adage "it's just words" square with your own experience of hearing positive or negative words spoken to you?**

❖ Read aloud today's focus statement: **Often people speak without thinking about the impact their words will have on others. How can Christians be sure that their words will benefit those who hear them? James speaks of justice within the context of controlling a person's tongue because both blessings and curses can come from the same mouth.**

#### *(2) Goal 1: Explore James's Teachings Concerning the Use and Misuse of Speech*

❖ Choose a volunteer to read James 3:1-12.

❖ Discuss these questions:
1. **Why might James want to limit the number of teachers in the church?** (See James 3:1-2 in "Understanding the Scripture.")
2. **How are the two examples that James gives in verses 3 and 4 helpful in making his case about the difficulty of controlling one's**

speech? (See James 3:3-4 in "Understanding the Scripture.")

3. **What is the crux of James's teaching about the tongue?** (See James 3:5-8 in "Understanding the Scripture.")

4. **What do the three images in verses 9-12 suggest about how the tongue is supposed to function?** (See James 3:9-12 in "Understanding the Scripture.")

5. **Do you agree with James's observations about the human tongue? Why or why not?**

6. **What other observations would you make about the power of the tongue?**

*(3) Goal 2: Express How It Feels to Be Criticized and Praised*

❖ Select several volunteers to act as role-players using at least one of the following scenarios. So as not to inadvertently hurt any individual's feelings, ask all members of the class to assume that the actor is speaking to them.

1. Criticize an imaginary person for his or her hairstyle.

2. Criticize an imaginary person for his or her cooking.

3. Criticize an imaginary person for making a mistake.

4. Praise an imaginary person for his or her hairstyle.

5. Praise an imaginary person for his or her cooking.

6. Praise an imaginary person for a job well done.

❖ Debrief this roleplay by asking the class members to comment on how they felt when they were being criticized. Then ask how they felt when they were being praised. Encourage them to comment on how they wanted to respond to each speaker. Be sure to point out that no positive or negative *actions* were taken; their feelings were based completely on the *words* that were spoken.

❖ Wrap up this activity by reading or retelling "The Power and Peril of Words" from "Interpreting the Scripture."

*(4) Goal 3: Commit to Speaking in Positive Ways*

❖ Brainstorm answers to this question: **What steps can you take to ensure that your speech is positive and healing?** List these ideas on newsprint. Here are some ideas you may wish to add:

1. Think about what you want to say and how it will be heard before you speak.

2. Change the subject when someone tells a hurtful joke, begins to gossip, or uses other negative speech.

3. Watch your body language as you speak. Do your words match your movements?

4. Speak with humility, not arrogance or condescension, toward others.

5. Say you are sorry when you have misspoken.

❖ Distribute paper and pencils. Invite the students to review the class list and choose ideas that they find helpful. Ask them to write the words, "I will commit myself to speaking in positive ways by . . ." and then write their choices from the class list. They may also wish to add other ideas. When the group has finished, suggest that they write at the end of their lists these words adapted from James 3:9: "With my tongue I will bless the Lord and all who are made in God's likeness."

❖ Suggest that the students place these papers in their Bibles and refer to them each day until they have etched these ideas on their hearts.

*(5) Continue the Journey*

❖ Pray that the learners will be mindful of their words so as to heal, rather than hurt, their listeners.

❖ Read aloud this preparation for next

week's lesson. You may also want to post it on newsprint for the students to copy.

- Title: An Eternal Kingdom
- Background Scripture: 2 Samuel 7:1-17
- Lesson Scripture: 2 Samuel 7:4-16
- Focus of the Lesson: People value permanence and seek to build things that will outlast themselves. How do people seek to build a legacy? When David wanted to build a house for God, God promised to build a house for David—a dynasty, a tradition of royalty.

Post these three activities related to this week's session on newsprint for the students to copy. Challenge the adults to grow spiritually by completing one or more of them.

(1) Listen to children you speak with regularly. Do you hear words or expressions that you often use? If you are not setting a Christian example for these young people, what changes will you make so that your words are positive and healing?

(2) Check yourself when you realize you are about to say something hurtful. Try to phrase your concern or anger in a more constructive way.

(3) Recall an incident when a significant person in your life criticized you with words that truly stung. How did you feel then? How does the memory of this incident make you feel, perhaps many years later? What lessons did you learn that can help you with your own speech?

- Sing or read aloud "Go Forth for God."

- Conclude today's session by leading the class in this benediction, which is adapted from James 1:22, the key verse for February 2: Let us go forth to be doers of the word, and not merely hearers who deceive themselves, so that all people may experience the just reign of God. Amen.

# THIRD QUARTER
## Jesus' Fulfillment of Scripture

### MARCH 2, 2014–MAY 25, 2014

During March, April, and May we will explore the connections between Jesus and the Hebrew Scriptures from three different perspectives: how Jesus relates to God's covenant with David, prophecies concerning Jesus, and the ways in which Jesus used Scripture.

The four sessions of Unit 1, "Jesus and the Davidic Covenant," examine a variety of biblical passages that make connections between the reign of King David and the lordship of Christ. The unit begins on March 2 as we study 2 Samuel 7:4-16 where God, through the prophet Nathan, promises David "An Eternal Kingdom." Jesus' family connections as "Son of David" tie together the Scriptures for March 9—Psalm 89:35-37; Isaiah 9:6-7; Matthew 1:18-21. During "Peter's Report" given on Pentecost in Acts 2:22-24, 29-32, which we will analyze on March 16, we hear the apostle refer to Psalm 110:1-4 to show that King David spoke of the resurrection of the Messiah. In the victory celebration recorded in Revelation 5:6-13 that we will encounter on March 23, we hear a heavenly chorus sing "Worthy Is the Lamb."

Unit 2, "What the Prophets Foretold," is a five-session study that looks at the Christian Scriptures' use of Hebrew Scriptures in recording the events that led to Jesus' crucifixion. Zechariah 9:9 figures prominently in the account of Jesus' "Triumphant and Victorious" entry into Jerusalem as recorded in Matthew 21:1-11, which we will read on March 30. "Jesus Cleanses the Temple," the lesson for April 6, includes references to Isaiah 56:6-7 and Jeremiah 7:9-11 as the story is told in Mark 11:15-19. On April 13 we consider "A Messianic Priest-King" from John 19:1-5, which draws on Jeremiah 23:5-6 and Zechariah 6:9-15 to give an account of Jesus' encounter with Pilate and the crowd who perceives him to be a threat. "The Third Day," which is based on Luke 24:1-12 and fulfills a prophecy of Hosea 6:1-3, is our Easter lesson on April 20. Jesus' post-resurrection appearances to Cleopas and his companion and to the disciples on Easter evening as recorded in Luke 24:25-27, 44-47 include Jesus' interpretation of Scriptures about himself in "From Suffering to Glory," a lesson for April 27 that also considers a portion of the fourth song of the Suffering Servant from Isaiah 53:5-8.

In the four sessions of Unit 3, "Jesus' Use of Scripture," we will investigate Gospel stories that demonstrate how Jesus incorporated his own Hebrew Scriptures into his life and teaching. In "Jesus Resists Temptation," the session for May 4 that records Jesus' encounter with Satan in the wilderness according to Matthew 4:4-11, we hear Jesus quote Scripture, such as from Deuteronomy 6:13-16, to rebut his tempter. On May 11 we turn to Luke 4:14-21 to listen to a reading from Isaiah to explain "Jesus' Mission on Earth." Matthew 15:1-11, 15-20 provides some of "Jesus' Teaching on the Law," which we will study on May 18. The quarter ends on May 25 with "The Greatest Commandment" from Mark 12:28-34 in which Jesus quotes from Deuteronomy 6:4-9 and Leviticus 19:18 to teach that love of God and love of neighbor are most important.

# MEET OUR WRITER

## THE REVEREND DAVID KALAS

David Kalas is the pastor of First United Methodist Church in Green Bay, Wisconsin, where he has served since 2011.

David grew up as the son of a United Methodist pastor, first in Madison, Wisconsin, and later in Cleveland, Ohio. After graduating from high school in Cleveland, he attended the University of Virginia, where he earned his bachelor's degree in English.

Having felt his call to the ministry as a young teenager, he began his ministry while a college student, serving as the student-pastor of two small, rural churches outside of Charlottesville, Virginia. He recalls with great fondness and gratitude the sweet and patient saints of Bingham's and Wesley Chapel United Methodist churches.

Because it was during his own teenage years that David came to Christ, began reading the Bible, and felt his calling, he has always had a heart for teens and for youth ministry. During the latter half of his college years and throughout his seminary training, David served as a youth minister, first in Cleveland, Ohio, and then in Richmond, Virginia.

David began his seminary work at Pittsburgh Theological Seminary in Pittsburgh, Pennsylvania, where he spent two years. After moving to Virginia, he completed his work at Union Theological Seminary in Richmond, Virginia, earning his M.Div. in 1991.

After seminary, David entered full-time pastoral ministry, serving a rural two-point charge in Virginia. A move to Wisconsin in 1996 was a happy return to his childhood home. For eight years, David served as pastor of Emmanuel United Methodist Church in Appleton, Wisconsin, followed by seven years in Whitewater, before moving to his current appointment in Green Bay.

In his local church ministry, David emphasizes individual and corporate Bible study as key to spiritual growth and congregational strength. He places a premium on both preaching and teaching within the church, and he continues to cherish opportunities to work with youth.

In addition to *The New International Lesson Annual*, David has also contributed to a number of published collections of sermons, and is a regular writer for *Emphasis*, a lectionary-based resource for preachers.

David and his wife, Karen, have been married for nearly thirty years. They met in their home church youth group when they were just teenagers in Cleveland and have been together ever since. David and Karen are the proud parents of three daughters: Angela, Lydia, and Susanna.

Another one of the great loves of his life is the Holy Land. He has made six trips to that part of the world, and is always planning another pilgrimage. David has found that his own reading of the Bible has been enriched by getting to know the land from which it came, and he encourages the members of his congregations to make the trip if they are able.

David is also an avid sports fan. He loves to play sports as recreation and to watch sports as relaxation. He is delighted to live and serve in Green Bay, the home of his beloved Packers. He also enjoys traveling, walking, tinkering with around-the-house projects, and spending as much time with his family as possible.

# THE BIG PICTURE: JESUS AND THE HEBREW SCRIPTURES

The Bible contains sixty-six books, and during this quarter we will read from sixteen of them together. Those seventeen books represent a remarkably thorough cross section of the Scriptures, for we will sample from Law and history, from the Psalms and the Prophets, from the Gospels and Acts, from epistles and Revelation. The texts we will consider span some fifteen hundred years, and they originate in disparate places ranging from the Sinai Peninsula to the Isle of Patmos. Yet for all of their variety, we will discover in these passages a beautiful singularity of theme.

Because of that fabulous combination of both variety and unity, our upcoming study is exciting for both its breadth and its depth. We will come away from these thirteen weeks with a much broader understanding of the entire Word of God. And as we explore the whole circumference of that Word, we will also come away with a much deeper understanding of Christ.

Before we embark on our study, however, we want to introduce ourselves to the biblical materials that we'll be encountering along the way. This is our way of looking at the map before we begin the journey. In the coming weeks, we'll examine one theme at a time. Here at the beginning, however, we want to step back to see the big picture.

## A Tanach by Any Other Name

We are acquainted with the two major sections that comprise our Bible. Roughly the first two-thirds of the Bible we call the "Old Testament," while the later one-third is known as the "New Testament." In our Protestant Bibles, the Old features thirty-nine different books, while the New includes twenty-seven.

What we call our Old Testament is also called the Hebrew Bible, for those same thirty-nine books are the Holy Scriptures of Judaism. In the Hebrew Bible, however, those books are categorized and arranged somewhat differently than in our Old Testament. Meanwhile, those Hebrew Scriptures are referred to by the acronym *tanach* (also spelled *tanakh*).

The first consonant in *tanach* comes from the Hebrew word *Torah*. Torah is the centerpiece of the Jewish Scriptures. Also known as the Pentateuch, the Law, and the Books of Moses, the Torah comprises the first five books of the Bible: Genesis, Exodus, Leviticus, Numbers, and Deuteronomy. During these coming weeks together, we will sample from three of those five: Exodus, Leviticus, and Deuteronomy.

The second consonant in *tanach* comes from *nevi'im*, the Hebrew word for "prophets." The Hebrew Scriptures define "the prophets" much more broadly than we typically do. A number of books that we think of as history books—Joshua, Judges, the books of Samuel, and the books of Kings—are all reckoned as "former prophets" in the Hebrew Bible. Over the course of this study, we will read widely from the *nevi'im*, including passages from 2 Samuel, Isaiah, Jeremiah, Hosea, and Zechariah.

Finally, the ending consonant in *tanach* comes from the Hebrew word *kethuvim*. This is the group of books known as "the writings." In our Bibles, we generally think of five books in this category (Job, Psalms, Proverbs, Ecclesiastes, and Song of Solomon), and they are found right in the middle of the Old Testament. For the Jews, there are more books classified as *kethuvim* (including, for example, Ruth, the Chronicles, Lamentations, and more), and they come at the end of the Scriptures, following the Law and the Prophets. In these upcoming weeks, we will explore several passages from the most famous and cherished of these books: Psalms.

## Divine Sequel

Serial television comedies and dramas will often begin one episode with scenes from previous episodes. There is a conscious continuity with what has come before. And so it is with the New Testament: from the very first page, we see the deliberate connections made to the Old Testament.

Matthew appears as the first book of the New Testament. And even though it comes some three or four hundred years after the last book of the Old Testament, we sense the connection immediately. Matthew is writing to tell about Jesus, yet he begins the story of Jesus with the Old Testament. Specifically, he traces Jesus' own genealogy through the history of Israel—beginning with Abraham, continuing through David, and from the time of the deportation to Babylon to Jesus (Matthew 1:1-17).

As Matthew's story of Jesus continues to unfold, we meet this recurring theme: "This was to fulfill" (for example, Matthew 2:15). Time and again, the author uses a phrase like this to make a connection between an event in his story and a passage from the Old Testament.

Matthew is placed as the first of four books that we call Gospels. "Gospel" means "good news," and those four Gospels proclaim the good news about Jesus by telling the stories of his birth, life, ministry, teaching, suffering, death, and resurrection. Each Gospel writer brings his own distinctive style, emphasis, and perspective. And during the upcoming lessons we will read from all four Gospels: Matthew, Mark, Luke, and John.

Meanwhile, twenty-one of the New Testament's twenty-seven books are actually letters. Often called epistles, these ancient letters were written by the apostles and other church leaders to Christian congregations and individuals of the first-century Mediterranean world. The letters feature a wide variety of material, from such lofty matters as the deity of Jesus to such mundane issues as bickering between church members. The apostles offered instructions for individual faith and life, as well as for the mission and ministry of the church. There are personal greetings, warm expressions of gratitude, and moments of stern correction. During our weeks together, we will look at two of the most theologically significant epistles: the letters to Romans and to the Hebrews.

Finally, the New Testament also features two books that are genres unto themselves, and we will sample both of them.

Acts is a companion volume to the Gospel written by Luke. While the Gospel focuses on the ministry of Jesus, Acts follows the ministry of the apostles and the early church from the time of Jesus' ascension through Paul's arrival in Rome. The book's full name is "The Acts of the Apostles," though it has been nicknamed "The Acts of the Holy Spirit" because of Luke's characteristic emphasis on the Spirit's presence and activity.

The Book of Revelation, meanwhile, comes at the very end of the Bible. Its location is appropriate to its subject matter, for Revelation offers a glimpse into the end of the present age. New Testament scholars generally classify Revelation with a broader genre of ancient literature known as apocalyptic writings. It is written as a firsthand report from John of a series of symbolic visions that he saw and experienced. Those visions anticipate cataclysmic global events that will mark the final assault of evil in the world, its ultimate defeat, and the establishment of God's full and eternal kingdom.

## Marcionism: Then and Now

In A.D. 144, a man named Marcion went to Rome, where he gathered around himself a group of like-minded people. Marcion claimed to be a Christian, but eventually his teachings and his followers' beliefs were condemned by the church as heretical. In response, Marcion formed his own church, complete with its own hierarchy, bishops, and canon of Scripture.

Most American Christians today have never heard of Marcion. And yet, tragically, he has a great many followers in our churches.

Marcion's underlying worldview—a disdain for Judaism and for the material world—is not where the contemporary church overlaps with him. But he took issue with the Old Testament in a way that is very familiar to me as a pastor. I have heard kids in church youth groups, adults in Sunday school classes, students in seminary, and colleagues in the ministry all innocently express attitudes about Scripture that are disturbingly reminiscent of Marcion.

Marcion sensed a disconnect between the Old Testament and the message of Jesus. He felt that the God revealed in the Old Testament was harsh and vindictive, whereas the God revealed as the Father of Jesus Christ was loving and forgiving. Consequently, Marcion came to the radical conclusion that they were actually two different gods. He and his followers officially distinguished between the God of Israel and the God of Jesus. Marcionism insisted that the former God was inferior to the latter, and as a result they dismissed the Old Testament altogether.

While I have not met anyone who claims that the Bible presents two different gods, I have known dozens and dozens of Christians who believe virtually everything else that I have described as Marcion's position. They, too, sense a disconnect between the two Testaments. And while they do not claim a superior and an inferior God, they do contend that the Old Testament is an inferior revelation of God compared with the New. As a result, they feel free to be dismissive of the Old.

The irony of modern Marcionism is that it contradicts the very Scriptures it claims to prefer. That is to say, the New Testament writers themselves had a very high view of the Old Testament Scriptures, and they would likely have been appalled to think that their writings would be set over against the Hebrew canon. And so, while so many contemporary Christians like to identify themselves with the New Testament rather than the Old, the writers of that New Testament would not endorse their position.

During these weeks together, we hope to see and understand what Marcion evidently did not: namely, the continuity of God's heart, purpose, and plan across the entire Bible, Old and New Testament alike.

## Early Christian Symbols

My youngest daughter is a big fan of the *Toy Story* movies. She has seen them all, we own them on DVD, and she loves to watch them again and again. When birthdays and Christmas roll around, it's always a safe bet to get her something that has to do with *Toy Story*. So now she has quite a collection of *Toy Story*-related games, toys, figurines, backpack, pajamas, and such. And she is lobbying to have her bedroom redone with a *Toy Story* theme.

Now here is a silly question. Would she surround herself with *Toy Story* things if she hadn't seen the movies yet? Or take the hypothetical a step further. Would any boy or girl decorate his or her room with a *Toy Story* theme if the movies had not yet been made?

That seems like a preposterous suggestion, but keep it in mind.

The church where I am privileged to serve as pastor has a grand, old, gothic-style sanctuary. Because of the nature of the architecture, our sanctuary is filled with symbols. The thousands of minute details included in the stained glass windows, the decorations sculpted into the stonework and woodwork, the images on the paraments—all of them are symbols designed to convey some message, some reminder, some truth to the worshipers.

The most prominent and common symbol in most of our churches, of course, is the cross. We have it on our altars and our steeples. It may be on our Bibles and our hymnals. I even served one church where a cross was carved into the end of every single pew. It is the central symbol of Christianity.

And it is just a symbol, of course. That is to say, we do not have crosses in our churches for any functional purpose. They are not there so that we might conduct executions. No, they are there as symbols: reminders of Christ's death and resurrection.

Which brings us back to the issue of a *Toy Story* decor in a child's bedroom. The images on the curtains or wallpaper or posters are not functional. They are symbols. They are reminders of characters and stories with which the child is familiar. But the child wouldn't be inclined to fill his or her room with reminders of a movie that hadn't yet been made.

Unless, perhaps, the child's parent was God.

God is the one who surrounded people with symbols of things that had not yet happened. God is the only one wise enough to remind his children of things in the future. And God did so in order that the people would recognize and understand those things when they occurred. The Old Testament is God decorating Israel's room with images of a character it wouldn't meet until the New Testament.

## Connect the Dots

We mentioned that Matthew's Gospel features the recurring theme of "fulfillment." The New Testament writers understood that the events surrounding Jesus' birth, life, ministry, death, and resurrection were all fulfillments of things that had been predicted and promised in the past. And so, for example, Matthew writes, "This was to fulfill what had been spoken by the Lord through the prophet" (2:15).

Such phrases are so commonplace in Matthew that we might overlook them as narrative filler. In truth, however, Matthew is making a profound theological claim. In that brief, recurring refrain, Matthew is affirming three crucial truths. First, that God has spoken in advance about divine actions that would be fulfilled in the future. Second, that God has spoken through human agents. And, third, that many of the things God foretold through human agents in the past are fulfilled in Jesus Christ.

These profound assertions are not limited to Matthew. The New Testament reverberates with these truths, and we will sample a number of those passages and connections together during the upcoming weeks. It is precisely the sort of thing that Marcion either missed or denied. And, unhappily, it is exactly what a great many Christians today miss, as well. As a result, those Christians miss much of the beauty, the meaning, and the continuity of Scripture, as well as the wise providence of God.

We are all familiar with the connect-the-dot puzzles. In the simplest ones, the end-result picture is apparent even before you draw the lines. In more sophisticated versions, however, the picture emerges before your eyes as you make the connections.

Through the Law, the Prophets, and the Writings of the Hebrew Scriptures, God produced for us a magnificent collection of dots: Passover lambs and scapegoats; high priests and Melchizedek; the Year of Jubilee and the Day of Atonement; the line of David, the suffering servant, and the Psalm of the cross; and more. Over the generations, some of those dots were connected, as the people anticipated a certain Anointed One, who was king, priest, and prophet rolled into one. They looked for one who would come in time, yet whose kingdom would be timeless. One who would be a son of David, yet whom David called "lord" (Mark 12:35-37).

And then we turn the page to the New Testament. The apostles, in their preaching and their writing, finished connecting the dots. They colored in the picture. And, in the end, we see that it is a big picture of Jesus.

# CLOSE-UP: OLD TESTAMENT PASSAGES JESUS QUOTED IN THE NEW TESTAMENT

All four Gospel writers report that Jesus quoted the Jewish Scriptures. Matthew wrote with the purpose of showing how Jesus fulfilled the Jewish Scriptures. Therefore, the table below is ordered according to the chapters in Matthew. The Old Testament is also quoted in other places in the New Testament, but this table is limited to selected quotations by Jesus in the Gospels.

Invite the students to read these Scriptures and see how Jesus uses them in the New. An optional activity for the session on May 11 will provide you with an excellent opportunity to study these Scripture connections.

| Old Testament | Matthew | Mark | Luke | John |
|---|---|---|---|---|
| Deuteronomy 8:3 | 4:4 | | 4:4 | |
| Deuteronomy 6:16 | 4:7 | | 4:12 | |
| Deuteronomy 6:13 | 4:10 | | 4:8 | |
| Deuteronomy 16:18 | 5:21 | | | |
| Deuteronomy 5:18; Exodus 20:14 | 5:27 | | | |
| Deuteronomy 24:1-4 | 5:31 | | | |
| Exodus 21:23-24; Leviticus 24:19-20; Deuteronomy 19:21 | 5:38 | | | |
| Hosea 6:6 | 9:13 | | | |
| Micah 7:6 | 10:35 | | | |
| Malachi 3:1 | | | 7:27 | |
| Hosea 6:6 | 12:7 | | | |
| Isaiah 6:9-10 | 13:15 | 4:12 (adaption) | 8:10 | |
| Exodus 20:12; Deuteronomy 5:16 | 15:4a | 7:10a | | |
| Exodus 21:17; Leviticus 20:9 | 15:4b | 7:10b | | |
| Isaiah 29:13 | 15:8-9 | 7:6-7 | | |
| Deuteronomy 19:15 | 18:16 | | | |
| Genesis 1:27 | 19:4 | 10:6 | | |
| Genesis 2:24 | 19:5 | 10:7-8 | | |
| Exodus 20:12-16; Deuteronomy 5:16-20 | 19:18-19a | 10:19 | 18:20 | |
| Leviticus 19:18 | 19:19b | | | |
| Isaiah 56:7; Jeremiah 7:11 | 21:13 | 11:17 | 19:46 | |
| Psalm 8:2 | 21:16 | | | |
| Psalm 118:22-23 | 21:42 | 12:11 | 20:17 | |
| Exodus 3:6 | 22:32 | 12:26 | 20:37 | |
| Deuteronomy 6:5 | 22:37 | 12:29-30 (6:4-5) | | |
| Leviticus 19:18 | 22:39 | 12:31 | | |
| Psalm 110:1 | 22:44 | 12:36 | 20:43 | |
| Psalm 118:26 | 23:39 | | 13:35 | |
| Daniel 9:27; 11:31; 12:11 | 24:15 | 13:14 | | |
| Isaiah 13:10; 34:4 | 24:29 | 13:24 | | |
| Zechariah 13:7 | 26:31 | 14:27 | | |
| Psalm 22:1 | 27:46 | 15:34 | | |
| Isaiah 66:24 | | 9:48 | | |
| Isaiah 58:6; 61:1-2 | | | 4:18-19 | |
| Isaiah 53:12 | | | 22:37 | |
| Hosea 10:8 | | | 23:30 | |
| Isaiah 54:13 | | | | 6:45 |
| Psalm 82:6a | | | | 10:34 |
| Psalm 41:9 | | | | 13:18 |
| Psalm 35:19; 69:4a | | | | 15:25 |

# FAITH IN ACTION:
# STUDYING THE SCRIPTURES

Read the following information and distribute copies to the class. Material may be found at http://gbgm-umc.org/umw/wesley/bible.stm.

In his 1765 "Preface to *Explanatory Notes upon the Old Testament*," John Wesley, the founder of Methodism, set forth this method for Bible study, which is helpful for Christians of any denomination:

"If you desire to read the scripture in such a manner as may most effectually answer this end, would it not be advisable,
1. To set apart a little time, if you can, every morning and evening for that purpose?
2. At each time if you have leisure, to read a chapter out of the Old, and one out of the New Testament: if you cannot do this, to take a single chapter, or a part of one?
3. To read this with a single eye, to know the whole will of God, and a fixt resolution to do it? In order to know his will, you should,
4. Have a constant eye to the analogy of faith; the connexion and harmony there is between those grand, fundamental doctrines, Original Sin, Justification by Faith, the New Birth, Inward and Outward Holiness.
5. Serious and earnest prayer should be constantly used, before we consult the oracles of God, seeing 'scripture can only be understood thro' the same Spirit whereby it was given.' Our reading should likewise be closed with prayer, that what we read may be written on our hearts.
6. It might also be of use, if while we read, we were frequently to pause, and examine ourselves by what we read, both with regard to our hearts, and lives. This would furnish us with matter of praise, where we found God had enabled us to conform to his blessed will, and matter of humiliation and prayer, where we were conscious of having fallen short.

And whatever light you then receive, should be used to the uttermost, and that immediately. Let there be no delay. Whatever you resolve, begin to execute the first moment you can. So shall you find this word to be indeed the power of God unto present and eternal salvation."

Spend time discussing not only Mr. Wesley's method for reading but also what he hopes that readers will gain by reading the Bible in this way. Remind the group that Jesus, who himself fulfilled the Scriptures, was a very serious student of the Hebrew Scriptures.

Challenge the class members to make a commitment to regularly study the Bible so that they might become more deeply steeped in this sacred account of God's interaction with humanity.

UNIT 1: JESUS AND THE DAVIDIC COVENANT
# AN ETERNAL KINGDOM

## PREVIEWING THE LESSON

**Lesson Scripture:** 2 Samuel 7:4-16
**Background Scripture:** 2 Samuel 7:1-17
**Key Verse:** 2 Samuel 7:16

### Focus of the Lesson:
People value permanence and seek to build things that will outlast themselves. How do people seek to build a legacy? When David wanted to build a house for God, God promised to build a house for David—a dynasty, a tradition of royalty.

### Goals for the Learners:
(1) to understand the connection between the house David wanted to build for God and the house God promised to build for David.
(2) to name feelings associated with discovering that God sometimes has designs for persons' lives different from what they had planned.
(3) to prayerfully discern God's promises for their future.

### Pronunciation Guide:
Jebusite (jeb' yoo site)

### Supplies:
Bibles, newsprint and marker, paper and pencils, hymnals

## READING THE SCRIPTURE

NRSV
Lesson Scripture: 2 Samuel 7:4-16
⁴But that same night the word of the LORD came to Nathan: ⁵Go and tell my servant David: Thus says the LORD: Are you the one to build me a house to live in? ⁶I have not lived in a house since the day I brought up the people of Israel from Egypt to this day, but I have been moving about in a tent and a tabernacle. ⁷Wherever I have moved about

CEB
Lesson Scripture: 2 Samuel 7:4-16
⁴But that very night the LORD's word came to Nathan: ⁵Go to my servant David and tell him: This is what the LORD says: You are not the one to build the temple for me to live in. ⁶In fact, I haven't lived in a temple from the day I brought Israel out of Egypt until now. Instead, I have been traveling around in a tent and in a dwelling.

among all the people of Israel, did I ever speak a word with any of the tribal leaders of Israel, whom I commanded to shepherd my people Israel, saying, "Why have you not built me a house of cedar?" [8]Now therefore thus you shall say to my servant David: Thus says the LORD of hosts: I took you from the pasture, from following the sheep to be prince over my people Israel; [9]and I have been with you wherever you went, and have cut off all your enemies from before you; and I will make for you a great name, like the name of the great ones of the earth. [10]And I will appoint a place for my people Israel and will plant them, so that they may live in their own place, and be disturbed no more; and evildoers shall afflict them no more, as formerly, [11]from the time that I appointed judges over my people Israel; and I will give you rest from all your enemies. Moreover the LORD declares to you that the LORD will make you a house. [12]When your days are fulfilled and you lie down with your ancestors, I will raise up your offspring after you, who shall come forth from your body, and I will establish his kingdom. [13]He shall build a house for my name, and I will establish the throne of his kingdom forever. [14]I will be a father to him, and he shall be a son to me. When he commits iniquity, I will punish him with a rod such as mortals use, with blows inflicted by human beings. [15]But I will not take my steadfast love from him, as I took it from Saul, whom I put away from before you. **[16]Your house and your kingdom shall be made sure forever before me.**

[7]Throughout my traveling around with the Israelites, did I ever ask any of Israel's tribal leaders I appointed to shepherd my people: Why haven't you built me a cedar temple?

[8]So then, say this to my servant David: This is what the LORD of heavenly forces says: I took you from the pasture, from following the flock, to be leader over my people Israel. [9]I've been with you wherever you've gone, and I've eliminated all your enemies before you. Now I will make your name great—like the name of the greatest people on earth. [10]I'm going to provide a place for my people Israel, and plant them so that they may live there and no longer be disturbed. Cruel people will no longer trouble them, as they had been earlier, [11]when I appointed judges over my people Israel. And I will give you rest from all your enemies.

And the LORD declares to you that the LORD will make a dynasty for you. [12]When the time comes for you to die and you lie down with your ancestors, I will raise up your descendant—one of your very own children—to succeed you, and I will establish his kingdom. [13]He will build a temple for my name, and I will establish his royal throne forever. [14]I will be a father to him, and he will be a son to me. Whenever he does wrong, I will discipline him with a human rod, with blows from human beings. [15]But I will never take my faithful love away from him like I took it away from Saul, whom I set aside in favor of you. **[16]Your dynasty and your kingdom will be secured forever before me.**

---

## UNDERSTANDING THE SCRIPTURE

**2 Samuel 7:1-3.** At this point in the story, David has been king over the twelve tribes of Israel long enough to feel comfortably situated and secure. Long gone are those chaotic days of living on the run from Saul.

Gone, too, are the years of civil war between the north and south in Israel following the deaths of Saul and Jonathan. David is the uncontested king; he has captured the Jebusite city of Jerusalem and made it his new capital, he has built his palace there, and he has moved the ark of the covenant to Jerusalem, as well.

Then, "when the king was settled in his house, and the LORD had given him rest from all his enemies around him" (7:1) David suddenly noticed a great inequity. He was living in a lovely home, while the ark, representing God's presence, was still kept in a tent. To his credit, David sensed the wrongness of this, which a later generation of his people did not (Haggai 1:2-4). So he proposed to the prophet Nathan his plan to build a house (that is, a temple) for the Lord. And Nathan, instinctively trusting the rightness of David's heart, gave the king God's green light to pursue his vision.

**2 Samuel 7:4-5.** Evidently the prophet Nathan had spoken too soon. He gave David permission that was not his to give. And so, at God's behest, Nathan had to issue a retraction. David was not, after all, the man to build a house for the Lord. No reason for David's disqualification is given here, although a later retelling of the story offers some insight (1 Chronicles 22:6-8).

**2 Samuel 7:6.** Several centuries before David, the Lord had led his people out of their bondage in Egypt and through the wilderness under Moses. At that time, he gave instructions to Moses and the people to build a Tabernacle—a portable place of worship that could travel with the people as they migrated toward the Promised Land. And what had been established in the days of Moses continued to be the dwelling place for God's presence through the conquests of Joshua, the wild frontier era of the judges, and the reign of King Saul.

**2 Samuel 7:7.** Here is a helpful perspective and corrective for David. He is only the latest in a long series of leaders in Israel's history. Like David, those predecessors had been given the vicarious task of shepherding God's people. Yet none of them—Joshua, Gideon, Deborah, Samuel, Saul, or any others—had presumed to replace the Tabernacle with a permanent structure. And

this was not an oversight on their part. Rather, God had not commanded it of them, just as he had not commanded it of David.

**2 Samuel 7:8-9.** Having reminded David of Israel's history, the Lord also reminds David of his own history. He had begun as an anonymous shepherd boy in the hills outside of Bethlehem. And it was by God's sovereign choice, not by David's merit or achievements, that David had been promoted from his father's flock to God's. Moreover, God was responsible for giving him success in his endeavors. In addition to all that the Lord had already done in David's life, God had greater plans still for David. God promised to "make for you a great name, like the name of the great ones of the earth" (7:9). And, indeed, three thousand years later the Star of David still stands as the emblem of the State of Israel.

**2 Samuel 7:10-11a.** At this point in Israel's history, they are already settled in the Promised Land. This promise of a place for God's people is not being made to the slaves of Moses' day or to the exiles of Ezekiel's day. The promise of a place, therefore, seems anachronistic. Combined with this ideal picture of being "disturbed no more" in verse 10 and being given "rest from all your enemies" in verse 11, the promise hints at a messianic kingdom, in addition to the immediate context of David's reign. That messianic prospect is revisited later in the passage.

**2 Samuel 7:11b-12.** Here is the great turning point in the entire episode. In response to David's plan to build a house for God, the Lord promises to establish a house for David. The houses are of two different sorts, of course. David's endeavor is a physical structure, which we would call the Temple. God's purpose, however, is a lasting dynasty that begins with David. This is the asymmetry of God's grace. Having already done so much for David, God intends to do still more. And whatever well-meaning tribute David might design, God's gracious plan still dwarfs it.

**2 Samuel 7:13-15.** In verse 13 the Lord returns now to the subject of a house being built "for my name," and that task is delegated to David's offspring. In Chronicles' account of this episode, that offspring is identified as Solomon (1 Chronicles 22:9-10). Solomon did in fact succeed David on Israel's throne, and he did build the Temple in Jerusalem. In addition to promising Solomon's achievement, however, the Lord also anticipates Solomon's iniquity and chastening. These, too, we see painfully played out in the years that follow. In the end, though, the sins of David's successors will not have the same effect as the sins of his predecessor, Saul. Saul was a disappointment to God (1 Samuel 15:35), and in God's providence Saul had no dynasty. No descendant of Saul effectively followed him on the throne. In contrast to that, however, God is promising a lasting dynasty for David and his descendants.

**2 Samuel 7:16-17.** At this moment, Israel's monarchy is just a few decades old. More recently than we can remember World War II, Israel could remember the era of the judges. Compared to the celebrated dynasties of neighboring Egypt, Israel's throne was in its infancy. The people of Israel had had two kings, and the second was unrelated to the first. Accordingly, this promise of a dynastic line for David that would never end seems outrageous. From our perspective, however, we recognize this as a messianic promise fulfilled in Jesus Christ.

---

# INTERPRETING THE SCRIPTURE

### The Best-Laid Plans

One recent Thanksgiving, our family passed around a sheet of questions to answer about the things for which we were thankful. The question my sister chose to answer asked, "What person, situation, or development, for which you were not originally thankful, are you thankful for today?" The question forced us to think about a kind of experience that all of us have had—a situation that plays out differently from that which we had hoped, only to discover in the end that it was for the best.

The length of time between experience and understanding varies. It may be that we realize immediately that the actual outcome was better than our original hopes. Or it may be that only the passage of many years can give us the perspective we need to see clearly. In either case, we come to the place where we bear witness to the providence of God, and we sing with the poet, "Leave to God's sovereign sway to choose and to command; so shalt thou, wondering, own that way, how wise, how strong this hand."

The actual outcome of God's wise way was certainly better than David's original hopes. That does not diminish, however, the disappointment of unfulfilled hopes. Perhaps David had already begun to sketch pictures in his mind's eye of the glorious Temple he would construct for God. Perhaps he had picked out the piece of land in Jerusalem where he would build it. Perhaps he had walked the outskirts of the city, imagining what it would look like at a distance for pilgrims coming to Jerusalem. And now, in a single word from the Lord, all those plans had to be scrapped.

No, not scrapped. Replaced. God is not rude and ruthless, kicking over our sand castles and leaving us bereft. Rather, we are beckoned to join in the marvelous thing that God is building. It is always, in the end, so much better. And this was surely the case in David's life.

What David had envisioned to build for God was no doubt lovely. But we know that the Temple in Jerusalem has been built and destroyed several times through history, and it hasn't stood now for nearly two thousand years. On the other hand, what God promised to build for David continues to endure.

### God of the Great Name

A recurring human tragedy is our tendency to seek, apart from God, the very things that can only be found with God. Surely that was Eve's error as she sought wisdom and to "be like God" (Genesis 3:5), but her search drew her away from the very One who gives wisdom (James 1:5) and whose endeavor always has been to make us in the divine image (Genesis 1:26). Likewise, Jesus warned that the effort to save one's life apart from him is counterproductive, while surrendering one's life for his sake is the key to finding it (Matthew 16:25).

A common human endeavor is to make a name for ourselves. This was the infamous aspiration of the early residents of Babel (Genesis 11:4), though their efforts apart from God proved to be disastrous. And in every generation since, in ways small and large, individuals and groups have labored to make for themselves some great name, trying to carve significance out of anonymity.

The irony, of course, is that there is very little actual fame and importance in this world. People build their empires and stake their claims, but it is almost always an importance narrow in scope and short in duration. The wealthiest man in the town where I live is a big fish in this pond, but you have never heard of him. The winners of the Heisman Trophies, Stanley Cups, and Olympic medals are celebrated one season, but nearly forgotten the next. And *Time's* "Person of the Year" in 2015 will likely be the answer to some trivia question by 2020.

Over against all of the futile human scratching and clawing for importance, meanwhile, we see God's providential hand. God, of course, is the One with the truly great name, the One who makes names great.

God promises to make David's name great, "like the name of the great ones of the earth" (1 Samuel 7:9). We have seen God make that promise before, to Abram of Ur (Genesis 12:2). Neither David nor Abraham began with any human advantage, yet see what each has become. Three thousand years after David and four thousand after Abraham, the anonymous shepherd boy and Middle Eastern nomad continue to be known and esteemed around the world.

In George Matheson's exemplary prayer, he offers to give his life to God that "in thine ocean depths its flow may richer, fuller be." And, similarly, he surrenders his "flickering torch" to God in order that "in thy sunshine's blaze its day may brighter, fairer be." Matheson recognized that his very existence became greater when he submitted it to God.

Likewise, if David had sought his own fame, he probably would have achieved the same sort of temporary power and limited importance of so many who have worn a crown throughout the ages. In the providence of God, however, David became the standard by which the subsequent kings in Jerusalem were judged (for example, 1 Kings 15:3), the emblem of God's best promises for the future (for example, Ezekiel 34:23-24), and the point of identification for Jesus' birth (Luke 2:10-11) and his entry into Jerusalem (Matthew 21:9). Beyond the close of human history, David's name still reverberates through the victorious appearance of his most famous Son (Revelation 5:5; 22:16). In the end, we see that God made a name for David even greater than "the great ones of the earth" (1 Samuel 7:9).

### True and More True

David had plans for the future. So did God. But, of course, God's future is a much larger affair than David's. For the king's great dream could have been completed within a decade or two, while God's plan unfolds over millennia.

When you or David or I speak about what we will do someday, there is a real limit on how far away that day might be. When God speaks about divine plans, however, God may be speaking of a day very soon or a day far away—or both.

That is our sense of this promise from God to David.

God promises to raise up offspring for David and establish a kingdom for this son.

God promises to be a father to him. God further promises that this offspring will build a house for God and that his throne will last forever.

We turn the page, and we come to the story of Solomon—a splendid king, who builds the Temple and enjoys a gilded reign. Yet the promise and plan of God seem to anticipate more than just Solomon's generation. In the short term, we see that God's promises are true in Solomon. In the longer term, however, we see that they are even truer in Jesus Christ.

---

## SHARING THE SCRIPTURE

### PREPARING TO TEACH

#### Preparing Our Hearts

Explore this week's devotional reading, found in Psalm 98. The psalmist calls all people to "sing" (98:1) and "make a joyful noise" (98:4). Creation is also called to join these songs of praise for the God of justice and righteousness. God is not only the One who intervenes in history to save but also the One who creates. What "new song" (98:1) does your heart prompt you to sing today to the God of "steadfast love and faithfulness" (98:3). Sing this song in music, art, dance, or poetry.

Pray that you and the adult students will be alert to the way God's divine plans are fulfilled in new and exciting ways.

#### Preparing Our Minds

Study the background Scripture from 2 Samuel 7:1-17, and the lesson Scripture from 2 Samuel 7:4-17.

Consider this question as you prepare the lesson: *How do people seek to build a legacy?*

Write on newsprint:

❏ Bible verses for "Prayerfully Discern God's Promises for the Learners' Future."
❏ information for next week's lesson, found under "Continue the Journey."
❏ activities for further spiritual growth in "Continue the Journey."

Review the "Introduction," "The Big Picture," "Close-up," and "Faith in Action." Consider how you will use this additional information, which immediately precedes the first lesson, for this session and throughout the quarter.

#### LEADING THE CLASS

##### (1) Gather to Learn

❖ Greet the class members. Introduce any guests and help them to feel at home.
❖ Pray that the learners will be open to God's plans for their lives.
❖ What kind of legacy do you hope to leave?
❖ Read aloud today's focus statement: **People value permanence and seek to build things that will outlast themselves. How do people seek to build a legacy? When David wanted to build a house for God, God promised to build a house for David—a dynasty, a tradition of royalty.**

*(2) Goal 1: Understand the Connection Between the House David Wanted to Build for God and the House God Promised to Build for David*

❖ Use information from 2 Samuel 7:1-3 in "Understanding the Scripture" to set the scene for today's lesson.

❖ Select a volunteer to read 2 Samuel 7:4-17.

❖ Point out that the Bible records God's words to Nathan. Although the reader is told in verse 17 that Nathan conveyed this message to God, we don't actually see that happen. Invite the students to imagine themselves as Nathan and discuss these questions:

1. **Nathan, you thought that God would be pleased that David wanted to build a permanent house and, therefore, gave him the go-ahead (7:3). How did you feel when word came to you that same night telling you that God had other plans?**

2. **Nathan, what part of God's message did you find hardest to share with David? Why?**

3. **Nathan, how was David's understanding of "house" different from the "house" about which God spoke?**

4. **Nathan, knowing that God had already set aside Saul, what was your response when God said that David might be punished but his kingdom would be "established forever" (7:16)?**

❖ **Option:** Solicit two volunteers to do a role-play. One will be Nathan; the other, David. Nathan will relay God's words to David. Although the biblical text records neither Nathan's words nor David's response, encourage the two actors to imagine what "the rest of this story" might have been.

❖ Conclude this section by reading or retelling "True and More True" from "Interpreting the Scripture."

*(3) Goal 2: Name Feelings Associated with Discovering that God Sometimes Has Designs for Persons' Lives Different from What They Had Planned*

❖ Read or retell "The Best-Laid Plans" from "Interpreting the Scripture."

❖ Invite the adults to tell the class (or a partner, if the group is large) about some best-laid plans of theirs that seemed to go awry but later events showed that this change of plans was for the better. Here are two examples: perhaps a student had his heart set on a certain college, but was unable to go there. He got the degree he wanted at another college—and also found his wife there. Maybe a worker was passed over for a job and left the company only to land a better job and learn that less than a year later the first company had serious financial problems.

❖ Bring everyone together and ask:

1. **How did you feel when you realized that God had plans for your life different from the ones you envisioned?**

2. **What did you want to say to God about this change in your agenda?**

3. **Have there been instances since this one where your plans were changed? If so, how did the experience you reported affect your willingness to accept this change of plans and find God in the midst of this new scenario?**

*(4) Goal 3: Prayerfully Discern God's Promises for the Learners' Future*

❖ Mention that the Bible cannot provide an exact blueprint for any of our individual lives. It can, however, help us to discern promises and assurances that can help us move confidently into God's future for us. Post these Bible verses that you have written on newsprint prior to the session:

• Proverbs 3:5-6
• Matthew 11:28-30

- Luke 18:27
- John 3:16, 34
- Romans 8:28
- 2 Corinthians 12:9
- Philippians 4:11-13
- 2 Timothy 1:7
- Hebrews 13:5
- 1 Peter 5:7

❖ Work together or in small groups to look up these verses. Talk about how these verses can help all believers to step boldly with Christ into the future.

❖ Distribute paper and pencils. Provide quiet time for the adults to mull over the verses they have just discussed. Encourage them to write one or two of these verses on their paper and state how the promise(s) they have identified can help them with a problem or situation they are currently facing.

*(5) Continue the Journey*

❖ Pray that the learners will be ever mindful of God's will for their lives.

❖ Read aloud this preparation for next week's lesson. You may also want to post it on newsprint for the students to copy.

■ **Title: Son of David**

■ **Background Scripture: Psalm 89:3-14, 30-37; Isaiah 9:1-7; Matthew 1:18–2:6b; Mark 12:35-37; Luke 1:26-33**

■ **Lesson Scripture: Psalm 89:35-37; Isaiah 9:6-7; Matthew 1:18-21**

■ **Focus of the Lesson: People have expectations and hopes regarding their descendants. What assurance do people have that their line of descendants will continue? As God promised David and as Isaiah**

prophesied, Matthew reports that the birth of Jesus fulfills the traditional expectation that a descendant of David would be coming as the Savior.

❖ Post these three activities related to this week's session on newsprint for the students to copy. Challenge the adults to grow spiritually by completing one or more of them.

(1) **Meditate on the legacy you hope to leave to your family and to the world. How do you believe that your desired legacy is in keeping with God's will? What steps are you taking now to create this legacy?**

(2) **Investigate the tenth-century prophet Nathan. What do you learn about how he advised David and also Bathsheba? What do you learn about possible histories he wrote of David's reign, which are mentioned but not found in the Bible?**

(3) **Support someone who is discouraged because his or her plans have been postponed or completely thwarted. What can you tell this person about how God works in the world?**

❖ Sing or read aloud "Here I Am, Lord."

❖ Conclude today's session by leading the class in this benediction, which is adapted from Mark 12:30-31, the key verses for May 25: **We go forth pledging to honor and obey the two great commandments: we shall love the Lord our God with all our heart, and with all our soul, and with all our mind, and with all our strength. We shall also love our neighbor as ourselves. Amen.**

## UNIT 1: JESUS AND THE DAVIDIC COVENANT
# SON OF DAVID

---

### PREVIEWING THE LESSON

**Lesson Scripture:** Psalm 89:35-37; Isaiah 9:6-7; Matthew 1:18-21
**Background Scripture:** Psalm 89:3-14, 30-37; Isaiah 9:1-7; Matthew 1:18–2:6b; Mark 12:35-37; Luke 1:26-33
**Key Verses:** Matthew 1:21-22

#### Focus of the Lesson:
People have expectations and hopes regarding their descendants. What assurance do people have that their line of descendants will continue? As God promised David and as Isaiah prophesied, Matthew reports that the birth of Jesus fulfills the traditional expectation that a descendant of David would be coming as the Savior.

#### Goals for the Learners:
(1) to deepen understanding of the genealogical connection between David and Jesus.
(2) to experience the significance of Christians' familial kinship with Jesus.
(3) to identify those who have nurtured their faith from their birth to their present age.

#### Pronunciation Guide:
Melchizedek (mel kiz' uh dek)        Tiberias (ti bihr' ee uhs)
Naphtali (naf' tuh li)                Zebulun (zeb' yuh luhn)
Selah (see' luh)

#### Supplies:
Bibles, newsprint and marker, paper and pencils, hymnals, tape

---

### READING THE SCRIPTURE

NRSV
Lesson Scripture: Psalm 89:35-37
35 Once and for all I have sworn by
      my holiness;
      I will not lie to David.
36 His line shall continue forever,
      and his throne endure before me
      like the sun.
37 It shall be established forever like

CEB
Lesson Scripture: Psalm 89:35-37
35By my own holiness I've sworn one thing:
      I will not lie to David.
36His dynasty will last forever.
      His throne will be like the sun,
         always before me.
37It will be securely established forever;

the moon,
an enduring witness in the skies."

*Selah*

Lesson Scripture: Isaiah 9:6-7
6 For a child has been born for us,
a son given to us;
authority rests upon his shoulders;
and he is named
Wonderful Counselor, Mighty God,
Everlasting Father, Prince of Peace.
7 His authority shall grow continually,
and there shall be endless peace
for the throne of David and his
kingdom.
He will establish and uphold it
with justice and with righteousness
from this time onward and
forevermore.
The zeal of the LORD of hosts will do this.

Lesson Scripture: Matthew 1:18-22
18Now the birth of Jesus the Messiah took place in this way. When his mother Mary had been engaged to Joseph, but before they lived together, she was found to be with child from the Holy Spirit. 19Her husband Joseph, being a righteous man and unwilling to expose her to public disgrace, planned to dismiss her quietly. 20But just when he had resolved to do this, an angel of the Lord appeared to him in a dream and said, "Joseph, son of David, do not be afraid to take Mary as your wife, for the child conceived in her is from the Holy Spirit. 21**She will bear a son, and you are to name him Jesus, for he will save his people from their sins." 22All this took place to fulfill what had been spoken by the Lord through the prophet.**

like the moon, a faithful witness
in the sky.                      *Selah*

Lesson Scripture: Isaiah 9:6-7
6A child is born to us,
a son is given to us,
and authority will be on his shoulders.
He will be named
Wonderful Counselor, Mighty God,
Eternal Father, Prince of Peace.
7There will be vast authority
and endless peace
for David's throne
and for his kingdom,
establishing and sustaining it
with justice and righteousness
now and forever.
The zeal of the LORD of heavenly
forces will do this.

Lesson Scripture: Matthew 1:18-22
18This is how the birth of Jesus Christ took place. When Mary his mother was engaged to Joseph, before they were married, she became pregnant by the Holy Spirit. 19Joseph her husband was a righteous man. Because he didn't want to humiliate her, he decided to call off their engagement quietly. 20As he was thinking about this, an angel from the Lord appeared to him in a dream and said, "Joseph son of David, don't be afraid to take Mary as your wife, because the child she carries was conceived by the Holy Spirit. 21**She will give birth to a son, and you will call him Jesus, because he will save his people from their sins." 22Now all of this took place so that what the Lord had spoken through the prophet would be fulfilled.**

## UNDERSTANDING THE SCRIPTURE

**Psalm 89:3-4.** The psalmist recalls the promise God made to David while he was still alive. It is an event recorded in both 2 Samuel 7 and 1 Chronicles 17. When David had proposed building a house for the Lord, the Lord responded by promising to establish David's house—that is, his descendants and his throne—forever.

**Psalm 89:5-14.** At first blush, the shift in subject matter seems abrupt and the two sections unrelated. Yet these verses place the previous two in an important context. For after reading about a promise, we are reminded of just who made the promise. The Lord is incomparable and invincible; sovereign and wise; good, purposeful, and altogether reliable. Consequently, God's promise is understood as both gracious and sure.

**Psalm 89:30-37.** The psalm has returned to the specifics of God's covenant with David. The Lord is quoted in a text reminiscent of the historical materials (see 2 Samuel 7:14-16). The key and recurring point is that God's plan and promise are not predicated on the perfect compliance of subsequent generations. They may "not walk according to my ordinances" and may "violate my statutes" (89:30-31). Yet God will still see divine purpose through—a purpose that will be uniquely accomplished in David's line and his eternal throne.

**Isaiah 9:1.** First, the prophet sets the stage. The places named are familiar on both Old and New Testament maps. Zebulun and Naphtali refer to Israelite tribes, whose designated territories in the north would eventually include places like Bethlehem, Nazareth, Tiberias, Cana, and Capernaum. Meanwhile, the bodies of water mentioned—Jordan and Galilee—are cherished names from the Gospels. Taken together, the stage is recognizable as the site of Jesus' early ministry.

**Isaiah 9:2-5.** Second, the prophet sets the tone. We meet images of light, abundance, and promising developments. And the vocabulary is that of hope, prosperity, celebration, and victory.

**Isaiah 9:6-7.** Finally, the prophet introduces the star of the show. He is identified as a newborn child, but one who is royal, divine, and eternal. Furthermore, he is associated with one particular human being: David. His reign is characterized by two fundamental themes: justice and righteousness. And his work is understood as the Lord's own accomplishment.

**Matthew 1:18-21.** While Luke (see below) offers more insight into Mary's experience in the Christmas story, Matthew trains his lens on Joseph. The earthly father of Jesus is revealed as both human and humane in his response to his fiancée's pregnancy. Meanwhile, the importance of Jesus is implied by the angel's intervention, and the identity of Jesus is revealed in the term "Messiah" (1:18), in the stated role of the Holy Spirit (1:18), and in the salutation of Joseph as "son of David" (1:20).

**Matthew 1:22-25.** The theme of fulfillment is woven throughout Matthew's Gospel, and it emerges here as the author reminds his readers of a prophecy from Isaiah. While in the original Hebrew, the prophecy could have referenced just a young woman, the later Greek translation more narrowly defined the term as "virgin." The details of the relationship between Mary and Joseph, therefore, are critical. Meanwhile, the other term of significance from the Isaiah prophecy is the name associated with the promised child: "Emmanuel." In its original context in the days of Isaiah and Ahaz (Isaiah 7:1), it was a word of reassurance. In the birth of Jesus, however, it became an affirmation of literal truth: "God is with us!"

**Matthew 2:1-4.** The wise men, or "magi," were ancient astrologers. Probably originating in Babylon or Persia, they had traveled as far as Jerusalem to seek the One whose birth they perceived was foretold by a star. King Herod, meanwhile, was perceptive enough to make an interpretive leap: while the wise men asked about the one "born king of the Jews" (2:2), Herod asked Israel's chief priests and scribes "where the Messiah was to be born" (2:4). The Jews had had many kings, yet Herod recognized the probability that this one was the promised Messiah. To his eternal discredit, however, Herod's response was not to seek or to worship that newborn, but to try to kill him.

**Matthew 2:5-6.** Once again, Mathew connects the dots for us between Old Testament prophecy and Jesus' birth. Also, it is noteworthy that a passage from the Old Testament helps people to find Jesus (compare Luke 24:27; Acts 8:32-35; 2 Timothy 3:15-16).

**Mark 12:35-37.** Jesus begins with a notion that was a given for the people of Israel: namely, "that the Messiah is the son of David" (12:35). A thousand years after David had lived and died, still the faith persisted among God's people that God would someday fulfill the promise to make a descendant of David into a perfect and eternal king. In this teaching, Jesus does not dispute that paradigm, but expands it. Citing the first verse of Psalm 110, Jesus hints at the divinity and preexistence of the Messiah (that is, Christ). He will be a son of David, to be sure, but he will be much more than that as well.

**Luke 1:26-27.** Luke introduces us to the time, the place, and the characters. The time is "the sixth month," which referred to Elizabeth's miraculous pregnancy from the preceding story—a reminder that God is at work. The place is the little town of Nazareth in Galilee: thus, in size, significance, and logistics, this scene takes place far from the day's capitals, palaces, and kings. And the characters are two nobodies. Yet they are nobodies with these significant characteristics: he is a descendant of David, and she is a virgin.

**Luke 1:28-30.** The angel's words further remind the reader that God is at work here. Mary's reflexive response, however, reminds the reader of the improbability that God should be at work in this particular person and place, so far removed from power and importance.

**Luke 1:31-33.** Now comes the improbable message. First, there is the illogical notion of a virgin conceiving and bearing a son. Then comes the astonishing claim that this son-of-a-nobody will be recognized as "the Son of the Most High" (1:32). And, finally, to a peasant living in a conquered and occupied territory, there is the promise of royalty, rule, and an everlasting kingdom. All told, the angel's message seems astonishing beyond belief.

---

# INTERPRETING THE SCRIPTURE

*Advance Notice*

Babe Ruth is legendary for his "called shot" in the 1932 World Series. So, too, is Joe Namath's famous prediction that his underdog New York Jets would upset the Baltimore Colts in Super Bowl III. There is something compelling about a person who definitively says in advance what he will accomplish, and then goes on to accomplish it.

This is part of the glory of God that is revealed in the Bible. While it is surely God's prerogative to act in the time and way to perform the sovereign will without sharing plans in advance, the testimony of Scripture discloses something else. Rather than working entirely in secrecy, the Lord chooses again and again to reveal divine plans to the people. Sometimes it comes in the form of a consequence attached to a commandment or instruction. Sometimes it is a warning of judgment and doom. Sometimes it is a promise of good things to come. And sometimes it is the lovely foreshadowing that makes God's activity recognizable when it occurs.

All three of our lesson passages bear witness to a God who calls the shots.

As we read Psalm 89, which spotlights the divine covenant with David, we should remember that a sovereign God is under no obligation to make promises to finite human beings. A promise is a voluntary way of binding oneself to another party, and it borders on the astonishing that the Creator would choose to be bound in that way to creation. God is not up for election, after all. Nor is God in negotiations with us. And the Creator of the universe owes us nothing. Yet, still, God makes promises. And, in this instance, God makes an epic promise to David about "his line" and "his throne" (89:4 NIV).

The passage from Isaiah 9, meanwhile, also looks to a future that is guaranteed by God. The child foretold is identified by names that suggest his divinity. At the same time, his association with David suggests his humanity. Taken together, therefore, it is a magnificent anticipation of Christ. And all of the predictions of what he will be called and what he will do are like promissory notes signed by "the zeal of the LORD of hosts" (9:7).

Finally, the familiar Christmas episode from Matthew 1 also celebrates a God who reveals forthcoming actions in advance. For after the narrator has reported the contemporary events involving Joseph and Mary, he points back seven hundred years to recall the word God had spoken through the prophet Isaiah: a word being fulfilled now in this birth of Jesus.

## *One Special Ancestor*

Christians throughout the centuries of church history have embraced all three of these selected passages as witnesses to Jesus. And yet, upon further review, we observe that Jesus is only mentioned by name twice, and both times in the Matthew lection (1:21, 25). No, it is not Jesus whose name reverberates through these passages about the Christ. Rather, it is David who is named in each passage.

Strangely, for as prominent as David is in these texts, none of them come from David's own time. That is to say, none of these passages is actually taken from the Bible's many stories about David, like his defeat of Goliath, his coronation, or his transport of the ark. Instead, in each instance, David had

lived and died hundreds of years before the passage was even written. Yet still David's influence extends and his name continues to be relevant centuries later.

Even though David is long gone by the writing of Psalm 89, he manages to be the central character. God's promise to David about his line, his legacy, and his throne are the chief concerns. It is not surprising, of course, for a dead man to be the central character in a text about history. Remarkably, however, David manages to be the central character in a text that is manifestly about the future.

Likewise, in the Isaiah prophecy, the throne and the kingdom of David are invoked, even though more than two hundred years' worth of other kings have reigned in David's place since his death. Still, it remains his throne more than anyone else's—more than Solomon's or any of his descendants—and it is peculiarly David's kingdom that is expected to endure.

Finally, David occupies a somewhat subtler place in the Matthew passage. He is mentioned only once, and not in explicit reference to his kingdom or his throne. Instead, he is identified in terms of ancestry. When the angel of the Lord appeared in a dream, he did not address Joseph merely as Joseph. Nor did the angel call him the son of Jacob, who was his immediate earthly father (Matthew 1:16). Rather, the angel addressed him as "Joseph, son of David." That designation represents a reach back of a thousand years in Joseph's ancestry, which is almost incomprehensible to us. Yet David, whose "line shall continue forever" (Psalm 89:36), is precisely the ancestor who is important to this story.

## *One Special Descendant*

We previously noted that although David is prominent in all three of these passages, they were all written well after his death. Furthermore, none of them was written concerning David's time; rather the Psalm and

Isaiah looked to the future, while Matthew was focused on the present. David, it turns out, is not so much subject as context.

Historians say that a study of the Declaration of Independence should begin with a reading of Thomas Jefferson's Preamble to the Constitution of Virginia and George Mason's work on the Virginia Bill of Rights. For the Declaration was not formed in a vacuum: it is understood in terms of its predecessor documents.

Likewise, Christ did not come in a vacuum. The God who entered into history was, likewise, connected to that history. And so Christ must be understood in terms of his predecessors.

All through the Old Testament, we find indications of the One whom God would someday send. In the garden of Eden, it was the promised "offspring" who would crush the serpent's head (Genesis 3:15). In Abraham's experience, it was the encounter with the mysterious priest Melchizedek (Genesis 14:17-20; Psalm 110:4; Hebrews 6:20–7:28). In Moses' day, it was the prospect of "a prophet like [Moses]" who would be raised up one day (Deuteronomy 18:15).

We think, too, of the lamb at the Passover, the scapegoat on the Day of Atonement, and the serpent on a pole in the desert. Yet none of these types and figures persists and recurs in the text the way that one man does. From the time of David onward, the Lord used David as a symbol for a future: a perfect future that would embody God's reign. The Lord would raise up one particular descendant from David's line to be an eternal and universal king, executing justice and reigning in peace.

All the talk of David, therefore, was not really about David, at all. Rather, it was the anticipation of one special descendant of David. Israel did not look back longingly at the reign of David; Israel looked forward hopefully to the Son of David.

---

## SHARING THE SCRIPTURE

### PREPARING TO TEACH

#### Preparing Our Hearts

Explore this week's devotional reading, found in Mark 10:46-52. The familiar story of the healing of blind Bartimaeus concludes Mark's account of Jesus' public ministry. Notice in verses 47 and 48 that Bartimaeus refers to Jesus as "Son of David." Although physically blind, this man could "see" the true identity of the One from Nazareth. Jesus acknowledges this man's faith and grants his request to be able to see again. How well do you "see" Jesus for who he is? What difference does it make to you that he has family connections to his ancestor David?

Pray that you and the adult students will recognize and give thanks for their spiritual connections to family members of their own.

#### Preparing Our Minds

Study the background Scripture from Psalm 89:3-14, 30-37; Isaiah 9:1-7; Matthew 1:18–2:6b; Mark 12:35-37; Luke 1:26-33. The lesson Scripture is from Psalm 89:35-37; Isaiah 9:6-7; Matthew 1:18-21.

Consider this question as you prepare the lesson: *What assurance do people have that their line of descendants will continue?*

Write on newsprint:
❏ questions for "Deepen Understanding of the Genealogical Connection Between David and Jesus."

❑ information for next week's lesson, found under "Continue the Journey."

❑ activities for further spiritual growth in "Continue the Journey."

Review the "Introduction," "The Big Picture," "Close-up," and "Faith in Action." Consider how you will use this additional information, which immediately precedes the first lesson, for this session.

## LEADING THE CLASS

*(1) Gather to Learn*

❖ Greet the class members. Introduce any guests and help them to feel at home.

❖ Pray that the learners will experience feelings of family connections as they gather with their brothers and sisters in Christ.

❖ Invite the learners to chat with a group of three or four students about their ancestors. If they have done any genealogical research, some may be able to comment on interesting discoveries from generations past. Suggest that the groups answer this question: **Based on what you know about your ancestors, what hopes do you think they might have had for you?**

❖ Bring the groups together and read aloud today's focus statement: **People have expectations and hopes regarding their descendants. What assurance do people have that their line of descendants will continue? As God promised David and as Isaiah prophesied, Matthew reports that the birth of Jesus fulfills the traditional expectation that a descendant of David would be coming as the Savior.**

*(2) Goal 1: Deepen Understanding of the Genealogical Connection Between David and Jesus*

❖ Read or retell "Advance Notice" from "Interpreting the Scripture" to help participants understand the biblical connections between David and Jesus.

❖ Choose three volunteers to read Psalm 89:35-37; Isaiah 9:6-7; Matthew 1:18-21.

❖ Form three groups and assign one passage to each group. Post these questions, which you will have written on newsprint, for each group to address.

1. **How is David important in this passage?**
2. **What hope does the Davidic covenant promise?**
3. **How is that hope fulfilled in Jesus Christ?**

❖ Bring the groups together to hear their reports. Use information from "One Special Ancestor" in "Interpreting the Scripture" to add ideas to the discussion.

*(3) Goal 2: Experience the Significance of Christians' Familial Kinship with Jesus*

❖ Read or retell "One Special Descendant" from "Interpreting the Scripture."

❖ Post several sheets of newsprint on the wall and have markers available. Encourage the adults to go to the newsprint and write the names of two church members who are not members of their biological family but for whom they feel a familial kinship because Jesus is their brother. When everyone has finished, draw lines connecting all of these family members to show that we are all part of the family of God.

❖ **Option:** If the class is too large to direct people go to the newsprint, distribute paper and pencils. Invite students to write two names on this paper and then affix them to the wall or newsprint with tape.

❖ Discuss these questions:

1. **How are we, as brothers and sisters in Christ, to relate to one another?**
2. **How is one's personal self-image shaped and reflected in the image of this spiritual family?**
3. **What legacy do we as a church family hope to leave to our descendants in the faith?**

*(4) Goal 3: Identify Those Who Have Nurtured the Learners' Faith from Their Birth to Their Present Age*

❖ Distribute paper and pencils. Invite the adults to draw a vertical line and at the top of the line write their birthdates and at the bottom of the line write today's date. They are to divide the space by decades of their lives, 0–10, 11–20, and so on according to their age. In each decade space, they are to write the name(s) of anyone who has made a contribution to their spiritual growth. Particularly in the early years, parents and other family members may make the greatest contribution. Sunday school teachers, choir directors, counselors, and other adult leaders may make significant contributions, especially during the teen years. As the adults age, perhaps pastors, a spiritual friend or spiritual director, Sunday school teachers, Christian coworkers, family members, or others may encourage spiritual growth.

❖ Call time and encourage participants to select one or two individuals whom they believe had the greatest impact on their spiritual growth and development. They are to share with the class (or small group if the class is large) who this person is and why he or she made such an important contribution.

❖ Provide quiet time for the adults to meditate on these questions:

1. **To whom are you acting as a mentor in the faith? What have you said or done to help this person?**
2. **Who else might you mentor?**

*(5) Continue the Journey*

❖ Break the silence by praying that the learners will give thanks for Jesus, the Son of David, and for all those who have nurtured their faith in him.

❖ Read aloud this preparation for next week's lesson. You may also want to post it on newsprint for the students to copy.

■ **Title: Peter's Report**
■ **Background Scripture: Psalm 110; Acts 2:22-36**

■ **Lesson Scripture: Psalm 110:1-4; Acts 2:22-24, 29-32**
■ **Focus of the Lesson: People need to understand what they have received as a legacy for them to perceive any value in it. How can people correlate tradition and legacy? Peter interpreted the coming of Jesus, which the followers witnessed, as Jesus' fulfillment of the prophecy for a savior descended from the line of David.**

❖ Post these three activities related to this week's session on newsprint for the students to copy. Challenge the adults to grow spiritually by completing one or more of them.

(1) **Talk with family members about your ancestry. Perhaps some have genealogical research to share. Give thanks for the sacrifices your predecessors have made, and make a commitment to do whatever you can to make the way smoother for your own descendants.**

(2) **List hopes you have for each member of the rising generation(s) of your own family. What can you do to help them fulfill these hopes, if indeed these are hopes that they share with you?**

(3) **Contact a "spiritual ancestor," if possible, to let this person know how much she or he made a difference in your life.**

❖ Sing or read aloud "Once in Royal David's City."

❖ Conclude today's session by leading the class in this benediction, which is adapted from Mark 12:30-31, the key verses for May 25: **We go forth pledging to honor and obey the two great commandments: we shall love the Lord our God with all our heart, and with all our soul, and with all our mind, and with all our strength. We shall also love our neighbor as ourselves. Amen.**

## UNIT 1: JESUS AND THE DAVIDIC COVENANT
# PETER'S REPORT

---

### PREVIEWING THE LESSON

**Lesson Scripture:** Psalm 110:1-4; Acts 2:22-24, 29-32
**Background Scripture:** Psalm 110; Acts 2:22-36
**Key Verse:** Acts 2:31

#### Focus of the Lesson:
People need to understand what they have received as a legacy for them to perceive any value in it. How can people correlate tradition and legacy? Peter interpreted the coming of Jesus, which the followers witnessed, as Jesus' fulfillment of the prophecy for a savior descended from the line of David.

#### Goals for the Learners:
(1) to study Peter's insights of David's connection to Jesus so as to better understand Jesus' relationship to God.
(2) to develop a method for sharing their faith in Christ with others.
(3) to testify to the saving power of Jesus.

#### Pronunciation Guide:
*Adonai* (ad oh ni')
Melchizedek (mel kiz' uh dek)
Tetragrammaton (tet ruh gram' uh ton)

#### Supplies:
Bibles, newsprint and marker, paper and pencils, hymnals

---

### READING THE SCRIPTURE

NRSV
Lesson Scripture: Psalm 110:1-4
1  The LORD says to my lord,
    "Sit at my right hand
    until I make your enemies your
        footstool."
2  The LORD sends out from Zion
    your mighty scepter.
    Rule in the midst of your foes.

CEB
Lesson Scripture: Psalm 110:1-4
1What the LORD says to my master:
    "Sit right beside me
    until I make your enemies
    a footstool for your feet!"
2May the LORD make
    your mighty scepter
    reach far from Zion!

3 Your people will offer themselves
willingly
on the day you lead your forces
on the holy mountains.
From the womb of the morning,
like dew, your youth will come to you.
4 The LORD has sworn and will not
change his mind,
"You are a priest forever according
to the order of Melchizedek."

Lesson Scripture: Acts 2:22-24, 29-32

22"You that are Israelites, listen to what I have to say: Jesus of Nazareth, a man attested to you by God with deeds of power, wonders, and signs that God did through him among you, as you yourselves know— 23this man, handed over to you according to the definite plan and foreknowledge of God, you crucified and killed by the hands of those outside the law. 24But God raised him up, having freed him from death, because it was impossible for him to be held in its power.

29"Fellow Israelites, I may say to you confidently of our ancestor David that he both died and was buried, and his tomb is with us to this day. 30Since he was a prophet, he knew that God had sworn with an oath to him that he would put one of his descendants on his throne. 31Foreseeing this, **David spoke of the resurrection of the Messiah,** saying,
'He was not abandoned to Hades,
nor did his flesh experience
corruption.'
32This Jesus God raised up, and of that all of us are witnesses.

Rule over your enemies!
3Your people stand ready
on your day of battle.
"In holy grandeur,
from the dawn's womb, fight!
Your youthful strength
is like the dew itself."
4The LORD has sworn a solemn pledge
and won't change his mind:
"You are a priest forever
in line with Melchizedek."

Lesson Scripture: Acts 2:22-24, 29-32

22"Fellow Israelites, listen to these words! Jesus the Nazarene was a man whose credentials God proved to you through miracles, wonders, and signs, which God performed through him among you. You yourselves know this. 23In accordance with God's established plan and foreknowledge, he was betrayed. You, with the help of wicked men, had Jesus killed by nailing him to a cross. 24God raised him up! God freed him from death's dreadful grip, since it was impossible for death to hang on to him.

29"Brothers and sisters, I can speak confidently about the patriarch David. He died and was buried, and his tomb is with us to this very day. 30Because he was a prophet, he knew that God promised him with a solemn pledge to seat one of his descendants on his throne. 31**Having seen this beforehand, David spoke about the resurrection of Christ,** that he wasn't abandoned to the grave, nor did his body experience decay. 32This Jesus, God raised up. We are all witnesses to that fact.

## UNDERSTANDING THE SCRIPTURE

**Psalm 110:1.** This psalm was traditionally recognized as having been written by King David. While in English, he seems to use the word "lord" twice, in the original Hebrew, he used two different words. The first instance is a name; the second is a title. In the first case, which is customarily reproduced in English in all capital letters, David used the Tetragrammaton—that is, the four-consonant Hebrew name of God, YHWH.

This is the name that we typically transliterate as Jehovah or Yahweh. In the second case, David used the Hebrew word *adonai*, which was a customary title for a human master or sovereign, as well as a term applied to God. King David was declaring, therefore, that Jehovah had said something to David's lord or master. Jehovah's word to this *adonai* was a word of exaltation, authority, and conquest. And in the New Testament, Jesus affirmed that the *adonai* to whom David referred was the Messiah (for example, Matthew 22:42-44, which is a quotation from Psalm 110:1).

**Psalm 110:2-3.** Now David seems to address himself to the aforementioned *adonai*. He prophetically describes the reign of this messianic figure appointed by Jehovah. Zion is, at a minimum, a reference to Jerusalem. But "Zion" does not appear in the Old Testament as a place on a map so much as a symbol for God's headquarters on earth. It is frequently associated, therefore, with prophecies about the establishment of God's perfect, future kingdom.

**Psalm 110:4.** Melchizedek is a mysterious figure in Scripture. He appears briefly from nowhere in the story of Abraham (Genesis 14:18-20). He is not mentioned again until this psalm, where he is invoked in a messianic context. In the New Testament, the writer of Hebrews picks up on these two Old Testament references to explain certain truths about the person and work of Christ (Hebrews 5:5-10; 6:19–7:28). Jehovah has ordained this *adonai* as a priest, but he is a different sort of priest. While the priestly tribe in Israel was of Levi, and the priestly line descended from Aaron, this promised priest is independent of them; he is in the order of Melchizedek.

**Psalm 110:5-7.** The original Melchizedek was not identified only as a priest. He was also introduced as the king of Salem (Genesis 14:18), and his name means "king of righteousness" (Hebrews 7:2). The combination of both king and priest, of course, makes him an ideal foreshadowing of the Messiah. It also reminds us that Melchizedek's functions are not just around the altar but also on the throne. This portion of the psalm highlights the more royal elements of the job description as the *adonai* is anticipated to be an apocalyptic conqueror and agent of global judgment.

**Acts 2:22.** The second chapter of Acts records the events of Pentecost, including Peter's address to the large crowd that gathered around the Spirit-filled disciples. This occasion, sometimes referred to as the birth of the church, came only a few months after the events surrounding Jesus' suffering, death, and resurrection in Jerusalem. Peter knew, therefore, that he was speaking to people who were familiar with Jesus, perhaps as actual eyewitnesses, or at least by reputation. Jesus' ministry and passion were the stuff of very recent headlines. Accordingly, Peter was able to be pointed with his audience about their collective role in Jesus' rejection and execution. The people's failure to recognize and respond to Jesus is all the more serious because he had been "attested to [them] by God" (2:22).

**Acts 2:23-31.** Peter juxtaposes the work of humans with the work of God. "You crucified and killed" Jesus, Peter declares, "but God raised him up" (2:23-24). His audience, therefore, is cast as opponents of God's work, while God is recognized as ultimately victorious. Then Peter, who quotes three different Old Testament passages in Acts 2, recites a portion of Psalm 16. He reminds his audience that the author of the psalm, King David, could not have been speaking about himself. David had lived and died a millennium before, and his burial place was no doubt a familiar and honored spot among the Jews. Because he was dead and gone, Peter concluded that David must not have been referring to himself, but was instead prophetically anticipating the resurrection of the Christ. If the eyewitness account of a Galilean fisherman was insufficient for the crowd, they had the testimony of none other than King David himself.

**Acts 2:32-35.** Skepticism and the need for proof are not inventions of the modern age. Rather, Peter is appealing to that need within his own ancient audience with a strong lineup of witnesses. First, he is flanked by the eleven other apostles (2:14), who all claim to be eyewitnesses to the resurrection of Jesus. Second, he points to the miraculous sign of the Holy Spirit's outpouring right there before their eyes. And, third, he appeals to the Scriptures—and, specifically, to King David again—as he cites Psalm 110, which we considered in some detail above. The need for two or three witnesses was deeply ingrained in Jewish law and culture, and so Peter has skillfully summoned a powerful trio of witnesses to make his case.

**Acts 2:36.** Luke reports that "there were devout Jews from every nation under heaven" in Jerusalem at that time (Acts 2:5). Later, Luke itemizes for us the array of nations represented in the crowd that day (2:9-11). Within that context, then, we see how appropriate it is for Peter to make his declaration to "the entire house of Israel" (2:36). The timing and location of the Pentecost event demonstrated God's will for this truth about Jesus—which had thus far been limited to a rather small, select group of individuals—to be affirmed among all of God's scattered, chosen people. This event was, if you will, the coming-out party for the gospel message, and that message was that God had made Jesus "both Lord and Messiah." The angel had announced both truths about Jesus at his birth (Luke 2:11), Peter had rightly recognized Jesus as God's promised Messiah back at Caesarea Philippi (Mark 8:29), and Paul wrote that, one day, the entire universe will recognize Jesus as Lord (Philippians 2:9-11).

---

## INTERPRETING THE SCRIPTURE

*On the Same Page with God*

After a newly elected governor gave his inaugural address, I heard a commentator praising the speech. The governor had articulated his agenda, and the pundit thought that was a sign of strong leadership. The best leaders, he insisted, explain in advance what they are going to do. That way, people know what to expect, and everyone can work together with a shared sense of purpose.

When I heard that analysis, I thought of God. Again and again in Scripture we see explanations in advance for what the Lord is going to do. That way, people knew what to expect, and they could be on the same page with God.

From the warnings given to Adam and Eve to the promises made to Abraham, from Joseph's dreams to Isaiah's prophecies, from Caleb's inheritance to Jeremiah's new covenant, the people were told in advance what God was going to do. The people, however, were inconsistent in the matter of being on the same page with God. Adam and Eve did not heed well God's warning. The Jews had heard and read centuries of predictions about the Messiah, yet very few recognized him when he finally came. And three different times Jesus told the disciples what would happen to him in Jerusalem, yet they seemed completely surprised by the unfolding events.

Even when the people did not seem prepared, however, God's preannounced plans still served a good purpose. After the forecasted event had come and gone, there was value in being able to remember what God had said. The remnant left in the wake of the Babylonian conquest of Judah, for example, found understanding in looking back to what Jeremiah had foretold (2 Chronicles 36:21; Daniel 9:2).

So it was that Peter shared with his Pentecost audience a common heritage: a legacy of their mutual faith. Peter had at his disposal a great compendium of promises and prophecies from God to which he could point in order to lead people to Christ. In our passage from Acts 2:25-28, Peter cited Psalm 16:8-11. And the messianic truths from Psalm 110 (compare 110:1 to Acts 2:34-35) were part of that common heritage, as well, which all bore witness to Christ.

### The Lord's Anointed

When David was still a boy living at home, the prophet Samuel came to Bethlehem to visit the family of Jesse. He was there on assignment from God, sent to select one of Jesse's sons to become the next king of Israel. In the end, it was Jesse's youngest son, David, who was chosen by God and his prophet (see 1 Samuel 16).

Now at that time, Israel already had a king. The throne was not vacant, and no "Help Wanted" sign was posted on the palace door. Yet God was dissatisfied with the present king, Saul, and so dispatched the prophet Samuel to find Saul's successor.

This method of succession is atypical, of course. Kings usually have princes, who become kings after them. But Saul would have no royal line, for Israel's king was not really Israel's sovereign. Rather, it was God who chose the leaders for the people. And the symbol of that divine choice was anointing.

Samuel came to Jesse's house and anointed young David with oil (1 Samuel 16:12-13), just as he had anointed Saul to be king some years earlier (1 Samuel 9:16; 10:1). Generations later, another prophet, Elijah, was commanded by God to anoint a new king for Israel, as well as a prophet to accompany and succeed him (1 Kings 19:16). We discover that Israel's priests were also anointed to symbolize God's choosing and ordaining them (Exodus 28:41).

David himself was deeply impressed by the importance of anointing. When King Saul became paranoid and began to persecute David as an enemy, David had two opportunities to kill Saul. He would not do it, though, saying, "The LORD forbid that I should raise my hand against the LORD's anointed" (1 Samuel 24:10; 26:11). Saul had not merely been anointed; he was the anointed.

That same term later became self-referential for David (for example, Psalm 18:50; 20:6). In several psalms, he identifies himself as "the anointed," not as a claim of self-importance, but as a humble recognition of God's sovereign choice. To be the Lord's anointed—whether as king, priest, or prophet—was to have been chosen and empowered by God to do his work.

This all becomes important for us because of its impact on our understanding of Jesus. The Hebrew word for "anointed" is the source of our English word *Messiah*. And in the New Testament, the Greek word for "anointed" gives us our English word *Christ*.

Peter's audience understood David's role as God's anointed one. And they knew that God's ultimate anointed one—that is, the Messiah—would be a son of David (compare Matthew 21:9; 22:42). They had been waiting for him for generations. And now, unbeknownst to them, he had come.

### Christ the Lord

We remember the familiar words of the Christmas angel to the Bethlehem shepherds: "To you is born this day in the city of David a Savior, who is the Messiah, the Lord" (Luke 2:11), or, as the Common English Bible (CEB) puts it, "Your savior is born today in David's city. He is Christ the Lord."

The birthplace was Bethlehem, which was likely the shepherds' home base, and was probably also visible to them across the fields. Yet the angel did not merely say that this baby was born "in town" or "in Bethlehem," but "in the city of David." Bethlehem had been David's childhood home (1 Samuel 16:1), and from this first proclamation about Jesus we see the connection made between David and Jesus.

Meanwhile, the angel in Luke 2 identified the baby in terms of three titles: Savior, Christ (or Messiah), and Lord.

"Savior" suggests that he is the agent of the very salvation that Peter declared to the Pentecost crowd (for example, Acts 2:21). Saving was part of his identity before he was born (Matthew 1:21), part of his understanding of his ministry (Luke 19:10), and the summary of his purpose in apostolic teaching (1 Timothy 1:15).

"Christ," meanwhile, refers to the Messiah: the promised "anointed one" from God. The people in Peter's audience had been watching and waiting for the appearance of the Christ, just as their ancestors had for generations before. And now, on Pentecost, eyewitnesses, the prophetic writings of David, and the power of the Holy Spirit all combined to bear witness to that one whom the angel had called "Christ the Lord" (Luke 2:11 CEB).

Finally, we remember that the Old Testament can have two different Hebrew words behind our English word *Lord*. In the Greek of the New Testament, however, there is only one word. And that is appropriate as we speak about Jesus, for we find that he summarizes in himself all that the word can mean. He is the personal master that David called "my Lord" (Acts 2:34). He is the promised Messiah anticipated by Psalm 110. And he is the God whom Israel had reverently called "LORD" for generations. David spoke of him. Peter spoke of him. And now, in turn, you and I speak of him to the world that God made, so loved, and wants to save.

---

## SHARING THE SCRIPTURE

### PREPARING TO TEACH

#### *Preparing Our Hearts*

Explore this week's devotional reading, found in Psalm 16:7-11, which is cited in part in Acts 2:25-28 to support Peter's argument concerning Jesus. The psalmist confidently entrusts his life to God. He blesses the Lord who instructs him and keeps God ever before him. The psalmist finds joy because God shows him "the path of life" (16:11). Are you entrusting your life to God? If not, what assurance do you need that God will take care of you?

Pray that you and the adult students will be joyful as you consider what God has already done for you and what God promises to do for you in the future.

#### *Preparing Our Minds*

Study the background Scripture from Psalm 110; Acts 2:22-36, and the lesson Scripture from Psalm 110:1-4; Acts 2:22-24, 29-32.

Consider this question as you prepare the lesson: *How can people correlate tradition and legacy?*

Write on newsprint:
- ❏ information for next week's lesson, found under "Continue the Journey."
- ❏ activities for further spiritual growth in "Continue the Journey."

Review the "Introduction," "The Big Picture," "Close-up," and "Faith in Action." Consider how you will use this additional information, which immediately precedes the first lesson, for this session.

Use information in "Understanding the

Scripture," Acts 2:22 through Acts 2:32-35, to create the suggested lecture for "Study Peter's Insights of David's Connection to Jesus so as to Better Understand Jesus' Relationship to God." Include information from Psalm 110 in "Understanding the Scripture" as it relates to the Acts passage.

## LEADING THE CLASS

### (1) Gather to Learn

❖ Greet the class members. Introduce any guests and help them to feel at home.

❖ Pray that the learners will become more aware of how faith is transmitted from one generation to the next.

❖ Invite the learners to discuss together (or in small groups) some traditions that have shaped their lives, either within their families or the church or their nation. Why do these traditions seem so important? Also encourage them to discuss how they are passing on these traditions as a legacy to the rising generation. Since today is the second Sunday in Lent, you may want to focus the discussion on traditions associated with the observance of Lent or Easter.

❖ Read aloud today's focus statement: **People need to understand what they have received as a legacy for them to perceive any value in it. How can people correlate tradition and legacy? Peter interpreted the coming of Jesus, which the followers witnessed, as Jesus' fulfillment of the prophecy for a savior descended from the line of David.**

### (2) Goal 1: Study Peter's Insights of David's Connection to Jesus so as to Better Understand Jesus' Relationship to God

❖ Introduce today's session by presenting the lecture you have created from the "Understanding the Scripture" verses related to Acts 2. The purpose of this lecture is to help learners better understand how Peter used the connection between David

and Jesus to help explain who Jesus was.

❖ Invite a volunteer to read Acts 2:22-24, 29-32 as the adults follow along in the Bibles. Discuss these questions. List answers on newsprint, particularly for question 1:

    1. **What does Peter say about who Jesus was?**

    2. **What does Peter claim that the people did in regard to Jesus?**

    3. **How does Peter relate David to Jesus?**

    4. **What testimony about Jesus does Peter offer?**

❖ Solicit a volunteer to read "The Lord's Anointed" from "Interpreting the Scripture" to wrap up this part of the lesson.

### (3) Goal 2: Develop a Method for Sharing the Learners' Faith in Christ with Others

❖ Brainstorm answers to this question and write answers on newsprint: **Why do many people feel uncomfortable about sharing their faith in Christ?**

❖ Choose two or three of the barriers the class just brainstormed. Form several groups and distribute newsprint and a marker to each one. Assign each group one barrier that they are to develop strategies for overcoming. For example, let's assume that the barrier is "People feel they do not know enough about their faith to share it with others." Ways to overcome this barrier might include attending a class to learn more about the Bible; working with a group on a missional project that will enable participants to experience God in action; creating a timeline of their own walk with God and being ready to discuss important events.

❖ Call the groups together to report on their ideas.

❖ Provide a few moments for the students to discern which barriers apply to them and then to consider which strategies might be helpful in overcoming them.

*(4) Goal 3: Testify to the Saving Power of Jesus*

❖ Form groups of three to do a "trial run" in sharing their faith. Invite two adults to role-play a conversation between one who accepts Jesus and one who is willing to listen but not yet ready to make a commitment. The third person is to be an observer, who will make comments and suggestions at the appropriate time. Switch roles so that each of the three adults has an opportunity to play two or three parts.

❖ Encourage the observers to make helpful comments that can strengthen the ability of their team members to witness.

❖ Conclude by challenging all participants to pass on the traditions they have received about Christ, as well as their own experiences in relationship with him, by testifying to their faith to at least one person this week.

*(5) Continue the Journey*

❖ Pray that the learners will look for opportunities to share their faith with others.

❖ Read aloud this preparation for next week's lesson. You may also want to post it on newsprint for the students to copy.

■ **Title: Worthy Is the Lamb**
■ **Background Scripture: Revelation 3:7; 5:5-13; 6:12–7:17; 22:16**
■ **Lesson Scripture: Revelation 5:6-13**
■ **Focus of the Lesson: When long-hoped-for dreams come about, people express their joy in celebration. In what ways do people celebrate? The result of the fulfillment of the saving tradition is the extravagant praise and worship of God by the multitude of the redeemed.**

❖ Post these three activities related to this week's session on newsprint for the students to copy. Challenge the adults to grow spiritually by completing one or more of them.

(1) **Recognize that this week's reading from Acts 2 was part of Peter's sermon on the day of Pentecost. Read the entire sermon from Acts 2:14-36, as well as responses to this sermon in verses 37-42. What, for you, are the major points about Jesus that Peter highlights? How might you have responded to this sermon? Why? Ponder these questions or write ideas in your spiritual journal.**

(2) **Determine basic information about Jesus that you think someone who does not know him should hear. Identify one or more individuals to whom you would like to introduce Jesus. Plan to spend some time talking with this person about Jesus.**

(3) **Read Psalm 110 and use a Bible commentary to help you understand how this psalm relates to Jesus.**

❖ Sing or read aloud "O Worship the King."

❖ Conclude today's session by leading the class in this benediction, which is adapted from Mark 12:30-31, the key verses for May 25: **We go forth pledging to honor and obey the two great commandments: we shall love the Lord our God with all our heart, and with all our soul, and with all our mind, and with all our strength. We shall also love our neighbor as ourselves. Amen.**

## UNIT 1: JESUS AND THE DAVIDIC COVENANT
# WORTHY IS THE LAMB

---

### PREVIEWING THE LESSON

**Lesson Scripture:** Revelation 5:6-13
**Background Scripture:** Revelation 3:7; 5:5-13; 6:12–7:17; 22:16
**Key Verse:** Revelation 5:12

### Focus of the Lesson:
When long-hoped-for dreams come about, people express their joy in celebration. In what ways do people celebrate? The result of the fulfillment of the saving tradition is the extravagant praise and worship of God by the multitude of the redeemed.

### Goals for the Learners:
(1) to explore Jesus' final triumph as the Lamb.
(2) to reflect on the impact of the Lamb's sacrifice on their lives.
(3) to worship, in the spirit of Revelation, at the feet of the only One worthy to receive blessing and honor and glory.

### Pronunciation Guide:
Eliakim (i li' uh kim)

### Supplies:
Bibles, newsprint and marker, paper and pencils, hymnals, optional music for "Worthy Is the Lamb" from Handel's *Messiah* and appropriate player; optional art depicting the Lamb of God

---

### READING THE SCRIPTURE

NRSV

Lesson Scripture: Revelation 5:6-13

⁶Then I saw between the throne and the four living creatures and among the elders a Lamb standing as if it had been slaughtered, having seven horns and seven eyes, which are the seven spirits of God sent out into all the earth. ⁷He went and took the scroll from the right hand of the one who was seated on

CEB

Lesson Scripture: Revelation 5:6-13

⁶Then, in between the throne and the four living creatures and among the elders, I saw a Lamb, standing as if it had been slain. It had seven horns and seven eyes, which are God's seven spirits, sent out into the whole earth. ⁷He came forward and took the scroll from the right hand of the one seated on the

the throne. [8]When he had taken the scroll, the four living creatures and the twenty-four elders fell before the Lamb, each holding a harp and golden bowls full of incense, which are the prayers of the saints. [9]They sing a new song:

"You are worthy to take the scroll
    and to open its seals,
for you were slaughtered and by
    your blood you ransomed
    for God
saints from every tribe and
    language and people and nation;
[10] you have made them to be a
    kingdom and priests serving
    our God,
and they will reign on earth."

[11]Then I looked, and I heard the voice of many angels surrounding the throne and the living creatures and the elders; they numbered myriads of myriads and thousands of thousands, [12]singing with full voice,

**"Worthy is the Lamb that was
    slaughtered
to receive power and wealth and
    wisdom and might
and honor and glory and blessing!"**

[13]Then I heard every creature in heaven and on earth and under the earth and in the sea, and all that is in them, singing,

"To the one seated on the throne
    and to the Lamb
be blessing and honor and glory
    and might
forever and ever!"

throne. [8]When he took the scroll, the four living creatures and the twenty-four elders fell down before the Lamb. Each held a harp and gold bowls full of incense, which are the prayers of the saints. [9]They took up a new song, saying,

"You are worthy to take the scroll
    and open its seals,
    because you were slain,
    and by your blood you purchased
    for God
    persons from every tribe, language,
    people, and nation.
[10] You made them a kingdom and
    priests to our God,
and they will rule on earth."

[11]Then I looked, and I heard the sound of many angels surrounding the throne, the living creatures, and the elders. They numbered in the millions—thousands upon thousands. [12]They said in a loud voice,

**"Worthy is the slaughtered Lamb
    to receive power, wealth, wisdom,
    and might,
    and honor, glory, and blessing."**

[13]And I heard every creature in heaven and on earth and under the earth and in the sea—I heard everything everywhere say,

"Blessing, honor, glory, and power
belong to the one seated on the throne
    and to the Lamb
    forever and always."

---

## UNDERSTANDING THE SCRIPTURE

**Introduction.** The Book of Revelation comprises a series of visions witnessed by John, who identifies himself as "a servant" (1:1) and "your brother" (1:9), while on the isle of Patmos in the Aegean Sea, just off the coast of Asia Minor, or what we know today as Turkey. The book famously includes visions of beasts, dragons, four dreaded horses, and such. Yet for all that symbolizes the power, prevalence, and insidiousness of evil, evil is not the prevailing theme of the book. Rather, from beginning to end, Revelation reverberates with the glory and triumph of Jesus Christ. From the spectacular vision of Christ with which the book begins to the fabulous prospect of his return and reign at the end, it is Jesus above all who is revealed in Revelation.

**Revelation 3:7.** The early chapters of the Book of Revelation comprise brief letters that Jesus dictates to seven churches in Asia Minor. Each letter begins with a distinctive way of identifying Christ, followed by his specific warnings, encouragements, and commendations to that particular church. Verse 7, from the beginning of the sixth letter addressed to the church in Philadelphia, reveals Jesus in imagery borrowed from Isaiah 22:22. The language, originally applied to Eliakim and here fulfilled in Jesus, conveys an ultimate authority that is bestowed by God.

**Revelation 5:5.** We are introduced to "the elders" in a vision of the worship around the heavenly throne in chapter 4. There are twenty-four elders surrounding the throne. Meanwhile, in 5:1, we are told that the Lamb has a scroll, but it is sealed shut with seven seals. At first, it seems that no one is worthy to open the seals, but now one of the elders assures John that there is someone who is worthy. He is identified as "the Lion of the tribe of Judah" and "the Root of David," each one revealing Jesus in terms of Old Testament prophecy (Genesis 49:9; Isaiah 11:1, 10). This prophesied and victorious One is worthy to open the scroll and its seals.

**Revelation 5:6-13.** This text, like the larger book from which it comes, is literally a report of what John saw and heard: "Then I saw" (5:6), "Then I looked, and I heard" (5:11), and "Then I heard" (5:13). The vision seems to unfold in concentric circles around the throne. Nearest at hand are the "four living creatures" (introduced in 4:6b-9) and the twenty-four elders. Next there are "many angels surrounding the throne . . . number[ing] myriads of myriads and thousands of thousands" (5:11). Pull back the lens further and we discover "every creature in heaven and on earth and under the earth and in the sea" (5:13). Each group offered songs of praise around the throne, creating a universal chorus of praise.

**Revelation 6:12-17.** We were introduced to the seals in the previous two passages. On this occasion, the sixth of the seven seals is opened, and the result is a cataclysm of cosmic proportions. It shakes the earth, consumes the sky, and terrifies the people. The picture is awesome and comprehensive. Also, we should note that these images are not unique to Revelation, for we read similar descriptions in the teachings of Jesus (for example, Matthew 24:21, 29, 35; Luke 23:30). Finally, we observe here the juxtaposition of earthly and heavenly power. On the one hand, the kings, magnates, generals, rich, and powerful are helpless in the face of this global catastrophe. On the other hand, the Lord sits enthroned—sovereign, fearsome, and invincible.

**Revelation 7:1-3.** I picture racehorses at the starting gate. Their muscles are taut, their riders intense, and one senses that there is a tremendous explosion of energy that is waiting to burst forth as soon as the gates are opened. Those gates, however, momentarily restrain all the power and speed that is within them. And in this passage, four angels serve as the starting gates. Tremendous forces are at the ready to bring destruction to the earth, but those angels hold it all back "until." What are they waiting for? The servants of God need to be identified before the cataclysm begins.

**Revelation 7:4-8.** Twelve is a significant number in the Bible, for ancient Israel comprised twelve tribes in the Old Testament and Jesus had twelve disciples in the New. Perhaps the total of those numbers is indicated by the number of elders mentioned above. Here the tribes of Israel are recalled and named. And while they were of quite different sizes in the Old Testament, here the census of each is symmetrical and symbolic: twelve thousand people each. So just as the number of elders equals twelve plus twelve, the number of the servants of God equals twelve thousand times twelve.

**Revelation 7:9-12.** The one hundred forty-four thousand is not the sum total of the population in heaven, however, for here John sees "a great multitude that no one could count" (7:9). The previous number was just from the tribes of Israel. Here in this larger multitude, however, "every nation" and "all tribes" are represented.

**Revelation 7:13-17.** Some questions are asked out of ignorance, and some are asked out of knowledge. The guy who is lost asks for directions out of ignorance. However, the teacher asks the student a question out of knowledge. In this moment, the elder seems to ask John a question in order to guarantee that John learns the answer. The global multitude of people seen in the previous passage are identified here. Interestingly, they are only minimally identified in terms of who they are and what they have done. The larger share of their identity is expressed in terms of what the Lord has done for them already and what the Lord will do for them going forward.

**Revelation 22:16.** We noted at the outset that, above all, Revelation reveals Jesus. And we have seen him revealed in all that is said about him in the preceding texts for this week. But now, in this brief, final passage, we have a particular treasure: not what the narrator, the elders, or the worshipers say about him, but what he says about himself. He identifies himself again with David. He paradoxically says that he is both David's "root" and "descendant," which brings to mind Jesus' dialogue with the Pharisees in Matthew 22:41-45. The pre-existent and incarnate Christ comes, indeed, both before David and from David.

---

## INTERPRETING THE SCRIPTURE

### *The Look of the Lamb*

Georg Frideric Handel has put this scene to music for us. Many of us can hardly read these words from Revelation without hearing the majestic and familiar music of the *Messiah*. We are indebted to him for that gift, but we observe that Handel was working with an older translation of the text than what many of us are reading today.

The familiar music says, "Worthy is the Lamb that was slain." The New Revised Standard Version, however, replaces "slain" with "slaughtered" (5:12). The traditional "slain" of the KJV seems more poetic; "slaughtered" sounds gruesome. If we imagine a lamb that was slain, we could picture something rather peaceful looking. When we conjure an image of a lamb that has been slaughtered, however, we think of something much more violent and bloody.

We may prefer the more genteel language, but violent and bloody are more appropriate to the death that this particular Lamb suffered.

So what is the scene, then? Is it grisly to see? And what exactly is the look of this Lamb? Is he dead? Dismembered? Butchered?

The grand paradox of this scene is that the Lamb looks as if it had been slaughtered, yet still he is standing there, surrounded by worshipers, and taking the scroll. He had been slaughtered, to be sure, but he is not dead. On the contrary, he is quite alive.

So just what does that look like? Well, we know the answer, for we see it at the end of John's Gospel. Jesus said to Thomas, "'Put your finger here and see my hands. Reach out your hand and put it in my side. Do not doubt but believe.' Thomas answered him, 'My Lord and my God!'" (John 20:27).

And so we see what the Lamb looks like. The Lamb, which had endured a bloody and violent death, yet stands there living and worshiped, looks exactly like the risen Christ.

*The Look of Salvation*

The scene in chapter 5 centers around the Lamb, but the Lamb is not the only one in the scene. Indeed, the testimony of John indicates a multitude that is enormous beyond our imagining. In what appears to be concentric and expanding circles of praise, we see first the four living creatures, then the twenty-four elders, then the thousands upon thousands of angels, and finally the unanimity of "every creature in heaven and on earth and under the earth and in the sea" (5:13). The one who had been the object of only ridicule and torture on that Friday is now the subject of truly universal adoration and worship.

A quick glance at this scene, therefore, will give us a glimpse both of the Lord and of the Lord's many servants. A longer glance at this scene can also give us a glimpse of something else. I believe that we see, written between the lines, the nature of salvation.

First, we observe the great multitude, and both the size and scope of that multitude reflect the breadth of God's heart and invitation. The saints in heaven are not a small, select group. They are not some narrow ethnic, racial, or cultural slice from the world's population. Instead, they come from all over, and they are innumerable.

Second, we see the implicit prominence of the cross. In so few verses, "slaughtered" is cited three times (5:6, 9, 12). Plus, we see the additional attribution of "by your blood" (5:9). The emphasis is not on his birth, his teachings, or his miracles—all of which we cherish. But the central issue is plainly the cross.

And, finally, we note that salvation is entirely the work of God. "You were slaughtered," "by your blood," and "you have made" are the affirmations that they sang (5:9-10). You, your, and you. Salvation is all God's doing. And when the credits are rolled—at the end of our individual lives, or at the end of the age—there will be only one name listed. And he is worthy.

*The Look of Worship*

In describing true love the apostle Paul told the Corinthians, "Love never ends. But as for prophecies, they will come to an end; as for tongues, they will cease; as for knowledge, it will come to an end" (1 Corinthians 13:8). The theme of Paul's teaching is love, but what he says about it raises a provocative larger issue: namely, what things last and what things do not? And, specifically, what things "never end"?

In the original context of what Paul was teaching the Christians in Corinth, the point was that most of the gifts of the Spirit will not be needed forever. He specifies tongues, prophecies, and knowledge in order to illustrate his point. Love, on the other hand, will continue always to have value. It is suitable both for life on this earth and for unending life in the kingdom of God.

I wonder how many things are like that. I wonder how many things that we do on earth will continue to be part of our experience in heaven. Or perhaps the question should be asked the other way around. What elements of heaven are we privileged and enabled to experience even here on earth?

This magnificent scene from the Book of Revelation offers us one compelling answer to that question: worship. Persons gathered together in song, adoration, and praise is among the hallmarks of John's glimpse into heaven. And you and I are invited to partake of that heavenly experience here on earth. It is a part of the hereafter that we can enjoy in the here and now.

The look of worship in heaven—which I presume is the natural and eternal habitat for worship—is most valuable for us to see. Perhaps it should be the starting place for our understanding of worship. Let Revelation 5 be our how-to guide.

We may be struck first by the size of the worship; the vast numbers of those who are worshiping. We must not take from that the wrong lesson, however, as though the value of worship is found in attendance. No, for the real glory of John's report is not the fact that a lot of creatures are worshiping, but rather that *all* creatures are worshiping.

We also observe that the central act of worship in heaven seems to be singing. It's a fascinating proposition that singing and music may not be originally human creations or uniquely human experiences. Rather, when you and I sing in worship here, we merely join our voices to a larger and longer chorus of praise that is eternal in the heavens.

Finally, and most important, we see in Revelation 5 the focus of worship. These multitudes of creatures, elders, saints, and angels are all gathered around the throne of God and the Lamb that was slain. There is no distraction, no diversion, and no diffusion of attention. All eyes are on the Lord, who is the only rightful center of our worship.

---

# SHARING THE SCRIPTURE

## PREPARING TO TEACH

### Preparing Our Hearts

Explore this week's devotional reading, found in Matthew 9:35–10:1. As you read Jesus' familiar words about the harvest being plentiful but the laborers being few, think about what you can do to help gather in people for the kingdom of God. Notice that Jesus gave his disciples authority. How are you using the authority that God has given you?

Pray that you and the adult students will be ready to labor in the field of harvest to bring others to Christ.

### Preparing Our Minds

Study the background Scripture from Revelation 3:7; 5:5-13; 6:12–7:17; 22:16. The lesson Scripture is from Revelation 5:6-13.

Consider this question as you prepare the lesson: *In what ways do people celebrate when long-hoped-for dreams come about?*

Write on newsprint:

❏ information for next week's lesson, found under "Continue the Journey."

❏ activities for further spiritual growth in "Continue the Journey."

Review the "Introduction," "The Big Picture," "Close-up," and "Faith in Action." Consider how you will use this additional information, which immediately precedes the first lesson, for this session.

Search the Internet, books, and materials in your church's Sunday school files to find at least one picture of the Lamb of God, also known as Agnus Dei in Latin.

Locate a recording of Handel's *Messiah* that includes Chorus 53, "Worthy Is the Lamb." Bring an appropriate player. See optional activity for "Reflect on the Impact of the Lamb's Sacrifice on the Learners' Lives."

## LEADING THE CLASS

### (1) Gather to Learn

❖ Greet the class members. Introduce any guests and help them to feel at home.

❖ Pray that the learners will be open to receive and respond to God's word for them.

❖ Invite today's participants to recall a special celebration in their lives that marked the fulfillment of a dream. Perhaps they held an open house to mark the completion of their dream home. Maybe a trip to faraway destination became the focal point of a wedding anniversary celebration. Possibly the adults recall a graduation party commemorating a long educational journey. Encourage the students to talk about the ways in which they celebrated these milestones.

❖ Read aloud today's focus statement: **When long-hoped-for dreams come about, people express their joy in celebration. In what ways do people celebrate? The result of the fulfillment of the saving tradition is the extravagant praise and worship of God by the multitude of the redeemed.**

*(2) Goal 1: (1) Explore Jesus' Final Triumph as the Lamb*

❖ Read "The Look of the Lamb" from "Interpreting the Scripture."

❖ Select a volunteer to read the narrator's portion from Revelation 5:6-13. Ask for two volunteers who use the same Bible translation to read the words in verses 9-10 in unison. Ask the class to read the song portion of verses 12 and 13 in unison, using whichever translations they have.

❖ Discuss these questions. Use information from "Understanding the Scripture" for Revelation 5:5, 6-13 as you find it helpful.

1. **Which of the images in these verses particularly caught your attention? Why?**
2. **How might you describe the sounds of the singing?**
3. **How do you envision the Lamb?** (If you have been able to locate pictures of the Lamb, show these now. Talk about how this art brings to life the sacrifice of the Lamb.)

*(3) Goal 2: Reflect on the Impact of the Lamb's Sacrifice on the Learners' Lives*

❖ **Option:** Play "Worthy Is the Lamb" from Handel's Messiah. This is Chorus 53, which is taken from Revelation 5:12-13. Invite the learners to reflect on the impact of the Lamb's sacrifice for them personally as they listen to this very moving music.

❖ Distribute paper and pencils. Invite students to read today's key verse, Revelation 5:12 in unison and then write words, phrases, or sentences to describe the impact the Lamb's sacrifice has made in their own lives. How might their lives have been different had they not yet met Christ?

❖ Call everyone together. Encourage volunteers to share their ideas.

*(4) Goal 3: Worship, in the Spirit of Revelation, at the Feet of the Only One Worthy to Receive Blessing and Honor and Glory*

❖ Read "The Look of Worship" from "Interpreting the Scripture."

❖ Discuss these questions:
1. **Why does worship matter to you?**
2. **If you were asked to describe a perfect worship service, what words or images would you use?** (List these ideas on newsprint. Note that adults may have widely divergent opinions. Some may prefer a quiet, meditative service; others may feel most at home in an informal setting where people feel free to say "amen." Some may worship best in a traditional service with a defined liturgy, organ music, hymns, a robed choir, and a sanctuary. Others may want a praise band, contemporary music, and a less formal space.)
3. **During which portions of the worship service do you usually feel closest to God? Can you put into words the reasons why this act of worship is so meaningful to you?**
4. **Based on our comments, what specific recommendations would we like to take to our pastor and the worship committee that might enable us to draw closer to God during worship?**
5. **Revelation 5:13 describes the universal nature of worship by every creature. How might worship in our church be different now if we recognized that there will come a day when all will worship the Lamb?** (Add information from "The Look of Salvation" in

"Interpreting the Scripture" as appropriate to the discussion.)

❖ Challenge the adults to go forth to worship now (if your service follows Sunday school) with fervor and awe for the One who is worthy to receive "blessing and honor and glory and might forever and ever" (5:13).

*(5) Continue the Journey*

❖ Pray that the learners will continually praise the Lamb of God for his self-sacrifice.

❖ Read aloud this preparation for next week's lesson. You may also want to post it on newsprint for the students to copy.

■ **Title: Triumphant and Victorious**

■ **Background Scripture: Zechariah 9:9-10; Matthew 21:1-11**

■ **Lesson Scripture: Zechariah 9:9; Matthew 21:1-11**

■ **Focus of the Lesson: People of every generation and from every country have traditional rituals for welcoming dignitaries or heads of state. What is the most fitting way to celebrate the arrival of an honored person? The crowds who welcomed Jesus into Jerusalem spread out their cloaks on the road as a special gesture to recognize him as Messiah.**

❖ Post these three activities related to this week's session on newsprint for the students to copy. Challenge the adults to grow spiritually by completing one or more of them.

**(1) Sing at least one hymn of praise each day this week. The quality of your voice does not matter; the quality of your worship and adoration of God is all that is important.**

**(2) Browse the Internet for "art depicting Revelation 5." Locate at least one picture that captures your imagination. Read Revelation 5 and then meditate on your selected artwork. What is God showing you here about the Lamb and about worship?**

**(3) Attend worship in your church and also in a neighboring church, perhaps one that offers a service at a different time from your own. What similarities and differences do you notice? Where and when did you feel closest to God? Why?**

❖ Sing or read aloud "O Holy City, Seen of John."

❖ Conclude today's session by leading the class in this benediction, which is adapted from Mark 12:30-31, the key verses for May 25: **We go forth pledging to honor and obey the two great commandments: we shall love the Lord our God with all our heart, and with all our soul, and with all our mind, and with all our strength. We shall also love our neighbor as ourselves. Amen.**

UNIT 2: WHAT THE PROPHETS FORETOLD

# TRIUMPHANT AND VICTORIOUS

## PREVIEWING THE LESSON

**Lesson Scripture:** Zechariah 9:9; Matthew 21:1-11
**Background Scripture:** Zechariah 9:9-10; Matthew 21:1-11
**Key Verse:** Matthew 21:9

### Focus of the Lesson:
People of every generation and from every country have traditional rituals for welcoming dignitaries or heads of state. What is the most fitting way to celebrate the arrival of an honored person? The crowds who welcomed Jesus into Jerusalem spread out their cloaks on the road as a special gesture to recognize him as Messiah.

### Goals for the Learners:
(1) to investigate what motivated the people to praise and honor Jesus on the day he rode into Jerusalem.
(2) to step into the place and time of the Gospel story and feel the joy of the people who were celebrating Jesus' entry into Jerusalem.
(3) to evaluate their expectations of who Christ is for them in light of how Christ is portrayed in the Gospel story.

### Pronunciation Guide:
Bethphage (beth' fuh jee)                *seio* (si' o)
Christology (kris tol' uh jee)         Zedekiah (zed uh ki' uh)

### Supplies:
Bibles, newsprint and marker, paper and pencils, hymnals

## READING THE SCRIPTURE

NRSV

Lesson Scripture: Zechariah 9:9

9   Rejoice greatly, O daughter Zion!
     Shout aloud, O daughter Jerusalem!
  Lo, your king comes to you;
     triumphant and victorious is he,

CEB

Lesson Scripture: Zechariah 9:9

⁹Rejoice greatly, Daughter Zion.
     Sing aloud, Daughter Jerusalem.
  Look, your king will come to you.
     He is righteous and victorious.

humble and riding on a donkey,
on a colt, the foal of a donkey.

He is humble and riding on an ass,
on a colt, the offspring of a donkey.

Lesson Scripture: Matthew 21:1-11

[1]When they had come near Jerusalem and had reached Bethphage, at the Mount of Olives, Jesus sent two disciples, [2]saying to them, "Go into the village ahead of you, and immediately you will find a donkey tied, and a colt with her; untie them and bring them to me. [3]If anyone says anything to you, just say this, 'The Lord needs them.' And he will send them immediately." [4]This took place to fulfill what had been spoken through the prophet, saying,

[5]    "Tell the daughter of Zion,
      Look, your king is coming to you,
         humble, and mounted on a donkey,
            and on a colt, the foal of a donkey."
[6]The disciples went and did as Jesus had directed them; [7]they brought the donkey and the colt, and put their cloaks on them, and he sat on them. [8]A very large crowd spread their cloaks on the road, and others cut branches from the trees and spread them on the road. [9]**The crowds that went ahead of him and that followed were shouting,**
      **"Hosanna to the Son of David!**
      **Blessed is the one who comes**
            **in the name of the Lord!**
      **Hosanna in the highest heaven!"**
[10]When he entered Jerusalem, the whole city was in turmoil, asking, "Who is this?" [11]The crowds were saying, "This is the prophet Jesus from Nazareth in Galilee."

Lesson Scripture: Matthew 21:1-11

[1]When they approached Jerusalem and came to Bethphage on the Mount of Olives, Jesus gave two disciples a task. [2]He said to them, "Go into the village over there. As soon as you enter, you will find a donkey tied up and a colt with it. Untie them and bring them to me. [3]If anybody says anything to you, say that the Lord needs it." He sent them off right away. [4]Now this happened to fulfill what the prophet said, [5]*Say to Daughter Zion, "Look, your king is coming to you, humble and riding on a donkey, and on a colt the donkey's offspring."* [6]The disciples went and did just as Jesus had ordered them. [7]They brought the donkey and the colt and laid their clothes on them. Then he sat on them.

[8]Now a large crowd spread their clothes on the road. Others cut palm branches off the trees and spread them on the road. [9]**The crowds in front of him and behind him shouted, "Hosanna to the Son of David! Blessings on the one who comes in the name of the Lord! Hosanna in the highest!"** [10]And when Jesus entered Jerusalem, the whole city was stirred up. "Who is this? they asked. [11]The crowds answered, "It's the prophet Jesus from Nazareth in Galilee."

---

## UNDERSTANDING THE SCRIPTURE

**Zechariah 9:9.** The prophet Zechariah lived and preached during the last quarter of the sixth century B.C. At that time, Jerusalem was still a city in ruins, only beginning to emerge from the crisis of the Babylonian conquest, occupation, and exile. The Jews had begun to return and rebuild for a scant twenty years, and they and their city survived only on the largesse of the far-away Persian emperor. Yet in the midst of that defeat and dependency, the prophet Zechariah foresees a reason for Jerusalem to rejoice. The most recent king to occupy David's throne, Zedekiah, had been captured, blinded, and carried off in chains seventy years earlier. Yet Zechariah points ahead, and says, "Lo, your king comes to you!" It was a beautiful prospect and a hopeful promise, which Matthew later understood to be fulfilled by Jesus' triumphant entry into Jerusalem on Palm Sunday.

**Zechariah 9:10.** This coming king has been identified as "triumphant and victorious," but now we see that conquest is not his ultimate goal. Rather, the hallmark of his reign is peace. And not merely a local, provincial peace, but a global one. It is "peace to the nations," and his reign extends "from sea to sea." "The River" refers to the Euphrates, which calls to mind Mesopotamia: home to the conquering Babylonians of the previous generation. Yet this king from Jerusalem will include that setting of exile in his peaceful reign. In an era when the conquered Jews would have been awed by the vastness of the Assyrian, Babylonian, and Persian empires, God promises Jerusalem a king whose rule will extend "to the ends of the earth."

**Matthew 21:1.** The Gospel of Matthew tracks Jesus' movement from Caesarea Philippi in the north (16:13), south to Capernaum (17:24), down to the southern region of Judea (19:1), and to the city of Jericho (20:29). From Jericho, it was a steep, fourteen-mile, uphill climb into the Judean hills. The Mount of Olives was among those hills, and from that perch, Jesus and his disciples could finally see Jerusalem.

**Matthew 21:2-3.** Matthew does not give us any of the details we crave. We are not told which two disciples were sent, we do not know the name of the village, and the need for two different animals is not explained. We may speculate about all of these matters, but the most important detail in this moment is plain to see: namely, that Jesus is in control. He knows already what awaits him (see Matthew 20:18-19), yet he does not shrink from it. Instead, Matthew reveals Jesus here as the One who sends, the One who knows, and the One who trumps all.

**Matthew 21:4-5.** From beginning to end

of his Gospel, Matthew emphasizes the Old Testament. He recognizes Jesus as the fulfillment of prophecy, and the details of the Palm Sunday event are understood in light of the passage from Zechariah. The details of that passage may explain why Jesus required the two animals in the preceding verses. R. T. France notes the deliberate significance of the animals: "We never hear of Jesus riding an animal elsewhere in the gospels. . . . His decision to ride a donkey for the last mile or two into the city, when he has walked more than a hundred miles from Caesarea Philippi, can hardly have been a matter of physical necessity. . . . To ride the last mile to the city among a wholly pedestrian crowd could only be a deliberate gesture, designed to present his claim as the messianic king."

**Matthew 21:6-8.** Verse 6 emerges from just the narrative of this particular episode and insists on being the caption beneath every day of our lives. Meanwhile, verses 7 and 8 report one of the most familiar parts of the Palm Sunday scene: a path into the city strewn with cloaks and branches. As a red carpet is rolled out for a visiting dignitary, or a white runner is stretched out for the entrance of the bride, so this path of Jesus is made special for his arrival.

**Matthew 21:9.** The word "hosanna" is a familiar part of the Palm Sunday scene, as well as unique in our experience to that one event. It has also worked its way into some of the hymns that we cherish and sing at this time of year. Yet for as familiar as it is, the word is not generally understood. We typically assume that it is some biblical word for "praise" or "welcome." In fact, however, it is a kind of cry for help: "Save, we pray." Meanwhile, the "Son of David" title, as we have explored in earlier weeks, is a significant affirmation of the faith that Jesus is the one promised through centuries of Scripture, the Messiah. Finally, the "blessed" statement recalls Psalm 118:26, which is an Old Testament passage often associated with Palm Sunday.

**Matthew 21:10-11.** Matthew's word for the effect of Jesus on Jerusalem is an extraordinary one. The underlying Greek word, *seio*, is the root of our English word "seismic." It appears only five times in the entire New Testament, and three of those occurrences are in Matthew's Gospel. He uses it to refer to the shaking of the earth at the moment of Jesus' death (27:51), the apoplexy of the tomb's guards at the sight of the angel of the Lord (28:4), and this ref-erence to the turmoil in Jerusalem at Jesus' triumphant entry. It was Matthew's way of saying that Jesus' arrival sent tremors through Jerusalem, and the rapt city wanted to know who he was. An answer came back from the crowds who accompanied and welcomed him: "This is the prophet Jesus from Nazareth in Galilee" (21:11). It was an incomplete Christology, of course, but that is understandable on Palm Sunday: his work was not complete yet either.

## INTERPRETING THE SCRIPTURE

### Destination: Jerusalem

The Zechariah prophecy is about the promise and prospect of one who is coming. And the welcoming crowd on Palm Sunday in Jerusalem was mindful of "the one who comes in the name of the Lord" (Matthew 21:9). From the point of view of Galilee, Jericho, or Bethphage, I suppose you could say that Jesus was going, not coming. Jerusalem, however, is the lens through which this event is seen. And from the per-spective of Jerusalem—the "daughter of Zion" (21:5)—he was coming, not going.

Why should Jerusalem be the center of the story's orbit? The answer is unanimous: because of the past, because of the present, and because of the future.

In terms of Israel's past, Jerusalem had been the political and spiritual capital since the reign of David. In the immediate context of Jesus' day, Jerusalem was still the spiri-tual center of Israel, for the Temple was located there. And in spite of the fact that Rome was the political and military nexus of the Mediterranean world, Jerusalem remained the political hub within the region of Palestine.

And then there is the future. Virtually every city in existence can claim a past and a present. But how many cities can make an authoritative claim on the future? Yet Jerusalem is revealed in both the Old and New Testaments as the centerpiece of God's perfect future plan. The Old Testament prophets foresaw Zion as the place where all the peoples of the earth would one day come to worship the God of Abraham, Isaac, and Jacob. It was where God's Messiah would sit on David's throne. And it was where God would be especially present. And at the end of the New Testament, God's ultimate desti-nation is not a "New Eden" but the "New Jerusalem" (Revelation 21).

Earlier in the Gospels, Jesus entered Capernaum and Cana, Nazareth and Nain. He was welcomed, and crowds gathered around. But the truly significant moment— the one that fulfilled what was old and por-tended something new—was his triumphant entry into Jerusalem.

### The One Who Comes

How many different people went in and out of Jerusalem's many gates on that Sunday? It was the season of a major Jewish festival, and so the population of an already large city was inflated with visitors and pil-grims. The Gospel accounts suggest that Jesus and his disciples had their overnight accommodations in nearby Bethany during this eventful week; perhaps that was because Jerusalem was too full.

So we presume that thousands of people streamed through Jerusalem's gates on that day. Yet we know almost nothing about any of them. Of that great multitude, there is one particular man whose entry eclipses all the others. Yet how can one person be so disproportionately significant? Who can this man be that he commands such peculiar attention?

The text reveals certain truths about who he is.

As we already noted, the crowds identified him as a prophet. That is an exalted rank in ancient Israel, for a person does not become a prophet by birth, by ambition, or by election. A prophet is chosen by God.

Specifically, the crowd recognizes him as the prophet "from Nazareth in Galilee" (Matthew 21:11). This is the sort of detail that we may overlook as biographical miscellany. The people who spoke it, however, may have understood it as more. Matthew himself recognized that these details were the fulfillment of Old Testament prophecies (1:21-23; 4:12-16).

The crowds also hail Jesus as "the Son of David" (21:9). We have explored in earlier weeks some of the significance of David. And in case the reader misses that significance in this moment, Matthew clarifies the matter for us a chapter later (22:42).

Finally, there is the Zechariah prophecy. As previously noted, R. T. France points out that Jesus' method of entry must have been a conscious choice—a tacit declaration of his identify. He was the coming king. Just as he had told the congregation in Nazareth that a prophecy from Isaiah had been fulfilled in their hearing (Luke 4:21), so he demonstrated to the crowds in Jerusalem that this prophecy from Zechariah was fulfilled in their seeing.

### The Way He Comes

Julia Ward Howe famously described "the coming of the Lord." In her "Battle Hymn of the Republic," she paints a compelling picture of him coming with glory and power; with wrath, mighty vindication, and awesome judgment. According to the story, Howe had been inspired by her visit to a Union Army camp in 1861. Her inspiration was not, however, a visit to Jerusalem on Palm Sunday, circa A.D. 30. His coming looked quite different there.

Jesus' entry into Jerusalem is routinely labeled "triumphant," but that is only an indication of the kind of welcome that he received. It was the sort of reception that was accorded to a warrior returning home victorious from battle. And the uproar was sufficient to be unsettling to the Jewish leaders there in Jerusalem.

In point of fact, however, Jesus had not yet triumphed over anything. His real triumphs were still to come. And they would be preceded by what seemed to be total and humiliating defeat.

The prophet anticipated—and Matthew recognized—Jerusalem's coming king. Yet central to his arrival was this detail: "humble and riding on a donkey." Professor R. V. G. Tasker observes: "Jesus deliberately arranged that He should ride into the city, not arrayed in the outward pomp of royalty, not mounted as an earthly warrior-king on horse and chariot, but, as the prophet had foretold, *meek, and sitting upon an ass.*"

Of course this style of his arrival was deliberately arranged by him, for so it had been from the very beginning. Surely the incarnate Son of God, whose word controls the wind and waves, can enter Jerusalem however he pleases. Yet he entered Jerusalem in the very same way that he had entered the world: not arrayed in the accoutrements of earthly importance, but in self-emptying humility: he was born in a stable, not a palace. He entered on a donkey, not in a chariot. And he lived his earthly life "taking the form of a slave . . . he humbled himself and became obedient to the point of death—even death on a cross" (Philippians 2:7, 8). From beginning to end of the Gospels, you see, that is how he came.

*That He Comes*

We have considered who came and how he came. Those two details set the context, then, for the most stunning truth of all: the fact that he came.

Matthew echoed the prophet's declaration: "Look, your king is coming to you" (21:5, quoting Zechariah 9:9). And in that simple phrase, we discover a glorious truth about our God: he comes to us.

If we stop to consider it, we shall see how remarkable and unexpected it is. The rea-sonable thing is that we should come to God. We should seek out the king as peti-tioners who enter God's court with humil-ity, and approach the divine throne with trembling. But who could presume to imag-ine that the road would move in the other direction: that he would come to us?

In the beginning, God came looking for us in the garden (Genesis 3:8-9), and at the end, God comes and stands at the door, knocking (Revelation 3:20). Remarkably, our king does come to us. And so you and I may rejoice greatly, indeed!

---

## SHARING THE SCRIPTURE

### PREPARING TO TEACH

*Preparing Our Hearts*

Explore this week's devotional reading, found in Psalm 47. This hymn praises the Sovereign who rules the earth. What does this psalm say about how we are to praise God? What do you learn about God from this psalm? Why would people want to praise God? What specific reasons do you have to praise God today? Read this hymn aloud. Sing a hymn of praise, or in some other way show your joy.

Pray that you and the adult students will give thanks for the awesome God who rules over all.

*Preparing Our Minds*

Study the background Scripture from Zechariah 9:9-10; Matthew 21:1-11. The les-son Scripture is from Zechariah 9:9; Matthew 21:1-11.

Consider this question as you prepare the lesson: *What is the most fitting way to celebrate the arrival of an honored person?*

Write on newsprint:

❑ sentences under "Evaluate the Learners' Expectations of Who Christ Is for Them in Light of How Christ Is Portrayed in the Gospel Story."

❑ information for next week's lesson, found under "Continue the Journey."

❑ activities for further spiritual growth in "Continue the Journey."

Review the "Introduction," "The Big Picture," "Close-up," and "Faith in Action." Consider how you will use this additional information, which immediately precedes the first lesson, for this session.

Be aware that although we are reading the story of Palm Sunday, this week is actu-ally the fourth Sunday in Lent. If your church closely follows the liturgical year, today's worship will have a very different mood from that set by today's lesson.

### LEADING THE CLASS

*(1) Gather to Learn*

❖ Greet the class members. Introduce any guests and help them to feel at home.

❖ Pray that the learners will be ready to form their own conclusions about the One who rode triumphantly into Jerusalem.

❖ Encourage the adults to talk about welcomes for arriving dignitaries that they have read about or witnessed. Such persons may include, for example, members of royal families from around the world, the pope, or a candidate for the United States presidency. How did the welcome of an esteemed guest differ from the way an "ordinary" person might be greeted? Was this difference in degree (for example, more people came to see the dignitary)? Or was this difference qualitative (for example, the community welcomed this person with pomp and pageantry)? What seem to be some common threads in terms of how notable people are welcomed?

❖ Read aloud today's focus statement: **People of every generation and from every country have traditional rituals for welcoming dignitaries or heads of state. What is the most fitting way to celebrate the arrival of an honored person? The crowds who welcomed Jesus into Jerusalem spread out their cloaks on the road as a special gesture to recognize him as Messiah.**

*(2) Goal 1: Investigate What Motivated the People to Praise and Honor Jesus on the Day He Rode into Jerusalem*

❖ Read aloud Zechariah 9:9 and the entries from "Understanding the Scripture" for Zechariah 9:9 and 9:10 to provide background.

❖ Select volunteers to read Matthew 21:1-11 as a play. You will need people to play the roles of the narrator, Jesus, and the prophet (21:5). Ask the entire class to read the quotation in verse 9 (beginning with "Hosanna") and the question in verse 10. Ask several students to read the crowd's words in verse 11.

❖ Discuss these questions:
1. **What do Jesus' directions to the two disciples say about Jesus?**
2. **What do the disciples' actions say about them?**
3. **What does the crowd's response to Jesus say about their expectations**

of him? (See especially Matthew 21:9 in "Understanding the Scripture.")
4. **Had you been part of this crowd, what motivation would you have had to praise Jesus?**

❖ Wrap up this portion by reading or retelling "The One Who Comes" in "Interpreting the Scripture."

*(3) Goal 2: Step into the Place and Time of the Gospel Story and Feel the Joy of the People Who Were Celebrating Jesus' Entry into Jerusalem*

❖ Invite the learners to close their eyes and imagine themselves in this scene:
- **You are in Jerusalem preparing to celebrate Passover in several days. You hear shouting and see people throwing branches and their cloaks on the road. You rush to get a better view, fully expecting to see a venerated political or military official riding a handsome steed. Instead, you see a very modestly dressed peasant on a donkey. What thoughts race through your head?** (*pause*)
- **You hear loud voices shouting, "Blessed is the one who comes in the name of the Lord!" People are obviously excited about this man who they think can save them but who seems so . . . well . . . ordinary to you. You wonder who he is. What do you learn about him from listening to the crowd? Do you believe what you hear?** (*pause*)
- **Fast-forward two thousand years. Jesus is again riding into Jerusalem. How are you responding emotionally and intellectually to his entrance?** (*pause*)

❖ Invite the participants to listen as you read "That He Comes" from "Interpreting the Scripture."

*(4) Goal 3: Evaluate the Learners' Expectations of Who Christ Is for Them in Light of How Christ Is Portrayed in the Gospel Story*

❖ Distribute paper and pencils. Invite the adults to open their Bibles and silently reread Matthew 21:1-11. Encourage them to fill in the blanks of these partial sentences, which you will post on newsprint.

1. **Reading that the two disciples found a donkey and a colt, just as Jesus said they would, leads me to believe that . . .**
2. **Hearing the crowds cry "hosanna," "save us," urges me to think of Jesus as . . .**
3. **Knowing that the crowd has labeled Jesus as "the Son of David" causes me to . . .**
4. **Wondering aloud who Jesus is and hearing that he is a prophet prompts me to . . .**

❖ Suggest that the students work with a small group to discuss their answers. Note that the questions are written in such a way so as to elicit a variety of responses.

*(5) Continue the Journey*

❖ Pray that the learners will recognize and proclaim the true identity of Jesus.

❖ Read aloud this preparation for next week's lesson. You may also want to post it on newsprint for the students to copy.

■ **Title: Jesus Cleanses the Temple**
■ **Background Scripture: Isaiah 56:6-8; Jeremiah 7:8-15; Mark 11:15-19**
■ **Lesson Scripture: Isaiah 56:6-7; Jeremiah 7:9-11; Mark 11:15-19**
■ **Focus of the Lesson: When an activity becomes rote, the original helpful intents and purposes may be lost and replaced by new, harm-ful intents and purposes. How can a good activity be prevented from evolving into an unintended harm-ful result? Jesus' angry action in the Temple called attention to the ways in which the priests and wor-shipers had lost sight of the tradi-tion of God's dwelling place as a house of prayer for all peoples.**

❖ Post these three activities related to this week's session on newsprint for the students to copy. Challenge the adults to grow spiritually by completing one or more of them.

(1) **Compare Matthew's account of Jesus' entry into Jerusalem with that of Mark (Mark 11:1-10), Luke (19:28-38), and John (12:12-18). What similarities and differences do you notice? How would you describe the mood of each of these accounts?**

(2) **Ponder how you welcome Jesus into your own life. Do you joy-ously celebrate his presence? If not, why not?**

(3) **Recall that Jesus' identity was proclaimed as he rode into Jerusalem. To whom will you proclaim Jesus' identity this week?**

❖ Sing or read aloud "All Glory, Laud, and Honor."

❖ Conclude today's session by leading the class in this benediction, which is adapted from Mark 12:30-31, the key verses for May 25: **We go forth pledging to honor and obey the two great commandments: we shall love the Lord our God with all our heart, and with all our soul, and with all our mind, and with all our strength. We shall also love our neighbor as ourselves. Amen.**

## UNIT 2: WHAT THE PROPHETS FORETOLD
# JESUS CLEANSES THE TEMPLE

---

### PREVIEWING THE LESSON

**Lesson Scripture:** Isaiah 56:6-7; Jeremiah 7:9-11; Mark 11:15-19
**Background Scripture:** Isaiah 56:6-8; Jeremiah 7:8-15; Mark 11:15-19
**Key Verse:** Jeremiah 7:11

#### Focus of the Lesson:
When an activity becomes rote, the original helpful intents and purposes may be lost and replaced by new, harmful intents and purposes. How can a good activity be prevented from evolving into an unintended harmful result? Jesus' angry action in the Temple called attention to the ways in which the priests and worshipers had lost sight of the tradition of God's dwelling place as a house of prayer for all peoples.

#### Goals for the Learners:
(1) to understand the breadth of possibilities for Jesus' reaction in the Temple.
(2) to subject their hearts to a thorough cleansing of all that falls short of God's will for their lives.
(3) to evaluate the openness of their congregation as a house of prayer for all peoples.

#### Pronunciation Guide:
Baal (bay' uhl) or (bah ahl')

#### Supplies:
Bibles, newsprint and marker, paper and pencils, hymnals, three Bible commentaries

---

### READING THE SCRIPTURE

NRSV
Lesson Scripture: Isaiah 56:6-7
<sup>6</sup>  And the foreigners who join themselves
     to the LORD,
    to minister to him, to love the name of
     the LORD,
    and to be his servants,
  all who keep the sabbath, and do not
    profane it,

CEB
Lesson Scripture: Isaiah 56:6-7
<sup>6</sup>The immigrants who have joined me,
    serving me and loving my name,
     becoming my servants,
    everyone who keeps the Sabbath
     without making it impure,
  and those who hold fast
    to my covenant:

and hold fast my covenant—
7 these I will bring to my holy mountain,
  and make them joyful in my house
    of prayer;
  their burnt offerings and their sacrifices
    will be accepted on my altar;
  for my house shall be called a house
    of prayer
    for all peoples.

7I will bring them
  to my holy mountain,
  and bring them joy
    in my house of prayer.
I will accept their entirely burned offerings
    and sacrifices on my altar.
My house will be known as a house
  of prayer for all peoples.

Lesson Scripture: Jeremiah 7:9-11

9Will you steal, murder, commit adultery, swear falsely, make offerings to Baal, and go after other gods that you have not known, 10and then come and stand before me in this house, which is called by my name, and say, "We are safe!"—only to go on doing all these abominations? **11Has this house, which is called by my name, become a den of robbers in your sight?** You know, I too am watching, says the LORD.

Lesson Scripture: Jeremiah 7:9-11

9Will you steal and murder, commit adultery and perjury, sacrifice to Baal and go after other gods that you don't know, 10and then come and stand before me in this temple that bears my name, and say, "We are safe," only to keep on doing all these detestable things? **11Do you regard this temple, which bears my name, as a hiding place for criminals?** I can see what's going on here, declares the LORD.

Lesson Scripture: Mark 11:15-19

15And he entered the temple and began to drive out those who were selling and those who were buying in the temple, and he overturned the tables of the money changers and the seats of those who sold doves; 16and he would not allow anyone to carry anything through the temple. 17He was teaching and saying, "Is it not written,
  'My house shall be called a house of prayer for all the nations'?
  But you have made it a den of robbers."
18And when the chief priests and the scribes heard it, they kept looking for a way to kill him; for they were afraid of him, because the whole crowd was spellbound by his teaching. 19And when evening came, Jesus and his disciples went out of the city.

Lesson Scripture: Mark 11:15-19

15After entering the temple, he threw out those who were selling and buying there. He pushed over the tables used for currency exchange and the chairs of those who sold doves. 16He didn't allow anyone to carry anything through the temple. 17He taught them, "Hasn't it been written, My house will be called a house of prayer for all nations? But you've turned it into a hideout for crooks. 18The chief priests and legal experts heard this and tried to find a way to destroy him. They regarded him as dangerous because the whole crowd was enthralled at his teaching. 19When it was evening, Jesus and his disciples went outside the city.

## UNDERSTANDING THE SCRIPTURE

**Introduction to Isaiah 56:6-8.** The Book of the prophet Isaiah features perhaps the broadest scope of all the Old Testament prophets. This book includes prophecies to the residents of Judah and Jerusalem in the eighth century B.C., as well as preaching about the northern kingdom of Israel and the empires of Assyria and Babylon. In addition, we find messages to the neighboring Philistines, Moabites, Edomites, Egyptians, Ethiopians, and more. These messages were addressed not only to those in the eighth century B.C. but also spoke of a later generation of judgment and exile, the subsequent restoration, and the messianic age. Even Isaiah's messianic references are remarkably broad in scope, with passages that the church has interpreted to anticipate Jesus' birth, his ministry, and his passion, as well as his someday perfect, universal, and eternal reign.

In our immediate context, the prophet has been speaking for several chapters about God's restoration of Jerusalem following the destruction and exile by the Babylonians. The promise and prospect of that restoration offer a glimpse into the heart and the goodness of God's will for the chosen people. And then, in chapter 56, we are reminded that God's generous heart and good will are actually for all people, not just Judah and Jerusalem.

**Isaiah 56:6-8.** For generations, the children of Israel had lived with an often narrow understanding of their roles as a chosen people. It had become an exclusive thing in their minds and practice. Yet God's long-term will was not exclusive. Rather, as we see here, God invites and welcomes "foreigners," "all peoples," and "outcasts" into a covenantal relationship and into God's house. And the Temple and altar themselves, which were almost designed to convey a message of restriction and exclusivity, here are thrown open wide to everyone's service, prayers, and offerings.

**Introduction to Jeremiah 7:8-15.** The prophet Jeremiah lived and preached during the onslaught of the Babylonian Empire against Judah and Jerusalem, spanning the late seventh and early sixth centuries B.C. Both the leaders and the people of his day were living at a distance from God and God's will. The prophet identified and con-

demned their sins, as well as warned them about the judgment of God to come. Yet because Jerusalem had miraculously survived the assaults of the Assyrian Empire just a few generations earlier, Jeremiah's audience was deaf to any warning of destruction. They felt their city—David's city—was uniquely protected by God, and therefore invulnerable to any human army.

**Jeremiah 7:8-11.** Through the prophet, the Lord challenges both the behavior and the logic of the people with their misplaced sense of security. God specifies some of their chronic sinfulness in language that recalls the Ten Commandments. In the very wake of that breach of their covenant with God, the people presumptuously cling to the Temple. They foolishly assume that they will be safe there no matter what they do or how they live.

**Jeremiah 7:12-15.** As the people hang their hopes on God's holy place, God directs their attention to Shiloh, which had been a holy place for earlier generations. Yet that spot had been overrun—a casualty of God's judgment on the northern kingdom of Israel, and the collateral damage of that nation's sinfulness. So the Lord not only warns Jeremiah's generation that what seems unthinkable to them actually has precedent but also guarantees that the place "in which [they] trust" (7:14) will be abandoned and destroyed just as Shiloh had been.

**Introduction to Mark 11:15-19.** In Matthew, Mark, and Luke, most of Jesus' ministry takes place in and around the northern region of Galilee. Yet his earthly work finds its climax during that one eventful week in Jerusalem, which we call Holy Week. It began on Palm Sunday, when Jesus triumphantly entered Jerusalem. The other events from that week, which we continue to remember and celebrate each year, include Holy Thursday, Good Friday, and Easter Sunday. This particular episode, however, comes from one other day that week: probably Monday, based on information in verse 12.

**Mark 11:15-17.** Mark reports that when Jesus entered the city of Jerusalem, he went into the Temple and looked around (11:11). In all likelihood, he saw there the activity of the moneychangers and sellers. It may be, therefore, that he returned to the Temple the next day with the deliberate plan to do what he did there.

Mark reports Jesus' actions in three parts: (1) what he did; (2) what he prevented others from doing; and (3) what he said. Both what he did and what he prevented others from doing served the same goal: namely, to put a stop to the offending activities there in the Temple area. Meanwhile, the fact that Jesus taught the people at the same time indicates that this was not Jesus losing his cool or behaving irrationally. Indeed, the teaching element suggests that the whole event was meant to be more instructive than destructive. The content of his teaching was brief: a reminder from Scripture about God's will for God's house.

**Mark 11:18.** The narrator offers us not only a turn in the plot, but a bit of psychological insight, as well. The significant plot development is the conspiracy of the chief priests and teachers of the law. Now the story is so familiar to us that we may fail to be shocked by this verse, but the fact is that we should be appalled. The religious leaders of the people were looking for an opportunity to murder a man. They are as callous and unapologetic as Joseph's brothers (Genesis 37:18-20). Mark's psychological insight reveals a still more dastardly layer, for their motivation was not even based on principle, but fear.

**Mark 11:19.** The one night from Holy Week with which we are most familiar is Thursday night. That was the occasion of the Last Supper. And we remember that after they had shared in that Passover meal, Jesus and his disciples went up to the Mount of Olives just outside of Jerusalem, where Jesus prayed in the garden of Gethsemane. In fact, though, that may have been their pattern every night that week, not just Thursday. The evidence suggests that Jesus and his disciples did not have overnight accommodations in Jerusalem, but rather in Bethany (see Mark 11:11), which was across the Mount of Olives. In all likelihood, therefore, they probably "went out of the city" (11:19) each evening.

## INTERPRETING THE SCRIPTURE

### Theology of a Blueprint

The Temple that Jesus entered that day was not just a building. Rather, it was a large complex, covering nearly thirty-five acres in ancient Jerusalem. And while the Temple building itself was the gleaming centerpiece of the complex, it was not the actual destination for the average worshiper. Entry into that sacred space was limited to the priests. Where the other visitors to the Temple precincts could go, meanwhile, depended upon who and what each person was.

The sanctuary contained the Holy of Holies, which represented the very presence of God. The campus surrounding the sanctuary was divided into a series of courtyards. The Court of the Priests was nearest to the sanctuary, encompassing the building protectively. As the name suggests, however, it was reserved for the priests, which was a very small minority of the Jewish population. The next layer out featured the Court of the Jews, which could be accessed by ritually pure Jewish males, and the Court of Women, which both males and females could enter, though women could proceed no further. And then, finally, like the remotest satellite parking at a large airport, there was the Court of the Gentiles. This was the area furthest removed from the sanctuary.

The architecture of the Temple precincts conveyed a message that people were more or less distant from God. The Jewish priests were nearest. The Gentiles were farthest away.

Against the backdrop of that blueprint, then, we read and hear the fabulous word of God in Isaiah, who speaks of foreigners worshiping and making "their burnt offerings and their sacrifices" on the altar. God's desire is that "my house shall be called a house of prayer for all peoples" (56:7). No barriers or distinctions implied here. No box seats and preferential treatment for some, while the rest are relegated to the back of the bus. Rather, it is an all-inclusive vision that all the people of the world would "join themselves to the Lord" and "hold fast [God's] covenant" (56:6). It is the sort of global vision we'd expect from a God who "so loved the world"—not just Israel, but the whole world—"that he gave his only Son" (John 3:16).

*What's Wrong with This Picture?*

One of the standard children's puzzles is a picture that includes certain deliberate errors. The child is invited to identify all of the errors. Perhaps, for example, the car in the picture has a square wheel. Maybe there is a fish occupying a nest in a tree. Or there may be a boat sailing upside down in the air.

In order to identify what's wrong with the picture, of course, the child has to have a sense for the way things are meant to be in the first place. And that is what you and I need as we see the picture of Jesus cleansing the Temple. We need to understand the difference between a square wheel and a round one; between what God wanted the Temple to be and what it had become.

We may regard the offering as a quaint tradition during a worship service—a kind of afterthought to which we pay little attention. But the fact is that "offerings" were the central act of worship for the people of God in the Bible. When they came to the Temple, it was not to hear preachers or choirs. It was not primarily to be taught, inspired, or entertained. They came to the Temple to present an offering on the altar. And the Old Testament law specified the times and types of offerings that the people could and should bring.

By the time of the New Testament, however, the people of God were scattered around the Mediterranean to the west and across Mesopotamia to the east. It would have been nearly impossible for folks who had to travel a great distance to the Temple in Jerusalem to bring with them all that they might want or need to offer. Furthermore, people coming from various lands brought with them various currencies. Provisions were made in the Court of the Gentiles, therefore, for pilgrims to exchange their currency and to buy acceptable animals for sacrifice on the altar.

We are familiar in our day with the outrageous prices established in places where there is no competition. A seventy-five-cent box of candy might cost three dollars in a movie theater. A soft drink that could be bought in a convenience store for one dollar might cost five dollars in a stadium. And a sandwich that could be had for just over a dollar at a fast food restaurant will sell for five dollars at an amusement park.

Evidently, the same sort of greedy opportunism had crept into the Temple. The rates that worshipers were charged to exchange their currency or purchase their sacrificial animals were artificially inflated. What should have been a service provided to assist people who had traveled a great distance to worship became, instead, a dishonest and manipulative enterprise.

Jesus arrived there, and he recognized what was wrong with that picture. God's will was that God's house should be characterized by prayer and open to all peoples.

Instead, it was a marketplace characterized by greed and dishonesty. And when Jesus saw the square wheel, he set out to fix it.

### We Don't Do That in Church

It's something that parents say to their children—or, occasionally, to someone else's children: "We don't do that in church." In my experience, it is most commonly applied to running, and at other times to other overly energetic expressions, unkind behaviors, and certain ways of talking.

Surely it's appropriate to raise children with a certain understanding of decorum. And I believe that communicating a sense of reverence to children is important. I do suspect, however, that the Lord is more troubled by, say, adults gossiping in church than by children running in church. In any case, we have at least some sense of what behavior does and does not belong in God's house.

The episode from Mark 11 offers us a poignant reminder of what's at stake here. We have a place for which God has a vision and purpose. How disappointing must it be, then, when God sees that place underperforming. Or missing its mission. Or perhaps even being defiled.

The New Testament does not make much of a connection between the Temple and a church building, because there were no designated church buildings at first. But the apostle Paul does make one very direct correlation with the Temple: "Do you not know that your body is a temple of the Holy Spirit within you, which you have from God, and that you are not your own? For you were bought with a price; therefore glorify God in your body" (1 Corinthians 6:19-20).

What shouldn't we do in church? What attitudes and activities would have displeased God in the Temple? Let me apply those standards to myself, my life, and my body.

---

## SHARING THE SCRIPTURE

### PREPARING TO TEACH

#### Preparing Our Hearts

Explore this week's devotional reading, found in Psalm 27:1-5. The psalmist sings a song of confidence and trust to the God who is his light and salvation. Notice that the psalmist asks "one thing" of God (27:4): to dwell in God's house. How important is God's house in your life? Do you perceive it to be just another building that you frequent, or is this building somehow special to you? Why?

Pray that you and the adult students will respect the house of God and do your utmost to keep it open and available to all who wish to enter.

#### Preparing Our Minds

Study the background Scripture from Isaiah 56:6-8; Jeremiah 7:8-15; Mark 11:15-19. The lesson Scripture is from Isaiah 56:6-7; Jeremiah 7:9-11; Mark 11:15-19.

Consider this question as you prepare the lesson: *How can a good activity be prevented from evolving into an unintended harmful result?*

Write on newsprint:
- ❏ information for next week's lesson, found under "Continue the Journey."
- ❏ activities for further spiritual growth in "Continue the Journey."

Review the "Introduction," "The Big Picture," "Close-up," and "Faith in Action." Consider how you will use this additional information, which immediately precedes the first lesson, for this session.

## LEADING THE CLASS

### (1) Gather to Learn

❖ Greet the class members. Introduce any guests and help them to feel at home.

❖ Pray that the learners will recognize and correct injustices.

❖ Read this information about Richard Allen, who is credited with founding the African Methodist Episcopal (AME) Church: **Richard Allen, Absalom Jones, and William White attended St. George's Methodist Church in Philadelphia on a November morning in 1787, as they regularly did. Unbeknownst to them, because of the addition of a new gallery to the church, these three African Americans were no longer allowed to sit in their usual seats, which they had taken upon arriving a little late. Trouble broke out as a church trustee tried to insist—during prayer—that they had to move. Jones replied, "Wait until the prayer is over, and I will get up and trouble you no more." But his request went unheeded when another trustee came and tried to pull him from his knees. Allen recalled this incident: "By this time the prayer was over, and we all went out of the church in a body, and they were no more plagued by us in the church."**

❖ Ask: **What would you have said to the trustees had you witnessed their behavior in God's house?**

❖ Read aloud today's focus statement: **When an activity becomes rote, the original helpful intents and purposes may be lost and replaced by new, harmful intents and purposes. How can a good activity be prevented from evolving into an unintended harmful result? Jesus' angry action in the Temple called attention to the ways in which the priests and worshipers had lost sight of the tradition of God's dwelling place as a house of prayer for all peoples.**

### (2) Goal 1: Understand the Breadth of Possibilities for Jesus' Reaction in the Temple

❖ Form three groups: one to focus on Isaiah 56:6-7; another to look at Jeremiah 7:9-11; and a third to look at Mark 11:15-19. Give each group a copy of *The New International Lesson Annual* and/or a Bible commentary plus newsprint and a marker. Invite each group to research their assigned Scripture and report back to the class whatever information they can find concerning (a) who was involved, (b) what happened, and (c) when and where the events occurred.

❖ Bring the groups together to make their reports. Summarize their comments in whatever way seems most appropriate.

### (3) Goal 2: Subject the Learners' Hearts to a Thorough Cleansing of All that Falls Short of God's Will for Their Lives

❖ Provide quiet time for the learners to reflect silently and confidentially on these questions: **Just as Jesus cleansed the Temple, he also wants to cleanse our lives of all that falls short of God's will. What areas of your life need to be cleansed right now? What are you willing to do to allow Jesus to overturn tables of sin in your life?**

❖ Bring the group together and lead the students in saying the Jesus prayer: **"Lord Jesus, Son of God, have mercy on me."**

### (4) Goal 3: Evaluate the Openness of the Learners' Congregation as a House of Prayer for All Peoples

❖ Read "We Don't Do That in Church" from "Interpreting the Scripture."

❖ Distribute paper and pencils. Ask the adults to choose the answer that best describes the situation or response in your church.

1. **When a newcomer who uses a wheelchair comes to your church, he or she would find**

a. no way to get into the building.

b. access to some places but not all.

c. the building is completely accessible.

2. When a visitor of a different racial group than the majority of your congregation arrives,

a. the person is ignored.

b. only a few people approach.

c. the visitor is warmly welcomed and invited to return.

3. When the teen group leaves the kitchen messier than they found it after preparing cold cut subs as a fund-raiser, the youth are officially told that

a. the kitchen is now off-limits to them.

b. they may use the facility only if members of the trustees are present.

c. they are free to use the kitchen.

4. When choir members complain that they cannot find parking spaces because participants in an Alcoholics Anonymous group that uses your building gets there first, the church responds by

a. discontinuing AA meetings.

b. cordoning off certain parking spaces for choir members.

c. encouraging choir members to see the presence of AA as an important outreach to the community.

❖ Talk with the class about their answers. Do they think their church needs to be more open to everyone? If so, what actions would class members suggest?

*(5) Continue the Journey*

❖ Pray that the learners will strive to welcome all people into their church.

❖ Read aloud this preparation for next week's lesson. You may also want to post it on newsprint for the students to copy.

■ Title: A Messianic Priest-King

■ Background Scripture: Jeremiah 23:5-6; Zechariah 6:9-15; John 19:1-5; Hebrews 7:13

■ Lesson Scripture: Jeremiah 23:5-6; Zechariah 6:9-15; John 19:1-5

■ Focus of the Lesson: People tend to lash out at perceived threats to established power. How do people form a perception of threat? The perception of Jesus as a king who would exercise political rule and power made him seem a threat to the existing Roman and Jewish powers.

❖ Post these three activities related to this week's session on newsprint for the students to copy. Challenge the adults to grow spiritually by completing one or more of them.

(1) Investigate Richard Allen and the founding of the African Methodist Episcopal Church to learn more about how harmful actions in the midst of God's house resulted in the creation of a new denomination.

(2) Compare stories of Jesus cleaning the Temple at the beginning of his ministry in John 2:13-16 and after Palm Sunday in Matthew 21:12-16, today's lesson from Mark 11:15-19, and Luke 19:45-47. What purpose does this story serve in each Gospel?

(3) Recall Jesus' outrage that God's intentions for the Temple had been corrupted. In what ways do you see corruption of God's intention for the church today? What can you do about this exploitation?

❖ Sing or read aloud "We Are the Church."

❖ Conclude today's session by leading the class in this benediction, which is adapted from Mark 12:30-31, the key verses for May 25: **We go forth pledging to honor and obey the two great commandments: we shall love the Lord our God with all our heart, and with all our soul, and with all our mind, and with all our strength."** We shall also love our neighbor as ourselves. Amen.

## UNIT 2: WHAT THE PROPHETS FORETOLD
# A MESSIANIC PRIEST-KING

---

### PREVIEWING THE LESSON

**Lesson Scripture:** Jeremiah 23:5-6; Zechariah 6:9-15; John 19:1-5
**Background Scripture:** Jeremiah 23:5-6; Zechariah 6:9-15; John 19:1-5; Hebrews 7:13
**Key Verse:** John 19:3

#### Focus of the Lesson:
People tend to lash out at perceived threats to established power. How do people form a perception of threat? The perception of Jesus as a king who would exercise political rule and power made him seem a threat to the existing Roman and Jewish powers.

#### Goals for the Learners:
(1) to study the connection between the prophecy in the Hebrew Scriptures and the brutal death Jesus suffered.
(2) to identify with Christ in his suffering.
(3) to reach out to those who are suffering in ways that will relieve their pain.

#### Pronunciation Guide:
Heldai (hel' di)                Josiah (joh si' uh)
Helem (hee' lim)                Tobijah (to bi' juh)
Jedaiah (hi day' yuh)          Zephaniah (zef uh ni' uh)
Jehozadak (ji hoh'zuh dak)

#### Supplies:
Bibles, newsprint and marker, paper and pencils, hymnals

---

### READING THE SCRIPTURE

NRSV
Lesson Scripture: Jeremiah 23:5-6

⁵The days are surely coming, says the LORD, when I will raise up for David a righteous Branch, and he shall reign as king and deal wisely, and shall execute justice and righteousness in the land. ⁶In his days Judah will be saved and Israel will live in safety. And this is the name by which he will be called: "The LORD is our righteousness."

CEB
Lesson Scripture: Jeremiah 23:5-6

⁵The time is coming, declares the LORD, when I will raise up a righteous descendant from David's line, and he will rule as a wise king. He will do what is just and right in the land. ⁶During his lifetime, Judah will be saved and Israel will live in safety. And his name will be The LORD is Our Righteousness.

295

Lesson Scripture: Zechariah 6:9-15

⁹The word of the LORD came to me: ¹⁰Collect silver and gold from the exiles—from Heldai, Tobijah, and Jedaiah—who have arrived from Babylon; and go the same day to the house of Josiah son of Zephaniah. ¹¹Take the silver and gold and make a crown, and set it on the head of the high priest Joshua son of Jehozadak; ¹²say to him: Thus says the LORD of hosts: Here is a man whose name is Branch: for he shall branch out in his place, and he shall build the temple of the LORD. ¹³It is he that shall build the temple of the LORD; he shall bear royal honor, and shall sit upon his throne and rule. There shall be a priest by his throne, with peaceful understanding between the two of them. ¹⁴And the crown shall be in the care of Heldai, Tobijah, Jedaiah, and Josiah son of Zephaniah, as a memorial in the temple of the LORD.

¹⁵Those who are far off shall come and help to build the temple of the LORD; and you shall know that the LORD of hosts has sent me to you. This will happen if you diligently obey the voice of the LORD your God.

Lesson Scripture: John 19:1-5

¹Then Pilate took Jesus and had him flogged. ²And the soldiers wove a crown of thorns and put it on his head, and they dressed him in a purple robe. ³They kept coming up to him, saying, "Hail, King of the Jews!" and striking him on the face. ⁴Pilate went out again and said to them, "Look, I am bringing him out to you to let you know that I find no case against him." ⁵So Jesus came out, wearing the crown of thorns and the purple robe. Pilate said to them, "Here is the man!"

Lesson Scripture: Zechariah 6:9-15

⁹The LORD's word came to me:
¹⁰Take silver and gold from the exiles
who came from Babylon,
from Heldai, from Tobijah,
and from Jedaiah.
As for you, go that same day to
the house of Josiah son of Zephaniah
¹¹Take silver and gold and make a crown.
Place it on the head of the
High Priest Joshua, Jehozadok's son.
¹²Say to him,
"The LORD of heavenly forces proclaims:
Here is a man.
His name is Branch, and he will
branch out from his place;
he will build the LORD 's temple.
¹³He will build the LORD's temple.
He will be majestic;
he will sit and rule on his throne.
There will be a priest on his throne,
and the two of them
will share a peaceable plan.
¹⁴The crown will be a memorial
in the LORD's temple
for Helem, Tobijah, Jedaiah,
and for Hen, Zephaniah's son.
¹⁵People from far away will come
and build the LORD's temple
so you might know that
the LORD of heavenly forces has
sent me to you.
It will happen if you truly obey
the voice of the LORD your God."

Lesson Scripture: John 19:1-5

¹Then Pilate had Jesus taken and whipped. ²The soldiers twisted together a crown of thorns and put it on his head, and dressed him in a purple robe. ³Over and over they went up to him and said, "Greetings, king of the Jews!" And they slapped him in the face. ⁴Pilate came out of the palace again and said to the Jewish leaders, "Look! I'm bringing him out to you to let you know that I find no grounds for a charge against him." ⁵When Jesus came out, wearing the crown of thorns and the purple robe, Pilate said to them, "Here's the man."

# UNDERSTANDING THE SCRIPTURE

**Introduction to Jeremiah 23:5-6.** Jeremiah's ministry in Judah and Jerusalem came four hundred years after David's reign there. And while the twelve tribes of Israel were strong and united in David's day, the scene was so different in Jeremiah's time. The northern ten tribes had been obliterated by the Assyrians a century earlier. And the remaining southern kingdom of Judah was on its last legs. In the midst of that political and military reality, therefore, this hopeful language and reference to David was swimming upstream against the contemporary current.

**Jeremiah 23:5-6.** God's Word through Jeremiah points to the past, the present, and the future. The past is invoked by the reference to David, with all the "golden age" glory that evoked.

The future, meanwhile, is all goodness and light. The Lord has in mind a descendant of David—"a righteous Branch" (23:5)—who will reign. Consider God's characterization of that reign: *wisdom, justice, righteousness, safety.* These words reveal the perfect will of God. And they suggest that the regency of this "Branch" will be nothing less than the kingdom of God.

But what is there for the present? David is past and his Branch is future. What does God have for the people of Jeremiah's day? Well, the people in the present were the recipients of the promise, and a promise from God is no small gift. God does not have to give it, for God could fulfill plans without revealing them in advance. But the promise of the Lord is the source of assurance, peace, and hope for his people.

**Zechariah 6:9-10.** This is a kind of financial campaign to which we are mostly unaccustomed in the church. We read here that the Lord actually names the people who are to be called upon for contributions. Zechariah is sent specifically to three men—Heldai, Tobijah, and Jedaiah—in order to collect gold and silver for the making of a crown. We know about targeted appeals, of course. But how often has someone approached us on the basis of God personally having named us as a donor?

We might recoil at first from such a direct and heavy-handed approach. On the other hand, it should be noted that we know almost nothing about Heldai, Tobijah, and Jedaiah apart from this. This is their claim to fame! We know their names more than two thousand years later precisely because God targeted them for this purpose: the privilege of participating in God's work at that time and in that place.

**Zechariah 6:11-14.** We should note that "Joshua" is the Hebrew form of the name "Jesus," and the High Priest in Zechariah's day was a man named Joshua. God's Word concerning this Joshua was that he should be crowned, and that he would "bear royal honor" and "sit upon his throne and rule" (6:13). Furthermore, he is identified with the building of the Temple, and identified with the term "Branch." The result is a provocative potpourri of images: a priest, who is a king, who establishes the Lord's house, who is implicitly identified with David, and whose name, in New Testament Greek, would be Jesus.

**Zechariah 6:15.** The final verse of the passage picks up on the theme of building the Temple. The original Temple in Jerusalem had been built by David's son, Solomon, who reigned from 960 to about 930 B.C. In 587 B.C., however, that Temple was destroyed by the Babylonian army. Many of the residents of Judah and Jerusalem were also taken into captivity in Babylon at that time. Now, in Zechariah's day, exiles—or children of exiles—have returned to Judah and Jerusalem to reestablish life there. Both the city and the Temple need to be rebuilt. And Zechariah envisions the Temple project being not merely a local one, but one that will draw "those who are far off." It is a scope befitting the God who is worshiped there. And the people are assured of the divine cause-and-effect: namely, that obeying God will yield the good results.

**John 19:1-3.** In a sober economy of words, these three verses capture for us the cruel suffering of Jesus. The flogging itself was enough to kill a man. It was designed to be as vicious as possible. William Barclay says of the practice that "men died under it, and men lost their reason under it, and few remained conscious to the end of it." Jesus did remain conscious, however, and so the torture continued. Only a moment's imagination of what a crown of thorns would be like makes us cringe and wince. And the physical brutality is topped, finally, with the emotional cruelty of the taunting. They mock his supposed claim to royalty, having no idea about the true identity of the King with whom they were dealing.

**John 19:4-5.** Pilate is manifestly ambivalent about Jesus. On the one hand, he had Jesus flogged. On the other hand, he said that he found no case against him. He saw through the motivation of the Jewish leaders who had arrested Jesus, yet he still ulti-mately handed down the sentence to have Jesus crucified. At this moment, John presents us with a magnificent portrait: an earthly governor and the King of kings, side by side. The one is sitting on the judgment seat; the other "shall come to judge the quick and the dead." The one is adorned with human authority; the other is saddled with mock majesty. The one willingly bleeds, while the other will uncomfortably wash his hands of the entire situation (Matthew 27:24).

**Hebrews 7:13.** The writer of Hebrews wrote to an audience familiar with the Old Testament—and especially with the types and symbols of the Mosaic law. One of the prominent themes in that law is the identity and role of the priests. There is a priestly tribe: the descendants of Levi. And there is, within that tribe, a priestly line: the descendants of Aaron. Yet as this New Testament epistle seeks to understand Jesus in light of that law, the writer affirms that God has established a superior priesthood of a different order. And here he affirms that this great high priest does not hail from Levi, but from "another tribe." For Jesus was descended from the tribe of Judah (Matthew 1:2).

---

## INTERPRETING THE SCRIPTURE

*The Kings We've Known*

Past experience always colors future expectations.

How much we anticipate being with a certain person or in a particular setting, for example, is typically a function of our previous experience with that person or in that setting. If it has been fun in the past, we expect it to be fun in the present and future. If it has been drudgery, on the other hand, then our expectations are dramatically different.

If you go to a new restaurant and have a bad experience, chances are you won't go back there again. That may not be fair, of course. Your bad experience may have been an anomaly. But our future expectations are a natural extension of what we have experienced in the past.

In this regard, I suspect that no one is born cynical. Rather, I think cynicism is a trait that develops within some individuals, and it is usually a product of disappointments along the way. The unfavorable experiences of the past result in a jaded view of the future.

What is true for individuals may also be true of entire peoples and nations. Israel's past experience with kings colored its future expectations for a certain king. And the two

Old Testament passages from Jeremiah and Zechariah that are part of our lesson Scripture illustrate that connection.

Through the prophet Jeremiah, the Lord declared plans to "raise up for David a righteous Branch, and he shall reign as king" (23:5). In that single line there is the promise of a future king that is made in reference to a past king. David had lived and reigned several hundred years prior to the time of Jeremiah. Compared to the troubles and threats of Jeremiah's day, David's era must have looked like a golden age: the good old days, when Jerusalem was strong, prosperous, and secure.

It was, no doubt, a happy prospect for the people to think of the future king in Davidic terms. For generations, the kings of Judah had been judged by the degree to which they measured up to David's example (see, for example, 1 Kings 15:11; 2 Kings 14:3; 16:1-3). And so the future expectations born out of Israel's past experience with David were glorious, indeed. What could be better than another king like David?

The episode from Zechariah 6, meanwhile, does not make explicit reference to David. On the other hand, because Zechariah came several generations after Jeremiah, his use of the term "Branch" may have been recognized as a reference to David's promised descendant. Furthermore, Zechariah paints with the same sort of glowing colors that Jeremiah used in anticipating the reign of this "Branch."

*The King We've Never Known*

I suggested above what I imagine was the attitude of the people of Israel: "What could be better than another king like David?" The people's past experience had colored their future expectations. Yet for as splendid as that past and those expectations were, they may actually have been limiting.

This is always the risk of a golden age, the peril of remembering some "good old days." Once we have a "best" to look back

on, we naturally think that everything should aspire to that standard. But what if David was not the high-water mark? What if this river actually could, in the end, rise higher than its source?

The good reign of David was meant to be a starting place, a point of reference. But it was not the final destination. When looking for the Messiah, David is not the sticker price from which you negotiate down. Rather, David is the opening bid to which God adds still more value.

King David was earnest, brilliant, heroic, and accomplished, to be sure. But he was also altogether mortal. He showed weakness and lapses in judgment. He was, at times, unwholesomely calculating and deceptive. And he was, along the way, guilty of selfishness, carelessness, and vindictiveness. But his "Branch"—that is another story.

If the people sought just another heroic soldier and skillful leader to liberate and rule their nation for a generation, then they were thinking way too small. God had much bigger things in mind for this promised Branch of David. Interestingly, though, his path would look humbler and less victorious than his famous and cherished ancestor.

This would be a king unlike any the world had ever known. His kingdom would be global and his reign eternal. His character would be flawless and his administration just. His subjects would volunteer for service, and his method of conquest self-sacrifice and love.

This would be a king unlike any the world had ever known. Perhaps that's why the world did not know him.

*The King We Didn't Know*

Jesus' identity as a king seems to have been something of a fixation for a number of people along the way. The wise men perceived him narrowly as "king of the Jews" (Matthew 2:1-2), and Herod the Great was terrified merely by the prospect of his birth

(Matthew 2:3-8, 16-18). The crowds whose hunger had been miraculously satisfied fancied that Jesus would make a fine king for them (John 6:15). The soldiers mocked his royalty (John 19:2-3). Pilate inquired about it (John 18:33-37). And, in the end, it was the label that the governor hung above Jesus' head on the cross—his identity as king (John 19:19-22).

Except that for all the speculation about Jesus as a king, they didn't really understand what kind of king he was. The leaders and people alike only thought in terms of the kind of kings they had known. And with that limited vision, they didn't recognize the real king right there in their midst.

The greatest illustration of that tragic mistaken identity comes in our Gospel passage. The soldiers put on Jesus a mocking costume of royalty, not knowing that he would one day be robed in overwhelming splendor (Revelation 1:13-18). They presumed to make a crown into an instrument of torture, having no idea that one day he will be recognized as "King of kings and Lord of lords" (Revelation 19:16). They faked homage before the One at whose name one day every knee will bow throughout all of creation (Philippians 2:10-11).

The irony is that they pretended to honor Jesus as an aborted earthly king. The tragedy is that they did not recognize the coming eternal King.

Seeing the scene from afar, Isaiah prophetically confessed, "We esteemed him not" (Isaiah 53:3 KJV). And looking back on it all, the spiritual put it still more plainly: "We didn't know it was you."

So many years of hoping and waiting for the coming of God's special king, yet the people's highest hopes were still underestimations. So much speculation about Jesus' earthly rule, yet they never understood that "[his] kingdom is not from this world" (John 18:36). So much opposition where there should have been obedience; so much mocking where there should have been honor; so much fake homage where there should have been true worship.

But we didn't know it was you.

---

## SHARING THE SCRIPTURE

### PREPARING TO TEACH

#### Preparing Our Hearts

Explore this week's devotional reading, found in Hebrews 7:11-19. Here the writer claims that Jesus is a priest "according to the order of Melchizedek" (7:11, 17, compare 7:15). To better understand this passage, you may also want to read Hebrews 5:6, 10; 6:20; 7:1-10; and the Old Testament references to this priest in Genesis 14:17-20 and Psalm 110:4. What can you learn about this priest? How is he like Jesus? How is Melchizedek like or unlike the members of the levitical priesthood? How do you think of Jesus as a priest?

Pray that you and the adult students will open your hearts and minds to encounter the messianic priest-king.

#### Preparing Our Minds

Study the background Scripture from Jeremiah 23:5-6; Zechariah 6:9-15; John 19:1-5; Hebrews 7:13. The lesson Scripture is from Jeremiah 23:5-6; Zechariah 6:9-15; John 19:1-5.

Consider this question as you prepare the lesson: *How do people form a perception of threat to established power?*

Write on newsprint:
❑ information for next week's lesson, found under "Continue the Journey."
❑ activities for further spiritual growth in "Continue the Journey."

Review the "Introduction," "The Big Picture," "Close-up," and "Faith in Action." Consider how you will use this additional information, which immediately precedes the first lesson, for this session.

LEADING THE CLASS

*(1) Gather to Learn*

❖ Greet the class members. Introduce any guests and help them to feel at home.

❖ Pray that the learners will eagerly receive God's message for them on this Palm Sunday.

❖ Consider the political landscape of your community, state, or nation. Discuss ways that some in power might be working to protect their vested interests to the detriment of the common good. What needs to change? How would you expect those in power to respond to a push for change?

❖ Read aloud today's focus statement: **People tend to lash out at perceived threats to established power. How do people form a perception of threat? The perception of Jesus as a king who would exercise political rule and power made him seem a threat to the existing Roman and Jewish powers.**

*(2) Goal 1: Study the Connection Between the Prophecy in the Hebrew Scriptures and the Brutal Death Jesus Suffered*

❖ Introduce the Scriptures by reading or retelling "The King We've Never Known" in "Interpreting the Scripture."

❖ Choose two volunteers to read Jeremiah 23:5-6 and Zechariah 6:9-15 and then ask: **From these two passages, what do you know about the expectations the Jewish people had for an ideal ruler?** List ideas on the left side of a sheet of newsprint.

❖ Select a volunteer to read John 19:1-5 and another to read "The King We Didn't Know" from "Interpreting the Scripture." Discuss these questions:
1. **Whose leadership and power is threatened in this story?** (See verse 7, which explains the threats the religious leaders have identified.)
2. **What lengths are these threatened ones willing to go to hold onto their power?**
3. **How is Jesus treated by the soldiers and by Pilate?**

❖ Refer to the list of expectations from the Old Testament readings and ask: **Had you been a Jew awaiting the Messiah, would you have accepted Jesus as "the One"? Why or why not?**

*(3) Goal 2: Identify with Christ in His Suffering*

❖ Invite the adults to meditate silently as they hear this excerpt from the first verse of Katharina von Schlegel's eighteenth-century poem, "Be Still, My Soul."

**Be still, my soul: the Lord is on your side. Bear patiently the cross of grief or pain; leave to your God to order and provide; in every change God faithful will remain.**

❖ Break the silence by reading these statements, pausing after each one so that the students have time to reflect:
1. **Identify examples of suffering in your own life.**
2. **Were you willing to leave it to God to provide for you? What happened?** *(pause)*
3. **As you confronted changes—perhaps in the status of your health, the loss of a loved one, a family crisis, or a financial upheaval— how did you experience God's faithfulness?** *(pause)*
4. **How were you able to identify with Christ in his suffering as you experienced suffering?** *(pause)*
5. **What lessons did you learn that might help others who suffer now?** *(pause)*

❖ Encourage anyone who feels led to share any insights from this meditation.

*(4) Goal 3: Reach Out to Those Who Are Suffering in Ways that Will Relieve Their Pain*

❖ Brainstorm answers to this question and list ideas on newsprint: **What groups of people are suffering now who we may be able to help?**

❖ Review the list. Discuss ways that the class as a group (perhaps with help from others) could assist. Some groups will need financial assistance, but encourage the class to think about ways they could do some hands-on work. Could they volunteer to help rebuild an area struck by natural disaster? Could they tutor at a local shelter for children displaced by domestic violence? Could they provide food and serve meals at a homeless shelter? Could they visit lonely residents at a nearby nursing home? Make a list of whatever the class thinks it could do. Choose several people to "flesh out" these plans and report to the group at a future class session.

❖ Distribute paper and pencils. Encourage the students to write at least two actions they would be willing to take to help relieve suffering.

*(5) Continue the Journey*

❖ Pray that the learners will feel compelled to do whatever they can to help those who are suffering.

❖ Read aloud this preparation for next week's lesson. You may also want to post it on newsprint for the students to copy.

■ **Title: The Third Day**
■ **Background Scripture: Hosea 6:1-3; Luke 24:1-12**
■ **Lesson Scripture: Hosea 6:1-3; Luke 24:1-12**
■ **Focus of the Lesson: Sometimes people do not recognize the accomplishment of long-held goals because they are achieved in different form from what was expected. What sustains the motivation of people to keep going**

when victory looks improbable? Jesus' forecast of his resurrection on the third day alluded to the Hebrew Scripture theme of deliverance in defiance of the horror of the crucifixion.

❖ Post these three activities related to this week's session on newsprint for the students to copy. Challenge the adults to grow spiritually by completing one or more of them.

(1) **Research the flogging scene in Matthew 27:26b-31; Mark 15:15b-20; and Luke 23:13-25. Compare this story to the account in John 19:1-5. What similarities and differences do you notice? Why might a particular Gospel writer have chosen to tell the story the way that he did?**

(2) **Read *The Hiding Place* by Corrie ten Boom or *Night* by Elie Wiesel. Both books concern the horrors of Nazi concentration camps. How does the author attempt to discern God's presence in the midst of human suffering? Where would you look to find God, had you been in that situation?**

(3) **Visit someone who is suffering physically or emotionally. Do whatever you can to comfort this person and make known Christ's compassion for those who are hurting.**

❖ Sing or read aloud "To Mock Your Reign, O Dearest Lord."

❖ Conclude today's session by leading the class in this benediction, which is adapted from Mark 12:30-31, the key verses for May 25: **We go forth pledging to honor and obey the two great commandments: we shall love the Lord our God with all our heart, and with all our soul, and with all our mind, and with all our strength. We shall also love our neighbor as ourselves. Amen.**

## UNIT 2: WHAT THE PROPHETS FORETOLD
# THE THIRD DAY

---

### PREVIEWING THE LESSON

**Lesson Scripture:** Hosea 6:1-3; Luke 24:1-12
**Background Scripture:** Hosea 6:1-3; Luke 24:1-12
**Key Verses:** Luke 24:6-7

#### Focus of the Lesson:
Sometimes people do not recognize the accomplishment of long-held goals because they are achieved in different form from what was expected. What sustains the motivation of people to keep going when victory looks improbable? Jesus' forecast of his resurrection on the third day alluded to the Hebrew Scripture theme of deliverance in defiance of the horror of the crucifixion.

#### Goals for the Learners:
(1) to explore the biblical use of "third day" in order to better understand Jesus' reference to resurrection and deliverance.
(2) to experience resurrection power in their lives.
(3) to pray for the deliverance of oppressed people and consider what more can be done to bring God's justice to earth now.

#### Supplies:
Bibles, newsprint and marker, paper and pencils, hymnals, picture of a butterfly, bookmarks with butterflies (purchased or downloaded from the Internet)

---

### READING THE SCRIPTURE

NRSV
Lesson Scripture: Hosea 6:1-3
1  "Come, let us return to the LORD.
    for it is he who has torn,
      and he will heal us;
    he has struck down, and he
      will bind us up.
2  After two days he will revive us;
    on the third day he will raise us up,
    that we may live before him.

CEB
Lesson Scripture: Hosea 6:1-3
1"Come, let's return to the LORD;
    for it is he who has injured us
      and will heal us;
    he has struck us down,
      but he will bind us up.
2After two days he will revive us;
    on the third day he will raise us up,
    so that we may live before him.

3 Let us know, let us press on to
     know the LORD;
      his appearing is as sure as the dawn;
    he will come to us like the showers,
     like the spring rains that water
      the earth."

Lesson Scripture: Luke 24:1-12

¹But on the first day of the week, at early dawn, they came to the tomb, taking the spices that they had prepared. ²They found the stone rolled away from the tomb, ³but when they went in, they did not find the body. ⁴While they were perplexed about this, suddenly two men in dazzling clothes stood beside them. ⁵The women were terrified and bowed their faces to the ground, but the men said to them, "Why do you look for the living among the dead? He is not here, but has risen. ⁶**Remember how he told you,** while he was still in Galilee, ⁷**that the Son of Man must be handed over to sinners, and be crucified, and on the third day rise again."** ⁸Then they remembered his words, ⁹and returning from the tomb, they told all this to the eleven and to all the rest. ¹⁰Now it was Mary Magdalene, Joanna, Mary the mother of James, and the other women with them who told this to the apostles. ¹¹But these words seemed to them an idle tale, and they did not believe them. ¹²But Peter got up and ran to the tomb; stooping and looking in, he saw the linen cloths by themselves; then he went home, amazed at what had happened.

³Let's know, let's press on
    to know the LORD;
     whose appearing
      is as certain as the dawn;
  who will come to us like the showers,
    like the spring rains
     that give drink to the earth."

Lesson Scripture: Luke 24:1-12

¹Very early in the morning on the first day of the week, the women went to the tomb, bringing the fragrant spices they had prepared. ²They found the stone rolled away from the tomb, ³but when they went in, they didn't find the body of the Lord Jesus. ⁴They didn't know what to make of this. Suddenly, two men were standing beside them in gleaming bright clothing. ⁵The women were frightened and bowed their faces toward the ground, but the men said to them, "Why do you look for the living among the dead? ⁶He isn't here, but has been raised. **Remember what he told** you while he was still in Galilee, ⁷**that the Human One must be handed over to sinners, be crucified, and on the third day rise again."** ⁸Then they remembered his words. ⁹When they returned from the tomb, they reported all these things to the eleven and all the others. ¹⁰It was Mary Magdalene, Joanna, Mary the mother of James, and the other women with them who told these things to the apostles. ¹¹Their words struck the apostles as nonsense, and they didn't believe the women. ¹²But Peter ran to the tomb. When he bent over to look inside, he saw only the linen cloth. Then he returned home, wondering what had happened.

---

## UNDERSTANDING THE SCRIPTURE

**Introduction to Hosea 6:1-3.** The Old Testament prophet Hosea lived and preached in a context of tragedy. Hosea—along with Isaiah, Micah, and Amos—was one of the four great judgment prophets of the eighth century B.C. Isaiah and Micah preached in the southern kingdom of Judah, while Hosea and Amos preached in the northern kingdom of Israel. Their generation was the era of the powerful and ruthless Assyrian Empire, which eventually ravaged the south and completely conquered the north. But the real tragedy of the time was not the external military threat as much as the internal spiritual one. The Israelites had abandoned their covenantal agreement with God, living instead for themselves and their idols. God had chastened them, trying to prompt their return to the One who created and sustained them. And absent that repentance, divine judgment loomed ominously on the horizon.

**Hosea 6:1.** Our selected passage is written as Hebrew poetry. For ancient Israel, poetry was not about the rhyming of sounds, as we traditionally think of poetry, but rather a kind of rhyming of ideas. Structures such as parallelism and chiasm, and techniques like the repetition and contrast of images, give Hebrew poetry its distinctive character. In this case, the initial exhortation in verses 1 and 2 is followed by a kind of A-B-A-B pattern of ideas. That "it is he [the LORD] who has torn" is paralleled by the statement that "he has struck us down." Conversely, the assurance that "he will heal us" is echoed by the promise that "he will bind us up." The issue is God's chastening. It is painful, but it is not meant to be final. Consequently, the call is for the people to "return to the LORD" in order that those second-half assurances might be realized.

**Hosea 6:2.** We are introduced here to another literary technique found elsewhere in the Old Testament, and that involves the use of escalating numbers. The pattern is mostly associated with Proverbs. For example, "There are six things that the LORD hates, seven that are an abomination to him" (Proverbs 6:16). The final tally proves to be seven, and so the initial reference to six seems to be merely a convention. Our nearest parallel to this technique might be what happens to us naturally in conversations: namely, that something additional will occur to us even as we are talking. And so we might say, "I prefer that we go to see this

movie for three reasons. . . . No, wait. Come to think of it, I have four reasons."

The central issue of the verse, of course, is the promise of restoration from God. That theme was introduced in verse 1, and now it is revisited here in verse 2. The parallelism is employed again as "he will revive us" and echoed by "he will raise us up." The end-result goal is "that we may live before him." And evidently that perfect restoration will occur "on the third day."

**Hosea 6:3.** This passage began with an invitation—"let us return to the LORD"—and now the audience hears a second, similar exhortation: "Let us know." This one, however, is more emphatic, as it is repeated with the addition of "press on to know the LORD." It is a strong urging.

Just as verses 1 and 2 featured promises about God's good intervention in the future, that is the hopeful subject of this verse, as well. Here the prophet employs desirable images from nature. The Lord's coming is as certain as the sunrise; God's benefits as blessed as the seasonal rains.

**Luke 24:1-4.** The women had witnessed Jesus' burial late on Friday afternoon. (23:55), and so they must have had a vivid expectation of what they would find when they arrived early on Sunday morning. What they found, however, was quite a different scene. The large, disk-like stone that sealed the entrance of the tomb had been moved out of the way, providing open access to the tomb. And the body they had come to care for was gone. We know enough to recognize this as good news. In the wake of all the horrible surprises of the past few days, however, they might only have imagined the worst.

God did not leave them in uncertainty. Instead, messengers were provided to tell the women that Christ had risen. We commonly assume that these messengers—"two men in dazzling clothes"—were angels. Their appearance, knowledge, and function suggest as much.

**Luke 24:5-7.** The question addressed to

the woman in verse 5 continues to reverberate down through the centuries: "Why do you look for the living among the dead?" As long as people misunderstand Jesus as just a compelling character from history, they miss the chance to find the risen Christ.

The question, then, is followed by a reminder. As we read through each of the Gospels, we note that on three different occasions Jesus had prepared the disciples for what would occur in Jerusalem. Still the events seemed to catch them all by surprise. Now, on the other side of those events, the messengers remind the women that Jesus had told them these things would—indeed, "must"—happen.

**Luke 24:8-10.** The remaining disciples were evidently staying together—perhaps we might even say they were in hiding together (see Luke 24:8). While the men cowered and grieved, though, the women had set out first thing in the morning to do what loving thing they could for their Lord. And now they returned to tell the men the final, missing piece of the gospel: the resurrection of Jesus.

**Luke 24:11-12.** The proclamation of the gospel, it seems, never enjoys a unanimous response. Interestingly, even among Jesus' own followers, the news of his resurrection received a mixed reaction. As a group, the report of the women was dismissed as "an idle tale" (24:11) and the men remained generally incredulous. Peter, on the other hand, at least went to see for himself. Whether motivated by faith or by grief we do not know, but he is to be admired for moving.

---

## INTERPRETING THE SCRIPTURE

*Welcome to God's World*

In the 2003 movie *Bruce Almighty*, shallow and self-absorbed Bruce Nolan has a grievance with God. The Lord responds by offering Bruce a new perspective, both on his own life and on God's heart. At one point in his learning experience, Bruce desperately asks God, "How do you make so many people love you without affecting Free Will?" The Lord smiles and responds, "Welcome to my world, son."

It was the Lord's sovereign and gracious choice to make us free. Love, it seems, is what is most important to God (see Matthew 22:34-40), and love requires freedom. Presumably the Creator could have made us as bound to comply with moral law as the planets are bound to comply with the laws of physics. But God was more interested in our being capable to love than in our being compelled to obey.

So we are free. Free to love God, but also free to walk away. Yet see the resulting conundrum for God, who loves us, and so naturally wants what is best for us. And walking away from God is not what is best for us. Profoundly not. But you cannot make someone love you, for then it is not love.

For all of the sternness that we may associate with some of God's commandments, the fact is that they are rather easy to disobey. They are not like those dreadful spikes that prevent your car from backing out of certain one-way entrances. God leaves us free to drive the wrong way. It would not be loving to revoke our freedom.

At the same time, it would not be loving to let us go full speed ahead into our own destruction. And so the Lord endeavors to intervene, trying to discourage our disobedience and to encourage what is best for us.

*The Gospel According to Hosea*

This, then, is the relational context of our Old Testament passage. The Lord had chastened the people of Hosea's day. And even though images like "torn us to pieces" (6:1 NIV) and "injured us" (6:1 NIV) sound terribly harsh, the goal is correction, not destruction. And so the word on the other side of the chastening is not a vindictive one—("you had it coming to you") but rather an inviting one ("Come, let us return to the LORD" [6:1]). That is the ultimate purpose here: God's people should come to their senses and return.

We recall that moment as the turning point in the familiar parable of the prodigal son (Luke 15:11-32). It is precisely hardship that makes the boy come to his senses and return to his father. And that had been the nation of Israel's historic pattern, as well (see, for example, Judges 3:7-9, 12-15; 4:1-3).

The irony of those times of hardship is that the people of God so often feel abandoned. They have chosen to distance themselves, and then they are indignant and bewildered when God seems to be at a distance. The marvelous truth, however, is that we may be distant from the Lord, but the Lord is never far from us. On the contrary, the chastening itself is not a sign of abandonment but rather a symbol of divine attention. It is our Maker's loving effort to bring us home.

That underlying love is apparent in the promises that Hosea preaches to his wounded people. "He will bind up our wounds," "he will revive us," "he will appear," and "he will come to us" (6:1-3 NIV). This is the lovely litany of what God wants and has in store for penitent people.

And when will all of that long-awaited goodness happen? It will occur "after two days" and "on the third day" (6:2).

*The Third Day*

Never doubt the word of God. Time and again we discover anew the beauty, the wisdom, and the truth contained there. And so, in the case of the prophecy from Hosea 6, we find that what appears to be poetry turns out to be precision.

The prophet did not haphazardly suggest one and two days, or four and five days. No, he specified two and three days. Did Hosea know what he was talking about more than seven hundred years before the death and resurrection of Jesus? Probably not. But the Lord who spoke through him knew what he was talking about.

Our traditional understanding from the Gospel accounts of Jesus' final week in Jerusalem is that he was arrested on Thursday evening, crucified Friday afternoon, and rose from the dead early on Sunday morning. The time between his death and his resurrection doesn't remotely approach the seventy-two-hour total that we would reckon as three days. By that measure, he wouldn't have emerged from the tomb until mid-afternoon on Monday. Even the time from his arrest to his resurrection was just slightly more than two full days. However, since according to Jewish reckoning a new day starts at sundown and even part of a day counts as a day, Friday, Saturday, and Sunday would together be considered three days.

Hear the angels' reminder at the tomb: Jesus would "be handed over to sinners, and be crucified, and on the third day rise again (Luke 24:7). In marvelous symmetry, Jesus had told his disciples three times what would happen to him in Jerusalem (Matthew 16:21-23; 17:22-23; 20:17-19), and each time he said that he would rise "on the third day." He didn't say "after three days" or "three days later."

Jesus was aware of the timing and symbolism of "the third day." When he suggested a message to Herod, he made a point of saying that "on the third day I finish my work" (Luke 13:32). And his followers reckoned that Easter Sunday was the third day, for en route to Emmaus that afternoon, they said, "It is now the third day since these things took place" (Luke 24:21).

So we take the words of Hosea and overlay them onto the Gospel story. Jesus was handed over on Thursday night and crucified Friday afternoon. Friday, then, was the first day and Saturday was the second. And "on the third day" he rose again.

### Hosea's Timeless Audience

We seem far removed from the citizens of eighth-century Samaria. Yet in the repetitive predictability of human nature, we share much in common with them. And in providence of God, we discover that the message to them remains God's message to us.

The people of Hosea's day had wandered from God. As such, they are a microcosm of all humanity. And, like all of us, they had felt some of the consequences of their departure from God's way. Yet the Lord's word to wayward people was not one of condemnation. God neither destroyed nor abandoned them, but instead sought to redeem them.

The paradigm presented in Hosea is two-part: what the people should do and what the Lord would do. For their part, the people were invited to return to the Lord. And on the divine side of the equation, the Lord would revive and restore those who returned.

Meanwhile, the timing presented in Hosea is the detail that reveals God's ultimate plan, both for that ancient audience and for us. It is what Jesus did after two days and on the third day that truly revives and restores us. So let us return to the Lord!

---

## SHARING THE SCRIPTURE

### PREPARING TO TEACH

#### Preparing Our Hearts

Explore this week's devotional reading, found in 1 Corinthians 15:12-20. In the first eleven verses of this chapter, Paul reminds the members of the church at Corinth that they believe in the resurrection of Jesus. In the verses for today's reading, Paul writes to them about the resurrection of others. If they believe Christ has been raised, it logically follows that others will be raised as well. If that is not the case, then Paul's work and their belief about Christ amount to nothing. What do you believe about the resurrection?

Pray that you and the adult students will recognize that because Christ was raised from the dead, they too will be raised.

#### Preparing Our Minds

Study the background Scripture and the lesson Scripture, both of which are from Hosea 6:1-3; Luke 24:1-12.

Consider this question as you prepare the lesson: *What sustains the motivation of people to keep going when victory looks improbable?*

Write on newsprint:
❑ information for next week's lesson, found under "Continue the Journey."
❑ activities for further spiritual growth in "Continue the Journey."

Review the "Introduction," "The Big Picture," "Close-up," and "Faith in Action." Consider how you will use this additional information, which immediately precedes the first lesson, for this session.

Download or purchase enough bookmarks with butterflies for the class. Search the Internet using "bookmarks with butterflies" to find these. Ask for help early in the week if you are unable to do this project alone.

### LEADING THE CLASS

#### (1) Gather to Learn

❖ Greet the class members. Introduce any guests and help them to feel at home.

❖ Pray that the learners will celebrate Christ's resurrection.

❖ Ask: **When you see a caterpillar, what are your expectations for this crawling, nondescript creature?**

❖ Show a picture of a butterfly (or ask the adults to envision a butterfly if you do not have a picture). Read: **This lovely creature has actually changed form several times before becoming a butterfly. First it was a caterpillar that ate as living things do. Then it sealed itself in a cocoon for a period before bursting forth as a butterfly from this "shell" that bound it. Similarly, the incarnate Jesus ate and drank and slept as all humans need to do. After his crucifixion, he was encased in a tomb that was sealed with a stone. On the third day, God resurrected him from the dead so that he might emerge from the tomb to life eternal. Because of its lifecycle, butterflies have long been symbols of resurrection.**

❖ Read aloud today's focus statement: **Sometimes people do not recognize the accomplishment of long-held goals because they are achieved in different form from what was expected. What sustains the motivation of people to keep going when victory looks improbable? Jesus' forecast of his resurrection on the third day alluded to the Hebrew Scripture theme of deliverance in defiance of the horror of the crucifixion.**

*(2) Goal 1: Explore the Biblical Use of "Third Day" in Order to Better Understand Jesus' Reference to Resurrection and Deliverance*

❖ Select someone to read Hosea 6:1-3.

❖ Read "The Gospel According to Hosea" from "Interpreting the Scripture," beginning with the second sentence. Ask:

1. **How have Christians interpreted "the third day" (6:2)?** (This phrase is seen in light of Jesus' resurrection.)

2. **What does "return to the Lord"**

mean in verse 1? (View this verse through the lens of repentance.)

❖ Choose a volunteer to read the account of Easter morning found in Luke 24:1-12. Invite the adults to close their eyes and imagine themselves standing nearby and witnessing this scene. Ask:

1. **Had you been a bystander, what would you have wanted to ask the "two men in dazzling clothes" (24:4)?**

2. **What would you have wanted to ask the women?**

3. **What would you have wanted to ask Peter after he had gone to the tomb to see it for himself?**

❖ Read or retell "The Third Day" from "Interpreting the Scripture."

*(3) Goal 2: Experience Resurrection Power in the Learners' Lives*

❖ Distribute hymnals, paper, and pencils. Direct the participants to the section of Easter or resurrection hymns. Suggest that they page through this section to find hymns that speak to them about the power of Jesus' resurrection. Encourage them to copy phrases that describe or exalt this resurrection power.

❖ Form small groups and allow time for the adults to talk with one another about the hymns and specific phrases that speak to them and for them.

❖ **Option:** Poll the class to see which hymn is the favorite. Sing a verse or two of this hymn.

*(4) Goal 3: Share the Good News of Jesus' Resurrection*

❖ Distribute the bookmarks with butterfly pictures that you have brought and pens or markers. Recall the resurrection symbolism of the butterfly. Invite the adults to write this adaptation of the key verse from Luke 24:7: "The Son of Man must be crucified, and on the third day rise again."

❖ Encourage each participant to talk with a partner about how Jesus' resurrection is good news.

❖ Bring everyone together and ask volunteers to comment on the "good news" they heard from their partners.

❖ Challenge the students to go forth to tell this good news and give their bookmarks to people who have not heard that news or are facing an issue that makes accepting that news difficult right now.

❖ **Option:** If you were unable to procure bookmarks, read today's key verses from Luke 24:6-7 in unison. Then work with groups and discuss that news with the class, as suggested above. Challenge the students to share the news with others.

*(5) Continue the Journey*

❖ Pray that the learners will perceive injustice and be ready to act to overcome it.

❖ Read aloud this preparation for next week's lesson. You may also want to post it on newsprint for the students to copy.

■ **Title: From Suffering to Glory**

■ **Background Scripture: Isaiah 52:13–53:12; Luke 24:25-27, 44-50**

■ **Lesson Scripture: Isaiah 53:5-8; Luke 24:25-27, 44-47**

■ **Focus of the Lesson: Confusion, disappointment, and sorrow in life often result from not understanding fully what has happened. How can the true meaning be discovered and understood? After Jesus explained his life, death, and resurrection within the context of Hebrew Scriptures, the two travel-ers on the road to Emmaus under-stood better what had happened.**

❖ Post these three activities related to this week's session on newsprint for the students to copy. Challenge the adults to grow spiritually by completing one or more of them.

(1) **Consider how worshiping on "the third day," the day of Jesus' resurrection, enhances the wor-ship experience for you.**

(2) **Use a Bible dictionary or other reference material to research the women who came to the tomb: Mary Magdalene, Joanna, and Mary the mother of James (24:10). What role do these and the other unnamed women play in salva-tion history?**

(3) **Read the account of Easter morn-ing in John 20:1-18. How is this account similar to and different from Luke's account? What insights do you glean from both Gospel writers that you could not glean from only one?**

❖ Sing or read aloud "The Strife Is O'er, the Battle Done."

❖ Conclude today's session by leading the class in this benediction, which is adapted from Mark 12:30-31, the key verses for May 25: **We go forth pledging to honor and obey the two great commandments: we shall love the Lord our God with all our heart, and with all our soul, and with all our mind, and with all our strength. We shall also love our neighbor as ourselves. Amen.**

## UNIT 2: WHAT THE PROPHETS FORETOLD
# FROM SUFFERING TO GLORY

---

### PREVIEWING THE LESSON

**Lesson Scripture:** Isaiah 53:5-8; Luke 24:25-27, 44-47
**Background Scripture:** Isaiah 52:13–53:12; Luke 24:25-27, 44-50
**Key Verse:** Luke 24:27

#### Focus of the Lesson:
Confusion, disappointment, and sorrow in life often result from not understanding fully what has happened. How can the true meaning be discovered and understood? After Jesus explained his life, death, and resurrection within the context of Hebrew Scriptures, the two travelers on the road to Emmaus understood better what had happened.

#### Goals for the Learners:
(1) to deepen their understanding of God's salvation story from Genesis to Revelation.
(2) to meditate on the presence of the risen Christ.
(3) to recognize and give thanks to those who explain the Scriptures in ways that bring Christ closer.

#### Pronunciation Guide:
Caiphas (kay' uh fuhs)
Sanhedrin (san hee' druhn)

#### Supplies:
Bibles, newsprint and marker, paper and pencils, hymnals

---

### READING THE SCRIPTURE

NRSV
Lesson Scripture: Isaiah 53:5-8
5  But he was wounded for our
      transgressions,
    crushed for our iniquities;
  upon him was the punishment
      that made us whole,
    and by his bruises we are healed.

CEB
Lesson Scripture: Isaiah 53:5-8
  5He was pierced because of our rebellions
    and crushed because of our crimes.
  He bore the punishment
    that made us whole;
  by his wounds we are healed.
  6Like sheep we had all wandered away,

6  All we like sheep have gone astray;
    we have all turned to our own way,
    and the LORD has laid on him
      the iniquity of us all.
7  He was oppressed, and he was afflicted,
    yet he did not open his mouth;
    like a lamb that is led to the slaughter,
      and like a sheep that before its
        shearers is silent,
      so he did not open his mouth.
8  By a perversion of justice he was
      taken away.
    Who could have imagined his future?

Lesson Scripture: Luke 24:25-27, 44-47

²⁵Then he said to them, "Oh, how foolish you are, and how slow of heart to believe all that the prophets have declared! ²⁶Was it not necessary that the Messiah should suffer these things and then enter into his glory?" ²⁷Then beginning with Moses and all the prophets, he interpreted to them the things about himself in all the scriptures.

⁴⁴Then he said to them, "These are my words that I spoke to you while I was still with you—that everything written about me in the law of Moses, the prophets, and the psalms must be fulfilled." ⁴⁵Then he opened their minds to understand the scriptures, ⁴⁶and he said to them, "Thus it is written, that the Messiah is to suffer and to rise from the dead on the third day, ⁴⁷and that repentance and forgiveness of sins is to be proclaimed in his name to all nations, beginning from Jerusalem.

each going its own way,
    but the LORD let fall on him
      all our crimes.
⁷He was oppressed and tormented,
    but didn't open his mouth.
  Like a lamb being brought to slaughter,
    like a ewe silent before her shearers,
    he didn't open his mouth.
⁸Due to an unjust ruling
    he was taken away,
    and his fate—who will think about it?

Lesson Scripture: Luke 24:25-27, 44-47

²⁵Then Jesus said to them, "You foolish people! Your dull minds keep you from believing all that the prophets talked about. ²⁶Wasn't it necessary for the Christ to suffer these things and then enter into his glory?" ²⁷Then he interpreted for them the things written about himself in all the scriptures, starting with Moses and going through all the Prophets.

⁴⁴Jesus said to them, "These are my words that I spoke to you while I was still with you—that everything written about me in the Law of Moses, the Prophets, and the Psalms must be fulfilled." ⁴⁵Then he opened their minds to understand the scriptures. ⁴⁶He said to them, "This is what is written: the Christ will suffer and rise from the dead on the third day, ⁴⁷and a change of heart and life for the forgiveness of sins must be preached in his name to all nations, beginning from Jerusalem.

## UNDERSTANDING THE SCRIPTURE

**Isaiah 52:13-15.** These verses begin what is often referred to as the fourth "Servant Song" (52:13–53:12). "My servant" is a recurring phrase and prominent theme in the second half of the Book of the prophet Isaiah. An examination of the usage of that phrase, however, reveals that its meaning is not simple and straightforward. The Lord's servant may be in places variously interpreted as the nation; the prophet; and Cyrus, the king of Persia. And, in the larger context of this passage, we recognize that "my servant" anticipates Jesus himself.

We discover here divergent descriptions of this servant. On the one hand, he is described in verse 13 with terms like "prosper," "exalted," and "lifted up." On the other hand, his appearance was marred, appalling, and astonishing. And we note, too, that this servant's strangely varied experience is not a private or local affair, but rather is of the highest profile, drawing the attention of nations and kings.

**Isaiah 53:1-3.** The divisions between chapters are not part of Isaiah's original text, but are a later addition for ease of reading and reference. Consequently, we assume that the antecedent for many of the pronouns in chapter 53 is the servant of chapter 52.

The descriptions offered here build upon the theme introduced at the end of chapter 52: namely, how others perceive this servant. At best, he is overlooked and held of no account. At worst, he is "despised and rejected by others" (53:3). The "marred" appearance of 52:14 may be connected to his experience of suffering and grief referenced here.

**Isaiah 53:4-6.** Over the course of the larger passage, this servant is portrayed in relation to the Lord, to others, and to us. In this particular section, we discover that his relationship to us is an uneven one. He is the casualty, and we are somehow the beneficiaries. The suffering referenced in the previous section is fleshed out here, and it appears to be a suffering on our behalf, for our sake, and perhaps even in our place. The servant's suffering occurs because of "our infirmities," "our diseases," "our transgressions," and "our iniquities" (53:4-5).

**Isaiah 53:7-9.** We read here more details about the experience of the servant and how he went through that experience. As to the former, we see that he was the victim of injustice, that he was afflicted, and that he was killed. Through it all, however, he seems to have been quietly innocent. While our natural instinct is to resist all suffering, and to recoil especially against unjust suffering, this servant appears to have submitted to it meekly.

**Isaiah 53:10-12.** Now we discover that what has happened to this servant was the will and purpose of God. What seems at first to be a great injustice turns out to be a great salvation. What appears to be human malevolence is actually divine providence.

Furthermore, we see that the "tomb with the rich" mentioned in verse 9 is not the end of the story. If the servant's death had been an exclusively human operation, then perhaps that would have been the end of it. But the same God whose will it was "to crush him with pain" (53:10) and to "make his life an offering for sin" (53:10) will guarantee a future for that servant. In an almost unthinkable proposition, this one so recently buried "shall see his offspring," "prolong his days," and "see light" (53:10-11).

It's hard to imagine what sense could have been made of this prophecy in the days of Isaiah, centuries before Christ. From our point of view, however, centuries after the cross and the empty tomb, the identity and experience of this "servant" is abundantly and beautifully clear to us.

**Luke 24:25-27.** This episode comes from Easter Sunday afternoon. Christ is risen, but he is unrecognized by his two traveling companions along the road to Emmaus. He has heard them express their bewilderment about recent events, and then he responds with this teaching.

We know from the Gospel accounts that Jesus forewarned his disciples three different times about what awaited him in Jerusalem. Yet on this occasion, he does not chide them for not remembering his words. Instead, he reproves them for not understanding the Scriptures. His thesis here is that the events of Holy Week, which had so befuddled his followers, were all foretold in the Law and the Prophets of the Old Testament.

**Luke 24:44-46.** This episode comes later on that Easter Sunday. Now it is not just Jesus with the two disciples on the road to Emmaus, but Jesus with the larger group of his followers. The theme and emphasis here are similar, though, to what we saw in the earlier passage. He is teaching them what is written about himself in the Scriptures.

For Jesus and his disciples, of course, "the scriptures" does not refer to the

Gospels and the epistles of the New Testament. Rather, as these two excerpts from Luke make plain, it is the books of the Old Testament that Jesus is referencing and explaining. Our reflex is to think that the New Testament is the part of the Bible that tells about Jesus; but according to his words here, the entire book speaks of him.

**Luke 24:47-50.** Here we pivot from the events of the recent past to the mission of the immediate future. Jesus moves seamlessly from talking about what has already been fulfilled to what must now be accomplished. And, in a sense, that represents a shift from his work to his disciples' work.

The disciples' work, we surmise, involved the good news "to be proclaimed to all nations, beginning from Jerusalem" (24:47). That work has two prerequisites, however. First, there are the gospel events of which the disciples had been witnesses. And, second, there is the need for them to be "clothed with power from on high" (24:49). In these two matters, Luke is both recalling what has been recorded in his Gospel and anticipating what will be reported in his Acts.

---

## INTERPRETING THE SCRIPTURE

### The Good Doctor

A good friend had a surgical procedure recently. Naturally, he felt apprehensive. The prospect of the surgery itself was one concern, of course, and the condition that necessitated it was another. But he reported gratefully to me that his surgeon was so helpful and reassuring.

Technically speaking, I suppose that the surgeon didn't have to do any talking. If he had performed the surgery with skill and precision, that would have fulfilled his obligation. Yet we all recognize that a good doctor does more than just the technical duties. He or she is also a source of information, of comfort, and of encouragement.

One of the reasons that my friend felt his surgeon was so helpful was because of the front-end information that the doctor provided. Prior to the scheduled procedure itself, the doctor had explained in great detail everything that would happen. And that was about more than just the details of the surgery: it was about what the patient would experience in preparation for the surgery, immediately after the surgery, and in the days and weeks that followed. And so, because my friend had been told in advance, he was

not alarmed by what he was experiencing at any step along the way. He recognized that it was unfolding just as the doctor had told him it would.

We discover in Scripture that this is precisely the way that God deals with people. Again and again, God lets them know in advance what will happen. That way, when they are going through it, they will recognize that everything is under control, and that God's will is being accomplished.

God reveals plans through dreams (for example, Genesis 40:1–41:32), through angels (for example, Luke 1:5-38), and through prophets (for example, 2 Kings 3:11-20). And in the specific case of Jesus' suffering, death, and resurrection, God had revealed divine plans for generations, and Jesus himself had forewarned the disciples on three different occasions. The disciples should have recognized that God's plan was unfolding just as they had been told it would.

### The Astonishing Cure

In the Isaiah text, where the main character is often referred to as the suffering servant, prediction becomes prescription. The Lord explains in advance not only what will happen to the servant but also its reason and purpose. Reading this passage hundreds of years later, the early church recognized that this prophetic passage painted a magnificent portrait of Jesus' crucifixion and resurrection.

First, we recognize the details of plot. One man's suffering is the central image and recurring theme of this Old Testament prophecy. And the particular words that Isaiah uses to describe that suffering—*wounded, crushed, punishment, bruises, oppressed, afflicted,* and *slaughter*—could be the successive captions beneath the snapshots from Christ's passion. Furthermore, we cannot read the events of Holy Thursday and Good Friday without "perversion of justice" (Isaiah 53:8) echoing through our hearts. And then there is the quiet compliance we observe in Jesus. The One who always had an irrefutable answer for his critics "did not open his mouth" (53:7) before his accusers.

But Isaiah gives us more than just plot: he shows us purpose. And it is there that we recognize Jesus even more clearly.

The prophet offers us two purpose statements in 53:5: "for our transgressions" and "for our iniquities." These are the issues in the servant's suffering. They are the reason, and yet they are not the cause. Our transgressions did not *directly* cause him to suffer, but they did lead to him needing to suffer on our behalf.

The next verses confirm what the preceding verses had suggested: namely, that we are somehow the beneficiaries of this servant's suffering. Peace and healing come to us in the wake of his wounds. The prophet does not explain the cause and effect, but later witnesses build upon the truth and enhance our understanding of it (see, for example, John 3:14-15; 2 Corinthians 5:21; Hebrews 9:1–10:18; 1 Peter 2:24).

Finally, though, our understanding of Isaiah's prophecy—and of the event it anticipates—cannot be complete until we recognize the prime mover behind it all. "The Lord," Isaiah reports, "has laid on him the iniquity of us all" (53:6). Astonishingly, we discover that this is primarily God's doing.

The vague account of the prophet suggests an event that is cruel and unjust. And an objective reading of the events surrounding Jesus' death suggests exactly the same thing. His arrest, trials, and sentencing seem to have been the result of a jealous plot, of political maneuverings, and of people who either instigated or permitted a great perversion of justice.

And yet Isaiah's paradigm does not pretend to name Judas, Caiaphas, Herod, Pilate, or members of the Sanhedrin. Someone else is behind it all. The Lord has done it. "It was the will of the Lord to crush him with pain" (53:10).

In the end, the prophecy from Isaiah presents us with a remarkably complete theology of the cross. Jesus was blameless and innocent. He did not resist that which he did not deserve. Rather, it was the Lord who brought it all to pass. And it was done for our transgressions, our iniquities, our healing, and our peace.

### Two Testaments, One God

Long before Matthew, Mark, Luke, and John, we read the Gospel According to Isaiah. And Moses. And David. For Jesus made it clear to his disciples that these Old Testament authors bore witness to him.

To the natural mind, of course, that makes no sense. Who wrote about George Washington's life seven hundred years before he existed? Who spoke of John Kennedy's death a thousand years before his birth? Yet this is the claim of Christ and of Scripture.

Let us press that point just a bit further in order to illustrate what is at stake here. Nearly seven hundred years before President Washington was born, it was still the Middle Ages in Europe. The Byzantine and Holy Roman empires were prominent on the world's stage. None of the thinkers or movements that eventually laid the groundwork for the American Revolution had yet been born. Indeed, it would be nearly five hundred more years before the Europeans even began making their discoveries of America! That someone in the eleventh century should have written about George Washington, therefore, seems unimaginable. Yet such is the distance between Isaiah and Jesus.

And the distance between Jesus and David, author of several messianic Psalms, is greater. And the distance between Jesus and Moses, who received and taught the law, is greater still. Yet without blushing, Jesus says that Moses and the prophets wrote and spoke about him. It seems absurd. On the other hand, we do not think it

absurd at all that a single elevator should go from the bottom to the top of a skyscraper, even if that structure required several years and many people to build it. Indeed, we would think the enterprise poorly designed if its various elements did not fit together properly from top to bottom. And so we see that the long and complex enterprise of Scripture must have had a single architect and design.

Dozens of different authors—writing all the way from Babylon to Rome; writing history, poetry, biography, case law, songs, sermons, and letters; writing over the course of more than a thousand years—contributed to this book we call the Bible. And yet, from beginning to end, it reflects an uncanny unity. And from beginning to end, it speaks of Christ.

---

# SHARING THE SCRIPTURE

## PREPARING TO TEACH

### Preparing Our Hearts

Explore this week's devotional reading, found in John 1:10-18. This portion of the Prologue of John's Gospel is so familiar that you may need "fresh eyes" to mine new gold from these verses. What do you learn about Jesus? What do you learn about yourself in relation to him? How is God's grace present in your life right now?

Pray that you and the adult students will open your hearts and minds to better understand who Jesus is and to desire a closer relationship with him.

### Preparing Our Minds

Study the background Scripture from Isaiah 52:13–53:12; Luke 24:25-27, 44-50. The lesson Scripture is from Isaiah 53:5-8; Luke 24:25-27, 44-47.

Consider this question as you prepare the lesson: *How can the true meaning be discovered*

*and understood, particularly in the midst of confusion and disappointment?*

Write on newsprint:
❑ information for next week's lesson, found under "Continue the Journey."
❑ activities for further spiritual growth in "Continue the Journey."

Review the "Introduction," "The Big Picture," "Close-up," and "Faith in Action." Consider how you will use this additional information, which immediately precedes the first lesson, for this session.

## LEADING THE CLASS

### (1) Gather to Learn

❖ Greet the class members. Introduce any guests and help them to feel at home.

❖ Pray that the learners will gain greater understanding of the Scriptures as they ponder them together today.

❖ Read: **Shortly before 9 a.m. on the morning of September 11, 2001, your editor's mom was watching television when she yelled, "Nan!" and urged me to come** quickly. In amazement I watched the burning north tower at the World Trade Center, wondering how such a terrible accident could occur in New York airspace. Moments later I was even more horrified as I watched a second plane crash into the south tower. In less than an hour, the Pentagon had been hit by a third plane. Soon after, brave passengers kept what we later learned were terrorists from causing a fourth hit in the nation's capital by taking down their plane over Somerset County, Pennsylvania. I was shocked, saddened, and confused by what was happening, but it soon became evident that our country was under attack. I wanted to know why—and what we could do to prohibit such a brazen attack on our soil again.

❖ Read aloud today's focus statement: **Confusion, disappointment, and sorrow in life often result from not understanding fully what has happened. How can the true meaning be discovered and understood? After Jesus explained his life, death, and resurrection within the context of Hebrew Scriptures, the two travelers on the road to Emmaus understood better what had happened.**

*(2) Goal 1: Deepen Understanding of God's Salvation Story from Genesis to Revelation*

❖ Retell the story of the Easter afternoon and evening. Most students will likely know this story, so just offer a brief review of the walk to Emmaus and Jesus' appearance to his disciples.

❖ Dig deeper into the Bible passages for today's lesson by reading or retelling information under Luke 24:25-27, 44-46, 47-50 in "Understanding the Scripture."

❖ Choose a volunteer to read Luke 24:25-27, 44-47 and then ask these questions:

1. **What do these verses suggest to you about the importance of knowing the Scriptures, including those of the Old Testament?**

2. **Why does Jesus stress the importance of Scripture being fulfilled?**

3. **Listen as I read aloud Isaiah 53:5-8, which is part of the fourth song of the suffering servant. Notice that Jesus is never mentioned by name. Why, then, do you think members of the early church chose these words to help them interpret Jesus' identity and mission?**

4. **How do Isaiah's words help you to understand the connection between passages in the Old and New Testaments?**

5. **Given our understanding that the story of God's saving relationship with people is seen throughout the Bible, why do you think there are Christians even today who ignore the Old Testament?**

❖ Conclude this portion of the lesson by reading "Two Testaments, One God" from "Interpreting the Scripture."

*(3) Goal 2: Meditate on the Presence of the Risen Christ*

❖ Read: **Although the two who were on the road to Emmaus were walking with Jesus, they did not recognize him at first. They had to hear him interpret the Scriptures so as to explain how he moved from suffering to glory. Given that the walk to Emmaus is an unrepeatable event, what are ways that you experience the risen Christ in your own life?** (Hear responses.)

❖ Invite the students to meditate on how they are experiencing the risen Christ right now. Perhaps some will want to turn to a favorite Bible passage to begin. Others may focus on a cross or other symbol present in the room, or one they can see in their mind's eye. Allow several minutes for silent reflection.

❖ Bring everyone together and encourage any volunteers to comment on their experiences.

*(4) Goal 3: Recognize and Give Thanks to Those Who Explain the Scriptures in Ways that Bring Christ Closer*

❖ Distribute paper and pencils. Encourage the adults to write the names of several people who helped them to delve into the Scriptures in ways that not only gave them greater information but also brought them closer to Christ. These people may be pastors, Sunday school teachers, or youth leaders, but they may also be other Christians who knew the Scriptures and Jesus very well. Suggest that in addition to the list of names, the students write a few words or sentences describing why this person was so influential.

❖ Call for volunteers who would like to comment on how one of the people on their list made a difference in their lives.

❖ Wrap up by suggesting that the students contact and thank these very special people.

*(5) Continue the Journey*

❖ Pray that the learners will pray for and uphold those who preach and teach.

❖ Read aloud this preparation for next week's lesson. You may also want to post it on newsprint for the students to copy.

■ **Title: Jesus Resists Temptation**
■ **Background Scripture: Deuteronomy 6:13-16; 8:3; Psalm 91:11-12; Matthew 4:1-11**
■ **Lesson Scripture: Deuteronomy 6:13-16; Matthew 4:4-11**
■ **Focus of the Lesson: In a world that offers persons countless ways to satisfy their lusts and appetites, discipline is required to maintain high ethical and moral standards. What helps people stick to their principles when other options tempt them? Jesus' thorough knowledge of Scripture gave him**

**strength to withstand difficult temptations.**

❖ Post these three activities related to this week's session on newsprint for the students to copy. Challenge the adults to grow spiritually by completing one or more of them.

(1) **Read all four of the Suffering Servant Songs found in Isaiah: 42:1-4; 49:1-6; 50:4-9; 52:13–53:12. Although these songs had meaning to those who originally heard Isaiah's prophecies, they were interpreted by Christians as prophecies concerning Jesus. Where do you see Jesus, his mission, and his suffering in these songs?**

(2) **Recognize that the Bible we Christians use contains both the Scriptures from Jesus' Jewish heritage and those from the early church. Ponder how you would answer this question: why do Christians need to read and know the Old Testament?**

(3) **Be especially aware of Jesus' presence in your life this week. How is he walking with you, especially when you are anxious, confused, or in crisis? What is he teaching you? What will you do to strengthen your relationship with him?**

❖ Sing or read aloud "On the Day of Resurrection."

❖ Conclude today's session by leading the class in this benediction, which is adapted from Mark 12:30-31, the key verses for May 25: **We go forth pledging to honor and obey the two great commandments: we shall love the Lord our God with all our heart, and with all our soul, and with all our mind, and with all our strength. We shall also love our neighbor as ourselves. Amen.**

## UNIT 3: JESUS' USE OF SCRIPTURE
# JESUS RESISTS TEMPTATION

---

### PREVIEWING THE LESSON

**Lesson Scripture:** Deuteronomy 6:13-16; Matthew 4:4-11
**Background Scripture:** Deuteronomy 6:13-16; 8:3; Psalm 91:11-12; Matthew 4:1-11
**Key Verse:** Matthew 4:4

#### Focus of the Lesson:
In a world that offers persons countless ways to satisfy their lusts and appetites, discipline is required to maintain high ethical and moral standards. What helps people stick to their principles when other options tempt them? Jesus' thorough knowledge of Scripture gave him strength to withstand difficult temptations.

#### Goals for the Learners:
(1) to gain new insight from studying the story of Jesus' temptation in the wilderness.
(2) to appreciate the importance of regular prayer and Scripture reading in shaping their attitudes and actions.
(3) to make a commitment to memorize key verses of the Scriptures.

#### Pronunciation Guide:
Massah (mas' uh)

#### Supplies:
Bibles, newsprint and marker, paper and pencils, hymnals, Bible concordances

---

### READING THE SCRIPTURE

**NRSV**

Lesson Scripture: Deuteronomy 6:13-16

¹³The LORD your God you shall fear; him you shall serve, and by his name alone you shall swear. ¹⁴Do not follow other gods, any of the gods of the peoples who are all around you, ¹⁵because the LORD your God, who is present with you, is a jealous God. The anger of the LORD your God would be

**CEB**

Lesson Scripture: Deuteronomy 6:13-16

¹³Revere the LORD your God, serve him, and take your oaths in his name! ¹⁴Don't follow other gods, those gods of the people around you—¹⁵because the LORD your God, who is with you and among you, is a passionate God. The LORD your God's anger will burn against you, and he will wipe you

kindled against you and he would destroy you from the face of the earth.

¹⁶Do not put the LORD your God to the test, as you tested him at Massah.

Lesson Scripture: Matthew 4:4-11

⁴ **But he [Jesus] answered, "It is written, 'One does not live by bread alone, but by every word that comes from the mouth of God.'"**

⁵Then the devil took him to the holy city and placed him on the pinnacle of the temple, ⁶saying to him, "If you are the Son of God, throw yourself down; for it is written,

'He will command his angels
     concerning you,'
  and 'On their hands they will
     bear you up,
  so that you will not dash your foot
against a stone.'"

⁷Jesus said to him, "Again it is written, 'Do not put the Lord your God to the test.'"

⁸Again, the devil took him to a very high mountain and showed him all the kingdoms of the world and their splendor; ⁹and he said to him, "All these I will give you, if you will fall down and worship me." ¹⁰Jesus said to him, "Away with you, Satan! for it is written,

'Worship the Lord your God,
     and serve only him.'"

¹¹Then the devil left him, and suddenly angels came and waited on him.

off the fertile land. ¹⁶Don't test the LORD your God the way you frustrated him at Massah.

Lesson Scripture: Matthew 4:4-11

⁴**Jesus replied, "It's written, People won't live only by bread, but by every word spoken by God."**

⁵After that the devil brought him into the holy city and stood him at the highest point of the temple. He said to him, ⁶"Since you are God's Son, throw yourself down; for it is written, I will command my angels concerning you, and they will take you up in their hands so that you won't hit your foot on a stone."

⁷Jesus replied, "Again it's written, Don't test the Lord your God."

⁸Then the devil brought him to a very high mountain and showed him all the kingdoms of the world and their glory. ⁹He said, "I'll give you all these if you bow down and worship me."

¹⁰Jesus responded, "Go away, Satan, because it's written, You will worship the Lord your God and serve only him." ¹¹The devil left him, and angels came and took care of him.

---

## UNDERSTANDING THE SCRIPTURE

**Introduction to Deuteronomy.** The Book of Deuteronomy appears in the Bible as an extended farewell from Moses to the children of Israel. The people are about to cross the Jordan River into the Promised Land. But Moses, who has been their leader for more than a generation, cannot go with them, for he is about to die. Before they part company, Moses reminds them of what the Lord has said and done in their past so that they might be faithful and wise in their future in the new land.

**Deuteronomy 6:13-15.** In their new land, the Israelites would be surrounded by peoples who worshipped other gods, and Moses warned them of the temptation of idolatry. The reference to the people "all around" (6:14) them is countered by the reminder that the Lord was "present with" (6:15) them. That he is "a jealous God" (6:15) suggests a theme that is explored in detail by later prophets: namely, that worshipping other gods is a kind of infidelity.

**Deuteronomy 6:16.** Moses underlines his warning by recalling an episode from the people's own past. The incident at Massah (Exodus 17:1-7) occurred shortly after the Israelites' Exodus from Egypt. They thirsted for water in the desert, and the Lord miraculously provided for their need in that place. Yet the place was not named as a testimony to God's goodness and the people's gratitude. Instead, the spot was named "Massah" (test) because the people not only thirsted but they also doubted and complained against God. Rather than turning to and trusting the God who had delivered them and cared for them, they expected to die of thirst there in the desert.

**Deuteronomy 8:3.** This verse is quoted by Jesus in Matthew 4:4 as Jesus rebuffs Satan's temptation. Deuteronomy 8:2 points out that God has led the people through the wilderness for forty years in order to test them to see if they would follow God's commandments. One way God humbled the people was to provide them with manna so that they would understand that they were ultimately dependent upon their Creator to meet all of their needs. Moreover, they will learn how God's people are to live by obeying the laws set forth in the covenant.

**Psalm 91:11-12.** Psalm 91 is a grand declaration about the providential care of God for those "who live in the shelter of the Most High" (91:1). In its sixteen verses, the psalm promises safety and protection from every sort of threat and danger. The Lord is presented as the perfect defender, and those who make God their refuge have no fear of enemies, diseases, beasts, and calamities.

Verses 11-12 highlight one particular aspect of God's protection: "He will command his angels concerning you to guard you." These words are quoted in Matthew 4:6 by Satan during Jesus' temptation in the wilderness.

**Matthew 4:1-2.** This episode follows immediately on the heels of Jesus' baptism. That occasion must have been a deeply satisfying one for Jesus, as he obeyed God (see Matthew 3:15) and pleased God (3:17). As the Son came up out of the water, he enjoyed the presence and received the affirmation of both the Spirit (3:16) and the Father (3:17).

This next setting is completely different, however. Far from the cool moisture of the Jordan River, the Spirit now leads Jesus into the hot, dry desolation of the wilderness. Far from the companionship of John and the crowds, Jesus is now isolated and alone. Far from the fertility of the Jordan River valley, Jesus has no nourishment in the desert. And the affirmations of God are followed now by the temptations of the devil.

**Matthew 4:3-4.** The devil was the first, but not the last, to challenge Jesus to prove himself. Temptation recurred, right up to the cross (see Matthew 27:40). Interestingly, the suggested condition of proof of Jesus' divinity was not specifically divine at all. On the contrary, the test was entirely carnal: that is, do whatever it takes to satisfy your hunger. Jesus declined, turning to Scripture (Deuteronomy 8:3) for his response to temptation.

**Matthew 4:5-7.** Once again, the devil implicitly questions that Jesus is God's Son. Of course, other Scriptures indicate that the demons knew full well who he was (for example, Mark 1:23-24; Luke 8:27-29). Like so many skeptics, though, the devil is not seeking truth, only challenging it. In the case of this particular temptation, we also note that the devil uses Scripture (Psalm 91:11-12) as an instrument of temptation. That tactic remains tragically effective with many believers, but Jesus refutes the misuse of God's Word with a reverent understanding and right application of it.

**Matthew 4:8-10.** The fact that the devil offered Jesus "all the kingdoms of the world" (4:8) suggests that they are his to give. A kingdom paradigm pervades the Gospels, especially in the preaching of John the Baptist and the teaching of Jesus. The kingdoms of the world are meant to belong to Christ one day (Revelation 11:15), but not by way of this ungodly shortcut. In response to this third temptation, Jesus again quotes Scripture (Deuteronomy 6:13).

**Matthew 4:11.** The scene concludes with two very encouraging developments: the devil leaves and angels come. We know from Luke's account of the same episode that the devil does not leave permanently (Luke 4:13), but his departure from this scene does confirm a promise from James: "Resist the devil, and he will flee from you" (James 4:7). It is interesting to note that the devil used the prospect of angelic help to tempt (Matthew 4:6), yet it was when Jesus resisted the temptation that the angels came to Jesus' aid. How heartening it would be to us if, in every temptation, we were confident that the devil would leave and angels would come to help us.

## INTERPRETING THE SCRIPTURE

### From the Mouth of God

Jesus answered Satan saying, "It is written, 'One does not live by bread alone, but by every word that comes from the mouth of God'" (Matthew 4:4).

Who can fathom the importance of the words that come from the mouth of God?

From the first page of Scripture, we see the impact of holy speech. Without lifting a finger, God calls the universe into existence: light and all of its temporary sources, earth and vegetation, waters teeming with life, and skies full of creatures and splendor. Creation is not accomplished by God's hard labor; it is by the words that come from the Creator's mouth.

In the Book of the Old Testament prophet Isaiah, the Lord expresses the import and impact of the words. They are like rain, watering the earth and bringing forth vegetation. God's Word goes forth and accomplishes its purpose; "it shall not return to me empty," says the Lord (Isaiah 55:11). Human beings come and go, transient as grass, but God's Word endures forever (Isaiah 40:7-8).

In the New Testament, we see Jesus healing people (Matthew 15:28), calming a storm (Luke 8:24-25), and casting out demons (Mark 1:25-27) with his words. And he especially commended the faith of the soldier who recognized the authority of his words (Luke 7:6-9). Jesus says that heaven and earth will pass away, but his words will last forever (Matthew 24:35).

The hymn writers have also given expression to this truth about the words from the mouth of the Lord. "He speaks," Charles Wesley wrote, "and listening to his voice, new life the dead receive." And Katharina von Schlegel quietly reminds us to be still, for "the waves and wind still know His voice who ruled them while He dwelt below."

Who, then, can fathom the importance of the words that come from the mouth of God?

### It Is Written

Jesus answered, "It is written, 'One does not live by bread alone, but by every word that comes from the mouth of God'" (Matthew 4:4). In this one verse, we see a compelling intersection of the spoken word, the written word, and the incarnate word.

According to John's Gospel, Jesus is the incarnate word of God (1:1-14). Meanwhile, here in this encounter with the devil, Jesus alludes to the spoken word of God, for he emphasizes the "word that comes from the mouth of God." And yet, when he says what he does about the spoken word, he is actually reciting a passage from the written word (Deuteronomy 8:3).

The written word of God is arguably the third major character in this scene. The two obvious characters are Jesus and the devil. But the written word is an equally prominent player. It is cited by Jesus in each of the three temptations. And even the devil endeavors to quote Scripture in verse 6. The fact is that, in the end, when the words of this passage are tallied, the Old Testament has more total words than the devil. And Jesus, in this episode, says almost nothing other than what he quotes from Scripture.

If Jesus himself relied upon the written word, how much more necessary must it be for you and me? If it was sufficient answer in the face of every temptation Jesus encountered alone in the wilderness, how powerful must it be for living our lives?

We are a generation that prizes recordings. While a few black-and-white photographs remain from my parents' childhoods, there are quite a few minutes of silent, colored film of mine. But neither of those archives compares to the records that parents are making today of their children. Most of today's kids will enter adulthood with hundreds of hours of their lives digitally recorded and preserved. From their birth itself to their first steps, birthday parties and sleepovers, school plays and soccer games, graduations and weddings—all of it is captured and kept on cameras, phones, and computers.

More than perhaps any other generation in history, therefore, we should embrace and rejoice in the written word of God. How precious is it that ancient people through the ages wrote down and preserved what God said. What a favor to us that they recorded what God did in their lives, in their nation, and in history? How priceless to have a record of divine commandments and counsel and to hold in our hands the accounts of Jesus' own life, teachings, death, and resurrection. We have not only one account in our Bible, but four Gospels that can help us understand who Jesus was, what he said and did, and what his actions and teachings mean for us today.

Jesus said, "It is written." Yes, it is. And as such, as the hymnist William How puts it, "The Scripture . . . is the chart and compass that o'er life's surging tide, mid mists and rocks and quicksands, to you, O Christ, will guide."

### The Bread of Life

Jesus answered, "It is written, 'One does not live by bread alone, but by every word that comes from the mouth of God'" (Matthew 4:4).

If it hadn't been said by an exceedingly hungry man, we would dismiss this statement as something between hyperbole and idiocy. After all, the issue at hand is physical hunger and the opportunity to have bread to eat. It's a practical concern for what needs to go into a person's mouth. Why, then, the reference to what comes out of God's mouth? What does one have to do with the other?

Frankly, it is just the sort of statement that we might chalk up to some overly pious type who is very well fed, and therefore can afford to be flippant about the need for bread. It's easy, after all, to emphasize the spiritual when all physical needs are met. It's easy to trivialize the appetites of the body when they've all been satisfied.

Yet this statement came from Jesus near the end of a forty-day fast. Most of us come to the conclusion so much more quickly that the needs of the body take priority over other things—because we're so hungry, because we're so tired, or some such. Yet even in the face of profound hunger, Jesus manages to remain clear about what is most essential. And so, presented with the opportunity to break his fast in favor of miraculous bread, he declines, saying, "One does not live by bread alone, but by every word that comes from the mouth of God."

Jesus is quoting Deuteronomy 8:3, and in that original context, Moses is teaching a new generation of Israelites about their people's experience all the way from bondage in Egypt to the border of the Promised Land. And one of the truths that emerged from the wilderness in between was this principle about the relative necessity of things.

The point that Moses makes and Jesus echoes is not that people do not need physical nourishment. The point is that they need more than just that. When the needs and desires of the body press hard against us, we are tempted, indeed, to suspect that they are most important. But they are not. And having emerged from forty days with no food and all God, Jesus knew that.

The poet called Scripture "the bread of life." And rightly so, for surely God's Word is where the eternal part of our selves finds its sustenance, strength, and growth. In knowing and relying on God's Word we can also find what we need to resist temptation.

---

## SHARING THE SCRIPTURE

### PREPARING TO TEACH

#### Preparing Our Hearts

Explore this week's devotional reading, found in Psalm 91:1-12. Notice that verses 11-12 are part of this week's background Scripture. The psalmist clearly trusts God and feels assured of divine protection, even in the midst of great danger. Do you share the psalmist's confidence? If not, ponder what it would take to assure you that God will care of you in all situations.

Pray that you and the adult students will feel secure in God's protective care, even when the storms of life are raging around you.

#### Preparing Our Minds

Study the background Scripture from Deuteronomy 6:13-16; 8:3; Psalm 91:11-12; Matthew 4:1-11. The lesson Scripture is from Deuteronomy 6:13-16; Matthew 4:4-11.

Consider this question as you prepare the lesson: *What helps people stick to their principles when other options tempt them?*

Write on newsprint:
❑ information for next week's lesson, found under "Continue the Journey."
❑ activities for further spiritual growth in "Continue the Journey."
Review the "Introduction," "The Big Picture," "Close-up," and "Faith in Action." Consider how you will use this additional information, which immediately precedes the first lesson, for this session.

Locate Bible concordances and have them available for class.

### LEADING THE CLASS

#### (1) Gather to Learn

❖ Greet the class members. Introduce any guests and help them to feel at home.

❖ Pray that the learners will contemplate their own code of conduct as they study this lesson.

❖ Read this information concerning the Benedictine Rule: **Written in the sixth century, the Benedictine Rule has helped countless people walk more closely with God. Those inside (and outside) of monas-**

teries make three vows to *stability*, which is a commitment to live in community; *conversion*, which is an ongoing process that enables believers to be attuned to and walk in the presence of God; and *obedience*, which refers to an intentionally disciplined way of life that is obedient to God. Those who agree to these vows use five practices to uphold them: prayer, work, study, hospitality, and renewal.

❖ Ask: **How might having a rule such as Saint Benedict's help believers to live a disciplined life that adheres to the highest moral, ethical, and biblical standards, even in the face of temptation?**

❖ Read aloud today's focus statement: **In a world that offers persons countless ways to satisfy their lusts and appetites, discipline is required to maintain high ethical and moral standards. What helps people stick to their principles when other options tempt them? Jesus' thorough knowledge of Scripture gave him strength to withstand difficult temptations.**

*(2) Goal 1: Gain New Insight from Studying the Story of Jesus' Temptation in the Wilderness*

❖ Choose three volunteers: one to read Matthew 4:1-4; another to read verses 5-7; and a third to read verses 8-11. Suggest that class members listen to discern (1) what these temptations are and (2) how Jesus overcomes them. Ask a fourth volunteer to read Deuteronomy 6:13-16. Note that Jesus quotes verse 16 in Matthew 4:7.

❖ Form three small groups and assign one set of verses to each group. Encourage them to talk about the temptation and how Jesus overcomes it. Suggest that they find the Old Testament Scriptures that Jesus quoted: Deuteronomy 8:3 in Matthew 4:4, Deuteronomy 6:16 in Matthew 4:7, and Deuteronomy 6:13 in Matthew 4:10. Note that in Matthew 4:6 Satan quoted Psalm 91:11-12. Also ask each group to think of a

similar temptation that would be familiar to contemporary people.

❖ Gather the groups together to report their findings. Add information from "Understanding the Scripture" from Matthew 4:1-2, 3-4, 5-7, 8-10 as appropriate.

❖ Conclude this portion by asking:
1. **What lessons can you learn from Jesus concerning how to handle temptation?**
2. **What actions will you take now so as to be better prepared to resist temptation?**

*(3) Goal 2: Appreciate the Importance of Regular Prayer and Scripture Reading in Shaping the Learners' Attitudes and Actions*

❖ Read or retell "The Bread of Life" from "Interpreting the Scripture" and ask:
1. **How does God's Word nourish and sustain you?** (Some students may find it helpful to respond to the reverse of this question: **If you did not have God's Word, what would be missing in your life?**)
2. **What role would you say that Scripture plays in shaping your actions and attitudes?** (Help participants recognize that reading and even memorizing Scripture is not enough if God's Word does not influence their morals, ethics, and interactions with other people.)
3. **In what settings do you hear and study God's Word?** (Answers may include: *during worship, Sunday school, or a Bible study group; with an ecumenical group; on my own; with an online group.*)
4. **There are many settings in which to pray, such as with a prayer group, during worship, individually at a specified time, individually by being mindful of God's presence at all times so that you can pray without ceasing. Which**

ways are especially helpful to you in shaping attitudes and actions befitting a Christian disciple?

❖ Encourage the adults to make prayer and regular Scripture study an important part of their day.

*(4) Goal 3: Make a Commitment to Memorize Key Verses of the Scriptures*

❖ Read the third and fourth paragraphs of "It Is Written" from "Interpreting the Scripture." Suggest that just as Jesus knew by heart what was written in the Scriptures, we too can memorize key verses.

❖ Distribute paper and pencils. Invite the students to list whatever they can remember of verses or stories that are important to them. A name or key word that may be somewhat unusual would be very helpful in limiting choices as they scan concordances to find the exact reference to the verse. Once they have found the verse they want, suggest they open their Bibles and copy the verse as it appears in the translation they prefer. Recommend that they read the verse, phrase by phrase, until they can remember all of it.

❖ Challenge the learners to make a commitment to memorize verses (or passages, such as Psalm 23) that they find valuable.

*(5) Continue the Journey*

❖ Pray that the learners will commit themselves to regular prayer and Bible study.

❖ Read aloud this preparation for next week's lesson. You may also want to post it on newsprint for the students to copy.
- Title: Jesus' Mission on Earth
- Background Scripture: Leviticus 25:8-55; Isaiah 61:1-2; Luke 4:14-21

- Lesson Scripture: Luke 4:14-21
- Focus of the Lesson: Many people wrestle with issues around finding or choosing a job. What considerations should drive their decision-making process when it comes to vocation? Jesus' identity and mission was informed by the prophetic tradition of the Hebrew Scriptures.

❖ Post these three activities related to this week's session on newsprint for the students to copy. Challenge the adults to grow spiritually by completing one or more of them.

(1) **Be alert this week for situations in which you are tempted to compromise your own beliefs or principles. What Scripture or teachings came to mind in the midst of this situation? How did your relationship with God empower you to resist this temptation?**

(2) **Try to memorize at least two Scripture verses that are important to you.**

(3) **Develop a list of people and situations that need prayer this week. Pray for each person or item on your list daily.**

❖ Sing or read aloud "I Want a Principle Within."

❖ Conclude today's session by leading the class in this benediction, which is adapted from Mark 12:30-31, the key verses for May 25: **We go forth pledging to honor and obey the two great commandments: we shall love the Lord our God with all our heart, and with all our soul, and with all our mind, and with all our strength. We shall also love our neighbor as ourselves. Amen.**

## UNIT 3: JESUS' USE OF SCRIPTURE
# JESUS' MISSION ON EARTH

---

### PREVIEWING THE LESSON

**Lesson Scripture:** Luke 4:14-21
**Background Scripture:** Leviticus 25:8-55; Isaiah 61:1-2; Luke 4:14-21
**Key Verse:** Luke 4:21

**Focus of the Lesson:**
Many people wrestle with issues around finding or choosing a job. What considerations should drive their decision-making process when it comes to vocation? Jesus' identity and mission were informed by the prophetic tradition of the Hebrew Scriptures.

**Goals for the Learners:**
(1) to better understand Jesus' mission and its relationship to the Hebrew Scriptures.
(2) to experience anew God's call in their lives.
(3) to identify opportunities for discipleship and to act on them.

**Pronunciation Guide:**
Septuagint (sep' too uh jint)

**Supplies:**
Bibles, newsprint and marker, paper and pencils, hymnals

---

### READING THE SCRIPTURE

**NRSV**
Lesson Scripture: Luke 4:14-21

[14]Then Jesus, filled with the power of the Spirit, returned to Galilee, and a report about him spread through all the surrounding country. [15]He began to teach in their synagogues and was praised by everyone.

[16]When he came to Nazareth, where he had been brought up, he went to the synagogue on the sabbath day, as was his custom. He stood up to read, [17]and the scroll of

**CEB**
Lesson Scripture: Luke 4:14-21

[14]Jesus returned in the power of the Spirit to Galilee, and news about him spread throughout the whole countryside. [15]He taught in their synagogues and was praised by everyone.

[16]Jesus went to Nazareth, where he had been raised. On the Sabbath he went to the synagogue as he normally did and stood up to read. [17]The synagogue assistant gave him

the prophet Isaiah was given to him. He unrolled the scroll and found the place where it was written:

18 "The Spirit of the Lord is upon me,
    because he has anointed me
        to bring good news to the poor.
He has sent me to proclaim release
        to the captives
    and recovery of sight to the blind,
        to let the oppressed go free,
19   to proclaim the year of the Lord's favor."

20And he rolled up the scroll, gave it back to the attendant, and sat down. The eyes of all in the synagogue were fixed on him. 21Then he began to say to them, "Today this scripture has been fulfilled in your hearing."

the scroll from the prophet Isaiah. He unrolled the scroll and found the place where it was written:

18*The Spirit of the Lord is upon me,*
    *because the Lord has anointed me .*
*He has sent me to preach good news to the poor,*
    *to proclaim release to the prisoners*
    *and recovery of sight to the blind,*
    *to liberate the oppressed,*
    19*and to proclaim the year of the Lord's favor.*

20He rolled up the scroll, gave it back to the synagogue assistant, and sat down. Every eye in the synagogue was fixed on him. 21He began to explain to them, "Today, this scripture has been fulfilled just as you heard it."

## UNDERSTANDING THE SCRIPTURE

**Leviticus 25:8-17.** The Lord built into Israel's law and economic structure a periodic reset button. Every fifty years—which was neither arbitrary nor decimally based, but rather a function of multiplying Sabbaths—a grand "return" was required. Israelites who had sold themselves into slavery in order to pay a debt were allowed to return home. And land that had been sold during the preceding decades would be returned to its original owner.

This fiftieth year was known as "Jubilee," a name that in Hebrew was derived from the word for the ram's horn that signaled its start. And the special year did not technically begin on the first day of the year, but rather on the Day of Atonement, which was Israel's holiest annual holiday. Perhaps a connection between atonement, freedom, and return was implicit in the timing.

Finally, the Jubilee paradigm was to be so entrenched in how ancient Israel did business that it would impact the price of property. The value of a piece of land was to be calculated based on the length of time until the next Year of Jubilee.

**Leviticus 25:18-22.** These verses represent a fascinating and comforting insertion into the law. Amid all of the commandments, here we find a reassurance that God will create the means by which the people will be able to obey.

This section anticipates a concern. God has required the people to give the land a Sabbath rest every seven years, just as they must give themselves a Sabbath rest every seven days. But if the land is not planted and harvested, what are the people to do for food? It's a pragmatic concern. And the Lord's pragmatic solution is to bless the people so abundantly that they can afford to obey.

**Leviticus 25:23-34.** From all the details of this passage, several key principles emerge. First, the land belongs to God, not the people. Second, the design of God's regulations would have prevented one individual from becoming a hoarding landlord while another became homeless and desolate.

And, third, the Levites are, as always, a special case in ancient Israel.

**Leviticus 25:35-38.** The Old Testament Law features a fascinating combination of realism and idealism. The idealism is born of the fact that Israel's holy God requires a righteous and just people, with all of the goodness and blessings that attend such living. At the same time, however, there is the realism that recognizes the imperfections and challenges of life in this world.

In this section, the law's realism recognizes the likelihood of poverty in Israel's midst. People will be needy. And in its idealism, the law requires the nation of Israel to respond to those needy people in their midst with mercy, justice, and compassion.

**Leviticus 25:39-55.** Principles introduced in the earlier passages come into play here in the matter of personal debt and slavery. Once again, Israel is instructed in the ideal way to respond to less-than-ideal reality. Also, just as the land of Israel belonged ultimately to God, so did the people of Israel; they could not be bought or sold permanently. Once again, mercy and compassion were to guide the people's conduct. The Year of Jubilee is again the designated moment of release. Here the reader is introduced to the practical meaning of a "redeemer" as one who purchases another's freedom.

**Isaiah 61:1-2.** If we heard this passage read in the original Hebrew, we would catch the sound of something familiar. The Hebrew word for "anointed" is the source of our word "Messiah." Meanwhile, if we saw these verses in the Greek of the Septuagint, we might recognize the verb that, in the New Testament, means "to preach the gospel." From this word we derive the English word "evangelize."

The speaker has been anointed and sent by God to do a certain work, and that work reveals the heart of God. The recipients of the Anointed One's ministry form a poignant list: the oppressed, brokenhearted, captives, prisoners, and those who mourn. The Anointed One will meet all their needs. And, meanwhile, the reference to a certain year recalls our earlier exposure to the Jubilee when the captives and prisoners were set free.

**Luke 4:14-15.** In the broad outline of Luke's account, this moment marks the beginning of Jesus' public ministry. He has been baptized in the Jordan and tempted in the wilderness. Now he sets out "filled with the power of the Spirit" (4:14). His ministry begins in Galilee, and he earns immediate attention and widespread approval.

**Luke 4:16.** Nazareth was its own distinctive case. On the one hand, it was part of that larger region of Galilee, which was the setting of Jesus' early ministry. On the other hand, Nazareth was also specifically Jesus' hometown—the place referred to in verse 16 as "where he had been brought up." His relationship to that town was unique, therefore, and so was their response to him.

**Luke 4:17.** William Barclay reports: "In the synagogue there was no definite person to give the address. Any distinguished stranger present might be asked by the ruler of the synagogue to speak, or anyone who had a message might venture to give it. There was no danger that Jesus would not be given the opportunity to speak." So it was that Jesus stood before the assembled crowd to read the Scripture and then to speak.

Luke says that "the scroll of the prophet Isaiah was given to him" (4:17). We do not know why that particular scroll was chosen, but it appears that Jesus had the freedom to select whatever passage from that long scroll he chose.

**Luke 4:18-21.** The passage that Jesus chose, as we explored it above, is a messianic passage. When Jesus rolled up the scroll and sat down to talk about the passage, however, he did not speak of it in terms of promise, hope, or expectation. Rather, he identified the prophecy as fulfilled—and, specifically, fulfilled at that very time and place. There was no more need for the people to wait and pine for the Messiah and his ministry: He was right there in their midst.

---

# INTERPRETING THE SCRIPTURE

### Recognizing Old Pictures

A ninety-three-year-old member of my church recently shared with me some old pictures. He told me stories of what he and his friends had done in the life of the church years ago. And he presented me with old, black-and-white photographs of himself and his group from back in the 1950s.

The pictures, along with the accompanying stories, were all delightful and fascinating to me. And this particular man was not the only one from those old pictures who was still active in the church. I recognized one or two other faces, as well.

And I did recognize faces. Even though nearly sixty years had passed, the faces, eyes, and smiles of men I know today were still recognizable to me. They had changed, to be sure. Such is the nature of aging and the passage of time. But even in the old photos, I could still tell who they were.

How much more recognizable would a person be, therefore, if that person had not changed? The photo might be very old— theoretically, it could even be an ancient picture. But if the subject of the photo had not changed over time, then he would look perfectly familiar in that old picture.

Our Lord is the person who does not change. That is one of the fundamental affirmations of Scripture (for example, 1 Samuel 15:29; Malachi 3:6; Hebrews 13:8). That is an important principle for us to understand and to appropriate for ourselves. The ancient pages of the Bible feature many portraits of God. And while they come from long ago, and from a variety of biblical books, the underlying truth is that these portraits bear witness to the same Lord that you and I know today.

### Recognizing One Book

When the writers of the New Testament referred to "the Scriptures," they did not have their own or one another's writings in mind. For them, "the Scriptures" was that collection of books that we Christians call "the Old Testament." And evidence in the New Testament suggests that the Christians of the apostolic age believed that Old Testament was sufficient for their faith in Christ.

Clearly the recollections of Jesus' life, teaching, death, and resurrection were central to the apostles' preaching, and ultimately we needed those things to become written records (the Gospels). Likewise, the apostles instructed and encouraged those first-century churches, and we cherish the copies we have of those writings (the Epistles). But in our common preference for the New Testament, we do well to reflect on how its writers viewed the Old Testament.

Jesus himself declared that he had not come to abolish the law but to fulfill it, and that "not one stroke of a letter" would pass from the law until "all is accomplished" (Matthew 5:18). Also, as we discovered in the Easter episodes from Luke 24, Jesus taught that the Old Testament writings pointed to him (Luke 24:27, 44-46). The Book of Acts reports that Apollos demonstrated from the Scriptures that Jesus was the Messiah (18:28). He was not citing chapter and verse in Luke or John; he was making his case from the writings of the Old Testament. Paul told Timothy that those writings "are able to instruct you for salvation through faith in Christ Jesus" (2 Timothy 3:15). From its beginning,

Matthew's Gospel is predicated on the conviction that Jesus is the fulfillment of Old Testament prophecy. And the writer of Hebrews devotes much of his letter to explaining how Jesus is anticipated and revealed by so many elements of the Old Testament Law.

The writers of the New Testament had such a high view of the Scriptures that I suspect they would be dismayed by how dismissive of the Old Testament many Christians are in our time. Today we tend to elevate the New above the Old, and we use the former as an excuse to ignore the latter. Such a development reflects neither the attitude nor intent of the apostles, however.

How often have I heard church folks casually reject some story, commandment, or verse, saying, "Yes, but that's in the *Old* Testament." They refer to two-thirds of the Bible as though it were a carton of milk that is far past its expiration date. Even in my seminary training I encountered that attitude, suggesting a division of Scripture that cannot be pleasing to God.

I live in Green Bay, Wisconsin, where much of life revolves around the Green Bay Packers football team. I have attended several games here, and I observe that the hometown fans cheer when both the offense and the defense come running out onto the field. They do not applaud the offense, while sitting on their hands for the defensive players. It's all the same team, after all.

Likewise with the Bible. We should not pit Old against New, as though they are in opposition. The writers of the New saw their message in perfect harmony with the Scriptures of the Old. And the story of Jesus was not in contrast to but in continuity with the Law and the Prophets that had come before.

## Recognizing God's Call

The episode in Luke 4 from the Nazareth synagogue paints a profound picture. The thirty-year-old Jesus holds in his hands a text that was perhaps seven centuries old. He reads a section of it aloud to the people gathered there, and they no doubt recognize that it is a messianic passage. It is part of their body of cherished promises about the man God would someday send to make all things right. And then Jesus closed the text and declared, "Today this scripture has been fulfilled in your hearing" (4:21).

For generations, the Jews had been waiting for God's Messiah. Now in his own hometown, where the message would be least easily received, Jesus announced that he was the one they had been waiting for. They didn't believe him, but that didn't make his announcement any less true. And still today, he is the one people have been waiting for, whether they recognize it or not.

Meanwhile, for you and me, our relationship to Scripture is different than Jesus' was. We cannot point to passages throughout the Bible and say, "I am the one being written about here" or "I am the fulfillment of this promise." Yet there may be more of a connection than we realize.

The passage that Jesus claimed for himself from Isaiah was prophetically written about him, to be sure. But it is also a peek into the heart of God. And, as such, every servant of God may appropriate it as a part of his or her calling. As soon as I pray for God's will to be done on earth as it is in heaven, I commit myself to helping to make that will happen. And so wherever I catch a glimpse in Scripture of what this will looks like, I hear God's call in my life. Just as Jesus' life and vocation were shaped by the Scriptures, so too are your lives and mine.

# SHARING THE SCRIPTURE

## PREPARING TO TEACH

### *Preparing Our Hearts*

Explore this week's devotional reading, found in John 10:1-10. Here we encounter Jesus using figures of speech to describe who he is and what he does. The entire discourse (10:1-18, include two "I am" statements: the gate [10:7, 9] and good shepherd [10:11, 14]). How is the image of the good shepherd helpful to you, especially if you are not connected to the agricultural community? What tender, loving care do you need to receive from the Good Shepherd right now?

Pray that you and the adult students will recognize and give thanks for the many ways that Jesus' fulfilled his mission here on earth.

### *Preparing Our Minds*

Study the background Scripture from Leviticus 25:8-55; Isaiah 61:1-2; and Luke 4:14-21; and the lesson Scripture from Luke 4:14-21.

Consider this question as you prepare the lesson: *What considerations should drive one's decision-making process when it comes to vocation?*

Write on newsprint:
- ❏ questions for "Experience God's Call Anew."
- ❏ information for next week's lesson, found under "Continue the Journey."
- ❏ activities for further spiritual growth in "Continue the Journey."

Review the "Introduction," "The Big Picture," "Close-up," and "Faith in Action." Consider how you will use this additional information, which immediately precedes the first lesson, for this session.

## LEADING THE CLASS

### *(1) Gather to Learn*

❖ Greet the class members. Introduce any guests and help them to feel at home. Since this is Mother's Day, be sure to offer words of thanks to all women who have taken responsibility for raising and caring for children.

❖ Pray that the learners will be open and ready to respond to God's call on their lives.

❖ Ask: **Why do people choose a specific vocation?** (Possible responses include *interest in the work, high salary, need for people in field, admire someone in this field and want to follow in his or her footsteps, personal experience with someone in this field who has helped you or a family member, have a talent for the work, feel called to the work, only job available so you are willing to try it, like a college major, temperament, family business.*) Talk about which reasons may lead to satisfaction in the job, and which may cause regret or a desire to change fields.

❖ Read aloud today's focus statement: **Many people wrestle with issues around finding or choosing a job. What considerations should drive their decision-making process when it comes to vocation? Jesus' identity and mission were informed by the prophetic tradition of the Hebrew Scriptures.**

### *(2) Goal 1: Better Understand Jesus' Mission and Its Relationship to the Hebrew Scriptures*

❖ Choose two volunteers to read Luke 4:14-21. One is to read verses 18-19, taken from Isaiah 58:6 and 61:1-2. The other reader will read all other verses.

❖ Ask these questions:
  1. **What do you learn about Jesus and his mission from this passage?**
  2. **What do you learn about Jesus'**

use of the Hebrew Scriptures? (You may wish to read or retell "Recognizing One Book" from "Interpreting the Scripture.")

3. **What does Jesus' use of the Hebrew Scriptures suggest to you about your own use of those Scriptures?**

❖ **Option:** Use "Close-up: Old Testament Passages Jesus Quoted in the New Testament" to help the adults see which of the Hebrew Scriptures Jesus chose to quote.

*(3) Goal 2: Experience God's Call Anew*

❖ Read "Recognizing God's Call" from "Interpreting the Scripture." Reread the last three sentences, beginning with "As soon as I pray."

❖ Post these questions, which you have written on newsprint. Invite the students to silently contemplate their answers.

1. **What do you think God is calling you to do right now?**
2. **What circumstances might make this call different from calls you have received in the past?**
3. **How are you answering this call? If you are not responding, what roadblocks are preventing you from answering? How can these barriers be torn down?**

❖ **Option:** If possible, have a recording or musician softly playing "Here I Am, Lord" as background music during the meditation time.

❖ End this section of the lesson by challenging the learners to listen and respond to God's call.

*(4) Goal 3: Identify Opportunities for Discipleship and Act on Them*

❖ Look again at Luke 4:18-19. Identify the kinds of people whom Jesus came to serve. Ask: **Since we are called to be followers of Jesus, his mission on behalf of** others is also our mission on behalf of others. Based on this passage, whom might we serve? Make a list of groups on the left side of a sheet of newsprint. Go back and write at least one idea on the right side as to how the class might serve each group. Dream big by considering the following possibilities and others you may brainstorm, all of which need to be Spirit-led and undergirded with prayer.

1. Support a class (church) member who wants to run for public office in order to bring about real change. As important as it is to help the poor survive today, farsighted legislators need to enact laws and policies that will eradicate the roots of poverty.
2. Sponsor a prisoner, an immigrant, or someone else who needs a fresh start. Help this person find a job; and provide basic necessities and housing until he or she can get a foothold. Provide training in literacy, financial counseling, home maintenance, or whatever else this person needs in order to be successful.
3. Create a safe haven for senior adults where they can find fellowship, meals, recreation, transportation to appointments and shopping, and assistance filling out tax, medical, and other forms.

❖ Choose an idea that the class would like to pursue. Form a task force to determine how you might refine and move forward with the group's idea.

*(5) Continue the Journey*

❖ Pray that the learners seek new opportunities to live as Christian disciples.

❖ Read aloud this preparation for next week's lesson. You may also want to post it on newsprint for the students to copy.

■ **Title: Jesus' Teaching on the Law**

■ Background Scripture: Exodus 20; Isaiah 29:13-14a; Matthew 5:17-48; 15:1-19; Romans 3:31

■ Lesson Scripture: Matthew 15:1-11, 15-20

■ Focus of the Lesson: Traditions are powerful guides for determining actions and behavior. How can Christians avoid using traditions to set up the word of the Law against the spirit of the Law? While Jesus was a firm believer in tradition, he warned against a misuse of tradition that makes "void the word of God" (Matthew 15:6).

❖ Post these three activities related to this week's session on newsprint for the students to copy. Challenge the adults to grow spiritually by completing one or more of them.

(1) Recall that Luke 4:19 states, "to proclaim the year of the Lord's favor," which in turn is a quotation from Isaiah 61:2. The year referred to is the Jubilee. Research the year of the Jubilee as discussed in Leviticus 25:8-55. How would you relate the deliverance Jesus brings to the deliverance one receives through Jubilee?

(2) Help someone who is pondering a vocational choice. Encourage this person to take into account how and where God might be calling him or her to serve.

(3) Perform at least one act of service for someone in your community who is poor.

❖ Sing or read aloud "O Word of God Incarnate."

❖ Conclude today's session by leading the class in this benediction, which is adapted from Mark 12:30-31, the key verses for May 25: **We go forth pledging to honor and obey the two great commandments: we shall love the Lord our God with all our heart, and with all our soul, and with all our mind, and with all our strength. We shall also love our neighbor as ourselves. Amen.**

UNIT 3: JESUS' USE OF SCRIPTURE

# JESUS' TEACHING ON THE LAW

---

### PREVIEWING THE LESSON

**Lesson Scripture:** Matthew 15:1-11, 15-20
**Background Scripture:** Exodus 20; Isaiah 29:13-14a; Matthew 5:17-48; 15:1-19; Romans 3:31
**Key Verses:** Matthew 15:8-9

#### Focus of the Lesson:
Traditions are powerful guides for determining actions and behavior. How can Christians avoid using traditions to set up the word of the Law against the spirit of the Law? While Jesus was a firm believer in tradition, he warned against a misuse of tradition that makes "void the word of God" (Matthew 15:6).

#### Goals for the Learners:
(1) to understand the sacred traditions of the church in light of Scripture.
(2) to recount stories of traditions that touch their hearts most deeply.
(3) to assess aspects of tradition that might be creating a barrier to a fresh experience of the Spirit in their churches.

#### Pronunciation Guide:
Ebal (ee' buhl)

#### Supplies:
Bibles, newsprint and marker, paper and pencils, hymnals

---

### READING THE SCRIPTURE

NRSV
Lesson Scripture: Matthew 15:1-11, 15-20

¹Then Pharisees and scribes came to Jesus from Jerusalem and said, ²"Why do your disciples break the tradition of the elders? For they do not wash their hands before they eat." ³He answered them, "And why do you break the commandment of God for the sake

CEB
Lesson Scripture: Matthew 15:1-11, 15-20

¹Then Pharisees and legal experts came to Jesus from Jerusalem and said, ²"Why are your disciples breaking the elders' rules handed down to us? They don't ritually purify their hands by washing before they eat."

of your tradition? <sup>4</sup>For God said, 'Honor your father and your mother,' and, 'Whoever speaks evil of father or mother must surely die.' <sup>5</sup>But you say that whoever tells father or mother, 'Whatever support you might have had from me is given to God,' then that person need not honor the father. <sup>6</sup>So, for the sake of your tradition, you make void the word of God. <sup>7</sup>You hypocrites! Isaiah prophesied rightly about you when he said:

8    'This people honors me with their lips,
      but their hearts are far from me;
9    in vain do they worship me,
      teaching human precepts as
        doctrines.' "

<sup>10</sup>Then he called the crowd to him and said to them, "Listen and understand: <sup>11</sup>it is not what goes into the mouth that defiles a person, but it is what comes out of the mouth that defiles." . . . <sup>15</sup>But Peter said to him, "Explain this parable to us." <sup>16</sup>Then he said, "Are you also still without understanding? <sup>17</sup>Do you not see that whatever goes into the mouth enters the stomach, and goes out into the sewer? <sup>18</sup>But what comes out of the mouth proceeds from the heart, and this is what defiles. <sup>19</sup>For out of the heart come evil intentions, murder, adultery, fornication, theft, false witness, slander. <sup>20</sup>These are what defile a person, but to eat with unwashed hands does not defile."

<sup>3</sup>Jesus replied, "Why do you break the command of God by keeping the rules handed down to you? <sup>4</sup>For God said, *Honor your father and your mother,* and *The person who speaks against father or mother will certainly be put to death.* <sup>5</sup>But you say, 'If you tell your father or mother, "Everything I'm expected to contribute to you I'm giving to God as a gift," then you don't have to honor your father.' <sup>6</sup>So you do away with God's Law for the sake of the rules that have been handed down to you. <sup>7</sup>Hypocrites! Isaiah really knew what he was talking about when he prophesied about you, <sup>8</sup>*This people honors me with their lips, but their hearts are far away from me. <sup>9</sup>Their worship of me is empty since they teach instructions that are human rules."*

<sup>10</sup>Jesus called the crowd near and said to them, "Listen and understand. <sup>11</sup>It's not what goes into the mouth that contaminates a person in God's sight. It's what comes out of the mouth that contaminates the person." <sup>15</sup>Then Peter spoke up, "Explain this riddle to us."

<sup>16</sup>Jesus said, "Don't you understand yet? <sup>17</sup>Don't you know that everything that goes into the mouth enters the stomach and goes out into the sewer? <sup>18</sup>But what goes out of the mouth comes from the heart. And that's what contaminates a person in God's sight. <sup>19</sup>Out of the heart come evil thoughts, murders, adultery, sexual sins, thefts, false testimonies, and insults. <sup>20</sup>These contaminate a person in God's sight. But eating without washing hands doesn't contaminate in God's sight."

## UNDERSTANDING THE SCRIPTURE

**Exodus 20:1-2.** The Ten Commandments were central to Israel's understanding of their relationship with God. They were the centerpiece of the Law, as well as the primary contents of the ark of the covenant. That ark was the holiest object in Israel. It occupied the Holy of Holies and represented the presence of God.

The Ten Commandments are introduced by a certain relational context. All that follows should be understood in light of that context. Specifically, the commandments come from a particular god: their God, who saved them.

**Exodus 20:3-11.** The first four commandments concern humanity's relationship with God (20:3-11), while the latter six deal with how humans are to relate to one another (20:12-17). First, there is the primacy of the Lord in the lives of his people and exclusivity of their worship. Then there is the proper treatment of God's name. And then there is the proper observance of the Sabbath, the day of rest ordained by God.

If we did not know the contents of the Ten Commandments and had to guess, it might now occur to us to include one about God's name. That may deserve more thought on our part. Also, if we were to ask which commandments God still expects us to observe today, a lot of Christians would put a checkmark next to nine of the ten. The Sabbath, however, has become the neglected or discounted commandment in contemporary culture. The lack of concern about this commandment may be surprising, since it effectively predates all the others (see Genesis 2:1-3).

**Exodus 20:12-17.** As noted above, this group of six commandments deals with our human relationships. Commandments six through ten (20:13-17) involve all of our relationships with other people. The fifth, by contrast, targets just one relationship: our parents. Inasmuch as the subsequent commandments touch on murder and adultery, we know that these were not written for an audience of children. Accordingly, we ought to consider the implications of the fifth commandment for an adult's relationship with his or her parents.

**Exodus 20:18-21.** This is a fascinating moment. Overwhelmed by the display of thunder and lightning and trumpet and a smoking mountain that accompanied God's presence at the mountain, the people "were afraid" (20:18). In verse 20 Moses assumes the role of the mediator between God and the people and says, "Do not be afraid." He goes on to explain that God's purpose is to

"put the fear of him upon you so that you do not sin." In this context, the Hebrew word for "afraid" refers to fright, whereas "fear" is more concerned with moral reverence. And we see that God's purpose is not that they should cower, but simply that they should obey.

**Exodus 20:22-26.** The people's own experience of the living God should keep them from the sin of idolatry. Moreover, God demands that the people worship no other gods (20:3). In verses 22-26, we overhear God speaking to Moses about laws concerning the altar, how it is to be constructed, its purpose, and how it is to be approached. Later instructions in the law offer much more guidance and detail in this regard. For the present, the emphasis seems to be on simplicity.

**Isaiah 29:13-14.** On the surface, the people's worship probably looked just fine. But God sees beneath the surface. Indeed, what matters most is what's in the heart (see 1 Samuel 16:7), and the worshipers' hearts were far from God. Accordingly, in this chapter concerned with the Assyrian siege of Jerusalem (which occurred in 701 B.C.) the Lord warned of "shocking and amazing" (29:14) things to come. These superficial people would learn a painful lesson.

**Matthew 5:17-20.** The Pharisees sometimes thought that Jesus was careless about the law. And modern Christians sometimes think that Jesus has nullified the law. In this strong teaching, however, Jesus actually endorses the importance and continuing relevance of the law.

**Matthew 5:21-26.** The recurring introductory phrase, "you have heard that it was said" (5:21, 27, 33, 38, 43; see also 5:31) refers not only to the Mosaic Law but also to the accumulated teachings and traditions surrounding that law. Jesus shows that he is not dismissive of that law, but deepens and enlarges it. Here he cuts through the mere physical act of murder to the deeper matters of the heart related to anger, putting a priority on reconciliation within all our human relationships.

**Matthew 5:27-32.** Once again, Jesus' standard is higher and deeper than the Old Testament law. Once again, the focus moves from the external act to the internal causes. Once again, we see his emphasis on relationships that are whole and preserved rather than broken and discarded.

**Matthew 5:33-37.** Jesus is affirming the spirit of the original law, while chipping away at some of the nonsensical traditions that had grown up around it (see, for example, Matthew 23:16-22).

**Matthew 5:38-48.** Jesus completely recasts how we handle ourselves in our human relationships. There is the standard of the old law, which emphasized justice. There is the natural human standard, which emphasizes a kind of self-perpetuating quid pro quo or tit for tat. But Jesus proposes a radical new and higher standard: that we should take our cue from how God treats people.

**Matthew 15:1-9.** The Pharisees and scribes continually sought to find fault with Jesus. Here they did the next best thing, finding fault with his followers. Jesus uses their emphasis on "the tradition of the elders" (15:2) and turns it against them, pitting "your tradition" (15:3) against "the commandment of God" and "the word of God" (15:3). It is a biting critique, as it cites their practices, as wells as quotations from the Law and the Prophets.

**Matthew 15:10-19.** Here is an example of an ongoing difference between Jesus and the Pharisees. They tended to focus on the externals while Jesus' emphasis was always on the internal matters of the heart. His explanation here proves that the external uncleanness is a superficial and passing concern. Uncleanness within, however, is deep and significant.

**Romans 3:31.** Paul's larger argument is that we are justified by faith, not by obedience to the law. Nevertheless, he does not regard that emphasis on faith as a breaking or a dismissing of the law. On the contrary, reminiscent of Jesus' earlier words in Matthew 5:17 and following, Paul believes that this emphasis on faith confirms and fulfills God's law.

---

## INTERPRETING THE SCRIPTURE

*A Tale of Two Horses*

Let us imagine a racehorse of uncommon ability and unprecedented achievement. He is big, strong, and exceedingly fast. He not only wins the Triple Crown, he shatters records in each venue where he races. And he routinely leaves his competitors many lengths behind. The only thing in question in each of his races is which horse will come in second; first place is never in doubt when he runs.

The power of this horse brings many new fans into the sport. Meanwhile, older followers of the sport admit that they've never before seen a horse like this one. And horse-racing historians argue that he is not only the best of his generation, but the greatest of all time.

Naturally, when his racing career is finished, he is put to stud, and each of his offspring fetches a handsome price. Any horse he sires is assumed to have tremendous value and potential because of where it came from. And his name gives weight and importance to the pedigree of every subsequent horse that comes from his line.

Let us imagine, though, that many generations have passed. Now we have before us a horse that does claim this rare champion as part of his heritage, but by now it is only a tiny genetic percentage of this current horse's makeup. Furthermore, some breeders through the years have not always been careful, and so many lesser horses have figured into the mix along the way.

Anyone with even a modest knowledge of horses and racing, therefore, would recognize that this distant descendant should not be considered an equal to his great-great ancestor. And it would the height of absurdity to replace the historic champion's portraits and statues with photos and models of now contemporary descendants.

Since racehorses are typically given colorful names, let us assign some meaningful names to these two imaginary horses. The first we will call "God's Law," and the second we shall name "Traditions."

### Where They Kept God's Law

The law of God was given to the people of Israel in the time of Moses. It was handed down on Mount Sinai, where God met the people in the wilderness. That law expressed the terms of God's covenant with them. And later generations sang about the wisdom, beauty, and truth found in the law.

We would say that God's greatest gift to us was the Beloved Son. Prior to Jesus' birth, what was God's greatest gift to his people? Many Old Testament people of God would answer "the law."

To illustrate the importance of God's law, we need only observe its locations. After all, where we place a thing reveals a great deal about its value. The new car is protected in the garage, while an older one sits out in the driveway at night. The fine china is used in the dining room for special guests, while the day-to-day stuff is stacked in kitchen cupboards and used by the kids. The nicest furniture is in the living room, while the junkier sofas and chairs go to the basement (or to the youth room at church!).

Consider, then, the locations of the law.

The Ten Commandments were housed in the ark of the covenant. In both the Tabernacle and the Temple, that ark was set in the Holy of Holies—the exclusively sacred spot, where only the High Priest could enter, and only on the most holy day of the year. When the Israelites would set up camp in the wilderness, the Tabernacle was deliberately placed at the center of their tent-community (see Numbers 2:17). When they traveled from one place to another, the priests carrying the ark went ahead of them (see, for example, Joshua 3:6).

And so, by virtue of the Ten Commandments' location in the ark of the covenant, we see where the law was kept in Israel: front and center, high and holy. It was at the front when they traveled, and in the center when they camped. It was cherished in the most holy spot, and carried high on the priests' shoulders before all the people.

Moreover, Moses instructed the people (Deuteronomy 27:1-8) that they were to set up large stones at Mount Ebal. A glance at a map of Old Testament Israel reveals, significantly, that Ebal is nearly the geographic center of the land. They were to plaster over the large stones there at Ebal, and then write on them "all the words of this law" (27:3). Even after the people had settled in the land, therefore, the law was meant to reside permanently at the center of their camp.

Furthermore, God wanted the law to permeate every area of their lives (Deuteronomy 6:6-9). They were to discuss it with their children and think about it day and night. They were to wear physical reminders of it on their bodies, as well as surround themselves with written reminders throughout their homes and cities. And, in the end, God will write the law upon their hearts (Jeremiah 31:33).

The profound importance of the law is evidenced by its locations.

### The Value of the Offspring

Because the law was so richly and so rightly valued by God's people, everything that law gave birth to was also naturally revered by God's people. Like the imaginary racehorse, all of the offspring of God's law were presumed to have great value and importance. But what were the offspring of God's law?

In order for the people to learn God's Word, they had to be taught. Some of that was meant to occur routinely in the home. Increasingly and predictably, however, it became the stuff of training and expertise. People who were recognized as experts in God's law became the interpreters and commentators for that law.

All of the subsequent teachings and interpretations of the law naturally enjoyed an importance that derived from the law itself. And those teachings and interpretations, in turn, gave rise to traditions. Once a respected teacher or expert suggested that thus-and-so was the ideal way to observe a law, then a tradition would emerge from that suggested observance.

In the hundreds of years between Moses and Jesus, a great proliferation of traditions had grown up around God's law. Those traditions reflected generations of offspring, if you will. But the breeding of those tradi-

tions was dubious. Although the law had come from God, the traditions came from human beings.

If traditions bring us closer to God and an understanding of the Scriptures, then they serve a good purpose. When those traditions get in the way, however—when we elevate them above God's Word itself—then they become counterproductive. So it was that the Pharisees had effectively replaced the portraits of the champion with pictures of his distant descendants. Anyone with a little horse sense should know better than that.

In contrast, Jesus taught about the value and importance of the law, but he also warned against "teaching human precepts as doctrine" (Matthew 15:9). He pointed out that people who give lip-service but do not hold God in their hearts cannot authentically worship. Perhaps we need to determine just how pure the "bloodlines" of our own church traditions are so that we can be certain that what we say and do accurately reflect the Word.

## SHARING THE SCRIPTURE

### PREPARING TO TEACH

#### *Preparing Our Hearts*

Explore this week's devotional reading, which is from the Sermon on the Mount in Matthew 5:14-20. Here Jesus calls us to be light that shines for the world to see. He also talks about his relationship with the law, which he has come to fulfill, not to abolish. Although salvation is not earned by keeping the law, obedience to God is an important facet of discipleship. What is your understanding of the role God's law plays in the lives of Christians?

Pray that you and the adult students will be open to hearing and obeying the word of the Lord.

#### *Preparing Our Minds*

Study the background Scripture from Exodus 20; Isaiah 29:13-14a; Matthew 5:17-48; 15:1-19; Romans 3:31. The lesson Scripture is from Matthew 15:1-11, 15-20.

Consider this question as you prepare the lesson: *How can Christians avoid using traditions to set up the word of the Law against the spirit of the Law?*

Write on newsprint:
❑ information for next week's lesson, found under "Continue the Journey."
❑ activities for further spiritual growth in "Continue the Journey."

Review the "Introduction," "The Big Picture," "Close-up," and "Faith in Action." Consider how you will use this additional information, which immediately precedes the first lesson, for this session.

## LEADING THE CLASS

### (1) Gather to Learn

❖ Greet the class members. Introduce any guests and help them to feel at home.

❖ Pray that the learners will reflect on church traditions that are especially meaningful to them.

❖ Read this information about Election Day in the United States: **Since 1845, the Tuesday after the first Monday in November has been Election Day. November was a good month for the majority of the electorate, who were farmers. Planting and harvesting had been completed in most areas, but the winter had not yet set in, so overland travel on dirt roads was still possible. By specifying the Tuesday after the first Monday, Congress ensured that there was no conflict with All Saints Day, which is a Holy Day of Obligation in the Roman Catholic Church. The first was also the day of the month that most businesses completed their bookkeeping for the previous month. Moreover, since in many locales one had to get to the county seat to vote, travel time was needed. If Election Day were on a Monday, people would have to leave on a Sunday, which was a day for church for most people. This November Tuesday remains our official election day.**

❖ Ask: **How is this traditional date, which was mandated by Congress nearly 170 years ago to enable farmers to vote conveniently, working in the twenty-first century?**

❖ Read aloud today's focus statement: **Traditions are powerful guides for determining actions and behavior. How can Christians avoid using traditions to set up the word of the Law against the spirit of the Law? While Jesus was a firm believer in tradition, he warned against a misuse of tradition that makes "void the word of God" (Matthew 15:6).**

### (2) Goal 1: Understand the Sacred Traditions of the Church in Light of Scripture

❖ Read or retell "Where They Kept God's Law" from "Interpreting the Scripture" to introduce the importance of the Scriptures to God's people.

❖ Consider Jesus' attitude toward the Scriptures, particularly the law, by inviting a volunteer to read Matthew 15:1-11, 15-20. Ask:
1. **What is Jesus' argument concerning tradition?** (See Matthew 15:1-9, 10-19 in "Understanding the Scripture.")
2. **What specific situations does Jesus use to make his points?** (Notice the rules regarding handwashing and the commandment concerning care for one's parents.)
3. **The Jewish law contains directions for ritual purity. What does Jesus have to say about these?** (Note that he does not abolish these rules, but rather he focuses more on the internal motivation than the external action.)
4. **How would you assess the use of tradition in the church? Do we have too much, too little, or about the right amount?**
5. **When we follow church traditions, are we bringing people closer to God, or erecting barriers to keep them away? Explain your answer.**

### (3) Goal 2: Recount Stories of Traditions that Touch the Learners' Hearts Most Deeply

❖ Distribute paper and pencils. Encourage the students to write briefly about a tradition that deeply touched them. For example, perhaps confirmands traditionally go on an overnight retreat or to a camp. Students may write about how their relationship with Christ was strengthened by that tradition.

❖ Call the group together and invite volunteers to share stories of those traditions that deeply touched their lives.

*(4) Goal 3: Assess Aspects of Tradition that Might Be Creating a Barrier to a Fresh Experience of the Spirit in the Learners' Churches*

❖ Retell briefly "A Tale of Two Horses" and then read "The Value of the Offspring," both in "Interpreting the Scripture."

❖ Make a list on newsprint of activities that are traditional in church.

❖ Acknowledge that at some time each of these traditions the group identified held special meaning for church members. Compare these to the story of the amazing horse. Note, too, that traditions can outlive their usefulness and become something we do because "we've always done things that way," even if these "offspring" have lost the value of the original. Ask:

1. **Are there traditions within our church that really need to be retired because they are no longer meaningful or viable? If so, what are they?**
2. **Are there any new traditions that we should observe that would be meaningful to newer members of our congregation? If so, how can we go about incorporating them into our life together?**

*(5) Continue the Journey*

❖ Pray that the learners will yearn for a renewing touch of the Holy Spirit.

❖ Read aloud this preparation for next week's lesson. You may also want to post it on newsprint for the students to copy.

■ **Title: The Greatest Commandment**
■ **Background Scripture: Leviticus 19:18; Deuteronomy 4:35; 6:1-9; Mark 12:28-34**
■ **Lesson Scripture: Leviticus 19:18; Deuteronomy 6:4-9; Mark 12:28-34**
■ **Focus of the Lesson: In societies that traditionally value individual achievement, it is assumed that people will look out for their best**

interests before the interests of others. What safeguards exist to counter such narcissistic inclinations? When Jesus quoted Deuteronomy 6:4–5, he reminded the disputants that tradition had already determined which commandment was greatest. In addition, he said that Christians are not far from the kingdom of God when the highest priority in their lives is to love God and neighbor.

❖ Post these three activities related to this week's session on newsprint for the students to copy. Challenge the adults to grow spiritually by completing one or more of them.

(1) **Recall an event in your own life where tradition played a significant role, such as a wedding or holiday celebration. What made this event so memorable?**

(2) **Remember how you spent Sundays as a youth. How is the flow of a Sunday similar to or different from that now? What traditions are you glad you no longer observe? What traditions would you like to recapture? Why?**

(3) **Talk with a young person about how a church service (or day at school or particular holiday) used to be observed when you were younger compared with how it is observed now. Be aware of the young person's response.**

❖ Sing or read aloud "Majesty, Worship His Majesty."

❖ Conclude today's session by leading the class in this benediction, which is adapted from Mark 12:30-31, the key verses for May 25: **We go forth pledging to honor and obey the two great commandments: we shall love the Lord our God with all our heart, and with all our soul, and with all our mind, and with all our strength. We shall also love our neighbor as ourselves. Amen.**

UNIT 3: JESUS' USE OF SCRIPTURE
# The Greatest Commandment

---

## PREVIEWING THE LESSON

**Lesson Scripture:** Leviticus 19:18; Deuteronomy 6:4-9; Mark 12:28-34
**Background Scripture:** Leviticus 19:18; Deuteronomy 4:35; 6:1-9; Mark 12:28-34
**Key Verses:** Mark 12:30-31

### Focus of the Lesson:
In societies that traditionally value individual achievement, it is assumed that people will look out for their best interests before the interests of others. What safeguards exist to counter such narcissistic inclinations? When Jesus quoted Deuteronomy 6:4–5, he reminded the disputants that tradition had already determined which commandment was greatest. In addition, he said that Christians are not far from the kingdom of God when the highest priority in their lives is to love God and neighbor.

### Goals for the Learners:
(1) to understand why the Great Commandment is considered a summary of all the Law and the Prophets.
(2) to confess what has been done and left undone with regards to loving their neighbors.
(3) to identify ways Christians can be the hands and feet, the eyes and ears, of Jesus in this world.

### Pronunciation Guide:
agape (ag ah' pay)

### Supplies:
Bibles, newsprint and marker, paper and pencils, hymnals

---

## READING THE SCRIPTURE

**NRSV**
Lesson Scripture: Leviticus 19:18
    <sup>18</sup>You shall not take vengeance or bear a grudge against any of your people, but you

**CEB**
Lesson Scripture: Leviticus 19:18
    <sup>18</sup>You must not take revenge nor hold a grudge against any of your people; instead,

shall love your neighbor as yourself: I am the LORD.

Lesson Scripture: Deuteronomy 6:4-9

[4]Hear, O Israel: The LORD is our God, the LORD alone. [5]You shall love the LORD your God with all your heart, and with all your soul, and with all your might. [6]Keep these words that I am commanding you today in your heart. [7]Recite them to your children and talk about them when you are at home and when you are away, when you lie down and when you rise. [8]Bind them as a sign on your hand, fix them as an emblem on your forehead, [9]and write them on the doorposts of your house and on your gates.

Lesson Scripture: Mark 12:28-34

[28]One of the scribes came near and heard them disputing with one another, and seeing that he answered them well, he asked him, "Which commandment is the first of all?" [29]Jesus answered, "The first is, 'Hear, O Israel: the Lord our God, the Lord is one; **[30]you shall love the Lord your God with all your heart, and with all your soul, and with all your mind, and with all your strength.' [31]The second is this, 'You shall love your neighbor as yourself.' There is no other commandment greater than these."** [32]Then the scribe said to him, "You are right, Teacher; you have truly said that 'he is one, and besides him there is no other'; [33]and 'to love him with all the heart, and with all the understanding, and with all the strength,' and 'to love one's neighbor as oneself,'—this is much more important than all whole burnt offerings and sacrifices." [34]When Jesus saw that he answered wisely, he said to him, "You are not far from the kingdom of God." After that no one dared to ask him any question.

you must love your neighbor as yourself; I am the LORD.

Lesson Scripture: Deuteronomy 6:4-9

[4]Israel, listen! Our God is the LORD! Only the LORD! [5]Love the LORD your God with all your heart, all your being, and all your strength. [6]These words that I am commanding you today must always be on your minds. [7]Recite them to your children. Talk about them when you are sitting around your house and when you are out and about, when you are lying down and when you are getting up. [8]Tie them on your hand as a sign. They should be on your forehead as a symbol. [9]Write them on your house's doorframes and on your city's gates.

Lesson Scripture: Mark 12:28-34

[28]One of the legal experts heard their dispute and saw how well Jesus answered them. He came over and asked him, "Which commandment is the most important of all?"

[29]Jesus replied, *"The most important one is Israel, listen! Our God is the one Lord,* [30]and **you must love the Lord your God with all your heart, with all your being, with all your mind, and with all your strength.** [31]**The second is this, *You will love your neighbor as yourself.* No other commandment is greater than these."**

[32]The legal expert said to him, "Well said, Teacher. You have truthfully said that God is one and there is no other besides him. [33]And to love God with all of the heart, a full understanding, and all of one's strength, and to love one's neighbor as oneself is much more important than all kinds of entirely burned offerings and sacrifices."

[34] When Jesus saw that he had answered with wisdom, he said to him, "You aren't far from God's kingdom." After that, no one dared to ask him any more questions.

## UNDERSTANDING THE SCRIPTURE

**Leviticus 19:18.** The Old Testament Law is a remarkable collection of instructions that touches on everything from the rituals of worship to ensuring honest weights and measures in business. Human sexuality, commerce, criminal justice, observance of holidays, providing for the poor—all of these come under the wise and broad umbrella of God's law for the people of Israel. Also, as we see in this famous excerpt from it, the law counsels us concerning both our actions and our attitudes.

The Old Testament law never defines "neighbor," though a conversation with Jesus more than a thousand years later provides the best insight into the heart of God on this matter (see Luke 10:25-37). Within the immediate context of this verse, it may be that "any of your people" serves as a parallel to "your neighbor." That understanding is not as broad as Jesus' later definition, but it certainly suggests a love that extends well beyond just the folks who live next door.

In a sentence that recalls the sort of parallelism and balance of Hebrew poetry, and especially the Proverbs, this law includes both a negative and a positive: that is, what we should not do followed by what we should do. The instruction about what we should not do touches on not only our external behavior (taking vengeance) but also on the inner world of our thoughts and feelings (bearing a grudge). It is a wholesome reminder that our God sees beyond just the externals and cares about the heart (see 1 Samuel 16:7).

The second part of the commandment—what we should do—does not have such an overt reference to both actions and attitudes. On the other hand, perhaps a proper understanding of the word "love" includes both. Meanwhile, the "as yourself" standard remains the bar God sets for the people until Jesus gives his followers a new commandment (see John 13:34).

Finally, we observe that "I am the LORD" is a recurring refrain in the Old Testament law. At first, it reads like a strange and irrelevant intrusion in the text. In truth, however, it serves as a continual reminder of the basis for why we do what we do: namely, because of who God is.

**Deuteronomy 4:35.** There is a distinction between titles and names. The people in my congregation often refer to me as "Pastor Kalas." "Pastor" is my title; "Kalas" is my name.

Here in this verse, perhaps without our recognizing it, we are introduced to both a title and a name. When most English Bibles translate the Hebrew name for God, they render it as "the LORD," with all the letters of "lord" being capitalized. Our efforts to try to pronounce the Hebrew name for God, YHWH, have yielded "Jehovah" and "Yahweh." Meanwhile, the word "god" is not a name; it is a title.

In ancient Israel, "god" was a generic title. The surrounding nations affirmed many gods. But it had been revealed to the people of Israel that Jehovah or Yahweh was the one, true god.

**Deuteronomy 6:1-3.** Here is the thesis statement for the entire Book of Deuteronomy. It is a book on a boundary. It is Moses' message to the children of Israel on the borderline between two eras of leadership: the end of his and the beginning of Joshua's. It is a message on the borderline between two regions: the hills and plains of the trans-Jordan to the east where the people are camped, and the Promised Land of Canaan to the west that the people are about to enter. As such, it is a book on the boundary between Israel's past and future. Accordingly, Moses urges them to remember all that the Lord has taught and shown them in the past "so that it may go well" (6:3) with them and their descendants in the future.

**Deuteronomy 6:4-5.** The nations around Israel affirmed many gods, but Moses reminded the Israelites that the Lord—that is, Jehovah or Yahweh—was their only God. And this God required and deserved an exclusive level of allegiance from the covenant people.

**Deuteronomy 6:6-9.** The word of God is not to be a peripheral thing in the lives of God's people. Rather, it should permeate their entire lives. Here Moses paints a remarkably thorough portrait of what it looks like to give God's Word its proper place.

First and foremost, it belongs "in your heart" (6:6). All the rest is superficial and hypocritical if it does not find residence and meaning there. The fact that it must be personal, however, does not mean that it should be private. Rather, it should be discussed and passed on. And, even beyond the realm of instruction and conversation, God's people should surround themselves with physical reminders of God's law.

In the end, we recognize in Moses' instruction a series of concentric circles that begin with the individual, extend to the family, then the home, and ultimately to the larger community.

**Mark 12:28.** The context is Holy Week in Jerusalem and the disputations that occurred between Jesus and the religious leaders, who were conspiring against him. A scribe would have been considered an expert in the law. Scholars have counted 613 different commandments in the law, and so that is the corpus from which Jesus was to identify "the first of all."

**Mark 12:29-31.** Although the scribe asked for a single greatest commandment, Jesus gave two answers. They came from different parts of the law (Deuteronomy and Leviticus), but the central issue of both was the same: love.

**Mark 12:32-34.** In affirming Jesus' answer, the scribe goes a step further. Much of the material found in the Old Testament law concerns the ritual details surrounding the various offerings and sacrifices required. By Jesus' selection of the two love commandments, the scribe infers that those are "much more important" (12:33) than the ritual requirements. Jesus endorses the scribe's insight, saying that he was "not far from the kingdom of God" (12:34).

---

## INTERPRETING THE SCRIPTURE

### One-Dimensional Living

"Which commandment is the first of all?" asked the scribe in Mark 12:28. Now when we hear a reference to the commandments, of course, we think first of the Ten Commandments. But this expert in the Mosaic law was looking at a larger context. Scholars have traditionally counted a total of 613 individual commandments in the Old Testament law: 365 negatives (you shall not) and 248 positives (you shall). And from all of those, Jesus was asked to identify one as "the first of all."

Imagine yourself being pulled over on the highway by a state trooper. When he arrives at your driver's-side window, though, he doesn't ask about any of the usual things. Instead, he poses this philosophical question to you: "Of all the traffic laws, which one is the most important?"

How do you answer that? Which one do you choose?

Or an agent from the Internal Revenue Service comes to your home. You break out all of the files and forms, all the records and receipts, but then it turns out that this is not an audit; it's an inquiry. "Of all the regulations in the tax code," the agent asks, "which one is the most important?"

*Where do you begin?*

Jesus was asked a highly theoretical, very difficult question. And the question had an additional challenge that neither of our hypothetical situations contained. Namely, all of those commandments from which Jesus chose had been given by God. How do you elevate one above the others when they are all divine?

When I was in youth ministry, I told the kids in my group that I had two rules: no complaining, and don't do anything else wrong, either. The first rule sought to emphasize the importance of attitude. The second rule was my catchall, meant to encompass all of the other things that might pertain in any situation.

If I had been presented with the scribe's question, I would have gone with a catchall: "Obey God." What could be more complete than that, right? If you obey that one rule, then you're obeying all of the rules. Perfect.

Except that it's not at all perfect if the obedience is a heartless thing. We sense, for example, that this was the failing of the Pharisees. No one put more emphasis on careful and thorough obedience of all the laws than they, and yet Jesus was not favorably impressed by what he saw in them. They meticulously checked off each require-ment—like tithing even the smallest herbs—but it was a loveless legalism. Obedience for them was preoccupied with the externals, and so faithfulness to God was a one-dimensional, superficial thing.

*Two-Dimensional Living*

If I didn't already know Jesus' answer to the scribe's question, I wouldn't have guessed it. I would have guessed something else, I think, for Jesus' answer strikes me as surprising.

What is it that an eternal, omnipotent,

and holy God should want from fallen and finite creatures? Again, my first instinct would be to say obedience. After that, I might say worship, for that is what God deserves, and that is what puts all the rest of life in focus for us. Or perhaps I might make a case for faith as the primary requirement of God. Unbelief and an unwillingness to trust are the hallmarks of God's people across the generations of Scripture, and they continue to characterize our world today. So I might assume that is the most necessary commandment: we should have faith in God.

If I didn't know God, though, I don't know what could possibly make me suspect that an infinite and holy God should want my love. Surrounded by adoring angels, the Creator may take delight in all of the unblemished works of creation. Why, then, should God want the love of the most fickle and perverse of creatures?

Yet that is Jesus' astonishing answer. The first and greatest commandment—that is, the thing that God wants above all else—is that we should love God. Six hundred thir-teen commandments from which to choose, and Jesus selects this surprising word from Deuteronomy 6.

Except that it is not surprising at all. An emphasis on the internal—on matters of the heart—is typical of Jesus' teaching. Likewise, in the Old Testament we read that God's chief concern is the heart (1 Samuel 16:7). John's simple summation of the nature of God (1 John 4:8) shows that it is the most natural thing in the world that God should want our love above all.

Meanwhile, Jesus' teaching on the occa-sion of the Last Supper suggests that while obedience is important, it is secondary, for it is a by-product of our love (John 14:15). If we obey him, we will not necessarily love him. If we love him, however, then we will also obey him.

One-dimensional living does not satisfy a God who is love. If loveless obedience was the goal, then God would have created us differently in the first place—more robotic, less free. But God craves, above all, not worship or belief or obedience, but that we should love God with everything we've got.

### The Third Dimension

The scribe asked for one commandment, but Jesus gave him two. Does that mean that Jesus was indecisive? No, it means that you can't have one without the other. You cannot have a love for God that is divorced from a love for people (see 1 John 4:20-21).

We previously noted that the Old Testament law is remarkable in its scope. Through the law, God gave the people guidance for every area of their lives. The law informs the people's worship, to be sure, but it also instructs them in their commerce and their hygiene. Any distinction between "sacred" and "secular" is an artificial division with our God, who is the Lord of all of life. Accordingly, God is not narrowly interested only in our relationship with him, but also in our relationships with one another.

The sun that God created shines its light indiscriminately, and both the moon and the earth are illuminated by it. The moon, meanwhile, is also designed to reflect that light. We observe, however, it not only reflects that light back toward its source, the sun. Rather, the moon also reflects the sun's light back toward the earth. The earth does not illuminate the moon, but the moon can really brighten the night for the earth.

So it is, too, with how God has created and commanded us. God loves us first and intends for us both to experience and to reflect that love. We are to reflect this love not only back to God but also to the world around us.

So the neighbor becomes the third dimension. We cannot fully obey God without loving God. And we cannot fully love God without loving our neighbor, too. Is that an arduous requirement, a burden to bear? No. Ideally, it is simply a reflection of what we have received and experienced ourselves from the God who is love.

---

## SHARING THE SCRIPTURE

### PREPARING TO TEACH

#### Preparing Our Hearts

Explore this week's devotional reading, found in Psalm 15. In this psalm attributed to David, an individual inquires about the standards one must meet in order to come into God's presence. Notice that ten conditions are listed. The psalm ends in verse 5 with a promise that the one who acts in concert with these conditions "shall never be moved." As you read this psalm, think about how well you live up to the ten conditions.

Pray that you and the adult students will live so as to abide in a close relationship with God through Jesus Christ.

#### Preparing Our Minds

Study the background Scripture from Leviticus 19:18; Deuteronomy 4:35; 6:1-9; Mark 12:28-34. The lesson Scripture is from Leviticus 19:18; Deuteronomy 6:4-9; Mark 12:28-34.

Consider this question as you prepare the lesson: What safeguards are set in place in societies that traditionally value individual achievement to counter the inclinations of those who look out for their best interests before the interests of others?

Write on newsprint:

❑ information for next week's lesson, found under "Continue the Journey."

❑ activities for further spiritual growth in "Continue the Journey."

Review the "Introduction," "The Big Picture," "Close-up," and "Faith in Action." Consider how you will use this additional information, which immediately precedes the first lesson, for this session.

## LEADING THE CLASS

*(1) Gather to Learn*

❖ Greet the class members. Introduce any guests and help them to feel at home.

❖ Pray that the learners will enjoy the loving fellowship of the group as they study together today.

❖ Encourage the adults to briefly describe examples of people who put the best interest of others ahead of their own interests. Examples include: *emergency personnel who put themselves in harm's way to rescue others; people willing to donate a kidney while they are alive; people willing to give sacrificially; politicians who put the needs of their constituents ahead of political gain for themselves.*

❖ Ask: **Why motivates people to take such bold actions?**

❖ Read aloud today's focus statement: **In societies that traditionally value individual achievement, it is assumed that people will look out for their best interests before the interests of others. What safeguards exist to counter such narcissistic inclinations? When Jesus quoted Deuteronomy 6:4–5, he reminded the disputants that tradition had already determined which commandment was greatest. In addition, he said that Christians are not far from the kingdom of God when the highest priority in their lives is to love God and neighbor.**

*(2) Goal 1: Understand Why the Great Commandment Is Considered a Summary of All the Law and the Prophets*

❖ Select a volunteer to read Mark 12:28-34 as the students follow along in their Bibles.

❖ Help the adults understand the purpose and content of these verses by reading Mark 12:28, 29-31, 32-34 from "Understanding the Scripture."

❖ Note that Jesus did not create these two commandments, but rather quoted them from his own Jewish Scriptures. Ask volunteers to read Deuteronomy 6:4-9 and Leviticus 19:18, the sources for Jesus' quotations.

❖ Point out that Jesus' summary of the Law and the Prophets is based on loving God and loving neighbor. Read or retell "Two-Dimensional Living" from "Interpreting the Scripture" to help the students understand why love, not obedience, is Jesus' primary reference point.

❖ Discuss these questions:

1. **Compare Leviticus 19:18 and Deuteronomy 6:5 with Jesus' words in Mark 12:30-31. What differences do you note? What might be the reasons for these differences?**

2. **What examples can you think of from Jesus' ministry that teach us who our neighbors are and how we are to treat them?**

3. **Point out that word for "love" used in both Mark and the Greek version of the Hebrew Scriptures is** *agape,* **the most selfless form of love. Read with this definition in mind, what observations can you make about what Jesus is saying concerning how we are to love God, our neighbors, and ourselves?** (Add Madeleine L'Engle's definition to the discussion: "Agape love is . . . profound concern for the well-being of another, without any desire to control that other, to be thanked by that other, or to enjoy the process.")

*(3) Goal 2: Confess What Has Been Done and Left Undone with Regards to Loving Neighbors*

❖ Distribute paper and pencils. Invite the students to list three examples of ways that they have failed to love their neighbors, either by doing something or not doing something that would have shown love. Note that they will not be asked to share their lists.

❖ Lead the class in confession by inviting them to repeat after you as you read line-by-line this prayer often used in services of Holy Communion:

> Merciful God,
> we confess that we have not loved
>     you with our whole heart.
> We have failed to be an
>     obedient church.
> We have not done your will,
> we have broken your law,
> we have rebelled against your love,
> we have not loved our neighbors,
> and we have not heard the cry of
>     the needy.
> Forgive us we pray.
> Free us for joyful obedience,
> through Jesus Christ our Lord. Amen.

❖ Encourage the adults by assuring them that God has forgiven them in the name of Jesus.

*(4) Goal 3: Identify Ways Christians*
*Can Be the Hands and Feet, the Eyes and Ears,*
*of Jesus in This World*

❖ Suggest that the adults now list on their papers three actions they have taken that demonstrate agape love for neighbors.

❖ Post newsprint and invite participants to call out types of actions they can take to show Jesus' love for others in this world.

❖ Invite the students to add one or two actions from the class list to their own list. Challenge them to act on at least one of these ideas this week so as to demonstrate Jesus' love to someone else.

*(5) Continue the Journey*

❖ Pray that the learners will hear and obey the two great commandments.

❖ Read aloud this preparation for next week's lesson. You may also want to post it on newsprint for the students to copy.

■ **Title: Obey the Lord**
■ **Background Scripture: Haggai 1:1-11**
■ **Lesson Scripture: Haggai 1:1-11**
■ **Focus of the Lesson: Sometimes personal needs and desires prevent Christians from giving priority to that which is most important in their lives. How can Christians identify and give priority to what is important? God spoke through Haggai saying that the people's first priority should be rebuilding God's house and not their own houses.**

❖ Post these three activities related to this week's session on newsprint for the students to copy. Challenge the adults to grow spiritually by completing one or more of them.

**(1) Listen to elected officials as they discuss public policies. Who is benefiting from these policies? Speak up if you feel that the common good is being set aside in favor of those who are only looking out for their own self-interests.**

**(2) Perform a random act of kindness for someone you do not know who seems to need help. Accept nothing for your good deed.**

**(3) Act as a teacher and role model for a child by involving him or her in performing a loving deed for a neighbor. This "neighbor" may be someone known or unknown to you. Help the child understand that Jesus wants us to see all people as our neighbors.**

❖ Sing or read aloud "The Gift of Love."

❖ Conclude today's session by leading the class in this benediction, which is adapted from Mark 12:30-31, the key verses for today: **We go forth pledging to honor and obey the two great commandments: we shall love the Lord our God with all our heart, and with all our soul, and with all our mind, and with all our strength. We shall also love our neighbor as ourselves. Amen.**

# FOURTH QUARTER
## The People of God Set Priorities

JUNE 1, 2014–AUGUST 24, 2014

The fourteen sessions of the summer quarter focus on the theme of "community." We begin in June with a study of the prophet Haggai, who calls the community to rebuild the Temple following the exiles' return from Babylon. In the second unit, we turn to 1 Corinthians to see how Paul advises his readers to build up a community among the believers. During August our lessons from 2 Corinthians will help us learn how to sustain community.

The four sessions of Unit 1, "Hope and Confidence Come from God," begin on June 1 with "Obey the Lord," where we read in Haggai 1:1-11 that the community is called to do what is required. Haggai 1:12 and 2:1-9, the Scriptures for June 8, encourage the community to "Trust God's Promises." One June 15 we investigate Haggai 2:10-19, where the prophet summons the people to turn from selfishness and uncleanness in order to "Live Pure Lives." "Hope for a New Day," based on Haggai 2:20-23 and Zechariah 4:5-14, which ends this unit on June 22, looks at implications for the wider world as Israel obeys God.

Unit 2, a five-session study titled "Living as a Community of Believers," opens on June 29 with "A Call to Unity," which explores Paul's teaching in 1 Corinthians 1:10-17. "Glorify God with Your Body," the lesson on July 6 from 1 Corinthians 6:12-20, discusses how believers are to treat their bodies, which are the temples of the Holy Spirit. Based on Paul's concerns that Christian liberty does not become a stumbling block to the weak, "Love Builds Up" considers 1 Corinthians 8 in a session on July 13. As we will see on July 20, Paul writes in 1 Corinthians 10:12-22 about "Overcoming Temptation," which Christians can do because God will not allow us to be tested beyond our ability to endure. The unit ends on July 27 with a session from 1 Corinthians 14:13-26, in which Paul encourages the church to "Seek the Good of Others."

In the five sessions of Unit 3, "Bearing One Another's Burdens," we focus on prayer, forgiveness, love, cooperation, and sharing. As the unit opens on August 3, we learn from 2 Corinthians 1:3-11 about "Consolation Granted through Prayer." Paul had been personally harmed during a "painful visit" to this church, but in his later letter to the church he calls for restored relationships in "A Community Forgives," which is the title of the session from 2 Corinthians 1:23–2:11 on August 10. We turn to 2 Corinthians 4:2-15 on August 17 to read about "Treasure in Clay Jars," in which Paul discusses challenges he has faced in ministry. "An Appeal for Reconciliation," the session for August 24, addresses tensions within the church at Corinth, as recorded in 2 Corinthians 6:1-13 and 7:2-4. This quarter and the Sunday school year conclude on August 31 as we look at 2 Corinthians 8:1-14 to discern how "A Community Shares Its Resources."

351

# MEET OUR WRITER

## THE REVEREND DR. STEPHEN C. RETTENMAYER

Steve Rettenmayer is a retired (2009) United Methodist pastor and member of the Baltimore-Washington Conference since being ordained deacon in 1970. He served churches in that conference as well as an international, interdenominational congregation in London, England, for four years. While in London, Steve was a regular commentator on a popular BBC radio program where he was asked to give a Christian perspective on current issues and everyday events.

A native of Canton, Illinois, Steve attended Dickinson College in Carlisle, Pennsylvania, where he graduated *magna cum laude* with honors in Greek. His theological degrees are from Union Theological Seminary in Richmond, Virginia, including a year of theological studies at the Universities of Bern and Basel in Switzerland. Before attending college, Steve played clarinet and saxophone with the United States Marine Band, "The President's Own," in Washington, D.C. He still loves music, regularly playing in a community band and singing in church and community choral groups.

Steve's continuing passion in ministry is teaching and helping to support and train pastors. He has taught the Old Testament Prophets at St. Mary's Seminary and University in Baltimore and is currently a faculty member of the Course of Study School of Wesley Theological Seminary in Washington, D.C. He is also a faculty member of the Jerusalem Center for Biblical Studies and a JCBS staff member, regularly teaching and leading tours to the Holy Land. He has consulted with and led continuing education opportunities for pastors internationally in Lithuania and Zimbabwe.

Steve's wife, Linda, is also a retired United Methodist pastor, and together they love to travel and spend time with their family. They are the parents of three grown boys: Wesley, Joshua, and Nathaniel and the grandparents of Blake, who was born in 2011.

# THE BIG PICTURE: LIVING IN COMMUNITY

## Community

The Old and New Testament readings selected for study this quarter center around the theme of "community." A vital concept in the Bible, community is becoming an elusive reality in Western society. Increasingly in our postmodern, highly technological culture, as young people discover that virtual relationships in a virtual community do not satisfy their deepest yearnings, there is a hunger for genuine community. A recent commercial for a regional wireless company shows two teens sitting at the breakfast table, both of them busily texting away on their phones, ignoring their mother. Finally as mom serves breakfast to each of them, she says, "You two could *talk* to one another rather than texting each other. After all you are sitting across the table from each other!" It's a humorous commercial that points to the technological wasteland in which many people find themselves. Technology is a wonderful tool for society when it is kept in proper perspective and does not become a substitute for but rather helps to facilitate authentic human relationships and interaction.

Community has always been a difficult reality for people in the United States to fully embrace and develop because of what is sometimes an excessive emphasis on individualism—individual freedoms and rights. Although individual freedoms and an individual's right to choose one's path are very important values, they should not automatically trump the needs and greater good of the larger community.

In contrast, in Hebrew and early Christian culture and thought, the concept of community was central and vital to the life of faith and the formation of the church. Faith was not a private and individualistic thing; it was communal and quite public. The emphasis in the United States on rugged individualism would have been totally foreign to them. Salvation was not merely personal; it was also social, and an individual's relationship with God could not be understood apart from that individual's relationship with others in the faith community. It is fascinating to note that the word "saints," a term that the New Testament uses for believers and disciples of Jesus, is found more than sixty times in the New Testament, all in the plural! Only once is the term found in the singular, and then the implication is plural: "Greet *every saint* in Christ Jesus" (Philippians 4:21, emphasis added).

Everything in the Bible points to the fact that "community" was of vital importance, and faith was understood in a communal context. Both Israel and the church were defined primarily as community, not a collection of individuals, and what happened to any one person touched all persons in the community. We see this truth emphasized in the lessons of all three units in this quarter's readings. First we will reflect on Unit 1, in which readings from the prophets Haggai and Zechariah are the focus.

## Community: The Importance of Shared Faith and Common Goals

In 587 B.C. the Babylonian Empire destroyed the Jewish Temple, along with much of the city of Jerusalem, and carried away a good part of the Jewish population into exile in Babylon. The Hebrew prophets had warned the nation that such devastation was coming as God's judgment on Israel for its religious apostasy and its refusal to obey God's commandments to show compassion and distribute social justice to the poor and the most vulnerable of its citizens. The Babylonian captivity was the Jewish Holocaust of its time, and it threatened to tear apart the social and religious fabric of their community. The Book of Lamentations and many of the Psalms express the sense of deep loss and hopelessness that the Jewish people felt as exiles in a foreign land, uncertain of their future and longing wistfully for their life "back home" in Israel (see, for example, Psalm 137). Why had God let this happen? Did they even have a future as God's people?

Then in 539 B.C., Cyrus, the Persian king, defeated the Babylonians just as Isaiah had prophesied (Isaiah 40:1-11; 45:1-7). Cyrus soon issued an edict allowing the Jews to return home from their exile in Babylon and to rebuild the Jewish Temple (Ezra 1:2-4; 6:2-5). However, the first stages of the return did not go well, and the effort to rebuild the Temple was met with strong local opposition. The Jewish community in Israel, comprising both those who had been left in the land following the destruction of Jerusalem and those who had returned from exile, was impoverished and struggling, and the work of rebuilding the Temple had barely begun. Consequently, in 520 B.C. Haggai the prophet was sent by God to Jerusalem to challenge and encourage the leaders and the people to turn from their inwardly focused and self-centered ways in order to renew their faith in God and get to work rebuilding God's house, the Temple. One particular purpose for which God sent Haggai was to light a spiritual fire under Zerubbabel, the Persian-appointed governor of Judah and a direct descendant of the exiled king Jehoiachin, and Joshua, the high priest, so that they could zealously lead the people in the project of rebuilding the temple (Haggai 1:12-14). The prophet Zechariah, who prophesied from 520–518 B.C. and was a contemporary of Haggai, also wanted to see the rebuilding of God's house, and his primary task was to urge the people to repent and "return . . . to the LORD of hosts" (Zechariah 1:3) because God was returning to Jerusalem and was preparing to bless the community of God's people.

Haggai wanted also to instill a deep sense of hope and confidence among the returned exiles who had been struggling with distressing economic conditions and poor harvests as well as feelings of hopeless about ever rebuilding a Temple that would match the glory of Solomon's original Temple. The prophet knew that hope and a shared faith were vital components in rebuilding a strong community. Assured that hope and confidence come ultimately from God, as the title for Unit 1 suggests, Haggai exhorted the people to "obey the voice of the Lord" (Haggai 1:12) and to "take courage" (2:4), working hard to make the rebuilding of God's house their top priority. Over and over he spoke words of encouragement, assuring them of God's promise to always be with them and never forsake them: "Work, for I am with you, says the LORD of hosts. . . . My spirit abides among you; do not fear" (2:4-5). To those older members of the community who remembered the glory of Solomon's Temple and who despaired of ever being able to rebuild such an edifice, Haggai expressed the following promise from God: "I will shake the heavens and the earth and the sea and the dry land; and I will shake all the nations, so that the treasure of all nations shall come, and I will fill this house with splendor, says the LORD of hosts" (2:6-7).

Hearing such promises and words of encouragement from the prophet, the returned exiles grew from being a fractured and weak collection of individuals, who were facing many hardships, into a strong community of faith driven by hope and confidence in God. Haggai had challenged them to reorder their priorities so as to put God and the rebuilding of God's house first. As they joined their hands and hearts together to complete that important building project, their faith in God and in one another was deepened, and the fabric of their community life grew even stronger. The important truth that the readings from both Haggai and Zechariah teach us is that strong and authentic community happens wherever and whenever people consciously place God at the center of their lives, live with vibrant hope for the future rooted in their faith in God, and work together to accomplish common goals that God has given them.

## Sustaining Community in the Face of Threats to Tear It Apart

The readings for Unit 2, which come from Paul's first Letter to the Corinthians, deal with the theme of "Living as a Community of Believers." At the heart of the word "community" is the word "unity," and unity is one of the characteristics of authentic community. Unity does not mean the absence of diversity or that everyone who belongs to a particular community must be clones of one another. Unity is not about absolute uniformity of belief and opinions and behavior. In the New Testament, diversity and the uniqueness of individuals and gifts are celebrated. Rather unity, as we understand it in 1 Corinthians and the New Testament in general, means having a oneness of purpose, a common vision and a desire to work together toward agreed-upon goals. It is a unity rooted in shared gratitude for God's unconditional love for us in Jesus Christ and in our love for God and one another, even as we sing in the folk song that "we are one in the Lord, and they'll know we are Christians by our love."

First Corinthians is a very practical letter in which Paul was responding to questions from the congregation in Corinth dealing with situations and moral issues that were threatening to tear apart the communal fabric of the church. The makeup of the congregation reflected the cultural and economic diversity of the urban commercial seaport that Corinth was, and this diversity led to significant differences of opinion and lifestyle that were often expressed in contentious and divisive behavior among the church members. Consequently, one of the major themes of this letter is a call for unity in the midst of the divisiveness of this congregation. We confront this threat to community life right away in chapter 1 when Paul has to appeal to the congregation to "be in agreement and that there be no divisions among you, but that you be united in the same mind and the same purpose" (1:10). One of the issues the church faced was a party spirit in which some of the congregation had broken up into factions, and loyalty was being expressed more to human teachers or leaders than to Christ (see 1:12-13). For Paul, such factionalism and rivalry was simply unacceptable. When it comes to pastors or church leaders, for various reasons it's natural for people to prefer one over another or to feel more comfortable with one than with another. However, the church of Christ was never meant to be a place for personality cults or a venue for church power struggles and factions. Unity of purpose and the capacity to overcome dissension is one of the key characteristics of a healthy community.

Another truth Paul teaches us about community in 1 Corinthians is that sometimes individual rights and freedoms must be sacrificed for the sake of the welfare of others in the larger community. As I said earlier, individual rights and freedoms represent a value that we hold dear, but when they are practiced at the expense of offending or harming a neighbor, then our obligation to others in the community becomes our first priority. In the sessions for July 6 and July 13 it will become clear that for Paul the freedoms that Christ gives us—and they are many—are limited by one thing: loving responsibility toward others, especially the brother or sister who is weaker and in need (see 1 Corinthians 8:9, the key verse for July 13). Christian freedom does not mean that I can do anything I feel like doing. Rather genuine Christian liberty means that I am free to do anything that is beneficial to others in the community, especially those who are fragile in their faith. Paul encourages us to use our gifts and talents not to build up our own egos but rather to build up others in the community (see

1 Corinthians 14:26, the key verse for July 27). For Paul, the welfare of others in the community is always more important than "my" individual rights.

## Bringing Restoration and Healing to a Wounded Community

The readings in Unit 3, "Bearing One Another's Burdens," come from 2 Corinthians. In this letter Paul's tone and purpose is very different from 1 Corinthians. Between the writing of these two letters, something has happened to destroy the unity and good relations between Paul and the Corinthian congregation. In 2 Corinthians Paul spends a good bit of time responding to challenges from some outsiders who have come to Corinth and stirred up the congregation to undermine Paul's apostolic authority. In the face of these challenges Paul defends his actions on behalf of the congregation and is deeply committed to maintaining the spiritual health and unity of the Corinthian church and using his apostolic authority to build up and bring healing to the community. In his opening words of the letter (1:3-11) his emphasis is upon the consolation and encouragement that God has brought to him in the face of his own personal trials and struggles and the comfort and encouragement that God can bring to the congregation as, through their prayers, they seek God's help in working through the challenges tearing at the fabric of their community life.

In other passages Paul focuses upon the importance of forgiveness and reconciliation in the effort to overcome brokenness and hurt and to restore healing and wholeness to the community of faith. In 1:23–2:11 (August 10) he apologizes for any anguish that he personally may have caused the church, and he especially encourages the congregation to forgive, as he has, a person who has opposed Paul's leadership and caused much pain and controversy in the congregation. In this way both the congregation and the offender will be blessed. In the session for August 24, based on 2 Corinthians 6:1–7:4, Paul sounds a similar note as he appeals for reconciliation between the congregation and himself, rooted in God's grace and forgiveness. As he has opened wide his heart to the church, he urgently pleads for them to open wide their hearts to him (6:11-13) and thus restore wholeness to the community of faith. In the final lesson (2 Corinthians 8) Paul reminds us that one of the most important characteristics of a healthy community is the willingness of members, in mutual love and genuine caring, to share their resources with one another in times of need, as God has generously shared the greatest gift of all, Jesus, with us in our need.

# CLOSE-UP:
# RELATIONSHIPS WITHIN THE
# COMMUNITY OF BELIEVERS

Throughout the entire Bible there is an emphasis on relationships—on living within and among the community of believers. Often, God's people are called together to accomplish an important task, such as the rebuilding of the Temple that we see in Unit 1. But they also live on a daily basis as part of the community. In Acts 2:42-47, for example, we see how the first converts after Pentecost came together for teaching, fellowship, meals, and prayers. Acts 4:32-37 records that believers voluntarily shared their possessions, so that "there was not a needy person among them" (4:34).

What sets the fellowship of believers apart from other organizations is that their relationships are all rooted in love. When asked about the greatest commandment, Jesus said that the first was to "love the Lord your God" and the second was to "love your neighbor as yourself" (Matthew 22:37, 39). We live together in love because we belong to one another, or, to put it another way, "we are members of one another" (Ephesians 4:25). As sons and daughters of God and brothers and sisters of Jesus, we are all part of the family of God.

As members of God's family, we are to be patient (1 Corinthians 13:4), "bear one another's burdens" (Galatians 6:2), and care for one another (1 Corinthians 12:25). Kindness and compassion are also traits of those who live in the Christian community (Ephesians 4:32). So too is forgiveness (Ephesians 4:32; Colossians 3:13). Although community members do not need to agree on every point, they must "let the same mind be in [them] that was in Christ Jesus" (Philippians 2:5).

First Thessalonians 5:11 tells us to encourage and build up one another. We can build up the faith community by being good stewards of the gifts God has given us and using them to serve others (1 Peter 4:10). We also build up one another when, as Romans 12 explains, we honor one another (12:10), "contribute to the needs of the saints" (12:13), and "live in harmony with one another" (12:16). Romans 14:19 says that we are to "pursue what makes for peace and for mutual upbuilding."

Within the community of faith people find that they are welcomed (Acts 15:4) and treated hospitably (1 Peter 4:9). Believers look out for one another's interests (Philippians 2:4). They also "teach" (Colossians 3:16) and "bear with one another" (Colossians 3:13). They are subject to one another (Ephesians 5:21), act humbly in dealing with others (1 Peter 5:5), and in humility consider others better than themselves (Philippians 2:3).

Hebrews 10:24 (CEB) reminds us to "think about how to motivate each other to show love and to do good works." Although community members encourage (Hebrews 10:25) and pray for one another (James 5:16), there are also times when they must "admonish one another in all wisdom" (Colossians 3:16). Yet our speech is always to be "gracious" (Colossians 4:6). With grateful hearts we are to "sing psalms, hymns, and spiritual songs" (Colossians 3:16).

These characteristics paint a picture of a loving, faith-filled community of God's people. How do our own congregations measure up to these standards?

# FAITH IN ACTION: BUILDING UP THE COMMUNITY OF FAITH

The fourteen lessons of this summer quarter have helped us to see how "The People of God Set Priorities" that enabled them to live together in community. This coming together for the common good is seen throughout both the Old and New Testaments. Churches in the United States often find the idea of establishing and maintaining community to be challenging because so much of the American culture and psyche focuses on being a self-made, independent person. Consequently, church members often see themselves as individuals within an organization rather than as interconnected members of the body of Christ.

Read aloud these suggestions and ask the class to select one or more ideas that can be used to create a greater spirit of community, both among the members of your congregation and across congregational and denominational lines. They will need to work together to expand their chosen idea to make a workable plan for your particular congregation.

1. **Start or expand a prayer chain where members and others may call (or e-mail) one person with a prayer request. Whoever is called passes the request on to the next person on the list and so on down the line until all participants have been notified.**

2. **Provide meals for people in the congregation who are ill or unable to provide food for themselves on a temporary basis.**

3. **Set up a network of volunteers who are willing to drive church members to medical appointments.**

4. **Organize a network of shoppers who are able to run errands for those who cannot do so for themselves.**

5. **Establish a "medical closet" where those in need of a walker, wheelchair, or other medical equipment may come to borrow or buy at low cost needed supplies. Encourage church members who may have no further use for such equipment to donate it.**

6. **Survey the church building and grounds and make plans to provide accessibility into and around the building (including restrooms) for those who use walkers, wheelchairs, or crutches. Consider the needs of those with sight impairments by providing large-print hymnals and bulletins. Install a wireless amplification system for those with hearing impairments. Do whatever else seems appropriate to make the church welcoming and accessible to everyone.**

7. **Create a conflict resolution team that is trained to mediate disputes between individuals and groups.**

8. **Work with at least one other church in the community to plan an ecumenical service, perhaps for Thanksgiving or Good Friday.**

9. **Work with other churches in the community to provide a much-needed service, such as a short-term winter shelter. Perhaps the shelter could be housed in one church that has appropriate space and facilities. Other churches could send volunteers to cook meals and provide transportation for guests.**

10. **Work with churches of your denomination in the same geographic area to provide training opportunities for church leaders and teachers. Such events can encourage sharing of ideas among churches, as well as make congregations aware of resources that neighboring churches may be willing to share.**

# UNIT 1: HOPE AND CONFIDENCE COME FROM GOD
# OBEY THE LORD

---

## PREVIEWING THE LESSON

**Lesson Scripture:** Haggai 1:1-11
**Background Scripture:** Haggai 1:1-11
**Key Verses:** Haggai 1:3-4

### Focus of the Lesson:
Sometimes personal needs and desires prevent Christians from giving priority to that which is most important in their lives. How can Christians identify and give priority to what is important? God spoke through Haggai saying that the people's first priority should be rebuilding God's house and not their own houses.

### Goals for the Learners:
(1) to discover why God commanded Haggai to encourage the Israelite community to rebuild the Temple.
(2) to accept responsibility for the connection between neglecting God and selfish behaviors.
(3) to explore ways to attend to God's business before personal wants and needs and link those with specific actions the learners can take.

### Pronunciation Guide:
Darius (duh ri' uhs)                       Shealtiel (shee al' tee uhl)
Haggai (hag' i)                              Zerubbabel (zuh ruhb' uh buhl)
Jehozadak (ji hoh' zuh dak)

### Supplies:
Bibles, newsprint and marker, paper and pencils, hymnals

---

## READING THE SCRIPTURE

**NRSV**
Lesson Scripture: Haggai 1:1-11

¹In the second year of King Darius, in the sixth month, on the first day of the month, the word of the LORD came by the prophet Haggai to Zerubbabel son of Shealtiel, governor of Judah, and to Joshua son of Jehozadak, the high priest: ²Thus says the

**CEB**
Lesson Scripture: Haggai 1:1-11

¹The LORD's word came through Haggai the prophet in the second year of King Darius, in the sixth month on the first day of the month, to Judah's Governor Zerubbabel, Shealtiel's son, and to the High Priest Joshua, Jehozadak's son:

LORD of hosts: These people say the time has not yet come to rebuild the LORD's house. **³Then the word of the LORD came by the prophet Haggai, saying: ⁴Is it a time for you yourselves to live in your paneled houses, while this house lies in ruins?** ⁵Now therefore thus says the LORD of hosts: Consider how you have fared. ⁶You have sown much, and harvested little; you eat, but you never have enough; you drink, but you never have your fill; you clothe yourselves, but no one is warm; and you that earn wages earn wages to put them into a bag with holes.

⁷Thus says the LORD of hosts: Consider how you have fared. ⁸Go up to the hills and bring wood and build the house, so that I may take pleasure in it and be honored, says the LORD. ⁹You have looked for much, and, lo, it came to little; and when you brought it home, I blew it away. Why? says the LORD of hosts. Because my house lies in ruins, while all of you hurry off to your own houses. ¹⁰Therefore the heavens above you have withheld the dew, and the earth has withheld its produce. ¹¹And I have called for a drought on the land and the hills, on the grain, the new wine, the oil, on what the soil produces, on human beings and animals, and on all their labors.

²This is what the LORD
   of heavenly forces says:
   These people say, "The time hasn't come,
     the time to rebuild the LORD's house."
**³Then the LORD's word came through Haggai the prophet:**
   **⁴Is it time for you to dwell**
     **in your own paneled houses**
     **while this house lies in ruins?**
⁵So now, this is what
   the LORD of heavenly forces says:
   Take your ways to heart.
⁶You have sown much,
   but it has brought little.
You eat, but there's not enough
   to satisfy.
You drink, but not enough to get drunk.
There is clothing, but not enough
   to keep warm.
Anyone earning wages puts those
   wages into a bag with holes.
⁷This is what the LORD
   of heavenly forces says:
   Take your ways to heart.
⁸Go up to the highlands
   and bring back wood.
   Rebuild the temple so that I may enjoy it
   and that I may be honored,
     says the LORD.
⁹You expect a surplus,
   but look how it shrinks.
You bring it home, and I blow it away,
   says the LORD of heavenly forces,
     because my house lies in ruins.
But all of you hurry to your own houses.
¹⁰Therefore, the skies above you
   have withheld the dew,
     and the earth has withheld
       its produce because of you.
¹¹I have called for drought on the earth,
   on the mountains, on the grain,
   on the wine, on the olive oil,
   on that which comes forth
     from the fertile ground,
   on humanity, on beasts,
   and upon everything that
     handles produce.

## UNDERSTANDING THE SCRIPTURE

**Introduction.** The Book of the prophet Haggai, only two chapters in length, is found among the Minor Prophets, the last section of the Old Testament as arranged in the Bible that Christians use. The period of the prophet's ministry as a spokesman for the Lord was only three-and-a-half months and can be precisely dated from August 29, 520 B.C. through December 18, 520 B.C. (see Haggai 1:1 and 2:10, 20 for beginning and ending marker dates). The prophet had been called by God to challenge and exhort the governor (Zerubbabel) and the high priest (Joshua) of the struggling Jewish community in Judah to rebuild the Temple of the Lord after it had been destroyed, along with much of the city of Jerusalem, by the Babylonians sixty-seven years earlier in 587 B.C. Cyrus the Persian, who consequently defeated the Babylonian Empire in 539 B.C., soon issued an edict allowing the Jews to return from their exile in Babylon to their homeland (Ezra 1:2-4; 6:2-5). The first stages of that return began immediately along with a feeble attempt to start the rebuilding of the Temple. However, this rebuilding effort was met with strong local opposition and was discontinued (Ezra 4:1-5). Eighteen years later, the Jewish community in Israel, comprising both those who had been left in the land and those who had returned from exile, was still impoverished and struggling, with the work of rebuilding the Temple barely begun. So it is that Haggai enters the picture as a prophet of the Lord to both challenge and encourage the leaders and people to get to work. Haggai 1:1-11 forms a clear unit. Expressed negatively, these verses represent an oracle of judgment directed by God against the people for failing to complete the Temple. Expressed positively, these verses are an urgent call to renew the work of God and complete the rebuilding of the Temple.

**Haggai 1:1-2.** Haggai tells us exactly when his prophetic work takes place and in what historical context. The first day of the sixth month of the second year of the reign of Darius, the Persian king who ruled from 522 through 486 B.C., can be dated precisely to August 29, 520 B.C. Verse 1 refers to Haggai as a prophet, declaring that "the word of the LORD came by the prophet Haggai." It is interesting to note that in much of the earlier prophetic literature the word of God comes "to" a prophet and then, having heard it or seen it, the prophet proclaims it. Here the word of the Lord is transmitted "by" or "through" the prophet, literally in Hebrew "by the hand of the prophet." This is a strong way to emphasize that the prophet Haggai was understood to be God's very instrument to reach the people. Zerubbabel, referred to here as the governor of Judah, was the grandson of the Jewish king Jehoiachin who had been taken captive by the Babylonians in 597 B.C. Both he and Joshua, the high priest, were among the returnees who in 538 B.C. had led a sizable group of Jewish exiles back to Judah from Babylon after King Cyrus had issued his edict permitting the Jews to return (see Ezra 2). Haggai 1:2 contains the assertion, quoted by Haggai as if it were a common attitude among the people, against which God is reacting when God calls for the restoration of the Temple: "These people say the time has not yet come to rebuild the LORD's house."

**Haggai 1:3-6.** In response to their indifferent attitude, Haggai poses a very challenging and personal question in verse 4 (part of our key verses): "Is it time for you yourselves to live in your paneled houses, while this house lies in ruins?" The whole community stands under the prophet's indictment for their failure to complete the task of rebuilding the Temple, begun eighteen years earlier but still uncompleted. "Consider how you have fared," the prophet says. Or as it is also translated, "Consider your ways!" Twice (2:5, 7) the prophet uses this phrase seeking to get the attention of the people. He is asking this struggling community to examine their hearts and priorities. Verse 6 expresses the sense of futility and frustration the people are feeling, the lack of fulfillment in their lives. Why are they struggling? Why are their lives and labors not fulfilled? It is because their priorities are not in order. They have not put God first. The rebuilding of God's house has taken second place to rebuilding their own houses.

**Haggai 1:7-8.** Having spoken God's Word to the people, the prophet hopes that their sense of futility and frustration with their lives will prompt them to listen to his exhortation to change direction and begin to put God first. They are to go to the hills and gather wood in order to start rebuilding the Temple. In so doing God will be honored and their labors will bring them fulfillment rather than frustration.

**Haggai 1:9-11.** These verses mirror verse 6 in terms of expressing the futility of the people's labors and pursuits because they have not honored God by rebuilding God's house. Verses 10 and 11 reference a drought that was adversely affecting agriculture and causing suffering. The prophet is quick to draw a connection between the drought and the people's behavior. The drought is a judgment of God upon the people for their self-centered attitude of ignoring the ruined Temple and not rebuilding God's house. We are reminded of the prophet Amos who expressed similar words in the eighth century B.C. to the people of Israel when they had become indifferent to God's will and had put God's purposes for social justice and caring for the poor in second place behind their own self-centered ambitions. Amos declared that God had sent drought and calamity on the people in order to capture their attention when they were not listening or responding to God's Word (see Amos 4:6-10).

---

# INTERPRETING THE SCRIPTURE

### Speaking With Authority

The highly acclaimed movie *The King's Speech* is the story of King George VI, monarch of the United Kingdom from 1936 until his death in 1952. He was known as the reluctant king because he neither desired nor sought the position. However, when his older brother King Edward VIII abdicated, he was elevated to the throne just at the time when Nazi Germany was wielding its might and the threat of war spread across Europe. The plot of the film centers on the fact that the new king had a terrible stammering problem, and he lived in overwhelming fear of public speaking. Since public speaking was such an important part of the monarch's role now that the widespread use of radio had come into play, the new king had no choice but to conquer his fear so that he could provide bold leadership for his people during the dark and difficult days leading up to and through World War II. With the help of a very innovative speech therapist, the king grew into the bold leader that his country needed, and when he spoke, his subjects received him as one who spoke with authority.

One could point to many situations in history when persons rose to the occasion to give authoritative leadership during difficult and challenging times. We think of such persons as George Washington during the American Revolution, Abraham Lincoln during the Civil War, Mohandas Gandhi's moral leadership in India's struggle for independence, Nelson Mandela in South Africa, and Martin Luther King Jr. during the tense and challenging days of the civil rights struggle in the United States.

In the same way we can understand Haggai's prophetic ministry. After seeing the destruction of their capital city and nearly fifty years of exile in Babylon, the Jewish community was in despair. Then when the first exiles returned to their homeland, their efforts at rebuilding were met with stiff opposition from local natives. Coupled with distressing economic conditions and poor harvests, the impoverished community was struggling.

Into the midst of this challenging and dark time steps Haggai, having been called to proclaim God's Word and to encourage the community to complete the work of rebuilding the Temple. Haggai obviously spoke with authority and boldness because we know that within five years the rebuilding of the Temple was completed, in March 515 B.C., and the house of God was dedicated with great joy (Ezra 6:14-18). As mentioned in "Understanding the Scripture" on Haggai 1:1-2, as a prophet, Haggai was understood to speak with the authority of God and to be God's instrument to reach the people. In just the first eleven verses of Haggai (1:1-11) the phrase "Thus says the Lord," is used twice and two more times in chapter 2 to introduce the words of the prophet. This phrase, known as the messenger formula, is found throughout Israel's prophetic literature. It emphasizes that the prophet speaks for God and with God's authority. So it is that Haggai spoke with boldness and authority. He gives us a model to follow in our own day when leaders of the church are called to speak prophetically in the face of human self-centeredness, social injustices, and spiritual apathy whenever and wherever they are found, even in the church.

### In Particular, Not in General

The precise dating of the five messages revealed by God to Haggai (1:1, 5; 2:1, 10, 20) and the attention paid to the details of historical context (the naming of the reigns of the Persian king, Darius; the governor of Judah, Zerubbabel; and the high priest, Joshua) in this book are important to note. It reminds us that God is not just a vague deity out there somewhere in the universe who looks after the world in general. Rather God is a God of the particular who cares about specific persons and places and situations and who chooses to enter into our world and history in particular persons and situations in order to love us and to save us.

The Bible reveals that God has always been concerned about the real world of politics, religion, and the suffering of real people. God chose to save a particular group of slaves in Egypt by working through one person, Moses, and then another person, Joshua, to deliver them from Egypt and lead them into the Promised Land. To the surprise of all, God chose to anoint a most unexpected young boy named David to be king and to create a nation. When that nation veered off course, God chose to work through particular persons called prophets to proclaim God's Word and purpose for Israel.

Ultimately God chose to bring salvation to the world through sending a particular person named Jesus who died on a particular cross on a particular day in history, a victim of the very real world of Jewish and Roman religion and politics. And throughout the last two thousand years God has worked through particular movements, such as the Protestant Reformation, and through particular men and women including Martin Luther, John Calvin, John Wesley, Mother Teresa, and many others to bring renewal to the church when that was needed. These specific time references in Haggai are a reminder that God cares about our particular situations and the details of our lives. They remind us of God's faithfulness in reaching out to us in our particular needs.

### Reordering Priorities

When the prophet Haggai admonished the people to look at their situation and "consider how you have fared" (1:5, 7), he was really saying, "Look deeply into your hearts and reflect on your priorities." There is no doubt that the call to obedience that we find throughout this short book was for the purpose of completing a building project, but even more it was for the purpose of asking God's people to reorder their priorities so that they would put God first, both in their individual lives and in their community life. The issue of rebuilding the Temple was at its core a spiritual issue. Haggai reminds the people that they had built nice houses (1:4) for themselves, but in the process they had forgotten God. If God's house and God's work are not at the top of their list of priorities, how can they ever be truly satisfied and live fulfilled lives? Indeed the contrasts described in verse 6 express how the people were not satisfied and the fruits of their labors did not bring fulfillment.

I think of people who have every material thing that money can buy, but they are not truly happy or fulfilled because their spiritual priorities are out of order. They have not put God in the center of their lives. Augustine said it well in his *Confessions*: "God, you have made us for yourself, and our hearts are restless till they find their rest in you." Even as committed disciples of Jesus, our priorities can sometimes become confused. For example, my love for my wife and children and my passion for serving as a faithful pastor are all important priorities in my life, but they must not replace God as the central priority. However, from experience I know that sometimes the whirlwind of family and work demands can temporarily push to the side my primary relationship and time spent with God. When that happens, my focus becomes blurry and my life quickly gets out of balance. How important it is to keep God at the center if we want to live fulfilled and balanced lives.

## SHARING THE SCRIPTURE

### PREPARING TO TEACH

#### Preparing Our Hearts

Explore this week's devotional reading, found in Luke 19:41-48. What prompts Jesus to pronounce a prophetic judgment on Jerusalem? How was his description of coming destruction similar to what happened when Nebuchadnezzar destroyed the city in 587 B.C.? (See, for example, Isaiah 29:3; Jeremiah 6:6, 15.) What causes you to weep? Where do you see evidence that people have failed to recognize God in their midst? What action can you take?

Pray that you and the adult students will be fully aware of God's presence and call on your lives.

#### Preparing Our Minds

Study the background Scripture and lesson Scripture, both of which are from Haggai 1:1-11.

Consider this question as you prepare the lesson: *How can Christians identify and give priority to what is important?*

Write on newsprint:
❑ questions for "Accept Responsibility for the Connection Between Neglecting God and Selfish Behaviors."
❑ information for next week's lesson, found under "Continue the Journey."
❑ activities for further spiritual growth in "Continue the Journey."

Review the "Introduction," "The Big Picture," "Close-up," and "Faith in Action." Consider how you will use this additional information, which immediately precedes the first lesson, for this session and throughout the quarter.

### LEADING THE CLASS

#### (1) Gather to Learn

❖ Greet the class members. Introduce any guests and help them to feel at home.

❖ Pray that the learners will listen to and obey God's commands.

❖ Distribute paper and pencils. Invite the adults to list all the people and activities that have a claim on their time. Remind them to count time for sleeping and eating. Then they are to prioritize their lists to show which people and activities are most important to them. Finally, they are to estimate how much time per week they spend on each. Direct the adults to keep these papers handy for use with other activities.

❖ **Ask: How well would you say that your use of time reflects your priorities?**

❖ Read aloud today's focus statement: **Sometimes personal needs and desires prevent Christians from giving priority to that which is most important in their lives. How can Christians identify and give priority to what is important? God spoke through Haggai saying that the people's first priority should be rebuilding God's house and not their own houses.**

*(2) Goal 1: Discover Why God Commanded Haggai to Encourage the Israelite Community to Rebuild the Temple*

❖ Read the introduction from "Understanding the Scripture" to set the stage for today's session.

❖ Read Haggai 1:1-2a yourself, using the "Pronunciation Guide" as needed. Have a volunteer ready to pick up at 1:2b-11.

❖ Discuss these questions:
1. **What have the people done to annoy God?**
2. **What has been the upshot of the people's focus on themselves?**
3. **What does God want the people to do? Why?**
4. **Had you been listening to Haggai, how would you have responded to show that you did—or did not—believe that he had the authority to speak for God?** (See "Speaking with Authority" in "Interpreting the Scripture," particularly the final paragraph.)

❖ Read "Reordering Priorities" from "Interpreting the Scripture." Invite the adults to review their papers from the "Gather to Learn" activity in light of the last three sentences of "Reordering Priorities," which you will reread. Provide quiet time for the students to consider what needs to be rebalanced in their lives so as to keep God in the center.

*(3) Goal 2: Accept Responsibility for the Connection Between Neglecting God and Selfish Behaviors*

❖ Read: **José Ortega y Gasset, the highly respected Spanish philosopher and essayist of the first half of the twentieth century, wrote, "Tell me to what you pay attention, and I will tell you who you are."** Then ask: **What might this statement suggest about how our priorities shape who we are?**

❖ Form several groups to consider the following stories of people acting selfishly without regard to God:
- Naboth's vineyard in 1 Kings 21.
- Jonah's response to the conversion of Nineveh in Jonah 4.
- Herod's response to the magi and their news in Matthew 2:1-18.
- The rich man and Lazarus in Luke 16:19-31.

❖ The groups are to be prepared to answer these questions, which you will write on newsprint:
1. **What selfish or ungodly behavior can you detect in at least one of the characters?**
2. **What motivates the characters to ignore God and follow their own inclinations?**
3. **How does God respond to any who have turned away to pursue selfish aims?**

❖ Call the groups together to report findings from their assigned passage. Conclude by asking:
1. **How do the characters in question accept responsibility for their**

turning away from God—or do they?

2. What lessons can we learn from each of these characters in terms of dealing with priorities that do not recognize God's premier place in our lives?

*(4) Goal 3: Explore Ways to Attend to God's Business Before Personal Wants and Needs and Link Those With Specific Actions the Learners Can Take*

❖ Invite the adults to look again at the list they made during the "Gather to Learn" activity. Challenge them to think silently about how they can spend just fifteen minutes per day longer attending to God's business. What activities need to move further down the priority ladder? Encourage them to determine specific ways they could spend that "found" time either relating to God individually or in tending to God's business by helping others.

❖ Bring everyone together and solicit ideas from volunteers.

❖ Suggest that class members try to implement these ideas in the coming week so as to continue making God's business their first priority.

*(5) Continue the Journey*

❖ Pray that the learners will make God the highest priority in their lives.

❖ Read aloud this preparation for next week's lesson. You may also want to post it on newsprint for the students to copy.

■ **Title: Trust God's Promises**

■ **Background Scripture: Haggai 1:12–2:9**

■ **Lesson Scripture: Haggai 1:12; 2:1-9**

■ **Focus of the Lesson: Some communities find it difficult to begin a** project that will benefit them. What motivates communities to get started on a new project? God promised to be with the people as they completed the task of rebuilding God's Temple.

❖ Post these three activities related to this week's session on newsprint for the students to copy. Challenge the adults to grow spiritually by completing one or more of them.

(1) **Keep a record of your time this week by writing down, at fifteen-minute intervals, whatever you are doing. Compare your use of time with your stated priorities to see if your priorities are in order and make appropriate changes as needed.**

(2) **Take note of your church building, if you own it. What does the way the building is cared for say about the congregation's concern for God's house? Do you sense a balance between taking care of the building and spending time and money wisely so the building is used for ministry rather than preserved as a museum? Share any concerns you have with the trustees.**

(3) **Set aside additional time this week and next to (a) spend time alone with God, and (b) take action to care for God's people. Explore how this short-term shift in priorities can become a disciplined way of life for you.**

❖ Sing or read aloud "Trust and Obey."

❖ Conclude today's session by leading the class in this benediction from 1 Corinthians 16:13-14: **Keep alert, stand firm in your faith, be courageous, be strong. Let all that you do be done in love. Amen.**

UNIT 1: HOPE AND CONFIDENCE COME FROM GOD

# Trust God's Promises

---

## PREVIEWING THE LESSON

**Lesson Scripture:** Haggai 1:12; 2:1-9
**Background Scripture:** Haggai 1:12–2:9
**Key Verse:** Haggai 2:9

### Focus of the Lesson:
Some communities find it difficult to begin a project that will benefit them. What motivates communities to get started on a new project? God promised to be with the people as they completed the task of rebuilding God's Temple.

### Goals for the Learners:
(1) to learn what God promised the Israelites when they obeyed God's command to rebuild the Temple.
(2) to believe that God pledges assistance in response to obedience.
(3) to identify ways God asks for obedience and demonstrate that obedience.

### Pronunciation Guide:
Haggai (hag' i)                                    Shealtiel (shee al' tee uhl)
Jehozadak (ji hoh' zuh dak)              Zerubbabel (zuh ruhb' uh buhl)
*shalom* (shah lohm')

### Supplies:
Bibles, newsprint and marker, paper and pencils, hymnals

---

## READING THE SCRIPTURE

NRSV
Lesson Scripture: Haggai 1:12

¹²Then Zerubbabel son of Shealtiel, and Joshua son of Jehozadak, the high priest, with all the remnant of the people, obeyed the voice of the Lord their God, and the words of the prophet Haggai, as the Lord their God had sent him; and the people feared the Lord.

CEB
Lesson Scripture: Haggai 1:12

¹²Zerubbabel, Shealtiel's son, and the High Priest Joshua, Jehozadak's son, along with all who remained among the people, listened to the voice of the Lord God and to the words of Haggai the prophet because the Lord their God sent him. Then the people feared the Lord.

Lesson Scripture: Haggai 2:1-9

¹In the seventh month, on the twenty-first day of the month, the word of the LORD came by the prophet Haggai, saying: ²Speak now to Zerubbabel son of Shealtiel, governor of Judah, and to Joshua son of Jehozadak, the high priest, and to the remnant of the people, and say, ³Who is left among you that saw this house in its former glory? How does it look to you now? Is it not in your sight as nothing? ⁴Yet now take courage, O Zerubbabel, says the LORD; take courage, O Joshua, son of Jehozadak, the high priest; take courage, all you people of the land, says the LORD; work, for I am with you, says the LORD of hosts, ⁵according to the promise that I made you when you came out of Egypt. My spirit abides among you; do not fear. ⁶For thus says the LORD of hosts: Once again, in a little while, I will shake the heavens and the earth and the sea and the dry land; ⁷and I will shake all the nations, so that the treasure of all nations shall come, and I will fill this house with splendor, says the LORD of hosts. ⁸The silver is mine, and the gold is mine, says the LORD of hosts. **⁹The latter splendor of this house shall be greater than the former, says the LORD of hosts; and in this place I will give prosperity, says the LORD of hosts.**

Lesson Scripture: Haggai 2:1-9

¹On the twenty-first day of the seventh month, the LORD's word came through Haggai the prophet: ²Say to Judah's Governor Zerubbabel, Shealtiel's son, and to the Chief Priest Joshua, Jehozadak's son, and to the rest of the people:
³Who among you is left who saw
    this house in its former glory?
How does it look to you now?
    Doesn't it appear as nothing to you?
⁴So now, be strong, Zerubbabel,
    says the LORD.
    Be strong, High Priest Joshua,
        Jehozadak's son,
    and be strong, all you people
    of the land, says the LORD.
Work, for I am with you,
    says the LORD of heavenly forces.
⁵As with our agreement
    when you came out of Egypt,
        my spirit stands in your midst.
Don't fear.
⁶This is what the LORD
    of heavenly forces says:
In just a little while,
    I will make the heavens, the earth,
    the sea, and the dry land quake.
⁷I will make all the nations quake.
    The wealth of all the nations will come.
    I will fill this house with glory,
        says the LORD of heavenly forces.
⁸The silver and the gold belong to me,
    says the LORD of heavenly forces.
**⁹This house will be more glorious
    than its predecessor,
    says the LORD of heavenly forces.
    I will provide prosperity in this place,
    says the LORD of heavenly forces.**

## UNDERSTANDING THE SCRIPTURE

**Introduction.** In Haggai 1:12-15a the scene shifts to a time twenty-four days after the events described in 1:1-11. In response to the word of the Lord with which Haggai had challenged and exhorted the community in 1:4-11 to complete the rebuilding of the Temple, it is now reported that the leaders and the people "obeyed the voice of the

Lord" and "feared the LORD" (1:12). Assured that God's presence would undergird them, the people were stirred and motivated to come together to work on God's house. As the work of rebuilding is underway, the prophet addresses the concerns of some of the members of the community who are old enough to remember the Temple before it was destroyed by the Babylonians. Anticipating their feelings of disappointment as they compare the current state of the building project with the beauty of Solomon's Temple, Haggai exhorts these leaders and all the community to be strong and get to work (2:4), trusting in God's presence and Spirit to sustain them (2:5). The prophet promises that God has planned a wonderful future for them, and the splendor of the rebuilt Temple will exceed that of the first one (2:6-9).

**Haggai 1:12-15a.** In the other time references in this book, the date formula is mentioned at the start of a unit (see 1:1; 2:1, 10, 20). Here, for whatever reason, it is found at the end of this brief section (1:15a). One can't help wondering why the people waited twenty-four days to begin work if they had truly been "stirred up" by the Lord (1:14). What happened between August 29 (1:1) and September 21 (1:15a) in the year 520 B.C.? Presumably, planning and preparation were necessary; time was needed to get organized. In addition, inspiration was needed, and perhaps the period of three weeks was necessary, as the people reflected on Haggai's words, for the Lord to sufficiently inspire and stir the spirits of the leaders and the people. Whatever the reason, their obedience was the end result, and that is the main point. We are told that they "obeyed the voice of the LORD their God" spoken through the prophet, and they also "feared the LORD" (1:12).

The Hebrew verb translated here as "obeyed" has the basic meaning of "to hear or listen," often with the implication of obeying, especially when the context is hearing the word of the Lord. In our covenantal relationship with God, if we really listen, we will heed and obey. In *The Message* Eugene Peterson translates this phrase as "all the people . . . listened, really listened, to the voice of their God." The Hebrew verb translated as "feared" also connotes "reverence and awe." Such fear has less to do with being frightened and scared, in the sense of fearing for one's life or welfare, and more to do with standing in awe and holy reverence before God. The assurance of God's comforting and strong presence with them in their undertakings (1:13) is probably what kept their awe from slipping into a kind of paralyzing dread. The phrase "all the remnant of the people" in 1:12 and 14 probably refers to those people who, along with Zerubbabel and Joshua, had returned from Babylon after being held captive as exiles. Such a use of "remnant" to refer to returning exiles is found in Jeremiah 43:5.

**Haggai 1:15b–2:3.** This section begins with a new date a month later on: October 17, 520 B.C. (1:15b–2:1). The leaders and the "remnant of the people" are addressed with the prophet's concern that some of them, specifically the older members of the community who could remember the glory of the former Temple built by King Solomon, might become despondent and pessimistic when viewing the recent and current meager efforts at rebuilding the Temple (2:3). Haggai was afraid that, in seeing the current unfinished state of the building, these persons would compare it with the splendor of the former Temple, and in their disappointment they could quickly snuff out any spirit of enthusiasm held by those who had never seen the first building.

**Haggai 2:4-5.** So the prophet moves quickly to encourage and exhort all the people to take courage, stand strong, and get to work. What was their motivation? God, the Lord of hosts, "the GOD-of-the-Angel-Armies" as *The Message* translates, is with them and working alongside them! This is the second time in this brief passage that the prophet has emphasized that the people would not be laboring alone; the Lord of hosts is with them. And to emphasize that point, Haggai evokes their collective faith memory to recall the Exodus from Egypt, the event that formed Israel as a people. Was not God's Spirit with them then? So God is with them now; there is no need to fear! It is this assurance of God's abiding presence, which had always sustained Israel throughout their history, that gives them hope and confidence and prepares them to hear the promise of verses 6-9.

**Haggai 2:6-9.** The prophet completes the painting of this picture with a vision of a glorious future that God will give to God's people. As God had once shaken the earth to bring about the Exodus from Egypt, God will once again "shake the heavens and the earth and the sea and the dry land" (2:6) as well as the nations, so that the Temple will be rebuilt in majesty and Israel will have a bountiful and peace-filled future. After all, the whole earth belongs to God (Psalm 24:1) as does the future. "The silver is mine and the gold is mine, says the LORD of hosts" (2:8), and the sovereign creator can do with what belongs to God however God wishes. To lift up the spirits and vision of the community, Haggai promises that God will lavish upon the rebuilt Temple an abundance of material splendor. The "treasure of all nations" (2:7) that will come to the Temple may well refer to the treasures that were once carried away when the Temple was destroyed. "Prosperity" in 2:9 translates the Hebrew word shalom, which has the broader meaning of wholeness and peace and abundance that God will give to the community.

---

## INTERPRETING THE SCRIPTURE

### Are You Really Listening?

I can recall numerous occasions when one of the presenting issues about which couples would speak when they came for pastoral counseling was the fact that one of the spouses felt like she or he wasn't being heard. One spouse would inevitably say something like, "My husband [or wife] doesn't really listen to me. He [or she] may hear the words I speak but is not attuned to what lies behind the words. He [or she] does not listen to my feelings."

Most of us have probably experienced this. We hear, but we don't hear. We are only half-listening to what someone is saying because we are not totally focused on that person. Our focus is on the ballgame we are watching or the song that we are listening to; whatever it is, our thoughts are focused elsewhere. When we only listen halfway to what someone is saying, we are doing a disservice to that person and not showing respect.

In our relationship with God, we show God the same lack of respect whenever we don't really tune in to God's Word. As I indicated in "Understanding the Scripture," the Hebrew word translated by the NRSV in Haggai 1:12 as "obeyed" has the basic meaning of "hearing or listening." In the Hebrew Scriptures and in the context of a relationship with God, hearing was not understood as a neutral act. It was, as W. Eugene March wrote, "not just the physical act of receiving and interpreting sound patterns. Hearing, rather, required response—namely, to do God's will, to obey." Throughout the Bible, listening to God's Word and then obeying that word go hand in hand. One of the foundational passages of the Hebrew Scriptures is the great commandment in Deuteronomy 6:4-5: "Hear, O Israel: The LORD is our God, the LORD alone. You shall love the LORD your God with all your heart, and with all your soul, and with all your might." The word translated as "hear" is the same Hebrew verb found in Haggai 1:12 and translated as "obeyed." The verses that immediately follow Deuteronomy 6:4-5 make it abundantly clear that to hear, *to really listen*, is to obey. Jesus said, "Everyone then who hears these words of mine and acts on them [in other words, obeys] will be like a wise man who built his house on rock" (Matthew 7:24). The refrain of a popular hymn says it well: "Trust and obey, for there's no other way to be happy in Jesus, but to trust and obey."

### Naming the Demons

Most of us know from personal experience that the first step in working through any problem is to acknowledge that the problem exists. We need to name the demon. That is why persons in Alcoholics Anonymous (A.A.) groups introduce themselves by saying, "My name is so-and-so, and I am an alcoholic." Such a confession and acknowledgment of the problem constitutes the first step in successfully dealing with it.

Haggai used this same principle as he dealt with the fears and hopes of the struggling Jewish community. He was aware of the disappointments and concerns that the older members of the community might well have. They could remember the splendor of the first Temple, built by King Solomon, before it was destroyed by the Babylonians. There was a danger that these older community members would rate the present effort at rebuilding as an inferior imitation. Their discontent and always talking about the "good old days" might be a real impediment to the rebuilding effort and the spirit of the younger workers.

Desiring to head off any further attitude of despondency or pessimism that could bring down morale, the prophet decides to confront the issue head-on. In doing this Haggai shows what an insightful leader he is. He meets the people not where he wishes they were, but where they actually are. He doesn't cover up a potential problem, but he goes right to the heart of the issue. In 2:3 he says, "Who is left among you that saw this house in its former glory? How does it look to you now? Is it not in your sight as nothing?"

The Bible never covers up matters; it invites us to honestly face up to our shortcomings and brokenness. Only then can real healing and transformation take place. By the power of God's redeeming love, we are to put the past behind us and move on into the future that God is giving us. So it is in our passage. Once Haggai confronts the immediate issue in 2:3, he shifts the people's vision forward by giving them a wonderful assurance and promise from God.

### God's Promises

Promises are so important in life; they keep us looking forward and bring us hope. I think of the promises that my wife and I made to each other in our wedding vows forty-four years ago. Our efforts to faithfully keep those promises have brought both joys and challenges and ultimately great fulfillment to our lives. But when promises remain empty and unfulfilled, great disappointment is often experienced. All of our lives are a mix of empty and fulfilled promises.

God is a God of promises, and the Bible is a book of promises. The great story of God's relationship with God's people began with a promise made to Abraham in Genesis 12:2-3: "I will make of you a great nation, and I will bless you . . . so that you will be a blessing . . . in you all the families of the earth shall be blessed." Of course, we know that through the centuries, because of the unfaithfulness and disobedience of God's people on so many occasions, that promise of blessing often remained unfulfilled. However, God always remained faithful to God's Word, and even during the darkest days of Israel's history, such as the exile, God constantly reiterated that promise through the prophets and others.

In our passage today we hear God speaking through the prophet Haggai once again with two very important promises for God's people as they faced both disappointment and challenge. "I am with you," Haggai says twice (1:13; 2:4) Then comes the assurance and promise that "my spirit abides among you; do not fear" (2:5). As Christians, we know that promise well. We hear it every Advent and Christmas, for Jesus is named "Emmanuel," which means "God is with us" (Matthew 1:23). Whenever you and I face difficult and challenging times, it is so comforting to know that someone is beside us, whether it is a spouse or friend or family member, and we do not have to walk through the darkness alone. How much more comforting is it to know that the Creator of the universe is constantly by our side, undergirding us with love.

Our key verse, 2:9, contains another promise. Even though the initial work of rebuilding the Temple seemed so meager and even disappointing to some, Haggai promises that "the latter splendor of this house shall be greater than the former." God promises to give *shalom* to the community, translated in the NRSV as "prosperity." The word *shalom* is usually translated as "peace," but such peace is far more than just the absence of conflict or war. Rather *shalom* carries the much fuller meaning of health and wholeness, welfare, peace with security, abundance, and both material and spiritual prosperity. That is God's continuing promise to all who trust and obey God.

## SHARING THE SCRIPTURE

### PREPARING TO TEACH

#### Preparing Our Hearts

Explore this week's devotional reading, found in Psalm 27:7-14. In this song of David, the writer asks God to pay attention to him and guide him. Furthermore, he exudes confidence in the goodness of God. He is so confident that he will "wait for the LORD" (27:14) and encourages others to also wait. What promises are you waiting for God to fulfill right now? Are you willing to continue to wait? Read verses 7-14 aloud as your own prayer to God.

Pray that you and the adult students will trust God's promises, no matter how long you have to wait for them to be fulfilled.

#### Preparing Our Minds

Study the background Scripture from Haggai 1:12–2:9, and the lesson Scripture from Haggai 1:12; 2:1-9.

Consider this question as you prepare the lesson: *What motivates communities to get started on a new project?*

Write on newsprint:
- ❏ information for next week's lesson, found under "Continue the Journey."
- ❏ activities for further spiritual growth in "Continue the Journey."

Review the "Introduction," "The Big Picture," "Close-up," and "Faith in Action." Consider how you will use this additional information, which immediately precedes the first lesson, for this session.

### LEADING THE CLASS

#### (1) Gather to Learn

❖ Greet the class members. Introduce any guests and help them to feel at home.

❖ Pray that the learners are ready to listen to God's will for their lives.

❖ Read: **You may recall the folktale, told in many cultures, and known best in** the United States as *Stone Soup*, a book by Marcia Brown that many of us read as children. As the story goes, two travelers with nothing more than a pot arrive in a town but find no one willing to give them food. So they fill the pot with water, drop in a large stone, and prevail upon individuals to give a carrot, some greens, a bit of meat, and so on to improve the flavor. Reluctant at first, the villagers each contribute a little until soon a huge pot of delicious soup is shared among everyone. All are fed and no one goes hungry.

❖ Ask: **Although the travelers were unable to get a single family to feed them, when everyone contributed just a little, all had enough to eat. Knowing the outcome, why do you think it was difficult for members of this community to begin to donate food to this soup?**

❖ Read aloud today's focus statement: **Some communities find it difficult to begin a project that will benefit them. What motivates communities to get started on a new project? God promised to be with the people as they completed the task of rebuilding God's Temple.**

*(2) Goal 1: Learn What God Promised the Israelites When They Obeyed God's Command to Rebuild the Temple*

❖ Invite a volunteer to read Haggai 1:12 and 2:1-9.

❖ Lead a theological study of this passage by asking these questions. Use information from "Understanding the Scripture" to help explain the text.

1. **What does this passage reveal to you about God?**
2. **What does this passage tell you about people?**
3. **What does this passage suggest about the relationship between God and humanity?**

❖ Read "God's Promises" from "Interpreting the Scripture." Invite the students to comment on anything they learn

here concerning divine promises and how they are fulfilled.

*(3) Goal 2: Believe that God Pledges Assistance in Response to Obedience*

❖ Call the learners to look again at Haggai 1:12 and 2:1-9. Note especially the comment in verse 12 that the people "obeyed the voice of the LORD." **How do you think their obedience shapes the way God deals with them?**

❖ Read or retell "Naming the Demons" from "Interpreting the Scripture" and ask:

1. **How would you describe the mood of the people who remember Solomon's Temple when they compare that to the Second Temple?**
2. **What promise does God make to the people concerning this new Temple?**
3. **Had you been standing with the Israelites that day, what response would you have had to God's promise?**
4. **Why would you have believed or disbelieved that promise?**

❖ Direct the adults to transfer this story to their own lives by talking with a partner or small group about a time when the learners felt that God made a promise and they obeyed. What happened in this situation?

❖ Encourage several volunteers to give brief testimonies of times when they believed God would help them—and they experienced that this was so.

*(4) Goal 3: Identify Ways God Asks for Obedience and Demonstrate That Obedience*

❖ Read or retell "Are You Really Listening" from "Interpreting the Scripture."

❖ Distribute paper and pencils. Invite the learners to list ways that they hear God calling them to obey right now. What are they being asked to do? Also ask them to write brief comments about how they intend to respond. What are they doing to demonstrate faithful obedience?

❖ Conclude this part of the session by challenging the adults to write and complete this sentence: **Because I believe God is calling me to _____ I will respond by _____.** After a few moments of silence, invite the learners to put these papers in a safe place and review them often this week to gauge their progress.

*(5) Continue the Journey*

❖ Pray that the learners will obey God's direction.

❖ Read aloud this preparation for next week's lesson. You may also want to post it on newsprint for the students to copy.

■ Title: Live Pure Lives
■ Background Scripture: Haggai 2:10-19
■ Lesson Scripture: Haggai 2:10-19
■ Focus of the Lesson: Almost everyone wants to belong to something that will make a difference in the world. What or who could help Christians feel that sense of belonging? God rewards and blesses the community of believers that lives in righteousness and fear of God.

❖ Post these three activities related to this week's session on newsprint for the students to copy. Challenge the adults to grow spiritually by completing one or more of them.

(1) **Test your listening skills by writing down the points or phrases that you felt were most important in this week's sermon. If your church records its services, borrow a copy, listen again to the sermon, and check it against what you wrote. If your church does not record sermons, consider asking your pastor to review your notes and help you rate yourself on how well you listened and captured the main points.**

(2) **Respond to a call for help with a project in the church or community. If you are able to do so, give hands-on assistance to this activity. If not, donate money, undergird the project in prayer, or do whatever you can.**

(3) **Read or listen to the stories of people who can testify that God works in their lives. What clues can their stories give you that will help you to obey God and recognize the divine presence?**

❖ Sing or read aloud "Bless Thou the Gifts."

❖ Conclude today's session by leading the class in this benediction from 1 Corinthians 16:13-14: **Keep alert, stand firm in your faith, be courageous, be strong. Let all that you do be done in love. Amen.**

# UNIT 1: HOPE AND CONFIDENCE COME FROM GOD
# LIVE PURE LIVES

---

## PREVIEWING THE LESSON

**Lesson Scripture:** Haggai 2:10-19
**Background Scripture:** Haggai 2:10-19
**Key Verse:** Haggai 2:19

### Focus of the Lesson:

Almost everyone wants to belong to something that will make a difference in the world. What or who could help Christians feel that sense of belonging? God rewards and blesses the community of believers that lives in righteousness and fear of God.

### Goals for the Learners:

(1) to hear Haggai's message of encouragement to the Israelite community to resume work when the Temple rebuilding effort lags.
(2) to realize that dishonorable behavior leads to catastrophic results for the community.
(3) to commit to help one another in doing God's work.

### Pronunciation Guide:

Darius (duh ri' uhs)
Haggai (hag' i)
*Torah* (toh' ruh)

### Supplies:

Bibles, newsprint and marker, paper and pencils, hymnals

---

## READING THE SCRIPTURE

NRSV
Lesson Scripture: Haggai 2:10-19

[10]On the twenty-fourth day of the ninth month, in the second year of Darius, the word of the LORD came by the prophet Haggai, saying: [11]Thus says the LORD of hosts: Ask the priests for a ruling: [12]If one carries consecrated meat in the fold of one's garment, and with the fold touches bread, or

CEB
Lesson Scripture: Haggai 2:10-19

[10]On the twenty-fourth day of the ninth month in the second year of Darius, the LORD's word came to Haggai the prophet:
[11]This is what the LORD
  of heavenly forces says:
  Go ahead and ask the priests for a ruling:
  [12]"If someone lifts holy meat

stew, or wine, or oil, or any kind of food, does it become holy? The priests answered, "No." ¹³Then Haggai said, "If one who is unclean by contact with a dead body touches any of these, does it become unclean?" The priests answered, "Yes, it becomes unclean." ¹⁴Haggai then said, So is it with this people, and with this nation before me, says the LORD; and so with every work of their hands; and what they offer there is unclean. ¹⁵But now, consider what will come to pass from this day on. Before a stone was placed upon a stone in the LORD's temple, ¹⁶how did you fare? When one came to a heap of twenty measures, there were but ten; when one came to the wine vat to draw fifty measures, there were but twenty. ¹⁷I struck you and all the products of your toil with blight and mildew and hail; yet you did not return to me, says the LORD. ¹⁸Consider from this day on, from the twenty-fourth day of the ninth month. Since the day that the foundation of the LORD's temple was laid, consider: **¹⁹Is there any seed left in the barn? Do the vine, the fig tree, the pomegranate, and the olive tree still yield nothing? From this day on I will bless you.**

into the hem of one's garment
and that hem touches bread,
stew, wine, oil, or any kind of food,
will it be made holy?"
And the priests responded, "No."
¹³Haggai said,
"If an unclean person touches any of
these things, will it become unclean?"
And the priests responded,
"It will be unclean."
¹⁴Then Haggai responded:
Thus has this people and this nation
Become to me, says the LORD,
and everything that they do
with their hands.
Whatever they offer is unclean.
¹⁵So now, take it to heart
from this day forward.
Before stone was placed on stone
in the LORD's temple,
¹⁶when one came to the granary
for twenty measures,
there were only ten;
and when one came to the wine vat
for fifty measures,
there were only twenty.
¹⁷I struck you—
everything you do with your hands—
with blight and mildew and hail;
but you didn't return to me.
¹⁸So take it to heart
from this day forward,
from the twenty-fourth day
of the ninth month.
Take it to heart from the day when
the foundation for the LORD's
temple was laid.
**¹⁹Is the seed yet in the granary—
or the vine, the fig tree,
or the pomegranate—
or has the olive tree not borne fruit?
From this day forward, I will bless you.**

---

## UNDERSTANDING THE SCRIPTURE

**Introduction.** This passage, the fourth revelation or message from God that came through the prophet Haggai, is really a call for the people to make a commitment to be holy. The theme of rebuilding the Temple is set in the context of holiness before God. In 1:4-11 the prophet had addressed the community's unwarranted contentment, even laziness, as they lived in their nice paneled houses while God's house, the Temple, still lay pretty much in ruins following the Babylonian invasion of 587/586 B.C. Then in 2:1-3 Haggai addressed the discontent and despair that some of the older members of the community were feeling when they compared the initial feeble efforts at rebuilding the Temple with their memories of the splendor of King Solomon's original Temple. Now in 2:10-19 the prophet rebukes what Walter C. Kaiser Jr. labels "the people's misplaced values" and their misunderstanding of what God really wants from them. Haggai also emphasizes God's promise that a restored Temple, glorified by God's presence, will bring blessing to the people and secure well-being for the future.

**Haggai 2:10-13.** In verse 10 a new date is mentioned that corresponds to December 18, 520 B.C., two months after the date recorded in Haggai 2:1. We'll see later that something very special happened on this date, but first the prophet says that God has two questions for the priests to answer and in doing so to give a "ruling" (2:11). The Hebrew word translated as "ruling" here is the well-known term *torah*, which has the basic meaning of "instruction, direction, law." The priests are being asked for a decision or instruction regarding two questions that Haggai is about to ask them, but really the answers that the priests will give are meant to instruct the whole community. Both questions may sound strange to our modern ears; they both deal with ritualistic practices that can seem quite antiquated to us. The first question (2:12) centers around the issue of whether holiness is transferrable and to what extent, and the second question (2:13) deals with ritual uncleanness and purification issues that no longer seem relevant in our modern society.

However, in the religious community of which Haggai was a member, these were very important issues, and the point Haggai wants to make would have been very relevant in the situation in which he and the Jewish community found themselves. In response to the first question (2:12), Leviticus 6:26-29 makes very clear that anything that came into contact with the consecrated meat of a sin offering, when properly offered and eaten in a holy place, shall also become holy. But Haggai wants to know if this transfer of holiness goes any further. For example, if some consecrated meat from the offering was taken away from the altar to be eaten at home and there inadvertently came in contact with other food ("bread, or stew, or wine, or oil," 2:12), did these things become holy? The priests' answer is no. The essence of their answer is that holiness is not transferable or contagious in the sense that a person or a thing cannot become holy simply because that person or thing comes in contact with something that has been consecrated as holy.

The second question in 2:13 deals with ritual uncleanness, in particular the defilement that occurred, the ancient Hebrews believed, when one came in contact with a corpse. Numbers 5:2-4 describes the three states or actions to be avoided at all costs, that could lead to ritual uncleanness and being isolated from the community of God's people: having leprosy, having a bodily discharge, and coming in contact with a corpse. The priests' answer to Haggai's question—whether someone in such a state of uncleanness from coming in contact with a corpse could contaminate other things such as food (mentioned in 2:12) or even people simply by touching them—is yes. In other words, though holiness is not transferable, the priests are saying that uncleanness and defilement are contagious through contact.

**Haggai 2:14.** The main point Haggai wants to make is expressed in 2:14: the people are contaminated and unclean, and therefore, on the basis of the priests' ruling expressed in 2:13, everything the people touch—the work of their hands and their offerings to God—is unclean. But why are the people considered to be unclean and their offerings unclean? We know from 1:4-11 that the people had sinned by putting themselves and their own comfort ahead of God, resulting in God's judgment on them. This judgment is referenced again in 2:16-17. The priests had said in 2:12 that holiness is not transferable. Only a holy God can make people holy, not the work of their hands or coming in contact with holy objects. Thus the people remained unclean until God purified them with God's forgiveness and grace, represented in their finally returning to God (repenting) mentioned in 2:17 and their obeying and fearing God (1:12). Regarding their unclean offerings, the central altar had been desecrated by the Babylonians when they destroyed the Temple. Haggai was concerned that the altar was being used before the Temple was rebuilt and without proper ritual purification. Thus, the offerings made on the altar were defiled.

**Haggai 2:15-19.** A major shift in thought is indicated by the strong words in 2:15, "But now, consider . . ." As the last passage ended with a promise (2:6-9), so does this one. Something new is about to happen. Yes, God's people have sinned, their offerings have been defiled, and God's judgment has come upon them. But "from this day on" (2:15, 18), that is, from December 18, 520 B.C. ("the twenty-fourth day of the ninth month"), a new era of prosperity and blessing is beginning. According to 2:18 that is the day on which the foundation of the new Temple was laid. Now the altar is properly cleansed of its defilement, and the offerings made there are fully acceptable to God. The question in 2:19 anticipates a negative answer. In spite of bad harvests in the past (see 1:6, 11; 2:16-17), now that the foundation of the Temple has been laid and the work of rebuilding God's house is moving forward, God promises prosperity and blessing for the community.

---

## INTERPRETING THE SCRIPTURE

### God Has No Grandchildren

The early stages of my spiritual formation as a disciple of Jesus were shaped by a strong evangelical tradition. I can still hear one of my mentors say the phrase that she repeated so often, "God has no grandchildren, only children." What she meant is that genuine religion cannot be caught like we catch a common cold. A dynamic spiritual faith doesn't just rub off on us in the same way that we might become infected with poison ivy by rubbing up against a poison ivy plant. There is no question that someone's genuine Christian witness or a life of holiness can profoundly and positively influence us. To that extent genuine faith is contagious. But in the end we cannot coast into the kingdom of God on the religious coattails of our parents or spouse or teachers or friends. Ultimately each person must make a conscious decision to be a disciple of Jesus and to live a life of moral righteousness, a life of holiness in which we seek to do God's will. Ultimately that is what the question and the priests' answer in Haggai 2:12 is about: holiness is not transferable. Just because I spend time with a person of strong faith who lives a righteous life of service and love does not guarantee that my life will automatically be holy. God has no grandchildren, only children. I must make my own decision to be a disciple of Jesus and to live a life of holiness and love and service before God. Just because my mother was a saintly woman does not automatically make me a saintly person.

In a similar way our lives are not automatically sanctified or made holy just because we participate in holy acts or religious rituals. The message of Haggai 2:12 declares that meat, even when properly consecrated in the Temple, is not magical; it will not miraculously make other substances holy simply by osmosis or physical contact. By analogy I could participate in the sacrament of Holy Communion every day, but simply receiving some bread and wine will not make my life holy if my attitude and motive is impure and my heart is not committed. The wearing of a wedding ring, which can be symbolic of a beautiful relationship, does not guarantee true love and a happy marriage if one's commitment is not genuine. Likewise, rituals and external religious expressions, which can be meaningful, can also be empty if the commitment of the heart is false.

### One Bad Apple Spoils the Whole Barrel

While the priests answer no to the question posed in Haggai 2:12, they answer yes to the question in 2:13. Although, as we have seen, holiness is not transferable, as 2:13 suggests and as life experience seems to teach us, evil and defilement are much more easily transmitted from one person to another. Like an epidemic, evil often appears to be contagious. An old maxim says that "one bad apple spoils the whole barrel," and there is much evidence in human experience to suggest that this is true. As one commentator has said, "Drop a little filth in a container and soon the entire contents are contaminated."

Is it just our fallen human nature and proclivity to sin that make humans more prone to want to spread a juicy bit of gossip than to tell others a more noble truth? As one little boy said to his mother, "Why is it so much easier to be bad than to be good?" I'll never forget an incident in our family's life when our youngest son was just turning two years of age. While I was driving, I came up behind a car that was moving quite

slowly. Suddenly from our son's car seat came this little voice shouting loudly, "Come on, buddy, move it!" We were startled to hear him say that since he was normally a quiet and reserved child. My wife looked at me and laughed; we both knew where it came from. Undoubtedly our son had heard me say it on numerous occasions. He had taken it all into his little mind, and that is what came out. But with so many positive and wholesome things that we as parents had tried to teach him, I couldn't help wondering why this had to be the phrase he remembered and uttered!

As expressed in Haggai 2:13, the ancient Hebrews were concerned about becoming ritually unclean by coming into contact with a corpse and then possibly causing other people or substances to become unclean by, in turn, coming into contact with them. The tragic result was that a person could fall out of fellowship with the community. Ritual uncleanness stemming from contact with a corpse or a leper or someone with a discharge may not be our issue today, but consider how just a few years ago many people were afraid to come in contact with someone who was living with HIV/AIDS. How many of us are afraid of the possible negative influence that might rub off onto our children if they hang out with the wrong person or crowd? Yes, we are all painfully aware of how contagious evil seems to be and how quickly immoral behavior can spread.

### But Now . . . From This Day On!

Whatever our circumstances in life, even a situation where wrongdoing seems rampant and we fear the spread of evil, we can be confident of one thing: God is our ultimate strength! Behind every roadblock and challenge we face, we can hear God speaking a defiant "but" or "nevertheless." "But now, consider what will come to pass from this day on" is the good news expressed in Haggai 2:15. After a description of the uncleanness and defilement of the people and the work of their hands, God boldly exclaims, in essence, "I am causing something new to happen!" Thank goodness that God is not bound by our sin and past mistakes. God does not leave us to wallow in our brokenness and unclean condition.

In Haggai 2:4-9 the prophet gave the people the promise that God would be with them in their commitment and work to rebuild the Temple. God's Spirit "abides among you; do not fear" (2:5). Haggai goes on to promise that God would shake the heavens and the earth and bring the treasure of the nations into the Temple to fill it with splendor. Now in 2:15-19, God promises that a new era is dawning. Because the people have returned to God and the foundation of the Temple has been laid, resulting in proper sacrifices being offered, no longer will there be "blight and mildew and hail" (2:17), symbolic of God's judgment. Rather "from this day on I will bless you," says the Lord (2:19). Haggai's message stands in the same prophetic tradition as Second Isaiah who spoke to the exiles in Babylon twenty years earlier in their darkest moments of despair. Isaiah proclaimed that the time of their punishment and judgment was over and God was coming to take the exiles home (Isaiah 40:1-11). "Do not fear, for I have redeemed you; I have called you by name, you are mine. . . . Do not remember the former things . . . I am about to do a new thing" (43:1, 18-19). God fulfilled that promise, and Haggai affirms that God will fulfill God's new promise of blessing.

---

# SHARING THE SCRIPTURE

## PREPARING TO TEACH

### Preparing Our Hearts

Explore this week's devotional reading, found in 1 Peter 1:13-21. In these verses of his first letter, Peter is calling people to live holy lives. What constitutes holy living according to the apostle? Compare his teachings on holiness to those in today's reading from Haggai 2:10-19. What similarities and differences do you note? Pledge to live a pure and holy life.

Pray that you and the adult students will seek to live the kind of holy lives to which God calls you.

### Preparing Our Minds

Study the background Scripture and lesson Scripture, both of which are from Haggai 2:10-19.

Consider this question as you prepare the lesson: *What or who could help Christians feel a* *sense of belonging to something that will make a difference in the world?*

Write on newsprint:
❑ information for next week's lesson, found under "Continue the Journey."
❑ activities for further spiritual growth in "Continue the Journey."

Review the "Introduction," "The Big Picture," "Close-up," and "Faith in Action." Consider how you will use this additional information, which immediately precedes the first lesson, for this session.

## LEADING THE CLASS

### (1) Gather to Learn

❖ Greet the class members. Introduce any guests and help them to feel at home.

❖ Pray that the learners will consider what it means to lead a holy life.

❖ Post a sheet of newsprint and invite the students to call out the names of religious, civic, social, educational, or other groups or teams with which they are affiliated. Next, list reasons why the participants choose to belong to these groups. Finally, see if you can categorize reasons. For example, some will belong to a particular group to help their children; some will have a common interest with members of the group; others will want to belong to make their community a better place to live. Note that most people want to belong to groups where they can make a difference.

❖ Read aloud today's focus statement: **Almost everyone wants to belong to something that will make a difference in the world. What or who could help Christians feel that sense of belonging? God rewards and blesses the community of believers that lives in righteousness and fear of God.**

*(2) Goal 1: Hear Haggai's Message of Encouragement to the Israelite Community to Resume Work When the Temple Rebuilding Effort Lags*

❖ Read the introduction from "Understanding the Scripture" to put today's Scripture passage in context.

❖ Select a volunteer to read Haggai 2:10-19.

❖ Recognize that today's reading is a difficult oracle to understand. Make clear that Haggai's illustrations in verses 11-13 demonstrate that although impurity can easily be transferred from one object (or person) to the next, purity cannot be transferred that way. Continue to illustrate this concept by reading or retelling "God Has No Grandchildren" from "Interpreting the Scripture."

❖ Discuss these questions:
1. **According to verse 14, Haggai pronounces the work and the offering of the people unclean? Why?** (Use the information in "Understanding the Scripture" for 2:14 to clarify the reasons.)
2. **What are the consequences of the people's uncleanness?**

3. **The words "But now" in verse 15 signal a change. What is or will be different?** (Use 2:15-19 in "Understanding the Scripture" and "But Now . . . from This Day On!" in "Interpreting the Scripture" to explain this change.)

*(3) Goal 2: Realize that Dishonorable Behavior Leads to Catastrophic Results for the Community*

❖ Read aloud the first paragraph of "One Bad Apple Spoils the Whole Barrel" in "Interpreting the Scripture."

❖ Invite the adults to comment on situations where the actions of one person (or a small group) lead to negative results for the entire community. Suggest that the students describe situations, rather than cite names. Here are some examples: the alleged sexual misconduct of a coach with underage boys led not only to his conviction in court but also to the besmirching of the name of a highly respected university; the financial schemes of an investment advisor led to the loss of the life savings of trusting clients as well as his imprisonment; the willingness of a federal employee to sell classified secrets compromised the safety and security of many other people.

❖ Ask: **What would you say to someone who knowingly did wrong but claimed that what he or she did was personal business and not the concern of the community.**

*(4) Goal 3: Commit to Help One Another in Doing God's Work*

❖ Recall that Haggai's concern was that the people had put their own needs ahead of the rebuilding of God's house. Their failure to be about God's business resulted in uncleanness.

❖ Brainstorm answers to this question and record ideas on newsprint: **What work for God could we as a class undertake?**

Encourage the adults to think not only about projects that need to be done within the church but also outside the walls of the building. These projects may require hands-on building, but they could also be programmatic or financial in nature, such as raising funds for the youth to go on a retreat or helping a community shelter by serving as hosts.

❖ Select one large project or several smaller ones from the list. Invite those interested in each project to gather together in a group. Provide paper and pencils. Encourage the groups to determine what they think they can do, for whom, when, using what resources and personnel. Suggest that one person take the lead and begin by contacting the appropriate persons or agencies to offer the group's services.

❖ Call the groups together to report on their plans. Suggest a date at which they will report on their respective projects.

*(5) Continue the Journey*

❖ Pray that the learners will be faithful in doing God's work.

❖ Read aloud this preparation for next week's lesson. You may also want to post it on newsprint for the students to copy.

- **Title: Hope for a New Day**
- **Background Scripture: Nehemiah 7:1-7; Haggai 2:20-23; Zechariah 4**
- **Lesson Scripture: Haggai 2:20-23; Zechariah 4:5-14**
- **Focus of the Lesson: Communities need capable leadership to stay motivated through a project's completion. Where can Christian com-** munities find this kind of leadership? God speaks through the prophets to affirm that the Temple will be completed under Zerubbabel—not by human might or power, but by the Spirit of the Lord.

❖ Post these three activities related to this week's session on newsprint for the students to copy. Challenge the adults to grow spiritually by completing one or more of them.

**(1) Notice that Haggai speaks about guilt by association. Think about the people and groups with whom you associate. Are there some that you would not want Jesus to be involved in? If so, what changes will you make?**

**(2) Talk with a young person about his or her associates. Explain the meaning of the phrase "one bad apple spoils the whole barrel." Encourage this person to choose friends carefully.**

**(3) Research the story behind the 1873 hymn "It Is Well with My Soul" by Horatio G. Spafford. How might the story of this hymn's writing affect your own relationship with Jesus?**

❖ Sing or read aloud "Forth in Thy Name, O Lord."

❖ Conclude today's session by leading the class in this benediction from 1 Corinthians 16:13-14: **Keep alert, stand firm in your faith, be courageous, be strong. Let all that you do be done in love. Amen.**

# UNIT 1: HOPE AND CONFIDENCE COME FROM GOD
# HOPE FOR A NEW DAY

## PREVIEWING THE LESSON

**Lesson Scripture:** Haggai 2:20-23; Zechariah 4:5-14
**Background Scripture:** Nehemiah 7:1-7; Haggai 2:20-23; Zechariah 4
**Key Verse:** Zechariah 4:6

### Focus of the Lesson:
Communities need capable leadership to stay motivated through a project's completion. Where can Christian communities find this kind of leadership? God speaks through the prophets to affirm that the Temple will be completed under Zerubbabel—not by human might or power, but by the Spirit of the Lord.

### Goals for the Learners:
(1) to discover God's promise of eternal reward to the Israelite community because they rebuilt the Temple in obedience to God.
(2) to reflect on their individual and communal obedience to God.
(3) to express thankfulness to God for the blessings God conveys on obedient servants.

### Pronunciation Guide:
Artaxerxes (ahr tuh zuhrk' seez)      Nehemiah (nee huh mi' uh)
Haggai (hag' i)                       Shealtiel (shee al' tee uhl)
Jehoiachin (ji hoi' uh kin)         Zechariah (zek uh ri' uh)
Manasseh (muh nas' uh)         Zerubbabel (zuh ruhb' uh buhl)
Midianite (mid' ee uh nite)

### Supplies:
Bibles, newsprint and marker, paper and pencils, hymnals

## READING THE SCRIPTURE

NRSV
Lesson Scripture: Haggai 2:20-23

<sup></sup>20The word of the LORD came a second time to Haggai on the twenty-fourth day of the month: 21Speak to Zerubbabel, governor of Judah, saying, I am about to shake the heavens and the earth, 22and to overthrow

CEB
Lesson Scripture: Haggai 2:20-23

20And the LORD's word came to Haggai a second time on the twenty-fourth of the month, saying:
21Speak to Judah's Governor Zerubbabel:
     I am about to make the heavens

the throne of kingdoms; I am about to destroy the strength of the kingdoms of the nations, and overthrow the chariots and their riders; and the horses and their riders shall fall, every one by the sword of a comrade. ²³On that day, says the LORD of hosts, I will take you, O Zerubbabel my servant, son of Shealtiel, says the LORD, and make you like a signet ring; for I have chosen you, says the LORD of hosts.

Zechariah 4:5-14

⁵Then the angel who talked with me answered me, "Do you not know what these are?" I said, "No, my lord." ⁶He said to me, **"This is the word of the LORD to Zerubbabel: Not by might, nor by power, but by my spirit, says the LORD of hosts.** ⁷What are you, O great mountain? Before Zerubbabel you shall become a plain; and he shall bring out the top stone amid shouts of 'Grace, grace to it!' "

⁸Moreover the word of the LORD came to me, saying, ⁹"The hands of Zerubbabel have laid the foundation of this house; his hands shall also complete it. Then you will know that the LORD of hosts has sent me to you. ¹⁰For whoever has despised the day of small things shall rejoice, and shall see the plummet in the hand of Zerubbabel.

"These seven are the eyes of the LORD, which range through the whole earth." ¹¹Then I said to him, "What are these two olive trees on the right and the left of the lampstand?" ¹²And a second time I said to him, "What are these two branches of the olive trees, which pour out the oil through the two golden pipes?" ¹³He said to me, "Do you not know what these are?" I said, "No, my lord." ¹⁴Then he said, "These are the two anointed ones who stand by the Lord of the whole earth."

and the earth quake.
²²I will overthrow the thrones
   of the kingdoms;
I will destroy the strength
   of the nations.
I will overthrow chariot and rider;
   horses and riders will fall.
Each one will fall
   by the sword of his companion.
²³On that day,
   says the LORD of heavenly forces:
 I will take you,
   Zerubbabel, Shealtiel's son, my servant,
 says the LORD;
      I will make you like a signet ring
         because I have chosen you,
            says the LORD of heavenly forces.

Zechariah 4:5-14

⁵The messenger responded to me:
   "Don't you know what these are?"
   I said, "No, sir. I don't. "
⁶He answered me:
   **"This is the LORD's word to Zerubbabel:**
   **Neither by power, nor by strength,**
   **but by my spirit,**
      **says the LORD of heavenly forces."**
⁷Who are you, great mountain?
   Before Zerubbabel
      you will become a plain.
   He will present the capstone
      to shouts of great gratitude.
⁸The LORD's word came to me:
⁹The hands of Zerubbabel laid the
   foundation of this house,
   and his hands will finish it
      so that you will know
         that the LORD of heavenly forces
         has sent me to you.
¹⁰Those who despise a time
   of little things will rejoice
   when they see the plumb line
   in Zerubbabel's hand.
 These are the seven eyes of the LORD,
   surveying the entire earth.
¹¹I responded to him,
   "What are these two olive trees

on the right and left sides
of the lampstand?"
¹²Then I responded a second time,
"What are these two olive branches
that empty out golden oil
through the two gold pipes?"
¹³He said to me,
"Don't you know what these are?"
I said, "No, sir."
¹⁴He said,
"These are the two anointed ones
standing beside the LORD
of all the earth."

## UNDERSTANDING THE SCRIPTURE

**Introduction.** The prophets Haggai and Zechariah were contemporaries. Haggai prophesied during the period of August 29—December 18, 520 B.C. His primary purpose was to give encouragement to the post-exilic community to complete the project of rebuilding the Temple. Zechariah's prophecy, especially chapters 1–8 commonly known as "First Zechariah" and consisting of a series of eight visions framed by a pair of sermons, took place over a period of three years, from 520/519 B.C. (1:1, 7) to 518 B.C. (7:1). Although the rebuilding of the Temple was important to Zechariah, the primary focus of his prophecy was more theological in nature. He calls for a complete spiritual change in the people. God is proclaimed as the "Lord of the whole earth" (4:14), and the community is urged to repent and return to the Lord of hosts (1:3) because God "has returned to Jerusalem with compassion" (1:16). God's house will be rebuilt, and the cities of Judah will again "overflow with prosperity" because God has chosen Jerusalem as God's special place (1:16-17). Throughout his prophecy Zechariah affirms the sovereignty and universal power of God.

The Book of Nehemiah is a later work from the fifth century B.C. Along with the Book of Ezra, it was originally considered a single literary work and tells the story of how the Persian king Artaxerxes I (465–424 B.C.) sent Nehemiah from the Persian royal court to Jerusalem for two periods of governorship over Judah. Nehemiah's first return was in 445 B.C. (Nehemiah 2:1), and the second return was in 432 B.C. (see 13:6-7).

**Nehemiah 7:1-7.** These verses represent a time seventy to seventy-five years after the prophecies of Haggai and Zechariah and the rebuilding of the Temple. Ezra the priest and Nehemiah had returned to Jerusalem with two other groups of Jewish exiles for the purpose of teaching the statutes and ordinances of the Jewish law, instituting social and religious reforms, rebuilding the city walls, and repopulating Jerusalem. Ezra had returned with a group in 458 B.C., and Nehemiah came in 445 B.C. The building of the city wall is mentioned in Nehemiah 7:1, and the need to repopulate the city is referenced in 7:4. Moving people into Jerusalem to repopulate the city was to be regulated by genealogical records as referenced in Nehemiah 7.

**Haggai 2:20-23.** These verses preserve two further messages that the prophet received from God on "the twenty-fourth day of the month" (2:20), the same date that was referenced in 2:10. The first message in 2:21-22 echoes the words spoken in 2:6. The verbs in

22 are strong; God is about to "shake . . . overthrow . . . and destroy." Surely such words would have reminded the people of God's mighty acts in the past when God overthrew Sodom and Gomorrah (Genesis 19:24-25; see also Amos 4:11) and destroyed the Egyptian army by tossing the horses and riders into the sea (Exodus 14:27-28). Such words about God's strong actions on behalf of God's people would have been comforting and strengthening for this small, struggling community as they faced the challenges of rebuilding the Temple and living faithfully in the midst of enemies. They are to remain faithful to God who is sovereign over "the kingdoms of the nations" (2:22).

The second message in 2:23 uses messianic language to speak of Zerubbabel, the governor of Judah, as the one chosen by God to sit on the throne of David. Zerubbabel was in the royal line because he was the grandson of Jehoiachin, the last Davidic king to sit on the throne when the Babylonians exiled the first group of Jews in 598/97 B.C. The phrase "my servant" was used often in prophetic literature to refer to God's chosen one(s) or the messiah (see Isaiah 42:1; 44:1; 49:3; 52:13; Ezekiel 34:23; 37:24). The term "signet ring" was also a powerful messianic allusion. A signet ring was actually a seal, often in the form of a cylinder, used to validate important documents. When King Jehoiakim was taken into exile, the prophet Jeremiah referred to the king as "the signet ring" on God's right hand that was being torn off and given into the hands of the Babylonians (Jeremiah 22:24-25). Perhaps Haggai is suggesting that Jehoiachin's grandson Zerubbabel is the new signet ring or anointed one whose mission is to exercise authority on behalf of God in rebuilding the Temple.

**Zechariah 4:1-14.** In this fifth of the eight visions found in Zechariah 1–8, the prophet describes a scene comprising a lampstand, lamps, and olive trees and asks the interpreting angel to explain it. As in Haggai 2:23, the focus in this vision is on Zerubbabel. As the angel begins to identify the objects in the scene, he suddenly turns to address Zerubbabel with what is our key verse (4:6), about which I will speak in more detail in the "Interpreting the Scripture" section. In 4:7-10 Zerubbabel is announced as the one before whom the "great mountain" of the rubble of the destroyed Temple will be removed and the new, more glorious Temple will be built. He has already laid the foundation, and "his hands shall also complete it" (4:9). By God's power and Spirit, what has been a small beginning will become something great over which people will rejoice (4:10). As Solomon, David's son and heir to the throne, built the first Temple, so will Zerubbabel, who is also David's heir, build the Second Temple. Finally, we consider the meaning of the images of the lampstand and seven lamps and the two olive trees about which the prophet has to inquire three times (4:4, 11, 12). The lampstand would seem to represent God's presence throughout the world but especially as experienced in God's house that Zerubbabel is building. The two olive trees could be interpreted in general as two ministers or attendants to "the Lord of the whole earth" (4:14), though they are not named. The seven lamps are said in 4:10 to be "the eyes of the LORD, which range through the whole earth." As God administers the world that God has created, God's eyes see and examine everything and bring all things to light.

---

## INTERPRETING THE SCRIPTURE

*A Bold Affirmation*

In both lesson passages from Haggai and Zechariah there is a strong emphasis on God's sovereignty and universal rule over all nations. Haggai 2:21-22 emphasizes God's promise to "shake the heavens and the earth" and to "overthrow the throne of kingdoms." Zechariah stresses God's sovereignty when he says that God is "the Lord of the whole earth" (4:14) and that God's eyes "range through the whole earth" (4:10). These are bold theological affirmations that could only be made through faith. After all, as the other nations of the world would have seen it, Haggai and Zechariah were talking about the rebuilding of a relatively insignificant Temple in the rural backwaters of the mighty Persian Empire. This poor and struggling community, trying to clear out the rubble of their decimated former capital and forge a new beginning, would have seemed weak and feeble when compared to the strength of Persia. Correspondingly, from a religious perspective, the God of the Jews would have been considered a relatively powerless deity when compared to the gods of the mighty Persians. For in the religious milieu of the ancient Near East, a nation and its deities were considered to be closely connected; if a people were powerful, it was a common assumption that the deities they worshiped were powerful, and vice versa.

Yet here are Haggai and Zechariah daring in faith to assert that God is "the Lord of the whole earth" (4:14), One who is able to shake the foundations of the universe and destroy the strength of worldly kingdoms in order to accomplish God's purposes for Israel. With such assertions, these two prophets have reached the same theological heights as Second Isaiah, who lifted the vision of the despairing exiles during the Babylonian captivity by emphasizing God's power and sovereignty. "Do not fear," God spoke through Isaiah, "for I am with you . . . I will strengthen you . . . with my victorious right hand" (Isaiah 41:10). "For I am the Lord your God, the holy One of Israel, your Savior. I give Egypt as your ransom, Ethiopia and Seba in exchange for you" (43:3).

As in Isaiah's time, so now the lofty theological affirmations of Haggai and Zechariah regarding God's sovereign dominion over the world would have given strength and

hope to the struggling Jewish community to move forward in the face of all challenges. I can think of times in my own life when I have felt down and defeated and sometimes too tired to even go on in my ministry. But the reading of Scriptures like those mentioned above, or the singing of a hymn such as Martin Luther's "A Mighty Fortress Is Our God" or the old song "God Can Do Anything But Fail" have lifted my vision and reminded me of the greatness and power of God to give me strength and hope to keep walking the journey.

### It's Not About Us

Call it what you will—hubris, pride, self-centeredness, inordinate self-esteem—there is a reason that pride is listed among the seven deadly sins. The desire to be out front, to push our way to the top, to be number one seems to be woven into the fabric of our society. Television reality shows bear witness to the crazy things people will do to get their fifteen minutes of fame. I've known so many people whose lives and relationships and even marriages have been destroyed because of excessive pride, because they felt they had to "be right," to "win" every argument no matter the cost to the other person or to their relationship.

Throughout its pages the Bible warns us against deluding ourselves into thinking that it's all about us, that we are the center of the universe and therefore are entitled to get whatever we can maneuver or manipulate by our own means or ingenuity. This week's key verse, Zechariah 4:6, speaks to this issue: "Not by might, nor by power, but by my spirit, says the LORD of hosts." Psalm 33:16 says something similar: "A king is not saved by his great army; a warrior is not delivered by his great strength." We should never delude ourselves into thinking that we have the power and ingenuity to accomplish great things by ourselves. Proverbs 16:18 reminds us that "pride goes before destruction, and a haughty spirit before a fall."

There was a woman in one of my churches who began most every prayer she prayed in a public setting with the words of our key verse. In doing so she was reminding us all that it wasn't about us; rather, it was about God. In her gentle way she was reminding us that we should lay aside our petty differences and our competitive power struggles within the church body in order to seek God's will and to let the Spirit lead us in reaching our decisions. For it is precisely when we let go of our need to control that we can let God be in control. It is precisely when we take ourselves off the throne of our lives and let God reign on that throne that our lives become balanced and purposeful because we are doing the will of the One who knows what is best for us. It is only when we empty ourselves of pride and the lust for power that we have the capacity to be filled with God's Spirit.

*From Small Beginnings*

The Bible emphasizes that God has a penchant for the small things. When God called Gideon to defeat the Midianites, he responded: "But sir, how can I deliver Israel? My clan is the weakest in Manasseh, and I am the least in my family." God's response was, "But I will be with you" (Judges 6:15-16). David was the youngest and smallest of Jesse's sons, but he was the one God wanted to be king (1 Samuel 16). Or think of how Jesus emphasized the importance and power of a little bit of salt or a single light to make a difference in the whole (Matthew 5:13-16). In his parables

Jesus talked about how a tiny mustard seed or a little bit of yeast or just one small pearl can change everything (Matthew 13). Yes, God has a fondness for what seems to be small and weak because God knows that by God's power and Spirit, the little things can become big things that make a major difference for God's purposes in the world!

In Zechariah 4:10 we find these words: "For whoever has despised the day of small things shall rejoice." When I served a church in London, one of my favorite churches to visit and in which to worship was the magnificent St. Paul's Cathedral, built more than three hundred years ago on the ruins of older cathedrals that had perished in the great fire of London in 1666. The brilliant young architect Christopher Wren was commissioned by Charles II to design the replacement. A stone Wren picked up from the debris of the old building bore a Latin inscription that translates "I shall rise again." Who would have thought that something so awe-inspiring as this world-famous cathedral could rise from such ruins and small beginnings?

Likewise, from the rubble and small beginnings of a destroyed Temple, Zechariah promised that by the power and inspiration of God's Spirit, Zerubbabel would lead the people in rebuilding an even greater Temple to the glory of God! As you and I face the challenges and rubble that materialize along the journey of our lives, God can lead us from small things to great things as we are confidently willing to entrust our lives into God's hands and live by the power of God's Spirit.

## SHARING THE SCRIPTURE

### PREPARING TO TEACH

*Preparing Our Hearts*

Explore this week's devotional reading, found in Psalm 43. Beset by enemies, the

psalmist prays to God for deliverance and vindication. The writer is clearly at odds with God, who is both his "refuge" and the One who apparently has "cast [him] off" (43:2). Yet, verse 5 indicates that the writer will continue to praise and hope in God. Although he is in the doldrums, the psalmist still has every reason to be hopeful and expect God's help. What is causing you discomfort today? What hope do you have for a brighter tomorrow? Put your hope in God, whose light and truth will lead you.

Pray that you and the adult students will rely upon God in all situations.

### Preparing Our Minds

Study the background Scripture from Nehemiah 7:1-7; Haggai 2:20-23; Zechariah 4. The lesson Scripture is from Haggai 2:20-23; Zechariah 4:5-14.

Consider this question as you prepare the lesson: *Where can faith communities find leadership that will enable them to stay motivated through a project's completion?*

Write on newsprint:

❑ information for next week's lesson, found under "Continue the Journey."

❑ activities for further spiritual growth in "Continue the Journey."

Review the "Introduction," "The Big Picture," "Close-up," and "Faith in Action." Consider how you will use this additional information, which immediately precedes the first lesson, for this session.

### LEADING THE CLASS

#### (1) Gather to Learn

❖ Greet the class members. Introduce any guests and help them to feel at home.

❖ Pray that the learners will recognize the importance of leadership within the faith community.

❖ Invite the students to tell stories of major projects in which they have participated. Perhaps the congregation has completed a building or renovation project. Possibly the community has built a new park or playground. Maybe the local high school needed to restock its media center after a flood. Suggest that the students briefly describe the project and also describe

the kind of leaders who helped transform dreams into reality.

❖ Read aloud today's focus statement: **Communities need capable leadership to stay motivated through a project's completion. Where can Christian communities find this kind of leadership? God speaks through the prophets to affirm that the Temple will be completed under Zerubbabel—not by human might or power, but by the Spirit of the Lord.**

*(2) Goal 1: Discover God's Promise of Eternal Reward to the Israelite Community Because They Rebuilt the Temple in Obedience to God*

❖ Provide background for today's lesson by reading the introduction from "Understanding the Scripture."

❖ Choose a volunteer to read Haggai 2:20-23. Unpack the meaning of these prophetic words by reading Haggai 2:20-23 from "Understanding the Scripture."

❖ Call on a second volunteer to read Zechariah 4:5-14. Note that the selection from Zechariah is the prophet's fifth vision, that of a lampstand and olive trees. Read Zechariah 4:1-14 from "Understanding the Scripture" to help the adults make sense of this vision.

❖ Discuss these questions:

1. **What do you learn about God from these prophecies?** (Be prepared to read or retell "A Bold Affirmation" from "Interpreting the Scripture" to add to this discussion.)

2. **What do you learn about God and humanity from today's key verse, Zechariah 4:6?** (Be prepared to read or retell "It's Not About Us" from "Interpreting the Scripture.")

3. **What is God's promise as recorded in Haggai 2:20-23?**

4. **Where do you hear good news in these two prophecies from Haggai and Zechariah?**

*(3) Goal 2: Reflect on the Learners' Individual and Communal Obedience to God*

❖ Distribute paper and pencils. Read the following sentences and invite the learners to complete them:

1. **I hear God calling me to . . .**
2. **In response, I have . . .**
3. **When I obey God, I feel . . .**
4. **When I hear but ignore God, I feel . . .**
5. **I believe God is calling my church to . . .**
6. **In response, we have . . .**
7. **If I were to sum up God's reaction to our obedient or disobedient response, I would say God . . .**

❖ Provide time for silent reflection on the students' answers. End this activity by challenging the adults to respond more faithfully to God, both individually and as part of a faith community.

*(4) Goal 3: Express Thankfulness to God for the Blessings God Conveys on Obedient Servants*

❖ Read the final two paragraphs of "From Small Beginnings" in "Interpreting the Scripture." Point out the gratitude our lesson writer felt for the great cathedral designed by Christopher Wren, an obedient servant of God who was inspired by rubble from a fire.

❖ Suggest that the learners turn over the papers they received earlier. Invite them to write the names of the servants in their lives whose obedience to God has blessed them. Next to each name the students are to comment on a specific action that this servant took. Suggest that the adults offer a silent prayer for each person named on their list.

*(5) Continue the Journey*

❖ Pray that the learners will give thanks for God's blessings.

❖ Read aloud this preparation for next week's lesson. You may also want to post it on newsprint for the students to copy.
- ■ **Title: A Call to Unity**
- ■ **Background Scripture: 1 Corinthians 1:10-17**
- ■ **Lesson Scripture: 1 Corinthians 1:10-17**
- ■ **Focus of the Lesson: Disagreements in a community may cause division. How can community disagreements be resolved? Paul called the disputing people to find common ground by taking on the mind of Christ.**

❖ Post these three activities related to this week's session on newsprint for the students to copy. Challenge the adults to grow spiritually by completing one or more of them.

(1) **Ponder an issue that has created challenges for you. Recognize that through God's Spirit you have hope to meet this challenge and give thanks.**

(2) **Listen for God calling you to act right now. What is God calling you to do? What is your answer? What effect might your obedience have on you individually and on your faith community?**

(3) **Research the great cathedrals of Europe, some of which are in danger of collapse due to serious structural issues. How are engineers and scientists planning to rebuild and stabilize these structures? What do you think inspires them to work on buildings that are hundreds of years old?**

❖ Sing or read aloud "Hymn of Promise."

❖ Conclude today's session by leading the class in this benediction from 1 Corinthians 16:13-14: **Keep alert, stand firm in your faith, be courageous, be strong. Let all that you do be done in love. Amen.**

UNIT 2: LIVING AS A COMMUNITY OF BELIEVERS
# A Call to Unity

## PREVIEWING THE LESSON

**Lesson Scripture:** 1 Corinthians 1:10-17
**Background Scripture:** 1 Corinthians 1:10-17
**Key Verse:** 1 Corinthians 1:10

### Focus of the Lesson:
Disagreements in a community may cause division. How can community disagreements be resolved? Paul called the disputing people to find common ground by taking on the mind of Christ.

### Goals for the Learners:
(1) to analyze divisions within the Corinthian faith community.
(2) to reflect on the harm caused by divisions within a faith community.
(3) to develop strategies for helping the church achieve unity.

### Pronunciation Guide:
Apollos (uh pol' uhs)          Crispus (kris' puhs)
Cephas (see' fuhs)             Gaius (gay' yuhs)
Chloe (kloh' ee)               Stephanas (stef' uh nuhs)

### Supplies:
Bibles, newsprint and marker, paper and pencils, hymnals

## READING THE SCRIPTURE

NRSV
Lesson Scripture: 1 Corinthians 1:10-17

**10Now I appeal to you, brothers and sisters, by the name of our Lord Jesus Christ, that all of you be in agreement and that there be no divisions among you, but that you be united in the same mind and the same purpose.** 11For it has been reported to me by Chloe's people that there are quarrels among you, my brothers and sisters. 12What

CEB
Lesson Scripture: 1 Corinthians 1:10-17

**10Now I encourage you, brothers and sisters, in the name of our Lord Jesus Christ: agree with each other and don't be divided into rival groups. Instead be restored with the same mind and the same purpose.** 11My brothers and sisters, Chloe's people gave me some information about you, that you're fighting with each other. 12What I mean is

I mean is that each of you says, "I belong to Paul," or "I belong to Apollos," or "I belong to Cephas," or "I belong to Christ." [13]Has Christ been divided? Was Paul crucified for you? Or were you baptized in the name of Paul? [14]I thank God that I baptized none of you except Crispus and Gaius, [15]so that no one can say that you were baptized in my name. [16](I did baptize also the household of Stephanas; beyond that, I do not know whether I baptized anyone else.) [17]For Christ did not send me to baptize but to proclaim the gospel, and not with eloquent wisdom, so that the cross of Christ might not be emptied of its power.

this: that each one of you says, "I belong to Paul," "I belong to Apollos," "I belong to Cephas," "I belong to Christ." [13]Has Christ been divided? Was Paul crucified for you, or were you baptized in Paul's name? [14]Thank God that I didn't baptize any of you, except Crispus and Gaius, [15]so that nobody can say that you were baptized in my name! [16]Oh, I baptized the house of Stephanas too. Otherwise I don't know if I baptized anyone else. [17]Christ didn't send me to baptize but to preach the good news. And Christ didn't send me to preach the good news with clever words so that Christ's cross won't be emptied of its meaning.

---

## UNDERSTANDING THE SCRIPTURE

**Introduction.** In the next five lessons we will focus on passages from Paul's letter known as 1 Corinthians. For the most part Paul's epistles are situational documents written not as general theological treatises addressing universal truths but rather as letters that address particular situations and issues that were being faced by the early Christians in particular communities of faith. This is especially true in 1 Corinthians where Paul answers questions from the congregation and deals with a string of issues currently confronting the Corinthian Christians. Paul is applying what we could call practical theology to the real-life situations of the congregation.

The city of Corinth functioned as a trading and commercial center and was an important city in the Roman Empire. It had been granted colony status in the empire, which meant that Roman laws were operative, Latin was the official governmental language even though Greek was spoken in everyday life, and the imperial cult (regarding emperors and members of their families as gods) was active, along with many other religions. The first-century church in

Corinth reflected the cultural and economic diversity of the city; this diversity led to significant differences of opinion and lifestyle that were often expressed in contentious and divisive behavior among the members of the congregation. Even a cursory read-through of 1 Corinthians will quickly reveal this. As a result, one of the major themes of this letter is a call for unity in the midst of the divisiveness within this congregation. In fact, the Scripture passage for this lesson is an appeal for such unity among the members.

Regarding the date of this letter, most scholars believe that the late fall or winter of A.D. 53–54 is the most probable date for Paul's writing of 1 Corinthians, probably from Ephesus (see 16:8). This date is based on a comparison of information presented in 1 Corinthians 16 and Acts 18–19 where Paul's first visit to Corinth and subsequent travels are described by Luke.

**1 Corinthians 1:10.** Following the salutation (1:1-3) and expression of thanksgiving (1:4-9), customary components of formal letters in Paul's day, the apostle begins the body of his letter with an appeal to the

Corinthian Christians not to be contentious with one another but rather to speak with one mind, one voice, and one purpose. He calls on them to "cultivat[e] a life in common." as Eugene Peterson paraphrases verse 10 in *The Message*, and not live in ways that cause division and dissension. Paul is so fervent in his call to unity that he essentially repeats himself three times to make his point. First he appeals to the Corinthians to be "in agreement" (literally in Greek to "say the same thing") without division or schism. Immediately following that, also in verse 10, he urges them to be "united" by having the "same mind" and the "same purpose" or intention. Three times in this one verse Paul uses an emphatic Greek word, which we translate as "same," to drive home his point. There is no question that, in Paul's mind, unity of purpose and mind-set is the central need in this congregation.

**1 Corinthians 1:11-13.** The visible lack of such unity among the Corinthian Christians is what exasperates Paul. The reports of quarreling and dissension in the congregation that have come to him via "Chloe's people" (1:11) are very troubling. (Just who Chloe is we don't know for sure; she is perhaps someone who was staying in Ephesus but who had family and friends in Corinth and who communicated to Paul any news that came to her from the Corinthian church.) For Paul, divisiveness among those who are in Christ and who are supposed to share the mind of Christ and live as brothers and sisters united in the body of Christ is simply unthinkable! Apparently, as referenced in verses 12 and 13, part of the congregation had broken up into parties or factions, and their loyalty was more committed to human teachers or leaders (Paul, Apollos, Cephas) than to Christ. Apollos is mentioned again in 1 Corinthians 16:12 and his story is told in Acts 18:24-28. Cephas is probably a reference to the apostle Peter. Now it is quite normal for people to prefer one style of teaching or preaching or leadership to another. Go into any church where

two pastors work side by side, and you will find people comparing them. That's natural. But to have that pass into factions and rivalry that tears apart the congregation is what disturbed Paul.

The difficult question has to do with the fourth faction mentioned in verse 12, those who say "I belong to Christ." Of course, Paul would want each member of the congregation to honestly and humbly confess this. But perhaps the "Christ people" mentioned here were a group of what we might call "super Christians" who arrogantly considered themselves to be more spiritually mature than the others and who, because of their perceived "special relationship" with Jesus, thought they had all the right answers. Whatever the situation with these factional groups, in verse 13 Paul asks three rhetorical questions, to which the answer is no, in order to make his main point, which as Tom Wright phrases it is: "The Messiah is the One who matters; and all the others, from the most senior apostle to the youngest convert, are simply members in his body."

**1 Corinthians 1:14-17.** Following from his third rhetorical question in verse 13, Paul declares how thankful he is that his primary mission in Corinth was not to baptize people and thus contribute to the misperception that the relationship between the baptized person and the baptizer was more important than that between the baptized person and Christ. No, Paul's main mission was to proclaim the gospel so that the cross of Christ might be the main focus. Here we get to the heart of the matter in Corinth: the clash between the gospel of Jesus and the apparent lure of human wisdom. As an official Roman colony filled with Roman culture, Corinth prided itself on its intellectual life and held philosophers and visiting intellectual teachers in high regard. As we read further in this letter it becomes clearer that many in the congregation were easily swayed by brilliant rhetoric and impressed by knowledge. However, in verse 17 and the verses that immediately follow, Paul emphasizes that the real life-changing power is found in "the cross of Christ," not in eloquent human wisdom.

---

## INTERPRETING THE SCRIPTURE

*Church Power Struggles and Factions*

"I belong to Paul . . . I belong to Apollos . . . I belong to Cephas." Does this sound familiar? Does such taking sides and aligning with personalities ever happen in your church? "I miss our former pastor; I don't like the way the new pastor preaches. I'm going to look for another church to attend." "I don't like our new Sunday school teacher; I'm going to look for another class." "I don't like the budget decision the church council made; I'm going to withhold my giving for a while." Personality cults, turf battles, dissension. Often the church does not look that different from the everyday secular world, and that can be so disillusioning for people who visit our churches. They come to church looking for some refuge and peace from the dissension and dog-eat-dog attitude of the everyday working culture only to find it operating in the institutional church as well.

It was just such divisiveness and dissension operating within the church in Corinth that so troubled Paul, and it should trouble every concerned disciple of Jesus. After thirty-eight years of serving as a local church pastor, I have seen my fill of power struggles and factions within churches. I know the damage that such dissension can do within the membership of a local church, let alone the irreparable damage it can do to the church's witness in a community. Why would anyone want to join a community of faith that is earmarked by discord and conflict?

Of course, not all differences of opinion or disagreements necessarily lead to major conflict or dissension. In typical committee and council meetings in even healthy churches, it is expected that people will express different perspectives and ideas about the best ways to solve a problem or which programs and ministries are, in their opinions, most deserving of the church's money. The problem comes when the spirit of anger and dissension rather than the Holy Spirit takes over, resulting in damage to relationships, walls of separation being built, and factions becoming a reality. I am familiar with a church that over the years has been very healthy. This church has had a good balance of outward mission involvement and inward self-care for its own members as they have grown physically with the addition of new buildings. However, because of a recent economic downturn in the community and a balloon mortgage coming into play, the leadership was forced to make some budget-cutting decisions. Several groups aligned themselves in a defensive posture to fight for "their" particular interests. What was really sad is that some folks who cared deeply about mission threatened to leave the church if money was taken away from outreach ministries and channeled into paying the mortgage for the new building. There was equal recalcitrance on the part of other groups as well.

Whether it is factions formed over budget decisions or theological issues or personality cults, such as we see reflected in the Corinthian experience ("I belong to Apollos" or "I belong to Cephas"), the church with its less-than-perfect human membership is susceptible to dissension and divisiveness. But "has Christ been divided"? (1:13) Of course not! So it is that Paul appeals to us, as he did to the Corinthians, to live in unity and mutual caring because that is the most fruitful witness we can give to the community around us. It's not about us and our quirky personalities; it's all about "the cross of Christ" (1:17), the One who gave himself for us and calls us to live in loving relationships with one another.

### Does Unity Mean No Differences?

Paul's appeal for unity among the Corinthian Christians is one of the major themes of the whole letter as well as our Scripture passage for today. But what does Paul mean by "unity"? Is he putting a cap on differences of opinion within the congregation or on the individuality of the believers in the congregation? Does unity prohibit diversity—diversity in thoughts, words, and actions? If one takes into account the rest of the letter of 1 Corinthians, the answer is a resounding no.

As important as sharing in community life is for Paul, variety and difference are just as important. Paul never denigrates the significance of the believer's individuality, but rather he strives to integrate the believers' distinctiveness and unique gifts into the matrix of the whole, so that the entire community is enriched by the individual gifts of each person! Paul is quick to recognize the differences among believers in the congregation. Some of the members of the church eat a variety of foods while others have restrictive diets (8:7-13; 10:25-31). Some of the members are apparently well-to-do while others have little or "nothing" (11:18-22). All of the members have different gifts and calls from God with the result that some plant while others water (3:6-9). Paul especially focuses on this reality in chapters 12 and 14 where he deals with the variety of spiritual gifts given by God to different members of the congregation (12:4-11; 14:1-5).

It is clear that, for Paul, unity is not about absolute uniformity of belief and opinions and behavior. Rather, the unity of Christian believers is rooted in what God has done for them in Jesus the Christ. It is rooted in God's unconditional love for them, the same love that they are to share with one another. Indeed, Paul celebrates the variety of different gifts and calls and talents that God has given each of the members. Paul's main concern is that all of them use their different gifts and unique talents to build up one another and serve the whole, so that the witness which the church presents to the surrounding community is one of singleness of purpose and unity in love rooted in their shared story of God's redeeming grace in their lives.

### Having the Same Mind

Another way of talking about the unity for which Paul appeals is to reference the phrase that he uses in our key verse, 1:10. Paul calls on the Corinthian Christians to be "united in the same mind and the same purpose." Here he uses two Greek words that both have to do with the thinking process. The first of the two can be translated as "mind" or understanding or way of thinking while the second word can also be translated as "mind" but usually carries the sense of "purpose or intention." Even with their different personalities and different experiences, the Corinthian Christians are to live with singleness of purpose, and they are to understand their relationship with Christ and with one another as being rooted in God's unconditional love.

I can't help thinking of a parallel exhortation that Paul gave in his letter to the Christians in Philippi, a congregation that was also experiencing dissension. Paul appealed to them to "be of the same mind, having the same love, being in full accord and of one mind" (Philippians 2:2). Then after exhorting them not to be self-centered but to look out for the interests of others, Paul writes: "Let the same mind be in you that was in Christ Jesus" (Philippians 2:5). And what characterized the mind of Christ? Humility and being a servant to others, according to Philippians 2:6-8. This is the same message Paul has for the Corinthian Christians. He urges them to be united in the same mind and purpose of serving and putting others first, as Jesus did. For as Paul will remind them in 2:16, they "have the mind of Christ." So do we.

---

# SHARING THE SCRIPTURE

## PREPARING TO TEACH

### Preparing Our Hearts

Explore this week's devotional reading, found in 1 Corinthians 12:12-20. In this familiar passage, Paul uses the image of the body with many parts to help us understand that there is but one church with many members, each of which has an important role to play. All members do not, however, play the same role. Nevertheless, we should honor the contributions of all people. Where do you fit into the body of Christ? What role(s) do you play within the church?

Pray that you and the adult students will find your own places within the body of Christ and give thanks for the other members.

### Preparing Our Minds

Study the background Scripture and lesson Scripture, both of which are from 1 Corinthians 1:10-17.

Consider this question as you prepare the lesson: *How can community disagreements be resolved?*

Write on newsprint:

❑ information for next week's lesson, found under "Continue the Journey."

❑ activities for further spiritual growth in "Continue the Journey."

Review the "Introduction," "The Big Picture," "Close-up," and "Faith in Action." Consider how you will use this additional information, which immediately precedes the first lesson, for this session.

## LEADING THE CLASS

### (1) Gather to Learn

❖ Greet the class members. Introduce any guests and help them to feel at home.

❖ Pray that the learners will put aside any differences and get along with one another.

❖ Read: **Many of you will recall the story of Rodney King, a construction worker who was beaten with allegedly excessive force by Los Angeles police officers following a high-speed chase. The beating, caught on videotape by a nearby resident, and the release of the footage of this beating prompted outrage around the world. The acquittal of the four officers involved in the beating sparked riots in Los Angeles in 1992. During a television appearance in the midst of these riots, which required intervention by the National Guard to be quelled, King famously pleaded, "Can we all get along?"**

❖ Read aloud today's focus statement: **Disagreements in a community may cause division. How can community disagreements be resolved? Paul called the disputing people to find common ground by taking on the mind of Christ.**

### (2) Goal 1: Analyze Divisions Within the Corinthian Faith Community

❖ Read the introduction in "Understanding the Scripture" to familiarize the students with the Corinthian correspondence and congregation.

❖ Choose a volunteer to read 1 Corinthians 1:10-17, which focuses on Paul's concerns regarding divisions within this congregation.

❖ Discuss these questions:

1. **How does Paul emphasize the need for unity?** (Verse 10 includes four specific means: [1] be in agreement, [2] allow no divisions, [3] be united in the same mind, and [4] be united in the same purpose.)

2. **What does it mean to say that the church should live together in unity?** (See "Does Unity Mean No Differences?" in "Interpreting the Scripture.")

3. **What role do Chloe and her people play?** (Chloe is otherwise not mentioned, but Paul apparently considers her a reliable source, since he believes the report of her people.)

4. **Although specifics of the disagreements are not spelled out here, what charge does Paul bring against the people?** (Note that people are quarreling among themselves.)

5. **What role does baptism play in Paul's argument?** (As a result of baptism, the members of the church should be able to live in unity.)

6. **What role does Paul himself play within the Corinthian church?** (Note in verse 17 that his purpose is to proclaim the gospel.)

*(3) Goal 2: Reflect on the Harm Caused by Divisions Within a Faith Community*

❖ Read or retell "Church Power Struggles and Factions" in "Interpreting the Scripture."

❖ List on newsprint generic causes of power struggles or reasons for division within a church. (Be careful not to allow the discussion to devolve into finger pointing and complaining about specific situations in your own congregation.)

❖ Discuss with the class how these divi-sions negatively affect a specific church and its members, the image of the church within the community, and the ability of a church to draw others to Christ when those outside perceive the church to be divided and dysfunctional.

❖ Summarize this discussion by pointing out that the damage caused by squabbles within the church is far-reaching and has the potential to cause great harm to the name and cause of Jesus Christ.

*(4) Goal 3: Develop Strategies for Helping the Church to Achieve Unity*

❖ Point out that one strategy for creating unity and resolving differences when they arise is recognizing the need to be of the same mind as Christ. Read or retell "Having the Same Mind" in "Interpreting the Scripture."

❖ Form several groups and give each one a marker and newsprint. Challenge them to think of ways that the church can achieve unity without requiring absolute uniformity of beliefs, attitudes, and actions among its members. Also recall that Jesus tells us that the peacemakers are blessed. The groups may identify ways that church members could practice peacemaking in the midst of divisions so that unity may be restored.

❖ Call the groups together to share their ideas.

*(5) Continue the Journey*

❖ Pray that the learners will find new ways to live in unity that will bring honor and glory to God.

❖ Read aloud this preparation for next week's lesson. You may also want to post it on newsprint for the students to copy.

■ **Title: Glorify God with Your Body**
■ **Background Scripture: 1 Corinthians 6:12–7:9**
■ **Lesson Scripture: 1 Corinthians 6:12-20**

■ Focus of the Lesson: Personal, moral, and physical purity are beneficial to the community. How does the behavior of one person affect the whole community? Paul said that because Christians are all one within the body of Christ, what harms one will harm other members, and what benefits one will benefit all.

❖ Post these three activities related to this week's session on newsprint for the students to copy. Challenge the adults to grow spiritually by completing one or more of them.

(1) **Be aware of situations within your own congregation that could lead to divisions and disunity. Do whatever you can to help the church achieve unity, while recognizing that people of faith can hold differing points of view.**

(2) **Reflect on the meaning and purpose of baptism. How does this sacrament unite people so that they may be of the same mind as Christ?**

(3) **Pay particular attention to the way church members talk to one another. Do their words hurt or heal? Do they consider the viewpoints and feelings of others? Do they use language such as "I would find it helpful to . . ." or is the language accusatory? Do whatever you can to model healing, unifying language for others.**

❖ Sing or read aloud "Where Charity and Love Prevail."

❖ Conclude today's session by leading the class in this benediction from 1 Corinthians 16:13-14: **Keep alert, stand firm in your faith, be courageous, be strong. Let all that you do be done in love. Amen.**

## UNIT 2: LIVING AS A COMMUNITY OF BELIEVERS
# GLORIFY GOD WITH YOUR BODY

---

### PREVIEWING THE LESSON

**Lesson Scripture:** 1 Corinthians 6:12-20
**Background Scripture:** 1 Corinthians 6:12–7:9
**Key Verse:** 1 Corinthians 6:19

#### Focus of the Lesson:
Personal, moral, and physical purity are beneficial to the community. How does the behavior of one person affect the whole community? Paul said that because Christians are all one within the body of Christ, what harms one will harm other members, and what benefits one will benefit all.

#### Goals for the Learners:
(1) to analyze the apostle Paul's comparison of the body to a temple.
(2) to recognize that as members of the community of Christ their bodies must be kept pure.
(3) to promote wholesome living within the faith community.

#### Supplies:
Bibles, newsprint and marker, paper and pencils, hymnals

---

### READING THE SCRIPTURE

NRSV
Lesson Scripture: 1 Corinthians 6:12-20
    [12]"All things are lawful for me," but not all things are beneficial. "All things are lawful for me," but I will not be dominated by anything. [13]"Food is meant for the stomach and the stomach for food," and God will destroy both one and the other. The body is meant not for fornication but for the Lord, and the Lord for the body. [14]And God raised the Lord and will also raise us by his power.

CEB
Lesson Scripture: 1 Corinthians 6:12-20
    [12]I have the freedom to do anything, but not everything is helpful. I have the freedom to do anything, but I won't be controlled by anything. [13]Food is for the stomach and the stomach is for food, and yet God will do away with both. The body isn't for sexual immorality but for the Lord, and the Lord is for the body. [14]God has raised the Lord and will raise us through his power. [15]Don't you

[15]Do you not know that your bodies are members of Christ? Should I therefore take the members of Christ and make them members of a prostitute? Never! [16]Do you not know that whoever is united to a prostitute becomes one body with her? For it is said, "The two shall be one flesh." [17]But anyone united to the Lord becomes one spirit with him. [18]Shun fornication! Every sin that a person commits is outside the body; but the fornicator sins against the body itself. [19]Or **do you not know that your body is a temple of the Holy Spirit within you, which you have from God, and that you are not your own?** [20]For you were bought with a price; therefore glorify God in your body.

know that your bodies are parts of Christ? So then, should I take parts of Christ and make them a part of someone who is sleeping around? No way! [16]Don't you know that anyone who is joined to someone who is sleeping around is one body with that person? The scripture says, The two will become one flesh. [17]The one who is joined to the Lord is one spirit with him. [18]Avoid sexual immorality! Every sin that a person can do is committed outside the body, except those who engage in sexual immorality commit sin against their own bodies. [19]Or **don't you know that your body is a temple of the Holy Spirit who is in you? Don't you know that you have the Holy Spirit from God, and you don't belong to yourselves?** [20]You have been bought and paid for, so honor God with your body.

---

## UNDERSTANDING THE SCRIPTURE

**Introduction.** We begin with a word about the context of this passage. In 6:1-8 Paul deals with the issue of Christians bringing lawsuits against one another in the public courts. He condemns this practice because it is a terribly negative witness to the larger community. Christians are not to air their dirty laundry in public. If Christians have grievances against one another, they should be handled within the Christian community where God's grace and truth provide the context and higher moral standards are in effect. If Christians take one another to court, it is a sign to others that Christians are no different from everybody else. But one of the important themes running through this whole letter is that Christians *are* different from everybody else, or at least they are meant to be. This is the point of 6:9-11 in which we find a list of the types of behaviors in which Christians are not to participate, behaviors that do not fit into God's purposes for kingdom living.

**1 Corinthians 6:12-17.** This is also the point of our assigned passage where Paul's focus is directed to the right ways and higher purposes for which God intends the human body to be used. In verse 12 Paul quotes a maxim or slogan that appears to have been popular in Corinth and that some people were using to justify their behavior: "Everything is lawful for me." Literally the Greek says "all things are permitted (or possible) for me," which Paul qualifies in two ways by adding "but not all things are beneficial" and "but I will not be dominated by anything." Because Paul speaks passionately many places in his letters about freedom in Christ, he does not question this maxim's general claim, but with the two qualifying statements Paul does attempt to define what true freedom is. Freedom in Christ does not mean we can do anything we want to do. Rather, it means we can do anything that is beneficial or helpful to the community and others. Genuine freedom is limited by only one thing: loving responsibility toward others. Furthermore, because Christianity means freedom, it is important that we allow no other thing to dominate us. Only the Lord is to have mastery over us (6:13, 15, 17, 19, 20).

In verse 13 Paul quotes a second maxim: "Food is meant for the stomach and the stomach for food." Again there is some truth in this saying, but the problem is that some of the Corinthians were apparently interpreting this maxim rather loosely to say: "Sex is for the body and the body's for sex." In other words, they understood the Christian faith as a purely "spiritual" thing, and as long as their spirits were united with Christ, they could do whatever they wanted with their bodies—eat whatever they wanted and have sex with whomever they wanted—because their physical bodies didn't matter. But Paul shouts a resounding no to such thinking. The body is meant for the Lord, not for fornication and immorality. Paul is expressing a holistic view of human life here saying that both body and spirit matter to God, and both body and spirit are to be used for God's holy purposes. As we are the body of Christ on earth, so Christ wants to work through our bodies, our total selves, to carry out God's work.

Paul drives home this point in verse 14: "God raised the Lord and will also raise us." When we say in The Apostles' Creed that we "believe in the resurrection of the body," we are, at the very least, saying there is some sort of continuity between the present body and the future one. Therefore, what we do with our bodies really matters to God. Paul continues to develop this argument in verses 15-17 when he reminds the Corinthians that their bodies are members of Christ. Therefore, if they are united with the Lord, they should never unite their bodies with a prostitute. There is not space to write in detail about this, but among other things Paul is saying here is that there is no such thing as "casual sex." He understands the act of sexual intercourse in a holistic way. When he quotes Genesis 2:24 (the two "become one flesh"), he is saying that, in God's purpose of creation, the act of sexual consummation is not just physical but also spiritual and emotional, and to reduce sex to only a physical amusement is to trivialize our God-given humanness.

**1 Corinthians 6:18-20.** We are to resist such immorality and trivialization of God's intention for our bodies and our lives. We were created for a higher purpose: to be "a temple of the Holy Spirit" (6:19). A temple, of course, is where God dwells. Think of it: God comes to take up residence in our bodies. Our bodies are not our own; they belong to God, and what we do with our bodies matters to God. Verse 20 is undoubtedly a reference to the cross and the high price that Jesus paid to rescue us and bring us to God. Therefore we are to exercise stewardship over our bodies. They belong to God, and we are exhorted to use them in a way that glorifies God.

**1 Corinthians 7:1-9.** In these verses Paul is addressing just the opposite situation from that in chapter 6 where some were casting off all moral restraint. Here Paul addresses those Christians who were opting for asceticism and moral severity. Apparently these Christians believed that their new faith in Christ was calling them to either celibacy or, if already married, to abstain from sexual relations with their spouses. But Paul responds that intimate sexual relations are part of God's purposes for a meaningful marriage relationship. Note in verses 3 and 4 Paul's focus on mutual equality between husband and wife. There is to be a self-giving quality of love shared by both spouses toward each other. He does allow that, for the purposes of prayer, spouses may mutually agree to abstain for a brief period of time (7:5). In verse 6 Paul admits that each person has different gifts and that his celibacy is a gift from God.

# INTERPRETING THE SCRIPTURE

### Don't Fence Me In

In 1934 the great composer Cole Porter wrote a song titled "Don't Fence Me In," based on a text by Robert Fletcher. The opening words go like this: "Oh, give me land, lots of land under starry skies above, don't fence me in." This could have been a theme song for this group of Corinthian Christians to whom Paul was addressing his remarks in 6:12-20. Thinking about the slogan that was popular among themselves and others in Corinth and which Paul quotes in 6:12 ("Everything is permissible for me" [NIV]), their attitude could perhaps be paraphrased in the following way: "Don't fence me in with rules and regulations about what I can do or cannot do. Everything is permissible for me because Christ has freed me from the constrictions and demands of the law. My spirit has soared free with Christ."

As indicated in the comments on 6:12-17 in "Understanding the Scripture," the issue at stake here is Christian freedom. It may well be that this extreme attitude of the Corinthians had its roots in something Paul himself had said about the freedom that Christ brings to a person (see 9:1 and Galatians 5:1). Of course, context is very important, and when Paul speaks about freedom in Christ elsewhere in his writing, it is in the context of speaking against those persons who wished to bind the early church in the bonds of Jewish legalism. Such was the issue at the watershed conference in Jerusalem (described in Acts 15) when it was determined by the leaders of the early church that Gentiles could become Christians without first having to be circumcised and to keep all the minuscule details of Jewish law. This was the kind of freedom in Christ of which Paul spoke, not freedom that is without restraint, which seemed to be the attitude expressed by these Corinthian Christians. They had radically spiritualized their understanding of being a Christian to such an extent that, in their view, as C. K. Barrett puts it, "nothing done in the body really matters, and therefore anything may be done." After all, they reasoned, we are spiritual beings with immortal souls who have been saved by Christ from this evil material world. Since the body is perishable, its acts are therefore insignificant.

Such thinking was the basis of their extreme view of Christian freedom: they considered themselves spiritually free in Christ, and therefore what they did with their bodies did not matter. "But, no!" Paul responds. All things may indeed be permissible or lawful, "but not all things are beneficial" (6:12). Freedom without responsibility can too easily become license to do whatever one feels like doing, even when such behavior is destructive to oneself and to others in the community. Freedom must always be expressed responsibly and limited by regard for others. There is no such thing as unlimited individual liberty if that liberty leads to behavior that is harmful to others in the community. Christ does not free us from all restraints in order to do anything we feel like doing. No, we are restrained by love. Christ frees us for the purpose of loving one another and doing what is helpful to others.

### Body Talk

Our key verse makes an astonishing claim with incredible implications for the way we live: "Do you not know that your body is a temple of the Holy Spirit within you?" (6:19). All that Paul has said about the body in the preceding verses leads up to this question, which is really an affirmation that what we do with our bodies matters. As previously noted, Paul has a holistic understanding of human beings. We are not just physical creatures made up of atomic matter, nor are we just spiritual beings housed temporarily in a physical casing called the body. We are body/soul/spirit all interacting and working together to constitute whole persons, and thus both the spiritual and the physical parts of our being matter greatly to God. People tend to think of "having a body," but in Paul's understanding humans do not *have* bodies; they are bodies. When Paul uses the word body in his writings, I understand that to mean "relational self." As bodies we are relational selves created by God to live in loving relationships with one another.

Thus being a disciple of Jesus means not only caring about our *spiritual* welfare and the spiritual welfare of others but also our *physical* health and the material well-being of others. I once saw a poster containing a quotation from I. D. Douglas that said, "Where our bread is concerned, it is a material matter. Where our neighbor's bread is concerned, it is a spiritual matter." Living as Christians is neither just a spiritual matter nor is it just a physical matter. For disciples of Jesus the physical and the spiritual cannot be separated. One impacts the other in the wholeness of our lives and witness, and both matter to God.

So it is that Paul talks about the Spirit of God coming to take up residence in our bodies, which is what he means when he says that our bodies are the temple of the Holy Spirit. This is why Paul can talk in these verses about our bodies being "meant for the Lord and the Lord for the body" (6:13) and our bodies being "members of Christ" (6:15). If we take our key verse seriously, then we can never understand the body as being meant for fornication or immorality or any other kind of harmful behavior that goes against God's purposes for our living. No, we are to live in such a way and be stewards of our bodies in such a way that we "glorify God" in our bodies (6:20).

## Belonging

God did not create us to live in isolation. We all want to feel that we belong somewhere and that we belong to someone or some group. In our postmodern culture there is a deep hunger for genuine community and a sense of belonging. In our passage Paul asks three questions, all of which deal with the larger question: to whom do we belong? In 6:15 Paul reminds the Corinthians that they belong to Christ as he asks, "Do you not know that your bodies are members of Christ?" Then to draw a dramatic contrast he asks a counterpoint question in 6:16, "Do you not know that whoever is united to a prostitute becomes one body with her?" Finally in 6:19 his question returns to his main point about the importance of belonging to God: "Do you not know that your body is a temple of the Holy Spirit within you?"

Paul emphasizes this point even more by extending the question at the end of verse 19, "Do you not know that . . . you are not your own? For you were bought with a price" (6:20). The image used here is probably taken from the practice in the first-century Roman world of buying and selling slaves in the marketplace. Paul reminds the Christians that they were purchased with a price, the cost of Jesus' death upon the cross. In the sociopolitical context of Paul's day, as J. Paul Sampley writes, "Slaves were supposed to increase their owners' honor and to make their owners look good." Paul transfers this understanding of a slave-master relationship into his own theological concepts and tells the Corinthians how to honor their new owner: "Therefore glorify God in your body" (6:20). That is the high calling for all of us who belong to Christ and claim to be his disciples.

# SHARING THE SCRIPTURE

## PREPARING TO TEACH

### Preparing Our Hearts

Explore this week's devotional reading, found in Ephesians 4:7-16. These verses are one long sentence in Greek. Notice the list of gifts in verse 11 and the reason for these gifts in verses 12-13. How does an understanding of the gifts and their purpose help you to live in unity with other members of Christ's body? Are you using your gifts as God intended? If not, what steps will you take to make yourself a productive member of the body?

Pray that you and the adult students will identify and use your gifts to build up the body of Christ so that all members may live in unity.

### Preparing Our Minds

Study the background Scripture from 1 Corinthians 6:12–7:9, and the lesson Scripture from 1 Corinthians 6:12-20.

Consider this question as you prepare the lesson: *How does the behavior of one person affect the whole community?*

Write on newsprint:
❑ information for next week's lesson, found under "Continue the Journey."
❑ activities for further spiritual growth in "Continue the Journey."

Review the "Introduction," "The Big Picture," "Close-up," and "Faith in Action." Consider how you will use this additional information, which immediately precedes the first lesson, for this session.

## LEADING THE CLASS

### (1) Gather to Learn

❖ Greet the class members. Introduce any guests and help them to feel at home.

❖ Pray that the learners will recognize that they belong to God not only in spirit but also in the body.

❖ Invite the students to recall scandals involving public religious figures. Here are some names that may be familiar. You may wish to do further research prior to class.
- Jim Bakker, and his then-wife, Tammy Faye, hosted the very popular evangelical television show, *The PLT Club*. He was forced to resign as a result of a sex scandal. When accounting fraud was later discovered, he was convicted and imprisoned for mail and wire fraud and conspiracy.
- Jimmy Swaggart made a tearful confession after he had been photographed with a prostitute.
- Ted Haggard confessed to sexual immorality.

❖ Ask: **How does improper behavior of one Christian, particular one revered as a shepherd in the church, affect this person, his or her ministry, and people who do not claim Christ?**

❖ Read aloud today's focus statement: **Personal, moral, and physical purity are beneficial to the community. How does the behavior of one person affect the whole community? Paul said that because Christians are all one within the body of Christ, what harms one will harm other members, and what benefits one will benefit all.**

### (2) Goal 1: Connect With the Apostle Paul's Comparison of the Body to a Temple

❖ Solicit a volunteer to read 1 Corinthians 6:12-20.

❖ Encourage the students to state in their own words what Paul is saying here about how Christians are to use and care for their bodies. Read 1 Corinthians 6:12-17 from "Understanding the Scripture" to help the participants better understand Paul's concerns.

❖ Ask: **What words come to mind when you think of a temple?** Write these ideas on newsprint. Invite the adults to identify any of these ideas that may appropriately describe one's physical body. Talk with the group to discern how Paul's use of the metaphor "temple" is helpful in describing the way in which God expects believers to treat their bodies.

*(3) Goal 2: Recognize that as Members of the Community of Christ the Learners' Bodies Must Be Kept Pure*

❖ Lead the class in reading today's key verse, 1 Corinthians 6:19. Then read or retell "Body Talk" from "Interpreting the Scripture."

❖ Form small groups and ask them to discuss this question: **What kinds of actions demonstrate that we view our bodies as temples of God?**

❖ Bring the groups back together to report. List ideas on newsprint. Note that Paul has much to say regarding appropriate sexual conduct. We also need to think about healthy lifestyles—what we eat and drink, how much we weigh, how often we exercise, the amount of sleep we normally get, and abstinence from tobacco and other harmful substances.

*(4) Goal 3: Promote Wholesome Living Within the Faith Community*

❖ Look at the list generated by the groups in the previous activity. Now ask: **What can we as a church do to promote the actions that we believe are appropriate for those who view their bodies as God's temples?** Solicit information from the class. Add the following ideas if they are not already included:

1. Teach all members about how we are to live wholesome lives.

2. Promote healthy eating by ensuring that nutritious food is served at church dinners.

3. Encourage members to contribute healthy foods to the church pantry.

4. Ensure that the church is a smoke-free environment.

5. Provide meeting space for support groups that help people to break unhealthy habits, such as Alcoholics Anonymous, Narcotics Anonymous, and Weight Watchers.

6. Sponsor fitness classes at the church to promote physical activity.

7. Sponsor recreational teams in different sports.

8. Sponsor marriage enrichment classes.

❖ Suggest that the class choose one or two ideas from the list that could be added to the church program. Form groups to work on each of the selected ideas. Distribute paper and pencils so that the groups may record their ideas for implementation. Encourage the groups to take responsibility for presenting their ideas to the church council or other appropriate body.

*(5) Continue the Journey*

❖ Pray that the learners will set high standards for their lives so that they will glorify God with their bodies.

❖ Read aloud this preparation for next week's lesson. You may also want to post it on newsprint for the students to copy.

■ **Title: Love Builds Up**
■ **Background Scripture: 1 Corinthians 8**
■ **Lesson Scripture: 1 Corinthians 8**
■ **Focus of the Lesson: What may be right for some members of a community may not be right for others. How are community members to hold one another accountable? Paul cautioned the faithful to behave in ways that would not cause others to falter in their faith.**

❖ Post these three activities related to this week's session on newsprint for the students to copy. Challenge the adults to grow spiritually by completing one or more of them.

(1) Take stock of habits that affect your physical and mental well-being. Do you eat and exercise appropriately? Do you avoid harmful practices, such as smoking? Do you take time to meditate or otherwise refresh your spiritual and mental batteries? Identify anything that may impact your health and determine what you can do to make changes.

(2) Consider the words lawful (permissible) and beneficial (advantageous to the community) as used in 1 Corinthians 6:12. Think about situations in which you are willing to do what is "beneficial" rather than what is "permissible." How will your actions help others?

(3) Act as a role model for other people in terms of living a moral, wholesome lifestyle. Be especially vigilant around people who try to pressure you to do things that run counter to your Christian beliefs.

❖ Sing or read aloud "Take My Life, and Let It Be."

❖ Conclude today's session by leading the class in this benediction from 1 Corinthians 16:13-14: **Keep alert, stand firm in your faith, be courageous, be strong. Let all that you do be done in love. Amen.**

UNIT 2: LIVING AS A COMMUNITY OF BELIEVERS
# LOVE BUILDS UP

---

## PREVIEWING THE LESSON

**Lesson Scripture:** 1 Corinthians 8
**Background Scripture:** 1 Corinthians 8
**Key Verse:** 1 Corinthians 8:9

### Focus of the Lesson:
What may be right for some members of a community may not be right for others. How are community members to hold one another accountable? Paul cautioned the faithful to behave in ways that would not cause others to falter in their faith.

### Goals for the Learners:
(1) to explore the positive and negative influences that community members have on one another.
(2) to accept that Christians should consider how their behavior might negatively affect others in the community.
(3) to search personal behavior for things that might negatively influence others and consider changing behavior.

### Supplies:
Bibles, newsprint and marker, paper and pencils, hymnals, copies of *The New International Lesson Annual*, and/or other commentaries

---

## READING THE SCRIPTURE

NRSV
Lesson Scripture: 1 Corinthians 8
  [1]Now concerning food sacrificed to idols: we know that "all of us possess knowledge." Knowledge puffs up, but love builds up. [2]Anyone who claims to know something does not yet have the necessary knowledge; [3]but anyone who loves God is known by him.
  [4]Hence, as to the eating of food offered to idols, we know that "no idol in the world

CEB
Lesson Scripture: 1 Corinthians 8
  [1]Now concerning meat that has been sacrificed to a false god: we know that we all have knowledge. Knowledge makes people arrogant, but love builds people up. [2]If anyone thinks they know something, they don't yet know as much as they should know. [3]But if someone loves God, then they are known by God.
  [4]So concerning the actual food involved

really exists," and that "there is no God but one." [5]Indeed, even though there may be so-called gods in heaven or on earth—as in fact there are many gods and many lords—[6]yet for us there is one God, the Father, from whom are all things and for whom we exist, and one Lord, Jesus Christ, through whom are all things and through whom we exist.

[7]It is not everyone, however, who has this knowledge. Since some have become so accustomed to idols until now, they still think of the food they eat as food offered to an idol; and their conscience, being weak, is defiled. [8]"Food will not bring us close to God." We are no worse off if we do not eat, and no better off if we do. **[9]But take care that this liberty of yours does not somehow become a stumbling block to the weak.** [10]For if others see you, who possess knowledge, eating in the temple of an idol, might they not, since their conscience is weak, be encouraged to the point of eating food sacrificed to idols? [11]So by your knowledge those weak believers for whom Christ died are destroyed. [12]But when you thus sin against members of your family, and wound their conscience when it is weak, you sin against Christ. [13]Therefore, if food is a cause of their falling, I will never eat meat, so that I may not cause one of them to fall.

in these sacrifices to false gods, we know that a false god isn't anything in this world, and that there is no God except for the one God. [5]Granted, there are so-called "gods," in heaven and on the earth, as there are many gods and many lords. [6]However, for us believers,

There is one God the Father.
    All things come from him, and we
        belong to him.
And there is one Lord Jesus Christ.
    All things exist through him, and we live
        through him.

[7]But not everybody knows this. Some are eating this food as though it really is food sacrificed to a real idol, because they were used to idol worship until now. Their conscience is weak because it has been damaged. [8]Food won't bring us close to God. We're not missing out if we don't eat, and we don't have any advantage if we do eat. **[9]But watch out or else this freedom of yours might be a problem for those who are weak.** [10]Suppose someone sees you (the person who has knowledge) eating in an idol's temple. Won't the person with a weak conscience be encouraged to eat the meat sacrificed to false gods? [11]The weak brother or sister for whom Christ died is destroyed by your knowledge. [12]You sin against Christ if you sin against your brothers and sisters and hurt their weak consciences this way. [13]This is why, if food causes the downfall of my brother or sister, I won't eat meat ever again, or else I may cause my brother or sister to fall.

---

# UNDERSTANDING THE SCRIPTURE

**Introduction.** In 1 Corinthians 8 Paul continues to respond to questions and issues raised by the Corinthian church, specifically here the question of whether it is appropriate for Christians to eat food that has been sacrificed to idols in pagan temples. It was a common practice in the

ancient world for such temples to also function as restaurants that would serve meat that had been sacrificed in pagan religious rituals. In answering the question about food, Paul touches on two themes that surfaced earlier in the letter. In 8:1 he raises the issue of the Corinthians' misuse of the knowledge that they have gained about Jesus and spiritual matters. As in 1:10-17 where Paul expressed concern about divisiveness in the congregation, Paul's concern here is how the misuse of knowledge can be divisive and hurtful to others, in particular those who are weak in their faith. Paul's other concern is one we saw expressed in 6:12-20: the Corinthians' misuse of the freedom that they believe is Christ's gift to them. Once again Paul states his belief that genuine freedom is not without limits; it must be restrained and best expressed by love for the neighbor.

**1 Corinthians 8:1-3.** The issue Paul addresses in this chapter is ostensibly "food sacrificed to idols," but the deeper concern is the misuse of knowledge versus the right use of love. As we saw in 6:12-20, Paul once again quotes a maxim or slogan that has been popular among the Corinthians: "All of us possess knowledge." On the surface Paul would not argue with this maxim; he knows that learning and the knowledge of spiritual truth is important. Such knowledge can be a resource for moral guidance and right living. But knowledge can also be misused to inflate one's ego, with the result that one feels superior to others who might not be considered as smart or knowledgeable. Knowledge in itself is neutral. It depends on the purposes for which one gains and uses knowledge: to build up and support one's community or to tear down and destroy (see Paul's warning in 8:10-11).

Here, as well as in 1 Corinthians 13, Paul holds up love as the ultimate quality because love always builds up and seeks the welfare of the other. Paul elaborates on this in 8:2-3. The phrase "anyone who claims to know something" implies that someone is boasting over his or her superior knowledge. But Paul says the knowledge that really matters is not the intellectual knowing of facts and figures and theories. Rather what really matters is the interpersonal knowing that comes in relationships governed by love, preeminently loving God, and being known by God.

**1 Corinthians 8:4-6.** Paul now turns to the issue at hand: the eating of food that has been sacrificed to idols. He begins in verse 4 by quoting two other maxims that Christians can in confidence "know" from their monotheistic faith tradition: (1) "No idol in the world really exists," and (2) "there is no God but one." Here Paul draws upon his rich Jewish heritage. He affirms that, even though there are many religions in the world in which members worship idols and many gods, the core of the Christian tradition affirms that there is only "one God, the Father ... and one Lord, Jesus Christ" (8:6). By reminding the Christians of their faith in one creator and one redeemer, Paul is setting the context for his language in 8:11-13 about being members (brothers and sisters) of one family.

**1 Corinthians 8:7-8.** Paul now turns our attention to those new Christians who are not so strongly rooted in the monotheistic Jewish heritage and who, unlike some of the other Corinthian Christians, do not possess the confidence and knowledge that "no idol in the world really exists" and "there is no God but one" (8:4). These persons are still subject to beliefs associated with their former pagan religious practices. They have not yet claimed the gift of Christ's freedom from the grip of older superstitions. As recent converts to the Christian faith, their conscience (or "moral consciousness" as the Greek word can be translated) is still governed by the belief that idols do have some power, and if they eat meat that has been sacrificed to idols, they believe they would be showing reverence for deities that they used to recognize and worship. In their hearts they know that, for them, such behavior would be wrong and would dishonor God. Even though they might wish that they were stronger in their new Christian faith and could let go of their past beliefs and superstitions, they are simply too weak or immature in their faith to do that. In 8:8 Paul shares his own opinion that food is not the main issue. Food in itself is neutral: "We are no worse off if we do not eat, and no better off if we do." The key issue is not food but the ethics of how to show love to the weaker Christians.

**1 Corinthians 8:9-13.** Thus in verse 9 Paul redirects his attention from these weaker Christians to the so-called stronger Christians, the ones who claim, in the words of 8:1, to "possess knowledge." They "know" that idols do not really exist. Therefore, they have no qualms about eating meat that has been sacrificed in pagan temples because Christ has freed them from being held captive by superstitions and allegiance to idols. In fact, Paul would affirm their strength of faith that leads them to celebrate their liberty in Christ. Christ does indeed free people from fear and superstitions and any perceived power of idols. However, Paul does not affirm their lack of sensitivity and their misuse of the liberty that Christ has given them. There is a difference between what they have the freedom or the right to do and what they should do. As we learned in the previous lesson, freedom in Christ does not mean that I can do anything I feel like doing; our liberty is not without restraint or limits. Rather, genuine Christian liberty means that I am free to do anything that is beneficial or helpful to others, especially those who are weak or fragile in their faith. God wants us to use our freedom in Christ to build up the less secure, not to become "a stumbling block to the weak" (8:9) or "cause one of them to fall" (8:13).

## INTERPRETING THE SCRIPTURE

*Knowledge and Love: What Really Matters*

Education matters. From the first day of kindergarten until the day we graduate with our highest degree and during all the years in between we hear how important knowledge is. No matter what may be our fields of endeavor, gaining knowledge and learning skills in the particular jobs or fields in which we are employed or have an interest is critical to being successful. Knowledge matters in all aspects of daily life, even leisure. If I am playing a game of baseball or cards or chess, I need to have a basic knowledge of the rules of the particular game in which I am engaged if I am going to participate in a meaningful way and feel a part of the team or group that is playing. Knowledge of basic rules and customs and skills is a necessary aspect of proper socialization in any society and at all levels of life.

The same is true in the church. Although churches and denominations may differ in their emphases, almost every community of faith puts much energy into educating and giving knowledge to children, to those who are new in the faith, and to those who continue to grow in their faith. It is called by different names—discipleship, nurture, Christian education—but most all church communities put much time and many resources into developing educational ministries such as Sunday school, vacation Bible school, small-group Bible studies, and adult spiritual formation groups. Christians have always believed that knowledge is very important. However, it is important to keep in mind that there are two kinds of knowledge: objective and subjective. In relation to God, objective knowledge has to do with knowing about God, knowing ideas and theological theories about God. That is certainly important. But what is even more important is subjective knowledge: knowing God personally, which is what Paul is talking about in 1 Corinthians 8:2 with his words about loving God and being intimately known by God.

So as important as gaining knowledge about God and spiritual matters is, in the end we are saved not by our knowledge of God or of the Bible, but by God's grace (Ephesians 2:8-9). Certainly knowledge matters, but knowledge is always trumped by love. This truth was brought home to me one summer during my seminary years when I worked in a center for children with Down syndrome. Those children did not have the intellectual capacity to understand or articulate deep theological thoughts, but—wow—did they ever have the capacity to love! The several weeks I spent at this center helped me understand the redeeming power of unconditional love like I never had before.

To quote the Corinthian Christians, "all of us possess knowledge" (8:1). Certainly, knowledge of God and of our faith is important as we learn from and teach one another. But what really matters is love—the kind of self-giving and unconditional love that Jesus modeled in his life and offers us. As Paul reminds us in 1 Corinthians 8:1, the problem with knowledge is that it can be misused and has the potential to "puff up," but always "love builds up."

### The Weakest Link

Several years ago there was a popular quiz show on television called *The Weakest Link*. In a very intense setting, several contestants competed against one another to give correct answers to questions they were asked in rapid-fire succession. At the end of each segment of the show the players were given the opportunity to evaluate one another and vote off the person who, in that particular segment, they believed had been "the weakest link." The goal of this process was to be the last one standing; that person would be the winner. The premise behind the show was the philosophy so prevalent in any competitive environment where "winners" are pitted against "losers": the strongest survive and the spoils go to the victor. We are familiar with such a way of thinking because we see it at work every day in our competitive dog-eat-dog society.

In contrast, the Christian ethic that Paul endorses in 1 Corinthians 8 is just the opposite. The "weakest link" in the human chain of the Christian community is not to be voted off, but rather that person is to be shown special love and encouraged and built up. This is the primary message of our key verse (8:9): "But take care that this liberty of yours does not somehow become a stumbling block to the weak." As stated in the previous lesson, the freedom Christ gives us is not without limits or restraints. Instead, Christian liberty is limited by loving responsibility toward others. Christ frees us for the purpose of caring for one another. In 1 Corinthians 8:7-13 Paul defines this even further by saying that our liberty is restrained specifically by concern for the welfare of the weaker brother or sister. Any community that sincerely seeks to live by the values of God's kingdom must measure its success by asking how the most helpless and vulnerable of society are faring. The local church from which I retired as pastor, as do many congregations, had as part of its mission statement a phrase about "caring for the least, the lost, and the last." Such language expresses the important ethical focus about which Paul is speaking here when he calls on Christians of strong faith to express special concern for the "weak believers" (8:11).

### A Modern Parallel

Most of us in twenty-first-century American society are never confronted with the ethical dilemma of whether our eating meat that has been sacrificed to idols in a pagan temple might be an affront to the conscience of a weaker sister or brother. We don't eat or buy our meat in such a setting. However, the ethical principle Paul is making continues to be relevant in our day. Think of it this way: "Eating meat sacrificed to idols" could refer to any act or behavior that may not be harmful to my faith, but which could be very harmful to the faith of others if they participate in it.

For example, suppose you are having a party and inviting a group of friends, most of whom drink socially and would have no problem, spiritually or culturally, with wine being served with dinner and, in fact, would expect it. However, you know that one of the guests being invited is a recovering alcoholic who has not been sober for very long and is still vulnerable. For her the temptation of having wine or alcohol around could be overwhelming, especially in a social situation. You struggle with what to do because you would like to serve good wine, and you want everybody to have a good time. Yet in spite of the social expectations of the others, you choose, out of love for the one person, not to serve any alcohol at all. "If food is a cause of [my brother's or sister's] falling, I will never eat meat" (8:13). By making this choice you have acted in love to build up and encourage, not tear down and destroy, your sister or brother. You have acted in love and not abused your freedom in Christ.

## SHARING THE SCRIPTURE

### PREPARING TO TEACH

#### Preparing Our Hearts

Explore this week's devotional reading, found in Romans 14:7-12. Here Paul writes about accountability. In life and in death, we belong to God. Recognizing that we each belong to and are accountable to God, we are not to judge others but rather are to prepare ourselves for the Last Judgment. If God asked you to give an account of yourself today, how would you respond?

Pray that you and the adult students will be ready at all times to be accountable to God.

#### Preparing Our Minds

Study the background Scripture and lesson Scripture, both of which are from 1 Corinthians 8.

Consider this question as you prepare the lesson: *How are community members to hold one another accountable?*

Write on newsprint:

❏ questions for "Explore the Positive and Negative Influences that Community Members Have on One Another."

❏ information for next week's lesson, found under "Continue the Journey."

❏ activities for further spiritual growth in "Continue the Journey."

Review the "Introduction," "The Big Picture," "Close-up," and "Faith in Action." Consider how you will use this additional information, which immediately precedes the first lesson, for this session.

### LEADING THE CLASS

#### (1) Gather to Learn

❖ Greet the class members. Introduce any guests and help them to feel at home.

❖ Pray that the learners will be aware of how their behavior affects other people.

❖ Read this anecdote: **A man we'll call Jim decided that he needed to lose weight and become physically fit. At age fifty-two, Jim was a devoted couch potato. He never even played sports in high school. But he enrolled at his local Y. Watching some clearly fit guys work out, Jim began lifting heavy weights and then running on** a treadmill at top speed for thirty minutes. After two weeks of this routine Jim determined that physical fitness was not achievable for him. Fortunately, a friend explained to Jim that a fitness routine suitable for someone in top-notch condition was a goal, not a place for him to start. Once he learned which exercises were appropriate, he was able to start small, be successful, and gradually increase his goals. He stayed faithful to his workouts by keeping a record of activities so that he could see improvement.

❖ Read aloud today's focus statement: **What may be right for some members of a community may not be right for others. How are community members to hold one another accountable? Paul cautioned the faithful to behave in ways that would not cause others to falter in their faith.**

*(2) Goal 1: Explore the Positive and Negative Influences that Community Members Have on One Another*

❖ Provide an overview of 1 Corinthians 8 by reading the introduction in "Understanding the Scripture."

❖ Choose one volunteer to read 1 Corinthians 8:1-6 and another to read verses 7-14.

❖ Form two groups (or multiples of two if the class is large). Distribute Bible commentaries, including if possible copies of *The New International Lesson Annual.* Assign one group to research the interpretation of verses 1-6 and another to research verses 7-14. Post these questions on newsprint and provide paper and pencils for the students to make notes:

1. **What concerns does Paul raise in this chapter?** (Paul addresses issues concerning eating, particularly the eating of food sacrificed to idols. He then goes on to use this example to comment on how believers are to relate to one another, not on the basis of knowl-

edge but through the bonds of love.)

2. **Eating meat sacrificed to idols is not an issue for us. What contemporary issues in the church need to be handled with love for those who are not yet strong in the faith?** (One issue is found in "A Modern Parallel" in "Interpreting the Scripture.")

3. **What can the church do to help its weaker members become stronger?**

4. **What can the church do to help stronger members graciously accept those who are weaker and help them to grow?**

❖ Invite the groups to report their findings.

*(3) Goal 2: Accept that Christians Should Consider How Their Behavior Might Negatively Affect Others in the Community*

❖ Read in unison today's key verse, 1 Corinthians 8:9.

❖ Read or retell "The Weakest Link" in "Interpreting the Scripture."

❖ Discuss these questions with the class:

1. **How would you summarize the difference between a dog-eat-dog society and one where the most vulnerable are encouraged and built up?**

2. **What steps can Christians take to promote care and concern for those who are vulnerable—even if people of faith have to give up something (including possibly money)?**

3. **How would you respond to Christians who claim that what they do is their own business, so they have no intention of changing behaviors that may throw a stumbling block in the path of other believers?**

*(4) Goal 3: Search Personal Behavior for Things that Might Negatively Influence Others and Consider Changing Behavior*

❖ Read this scenario and invite the adults to meditate silently: **You have been brought up on charges of claiming to be a Christian but failing to act like one. The people who have filed these charges argue that the witness you are making has caused them harm and prompted them to question whether Christians are really any different from other people in your society. Think about the way you talk and act. Try to pinpoint the reasons that your detractors have for accusing you of being a hindrance to their faith.**

❖ Allow the students a few minutes to meditate and then add these words: **Continue meditating by asking yourself what you can do to change this behavior and make a commitment to do so.**

❖ Provide several more minutes of quiet time and then add these words: **If you can identify specific people whose behavior has been negatively influenced by yours, make plans to apologize to these people as soon as you can.**

*(5) Continue the Journey*

❖ Pray that the learners will change behaviors that cause others to stumble.

❖ Read aloud this preparation for next week's lesson. You may also want to post it on newsprint for the students to copy.
- **Title: Overcoming Temptation**
- **Background Scripture: 1 Corinthians 10:1-22**
- **Lesson Scripture: 1 Corinthians 10:12-22**
- **Focus of the Lesson: The pride of individual persons and communi-**

ties can lead them to act in destructive or harmful ways. How can communities resist the desire to move in harmful directions? Paul reminded the Corinthians that all believers are tempted, but God will not let them be tested beyond their strength. God will provide the way out.

❖ Post these three activities related to this week's session on newsprint for the students to copy. Challenge the adults to grow spiritually by completing one or more of them.

(1) **Consider your diet. Do you follow strict standards, such as a vegan diet? Why? If so, how do you respond to people who make other choices? How do they respond to your choice?**

(2) **Recall that in 1 Corinthians 8 Paul is concerned about harming the faith of others. Where do you see such harm occurring in the church today? What can be done to allow those who are stronger in the faith to follow their consciences without creating problems for those who are weaker or newer to the faith? Or do the stronger need to give up certain practices?**

(3) **Support someone who is struggling in the faith and needs to be built up.**

❖ Sing or read aloud "Awake, O Sleeper."

❖ Conclude today's session by leading the class in this benediction from 1 Corinthians 16:13-14: **Keep alert, stand firm in your faith, be courageous, be strong. Let all that you do be done in love. Amen.**

## UNIT 2: LIVING AS A COMMUNITY OF BELIEVERS
# OVERCOMING TEMPTATION

---

### PREVIEWING THE LESSON

**Lesson Scripture:** 1 Corinthians 10:12-22
**Background Scripture:** 1 Corinthians 10:1-22
**Key Verse:** 1 Corinthians 10:13

### Focus of the Lesson:
The pride of individual persons and communities can lead them to act in destructive or harmful ways. How can communities resist the desire to move in harmful directions? Paul reminded the Corinthians that all believers are tempted, but God will not let them be tested beyond their strength. God will provide the way out.

### Goals for the Learners:
(1) to explore Paul's warnings about temptations.
(2) to consider what harmful temptations Christians might encounter.
(3) to make specific decisions to resist specific temptations.

### Supplies:
Bibles, newsprint and marker, paper and pencils, hymnals

JULY 20

---

### READING THE SCRIPTURE

NRSV
Lesson Scripture: 1 Corinthians 10:12-22

¹²So if you think you are standing, watch out that you do not fall. **¹³No testing has overtaken you that is not common to everyone. God is faithful, and he will not let you be tested beyond your strength, but with the testing he will also provide the way out so that you may be able to endure it.**

¹⁴Therefore, my dear friends, flee from the worship of idols. ¹⁵I speak as to sensible people; judge for yourselves what I say. ¹⁶The cup of blessing that we bless, is it not a sharing in the blood of Christ? The bread that we

CEB
Lesson Scripture: 1 Corinthians 10:12-22

¹²So those who think they are standing need to watch out or else they may fall. **¹³No temptation has seized you that isn't common for people. But God is faithful. He won't allow you to be tempted beyond your abilities. Instead, with the temptation, God will also supply a way out so that you will be able to endure it.**

¹⁴So then, my dear friends, run away from the worship of false gods! ¹⁵I'm talking to you like you are sensible people. Think about what I'm saying. ¹⁶Isn't the cup of

---

break, is it not a sharing in the body of Christ? [17]Because there is one bread, we who are many are one body, for we all partake of the one bread. [18]Consider the people of Israel; are not those who eat the sacrifices partners in the altar? [19]What do I imply then? That food sacrificed to idols is anything, or that an idol is anything? [20]No, I imply that what pagans sacrifice, they sacrifice to demons and not to God. I do not want you to be partners with demons. [21]You cannot drink the cup of the Lord and the cup of demons. You cannot partake of the table of the Lord and the table of demons. [22]Or are we provoking the Lord to jealousy? Are we stronger than he?

blessing that we bless a sharing in the blood of Christ? Isn't the loaf of bread that we break a sharing in the body of Christ? [17]Since there is one loaf of bread, we who are many are one body, because we all share the one loaf of bread. [18]Look at the people of Israel. Don't those who eat the sacrifices share from the altar? [19]What am I saying then? That food sacrificed to a false god is anything, or that a false god is anything? [20]No, but this kind of sacrifice is sacrificed to demons and not to God. I don't want you to be sharing in demons. [21]You can't drink the cup of the Lord and the cup of demons; you can't participate in the table of the Lord and the table of demons. [22]Or should we make the Lord jealous? We aren't stronger than he is, are we?

---

## UNDERSTANDING THE SCRIPTURE

**Introduction.** In 10:1-11 Paul twice recalls events from the story of the Exodus of the Hebrew slaves from Egypt, pointing out implications and parallels for the Corinthian Christians and issuing warnings about the practice of sexual immorality and especially idolatry. Paul also addresses the important issue of how Christians are to handle times of testing and temptation (10:12-13). Finally in 10:14-22, Paul speaks passionately about the uniqueness and central importance of the Lord's Supper in the life of the Christian community, warning of the danger of casually participating in pagan religious festivals as if the worship of idols did not matter.

**1 Corinthians 10:1-5.** In recalling certain highlights from the story of the Exodus, Paul's purpose is to encourage his Corinthian hearers to identify with the characters in the story. The Hebrew slaves were "our ancestors" (10:1), and, like us, they too "were baptized" and partook of "spiritual food" and "spiritual drink" (10:2-4).

Paul mentions four important elements

in the story that have deep meaning for Christians: the cloud, the sea, the food, and the drink. The pillar of cloud, by which the Hebrew slaves were led through the wilderness by day, and the sea, which God parted to allow the slaves to escape to freedom, are both powerful symbols of God's redeeming presence and guidance. Paul then talks about the spiritual food and drink that God provided for the children of Israel in the wilderness, even identifying the rock from which they drank (Exodus 17:6; Numbers 20:8) as the mystical presence of Christ. As Paul draws a parallel between baptism and the Israelites' crossing of the sea and following the cloud, he seems also to be drawing a parallel between God's provision of spiritual food and drink for the Israelites and God's provision of spiritual food and drink in the Lord's Supper. Then suddenly in 10:5 we are confronted by a strong word: *nevertheless*. Even though in God's grace God had done so much for the Israelites, still the behavior of most of them displeased God. Consequently, they were "struck down in the wilderness"—a reference to Numbers 14:29-30 where God promises to punish the children of Israel for their complaining and lack of faith.

**1 Corinthians 10:6-11.** The purpose of the study of history is to learn from it and, one hopes, not repeat the mistakes of others from the past. Paul says something similar in these verses. He understands the events and characters that are described in the Exodus story as providing examples and warnings for contemporary believers (10:6, 11). God's judgment of the Israelites' disobedience mentioned in 10:5 is a fair warning that God will also judge the Corinthians' behavior if they get caught up in the same kind of evildoing and idolatry (10:6-7).

In particular Paul mentions four behaviors in which some of the Israelites had participated. First was "idolatry," probably a reference to Exodus 32:1-6 and the golden calf incident where the Israelites sat down "to eat and drink" and then rose up "to revel" or "play," as Paul says in 10:7. The word "play" is a polite way of referring to the kind of orgy in which the Israelites engaged during the golden calf incident and which Paul knew also happened with some frequency around pagan festivals in Corinth. This leads into the second behavior mentioned by Paul: "sexual immorality" (10:8). Here Paul was probably referring to Numbers 25:1-9, a passage that begins by telling how the Israelites engaged in sexual orgies with Moabite women which, in turn, led the Israelites to the idolatry of worshiping Moabite gods. The third behavior is seen in the warning "we must not put Christ to the test" (10:9). The reference here is to Numbers 21:5-6, which tells how the Israelites put the Lord to the test by complaining that God was not looking after them; consequently, they were attacked by serpents. The fourth behavior is complaining or grumbling (10:10), which may refer to the rebellion recorded in Numbers 16:13-14, 41-49. Undoubtedly Paul singles out these four negative behaviors that are displeasing

to God because, to some extent or another, they were present in Corinth among some in the congregation. Or at least the *temptation* to such behaviors was present!

**1 Corinthians 10:12-13.** Thus, in the face of temptation Paul warns the Corinthians to be constantly vigilant and accountable before God and to rely upon God's strength, not their own. They are to learn from the example of their ancestors how quickly a fall can come. Neither "baptism" nor eating "spiritual food" and drinking "spiritual drink" (10:2-4) can provide automatic protection against life's trials and the power of temptation. Only by completely trusting in God, who is always faithful, can we overcome temptation and prevail in the trials and tests of life.

**1 Corinthians 10:14-22.** Therefore, Paul's advice is to flee from the temptation to be involved in any manner in the worship of idols (10:14). He advised readers simply to turn their backs and run. They were to treat idol worship like a deadly disease because it had the power to destroy them. Why does Paul speak so urgently? He turns to the Lord's Supper to make his point. When Christians sincerely partake of the body and blood of Christ in the sacrament, we become united with him and with one another in one body (10:16-17), even as the Israelites who worshiped at the Temple became "partners in the altar," people who share the very life of God (10:18). Using the same line of reasoning, Paul argues that those who worship in a pagan temple by sharing in a festal meal that has been sacrificed to an idol, even if they are doing it just to be sociable with friends, are playing with fire. They are watering down, even contradicting, their devotion to Christ by becoming partners with demons. Paul's warning is strong, because he feels passionately that Christians cannot share their devotion to Christ with idols or false gods. "You cannot partake of the table of the Lord and the table of demons," he says in 10:21, because there is a danger of "provoking the Lord to jealousy" (10:22). Basically, what Paul is saying is that there is no such thing as casual worship; to worship properly is an act of total devotion. As Jesus said, "No one can serve two masters" (Matthew 6:24).

---

## INTERPRETING THE SCRIPTURE

### When Facing Temptation or Testing

I read about a sign posted next to a railroad crossing near Orlando, Florida, that reads: "If it's a tie, you lose." In other words, "If you are tempted to try to outrun this train, forget it." Essentially this is what Paul is saying in 1 Corinthians 10:12: "If you think you are standing, watch out that you do not fall." He warns us not to be tempted to think we are stronger than we are or that nothing can knock us off our perch. How quickly a fall can come. One day we are standing tall and we think we can handle anything. Suddenly we are surprised by an event (an illness, the loss of a job, a financial setback), and we find ourselves emotionally crippled and vulnerable.

I think Paul's message to us in 10:12-13 is this: God's people do not have a magical protective guard around them to shield them from life's dark moments. Trials and tests strike people of faith just as often as anyone else. Paul reminds us in our key verse that no testing or trial or temptation confronts us "that is not common to everyone" (10:13). The Greek word translated in the NRSV as "testing" also has the meaning of "trial" or "temptation," which is why the NIV can translate the word as "temptation" and the NRSV as "testing." So whether we understand something that is happening to us as one of life's trials or a temptation coming to us from the power of evil or even as a testing that God is putting us through to make us stronger, the bottom line is that God is faithful and stands by us. God will not allow us to be either tested or tempted beyond the strength God gives us to endure it or resist it.

In the end it's not what happens to us that matters, but rather how we respond to what happens to us. Perhaps the best advice Paul gives is found in 10:14 when he says, "Flee from the worship of idols." Yes, run! As Paul said about sexual immorality in 6:18, the best course is not to argue with it or try to see whether it is really as bad as it appears, but rather to shun it and run. Run into the arms of God. Whether faced with an overwhelming temptation or a difficult trial or something that tests our faith, the best response is to acknowledge that we cannot handle it on our own. We need the help of brothers and sisters in the community of faith. Most important, we need to rely on God's strength, always trusting in God's faithfulness to sustain and deliver us.

### The Heart of Worship

In our passage Paul writes passionately about the importance of the Lord's Supper in the worship life of the Christian community. In 10:16-17 his focus is upon the "sharing" (NRSV) or "participation" (NIV) by believers in the blood and body of Christ. It is that sharing that unites them to Christ and to one another in one body, symbolized in their partaking of one bread. Paul's theology of the Lord's Supper is the basis of his pronouncement in 10:21 that "you cannot partake of the table of the Lord and the table of demons."

Paul's statement here might cause us to do a double take. Didn't he say in our previous lesson (8:4-13) that a believer was free to eat meat that had been sacrificed to idols as long as a person of weaker moral consciousness was not destroyed by that action? Of course, if eating meat sacrificed to idols would be harmful for another person's faith, then Paul's counsel is not to do it. Why then, if actions were determined on a case-by-case basis in 8:4-13, is Paul in 10:14-22 adamant in unequivocally forbidding Christians to eat in a pagan cultic or worship setting? I think the answer lies in Paul's understanding of the sacrament. The Lord's Supper is not just another meal and social occasion for Christians to enjoy wonderful fellowship. It certainly includes that, but in Paul's understanding the Lord's Supper constitutes the heart of worship and is transformative for the life of the community.

As previously stated, when sharing in the Lord's Supper, Christians experience Christ's resurrected presence and love, and they become united with him and with one another in one body. The power of Christ's love could be experienced at the Lord's Table in such a way that, for example, two people, who might have been at odds with each other beforehand, could become reconciled as they shared the bread and cup with each other. Sharing a meal together was the primary symbol of social acceptance and mutual respect during Paul's time. For that reason Paul affirms that Christians, who claim to belong to Christ, cannot share "the table of demons" (10:21) because that would mean acceptance of the power of demons and acknowledging the power of those idols to whom the pagan holy meal was offered. This reality differentiates these two situations. In 8:4-13 the setting was a casual meal with friends, and the question was simply whether to eat meat. In 10:14-22 the setting is the worship of idols in a pagan temple, and there is no such thing as casual worship. Genuine worship is not playacting. In worship we surrender ourselves totally to the One whom we worship and claim to love, and there is no room in the Christian faith for us to share our devotion to the living God with false gods and idols.

## Inclusive or Exclusive?

The previous section leads us to think about an important question: is the Christian faith inclusive or exclusive? Of course, the answer to that question is yes; it is both. Jesus was always tearing down walls and inviting "outsiders" into the kingdom of God and talking about loving our enemies. His ministry was extremely inclusive. Paul followed in the footsteps of the Lord by also practicing inclusivity. He is known as the apostle to the Gentiles, always pushing his Jewish-Christian colleagues to open their minds and hearts to welcome Gentiles ("outsiders") into the church. He, too, talked about love of enemies, and in his treatise on love in 1 Corinthians 13 Paul teaches that self-giving, unconditional love can overcome all barriers and resentments that separate people from one another in order to widen the circle.

Yet in 10:14-22 Paul seems to be preaching exclusiveness when he absolutely forbids Christians from participating in certain worship practices of pagan religions. Is Paul contradicting himself? I don't think so. He is simply setting limits and boundaries that exclude participation in other religious practices that could tempt one and destroy one's own faith in the God of unconditional love. Because I am exclusively committed to my wife does not mean that I cannot be inclusive in showing love and kindness to many other women in my circle of friends. Certainly Jesus came to express the very inclusive love of God for all people, and yet Jesus also talked about the narrow path God wants us to walk that excludes any behaviors that are harmful or destructive to others and ourselves. So, yes, our Christian faith is both inclusive and exclusive. It is inclusive when it comes to loving all people in a Christlike way, but it is exclusive in setting limits and boundaries around any behavior that would hurt our neighbors.

# SHARING THE SCRIPTURE

## PREPARING TO TEACH

### Preparing Our Hearts

Explore this week's devotional reading, found in Hebrews 3:7-14. The writer of Hebrews warned his readers against unbelief by recalling the unbelief of the recently liberated Hebrew slaves in the wilderness. Note that Paul also uses the Hebrew people's behavior as a warning in the background Scripture for today's lesson. In what ways are you rebelling against God or hardening your heart so as to resist belief? What barriers in your path cause you to stumble?

Pray that you and the adult students will place your full trust in the living God.

### Preparing Our Minds

Study the background Scripture from 1 Corinthians 10:1-22, and the lesson Scripture from 1 Corinthians 10:12-22.

Consider this question as you prepare the lesson: *How can communities resist the desire to move in harmful directions?*

Write on newsprint:

❑ information for next week's lesson, found under "Continue the Journey."
❑ activities for further spiritual growth in "Continue the Journey."

Review the "Introduction," "The Big Picture," "Close-up," and "Faith in Action." Consider how you will use this additional information, which immediately precedes the first lesson, for this session.

## LEADING THE CLASS

### (1) Gather to Learn

❖ Greet the class members. Introduce any guests and help them to feel at home.

❖ Pray that the learners will heed warnings about temptation.

❖ Read aloud this true-or-false quiz concerning temptation and invite the adults to answer silently:

- **If I am presented with a choice between my favorite cake and broccoli, I will likely choose cake.**
- **If I am playing a game and think no one is watching, I am likely to fudge the score in my favor.**
- **If a cashier should return too much change, I am likely to keep it.**
- **If compliments are being given for work on a group project, I am likely to take a bow, even if I contributed very little.**
- **If I see someone in need I am likely to walk away, even if I have the resources to help.**

❖ End by stating that each "true" answer indicated that one would yield to a temptation. Today's session focuses on how we can overcome temptation.

❖ Read aloud today's focus statement: **The pride of individual persons and communities can lead them to act in destructive or harmful ways. How can communities resist the desire to move in harmful directions? Paul reminded the Corinthians that all believers are tempted, but God will not let them be tested beyond their strength. God will provide the way out.**

### (2) Goal 1: Explore Paul's Warnings About Temptations

❖ Select a volunteer to read 1 Corinthians 10:12-22 and then ask: **How would you summarize Paul's message in a sentence or two?** (One way to do so would be to use this warning on a sign at a railroad crossing: "If it's a tie, you lose." In other words, "If you are tempted to try to outrun this train, forget it.")

❖ Discuss these questions. Use information from "Interpreting the Scripture" as appropriate.

1. **What does Paul have to say about temptation?**
2. **What does Paul say about God?**
3. **What does Paul say about human response to temptation?**
4. **What is Paul saying about the food we eat?** (Notice the contrast he draws between food offered to idols and food offered at the Communion table.)
5. **Do you think most contemporary Christians take warning about temptations seriously? Give reasons to support your answer.**

*(3) Goal 2: Consider What Harmful Temptations Christians Might Encounter*

❖ Form small groups and give each group a marker and sheet of newsprint. Invite each group to write three to five fictional newspaper headlines that indicate the kinds of temptations contemporary people, including Christians, succumb to. Here are some examples:

1. City comptroller charged with embezzlement.
2. Soccer coach arrested on sex abuse charges.
3. Obesity runs rampant as people fail to control their eating.
4. Man leads police on a high-speed chase in stolen car of his dreams.

❖ Help each group to post its newsprint. Invite students to walk around the room to see the headlines. Then talk about the kinds of temptations that cause people to stumble.

*(4) Goal 3: Make Specific Decisions to Resist Specific Temptations*

❖ Distribute paper and pencils. Comment that we can often look to the past to discern how we handled a situation. For example, perhaps someone encountered a specific temptation and at one point could not overcome it but then later learned how to handle similar situations. Challenge the students to write a brief recollection of a time that they yielded to temptation and another time when they were able to overcome it. Tell them they will not be sharing their papers with others.

❖ Bring everyone together and ask: **Without divulging the particulars about your temptation, what can you tell us about how you were able to overcome a temptation that had previously ensnared you. For example, did you pray? Contact someone whom you thought could help? Simply walk away? How did you feel God's presence?**

❖ Conclude by suggesting that class members try strategies that have worked for others to see if they are helpful to them. Also recommend that the adults create a mental plan as to how they may be able to avoid a temptation that has already tripped them.

*(5) Continue the Journey*

❖ Pray that the learners will rely on God to resist temptation.

❖ Read aloud this preparation for next week's lesson. You may also want to post it on newsprint for the students to copy.

- **Title: Seek the Good of Others**
- **Background Scripture: 1 Corinthians 14:13-26**
- **Lesson Scripture: 1 Corinthians 14:13-26**
- **Focus of the Lesson: Communities function best when the members can articulate a shared system of values. How do community members communicate their beliefs to one another? Paul exhorted the Corinthians to speak plainly so that both believers and unbelievers could benefit from the leading of the Holy Spirit.**

❖ Post these three activities for this week's session on newsprint for the students to copy. Challenge the adults to grow spiritually by completing one or more of them.

(1) Keep track in your spiritual journal of all the temptations that you encounter in a single day. What were they? How did you feel God empowering you to overcome them? Can you detect a "theme" to these temptations—perhaps pride, greed, or gluttony? If so, be particularly alert to situations where these temptations may arise.

(2) Remember that Paul calls us to run away from the worship of idols. Make a list of your idols.

Perhaps you worship status, money, power, or popularity. What steps can you take to focus your worship on God alone?

(3) Be a mentor for someone who finds it difficult to resist temptation. This person may need someone to call so he or she can avoid doing what is harmful.

❖ Sing or read aloud "Great Is Thy Faithfulness."

❖ Conclude today's session by leading the class in this benediction from 1 Corinthians 16:13-14: **Keep alert, stand firm in your faith, be courageous, be strong. Let all that you do be done in love. Amen.**

## UNIT 2: LIVING AS A COMMUNITY OF BELIEVERS
# SEEK THE GOOD OF OTHERS

---

### PREVIEWING THE LESSON

**Lesson Scripture:** 1 Corinthians 14:13-26
**Background Scripture:** 1 Corinthians 14:13-26
**Key Verse:** 1 Corinthians 14:26

### Focus of the Lesson:
Communities function best when the members can articulate a shared system of values. How do community members communicate their beliefs to one another? Paul exhorted the Corinthians to speak plainly so that both believers and unbelievers could benefit from the leading of the Holy Spirit.

### Goals for the Learners:
(1) to examine what Paul says about the value of speaking in tongues.
(2) to consider how their own speech is heard within the community.
(3) to use good speaking and listening skills with one another.

### Pronunciation Guide:
*glossolalia* (glos uh lay' lee uh)

### Supplies:
Bibles, newsprint and marker, paper and pencils, hymnals, bulletins from the worship service

---

### READING THE SCRIPTURE

NRSV
Lesson Scripture: 1 Corinthians 14:13-26

¹³Therefore, one who speaks in a tongue should pray for the power to interpret. ¹⁴For if I pray in a tongue, my spirit prays but my mind is unproductive. ¹⁵What should I do then? I will pray with the spirit, but I will pray with the mind also; I will sing praise with the spirit, but I will sing praise with the

CEB
Lesson Scripture: 1 Corinthians 14:13-26

¹³Therefore, those who speak in a tongue should pray to be able to interpret. ¹⁴If I pray in a tongue, my spirit prays but my mind isn't productive. ¹⁵What should I do? I'll pray in the Spirit, but I'll pray with my mind too; I'll sing a psalm in the Spirit, but I'll sing the psalm with my mind too. ¹⁶After all, if

mind also. [16]Otherwise, if you say a blessing with the spirit, how can anyone in the position of an outsider say the "Amen" to your thanksgiving, since the outsider does not know what you are saying? [17]For you may give thanks well enough, but the other person is not built up. [18]I thank God that I speak in tongues more than all of you; [19]nevertheless, in church I would rather speak five words with my mind, in order to instruct others also, than ten thousand words in a tongue.

[20]Brothers and sisters, do not be children in your thinking; rather, be infants in evil, but in thinking be adults. [21]In the law it is written,

"By people of strange tongues
　　and by the lips of foreigners
I will speak to this people;
　　yet even then they will not listen
　　　　to me,"

says the Lord. [22]Tongues, then, are a sign not for believers but for unbelievers, while prophecy is not for unbelievers but for believers. [23]If, therefore, the whole church comes together and all speak in tongues, and outsiders or unbelievers enter, will they not say that you are out of your mind? [24]But if all prophesy, an unbeliever or outsider who enters is reproved by all and called to account by all. [25]After the secrets of the unbeliever's heart are disclosed, that person will bow down before God and worship him, declaring, "God is really among you."

[26]What should be done then, my friends? **When you come together, each one has a hymn, a lesson, a revelation, a tongue, or an interpretation. Let all things be done for building up.**

you praise God in the Spirit, how will the people who aren't trained in that language say "Amen!" to your thanksgiving, when they don't know what you are saying? [17]You may offer a beautiful prayer of thanksgiving, but the other person is not being built up. [18]I thank God that I speak in tongues more than all of you. [19]But in the church I'd rather speak five words in my right mind than speak thousands of words in a tongue so that I can teach others.

[20]Brothers and sisters, don't be like children in the way you think. Well, be babies when it comes to evil, but be adults in your thinking. [21]In the Law it is written: *I will speak to this people with foreign languages and foreigners' lips, but they will not even listen to me this way, says the Lord. [22]So then, tongues are a sign for those who don't believe, not for those who believe. But prophecy is a sign for believers, not for those who don't believe.* [23]So suppose that the whole church is meeting and everyone is speaking in tongues. If people come in who are outsiders or unbelievers, won't they say that you are out of your minds? [24]But if everyone is prophesying when an unbeliever or outsider comes in, they are tested by all and called to account by all. [25]The secrets of their hearts are brought to light. When that happens, they will fall on their faces and worship God, proclaiming out loud that truly God is among you!

[26]What is the outcome of this, brothers and sisters? **When you meet together, each one has a psalm, a teaching, a revelation, a tongue, or an interpretation. All these things must be done to build up the church.**

---

## UNDERSTANDING THE SCRIPTURE

**Introduction.** The selected verses for this lesson are part of a longer unit that begins in 12:1 and goes through 14:40. In these three chapters Paul deals with the topic of spiritual gifts, an issue about which the Corinthian congregation had raised questions with Paul (see 12:1) and which obviously had raised controversy and caused division within the church. After a lengthy discussion in chapter 12 about the significance and diversity of the gifts that the Holy Spirit distributes throughout the church for the purpose of ministry and service to others, in chapter 13 Paul delivers his lofty treatise on God's most important gift of all, the "more excellent way" (12:31) of self-giving, unconditional love. Continuing with that emphasis, Paul begins chapter 14 with these words: "Pursue love and strive for the spiritual gifts and especially that you may prophesy" (14:1). He then proceeds to focus his remarks on two of the spiritual gifts, speaking in tongues and prophecy, as he compares and contrasts them. Both in the verse leading into this week's passage (14:12) and in the final verse of our passage (14:26), Paul's emphasis is on the importance of using our gifts and participating in worship in a way that doesn't just fulfill our own personal needs but contributes to the common good and *builds up* the whole church.

**1 Corinthians 14:13-19.** "Therefore, one who speaks in a tongue should pray for the power to interpret." (14:13) With these words we are led into the major theme of our passage: the need to use our spiritual gifts in a balanced way and for the purpose of edifying and building up the faith of others. First a word about *glossolalia*, or speaking in tongues. This is a practice that can be unsettling to some Christians, but to others it lies at the heart of their personal prayer and worship life. "Tongues" refers to a gift of speech that, though making sounds and using what is commonly referred to as a "heavenly language" or even an actual language, somehow bypasses the speaker's conscious mind. The worshiper gets so caught up in praising God that one loses oneself in a flood of adoration and gratitude that pours out in a private language of love. It is a hugely emotional as well as spiritual experience. Paul had received the gift of tongues (see 14:18) and knew its significance for a worshiper, but he also knew the

problem associated with tongues. It was an essentially private experience that brought spiritual joy to the individual who was practicing it, but it did not benefit or edify others.

This is why Paul emphasizes in 14:13 that the person who speaks in tongues should "pray for the power to interpret." Paul clarifies his point further in 14:14-17 when he contrasts the two words "spirit" and "mind." By "spirit" with a small s, I think Paul means that part of our being in which the presence and power of the Holy Spirit is experienced and where spiritual connection with God is felt. Those who pray and praise God through the spiritual gift of tongues may have their own spirits and relationships with God edified and uplifted, but others, especially "anyone in the position of an outsider" (14:16), will feel left out and not be edified simply because they cannot understand the spiritual language being spoken. These "outsiders" are like spectators, not participants, in the worship service. The remedy for this, Paul says, is to pray and praise with *both* the spirit and the mind (14:15-16). In this way others will understand what is being spoken regarding the faith or why thanksgiving is being given to God, and they, too, will be built up. Paul poignantly summarizes his point in 14:19 by saying: "I would rather speak five words with my mind, in order to instruct others also, than ten thousand words in a tongue."

**1 Corinthians 14:20-25.** Paul continues his reflection on the two spiritual gifts of tongues and prophecy by emphasizing the importance of prophecy in these few verses. As the gift of tongues is related to a person's spirit, so the gift of prophecy is related to a person's mind and the ability to reason and understand. Of course, by prophecy Paul does not just mean foretelling the future, although that has often been the popular understanding. Prophecy is not so much "foretelling" as "forth-telling"—intelligibly proclaiming God's Word and will for a particular time and place. In the Old Testament the great prophets of God were called in a specific context to speak forth God's Word to a particular king or person or group of people. Almost always the subject concerned some social injustice or religious apostasy in which people were involved, and the prophets called them to stop that particular behavior and turn back to faithfulness and obedience to God.

The main point is that prophecy, unlike tongues, is not primarily an emotional and ecstatic experience that is meant to give one a spiritual high. Rather, words of prophecy are meant to be intelligibly heard and understood and wrestled with and then lead one to make important decisions regarding one's life and behavior. That is why Paul exhorts the Corinthians in 14:20 to be mature, like adults and not like children, in their thinking. The gist of 14:22-25 is that in a public worship setting, prophecy is far more valuable than speaking in tongues, both to believers and non-believers. If an outsider comes into a Christian worship service and hears people speaking in tongues with no interpretation, that person will likely be repelled because he will not understand anything. But if a visitor hears powerful words of preaching and exhortation and understands them, it could lead her to open her heart to God and could change her life.

**1 Corinthians 14:26.** In our key verse Paul expresses a kind of "therefore" or concluding statement. What does all this mean? It means that when you gather and participate in public worship, whether it is reading Scripture, singing a hymn, uttering a word of prophecy, or speaking in tongues and giving an interpretation, let the guiding purpose of all that you do be the edification, strengthening, and building up of every person who is present.

---

## INTERPRETING THE SCRIPTURE

*Balancing Heart and Head*

On the cornerstone of the library at Wesley Theological Seminary in Washington, D.C., is a quotation from one of Charles Wesley's hymns: "Unite the pair so long disjoined: knowledge and vital piety." The Wesley brothers in their long and vital ministries sought to preach and sing a balanced gospel, one that emphasized both faith and works and which spoke to both heart and mind. That was also Paul's intention in his ministry as we see reflected in his engagement with the Corinthians about their tendency to focus disproportionately on the spiritual dimension and ignore the intellectual, to overemphasize the gift of tongues and underplay the importance of the gift of prophecy. In 1 Corinthians 14:15 he wrote: "I will pray with the spirit, but I will pray with the mind also; I will sing praise with the spirit, but I will sing praise with the mind also."

One of the basic principles of biblical thought is that human beings are whole persons, not just physical bodies or just spirits or just intellectual machines or just a tangle of emotions. We are whole persons who, to fulfill God's intentions for us, need to integrate the spiritual, physical, mental, and emotional dimensions of our lives. However, in Western society we tend to approach life in a more compartmentalized fashion rather than in a holistic manner. In our day of strong health-consciousness, some people will focus almost solely on their physical well-being: eating the right kinds of food and putting themselves through rigorous daily workouts at the gym. In the process they often ignore their spiritual and intellectual needs. Others will get so caught up in their search for spiritual fulfillment—spending most of their spare time studying the Bible and praying and attending to religious matters—that they neglect their physical health and don't pay attention to proper diet and exercise. And so on it goes.

In reality there is a need for balance in our lives because that is how God created us. Remember that Jesus said the greatest commandment is this: "You shall love the Lord your God with all your heart, and with all your soul, and with all your mind, and with all your strength" (Mark 12:30). There is also a need for such balance in the church if, as Paul is arguing in 1 Corinthians 14:13-26, we are to properly edify and build up all who seek to be part of the body of Christ. We all have different needs and different ways of expressing our faith. Some are more heart-oriented and need to feel or experience their religious and worship life in a more emotional manner. Others are more cerebral in approach and need to think about and analyze theological concepts and praise God in a more subdued way. Still others need to be more physically active and praise God through dance and other expressions of body language such as that found in a Pentecostal worship service. Still others need to be quiet and reflective in order to connect with the Spirit as in the Quaker tradition. For Paul it was not "either/or" but "both/and." He realized the need to pray and praise God with both spirit and mind. My experience of forty years in parish ministry tells me that God speaks through both heart and head, and we cannot be fully mature Christians if we focus on only one at the expense of the other.

### Body Building

In Jeremiah 1:4-10 the prophet relates his call from God to be a prophet: "See, today I appoint you over nations and over kingdoms, to pluck up and to pull down, to destroy and to overthrow, to build and to plant" (verse 10). I think Paul could identify with these words in relation to his own ministry. Just from our study of a few passages in 1 Corinthians we know there were times when Paul had "to pluck up and to pull down," that is, he had to strongly condemn certain practices in the congregation and forbid other behaviors because they were contrary to God's purposes. But his primary ministry was "to build and to plant," that is, to give encouragement to young Christians, especially those who were "weak" in their faith (1 Corinthians 8:11-12), and to exhort members of the congregation, in everything they were doing, to strengthen and build up others. Even though 1 Corinthians 14:1-12 was not part of our lesson passage, those verses give important background to our passage, and four times in those twelve verses (14:3, 4, 5, and 12) Paul talks about the importance of building up the church, the body of Christ. That same emphasis is found in our key verse (14:26), which functions as a kind of concluding statement in Paul's argument about the primary purpose of spiritual gifts: "Let all things be done for building up" the body of Christ.

There can be no question that in this letter body building—building up the body of Christ—was a key priority for Paul, which is why he contrasts the gift of prophecy with the gift of tongues in chapter 14. Although tongues could function, as long as there is an interpretation, to bring an inspirational word to the congregation, as Paul saw it, the gift of tongues was normally practiced in the context of private devotions to help an individual draw personally closer to God (see 14:4). However, the gift of prophecy was used in public worship settings to build up the whole church. Certainly Paul had nothing against private spirituality and seeking to enrich one's deeply personal experience of God, but Paul's greater concern was the spiritual health of the community and building up the whole body. In our key verse (14:26) Paul reminds us that there are many and diverse ways that we can express our love and praise for God in public worship, but whatever we do, "Let all things be done for building up."

### Participants, Not Spectators

When I read between the lines of what Paul wrote in our key verse, the focus of the previous section, it makes me realize that worship services in Corinth must have been very lively. Paul's words in 14:26 lead us to believe that there was indeed full involvement by a variety of people in the worship experience: one person leading singing, another teaching a lesson, yet another delivering a word of prophecy, others speaking in tongues, and still others interpreting. The Corinthian Christians were not spectators at a sporting or cultural event, but participants in the drama of divine worship. I imagine the Corinthians didn't have a problem with people sleeping through their worship services. Boredom was not the issue for them. Rather disorder was, perhaps sometimes bordering on the chaotic, and so Paul issues instructions in 14:27-33 on how to ensure more order in the worship service for the benefit of everyone.

As disconcerting as disorder can be, my guess is that many pastors today would love to have the challenge of some holy chaos in their worship services compared with the lack of enthusiasm present in so many churches. I'm grateful that Paul gave us this brief glimpse into the worship life of the Corinthian church. Most pastors only dream of having a church in which full and active participation in the Spirit happens regularly. Vibrant worship was never meant to be a spectator activity. Dynamic worship invites the full participation of head and heart by all who are present and hunger for God's presence. Such worship seeks the good of others, even as it demonstrates the love of God and neighbor for each participant.

## SHARING THE SCRIPTURE

### PREPARING TO TEACH

#### Preparing Our Hearts

Explore this week's devotional reading, found in Titus 3:8-14. Here the writer is urging believers to be careful to avoid contentious discussions that cause divisions. If such discussions occur, believers are to admonish the one who is promoting them. What kinds of petty squabbles cause division in the church today? What can members do to prevent such discussions from escalating into conflict that harms the church?

Pray that you and the adult students will act in ways that build up, rather than tear down, the community of faith.

#### Preparing Our Minds

Study the background Scripture and lesson Scripture, both of which are from 1 Corinthians 14:13-26.

Consider this question as you prepare the lesson: *How do community members communicate their beliefs to one another?*

Write on newsprint:
- ❏ ideas for group discussions for "Consider How the Learners' Speech Is Heard Within the Community."
- ❏ information for next week's lesson, found under "Continue the Journey."
- ❏ activities for further spiritual growth in "Continue the Journey."

Review the "Introduction," "The Big Picture," "Close-up," and "Faith in Action."

Consider how you will use this additional information, which immediately precedes the first lesson, for this session.

Obtain a copy of your church's mission statement or vision statement.

Pick up enough copies for the class of this week's worship bulletin, or that of a recent week. If the class is large, let the church office know how many bulletins you will need for the class.

## LEADING THE CLASS

### (1) Gather to Learn

❖ Greet the class members. Introduce any guests and help them to feel at home.

❖ Pray that the learners will be encouraged to build up one another.

❖ Read your church's mission or vision statement. Invite the adults to discuss how the statement(s) does—or does not—reflect the shared values of the congregation.

❖ **Option:** If the congregation has no mission or vision statement, brainstorm answers to this question and write them on newsprint: **What values do members of our congregation share with respect to who we are and what we as a church are to be doing?**

❖ Read aloud today's focus statement: **Communities function best when the members can articulate a shared system of values. How do community members communicate their beliefs to one another? Paul exhorted the Corinthians to speak plainly so that both believers and unbelievers could benefit from the leading of the Holy Spirit.**

### (2) Goal 1: Examine What Paul Says About the Value of Speaking in Tongues

❖ Set today's Scripture passage in context by reading the introduction in "Understanding the Scripture."

❖ Choose a volunteer to read 1 Corinthians 14:13-26 and discuss these questions:

1. **Although Paul does not question the value of speaking in unknown tongues, he does issue cautions about using them in public worship. What are his concerns?**
2. **Why does Paul promote the use of prophecy?**
3. **In verse 26 Paul lists activities that can be included in a service of worship. Why would they be of value to the congregation?** (See "Participants, Not Spectators" in "Interpreting the Scripture.")
4. **What is the purpose of orderly worship?** (See "Body Building" in "Interpreting the Scripture.")

### (3) Goal 2: Consider How the Learners' Speech Is Heard Within the Community

❖ Distribute the worship service bulletins you were able to gather. Form three groups and invite the adults to look at the way the bulletin is presented and the words that are used. Group 1 is to assume they are unchurched visitors; Group 2, children and teens able to read; Group 3, teens and adults who have difficulty reading. Give each group a sheet of newsprint and a marker to record their ideas. Post this information for the groups to discuss:

1. **What aspects of this bulletin would be difficult for you to follow?**
2. **How could the bulletin be changed to make it friendlier and more intelligible to you?**

❖ Bring the groups together so that they can present their findings.

❖ Agree on several ideas that could be implemented. Designate one or two participants to pass on these ideas to the pastor or worship team.

### (4) Goal 3: Use Good Speaking and Listening Skills With One Another

❖ Post newsprint and ask the students to call out ideas concerning good listening and good speaking skills. Ideas include *speaking* (well-modulated voice that is loud enough to be heard but not too loud; good enunciation so that words come across clearly; pace that is neither too fast nor too slow); *listening* (focusing on the speaker; making connections between the speaker's points; possibly taking notes; making a note of any questions).

❖ Tell the class that they will have an opportunity to practice good speaking and listening skills. Distribute paper and pencils. Encourage each person to write several sentences naming one portion of the worship service that is especially meaningful and explaining why that portion touches him or her so deeply. Provide time for the participants to read aloud their ideas as others listen. As an alternative to writing, some students may prefer to select two or three Bible verses that they will read aloud.

❖ Call on volunteers to read their statements or their selected Bible verses as the other students practice good listening skills. Then invite the listeners to comment on what they heard in order to demonstrate that they were listening carefully.

❖ Suggest that the students hone their skills as they listen to sermons, comments at church meetings, and any other discussions in which they are involved.

*(5) Continue the Journey*

❖ Pray that the learners will work to seek the good of others, being particularly mindful of the ways they listen and speak to one another.

❖ Read aloud this preparation for next week's lesson. You may also want to post it on newsprint for the students to copy.

- **Title: Consolation Granted through Prayer**
- **Background Scripture: 2 Corinthians 1:3-11**

- **Lesson Scripture: 2 Corinthians 1:3-11**
- **Focus of the Lesson: In times of trouble, communities may seek consolation and protection from some power or force beyond themselves. What consolation do Christians receive when seeking assistance from a higher power? Paul gave testimony of God's consolation in times of hardship and gave thanks for the mutual consolation that comes from praying for one another.**

❖ Post these three activities related to this week's session on newsprint for the students to copy. Challenge the adults to grow spiritually by completing one or more of them.

(1) **Visit a charismatic or Pentecostal church that practices glossolalia. How does speaking in tongues affect your worship experience?**

(2) **Investigate biblical instances of speaking in tongues. Note that on Pentecost Jesus' followers spoke in languages that were unknown to them but intelligible to those persons who knew the languages. In other situations, the tongues were a private prayer language for the individual believer. What cautions are raised about speaking in tongues that are unknown to others?**

(3) **Practice reading the Bible aloud with good expression so that everyone in the class or congregation can understand each word whenever you read.**

❖ Sing or read aloud "Jesus, Lord, We Look to Thee."

❖ Conclude today's session by leading the class in this benediction from 1 Corinthians 16:13-14: **Keep alert, stand firm in your faith, be courageous, be strong. Let all that you do be done in love. Amen.**

UNIT 3: BEARING ONE ANOTHER'S BURDENS

# CONSOLATION GRANTED THROUGH PRAYER

---

## PREVIEWING THE LESSON

**Lesson Scripture:** 2 Corinthians 1:3-11
**Background Scripture:** 2 Corinthians 1:3-11
**Key Verse:** 2 Corinthians 1:7

### Focus of the Lesson:

In times of trouble, communities may seek consolation and protection from some power or force beyond themselves. What consolation do Christians receive when seeking assistance from a higher power? Paul gave testimony of God's consolation in times of hardship and gave thanks for the mutual consolation that comes from praying for one another.

### Goals for the Learners:

(1) to investigate what Paul told the Corinthians about affliction and reliance on God for consolation.
(2) to increase sensitivity to the whole community's need for God's protection and consolation.
(3) to find opportunities to offer God's protection and consolation to the community.

### Supplies:

Bibles, newsprint and marker, paper and pencils, hymnals

---

## READING THE SCRIPTURE

NRSV
Lesson Scripture: 2 Corinthians 1:3-11

³Blessed be the God and Father of our Lord Jesus Christ, the Father of mercies and the God of all consolation, ⁴who consoles us in all our affliction, so that we may be able to console those who are in any affliction with the consolation with which we ourselves are

CEB
Lesson Scripture: 2 Corinthians 1:3-11

³May the God and Father of our Lord Jesus Christ be blessed! He is the compassionate Father and God of all comfort. ⁴He's the one who comforts us in all our trouble so that we can comfort other people who are in every kind of trouble. We offer the same

consoled by God. [5]For just as the sufferings of Christ are abundant for us, so also our consolation is abundant through Christ. [6]If we are being afflicted, it is for your consolation and salvation; if we are being consoled, it is for your consolation, which you experience when you patiently endure the same sufferings that we are also suffering. **[7]Our hope for you is unshaken; for we know that as you share in our sufferings, so also you share in our consolation.**

[8]We do not want you to be unaware, brothers and sisters, of the affliction we experienced in Asia; for we were so utterly, unbearably crushed that we despaired of life itself. [9]Indeed, we felt that we had received the sentence of death so that we would rely not on ourselves but on God who raises the dead. [10]He who rescued us from so deadly a peril will continue to rescue us; on him we have set our hope that he will rescue us again, [11]as you also join in helping us by your prayers, so that many will give thanks on our behalf for the blessing granted us through the prayers of many.

comfort that we ourselves received from God. [5]That is because we receive so much comfort through Christ in the same way that we share so many of Christ's sufferings. [6]So if we have trouble, it is to bring you comfort and salvation. If we are comforted, it is to bring you comfort from the experience of endurance while you go through the same sufferings that we also suffer. **[7]Our hope for you is certain, because we know that as you are partners in suffering so also you are partners in comfort.**

[8]Brothers and sisters, we don't want you to be unaware of the troubles that we went through in Asia. We were weighed down with a load of suffering that was so far beyond our strength that we were afraid we might not survive. [9]It certainly seemed to us as if we had gotten the death penalty. This was so that we would have confidence in God, who raises the dead, instead of ourselves. [10]God rescued us from a terrible death, and he will rescue us. We have set our hope on him that he will rescue us again [11]since you are helping with your prayer for us. Then many people can thank God on our behalf for the gift that was given to us through the prayers of many people.

---

## UNDERSTANDING THE SCRIPTURE

**Introduction.** Although the letter we know as 2 Corinthians is written by Paul to the same congregation as 1 Corinthians, the second letter is different in tone and purpose. The letter of 1 Corinthians reflects a good relationship between Paul and the congregation as they seek his counsel on a series of issues and he openly seeks to guide them through these thorny issues and a time of division. In 2 Corinthians Paul spends a good bit of time defending his actions and even his apostolic authority in the face of challenges from some in the congregation. Obviously something has hap-

pened between the writing of these two letters that has threatened to destroy the unity and good relations between Paul and the Corinthian congregation. Following is a brief reconstructed history.

In reality there could be as many as five letters that Paul wrote to the Corinthians. The *first letter* (now lost) preceded what we call 1 Corinthians and is referenced in 1 Corinthians 5:9-10; it apparently was a warning not to relate to believers who were morally careless with their lives. The *second letter* is the one we have in the Bible as 1 Corinthians. Evidently, after Paul wrote

1 Corinthians, the situation in Corinth deteriorated, and Paul made a quick visit to deal with some issues. This visit turned out to be "painful" (2:1) and unsuccessful, and it was followed by the *third letter* (now lost). Often referred to as the "painful" letter, this third letter, referenced in 2 Corinthians 2:1-4 and 7:8, 12, revealed some problems between Paul and the Corinthians. Sometime after that, Paul wrote the *fourth letter*, which we know as 2 Corinthians (written probably in the fall of A.D. 54 or 55, a year after he wrote 1 Corinthians). Additionally, many scholars believe that 2 Corinthians actually consists of two separate letters or fragments of letters. Chapters 1–9 appear to be a unit and constitute the *fourth letter* Paul wrote, while chapters 10–13, which are quite different in tone and content, may be a fragment from the *third letter* (the "painful" letter) or even a fragment from a later *fifth letter* in which Paul defends his apostolic authority in the face of major challenges and opposition from his detractors in Corinth.

Whatever the difficult situation in which Paul found himself in relation to the Corinthian church and however many letters Paul may have written to this congregation, it is clear that in 2 Corinthians Paul is deeply committed to maintaining the spiritual health and unity of the Corinthian church and to using his apostolic authority to build up and encourage the congregation in its faith walk. In this letter we find some of Paul's most comforting words and profound theological statements.

**2 Corinthians 1:3-11.** Following his greeting to the Corinthians in 1:2-3, Paul proceeds to give thanks to God for the wonderful gift of comfort and consolation that God pours out on those who suffer affliction and pain. Paul's strong emphasis on this gift of God's comfort is reflected in the fact that ten times in these five verses Paul uses some form of the Greek word that is translated in the NRSV as "consolation" (noun) and "console" (verb). This Greek word has several related meanings all deal-

ing with the ideas of encouragement and exhortation, comfort and consolation. It is closely related to the Greek noun that is used in the Gospel of John to refer to the Holy Spirit as the Advocate or Comforter (John 14:16, 26; 15:26; 16:7) whom Jesus sends to strengthen the disciples after his death and resurrection. As one reads through the pages of 2 Corinthians, one can see why Paul emphasizes the importance of divine comfort here at the beginning, almost as a kind of theme that will echo through the whole letter. In several places in 2 Corinthians, including 1:8-9 in our passage, Paul refers to the many trials and sufferings he has experienced as an apostle for Christ, and the comfort and strength that God has given to him has been his salvation.

In this passage we are reminded that even the most devout of God's people can experience sufferings and trials and become discouraged. Throughout his ministry this great apostle had experienced outstanding successes but also times of severe pain, and here in this passage, as well as elsewhere in the letter, Paul is not reluctant to share his painful times. As he does so, he reminds them that they, too, have experienced their share of suffering and affliction (1:6). Paul's use of "we" and "us" in these verses invites the Corinthians to identify with Paul and picture themselves in solidarity with Paul's sufferings before their God of mercy and consolation (1:3), whose comfort meets them in every affliction, so that they, in turn, can be a source of comfort to others who are afflicted (1:4). Paul reminds us here that we have the capacity to receive God's comfort and compassion only to the extent that we are willing to pass it on to others.

Through all of this Paul keeps his focus upon Christ, emphasizing that their sufferings are really Christ's sufferings overflowing into their lives (1:5 NIV), and therefore Christ's comfort can also overflow into their lives. This leads into Paul's hope-filled words in 1:7, our key verse, expressing Paul's confidence that whatever sufferings and afflictions he or the Corinthians will endure will be more than matched by the comfort and consolation that God will give them. In other words, God's grace is more than abundant to meet every need.

We are not given details about the exact nature of the afflictions that Paul had experienced in Asia (1:8), but whatever the problem, he was so completely overwhelmed by his suffering that he compared it to experiencing death. Looking back through lenses of faith, Paul was able to see God's redeeming hand at work calling him to put his trust not in his own strength but in God "who raises the dead" (1:9). Paul then concludes our passage with an affirmation that God not only comforts God's people but also delivers ("rescues," 1:10) them. This assertion is followed by Paul's request for continued intercessory prayer from the congregation that will result in thanksgiving and blessing (1:11).

## INTERPRETING THE SCRIPTURE

### There Are No Guarantees

We have probably all heard the phrase "There are no guarantees in life." That holds true with many of life's experiences from getting married to holding a job to having surgery to guessing how long we might live. It also holds true when we make the decision to become a disciple of Jesus. Wouldn't it be wonderful if, with every baptism or commitment made to Christ, God handed out a certificate of guarantee that we would be magically protected from life's tragedies and trials and live a blissful life without any cares or worries? However, we know from real-life experiences that such an idea is only a wishful dream.

Our passage, as does much of the Bible, reminds us of the reality that even the most devout of God's people, such as the apostle Paul, face pain and hardship in life, and maybe even an added dose of persecution, precisely because of their commitment to be faithful disciples of Jesus. Disciples who follow Jesus' teachings are at odds with a world that operates more on the power principle rather than serving others, stepping on others to get ahead rather than turning the other cheek, and accumulating and consuming the world's resources rather than giving and sharing in order to help those in need.

In our passage, as well as several other places in this letter (6:4-10; 11:23-28; 12:10), Paul tells of the innumerable hardships and sufferings he has faced. In 1:9 he references a terrible affliction he had experienced in Asia (the Roman province of Asia, which roughly corresponds to the western half of modern Turkey). We are given no details as to what that affliction was, although Acts 19 tells of a major controversy and strong opposition to Paul during his long stay in Ephesus, the city from which he wrote the letter of 1 Corinthians. Whatever happened, Paul had reached one of the lowest points of his life. He was so weighed down that he "despaired of life itself" (1:8) and felt as if he had "received the sentence of death" (1:9). Twice more he refers to "dead" and "deadly" (1:9-10).

I believe we can take hope by what Paul says here. His words and experience remind us that even the Bible's superstars had bad days and faced hardships and suffering that led them to the point of being discouraged and even despairing. Nevertheless, at his lowest point and "utterly, unbearably crushed" (1:8), in that grace-filled moment Paul's eyes were opened to the truth. God had let him experience this "sentence of death" (1:9) to show him that he had tried to rely too much on his own strength. Finding himself stripped of all other resources, Paul was driven from self-reliance to total dependence upon "God who raises the dead" (1:9). By his experience Paul reminds us that afflictions and trials may well come our way and sometimes our faith may weaken and we may grow tired, but more powerful than anything the world can throw at us is God's love and comfort and promise to lift us up even as God raised Jesus from the dead.

### Comforting the Afflicted

I once saw an Andy Capp comic strip in which Andy is depicted as lying down on his couch for a snooze. He has just gotten comfortable when the vicar knocks on the door and asks Andy to come help him with a job at the church. Realizing that he has awakened Andy from a nap, the vicar apologizes for being a nuisance. Andy tells him not to worry about it; he understands that the vicar's time is taken up with comforting the afflicted, not to mention afflicting the comfortable. Paul often found himself faced with this twofold task. Sometimes he had to afflict the comfortable and chastise congregations for certain actions that were harmful. However, in this chapter of 2 Corinthians Paul is comforting the afflicted.

As I mentioned in my earlier comments on 1:3-11, it is significant that Paul repeats some form of the word "comfort" ten times in five verses. Obviously an important part of Paul's foundational understanding of God is that God is the "Father of mercies and the God of all consolation" (1:3) who comes to the aid of those who are suffering and in pain. God faithfully meets the affliction of believers with comfort and encouragement.

Such comfort and encouragement come to us through a variety of means; one is Scripture. Over the years, whenever I have faced the trials of life (death of a parent or friend, unexpected tragedy, severe illness), I have found great comfort and strength through reading the Bible. As a pastor I

have passed on to others many different Scripture passages that bring the assurance of God's comforting presence in a time of need. I think in particular of Psalms 23; 63; 103; 107; Isaiah 40:27-31; 41:10-14; Matthew 11:28-30; Romans 8:26-39; and Philippians 4:4-13. God's comfort and consolation also come to us through Christian friends and others who incarnate God's loving presence by standing with us in our times of need, speaking a word of encouragement, listening to us when we need to express our anger and feelings, or putting a strong arm around us when we need a shoulder upon which to lean or cry. And in 2 Corinthians 1:11 Paul reminds us of the power of intercessory prayer to mediate God's love and comfort to others. At its core, prayer expresses personal relationship, and in prayer we enter into the very presence of God. As we pray for one another and lift one another by name into God's presence, we are drawn closer not only to God but also to one another in a mutual bond that brings comfort, encouragement, and strength.

### "As . . . So . . ."

One of my favorite hymns includes these words of invitation: "Come, ye disconsolate, where'er ye languish, . . . earth has no sorrow that heaven cannot heal."

This is essentially the promise that Paul makes in our passage: God's comforting presence and power to heal is greater than any suffering or affliction that could ever confront us. We can think of it in terms of the formula "as . . . so . . ." and apply it in two different ways. First, in 1:7, our key verse, Paul draws a direct relationship between suffering and consolation by using the "as . . . so . . ." formula: "As you share in our sufferings, so also you share in our consolation." We find a similar construction in 1:5, only here Paul emphasizes that the sufferings we experience are "the sufferings of Christ" himself, giving the assurance that, as we stay close to Christ and share in his sufferings, so even more will we abundantly experience Christ's comfort.

Second, in 1:4 Paul draws a direct "as . . . so . . ." relationship between the comfort and consolation God gives us and the comfort we are to pass on to others. The structure of the Greek sentence contains a purpose clause suggesting that the very reason or purpose God comforts us in our afflictions is so that we can use that same comfort to console and encourage others. What a high purpose God gives us: as God loves and comforts and encourages us, so we are called to be channels of God's loving and comforting presence to others.

## SHARING THE SCRIPTURE

### PREPARING TO TEACH

#### Preparing Our Hearts

Explore this week's devotional reading, found in Psalm 46. Read aloud this hymn extolling confidence that "God is our refuge and strength, a very present help in trouble" (46:1). As you read, underline words or phrases that are particularly meaningful to you. Perhaps you will want to memorize a verse or two of this psalm that you can call to mind in times of trouble. Consider sharing this psalm with someone who needs to know that he or she can count on God.

Pray that you and the adult students will know that God cares for you in all situations.

#### Preparing Our Minds

Study the background Scripture and lesson Scripture, both of which are from 2 Corinthians 1:3-11.

Consider this question as you prepare the lesson: *What consolation do Christians receive when seeking assistance from a higher power?*

Write on newsprint:
❏ questions for "Find Opportunities to Offer God's Protection and Consolation to the Community."
❏ information for next week's lesson, found under "Continue the Journey."
❏ activities for further spiritual growth in "Continue the Journey."

Review the "Introduction," "The Big Picture," "Close-up," and "Faith in Action." Consider how you will use this additional information, which immediately precedes the first lesson, for this session.

Prepare the suggested lecture for "Investigate What Paul Told the Corinthians about Affliction and Reliance on God for Consolation."

### LEADING THE CLASS

#### (1) Gather to Learn

❖ Greet the class members. Introduce any guests and help them to feel at home.

❖ Pray that the learners will experience a deepened sense of caring for one another today.

❖ Read: **People around the world and across the United States joined the community of Newtown, Connecticut, in mourning the loss of twenty children and six adults who were massacred at Sandy Hook Elementary School in December 2012. Although this school had done everything possible to provide a secure, loving environment for the students and staff, a twenty-year-old gunman forced his way into the school and proceeded to kill at random, with no apparent motive. In the face of this senseless horror, people came**

**together to support the Newtown community with acts of kindness and prayers.**

❖ Read aloud today's focus statement: **In times of trouble, communities may seek consolation and protection from some power or force beyond themselves. What consolation do Christians receive when seeking assistance from a higher power? Paul gave testimony of God's consolation in times of hardship and gave thanks for the mutual consolation that comes from praying for one another.**

*(2) Goal 1: Investigate What Paul Told the Corinthians About Affliction and Reliance on God for Consolation*

❖ Read aloud the introduction from "Understanding the Scripture" to provide background for today's lesson.

❖ Select a volunteer to read 2 Corinthians 1:3-11 in which Paul gives thanks after he has been afflicted. Suggest that the students listen for words that are repeated. (In the NRSV these words include "console," "consolation," "affliction," and "suffering.")

❖ Present a lecture using information from 2 Corinthians 1:3-11 in "Understanding the Scripture" to unpack the meaning of these verses and explain how Paul used his experience to encourage or console others.

❖ Invite the adults to turn in their Bibles to other places in 2 Corinthians where Paul has talked about affliction: 6:34-10; 11:23-28; 12:10. Call on volunteers to state what was going on in each of these passages. Then read the final paragraph of "There Are No Guarantees" in "Interpreting the Scripture" to summarize how Paul handled affliction.

❖ Ask: **Although few people in the free world are subjected to the kind of suffering Paul faced for the sake of the gospel, what lessons can we learn from the way he endured suffering?**

*(3) Goal 2: Increase Sensitivity to the Whole Community's Need for God's Protection and Consolation*

❖ Look at the three means of comfort suggested in "Comforting the Afflicted" in "Interpreting the Scripture": (1) Scripture, (2) people who incarnate God's loving presence, and (3) intercessory prayer. Talk with the class about how they might be able to offer such comfort and hope to those who are afflicted.

❖ Point out that at some time or another, every person needs to experience God's protection and consolation. Invite the students to talk with a partner or small group about a time when they needed and received such comfort. Perhaps a loved one had died, or a family crisis arose, or a natural disaster disrupted life.

❖ Call everyone together and ask: **How has the opportunity to hear one another's stories made you more aware of the need to share the news of God's consolation with others?**

*(4) Goal 3: Find Opportunities to Offer God's Protection and Consolation to the Community*

❖ Prepare the adults to offer comfort to others by forming nine groups and assigning each one of the following Scriptures. (If the class is small, select several Scriptures and form groups to discuss those.)
- Psalms 23; 63; 103; 107.
- Isaiah 40:27-31; 41:10-14.
- Matthew 11:28-30.
- Romans 8:26-39.
- Philippians 4:4-13.

❖ Post these questions for discussion within each group:
1. **How did your assigned Scripture offer comfort to you?**
2. **Are there particular situations in which this passage might be especially useful to you?**
3. **What message might you take from your passage to share with someone in need of comfort?**

❖ Bring the groups together and ask: **Are there any situations in our community where God's consolation is needed? If so, how might we as individuals and as a class we go about providing this comfort?**

*(5) Continue the Journey*

❖ Pray that the learners will rely on God and help others also to rely on God.

❖ Read aloud this preparation for next week's lesson. You may also want to post it on newsprint for the students to copy.

■ **Title: A Community Forgives**

■ **Background Scripture: 2 Corinthians 1:23–2:17**

■ **Lesson Scripture: 2 Corinthians 1:23–2:11**

■ **Focus of the Lesson: When a person violates the code of conduct (rules) of a community, he or she may be ostracized or rejected. How can the offender be restored to wholeness within the community? Paul told the Corinthians to forgive the one who had caused them grief in order that the entire community might be made well again.**

❖ Post these three activities related to this week's session on newsprint for the students to copy. Challenge the adults to grow spiritually by completing one or more of them.

(1) **Identify at least five people or groups who are suffering and offer intercessory prayers for them this week.**

(2) **Consider volunteering in a hospital, hospice, nursing home, or other facility where people need to incarnate God's presence for those who are suffering. Contact the facility to arrange for a meeting with the director of volunteers to see how you might serve.**

(3) **Check the website www.persecution.com to find the names and stories of persons who, like Paul, are suffering for their faith. Offer prayer and any other type of support that you can for at least one of these persons.**

❖ Sing or read aloud "The Lord's Prayer."

❖ Conclude today's session by leading the class in this benediction from 1 Corinthians 16:13-14: **Keep alert, stand firm in your faith, be courageous, be strong. Let all that you do be done in love. Amen.**

## UNIT 3: BEARING ONE ANOTHER'S BURDENS
# A COMMUNITY FORGIVES

---

### PREVIEWING THE LESSON

**Lesson Scripture:** 2 Corinthians 1:23–2:11
**Background Scripture:** 2 Corinthians 1:23–2:17
**Key Verse:** 2 Corinthians 2:10

#### Focus of the Lesson:
When a person violates the code of conduct (rules) of a community, he or she may be ostracized or rejected. How can the offender be restored to wholeness within the community? Paul told the Corinthians to forgive the one who had caused them grief in order that the entire community might be made well again.

#### Goals for the Learners:
(1) to know what Paul told the Corinthians about the connectedness of all persons in community.
(2) to accept the concept that harm or benefit to one in a community is harm or benefit to all.
(3) to forgive any who have harmed another.

#### Supplies:
Bibles, newsprint and marker, paper and pencils, hymnals

---

### READING THE SCRIPTURE

NRSV
Lesson Scripture: 2 Corinthians 1:23–2:11

²³But I call on God as witness against me: it was to spare you that I did not come again to Corinth. ²⁴I do not mean to imply that we lord it over your faith; rather, we are workers with you for your joy, because you stand firm in the faith. ²:¹So I made up my mind not to make you another painful visit. ²For if I cause you pain, who is there to make me glad but the one whom I have pained? ³And I wrote as I did, so that when I came, I might not suffer pain from those who should have

CEB
Lesson Scripture: 2 Corinthians 1:23–2:11

²³I call on God as my witness—I didn't come again to Corinth because I wanted to spare you. ²⁴It isn't that we are trying to control your faith, but we are working with you for your happiness, because you stand firm in your faith. ²:¹So I decided that, for my own sake, I wouldn't visit you again while I was upset. ²If I make you sad, who will be there to make me glad when you are sad because of me?

³That's why I wrote this very thing to you,

made me rejoice; for I am confident about all of you, that my joy would be the joy of all of you. [4]For I wrote you out of much distress and anguish of heart and with many tears, not to cause you pain, but to let you know the abundant love that I have for you.

[5]But if anyone has caused pain, he has caused it not to me, but to some extent—not to exaggerate it—to all of you. [6]This punishment by the majority is enough for such a person; [7]so now instead you should forgive and console him, so that he may not be overwhelmed by excessive sorrow. [8]So I urge you to reaffirm your love for him. [9]I wrote for this reason: to test you and to know whether you are obedient in everything. **[10]Anyone whom you forgive, I also forgive. What I have forgiven, if I have forgiven anything, has been for your sake in the presence of Christ.** [11]And we do this so that we may not be outwitted by Satan; for we are not ignorant of his designs.

so that when I came I wouldn't be made sad by the ones who ought to make me happy. I have confidence in you, that my happiness means your happiness. [4]I wrote to you in tears, with a very troubled and anxious heart. I didn't write to make you sad but so you would know the overwhelming love that I have for you.

[5]But if someone has made anyone sad, that person hasn't hurt me but all of you to some degree (not to exaggerate). [6]The punishment handed out by the majority is enough for this person. [7]This is why you should try your best to forgive and to comfort this person now instead, so that this person isn't overwhelmed by too much sorrow. [8]So I encourage you to show your love for this person.

[9]This is another reason why I wrote you. I wanted to test you and see if you are obedient in everything. **[10]If you forgive anyone for anything, I do too. And whatever I've forgiven (if I've forgiven anything), I did it for you in the presence of Christ.** [11]This is so that we won't be taken advantage of by Satan, because we are well aware of his schemes.

---

## UNDERSTANDING THE SCRIPTURE

**Introduction.** In verses 1:15-22, Paul has felt compelled to explain the circumstances surrounding his original travel plans, which had included not one but two stops in Corinth to visit the congregation. From 1:23–2:1 we know Paul did not make those intended visits, and his words in 1:15-17 imply that the Corinthians were frustrated by Paul's vacillation. As indicated in the introduction to last week's session, we must keep in mind that not long before writing 2 Corinthians, Paul had made a quick but "painful visit" (2:1) to Corinth to deal with deteriorating conditions in the congregation. We don't have an account of

the details of that visit, but it seems that misunderstandings occurred, feelings were offended, and a sense of betrayal may have been experienced. It has been speculated that perhaps some teachers had arrived in Corinth who mocked Paul's speaking and leadership style and publicly criticized him. Whatever took place, there was obviously some strong opposition to Paul's leadership. So "out of much distress and anguish of heart and with many tears" (2:4), Paul wrote yet another letter that was intended to be an expression of his love for the congregation but which apparently caused further pain for some (2:3-4).

Consequently, Paul wisely delayed his promised visit (1:23; 2:1).

**2 Corinthians 1:23–2:4.** Anticipating the probability that some in the congregation might not believe him, in 1:23 Paul dramatically invokes God as a witness against himself, the God who, as Paul has already declared in 1 Corinthians 4:4-5, is his judge and knows the secrets and purposes of his heart. He then states what his detractors in Corinth, who had undoubtedly criticized his vacillating travel plans (1:17), may have had difficulty believing: the reason Paul made the decision not to come to Corinth at that time was to spare them further pain and distress. He repeats his sentiments in 2:1. Like a composer who interweaves two counterpoint themes throughout a musical work, in these verses Paul moves back and forth verbally dancing between the extreme emotions of pain and joy. In whatever he has done, whether writing a letter or visiting the congregation, Paul's intention was not to cause pain to anyone but to bring them joy, the kind of mutual joy that comes from shared fellowship in Christ's love. He does not mean to use his authority and power from God to "lord it over" them or play power games (1:24). Rather, his intention is that their faith and life should be a source of joy for him, and likewise his faith and servant leadership should be a source of joy for them. His concluding words in 2:4 regarding the letter he wrote could probably be understood as the purpose that guided all of his undertakings with the Corinthians: he never intended to cause them pain but rather to express "the abundant love" that he has for them.

**2 Corinthians 2:5-11.** Although we don't know the details of what happened, in 2:5, Paul reveals that someone in the congregation had done something to bring him distress. Furthermore, because of the connectedness of the body of Christ, that person's offense had also "caused pain" to the whole faith community. The person in question is probably the same person whom Paul mentions later in this letter as "the one who did the wrong" (7:12). What should be noticed is that, in response to this person's wrongdoing, the congregation had disciplined and punished him (2:6). Whether the congregation censured this person on their own or on the basis of Paul's urging, we don't know. But we do know that Paul next counsels them to "forgive and console him" (2:7) as well as to "reaffirm your love for him" (2:8). These steps were necessary if genuine healing was to take place in the community and this offender was to be restored to fellowship in the congregation. The risk of not forgiving and consoling this man was that he might become "overwhelmed by excessive sorrow" (2:7) and be lost. The Greek word translated as "console" or "comfort" here is the same word Paul had used repeatedly in 1:3-11, which we discussed in last week's session. (See August 3, "Understanding the Scripture," 1:3-11.) By pardoning and consoling the wrongdoer, the congregation would be reflecting the mercy and comfort God has given to them (1:4).

The same can be said of forgiveness on which Paul focuses in 2:7 and 10. The Greek verb that is translated as "forgive" is linguistically related to the word that we translate as "grace," commonly understood as God's unmerited love and favor. In other words, forgiveness (whether God's forgiveness of us or our forgiveness of one another) is grounded in the reality that God gives freely and graciously to people who do not deserve it. Having personally experienced God's unconditional love and forgiveness when he was confronted by the resurrected Christ on the Damascus Road (Acts 9:1-9), Paul knew the power of forgiveness to transform lives. So here he strongly encourages the congregation to forgive this wrongdoer, even as it is Paul's desire to join them in forgiving the man (2:10). Such forgiveness will bring blessing to the whole community ("for your sake," 2:10) as well as to the man himself.

**2 Corinthians 2:12-17.** Verses 12-13 reflect Paul's deep pastoral concern for the people and situation in Corinth. Even though he had a wonderful opportunity ("a door was opened") to proclaim the gospel in Troas, he did not stay there. Restless in mind and spirit, he was eager to travel to Macedonia to meet Titus and hear the latest news that Titus was bringing from Corinth regarding how the Corinthians had responded to Paul's severe letter (see 7:6-7). The image of a "triumphal procession" in 2:14 comes from the Roman culture of Paul's time. As citizens of an official Roman colony, the Corinthians would have been familiar with military victory processions in which defeated leaders were paraded through the streets in disgrace while the conquering king or general was honored. The practice of burning incense and aromatic substances was common in such ceremonies. The point Paul is making is this: as God's triumphal procession makes its way through the world following the victory that Jesus has won over sin and death, Jesus' disciples become the "aroma of Christ" (2:15) wafting the smell of God's victorious love to people all around.

---

## INTERPRETING THE SCRIPTURE

*Real Men Share Their Feelings*

In the process of doing premarital and marriage counseling during my ministry, I quickly discovered that when I would ask a couple how they "felt" about some event or shared experience in their life, inevitably the man would tell me in a more analytical manner what he thought or he would give me his opinion, while the woman would reveal what she was feeling and talk about her emotions. While it is true that men and women may be wired differently, it is also true that the honest sharing of feelings and emotions is necessary for a dynamic and healthy relationship, which is something that a lot of men need to learn.

I am so thankful that the apostle Paul was not afraid to talk about feelings. In 2:1-8 Paul interweaves love and sorrow, joy and pain throughout his writing. He was not afraid to speak of his own "distress and anguish of heart" and the "many tears" he had shed as he wrote the earlier painful letter to them (2:4). It might be tempting at times to think of Paul as a kind of energized mission automaton with indefatigable vigor always on the move founding churches, writing letters, and solving ecclesiastical problems. However, a close reading of his letters will reveal that Paul was very human, full of emotions and quite sensitive to the joys and hurts of people in the congregations he founded and served. We especially see the introspective, sensitive Paul in the very personal letter he wrote to the Philippians from a prison cell. Also here in 2 Corinthians we see a deeply reflective apostle, very concerned about any feelings he may have hurt or pain he may have caused. He is not afraid to say to the congregation "I love you," nor does he hide his tears and the anguish of his heart out of fear that some might think he is weak.

In 2:12-13 he even acknowledges, perhaps with some regret, that he did not follow through on the wonderful opportunity that had been presented to him in Troas to proclaim the gospel of Christ, which was his life's passion and calling, precisely because he was restless and preoccupied with concerns about the spiritual and emotional health of the Corinthian congregation. I'm grateful that Paul was not afraid to bare his heart, express his feelings about both joy and pain, and show his caring sensitivity. In doing so he gives us a model and reflects the life of his Savior about whom the hymn writer said, "See, from his head, his hands, his feet, sorrow and love flow mingled down."

### Truth-telling and Forgiveness

For genuine forgiveness to be offered and received and for restoration of a relationship to be achieved in a situation where someone has been hurt, there must be honesty and truth-telling. Imagine the following: you have said or done something that deeply offended me and caused me emotional pain. Imagine further that, as a Christian, I believe that it is not right for me to bear anger toward you, but rather I should quickly forgive you. But if I try to forgive you too quickly or too glibly, it could short-circuit the path to genuine healing. If I try to brush off your transgression too lightly or pretend that it didn't really hurt me, I am being dishonest with myself and with you. No, for genuine forgiveness and healing of the broken relationship to take place, I need to be honest with you about how much you have hurt me so that you can fully grasp the pain you have caused me. Only then will you really understand what you have done and be able to genuinely say "I'm sorry." Only then will I be able to let go of the hurt you have caused me and genuinely forgive you.

Yes, truth-telling and accountability are important prerequisites to genuine forgiveness and the ultimate goal of working toward reconciliation and restoration of a relationship. We see this outlined in 2:6-8. In response to the grievous offense caused by someone against Paul (and perhaps others in the congregation), the church apparently confronted that person, calling him to accountability and punishing him. Once that step had been taken, Paul calls on the church to take the next step of forgiving and comforting that person along with the final step of reaffirming their love for him, so that he might be restored to full fellowship in the congregation. The point is that there is a bal-

ance and right sequence that is needed if there is to be genuine healing of a broken relationship. First the person who has committed the offense must be confronted, called to accountability, and disciplined. Only then can the next step of forgiveness and consolation be offered. On the one hand, forgiveness without truth-telling and discipline will result in cheap grace and insincere forgiveness. On the other hand, if there is only discipline and punishment without the offer of forgiveness, there is no hope for full reconciliation. Both steps are needed in order for there to be full reconciliation and restoration of relationships, which is surely the ultimate goal that God, who took the initiative in Christ to reconcile the world to God's self (5:18), has for us.

### Forgive and Forget

We have all heard the phrase "forgive and forget." However, some things should never be forgotten. We should never forget the harm that a stinging word of gossip or a retaliatory action carried out in a flash of anger can cause, lest we are tempted to perpetrate such an offense. Furthermore there are events that we have a moral obligation to remember. I think, for example, of the simple sign that is posted at the exit of the concentration camp and museum in Dachau, Germany: "Nie Wieder!"/"Never Again!" Indeed, we must never forget such an atrocity as the Holocaust and other such horrible events in our history, lest we tragically repeat those terrible mistakes.

However, some things should be forgotten, namely those transgressions and offenses that others have perpetrated against us and which, by our holding on to them, continue to stir up our emotions and cause us pain. If we cling to such memories and the hurt they have caused us, it only has ill effects on us. But if, by the grace of God, we can learn to let go of such harmful memories and associated feelings of vengefulness or hatred, we experience an exhilarating freedom.

This was apparently Paul's personal experience as we see from the curious phrase in 2:10: "Whatever I have forgiven, if I have forgiven anything." It's as if Paul is wracking his brain to remember if he has in fact forgiven anyone for anything. Now he doesn't say this because he has a faulty memory or is absentminded. Rather, Paul has so surrendered himself to the love of Christ and the power of unconditional forgiveness that, when he forgives someone for a wrong done to him, he also forgets. When the act of forgiveness includes this kind of forgetting and letting go of the pain of the past, God is able to work the miracle of genuine healing and restoration of relationships for new beginnings.

# SHARING THE SCRIPTURE

## PREPARING TO TEACH

### Preparing Our Hearts

Explore this week's devotional reading, found in Luke 17:1-6. Jesus calls his followers to "be on [their] guard!" (17:3). Furthermore, should someone sin and repent, the guilty party must be forgiven not just once but whenever he or she asks. Who do you need to forgive? Are you willing to continue to deal with this person and offer repeated forgiveness? Do whatever you can to help this person stop making the same mistakes, but be ready to forgive and move forward.

Pray that you and the adult students will forgive others, even as they forgive you.

### Preparing Our Minds

Study the background Scripture from 2 Corinthians 1:23–2:17, and the lesson Scripture from 2 Corinthians 1:23–2:11.

Consider this question as you prepare the lesson: *How can someone who has violated the code of conduct of a community be restored to wholeness within the community?*

Write on newsprint:
❏ information for next week's lesson, found under "Continue the Journey."
❏ activities for further spiritual growth in "Continue the Journey."

Review the "Introduction," "The Big Picture," "Close-up," and "Faith in Action." Consider how you will use this additional information, which immediately precedes the first lesson, for this session.

## LEADING THE CLASS

### (1) Gather to Learn

❖ Greet the class members. Introduce any guests and help them to feel at home.
❖ Pray that the learners will examine how their behavior affects others.
❖ Read: **In December 2012 the United States, indeed the entire world, was rocked by news of the massacre at Sandy Hook Elementary School in Newtown, Connecticut. A twenty-year-old gunman, whose motives were unknown, broke into the school and began firing an assault rifle that quickly snuffed out the lives of twenty young students and six adults. Robbie Parker, whose six-year-old daughter Emilie was among the dead students, said, "It is a horrific tragedy and I want everyone to know that our hearts and prayers go out to them. This includes the family of the shooter. I cannot imagine how hard this experience is for you. Our love and support goes out to you as well." With his compassionate words, a grieving father offered love and support to the family of the young man who had murdered his daughter.**

❖ Ask: **How would you have responded had your child been one of the victims?**

❖ Read aloud today's focus statement: **When a person violates the code of conduct (rules) of a community, he or she may be ostracized or rejected. How can the offender be restored to wholeness within the community? Paul told the Corinthians to forgive the one who had caused them grief in order that the entire community might be made well again.**

*(2) Goal 1: Know What Paul Told the Corinthians About the Connectedness of All Persons in Community*

❖ Read the introduction from "Understanding the Scripture" to set the stage for today's lesson.

❖ Choose a volunteer to read 2 Corinthians 1:23–2:11.

❖ Read or retell 2 Corinthians 1:23–2:4 and 2:5–2:11 in "Understanding the Scripture" to help the students better understand Paul's message to the church where a member not only harmed Paul but also grieved the entire congregation.

❖ Discuss these questions:
1. **How do you think Paul's willingness to share his feelings with the congregation affected the Corinthians?**
2. **What lessons can we learn from the way Paul handled this difficult situation?** (See "Real Men Share Their Feelings" in "Interpreting the Scripture.")

*(3) Goal 2: Accept the Concept that Harm or Benefit to One in a Community Is Harm or Benefit to All*

❖ Read this case study to the class: **A married woman stepped forward to help a man with school-aged children whose wife had died after a prolonged illness. At first, this was a "good Samaritan" type of** relationship, where the woman was one of several in the congregation helping to provide meals to the bereaved family and occasionally including the children on outings with her own husband and children. As time went on, this relationship turned adulterous. When the church learned that she was leaving her husband, they were devastated that two formerly upright Christians who were active in their congregation had crossed a boundary.

❖ Ask these questions:
1. **Who was harmed by this illicit relationship?** (Point out that everyone involved, including the congregation, was harmed.)
2. **Had this situation occurred in your church, how would you have treated the man and the woman?**
3. **What steps might the church take in terms of forgiveness and reconciliation?** (See "Truth-telling and Forgiveness" in "Interpreting the Scripture.")

*(4) Goal 3: Forgive Any Who Have Harmed Another*

❖ Distribute paper and pencils. Invite the learners to identify one person whom they feel has harmed them and then write a few words about how this harm occurred. Assure the students that they will not be asked to reveal any names or details.

❖ Read or retell "Forgive and Forget" from "Interpreting the Scripture." Invite the adults to comment on instances where completely forgetting harm is not appropriate. For example, someone subjected to abuse may forgive the perpetrator but refuse to put herself or himself in a situation where such abuse can recur.

❖ Encourage the learners to look again at their papers and list some steps they can take. If an individual's named person is still living, what is the student willing to do to let this person know of the harm and then forgive? Can this incident be forgotten so that the relationship may be healed and the two may move forward? If the named person is now deceased, suggest that the student write a letter as if this person is still alive and then forgive and forget the harm caused so that he or she can move forward without this harm continuing to negatively impact his or her life.

*(5) Continue the Journey*

❖ Pray that the learners will forgive any who have harmed them.

❖ Read aloud this preparation for next week's lesson. You may also want to post it on newsprint for the students to copy.

■ Title: Treasure in Clay Jars
■ Background Scripture: 2 Corinthians 4:2-15
■ Lesson Scripture: 2 Corinthians 4:2-15
■ Focus of the Lesson: Communities rely on one another for protection and continuity of life. Where does the ability to protect and continue the community come from? Paul reminded the Corinthians that the extraordinary power to proclaim Jesus in the face of adversity is a treasure that comes from God through Jesus Christ.

❖ Post these three activities related to this week's session on newsprint for the students to copy. Challenge the adults to grow spiritually by completing one or more of them.

(1) Do whatever is possible to forgive someone who has harmed you. Try talking with this person, who may not be aware of the harm, so that the two of you can be reconciled.

(2) Be alert for news concerning a crime where it seems that the punishment is out of proportion to the offense. How might this excessive punishment affect the wrongdoer?

(3) Research the way in which your denomination approaches the matter of church discipline. Consider how these procedures balance the seriousness of the offense with God's grace and forgiveness. Also think about how the dignity of the accused is preserved while the well-being of the faith community is also safeguarded.

❖ Sing or read aloud "Freely, Freely."

❖ Conclude today's session by leading the class in this benediction from 1 Corinthians 16:13-14: **Keep alert, stand firm in your faith, be courageous, be strong. Let all that you do be done in love. Amen.**

UNIT 3: BEARING ONE ANOTHER'S BURDENS

# TREASURE IN CLAY JARS

---

## PREVIEWING THE LESSON

**Lesson Scripture:** 2 Corinthians 4:2-15
**Background Scripture:** 2 Corinthians 4:2-15
**Key Verses:** 2 Corinthians 4:8-9

### Focus of the Lesson:
Communities rely on one another for protection and continuity of life. Where does the ability to protect and continue the community come from? Paul reminded the Corinthians that the extraordinary power to proclaim Jesus in the face of adversity is a treasure that comes from God through Jesus Christ.

### Goals for the Learners:
(1) to learn what Paul said about proclaiming Jesus Christ as Lord and themselves as slaves for Jesus' sake.
(2) to affirm that the power to do good originates in God and not within the community.
(3) to ask God for power to do the will of God in ministry.

### Supplies:
Bibles, newsprint and marker, paper and pencils, hymnals, magazines that can be cut, glue, large sheets of paper, scissors

---

## READING THE SCRIPTURE

**NRSV**
Lesson Scripture: 2 Corinthians 4:2-15
²We have renounced the shameful things that one hides; we refuse to practice cunning or to falsify God's word; but by the open statement of the truth we commend ourselves to the conscience of everyone in the sight of God. ³And even if our gospel is veiled, it is veiled to those who are perishing. ⁴In their case the god of this world has blinded the minds of the unbelievers, to keep them from seeing the light of the

**CEB**
Lesson Scripture: 2 Corinthians 4:2-15
²Instead, we reject secrecy and shameful actions. We don't use deception, and we don't tamper with God's word. Instead, we commend ourselves to everyone's conscience in the sight of God by the public announcement of the truth. ³And even if our gospel is veiled, it is veiled to those who are on the road to destruction. ⁴The god of this age has blinded the minds of those who don't have faith so they couldn't see the

gospel of the glory of Christ, who is the image of God. [5]For we do not proclaim ourselves; we proclaim Jesus Christ as Lord and ourselves as your slaves for Jesus' sake. [6]For it is the God who said, "Let light shine out of darkness," who has shone in our hearts to give the light of the knowledge of the glory of God in the face of Jesus Christ.

[7]But we have this treasure in clay jars, so that it may be made clear that this extraordinary power belongs to God and does not come from us. [8]**We are afflicted in every way, but not crushed; perplexed, but not driven to despair; [9]persecuted, but not forsaken; struck down, but not destroyed;** [10]always carrying in the body the death of Jesus, so that the life of Jesus may also be made visible in our bodies. [11]For while we live, we are always being given up to death for Jesus' sake, so that the life of Jesus may be made visible in our mortal flesh. [12]So death is at work in us, but life in you.

[13]But just as we have the same spirit of faith that is in accordance with scripture—"I believed, and so I spoke"—we also believe, and so we speak, [14]because we know that the one who raised the Lord Jesus will raise us also with Jesus, and will bring us with you into his presence. [15]Yes, everything is for your sake, so that grace, as it extends to more and more people, may increase thanksgiving, to the glory of God.

light of the gospel that reveals Christ's glory. Christ is the image of God.

[5]We don't preach about ourselves. Instead, we preach about Jesus Christ as Lord, and we describe ourselves as your slaves for Jesus' sake. [6]God said that light should shine out of the darkness. He is the same one who shone in our hearts to give us the light of the knowledge of God's glory in the face of Jesus Christ.

[7]But we have this treasure in clay pots so that the awesome power belongs to God and doesn't come from us. [8]**We are experiencing all kinds of trouble, but we aren't crushed. We are confused, but we aren't depressed. [9]We are harassed, but we aren't abandoned. We are knocked down, but we aren't knocked out.**

[10]We always carry Jesus' death around in our bodies so that Jesus' life can also be seen in our bodies. [11]We who are alive are always being handed over to death for Jesus' sake so that Jesus' life can also be seen in our bodies that are dying. [12]So death is at work in us, but life is at work in you.

[13]We have the same faithful spirit as what is written in scripture, I had faith, and so I spoke. We also have faith, and so we also speak. [14]We do this because we know that the one who raised the Lord Jesus will also raise us with Jesus, and he will bring us into his presence along with you. [15]All these things are for your benefit. As grace increases to benefit more and more people, it will cause gratitude to increase, which results in God's glory.

## UNDERSTANDING THE SCRIPTURE

**Introduction.** In the preceding verses (3:1–4:1) Paul has sought to defend his ministry and authority as an apostle against the accusations of his detractors in Corinth. These detractors were apparently itinerant teachers who had arrived in Corinth with an impressive letter of recommendation

from someone, and they had ingratiated themselves with the congregation. They soon began questioning Paul's authority as an apostle and raising doubts in the congregation's mind about Paul's leadership style. Paul's mention of self-commendation and "letters of recommendation" in 3:1 is probably also a reference to their slanderous accusations that Paul cannot be trusted and should perhaps bring with him some letters of recommendation from other churches if he plans to come back to Corinth and continue his ministry there. Imagine their arrogance, raising questions about Paul's authority and credentials when he was the founder of the church in Corinth.

In response to these false charges, Paul sets out in 3:1–6:13 to defend and explain his servant ministry as an apostle. Paul does not need letters of recommendation written with pen and ink to prove that his ministry is authentic because the changed lives of the Corinthian Christians are his living letters of recommendation written by "the Spirit of the living God" (3:3). Drawing upon the image and idea of the new covenant found in Jeremiah 31:31-34, Paul paints a vivid contrast between the old and new covenants. The old covenant that God had made with Moses was certainly good, and it was what God's people were able to receive and understand at the time. But with the coming of Jesus the Messiah God has made a new covenant with God's people, written "not on tablets of stone," as were the Ten Commandments, "but on tablets of the human heart" (3:3). Throughout chapter 3 Paul continues to contrast the ministry of the old covenant with the much greater ministry ("much more" in 3:8, 9, 11) of the new covenant, emphasizing that it is God "who has made us competent to be ministers of a new covenant, not of letter but of spirit; for the letter kills, but the Spirit gives life" (3:5-6). Confident of God's mercy and guidance, Paul boldly can affirm: "Therefore . . . we do not lose heart" (4:1).

**2 Corinthians 4:2-6.** Assured that his ministry is from God and therefore authentic, Paul invites his readers to examine his behavior. Stating he does not "practice cunning" or "falsify God's word" (4:2), he seeks to assure the Corinthians that he is a man of honor who speaks the truth and whose actions and words can be trusted. Paul's

self-defense here is reminiscent of 2:17 where he affirms that "we are not peddlers of God's word like so many; but in Christ we speak as persons of sincerity." In other words, Paul is not a traveling salesman or huckster selling cheap goods and making a handsome profit; rather, he commends himself "to the conscience of everyone in the sight of God" (4:2). However, in 4:3-4 he acknowledges that not everyone readily receives the good news of Christ that he preaches. Tragically there are many persons who allow "the god of this world" to blind or veil their minds "to keep them from seeing the light of the gospel of the glory of Christ" (4:4).

In 4:5 Paul once again tries to counter any accusation that he is self-serving. He affirms that his goal is not to promote himself but rather to "proclaim Jesus Christ as Lord"; then he dramatically adds "and ourselves as your slaves for Jesus' sake." No matter what lofty terms he may use to describe his ministry, Paul sees it as a servant ministry reflecting the life and ministry of Jesus, the suffering servant (compare Paul's words in Philippians 2:6-8). In 4:6 he quotes Genesis 1:3 and uses the image of light to point to Jesus as the One who reflects the full glory of the light of God into our lives. I can't help wondering if Paul is thinking here about the light of Christ that blinded him on the Damascus road (Acts 9) and changed his life forever.

**2 Corinthians 4:7-12.** The theme of this section is found in 4:7 in the words "treasure in clay jars." The treasure, of course, is the gospel, the good news of Jesus' death and resurrection. The clay jars are Paul and his colleagues (and we!) who, in spite of human weaknesses, infirmities, and sinfulness, have been entrusted by God to carry the message through word and witness to others. The theological truth of the verse is that the "extraordinary power belongs to God and does not come from us." Paul drives home this truth in 4:8-9, today's key verses, by listing the severe hardships they have endured: "afflicted . . . but not crushed; perplexed, but not driven to despair; persecuted, but not forsaken; struck down, but not destroyed." Many times they have been down, but never out. Why? Because God's extraordinary power (4:7) has rescued them and brought them through their afflictions. He completes this catalog of their sufferings in 4:10-11 with reference to Jesus. Paul understands his own and his colleagues' sufferings as a reflection of Jesus' sufferings and death ("always carrying in the body the death of Jesus") for the express purpose that "the life of Jesus may be made visible in our mortal flesh" (4:11). Theologically Paul is affirming here that, as God raised Jesus from the dead, God has brought them back from death-threatening experiences on many occasions and given them new life.

**2 Corinthians 4:13-15.** Paul quotes Psalm 116:10 probably because he identified with the situation of the psalmist who suffered anguish, feeling encompassed by "the snares of death" (116:3), but who then praises God for delivering him from death to life. In like manner Paul expresses his confidence in the power of Christ's resurrection to bring newness of life now and resurrection in the future to all who become disciples of Jesus and share in his sufferings. Paul concludes in 4:15 by stating that all that has happened (his sufferings and afflictions) has been "for your sake," that is, for the salvation and benefit of the Corinthians, with the result that, as God's grace extends to more and more people, thanksgiving will be offered to God and God will be glorified!

## INTERPRETING THE SCRIPTURE

### Treasure in Cracked Pots

The image in 2 Corinthians 4:7 of "treasure in clay jars," or as I like to paraphrase "cracked pots," has always fascinated me. The juxtaposition of these two objects is ironic. Normally one would not think of putting a valuable piece of jewelry or a treasured gift in a tattered old box or a cracked jar, or would he? Anglican bishop Tom Wright has told the story of Sir Oliver Franks, who served as the British ambassador to the United States from 1948 through 1952, a crucial period in Europe when the cold war began and NATO was established. His job required him to be in regular touch with the president in Washington and the prime minister in London. Since it was too risky to make phone calls because of the possibility of phone lines being bugged, he would normally use a diplomatic bag to carry urgent confidential messages across the Atlantic Ocean by airplane. However, when something was utterly top secret, the

ambassador would not trust it to a diplomatic bag that everyone knew was important. Rather, he would put the message into an ordinary envelope and send it by regular post.

That's a picture of what Paul is talking about here. In God's way of thinking (which is usually not our way of thinking) it makes perfect sense to keep a treasure in a cracked pot. Why? God wants to remind us that what really matters is not the fractured vessel, but the treasure inside, "so that it may be made clear that the extraordinary power belongs to God and does not come from us" (4:7). As I mentioned in my comments on 4:7-12 in "Understanding the Scripture," the cracked pots refer to us, God's people in all of our vulnerabilities, weaknesses, incapacities, and sinfulness, while the treasure refers to Jesus and the message of his death and resurrection.

My guess is, the weaker and more cracked the vessel, the more amazing the treasure inside will seem. His name was

Chuck, and he was a member of a congregation I served. Chuck suffered from a gradually deteriorating and debilitating lung disease. Some days he would gasp for breath, and he simply did not have the strength to leave the house or go out in public. Some people with this condition would have simply cursed God and lived in anger. But Chuck was different. He had a treasure inside, the treasure of his strong faith in Christ and a deep joy that came from knowing and sharing God's love in the midst of his suffering. So instead of cursing God, Chuck exercised his faith by taking several hours each day to write cards, literally hundreds of them—birthday cards, get-well cards, thinking-of-you cards, personal notes of caring—to persons in our church and in the larger community. Before he died, Chuck's outreach of love touched hundreds of lives, and he was a vibrant witness to the truth of what Paul says here about treasure in cracked pots.

### Down But Not Out

The key verses in our lesson (4:8-9) contain a catalog of sufferings and hardships that Paul and his colleagues experienced as part of their apostolic ministry of going about the Roman Empire preaching and founding churches. In the course of their travels they ran into opposition and roadblocks, some of which are listed in 4:8-9. Note the repeated formula Paul uses throughout these verses: "A . . . but not B," "perplexed, but not driven to despair; persecuted, but not forsaken," and so on. To borrow a phrase from the world of boxing, "down, but not out." Paul was like a fighter who took many blows, even getting knocked to the canvas from time to time, but in the end he was never knocked out. In the face of all adversity, God was his strength, rescuing him over and over, giving him the grace to get back up and keep going.

The message here is similar to the one we saw presented in 1:3-7: whatever the measure of our trials and afflictions, the measure of God's comfort and consolation is equal or greater. In other words, God's grace and strength are more than abundant to meet every need. That's what Paul is saying here in 4:8-9. Life is tough, but God is tougher. Following Jesus in our "me-first," power-hungry world is not easy. When Jesus' way of servant living and unconditional love confronts a culture driven by the love of power and lording it over others, misunderstanding and opposition can be expected. After all, Jesus ended up on a cross, and in several places Paul reminds us of all the suffering and hardships he experienced. But in the end, as Paul wrote in 4:7, "this extraordinary power belongs to God." It is this assurance that Paul wants to leave with the Christians in Corinth as he invites them to a life of faithful discipleship in a world that often runs counter to the way of Jesus. That assurance still holds true for us. We may get knocked down from time to time, but we can count on God's faithfulness to pick us back up and carry us through whatever difficulties we may face.

### Easter Every Day

At the heart of the gospel that Paul preached lay the reality of the death and resurrection of Jesus. For Paul, everything centered around Good Friday and Easter, and the empty cross stood as a constant reminder for him that we don't worship a dead rabbi but a living Savior. This certainty gave Paul the courage and hope to press on, even in the most disheartening of circumstances. Because Paul had had the experience of coming face-to-face with the resurrected Jesus on the Damascus road, he was confident that he was never alone in all the adversity and affliction he faced, even though at times he felt like he had "received the sentence of death" (1:9).

This reality of death and life lies at the heart of our passage for this lesson. Paul knew that Good Friday was real, but so was Easter, and he was supremely confident that in God's scheme of things resurrection would always trump suffering and death. So it is that in verses 10-12 he speaks of both death and life, associating death with his experiences of suffering and hardship (which he calls "carrying in the body the death of Jesus," 4:10) but confident that all of this will lead to the "life of Jesus" also being made manifest, especially in the lives of the Corinthian disciples (4:12).

For Paul, resurrection was not just a one-time event that happened to Jesus, but it is an ongoing reality (see 4:14). To talk about resurrection is to talk about God's power to raise people out of deathlike existence and to give them new life, abundant life—now, not just in the future. Liturgically speaking, Easter is celebrated on one day of the Christian year, and every Sunday can be referred to as "a little Easter." But in Paul's theology Easter is every day. He is calling the Corinthians and us to live as Easter people in the full assurance that we can face life and whatever adversity may confront us confident that Jesus, our living Savior, walks with us and empowers us each day.

## SHARING THE SCRIPTURE

### PREPARING TO TEACH

#### Preparing Our Hearts

Explore this week's devotional reading, found in Jude 17-25. Writing about the "scoffers" and other opponents of Christians who will appear "in the last time" (verse 18) and cause divisions among believers, Jude exhorts the church to stand strong. They can do this by building up their faith, loving God, praying, and supporting those who are weak in the faith.

Pray that you and the adult students will stay strong in the faith and help others to sustain their faith as well.

#### Preparing Our Minds

Study the background Scripture and lesson Scripture, both of which are from 2 Corinthians 4:2-15.

Consider this question as you prepare the lesson: *Where does the ability to protect and continue a community come from?*

Write on newsprint:
❑ information for next week's lesson, found under "Continue the Journey."
❑ activities for further spiritual growth in "Continue the Journey."

Review the "Introduction," "The Big Picture," "Close-up," and "Faith in Action." Consider how you will use this additional information, which immediately precedes the first lesson, for this session.

### LEADING THE CLASS

#### (1) Gather to Learn

❖ Greet the class members. Introduce any guests and help them to feel at home.

❖ Pray that the learners will recognize that God is with them in all circumstances.

❖ Read this story of how the body of Christ came together in a time of crisis: **In late October 2012, a superstorm named Sandy ravaged the East Coast of the United States. Beachfront communities in New Jersey and New York were particularly hard hit. Staten Island, New York, was physically devastated and was the scene of half of the deaths caused by this horrific storm. Yet the body of Christ united here in a way that pastor Daniel Delgado described as "a true move of**

God." Not only did churches band together to provide emergency aid but they also devised longer-term solutions, such as creating supply hubs where people could find food and supplies. Pastor Delgado reports that "phenomenal" progress has been made, thanks in part to help from volunteers from Canada and the United States. "We have seen an outpouring of compassion from the body of Christ from all over," stated Pastor Delgado.

❖ Read aloud today's focus statement: **Communities rely on one another for protection and continuity of life. Where does the ability to protect and continue the community come from? Paul reminded the Corinthians that the extraordinary power to proclaim Jesus in the face of adversity is a treasure that comes from God through Jesus Christ.**

*(2) Goal 1: Learn What Paul Said About Proclaiming Jesus Christ as Lord, and Themselves as Slaves for Jesus' Sake*

❖ Select a volunteer to read 2 Corinthians 4:2-15.

❖ Discuss these questions:
1. **What do you learn about Paul himself and the gospel that he preaches in verses 2-6?** (See "2 Corinthians 4:2-6" in "Understanding the Scripture.")
2. **What is the meaning of "treasure in clay jars" (4:7)?** (See "2 Corinthians 4:7-12" in "Understanding the Scripture.")
3. **How would you describe the confidence that Paul expresses in verses 13-15?** (See "2 Corinthians 4:13-15" in Understanding the Scripture.)

*(3) Goal 2: Affirm that the Power to Do Good Originates in God and Not Within the Community*

❖ Invite the class to read in unison 2 Corinthians 4:7.

❖ Ask: **Knowing that we humans are just as fragile as ceramic jars, why would God entrust the sharing and enacting of the good news to us?** (See the second paragraph of "Treasure in Cracked Pots" in "Interpreting the Scripture.")

❖ Invite class members to tell stories of God's power at work. If the class is large, ask the participants to share their stories with a partner or trio. Suggest that the adults think of specific instances of God's healing power, God's power to enable us to conform to the image of Christ, God's power to teach us how to live as holy people, or God's power to work through us to help others.

❖ Conclude by encouraging those who wish to affirm God's power to repeat after you: **God alone is the source of all goodness and power.**

*(4) Goal 3: Ask God for Power to Do the Will of God in Ministry*

❖ Read or retell "Down But Not Out" in "Interpreting the Scripture." Invite the students to comment on how people may be down for a variety of reasons, but not outside the Christian community and God's love.

❖ Form several small groups. Provide each one with scissors, glue, magazines that can be cut, and a large sheet of plain paper. Invite them to make a collage (pictures mounted at random that illustrate a theme) of people who seem to be "down but not out" and in particular need of ministry. Those pictured may include, for example, the hungry, homeless, those affected by natural disasters, victims of violence.

❖ Encourage each group to show its collage. If possible, post the collages around the room.

❖ Invite adults who are able to stand before a collage and offer a silent prayer that God would empower the church to be in ministry with those who are pictured. Others may pray at their seats. End the quiet time by reading today's key verses, 2 Corinthians 4:8-9.

❖ **Option:** If you cannot obtain supplies for the collages, post a sheet of newsprint and call on class members to list groups in need. Provide time for silent prayer that God would provide this church with the power to do God's will in ministry with those in need.

### (5) Continue the Journey

❖ Pray that the learners will go forth to minister as directed by the Holy Spirit.

❖ Read aloud this preparation for next week's lesson. You may also want to post it on newsprint for the students to copy.

- ■ **Title: An Appeal for Reconciliation**
- ■ **Background Scripture: 2 Corinthians 6:1–7:4**
- ■ **Lesson Scripture: 2 Corinthians 6:1-13; 7:2-4**
- ■ **Focus of the Lesson: Sometimes the community may ignore the good done by a great leader and may become estranged from the leader. What must be done to end separation of a community from its leaders? Paul reminded the Corinthians of all he had done for the sake of Jesus Christ, and based on that testimony, he asks that they be reconciled to him.**

❖ Post these three activities related to this week's session on newsprint for the stu-dents to copy. Challenge the adults to grow spiritually by completing one or more of them.

(1) **Pray daily for ministries and projects that your class and con-gregation support.**

(2) **Find a ceramic pot or jar that is chipped or cracked. Write 2 Cor-inthians 4:7 on a slip of paper and put the paper in the jar. Display the jar in a place where you will see it often. When you are feeling weak, take the paper out, read it, meditate on God's power, and return the paper to the jar for fur-ther use.**

(3) **Browse the Internet for "Chris-tian martyrs." Notice that many have been killed around the world during the last century and the persecution continues. Mem-orize today's key verses, 2 Corin-thians 4:8-9, and recite these verses each day as a prayer of sol-idarity with those who have been killed or are currently suffering for their belief in Christ.**

❖ Sing or read aloud "I Am Thine, O Lord."

❖ Conclude today's session by leading the class in this benediction from 1 Cor-inthians 16:13-14: **Keep alert, stand firm in your faith, be courageous, be strong. Let all that you do be done in love. Amen.**

UNIT 3: BEARING ONE ANOTHER'S BURDENS

# AN APPEAL FOR RECONCILIATION

---

### PREVIEWING THE LESSON

**Lesson Scripture:** 2 Corinthians 6:1-13; 7:2-4
**Background Scripture:** 2 Corinthians 6:1–7:4
**Key Verse:** 2 Corinthians 7:2

#### Focus of the Lesson:
Sometimes the community may ignore the good done by a great leader and may become estranged from the leader. What must be done to end separation of a community from its leaders? Paul reminded the Corinthians of all he had done for the sake of Jesus Christ, and based on that testimony, he asks that they be reconciled to him.

#### Goals for the Learners:
(1) to recognize that Paul feels estranged from the Corinthians but has no bad feelings toward them.
(2) to accept that when someone within the community works hard for the benefit of all, disagreement and misunderstanding may yet occur.
(3) to end any misunderstandings and estrangements so as to restore health to the community.

#### Supplies:
Bibles, newsprint and marker, paper and pencils, hymnals

---

### READING THE SCRIPTURE

NRSV

Lesson Scripture: 2 Corinthians 6:1-13

¹As we work together with him, we urge you also not to accept the grace of God in vain. ²For he says,

"At an acceptable time I have
listened to you,

CEB

Lesson Scripture: 2 Corinthians 6:1-13

¹Since we work together with him, we are also begging you not to receive the grace of God in vain. ²He says, *I listened to you at the right time, and I helped you on the day of salvation.* Look, now is the right time! Look, now is the day of salvation!

and on a day of salvation
    I have helped you."
See, now is the acceptable time; see, now is the day of salvation! [3]We are putting no obstacle in anyone's way, so that no fault may be found with our ministry, [4]but as servants of God we have commended ourselves in every way: through great endurance, in afflictions, hardships, calamities, [5]beatings, imprisonments, riots, labors, sleepless nights, hunger; [6]by purity, knowledge, patience, kindness, holiness of spirit, genuine love, [7]truthful speech, and the power of God; with the weapons of righteousness for the right hand and for the left; [8]in honor and dishonor, in ill repute and good repute. We are treated as impostors, and yet are true; [9]as unknown, and yet are well known; as dying, and see—we are alive; as punished, and yet not killed; [10]as sorrowful, yet always rejoicing; as poor, yet making many rich; as having nothing, and yet possessing everything.

[11]We have spoken frankly to you Corinthians; our heart is wide open to you. [12]There is no restriction in our affections, but only in yours. [13]In return—I speak as to children—open wide your hearts also.

2 Corinthians 7:2-4

[2]**Make room in your hearts for us; we have wronged no one, we have corrupted no one, we have taken advantage of no one.** [3]I do not say this to condemn you, for I said before that you are in our hearts, to die together and to live together. [4]I often boast about you; I have great pride in you; I am filled with consolation; I am overjoyed in all our affliction.

[3]We don't give anyone any reason to be offended about anything so that our ministry won't be criticized. [4]Instead, we commend ourselves as ministers of God in every way. We did this with our great endurance through problems, disasters, and stressful situations. [5]We went through beatings, imprisonments, and riots. We experienced hard work, sleepless nights, and hunger. [6]We displayed purity, knowledge, patience, and generosity. We served with the Holy Spirit, genuine love, [7]telling the truth, and God's power. We carried the weapons of righteousness in our right hand and our left hand. [8]We were treated with honor and dishonor and with verbal abuse and good evaluation. We were seen as both fake and real, [9]as unknown and well known, as dying— and look, we are alive! We were seen as punished but not killed, [10]as going through pain but always happy, as poor but making many rich, and as having nothing but owning everything.

[11]Corinthians, we have spoken openly to you, and our hearts are wide open. [12]There are no limits to the affection that we feel for you. You are the ones who placed boundaries on your affection for us. [13]But as a fair trade—I'm talking to you like you are children—open your hearts wide too.

2 Corinthians 7:2-4

[2]**Make room in your hearts for us. We didn't do anything wrong to anyone. We didn't ruin anyone. We didn't take advantage of anyone.** [3]I'm not saying this to make you feel guilty. I've already said that you are in our hearts so that we die and live together with you. [4]I have every confidence in you. I'm terribly proud of you. I'm filled with encouragement. I'm overwhelmed with happiness while in the middle of our problems.

# UNDERSTANDING THE SCRIPTURE

**Introduction.** In 5:14-21, the verses just preceding our lesson today, Paul is saying in essence that we see people and the world around us differently because of what God has done in Christ to change us and the world. Paul talks about reconciliation and says that when we let Christ transform us and reconcile us to God, we become like new creations; in fact, everything becomes new (5:17-18). But not only has God taken the initiative to reach out to us in our estrangement from God in order to forgive us and offer us reconciliation but God also has made us ambassadors, giving to us the ministry of reconciliation in our relationships with others. God has appealed to us to announce to everyone we meet what Jesus has accomplished for all people through his death on the cross and his resurrection (5:14-15, 19-21).

**2 Corinthians 6:1-10.** Sounding a note of urgency in 6:2, which he began in 6:1, Paul cites Isaiah 49:8, which is part of a passage in which the prophet talks about the "day of salvation," that impending time just around the corner when God will bring people home to Jerusalem from their exile in Babylon. Paul likens that "day of salvation" to the new creation about which he has been speaking in chapter 5. That day is upon them, and he urges the Corinthians to accept it *now* and live it out. Restating what he has said previously about his demeanor, Paul reminds the Corinthians in 6:3 that his motives and behavior have been above reproach. He has put no stumbling block in anybody's path, but in every way he has sought to conduct his ministry with the highest ethical standards.

In 6:4-10 Paul paints a detailed picture of what he has gone through in his ministry as an apostle and a servant of God. The list of hardships and challenging situations in 6:4-5 is even more elaborate and intense than the one in 4:8-12. The list is followed in 6:6-7 with a kind of catalog of virtues or qualities of character to underscore how, through all of these difficult circumstances, Paul has carried himself with grace and dignity under pressure. Moreover, he has relied not just on his human strength and prowess but on God's power, and he has used God's "weapons of righteousness" (6:7) to get through the precarious challenges he has faced. Finally, in 6:8-10 Paul outlines the extremes of emotion and condition in which he has exercised his ministry. The ultimate set of extremes mentioned in 6:9 ("as dying, and see—we are alive") reflects his earlier discussion of death and life in 4:10-12.

In all of this Paul seems determined to counter any remaining opposition or slanderous accusations that he has been less than genuine and faithful in his behavior and commitment to be a servant of God to the Corinthians. His rhetoric in these verses is meant to show the Corinthians two things. First, he has gone through a great deal, including life-threatening situations, for them. Second, being a disciple of Jesus and following a crucified Messiah, which they are called to be and do along with Paul, is not easy, but through reliance on God's power God will give them more than enough strength for the task.

**2 Corinthians 6:11-13.** Paul now appeals with strong emotion for a positive response from the Corinthians. Because his relationship with them has been through a rough period, Paul yearns for increased understanding and affection from his Corinthian friends. He confesses that his own heart and the hearts of his coworkers have been "wide open" to them, and there has been no restriction of affections on his part. As he sees it, they are restricted in their affections toward him. The Greek word translated here as "affections" is a strong word that literally means "inward parts or intestines" and is used figuratively in the New

Testament to express deep feelings, compassion, or affections rooted at the center of one's being. Thus Paul passionately urges the Corinthians to "open wide your hearts also" (6:13).

**2 Corinthians 6:14–7:1.** Because the tone and content of this passage is different from what precedes it and follows it, two questions are often debated by scholars: (1) did Paul write this or was it a later insertion into the letter? (2) if Paul did write it, is it a fragment from another letter? The passage does not fit well into the literary context. These six verses almost seem to be an interruption in Paul's thought, as it would make for a very smooth connection to go directly from 6:13 to 7:2.

Be that as it may, the basic message of these verses is that believers should "not be mismatched with unbelievers" (6:14) presumably in marriage. In 6:14-16 Paul asks five rhetorical questions, each of which calls for an answer of "absolutely nothing." Then

reminding the Corinthians, as he did in 1 Corinthians 3:16-17, that they are "the temple of God," Paul quotes in a rather loose way in 6:16-18 a number of Old Testament passages that urge purity of life and separateness from the pagan world. In 7:1 he concludes with an exhortation for the Corinthians to cleanse themselves and live holy lives.

**2 Corinthians 7:2-4.** Once again Paul appeals to the Corinthians to open their hearts and lives to him, assuring them that he has not wronged or taken advantage of anyone. Reflecting his ultimate desire for friendship and working together, Paul assures them in 7:3 that not even death can restrict his commitment and love for them. Like a proud parent, he boasts about them and once more reminds them that even in his afflictions and trials his heart overflows with joy because of what God is doing in them.

---

## INTERPRETING THE SCRIPTURE

*The Urgent Now*

I recently ran into an old friend from high school whom I had not seen for years because we live in different parts of the country. He happened to show me a pocket New Testament that he carried with him and told me to read the inscription. I was blown away! It was the very Bible that I had given to him in 1964 when we both were young single men in the military and I had just made a decision to become a disciple of Jesus. I had given him the Bible as a witness to my newfound faith. One of the verses mentioned in the inscription that I had asked him to read was 2 Corinthians 6:2: "See, now is the acceptable time; see, now is the day of salvation!"

I remember that verse being very important to me when I first became a disciple,

because everything was fresh and exciting, and I felt an urgency to share my new faith with others. Paul felt the same way, which is why in 2 Corinthians 5 he talks passionately about how in Christ God has acted to make us "a new creation." The old has passed away; and the new has come (5:17). His appeal to the Corinthians in 6:2 is based on that reality. He ardently believed that the "day of salvation" had indeed come in Christ, and he wanted to tell the world: *Now* is the acceptable time. Open your hearts to receive the gospel and live as new creations!

I like to use the phrase "the urgent now." It's sad how many people are victimized by the past or tyrannized by the future. Guilt over something either done or left undone in the past, the holding of a long-standing grudge, the inability to forgive and let go of a wrongdoing that perhaps happened years ago—these kinds of attitudes and behaviors can take our lives hostage and usurp our time and energy. Likewise, worry and anxiety about what might happen in the future can be crippling to our spirit and keep us from seeing the beauty and wonder of our present world and the people around us.

Certainly the past and the future are important. We are products of the past and we are to plan for the future, but the past and the future should not control us. Paul's words in 6:2 direct us to "the urgent now." For those who are in Christ and have been made new creations, every day is "an acceptable time" and every day is "a day of salvation." God's mercies are fresh every morning, and God gives us each day as a gift. God wants us to embrace that gift and live fully in the present, even as we learn from the past and anticipate the future with hope.

### Authentic Witness

I noted earlier how in 6:8-10 Paul outlines the extremes of emotion and condition that characterized his apostolic ministry. Throughout 6:4-10 Paul talks freely about both the joys and trials of his life and work. He is refreshingly honest about his feelings and emotions which, I believe, makes his testimony to the Corinthians all the more compelling. His open and honest witness stands in stark contrast to the sometimes less than genuine witness that Christians who are not totally honest about their experiences in life may make.

For example, I have known some Christians who walk around with perpetual smiles pasted on their faces. When asked how they are doing, their response is typically, "Couldn't be better. I'm blessed by the best!" They say the Lord provides all of their needs, and following Jesus brings nothing but fulfillment and good things. We see something of this attitude among those who preach and buy into what is called the "prosperity gospel," believing that God wants us all to be successful and prosperous and have the best

of everything, both material and spiritual. On the other hand, I've known Christians who believe God must have created them to be the "frozen chosen"; they are ascetic and gloomy, painfully aware of their sinfulness, and they walk around feeling vaguely guilty. For them there is little joy in their faith, and to no one's surprise their Christian witness is not very inviting to others.

Of course, if we are honest, we know that nobody lives all the time in either of these extremes. All of us face problems and trials in life, and all of us experience moments of hope and joy. The key is to live healthily in the balance. If our witness is to be credible to others, people don't need to see either a fake smile or undue asceticism when they look at us. They need us to be authentic, real human beings who experience both joy and sorrow in life and who are willing to speak honestly about both. Only then, when they know they can trust us and be honest with us because we are honest with them, will they open up to us and give us the opportunity to share the difference Christ really does make in our lives in both our times of joy and our times of trial.

### Open Hearts

Several years ago a nationally known jewelry store chain hired an actress to advertise a new line of jewelry, which she had helped to design, called "The Open Heart Collection." The design was lovely, and the ads invited people to consider giving a necklace or earrings to those special persons to whom their hearts were open and for whom they wanted to express their affection. If this jewelry store had been around in Paul's day, he may well have purchased enough pieces of this collection to send to each member of the Corinthian congregation in order to underscore his plea in 6:13, "Open wide your hearts," and 7:2, "Make room in your hearts for us."

Whatever the cause or whoever was behind it, a rift between Paul and the congregation had occurred. They had lost some of their initial affection for Paul, grown suspicious of his motives, and questioned his authenticity as an apostle of Christ. Throughout this letter Paul expresses his deep love for them and emphasizes the sacrifices he has willingly made for them. He has laid it all out upon the table, defending his ministry, exposing his feelings and emotions, and confessing that he has opened wide his heart for them. Now he pleads for them to reciprocate and open their hearts to him.

In 5:16-21 Paul had spoken eloquently about the theology of reconciliation—how God had first reconciled the world to himself in Christ and was now entrusting to Jesus' disciples the ministry of reconciliation with one another. What Paul is now testing out is whether the Corinthians got the second part of the message. Paul is appealing for them to be fully reconciled to him, to let go of past grudges and hurts, to fully forgive and be forgiven and to trust him and one another so that they can get on with the task of working together for the sake of the gospel. For Paul, this is where the rubber hits the road. It's one thing to have a theological discussion about God's initiative in Christ to reconcile the world to God's self. The question is, are we able to apply God's grace in the nitty-gritty of everyday life so that we live reconciled lives with one another, even when we have been hurt and experienced pain and disappointment from one another?

## SHARING THE SCRIPTURE

### PREPARING TO TEACH

#### Preparing Our Hearts

Explore this week's devotional reading, found in 2 Corinthians 5:16-21. In this passage Paul uses the familiar image of "a new creation" (5:17) to describe the transformation of a person who has been reconciled to God in Christ. Furthermore, Paul describes himself and his coworkers as "ambassadors for Christ" (5:20). Their role is to announce this reconciliation and encourage others to be reconciled to God. How do you see yourself as a new creature in Christ? How do you serve as an ambassador for Christ and invite others to be reconciled to God through him?

Pray that you and the adult students will accept with joy the newness of life offered to them by the living Christ.

#### Preparing Our Minds

Study the background Scripture from 2 Corinthians 6:1–7:4, and the lesson Scripture from 2 Corinthians 6:1-13; 7:2-4.

Consider this question as you prepare the lesson: *What must be done to end separation of a community from its leaders when they become estranged?*

Write on newsprint:
❑ information for next week's lesson, found under "Continue the Journey."
❑ activities for further spiritual growth in "Continue the Journey."

Review the "Introduction," "The Big Picture," "Close-up," and "Faith in Action." Consider how you will use this additional information, which immediately precedes the first lesson, for this session.

### LEADING THE CLASS

#### (1) Gather to Learn

❖ Greet the class members. Introduce any guests and help them to feel at home.

❖ Pray that the learners seek reconciliation where there is conflict.

❖ Read: **Most people who have held volunteer or paid positions in the church have had the experience of working hard** on a project only to hear others belittle their efforts. Often, these critics have not stepped forward to help, but have felt free after all the work has been done to say how they would have done things differently, or complain that what was done was really not useful to the church. Although most people are open to constructive criticism and suggestions for improvement, when criticism takes a nasty turn those who have worked hard to contribute to the church may decide that they will not volunteer again. Feelings of anger, hurt, and estrangement may ensue. Reconciliation is needed to end this separation.

❖ Provide a few moments of silence for class members to recall a time when they put themselves forward to work, were hurt by criticism, and needed to be reconciled to members of the church. Suggest they think silently about how reconciliation occurred.

❖ Read aloud today's focus statement: **Sometimes the community may ignore the good done by a great leader and may become estranged from the leader. What must be done to end separation of a community from its leaders? Paul reminded the Corinthians of all he had done for the sake of Jesus Christ, and based on that testimony, he asks that they be reconciled to him.**

*(2) Goal 1: Recognize that Paul Feels Estranged From the Corinthians but Has No Bad Feelings Toward Them*

❖ Call on a volunteer to read 2 Corinthians 6:1-13 and another to read 7:2-4.

❖ Retell "Authentic Witness" from "Interpreting the Scripture" to help the students recognize that Paul is not engaging in theoretical discourse, but instead is sharing from his heart.

❖ Invite the class to read today's key verse, 2 Corinthians 7:2, in unison. Notice that although Paul says that he and his companions "have wronged no one," yet, based on 6:8b-10, it appears that some members of

the Corinthian church must feel differently. Research the possible basis for this conflict by forming two groups and asking one group to read 2 Corinthians 10:7-11 and another to read 11:1-13.

❖ Bring the groups together. Post a sheet of newsprint and draw a line down the center. On the left, list Paul's grievances as discovered in the groups' readings; on the right, list the grievances of the Corinthian church.

❖ Conclude by discussing ways in which people can better understand one another's viewpoints. How does hearing grievances on both sides help to resolve conflict?

*(3) Goal 2: Accept that When Someone Within the Community Works Hard for the Benefit of All, Disagreement and Misunderstanding May Yet Occur*

❖ Read these words of Thomas à Kempis (ca. 1380–1471): **It is good that people sometimes misunderstand us, that they have a poor opinion of us even when our intentions are good. Our inner life grows stronger when we are outwardly condemned.**

❖ Form several small groups to discuss their responses to this quotation. How do they feel about the idea that misunderstandings may occur even when people are doing their best? Do they agree that condemnation can strengthen our spiritual life?

*(4) Goal 3: End Any Misunderstandings and Estrangements so as to Restore Health to the Community*

❖ Bring everyone together and direct the students to look again at 2 Corinthians 6:4-10. List on newsprint the positive characteristics that Paul teaches God's people should display. Discuss the possible benefits of each of these characteristics in ending—or averting—estrangements within the faith community.

❖ Choose volunteers to roleplay the following scenarios to demonstrate how two people can reconcile their differences. Use any of the characteristics you have identified as they may be applicable:

- **Scenario 1:** Two choir members agreed to sing a duet. One had worked hard to learn his part, but the other had not spent much time preparing. Their singing did not go well. The singer who had worked hard was very upset with the one who had not. What might these two say or do to restore their once cordial relationship?

- **Scenario 2:** One of the regular volunteer cooks decided that the signature spaghetti recipe the church had used for years needed to be changed. Without telling others, the cook purchased ingredients for the new recipe. When volunteers gathered to prepare for the spaghetti dinner, an argument erupted. At this point it was too late to purchase other ingredients, so the new recipe was used. Diners accustomed to the usual recipe had varying responses to the new one. How might other volunteers and dissatisfied diners deal appropriately with the cook who made this change?

*(5) Continue the Journey*

❖ Pray that the learners will try to make amends wherever broken relationships exist.

❖ Read aloud this preparation for next week's lesson. You may also want to post it on newsprint for the students to copy.

- **Title: A Community Shares Its Resources**
- **Background Scripture: 2 Corinthians 8–9**

- **Lesson Scripture: 2 Corinthians 8:1-14**
- **Focus of the Lesson: A small community that possesses much may be part of a larger community that has little and needs the smaller community's assistance. How are members of a community to support one another? Paul reminds the Corinthians that they are part of a larger faith community and that as others have been generous to them, they should repay with equal generosity.**

❖ Post these three activities related to this week's session on newsprint for the students to copy. Challenge the adults to grow spiritually by completing one or more of them.

(1) **Do whatever is in your power to help bring about reconciliation between parties within the church who are estranged. Help the parties take responsibility for words and actions that may have contributed to the rupture in their relationship.**

(2) **Think about someone with whom you have a broken relationship. Likely, you both bear responsibility for this problem. How can you open your heart to this person and work toward reconciliation?**

(3) **Identify a situation in your family or workplace where reconciliation is needed. Pray that the parties involved will be able to restore their relationship in a Christlike way.**

❖ Sing or read aloud "Jesus, United by Thy Grace."

❖ Conclude today's session by leading the class in this benediction from 1 Corinthians 16:13-14: **Keep alert, stand firm in your faith, be courageous, be strong. Let all that you do be done in love. Amen.**

UNIT 3: BEARING ONE ANOTHER'S BURDENS

# A COMMUNITY SHARES ITS RESOURCES

---

### PREVIEWING THE LESSON

**Lesson Scripture:** 2 Corinthians 8:1-14
**Background Scripture:** 2 Corinthians 8–9
**Key Verse:** 2 Corinthians 8:7

#### Focus of the Lesson:
A small community that possesses much may be part of a larger community that has little and needs the smaller community's assistance. How are members of a community to support one another? Paul reminds the Corinthians that they are part of a larger faith community and that as others have been generous to them, they should repay with equal generosity.

#### Goals for the Learners:
(1) to see that Paul attempted to get Christian communities to help one another when there was need.
(2) to rejoice in the interconnectedness of faith communities.
(3) to share God's grace by responding to the needs of the larger faith community.

#### Pronunciation Guide:
*charis* (khar' ece)

#### Supplies:
Bibles, newsprint and marker, paper and pencils, hymnals, information about denominational agencies that assist those in need

---

### READING THE SCRIPTURE

NRSV
Lesson Scripture: 2 Corinthians 8:1-14

¹We want you to know, brothers and sisters, about the grace of God that has been granted to the churches of Macedonia; ²for during a severe ordeal of affliction, their

CEB
Lesson Scripture: 2 Corinthians 8:1-14

¹Brothers and sisters, we want to let you know about the grace of God that was given to the churches of Macedonia. ²While they were being tested by many problems, their

abundant joy and their extreme poverty have overflowed in a wealth of generosity on their part. ³For, as I can testify, they voluntarily gave according to their means, and even beyond their means, ⁴begging us earnestly for the privilege of sharing in this ministry to the saints—⁵and this, not merely as we expected; they gave themselves first to the Lord and, by the will of God, to us, ⁶so that we might urge Titus that, as he had already made a beginning, so he should also complete this generous undertaking among you. ⁷**Now as you excel in everything—in faith, in speech, in knowledge, in utmost eagerness, and in our love for you—so we want you to excel also in this generous undertaking.**

⁸I do not say this as a command, but I am testing the genuineness of your love against the earnestness of others. ⁹For you know the generous act of our Lord Jesus Christ, that though he was rich, yet for your sakes he became poor, so that by his poverty you might become rich. ¹⁰And in this matter I am giving my advice: it is appropriate for you who began last year not only to do something but even to desire to do something—¹¹now finish doing it, so that your eagerness may be matched by completing it according to your means. ¹²For if the eagerness is there, the gift is acceptable according to what one has—not according to what one does not have. ¹³I do not mean that there should be relief for others and pressure on you, but it is a question of a fair balance between ¹⁴your present abundance and their need, so that their abundance may be for your need, in order that there may be a fair balance.

extra amount of happiness and their extreme poverty resulted in a surplus of rich generosity. ³I assure you that they gave what they could afford and even more than they could afford, and they did it voluntarily. ⁴They urgently begged us for the privilege of sharing in this service for the saints. ⁵They even exceeded our expectations, because they gave themselves to the Lord first and to us, consistent with God's will. ⁶As a result, we challenged Titus to finish this work of grace with you the way he had started it.

⁷**Be the best in this work of grace in the same way that you are the best in everything, such as faith, speech, knowledge, total commitment, and the love we inspired in you.** ⁸I'm not giving an order, but by mentioning the commitment of others, I'm trying to prove the authenticity of your love also. ⁹You know the grace of our Lord Jesus Christ. Although he was rich, he became poor for our sakes, so that you could become rich through his poverty.

¹⁰I'm giving you my opinion about this. It's to your advantage to do this, since you not only started to do it last year but you wanted to do it too. ¹¹Now finish the job as well so that you finish it with as much enthusiasm as you started, given what you can afford. ¹²A gift is appreciated because of what a person can afford, not because of what that person can't afford, if it's apparent that it's done willingly. ¹³It isn't that we want others to have financial ease and you financial difficulties, but it's a matter of equality. ¹⁴At the present moment, your surplus can fill their deficit so that in the future their surplus can fill your deficit. In this way there is equality.

---

## UNDERSTANDING THE SCRIPTURE

**Introduction.** Because of the strained relationship with the Corinthian congregation, Paul has spent the first seven chapters of this letter trying to clarify misunderstandings and openly sharing his thoughts and feelings. He has bared his heart, speaking honestly about both the pain and joy he has experienced. Responding to slanderous accusations brought against him, he has passionately defended his apostolic ministry and acknowledged the many trials and afflictions he has faced as a servant of Christ on their behalf. Finally in 6:11-13 and 7:2-4 Paul has made his fervent appeal to the Corinthians to open wide their hearts and be reconciled to him, even as he has opened wide his heart to them. Now in chapters 8 and 9 Paul addresses a very concrete issue that is close to his heart, namely a collection for the relief of "the saints" in the Jerusalem church (8:4).

Why was this offering so important that Paul devoted two whole chapters to talking about it? The twofold answer lies in Paul's passion to bring the good news of Christ to the Gentiles and in his deep concern for the unity of the early church. Although he was thoroughly Jewish, Paul was also a Roman citizen, and he had a global vision for taking the gospel to all people, Jew and Gentile alike, in the known world of the Roman Empire. Earlier Paul had made a journey to Jerusalem to meet with the Jewish-Christian leadership of the church in Palestine to gain their approval and support for the Gentile mission (Acts 15; Galatians 2). Because the church originated in Jerusalem among Jewish disciples of Jesus, the Gentiles would always be indebted to their Jewish brothers and sisters in the faith. Paul believed that this offering could accomplish two things. First, the Gentile churches could demonstrate their gratitude for all that the Jewish Christians had done for them, and second, the Jewish Christians could see that these uncircumcised Gentile Christians (of whom many Jews were taught to be suspicious) really were faithful believers and fellow members of the one body of Christ. Thus Paul envisioned the offering as a powerful symbol of unity in the early church and a concrete expression of mutual caring and love between Jewish and Gentile believers that was important if the church was to grow and spread throughout the Mediterranean world where both Jews and Gentiles lived.

**2 Corinthians 8:1-7.** As a way of inspiring the Corinthians in their discipleship, in 8:1-5 Paul holds up the churches of Macedonia (north of Corinth) as a model of commitment, faithfulness, and generosity that he urges the Corinthians to emulate. In spite of severe affliction that they have faced, the Macedonian Christians have responded to God's grace and have warmly embraced Paul's mission (unlike the recent behavior of the Corinthians), giving generously, even sacrificially, to the special collection for the saints in Jerusalem. The Greek in 8:4 literally says that the Macedonians were "begging us with a great appeal for the favor of sharing in the ministry to the saints." The reason for their commitment to Paul's mission offering is that they had *first* rededicated themselves to the Lord (8:5); it was Christ's love stirring in their hearts that moved them to such extreme generosity.

In 8:6-7 Paul directs his focus away from the Macedonians to the Corinthians as he addresses them regarding their participation in the offering. Paul's colleague Titus, having been Paul's intermediary with the disgruntled Corinthians and having brought back to Paul the encouraging news from Corinth (7:6), has volunteered to go with two brothers in the faith to bring the collection to Corinth (8:6, 16-23). In 8:7, today's key verse, Paul diplomatically begins his invitation to the Corinthians to participate in the offering by praising them: "Now as you excel in everything." As we saw in 1 Corinthians, some of the Christians in Corinth were proud of their spiritual attainments (sometimes bordering on competitive spiritual pride) and what God had done for them. Playing off their commitment to excellence, Paul boldly exhorts them "to excel also in this generous undertaking" (8:7).

**2 Corinthians 8:8-15.** Paul acknowledges in 8:8 that his request to the Corinthians is not a command. Rather, it is a strong appeal to the "genuineness of your love" and rooted in Paul's theological statement of 8:9:

because of the grace of Jesus in giving himself for us (becoming "poor" for our sakes through his incarnation and death on the cross) and making us spiritually rich, we are joyfully obligated to give of ourselves for others. On that basis, in 8:10-12 Paul urges the Corinthians to finish the job they had eagerly started a year earlier (8:10; 9:2). In the meantime, their interest had waned. Not wanting to put undue pressure on anyone, he asks them to give out of what they have, not out of what they do not have. His goal is fairness for everyone—a "fair balance" (8:13-14) between abundance and need. The Corinthians are asked to help meet others' present needs, even as others will be there in Christ's love to help meet the Corinthians' needs whenever that time might arise in the future. The biblical basis of his counsel to them is Exodus 16:18 (quoted in 8:15).

**2 Corinthians 8:16–9:5.** Paul deals with some administrative matters in these verses,

especially commending Titus as his "partner and co-worker in your service" (8:23) and the two unnamed faithful Christian brothers who apparently were well known among the churches in Macedonia and Corinth (8:18, 22). In 8:19 Paul reaffirms that he has no self-gain from this offering; its sole purpose is "for the glory of the Lord" and to show goodwill. In 8:24–9:5 Paul encourages the Corinthians to prepare for the anticipated arrival of Titus by having their gifts ready. Paul also reminds them of how often he has boasted about them to the Macedonians, thus giving further motivation for the Corinthians to give generously.

**2 Corinthians 9:6-15.** The heart of these verses is found in 9:7-8 in the promise that God graciously provides every blessing in abundance to meet our every need. In this assurance of God's generosity to us in Christ, we can, in turn, be generous and cheerful givers, knowing that is God's will and that we can never out-give God.

---

## INTERPRETING THE SCRIPTURE

### An Unlikely Equation

Stewardship sermons can present a real challenge to pastors because there is sometimes a temptation to motivate a congregation to give by laying on a guilt trip. But I am a firm believer in the old maxim that you can catch more flies with honey than with vinegar. Consequently, in my ministry I always sought to be upbeat and to motivate people through affirmation rather than browbeating, even as Paul does when he reminds the Corinthians how much he has bragged to the Macedonians about them (9:2) and the genuineness of their love (8:8). When looking for positive illustrations of generosity on the part of persons and congregations, I was always drawn to Paul's example of the churches in Macedonia and how they were "begging . . . for the privi-

lege of sharing" (4:4) in this special collection for the poorer Christians of Jerusalem. What pastor doesn't dream of having a congregation that would "beg" for the privilege of giving to a mission offering?

As I think about the Macedonians, I reflect on what an unlikely equation their example offers us. Paul says that "during a severe ordeal of affliction, their abundant joy and their extreme poverty have overflowed in a wealth of generosity" (8:2). If we put these words into the form of an equation, it would look like this: severe affliction + abundant joy + extreme poverty = a wealth of generosity. At first glance we can only scratch our heads and ask, "How is that possible? How can severe affliction and extreme poverty result in generosity?" We might think that such realities would normally lead to bitterness and stinginess, not generous giving to others. But the key factor in this equation is "abundant joy." Why did they have such joy? Because they had experienced God's gracious love and were buoyed by their commitment to God. In spite of the poverty and difficult circumstances in which they lived, they were moved to give themselves and their money generously to this mission offering because they had given "themselves first to the Lord" (8:5). Gratitude for God's gifts and a resulting commitment to serve God are always the best motivation for generosity and unselfish living. Think of a husband who retires early and gives up everything to stay home and care for his wife of forty years who is dying of cancer. Why does he do it? Because he is grateful for a lifetime of shared love and because he had made an unconditional commitment to her when they got married: "for better or worse, for richer or poorer, in sickness and in health." Why do any of us who are disciples of Jesus give generously to the work of God? Because of our gratitude to God and our commitment to serve Christ who has given everything for us.

### Down-to-Earth Theology

Some people think of theology as being an esoteric discipline with very little relevance to everyday life, as if all theologians do is sit around and debate how many angels can dance on the head of a pin. But in reality theology can be very relevant and down to earth as we see in this passage in which Paul expresses one of his most profound theological statements: "For you know the generous act of our Lord Jesus Christ, that though he was rich, yet for your sakes he became poor, so that by his poverty you might become rich" (8:9). This statement is the fulcrum on which Paul's appeal to the Corinthians is balanced.

The theological subject that Paul speaks about here is what scholars call the Incarnation. It is literally "down-to-earth"

theology that tells the story of how God limited God's self and willingly took on human flesh and blood, coming to earth in the form of a human being in order to more clearly communicate with us and be our Savior. Elsewhere in his writings, in Philippians 2:5-11, Paul says something similar by quoting an early Christian hymn that describes the exalted Christ emptying himself and taking the form of a slave who, being born as a human, humbles himself and becomes obedient to the point of dying on a cross; thereafter he is exalted once again by God. Here in 2 Corinthians 8 Paul is making the same theological point, only using terms appropriate to his concerns about the collection. He says that even though Jesus was "rich" (sharing divine life with God), he became "poor" (emptied and humbled himself becoming a servant to others) so that through his "poverty" (humbling himself in death for us) we might become "rich" (share God's divine life of love). At the heart of this great theological statement is the word grace, about which I will soon say more and which is translated in the NRSV in 8:9 as the "generous act" of our Lord Jesus Christ. This act that touches all of us as we experience God's forgiveness and love that can literally transform our lives and relationships in very practical, down-to-earth ways.

### Amazing Grace

Grace is one of the key concepts of Christian faith. The popular hymn "Amazing Grace" talks about the richness and power of God's grace to seek us out and change us, to sustain us and carry us victoriously through all the challenges and trials that life can throw at us. When asked to define "grace," I have often used three phrases to get at the meaning of the word: "unmerited favor, unconditional love, and undeserved kindness" with the focus being on the adjectives "unmerited, unconditional, and undeserved." I always think of God's grace as being that love of God that takes the initiative to reach out to us in our need and especially when we don't deserve it, reflecting 1 John 4:19: "We love because [God] first loved us."

Grace is a rich biblical and theological term. The Greek word that is normally translated as "grace" is *charis*, which is related to a verb meaning "to give freely or graciously" as well as "to forgive or pardon." It is fascinating that Paul uses some form of the noun *charis* a total of ten times in 2 Corinthians 8 and 9 in a variety of contexts and with different nuances of meaning. Paul utilizes the word five times just in our passage (8:1-14). In 8:1 he speaks of the "grace of God," and in 8:4 the NRSV translates the word as "privilege": the privilege or gift of being able to share our resources to help meet the needs of others. Then in 8:6 and 8:7 the word *charis* is translated as "generous undertaking," referring to the

mission offering itself. Finally in 8:9 *charis* is translated as the "generous act" of Jesus in becoming poor for our sakes and giving himself for us. In other words, at its heart this collection is not primarily about money; it is rather about being a living expression of God's gracious love that in this case happens to result in giving money. It is God's grace that will enable the Corinthians to give sacrificially, even as the Macedonians did, assured that in the end God's grace provides a "fair balance" for all (8:13-14). As they give generously now out of their abundance to meet the needs of others, at a later point, when they may be hurting, others will give generously to meet their needs. God's bountiful grace always and fairly provides for the needs of all as we open our hearts to both share and receive.

---

## SHARING THE SCRIPTURE

### PREPARING TO TEACH

*Preparing Our Hearts*

Explore this week's devotional reading, found in 1 Corinthians 13:1-7. You may be able to recite all or part of 1 Corinthians 13, which speaks of love as being the crucial element in life. Love is what motivates us to act with a kind, patient, and generous spirit. Look for ways that you can share God's love with others this week.

Pray that you and the adult students will be motivated by God's love to share your resources.

*Preparing Our Minds*

Study the background Scripture from 2 Corinthians 8–9, and the lesson Scripture from 2 Corinthians 8:1-14.

Consider this question as you prepare the

lesson: *How are members of a community to support one another?*

Write on newsprint:
❑ information for next week's lesson, found under "Continue the Journey."
❑ activities for further spiritual growth in "Continue the Journey."

Review the "Introduction," "The Big Picture," "Close-up," and "Faith in Action." Consider how you will use this additional information, which immediately precedes the first lesson, for this session.

Browse the Internet for agencies within your denomination that provide assistance to those in need. For example, if you are a United Methodist, check online for the UMCOR (United Methodist Committee on Relief) Gift Catalog. Print out some ideas to share with the class. Check with your pastor or mission/outreach chairperson if you need help finding information.

## LEADING THE CLASS

### (1) Gather to Learn

❖ Greet the class members. Introduce any guests and help them to feel at home.

❖ Pray that the learners will be aware of the needs of others.

❖ Brainstorm answers to this question and write them on newsprint: **Where in our community do we see churches pulling together to assist those in need?** Answers may include *Habitat for Humanity builds; community soup kitchens, overnight shelters, food pantries, or clothes closets; after-school programs or tutoring projects.*

❖ Talk about how your congregation is involved in any of the projects you have identified. Also talk about how other churches may be involved. Take note of any smaller congregations (possibly including your own) that seem to be generously supporting others.

❖ Read aloud today's focus statement: **A small community that possesses much may be part of a larger community that has little and needs the smaller community's assistance. How are members of a community to support one another? Paul reminds the Corinthians that they are part of a larger faith community and that as others have been generous to them, they should repay with equal generosity.**

### (2) Goal 1: See that Paul Attempted to Get Christian Communities to Help One Another When There Was Need

❖ Read the first paragraph of the introduction in "Understanding the Scripture" to remind learners of the issues that Paul has discussed with the Corinthians thus far.

❖ Choose a volunteer to read 2 Corinthians 8:1-14.

❖ Read the second paragraph of the introduction in "Understanding the Scripture" to explain why Paul felt this collection was so important.

❖ Discuss these questions:
1. **What do you learn about the Macedonians and their attitude toward giving?** (Note the equation in the second paragraph of "An Unlikely Equation" in "Interpreting the Scripture." Also note the importance of joy in giving.)
2. **How does Paul use the Macedonians as a model to encourage the Corinthian church in its giving?**
3. **How does Paul use Jesus' incarnation to appeal to the Corinthians to give?** (See "Down-to-Earth Theology" in "Interpreting the Scripture.")
4. **How does Paul relate God's grace to his encouragement of the Corinthians to give?** (See "Amazing Grace" in "Interpreting the Scripture.")
5. **How might Paul's words motivate you and your congregation to give to others?**
6. **Are there tactics that Paul has used to motivate the Corinthians that you would reject? If so, why?**

### (3) Goal 2: Rejoice in the Interconnectedness of Faith Communities

❖ Point out that you have already discussed how churches in your community pull together to help those in need. Now think about other ways that these congregations can show their interconnectedness, both within the same denomination and across denominations.

❖ Post a sheet of newsprint and encourage the students to identify ways the churches work together. Here are some ideas: *community cross-walk on Good Friday; ecumenical Thanksgiving service; two or more churches exchanging pastors on a designated Sunday; pastors meeting together in a ministerial association to strengthen Christian witness in the community.*

❖ Invite the adults to list additional ways that churches could work together, and share these ideas with your pastor.

❖ Close by reminding the students of the song "They'll Know We Are Christians by Our Love," which calls Christians to walk and work together so that by their interconnectedness and unity in the Spirit others will recognize God's love in their midst.

*(4) Goal 3: Share God's Grace by Responding to the Needs of the Larger Faith Community*

❖ Talk about whatever denominational outreach or mission programs you have been able to find. Write several possibilities on newsprint. Encourage the class to add other ideas.

❖ Decide how the class might share their resources with the larger faith community. Here are some ideas:

- **Take a collection each month for a particular project or missionary.**
- **Plan and execute a fund-raiser and donate the proceeds to meet the needs of those beyond your walls.**
- **Invite each person to select a project or missionary and make an individual donation.**
- **Involve the congregation in contributing funds for an outreach project or missionary.**

❖ Conclude this activity by covenanting together to do whatever you have agreed to do. If a task force is needed to organize a fund-raiser or other project, get commitments from individuals who will serve on this group.

*(5) Continue the Journey*

❖ Pray that the learners will be generous with what God has entrusted to them.

❖ Read aloud this preparation for next week's lesson. You may also want to post it on newsprint for the students to copy.

- ■ **Title: A Vision of the Future**
- ■ **Background Scripture: Jeremiah 30**
- ■ **Lesson Scripture: Jeremiah 30:1-3, 18-22**
- ■ **Focus of the Lesson: We often find ourselves in situations when we feel lost and alone. How do we regain a sense of belonging? Jeremiah tells of God's promise to restore the fortunes of the people, Israel and Judah, and to reestablish the covenant with them.**

❖ Post these three activities related to this week's session on newsprint for the students to copy. Challenge the adults to grow spiritually by completing one or more of them.

(1) **Make a contribution to a missionary or outreach project supported by your denomination.**

(2) **Look in a Bible concordance at the word "give." Notice how often people give something. Also notice how often and what God gives. What does this exercise say to you about the importance of giving?**

(3) **Make a commitment to give not only your money but also your time to support a church-related project that helps those in need in your community.**

❖ Sing or read aloud "Bless Thou the Gifts."

❖ Conclude today's session by leading the class in this benediction from 1 Corinthians 16:13-14: **Keep alert, stand firm in your faith, be courageous, be strong. Let all that you do be done in love. Amen.**